ソシュール言語学の意味論的再検討

ひつじ研究叢書〈言語編〉

第128巻　手続き的意味論　　　　　　　　　　　　　　　　　　武内道子 著

第129巻　コミュニケーションへの言語的接近　　　　　　　　　定延利之 著

第130巻　富山県方言の文法　　　　　　　　　　　　　　　　　小西いずみ 著

第131巻　日本語の活用現象　　　　　　　　　　　　　　　　　三原健一 著

第132巻　日英語の文法化と構文化　　　　　秋元実治・青木博史・前田満 編

第133巻　発話行為から見た日本語授受表現の歴史的研究　　　　森勇太 著

第134巻　法生活空間におけるスペイン語の用法研究　　　　　　堀田英夫 編

第135巻　ソシュール言語学の意味論的再検討　　　　　　　　　松中完二 著

第136巻　インタラクションと学習　　　　　　柳町智治・岡田みさを 編

第137巻　日韓対照研究によるハとガと無助詞　　　　　　　　　金智賢 著

第138巻　判断のモダリティに関する日中対照研究　　　　　　　王其莉 著

第139巻　語構成の文法的側面についての研究　　　　　　　　　斎藤倫明 著

第140巻　現代日本語の使役文　　　　　　　　　　　　　　　　早津恵美子 著

第141巻　韓国語cita と北海道方言ラサルと日本語ラレルの研究　円山拓子 著

第142巻　日本語史叙述の方法　　　　　　　　　大木一夫・多門靖容 編

第143巻　相互行為における指示表現　　　　　　　　　　　　　須賀あゆみ 著

第144巻　文論序説　　　　　　　　　　　　　　　　　　　　　大木一夫 著

第145巻　日本語歴史統語論序説　　　　　　　　　　　　　　　青木博史 著

第146巻　明治期における日本語文法研究史　　　　　　　　　　服部隆 著

第147巻　所有表現と文法化　　　　　　　　　　　　　　　　　今村泰也 著

第149巻　現代日本語の視点の研究　　　　　　　　　　　　　　古賀悠太郎 著

第150巻　現代日本語と韓国語における条件表現の対照研究　　　金智賢 著

第151巻　多人数会話におけるジェスチャーの同期　　　　　　　城綾実 著

第152巻　日本語語彙的複合動詞の意味と体系　　　　　陳奕廷・松本曜 著

第153巻　現代日本語における分析的な構造をもつ派生動詞　　　迫田幸栄 著

第154巻　「主題－解説」構造から見た韓国語 -n kes-ita と日本語ノダ　李英蘭 著

ひつじ研究叢書
〈言語編〉
第135巻

ソシュール言語学の意味論的再検討

松中完二 著

ひつじ書房

まえがき

　言語研究者にとって Ferdinand de Saussure の名前を知らない者はいないし、また避けては通れない名前である。彼の学説はその代表的書である *Cours de linguistique générale*（1916）に集約され、それは後に 20 世紀における現代言語学の礎として扱われるまでに到る。そのため、Saussure は現代言語学の祖とされるものの、その知名度に反して彼の学説には謎が多く、またその学説も受容と抵抗の歴史が常に付きまとう。

　Saussure 研究の権威である Godel は、「Saussure と現代言語学の誕生」（1968）と題する口頭発表論文の中で、「思想がこうもめまぐるしく進化する世紀において、*Cours de linguistique générale* の運命は他に類を見ないものである。出版後 50 年を経た現在でもいまだにその諸命題は議論され、その引用は年毎に増える一方であり、次第に正しく理解されるようになってきている」と述べるが、*Cours de linguistique générale* が出版されてから 100 年が過ぎた現在においても、この言葉は今なお真実であり、より一層説得力を増し続けている。

　Saussure 学説における最大の特色かつ独創点は、langue という術語とその思想である。Saussure は、langue こそを言語科学の研究対象とし、その解明を言語研究の第一に置く。しかしこれこそが後世に残した遺産であると共に、現代言語学における謎であり問題であり続けた。langue に対する回答は、結局 Saussure の口から語られることはなかった。langue の謎と反響があまりに大きかったこと、それに反して Saussure の人生があまりに短かすぎたことがその理由である。言語学界に一つの時代を築いた稀有の天才は、1913 年に 55 歳でこの世を去った。この天才は大の手紙嫌いで、講義に使ったメモも毎回授業終了後に破り捨てるのが習慣だった。ま

v

た自身の言葉や文字なども、極力残さない主義であった。

　今日では、インド＝ヨーロッパ諸語に関する手稿以外にも、Saussure が未完の研究のために数百ページもの手稿を書き溜めていたことが分かっている。これらの手稿は後にジュネーブ大学に寄贈され、その後 Saussure の息子がハーバード大学図書館に売却した。そして Cours de linguistique générale の初版刊行から 80 年後の 1996 年には Saussure の屋敷の庭仕事用倉庫から Saussure 自身による草稿の束も発見されている。しかしながら、教え子である Charles Bally（スイス 1865–1947）と Albert Sechehaye（スイス 1870–1946）がこれら Saussure の草稿に直接触れることはなかった。そして稀有の天才の言葉は、Bally と Sechehaye が講義を聴講した学生達の取ったノートを再構成、統合して編纂、復元し、つぎはぎだらけの再編集となって Cours de linguistique générale の名を冠する 317 ページの書物として結実し、Saussure の死から三年後の 1916 年に世に出された。しかしそれがどれほど稀有の天才の真の言葉を反映しているか、Saussure 学説の受容の裏側で抵抗として常に問題にされた部分である。

　Saussure 学説の受容と抵抗の歴史で、そこでの最も大きな議論の一つが、国語学者、時枝誠記が打ち立てた「言語過程説」と呼ばれる学説を基にした、わが国でのいわゆる“時枝・服部論争”である。この論争は、時枝がその著書、『国語学原論』（1941）の中で展開した Saussure の学説批判に端を発し、それに対する服部四郎らの反論による一連の議論を指す。そしてこの論争は、1940 年代後半から 1970 年代半ばまでの長きにわたって、実に多くの言語学者、哲学者達を巻き込んだ一大論争となって言語学界や哲学界を賑わし続けた。わが国における Saussure 学説の受容と抵抗は、これら一連の論争と共に進展してきたと言えるであろう。

　本書ではこうした問題を取り上げ、認知言語学という、我々の概念世界の解明と言葉との連関を探る新たな学問の成熟を迎えた現在において、Saussure と時枝の両学説を再検討すると共に、20 世紀の言語学を振り返り、言語研究の原点的問題としての視点から“時

枝・服部論争"の言語学的な価値について今一度問い直してみたい。また 2007 年は Saussure の生誕 150 周年にあたり、奇しくも Saussure による一般言語学の第一回講義から 100 年目、Godel による『「講義」の原資料』の刊行から 50 年目の一つの節目の年であった。そして 2016 年は、*Cours de linguistique générale* の初版刊行から 100 年目にあたる年であった。こうした中、意味研究の潮流とそこでの Saussure 学説の礎を振り返り、今日的な視点でその主張をもう一度問い直すことは決して無意味ではあるまい。

　また、この時期にひつじ書房からこのような書籍を刊行するのにも理由がある。それは、同社からすでに『ひつじ意味論講座 第 1 巻』(2010)、『ことばに向かう日本の学知』(2011) という Saussure 学説に対する不支持（国広哲弥の論）と支持（松澤和宏の論）の相反する立場を取る書籍が立て続けに出版された経緯を含め、これまで指摘されてきた Saussure 学説による意味研究の不具合に一つの解答を与えるためである。そしてこの時期に刊行する理由は、先に述べた Saussure の様々な記念の年であることと併せて、小松英輔（1993a、1993b、1994、1996、1997）による Saussure の自筆草稿の掘り起こしと相原奈津江・秋津伶（2003、2006、2008、2009）によるその一連の翻訳という Saussure 研究の潮流のためである。更には、1996 年に発見された Saussure の自筆草稿が 2002 年に Bouquet と Engler によって Gallimard 社から刊行され、松澤和宏によるその邦訳が 2013 年に岩波書店から刊行されたことで Saussure 研究が新たな段階に突入した。これらにより、これまでの Saussure の言説とそれを基にした言語研究が塗り替えられるであろう歴史的分岐点に差しかかっているという理由による。

　個人的には、2004 年 3 月に国際基督教大学大学院に博士学位論文を提出し論文博士として博士学位を取得し、その時の学位論文を理論編、実証編と 2 分冊にして出版したのが 2005 年と 2006 年であり、それから数えても 2016 年は 10 年目の節目の年であった。幸いにして同書は好評を博し、インターネット書籍販売の Amazon でも上位にランクされたことは予期せぬ望外の喜びであったが、そ

VII

の一方で *Cours de linguistique générale* を基にした意味研究の原理の矛盾とそこでの記述の不統一という問題に対する忸怩たる思いを払拭できずにいたのも事実である。筆者の本来の専門は日英語の多義語と多義現象の解明であるが、本書では、学位論文で足場とした Saussure の学説とそれをまとめた *Cours de linguistique générale* における記述に頼ることで生じる意味研究の原理の矛盾点の解決を試みる。そして、これまでの研究の学問的な区切りとこれからの新たなる一歩として、本書をその礎石としたい。

　2011 年 3 月 11 日に起きた東日本大震災によって何人かの知人を亡くしたことによる疲弊は心身ともに小さくなかったが、それに追い討ちをかけたのが、震災に伴い関東一帯も大きな揺れに襲われたことで自宅と勤務先にあったパソコンと本棚が倒壊し、保存していた本書の元となるデータの一切を消失するという不慮の事故に見舞われたことである。データの一からの掘り起こし並びに手入力という二重、三重の作業にかかる手間と労力のために、本書を出版するにあたっては予想外の膨大な時間を要した。更に追い討ちをかけるかのような、2016 年 4 月 14 日に郷里の熊本を襲った大地震である。こうした Saussure 研究と自身の研究の節目ということで、本来であれば本書は 2016 年の夏に刊行の予定であったが、諸々の度重なる不測の事態と不運に見舞われ、刊行が遅れに遅れ、その間最新であったはずの Saussure 研究もいくぶんか埃をかぶったものになってしまったことは天を恨むより他ない。くわえて東京から九州への自身の環境の変化や心身ともに公私に渡る骨折りは一通りではなかったが、それでもこうして上梓の運びにいたったことは、国際基督教大学大学院時代からご指導いただいた飛田良文博士と、Saussure 学説と意味の問題について公私にわたって幾度となく知見をご教授いただいた東京大学名誉教授の国広哲弥博士のご助言による部分が大きい。更に 2007 年には Saussure 生誕 150 周年ということで様々な記念シンポジウムや研究会が催されたが、その一環のフランス語談話会で国広哲弥博士からご紹介いただき、また個人的に Saussure に関する貴重な著書や論文をお譲りいただいた東北大学

大学院文学研究科の阿部宏教授、時枝文法について貴重な資料を貸与くださった前国際基督教大学アジア文化研究所所長の William Steele 教授のご助力に対して、ここに記して心より深甚なる敬意と感謝を表する次第である。

　さらに、日本フランス語フランス文学会 2016 年度秋季全国大会（於、東北大学）のワークショップ「ソシュール『一般言語学講義』の 1 世紀―構造主義、時枝論争、新手稿」にパネリストとして私をお招きくださった前出の阿部宏教授、席上、Saussure 研究の新たな時代の扉を開く新発見と公私にわたって有益なご教示をくださった名古屋大学大学院文学研究科の松澤和宏教授、筆者の知らなかった Saussure の様々な実像について、最新の研究から興味深いお話をうかがわせていただいた香川大学経済学部の金澤忠信准教授、そして会場から Saussure 研究の今後と将来のあり方について有意義なご指唆とご意見をいただいた中央大学の加賀野井秀一教授に、衷心より感謝申し上げる。

　本書の基盤となる研究を遂行するにあたって、久留米工業大学から 2016 年度久留米工業大学学長裁量費（旅費）と 2017 年度久留米工業大学学長裁量費（教育研究費と旅費）の助成を受けた。また九州大学中央図書館と同大学文系合同図書室、九州産業大学図書館、梅光学院大学図書館、久留米大学御井図書館、学習院大学図書館、国際基督教大学図書館ならびに同大学アジア文化研究所には大変お世話になった。その他、公私に渡って直接的、間接的に様々なご意見やご助力いただいた多くの方々にも、お礼申し上げたい。

　拙稿に上梓の機会を与えていただきながら、遅々として進まない原稿を今日まで根気強く待ってくださったひつじ書房の松本功社長と森脇尊志氏、草案の段階から色々と相談に乗っていただき、出版に向けて最後までお付き合いいただいた海老澤絵莉氏にも、ここに記して衷心より感謝を申し上げたい。

　私事ながら、父の 13 回忌の年に、博士学位論文での胚芽的研究が一つの完成を見、刊行の運びに至ったことは喜びであるが、それ以上に、飛田良文博士と国広哲弥博士の学恩に報いる気持ちが強く、

改めて身が引き締まる思いである。

　最後に、父亡き後独りで実家の家業を支え、老体の身で今日まで私の研究を見守り続けてくれた母といつも母を支えてくれている兄夫婦と姉夫婦、研究という成業の性質を理解、応援し、研究に専念できる万全の環境を作って支えてくれる妻への感謝の気持ちでいっぱいである。

　特に巻末の人名および事項索引は、日々の雑事に忙殺される筆者に代わり妻が一手に引き受けてくれ、筆者の右腕となりその卓越した技術と才能と献身により完成することができた。本当にありがとう。これらの助力なしには、本書の刊行はもっと遅れていたであろう。言うまでもなく、内容に関する全ての責は筆者の私にある。

　こうした周囲からの有形、無形の助力と日々生かされていることへの心からの感謝とともに、少々長くなりすぎたまえがきの筆を擱きたいと思う。

2018年　春

目　次

まえがき　　　　　　　　　　　　　　　　　　　v

序　章　現代言語学と Saussure　　　　　　　1

1. 現代言語学と Saussure　　　　　　　　　　1
2. Saussure 学説の矛盾　　　　　　　　　　　2
3. Saussure 研究の方向性　　　　　　　　　　3
4. Saussure 学説と言語研究　　　　　　　　　5
5. Saussure 研究の新時代　　　　　　　　　　7
6. 本書での問題点　　　　　　　　　　　　　11

第1章　言語学の潮流と意味研究　　　　　　17

1. Saussure とヨーロッパ構造主義言語学　　　17
2. ヨーロッパ構造主義言語学における意味の研究　19
3. Bloomfield とアメリカ構造主義言語学　　　22
4. アメリカ構造主義言語学における意味の研究　26
5. Chomsky と生成文法　　　　　　　　　　　29
6. 生成文法における意味の研究　　　　　　　31
7. 今後の課題　　　　　　　　　　　　　　　38
　　7.1　記号の対立と意味　　　　　　　　　38
　　7.2　場面と意味伝達　　　　　　　　　　42
　　7.3　科学としての言語学が目指すもの　　49

第2章　Saussure 学説の主要点　　　　　　　63

1. *Cours de linguistique générale* と『言語学原論』　63
2. langue、langage、parole の三分法　　　　64
3. 実存体としての言語　　　　　　　　　　　70
4. 記号としての言語　　　　　　　　　　　　71
5. 記号の対立と意味　　　　　　　　　　　　75
6. 言語記号の恣意性　　　　　　　　　　　　77

XI

第3章 "時枝・服部論争"の勃発と言語学界での論争　91

1. 時枝誠記の『国語学原論』と「言語過程説」　91
2. 時枝・服部論争　98
3. 第一次論争期　99
　3.1　佐藤喜代治との論争　99
　3.2　三浦つとむによる擁護　104
　3.3　風間力三・大久保忠利との論争　106
　3.4　黒岩駒男との論争　117
　3.5　門前真一との論争　121
　3.6　服部四郎との論争　123

第4章 "時枝・服部論争"の再燃と哲学界での論争　141

1. 第二次論争期　141
　1.1　杉山康彦との論争　141
　1.2　吉本隆明による擁護　143
　1.3　大久保忠利との論争　144
　1.4　竹内成明、平田武靖、大久保そりや、藤井貞和、野村精一、
　　　川本茂雄との論争　147
　1.5　山内貴美夫、三宅鴻、亀井孝、丸山静との論争　151
　1.6　丸山圭三郎との論争　154
2. 論点のまとめ　168

第5章 フランス語原典と日本語訳の比較検証　173

1. 日本語との対応　173
　1.1　*Cours de linguistique générale* と『言語学原論』　178
　1.2　*Anthropologie structurale* と『構造人類学』　183
　1.3　*Questions de Poétique* と『ロマーンヤコブソン選集3 詩学』　188
　1.4　*Le Degré Zéro de L'écriture* と『零度のエクリチュール』　191
　1.5　*Éléments de Sémiologie* と『記号学の原理』　197
　1.6　*Essais de stylistique structurale* と『文体論序説』　201
　1.7　*Sémiotique de la poésie* と『詩の記号論』　203
　1.8　*L'archéologie du Savoir* と『知の考古学』　206
　1.9　*Les Mots et Les Choses* と『言葉と物―人文科学の考古学―』　211
　1.10　*Alice au Pays du Langage* と『言葉の国のアリス』　216
2. 訳語のまとめ　224

第6章 仏文原典と英語訳の比較検証 229

1. 英語との対応 229

  1.1 *Cours de linguistique générale* と *Course in General Linguistics* 230

  1.2 *Anthropologie structurale* と *Structural Anthropology* 234

  1.3 *Le Degré Zéro de L'écriture* と *Writing degree Zero* 240

  1.4 *Éléments de Sémiologie* と *Elements of Semiology* 246

  1.5 *Sémiotique de la poésie* と *Semiotics of Poetry* 250

  1.6 *L'archéologie du Savoir* と *The Archaeology of Knowledge* 252

  1.7 *Les Mots et Les Choses* と *The Order of Things* 257

2. 訳語のまとめ 263

第7章 Saussure の自筆草稿と時枝学説の相違についての考察 265

1. "時枝・服部論争" の論点の考察 265

2. 思想解釈の相違 266

  2.1 langue、langage と parole 266

  2.2 実存体としての langue 276

  2.3 記号の対立と意味 283

  2.4 言語記号の恣意性 303

  2.5 Saussure と時枝誠記の「主体観」 321

  2.6 時枝誠記と Saussure の学問的類似 336

  2.7 Saussure の真の言葉と時枝学説 344

  2.8 時枝誠記の認知的言語観 350

3. 訳語の問題 360

  3.1 langue、langage と parole 360

  3.2 訳語の対応関係 363

  3.3 signifié と signifiant 367

  3.4 翻訳の問題 372

4. 時枝誠記とその時代 379

  4.1 小林英夫に対する称賛 381

  4.2 時枝誠記による Saussure 学説批判の真意 387

第8章 構造と認知の科学　　　405

1. 言語における構造とはなにか　　　405
2. 言語の科学と科学としての言語　　　412
3. 生得性としての langue と後天性としての signe　　　418
4. langue と parole の言語学　　　421
5. 記号としての言語　　　427
6. 構造と認知の接点に向けて　　　430

あとがきにかえて―なぜ今 Saussure か―　　　439
初出一覧　　　449
引用・参考文献　　　451
人名索引　　　511
事項索引　　　518

序章

現代言語学と Saussure

1. 現代言語学と Saussure

　20世紀以降の現代言語学は、その形成と発展の多くを Ferdinand de Saussure（1857–1913）の代表的書である *Cours de linguistique générale*（以下、*CLG* で表す）とそこで展開された学説に負っている。そのため、Saussure は現代言語学の祖とされるわけであるが、彼が打ち立てた構造主義言語学と称される学問は、哲学や心理学とも結び付き、様々な分野で大きな発展を遂げてきた。

　言語学において、言葉が先か物が先かという問題は、根本的かつ普遍的問題である。そしてその主張内容により、結果的に言語が先に存在し、その言語によって概念が形成されるという考えを展開した代表的人物が Saussure である。そしてそれは、Humboldt、Herder、Sapir、Whorf、Cassirer、Weisgerber らが唱えた言語相対説となって、構造主義言語学において言語先行論を展開してきた。特に、母国語に民族の精神を創造する力、文化を担う力、歴史を形成する力を認めた Weisgerber の言語論などは、最も積極的に言語先行論を唱えたものであると見ることができるだろう。

　しかし、こうした言語先行論には様々な批判や反証も少なからず存在する。そうした批判の代表的なものが、Greenberg（1954）であろう。Greenberg は、（1）一口に言語といっても、そこで問題となるのは音的な側面か意味的な側面かまたは文法的な側面か、（2）言語と関連するもう一方の対極にあるのは知覚面か認識面か、（3）知覚か認識かを規定するのは個人の行動様式によるものか文化的様式によるものか、（4）その関連は単なる反映か一方が他方を積極的に規定するものか、といった問題を指摘している。Saussure の学説における langue、langage、parole という枠組みに限って回答

I

すると、（1）は意味的な側面、（2）は言語の対極にあるのは認識面、（3）は認識を規定するのは文化的様式によるもの、（4）は一方が他方を積極的に規定するもの、となろう。

2. Saussure 学説の矛盾

　Saussure の学説から生まれる言語先行論から必然的に導き出される帰結は、"言語記号の区別がなければ概念も区別されない"というものであるが、意味研究の立場から見れば、これは大きな間違いである。その最たる反証が、同音異義と多義の意味解釈である。国広哲弥（1985: 18）が指摘するように、言語における記号表現と概念は実際には必ずしも明確な形で平行せず、さまざまな反証も数多く散見される。また言語記号に対立する差異がなくとも概念の形成が見られることは、現実には数多く存在する。

　こうした問題について CLG から解答を求めることは容易ではない。その根本的一因が、Saussure の学説を記した CLG の記述の信憑性の問題である。CLG は 1907 年、1908〜1909 年、1910〜1911 年に、Saussure がジュネーヴ大学で三回にわたって行った一般言語学の講義を聴講した学生達の取ったノートを、Bally と Sechehaye が Riedlinger の協力の元に再構成、統合して編纂、復元したものである。しかし Bally と Sechehaye は Saussure の講義に出席してはいない。こうして出来た CLG がいわば Bally と Sechehaye による創作であり、Saussure の思想の断片が都合よく切り貼りされたパッチワークに過ぎず、それがつぎはぎだらけの CLG の記述の"ムラ"となって表れていることは、これまで一種の"暗黙の了解"であった。

　また CLG における術語解釈をめぐる問題の複雑さもそれに拍車をかける。しかも Saussure の学説には、言語学者を悩ませる内容的な矛盾がいくつか存在する。その代表的なものが、「言語記号の対立によって概念の対立が見られ、記号には差異しかない」（1916: 166）という主張である。しかしそう言いながら Saussure は、同音異義や多義に関する問題については「この種の同一性は主

観的な定義不能の要素」（1968: 243）*1 といった漠然とした説明
で、自らの主張に対する否定とも矛盾とも、あるいは言い逃れとも
取れるなんとも煮え切らない態度を取る。

　CLG に見られる Saussure 学説のこうした不自然さと矛盾点につ
いて言語学的視点からいち早く気付いていたのが国広哲弥である。
国広は、「ソシュールは（理論的矛盾点に）大して悩むことなく、
さらりと逃げているように見受けられる」（1985: 19）、「ソシュー
ルは自説の誤りに気付かないまま、何の説明にもならない言辞を吐
かざるを得なかった。（中略）これがあの明敏なソシュールの言で
あるかと我が目を疑わせる」（2006: 20）などと、早くからその不
自然さと矛盾点を繰り返し指摘してきた。国広のこの辛辣な批判は、
CLG の記述を見る限り当然である。CLG に巣喰うこうした多くの
矛盾は一体何なのか。この問題については、以下の小松英輔
（2011: 36）の言葉にその全てが集約されている。

　　　"われわれは時として小林英夫訳『一般言語学講義』（旧版は、
　　　『一般言語学原論』）を読んで、その言葉づかいの不自然さ、接
　　　続詞の不明瞭さに気がついて原著をひもとくことがある。たい
　　　ていの場合フランス語の原文にもその不自然さは残され、どこ
　　　からそれが生れたかと思う。原因は原文のテクストが均一の織
　　　物でできていないからだ。"

　そしてそれが Saussure 自身の主張と CLG における主張に隔たり
や違和感を生じせしめ、歪曲や誤解を生んでもそれは至極当然のこ
とである。このことは丸山圭三郎ら Saussure 研究者によって早く
から認識され、Constantin の残した講義ノートなどの資料を基に
CLG における主張や学説の内容が幾度となく修正されてきた経緯
からも推し知ることができる。

　松澤和宏（2003: 425）に至っては、CLG におけるこうした矛盾点
を指して「支離滅裂に陥ったソシュール」とさえ言い放っている*2。

3. Saussure 研究の方向性

　松澤（2006: 99）によれば、Saussure 研究の方向性は、① 20 世

紀の *CLG* の受容過程と重なり、言語理論や哲学、人文学の観点からアプローチする Saussure の思想解釈の研究、② Saussure が遺した草稿を研究し、Saussure 学説の見直しや解釈そのものを更新する Saussure の文献研究、③ Saussure の言語思想を 19 世紀後半から 20 世紀初頭にかけての歴史的な文脈の中に位置付けながら理解を進める歴史的言語研究、の三つに大別されるという*3。本書の立場は明らかに①であるが、21 世紀になり Saussure 自身の手による *CLG* の手稿が数多く発見され、これまで Saussure の主張とされてきた *CLG* における学説の主張点や主要点が大幅に書き換えられ、②においても大きな前進を見た。それとともに、Saussure の学説を言語先行論として位置付けることで、これまで長年疑問視されてきた現象についてもいくつかは解決の糸口が見出されることとなった。本書では②を足がかりにしながら、①について解明を試みる。また 21 世紀に入って認知言語学の熟成を迎え、それとともに当時の Saussure 学説の受容と抵抗という形で時枝誠記を中心とする論争の実態と意義を今一度見つめ直し、③についても解答を与えた。

　さらに加賀野井秀一（1995: 62）は Saussure 研究の目指す方向に、① Saussure 学説の矛盾や亀裂や空白をもふくみこんで共に思索し、常に言語の謎に直面していこうとする方向性と、② *CLG* が未だ不完全であることを第一の問題にし、原資料に立ち返ることでそこでの様々な不整合の問題を解決し、整合化を図ろうとする方向性の二つをあげる。そして現時点で Saussure の遺産を振り返る意味は、前者をおいて他にはないとする。

　②の Saussure の文献研究においては、これまで三つの大きな指標があった。第一が Robert Godel（1957）による *Les Sources Manuscrites du Cours de Linguistique Générale de F. de Saussure.*（『一般言語学講義の原資料』）である。第二は Rudolf Engler（1968）による *Cours de Linguistique Générale, Edition Critique*（『一般言語学講義校訂版』）である。第三は Tulio de Mauro（1967）の *De.Ferdinand de Saussure Corso di Linguistica Generale Introduzione, traduzione e commento*（山内貴美夫訳（1976）『ソシュール一般言語学講義校注』而立書房）である。これらの書はわが国ではこれまで丸山圭三

郎を中心に精力的に紹介、解読されてきた。そしてここに来て、最も大きな四つ目の指標が加わった。それが小松英輔と松澤和宏らによる、1996 年に発見された Saussure の自筆草稿の研究やその一連の翻訳である。Saussure の文献研究の発見と成果は小松や松澤らの研究に任せることにして、われわれ言語研究者は①の立場に立ち、Saussure 学説の矛盾や亀裂や空白をもふくみこんで共に思索し、常に言語の謎に直面し解決する方向性を模索しなければならないし、また本書の目的もそこにある。

　そしてこの立場に立ち、CLG における Saussure 学説と意味現象の不整合について考えるとき、一番の謎は記号の対立という部分である。この考えに従えば、同音異義や多義の類は存在しないことになる。しかし現実はそうではない。ではそのことに対して、どのようにして CLG に解答を求めたらよいのか。そもそも Saussure 自身、CLG においてフランス語の son や sens の同音異義を例に取り上げ、言語記号の差異が概念の区別を支えるものであるかどうか疑問視していることは、今や周知の事実である。そうなると Saussure 自身、記号の対立と差異ということにどれだけ確証を持っていたか疑わしいこと、ましてや主説として言語先行論を唱えたということでは必ずしもなさそうである。しかしながら言語研究の世界においては、言葉が先にあり、概念はそれに付随するという考え方が今もって大勢であるように見受けられる。

4.　Saussure 学説と言語研究

　では、われわれ言語学者は言語の研究に際して、何を問題とし何を解決しようとし、またその研究の足場とするべきものは何なのか。Saussure はそこに大前提としての langue（ラング）と parole（パロール）、そして langage（ランガージュ）という三分法を設ける。そして科学としての言語学が研究の対象とし、また解明すべきものは langue であるとする。しかしこのことこそが先に述べた言語先行論につながり、後にその解釈を巡って大きな論点となる問題をはらんでいる。

そもそも langue とは何なのか。はたしてその理解は言語学の世界で一様であるのか。なぜなら、小林英夫による *CLG* の日本語訳における langue、langage、parole に当てられた訳語を見る限り、それが言語学の世界の内外で定着しているとは思われない。またそれ以上に、*CLG* 以降に上梓されたフランス語の主たる言語学や哲学関連の書物における langue、langage、parole の日本語訳を見ると、その訳語自体になんら統一性は見出されず訳者で揺れがあり、またそれが伝える内容も不誠実かつ分かりにくさの極みだからである。

　そして langue、langage、parole の問題については訳語の問題もさることながら、その主張について様々な反論の余地も小さくない。そこでの最も大きな議論の一つが、国語学者、時枝誠記（1900–1967）が打ち立てた「言語過程説」と呼ばれる学説を基にした、わが国でのいわゆる“時枝・服部論争”である。言語学や哲学の書物を読むと、時枝と服部の論争について言及した文があちこちで散見されるもののそれは軽く触れられる程度で、そこでの論点や経緯について具体的に語られることは皆無である。しかも驚くことには、時枝と服部の論争を全く知らず、Saussure の学説と *CLG* がわが国で諸手を挙げて受け入れられたと思い込んでいる人間も少なくないことである。“知る人は語らず、語る人は知らず”とは福田恆存の言葉であったと記憶しているが、当時を知る人間は何も語らない一方で、こうも多くあちこちで言及され散見される時枝と服部の論争とは一体どのようなものであったのか。そしてその議論の果てに何があったのか。われわれのような当時を知らない人間にとっては、好奇心にも似た疑問と探究心をそそる要素が尽きない。

　“時枝・服部論争"は、時枝がその著書、『国語学原論』（1941）の中で展開した Saussure の学説批判に端を発し、それに対する服部四郎（1908–1995）らの反論による一連の議論を指す。そしてこの論争は、1940 年代後半から 1970 年代半ばまでの長きにわたって、実に多くの言語学者、哲学者達を巻き込んだ一大論争となって言語学界や哲学界を賑わし続けた。わが国における Saussure 学説の受容と抵抗は、これら一連の論争と共に進展してきたと言える

であろう。

　ただし、あらかじめ断っておくが、史実としての"時枝・服部論争"を引っ張り出し、そこでの議論を事実としてただ羅列するだけでは何の意味もない。なぜならそこで展開された論の多くは、誤った理解の上に立った誤ったままの不毛な議論か、またはこれまでのSaussure学説の修正に伴い、すでに解決したり解答を見出された部分も少なくないからである。しかしそれでも、当時の時枝と服部の議論を知るうえで、本書は当時の時枝、服部の議論とそれに関わる原資料をすべて集め解説した資料集としても十分に価値を持つ。なぜなら、時枝、服部の議論にかかわる当時の全資料を集め、直接それに当たった書物は皆無だからである。特に意味の内容に限定すれば、その論文タイトルやそれが所載されている論集名を明記したことにより、これより後の人間が時枝、服部の議論についての資料に当たるときには本書を足場に、いつ、誰の、何という論文に当たればよいかが一目瞭然となる。また意味の問題に限定しなくとも、そこから言語の色々な側面に応じた問題に行き当たり、新たな発見や解答に到達することもありえるだろう。ただしそこに言語学としての学問的価値を見出し、付加するとなると、それはまた別の問題である。

5. Saussure 研究の新時代

　1996年にSaussureの自筆草稿が発見され、Saussure研究史上間違いなく最高峰の成果である小松英輔らによる修正や解説、松澤和宏らによるその翻訳、出版という山場を迎えた現在、かつてのBallyとSechehayeによる *CLG* は何の意味もなさない過去の遺物であり、もはや一顧だにする価値も見出されないとする向きもあろう。しかし、果たしてそうであろうか。言語研究においてSaussureの学説と *CLG* は昔も今も基本的入門書であると同時にバイブルであり、そこでの様々な反論や異論はあるにせよ、科学の対象として言語を位置付け、言語を記号として捉えるという言語研究における基本的姿勢は *CLG* における Saussure 学説の真髄であり、

それを通してわれわれが言語研究に接する第一歩であることには変わりがないのである。また多くの Saussure 研究者が口を揃えるように、CLG と言えば昔も今も Bally と Sechehaye によるものであり、Saussure の学説を一般のものとして世界中に知らしめ、また普及させたものこそが他ならぬ Bally と Sechehaye による CLG なのである。

ただし CLG での学説と Saussure の思想解釈について触れようとすると、CLG に巣くう問題の深遠さゆえに、われわれは最低限度の手順を踏まえる必要性に迫られる。それなしに Saussure 学説の批判も賛同もありえないし、それ以前にそもそも批判も賛同も成立しない。しかしその手順は困難をきわめる。正式な手順を踏もうとすれば、言語の問題に到達する前に、その手続きと解釈だけで人生の大半の時間を費やしてしまうことになるであろう。そしてようやく辿り着いた Saussure の思想は、われわれを言語の問題から遠ざけてしまうのに十分である。

言語研究者の言語の問いに対して Saussure の文献研究者の口から回答が与えられることはない。しかしそれは Saussure の文献研究者の責務ではないため致し方のないことである。彼らは意味研究との整合性や言語の問題のことを考えて Saussure 学説の修正作業をしているわけではないのである。彼らの仕事は Saussure の残した数少ない原資料に当たりながら、また時代とともに新たに発見された原資料と過去の資料との相違点を洗い出し、CLG における記述の問題箇所を一字一句、一文字一文字を突き合わせてそこでの言葉と思想内容を忠実に掘り起こすことであり、判読不能に近い古文書を読み解くような作業であることは想像に難くない。しかし本書で展開する私の仕事はそれではない。よって、Saussure 学説と CLG における記述も意味の問題に関する必要最小限の箇所を示すにとどめる。ただし、Saussure の学説についても筆者自身が誤解や読み違えている箇所が全くないとは言い切れない。それゆえ言語や意味の問題に関する箇所は極力原文と訳文を対照的に突き合わせて示す。そしてその理解を最も信頼を置けると考える小松や松澤らの最新の Saussure の文献研究の成果に頼ることは、いささかも間

違ってはいまい。

　われわれ言語学者はどこまで行っても言語現象とそれを引き起こす原理について解明しようとする立場から Saussure を読み、そこから解答を求めようとする。本書が目指すのは Saussure 学説の掘り起こしやそこでの思想内容の修正ではなく、あくまで意味研究の立場から自ら解答を探り、Saussure 学説の不備と不整合の問題を洗い出し、それに解答を与えることである。そこで足場とするのが以下にあげた最新の Saussure の自筆草稿であり、その翻訳である。

　1）小松英輔（1993a）の "*Cours de linguistique générale premier et troisième cours: d'après les notes de Riedlinger et Constantin.*"（Collection Recherches Université Gakushuin n° 24）とその翻訳である相原奈津江・秋津伶訳（2009）の『フェルディナン・ド・ソシュール 一般言語学第三回講義〈増補改訂版〉』（エディット・パルク）。

　2）小松英輔（1993b）の "*Troisième cours de linguistique générale（1910–1911）: d'après les cahiers d'Emile Constantin.*"（Pergamon Press）ならびに小松英輔（1994）の『ソシュール自筆原稿の研究』（平成 6 年〜平成 8 年度 科学研究費補助金基盤研究 B（2）研究成果報告書 課題番号 06451091）とその翻訳である相原奈津江・秋津伶訳（2003）の『フェルディナン・ド・ソシュール 一般言語学第三回講義（1910–1911 年）エミール・コンスタンタンによる講義記録』（エディット・パルク）。

　3）小松英輔（1996）の "*Premier cours de linguistique générale（1907）: d'après les cahiers d'Albert Riedlinger.*"（Pergamon Press）とその翻訳である相原奈津江・秋津伶訳（2008）の『フェルディナン・ド・ソシュール 一般言語学第一回講義（1907 年）リードランジェによる講義記録』（エディット・パルク）。

　4）小松英輔（1997）の "*Deuxieme cours de linguistique générale.（1908–1909）: d'après les cahiers d'Albert Riedlinger et Charles Patois.*"（Pergamon Press）とその翻訳である相原奈津江・秋津伶訳（2006）の『フェルディナン・ド・ソシュール 一般言語学第二回講義（1908–1909 年）リートランジェ／パトワによる講義記録』：

（エディット・パルク）。

5）Bouquet, S.et Engler, R.（2002）*Écrits de linguistique générale.*（Gallimard）とその翻訳である松澤和宏校註・訳（2013）の『フェルディナン・ド・ソシュール「一般言語学」著作集Ⅰ自筆草稿『言語の科学』』（岩波書店）。

本書ではこれら最新の資料と研究成果に全幅の信頼を置き、これらを Saussure 学説の真実とし、また Saussure の真の声として Saussure 学説の拠り所とする。かつて小松が行ったように、原資料に当たりそれを 2 万枚もの写真に収め、一字一句修正作業を施すのがわれわれ言語学者の本来の仕事でも目的でもない。しかもそうした作業はすでに小松が完遂してくれているのであるから、これ以上われわれが同じ真似をする必要もない。小松の残した偉業が日本に存在し、それをいともたやすく目にすることが可能な点を鑑みると、われわれは小松のこれまでの学苦に敬意を払い、またこうした偉業が日本人の手によってなされ、日本に存在することを誇りとすべきである。

ただし松澤自身も認めるように、松澤訳（2013）の最新の Saussure の自筆草稿自体もまだ断片的な部分が多いのも事実であり、これまでの Saussure の文献研究の歴史がそうであったように、現時点で最新かつ最良のものと思われる小松や松澤らの研究成果も、今後新たな追加資料の発見により主張内容に間違いが発見されたり、主張自体が塗り替えられる時が来るかもしれない。しかしそうであっても、現時点で最新、最良の資料を基に言語の問題点の解決を目指している今の筆者の研究には何ら影響を及ぼすものでもなく、仮にそのような状況になれば、またその時に修正を施せばよいだけのことである。

新たな言語研究に向け、過去の贖罪としてわれわれが何を見誤り、どこが誤解されたかを見つめ直すことは決して無意味ではない。むしろ同じ過ちを犯さないよう警鐘の意味も込めて、その誤りを広く知らしめるべきではないのか。また"時枝・服部論争"で議論された内容は、今日的な意味合いでも言語の本質に関わる部分が少なくない。そこに解答を与えるのもわれわれ後世の人間の仕事ならば、

そこでの議論を言語学的に位置付け、その価値や意義を今日的な視点で見出すこともまた、われわれに課された責務であるはずである。また、CLG における整合性や矛盾点の問題の原因が Bally と Sechehaye にあるとしたら、Saussure は不当に批判されていることになる。Saussure の本来の言葉と言語学の問題を突き合わせてそこでの不整合や矛盾点に解答を与えることは、後世に残された言語研究者と Saussure 研究者の双方に課せられた使命であろう。具体的には本章を通じて見ていくが、Saussure に反意を露にし、構造的言語観に疑問を投げかける時枝の主張には、Saussure の言語観に通じ、Chomsky の分析法に通う部分が実に多いのも、また事実なのである。これは一体何を意味するのか――。

更には、特に意味研究において、多くの点で Saussure の言語観に痛烈な批判を展開してきた国広哲弥でさえ、見方を変えれば熱心な Saussure 研究者と言うことができる。なぜなら、多くの言語研究者は自らの研究で得られた発見や結果を Saussure の主張と照らし合わせたりしないし、それゆえにその不整合の問題や矛盾点に気づくことすらないから疑問も批判も生まれないのである。その意味で、常に自論とそこでの発見を Saussure の主張と照らし合わせ、その主張と現実の現象における食い違いに素直に疑問を呈し、その理由と原因を追求し続けた国広は真の言語研究者であり、同時に真の Saussure 研究者なのである。

6. 本書での問題点

21 世紀に入ると、言語学は二つの大きな潮流がぶつかりあい、パラダイムの変換を目指した理論の淘汰が目覚ましい。二つの潮流とは、Saussure に端を発する構造主義言語学に根ざす生成理論的言語研究と、Saussure とは成立基盤を異にする認知言語学に根ざす認知理論的言語研究である。言語研究が更なる成熟期を迎えた現在において、時枝ならびに服部による Saussure 学説の正当性をめぐる論争が言語学の歴史の中に埋もれ、殆ど忘れ去られているような現実を見る時、一抹の不満が残る。本書ではこうした問題を取り

上げ、認知言語学という、我々の概念世界の解明と言葉との連関を探る新たな学問の成熟を迎えた現在において、Saussure と時枝の両学説を再検討すると共に、20世紀の言語学を振り返り、言語研究の原点的問題としての視点から“時枝・服部論争”の言語学的な価値について今一度問い直したい。

これまでにも述べてきたが、つまるところ本書で問題にし、解答を試みるのは以下の四点である。

①langue とは何か。

②langue が実存体であるとはどういうことか。またどこに存在するのか。

③記号の対立という主張から多義と同音異義の現象はどのように説明付けられ、また解決されるのか。

④場面や文脈といった言語以外の要素をどのように言語と関係付け、意味の問題として解決されるのか。

同時にこの四点こそが、“時枝・服部論争”における主要論点そのものでもある。そして本書では小松英輔の研究成果や最新のSaussure の自筆草稿を足場に、これらの解決を試みるものである。

今回問題とした上の四点は、現時点でこそ Saussure の自筆草稿の発見とその翻訳という時流の中で、これまでの解釈や説明が修正を迫られ、塗り替えられようとする歴史の分岐点にあり言語学的にも意味を持つ。なんとなれば、丸山圭三郎による Saussure の思想解釈の説明も修正を迫られる可能性も現実問題として否定できないのである。丸山の論でさえそうなのだから、丸山を下敷きにし、鵜呑みにし、受け売りしてそれをあたかも自論のような顔をして、百年一日の如く繰り返されてきたおびただしい数の Saussure の思想解釈についての関連の書物や論文も然りである。

本書の基となるのは、2003 年に国際基督教大学大学院に提出した筆者の博士論文において関連的萌芽問題として温めてきた“時枝・服部論争”の研究と、その後 2005 年～2008 年まで敬愛大学研究プロジェクト補助金（研究課題：「言語研究における時枝誠記のソシュール学説批判とその言語学的意義についての現代的考察」）の助成により「時枝・服部論争の再考察（Ⅰ）～（Ⅲ）」としてま

とめた一連の研究成果である。さらに 2014 年 11 月 29〜30 日に開催された国際基督教大学アジア文化研究所主催の公開シンポジウム『アジア研究の現在―思想・歴史・言語』で研究発表した「ソシュールの『言語学原論』と時枝誠記の『国語学原論』における主体的言語観について」と、それを基にした「Saussure と時枝誠記の主体的言語観についての再検討―Cours de linguistique générale と『国語学原論』を基に―」国際基督教大学アジア文化研究所編『アジア文化研究』別冊第 20 号、pp.159–175.（2015 年 3 月）、ならびに「ソシュール学説の一つの矛盾についての考察―「言語記号の差異」について―」久留米工業大学編『2015 久留米工業大学 研究報告』No.38、pp.54–66.（2016 年 3 月）、日本フランス語フランス文学会 2016 年度秋季全国大会ワークショップ「ソシュール『一般言語学講義』の 1 世紀―構造主義、時枝論争、新手稿」で発表した「Saussure と時枝誠記―Saussure 学説の受容と抵抗―」（2016 年 10 月）、「ソシュール学説の一つの有効性についての考察―「記号の恣意性」について―」久留米工業大学編『2016 久留米工業大学 研究報告』No.39、pp.72–84.（2017 年 3 月）、「ソシュール学説の一つの誤りについての考察―「言語実存体」について―」久留米工業大学編『2017 久留米工業大学研究報告』第 40 号、pp.103–113.（2018 年 3 月）、「ソシュール言語学と翻訳―小林英夫と時枝誠記の邂逅―」国際基督教大学アジア文化研究所編『アジア文化研究』第 44 号、pp.37–58.（2018 年 3 月）といった一連の研究成果に基づく。それに今回新たに CLG 以降のフランス語の原書に出てくる langue、langage、parole の三分法の使用を見ながら、それに対する英語、日本語の訳語の問題点の比較考察と Saussure の自筆草稿との検証を加えた。

　本書では、引用文で訳者が付した訳語を用いる場合などを除いて、本文で私自身が論考の対象とする場合は、langue、langage、parole、signifié、signifiant などの問題とする言語学の術語はそのまま原語で用いる。というのも、既存の訳書ではこれらの術語の訳語に揺れが見られ一定ではないのと、翻訳に頼る以上は避けられないことであるが、原語と訳語という二重構造となってしまい、原文

と訳文、原語と訳語の間に距離感が生じ、読者に少なからず隔靴掻痒の感を抱かせることとなり、理解に混乱と歪曲が生じてしまう危険性を極力避けるためである。言語学を専門とし、フランス語を原文のまま読み解くことが可能な方にはそのまま原語で用いるほうが遥かに分かり易いものであることは想像に難くないが、フランス語に通じていない一般の読者の方にはやや分かりづらいかもしれないことは、あらかじめここで断っておきたい。だからといって一般の読者を決して排除するものではなく、むしろ本書を通じて広く一般の読者にも言語学と翻訳の問題に関心を持って頂きたいというのが著者のささやかな願いであることだけは蛇足ながら付け加えておきたい。また、Saussure、Bloomfield、Chomsky などの人名も、そのまま原語で表記する。

　なお、本書で取り扱う引用文中の旧字体は、全て新字体に改めた。また、引用文中の Saussure の日本語表記も時代によって、"ソッスュール"、"ソッシュール"、"ソスュール"、"ソシュール"と異なるが、本稿では全て"ソシュール"で統一した。更に、引用文中で"右は"となっているのは、原典では原文が縦書きであるためである。また、現在では使用禁止とされている卑語や侮蔑語は、当時の原資料を重んじる意味でも、あえてそのまま用いた点、ここに改めて記しておく。

＊1　Engler 版 p.243、断章番号 1764。原文は以下のとおりである。

　　"Mais ensuite, si nous considérons cet autre point que dans la même phrase je puis dire par exemple : *son* violon a le même *son* ; si précédemment je m'étais appliqué sur l'identité du *son*, je verrais ici que la tranche auditive *son* répété deux fois ne représente pas une identité. De même si on surprend la même suite auditive dans "*cet animal porte plume et bec*" et "*prête-moi ton porte-plume*", nous ne reconnaissons pas qu'il y a là une identité. Il faut qu'il y ait identité dans l'idée évoquée. Elle comporte, cette identité, un element subjectif, indéfinissable. Le point exact 〈où il y a identité〉 est toujours délicat à fixer." ［斜体部原文ママ］　　(Komatsu Eisuke, 1993b: 294–295)

　　"これがまず一点目ですが、次に、別の文を例に出して、二点目を考えて

みます。<u>son</u> violon a le même <u>son</u>[訳注：彼の（ソン）バイオリンは、同じ音（ソン）だ]。"私が音の同一性（イダンティテ）だけにこだわっていれば、二度繰り返される son という聴覚の切片が、ここで同一性（イデ）を表していないことがわかるでしょう。

　同様に、**cet animal porte plume et bec**[訳注：動詞 porter の三人称単数形＋目的語 plume と bec。この動物は羽根と嘴を持っている、の意]と〈**prête-moi ton**〉**porte-plumes**〔ママ〕[訳注：一つの名詞 porte-plumes。あなたのペン軸を私に貸して、という意]の中で、同じ音の繋がりに気付いても、私たちはそこに同一性（イダンティテ）があるとは認めないでしょう。同一性（イダンティテ）は呼び起こされる観念の中にこそあった、と言うべきなのです。

　この同一性は、定義できない主観的な subjectif 要素を含んでいます。〈同一性（イダンティテ）がある〉という点を厳密にするには、いつも細心の注意が必要です。"[太字と下線部ママ]　　　　　　　　　　　　（相原・秋津訳、2003: 168）

*2　こうした *CLG* の記述の不統一や矛盾について加賀野井秀一（2018: 36）は、"（前略）私たちのソシュール研究には、当初から一つの困難がつきまとっていたことに気づかざるを得ない。つまり、私たちはソシュール研究の重要性を感じ取りながらも、直接、彼の懐に飛び込むことはできず、ソシュールを知るすべ、すなわちソシュールを知るための基本文献を、まずは疑ってかからねばならないという極めて特殊な状況に置かれていたのである。"と述べているが、このことからも *CLG* に巣喰う問題の深淵が見て取れるであろう。

*3　こうした方向性は、これまでにもすでに色々な文献で散見されるが、時代的な経緯を経た分、松澤の分類法がより的確であると言えるだろう。また Roy Harris（2001）は Saussure 像を（1）*CLG* の著者としての Saussure、（2）三回にわたる一般言語学の講義を行った教師としての Saussure、（3）何千枚もの遺稿とそこで展開する複雑な理論の研究者としての Saussure という三つに分類している。ただ、広く一般に知られている Saussure は（1）の顔であり、それだけに *CLG* とその影響力の大きさがうかがえる。今日でも Saussure と言えば、Bally と Sechehaye による *CLG* とそこでの学説を指すことが一般的である。そして、Saussure 学説のわが国での受容に対しては、前田英樹・滝口守信（1985: 157–162）の分析を基にしながら、Suenaga, A.（2003）と石井久雄（2007: 255–271）の分析を合わせ、四段階を認める関沢和泉（2013: 96）の指摘が最も現実に即したものであろう。

序章　現代言語学と Saussure　　**15**

第1章

言語学の潮流と意味研究

1. Saussure とヨーロッパ構造主義言語学

　20世紀以降の現代言語学の形成と発展が Ferdinand de Saussure に負っていることはすでに述べた通りである。彼が打ち立てた構造主義言語学と称される学問は、哲学や心理学とも結び付き、様々な分野で大きな発展を遂げてきた。そして Saussure の学説は、我が国において最も敏感に受け入れられ*1、その主張について様々な賛同や反論を生んだ。Saussure の言語理論の功績は数多くあるが、主要なものを簡略化してまとめると以下の五点に集約されよう。

　第一に、抽象的な概念であり、ある言語社会の成員に共通して内包され得る根本的な言語形成のための概念を指す"langue"と、この langue の運用によって実現され得る個々の発話を指す"parole"、更には langue と parole から成る言葉による表現・聴取活動全体と、そのような活動を成立させる生得的な能力までをも指す"langage"という三つの体系を設け、言語記号の成立が記号の対立から始まる現象に対して解答を試みたことである*2。

　第二に、言語研究のあり方に対して、"diachronique（通時的研究）"と"synchronique（共時的研究）"の二つの枠組みを設けたことである。そして Saussure は、前者に対する後者の研究の優位を説く*3。

　第三に、言語を"signe（記号）"として捉え、そこには指すところの資料を表す"signifiant（能記）"、指されるところの意味内容を表す"signifié（所記）"という、二つの表裏一体の概念を体系立てたことである*4。

　第四に、signifiant と signifié の間には、何ら必然的な結び付きは存在せず、それは恣意的なものであるとする、「記号の恣意性」

と呼ばれる特質を明らかにした点である。この特質を Saussure は言語学の第一原理に置いている。

　第五に、言語は相互に織り込まれた要素から入念に作り上げられた「構造（structure）」であり、言語内の諸項目は全て、もともと相互に結び付けられたものであるとする考えを打ち出したことである。

　これらの考えは Saussure の死後、彼の教え子達がその講義メモを寄せ集め、*Cours de linguistique générale*（一般言語学講義）*5 と題される書物として 1916 年に出版される。この書物が後年、特にヨーロッパにおいて言語学の進展に大きく影響を及ぼすことになる。

　ただし、これは 1913 年に 55 歳の若さで急逝した Saussure の教えを汲み、入手可能なわずかな手稿や受講生のノートの内容を Bally と Sechehaye が寄せ集めたものである。二人の努力はその後現代言語学の礎をなす CLG として結実したが、その内容は Bally と Sechehaye が Saussure の理論的視点のつじつまを合わせたものにすぎず、元来の講義内容を踏襲した構成にはなっていない。このことは初版のまえがきにおいて「見つかったものは手稿が数枚とメモ書きだけだった」と書き記されている点からも明白である。

　ただし、CLG のこうした問題点を好意的に捉えるならば、Martinet（1965: 34）の言うように "その発行が著者の承認を得ていない多くの著書同様、開花しつつある思考の一段階を生硬な形で表している" と言えるのかもしれないが、Sumpf（1971: 9）も指摘するように、CLG における主張点は言語に関するいくつかの命題提起といった性質のものであり、決して一つの言語モデルを提起したものではないという点を取り違えてはなるまい。

　CLG で展開された Saussure の考えを基に、ヨーロッパにおける 20 世紀の現代言語学の幕が切って落とされた。そして Saussure の考えは、Roman Jakobson（チェコスロヴァキア 1896–1982）を中心とするプラーグ学派（Prague School）*6 と Louis Hjelmslev（デンマーク 1899–1965）を中心とするコペンハーゲン学派（Copenhagen School）*7、さらには Saussure に端を発するジュネ

ーヴ学派（Geneva School）＊8 によって引き継がれる。プラーグ学派は、具体的言語素材を外界の現実との相関において捉える。コペンハーゲン学派は、Saussure の「言語は実質ではなく形相である」という主張の形相的な性質を追求し、言語の形式的な部分を研究対象とした。Hjelmslev は Saussure の体系や構造に見られる関係性という考えを引き継ぎ、言語の本質に属すると考えた体系や構造における関係性を厳密に分類して後に「言理学（glossematics）」という学問体系を構築したことで知られる。その点で、コペンハーゲン学派は Saussure の理論的部分をより強固にし、Saussure 学説の正統な継承という性格以上の内容を持っている。

　一方プラーグ学派は、言語を結合した構造体として見るという考えを中心に置き、その機能面を重視した点に特徴がある。言語が社会で果たし担う役割の機能を認識、分析することを主眼とし、言語の構造的な部分を解明しようとする。言語の機能である情報伝達という側面における認識的機能と指示的機能、表現的機能と感情的機能、能動的機能と命令的機能、交話的機能とメタ言語的機能などの区別を明示する。プラーグ学派は Jakobson を中心に、言語の「両極性」という形で Saussure の主張する "syntagma（連辞）" や "association（連合）" という考えを受け継ぎ、記号と内容の意味作用が個人内部のものであれ社会的なものであれ、様式という形を通じて詩や散文、絵画などにもその構造性が見出されることを主張する。そして後にフランスの人類学者、Lévi-Strauss と一種運命的な出会いを果たすことで、構造主義が言語学の枠を超えて人類学、現代思想、哲学などにまで拡張していくきっかけとなる。

　いずれにしても、構造主義の発展と拡大という点では両者が重要な役割を果たしていることは間違いない。

2.　ヨーロッパ構造主義言語学における意味の研究

　先に述べた Saussure の学説で意味に関する主張とその功績は、第一に、langue、langage、parole という三つの体系を設けたことである。第二に言語を「記号（signe）」として捉え、そこには「指

すもの」を表す"signifiant（能記）"と「指されるもの」を表す"signifié（所記）"という二つの表裏一体の概念を体系立て、signifiantとsignifiéの間には何ら必然的な結び付きは存在せず、それは恣意的なものであるとする「記号の恣意性」と呼ばれる特質を明らかにした点である。そして第三に、言語は相互に織り込まれた要素から入念に作り上げられた「構造（structure）」であり、言語内の諸項目は全て、もともと相互に結び付けられたものであるとする主張を生み出したことである。

　こうした主張がまとめられているのが、Saussureの考えを著したCLGであるが、CLGそのものが彼の教え子のBallyとSechehayeによる編纂であり、Saussure自身の考えをどこまで忠実に再現し得ているかはなはだ疑問が残るものである。また、編者のBallyとSechehayeがSaussureの講義を受けていなかったため、CLGそのものの記述の信憑性をめぐる議論から逃れられない。実際、最近ではCLGに見られる矛盾点や疑問点をめぐって、この書物の再検討も行われている。しかしいずれにしても、CLGが後世の構造主義言語学の礎となったことは間違いのない事実であり、このCLGを基にしてSaussureの考えを再検討していくより他にない。

　CLGでの考えに従えば、「言語記号（signe）」は「指すもの（signifiant）」と「指されるもの（signifié）」から成り立っている。signifiantの構造については、音韻論、形態論、統語論が守備範囲となり、意味論はsignifiéを研究対象とする。また、意味を持つ最小の単位は形態素であるため、意味論の最小単位は形態素に対応する内容の研究ということになる。しかし実際上は、語の意味内容が便宜上意味論で扱う最小単位とされることが多い。語から句、句から節、節から文という手順で意味が生成されるのである。ここでは表現形式が先であり、意味内容はそれに付随するという考え方である。

　またSaussureは、抽象的な概念であり、かつある言語社会の成員に共通して内包され得る根本的な言語形成のための概念であるlangueと、このlangueの運用によって実現され得る個々の発話である

という体系を設けたが、そこでは langue の研究こそが言語学の第一原理であり、parole の研究はそれに従属するものとしての地位しか与えなかった。この部分について、CLG では次のように記されている。

　"Il n'y a, selon nous, qu'une solution à toutes ces difficultés : il faut se placer de prime abord sur le terrain de la langue et la prendre pour norme de toutes les autres manifestations du langage. En effet, parmi tant de dualités, la langue seule paraît être susceptible d'une définition autonome et fournit un point d'appui satisfaisant pour l'esprit.（中略）

　La langue, distincte de la parole, est un objet qu'on peut étudier séparément.（中略）C'est au psychologue à déterminer la place exacte de la sémiologie ; la tâche du linguiste est de ce qui fait de la langue un système spécial dans l'ensemble des faits sémiologiques."

(1916: 25–33)

　"われわれの見るところ、すべてこのような難問にたいする解決策は、一つしかない：<u>なにをさしおいてもまず言語の土地の上に腰をすえ、これをもって言語活動の他のいっさいの現われの規範とすべきである</u>。じじつ、かくもおおくの二面性のうちにあって、言語のみは自律的定義をうけられそうであり、精神にたいして満足な支柱を供するのである。（中略）

　言語は、言とはことなり、切りはなして研究しうる対象である。（中略）記号学の精密な位置を決定するのは心理学者の仕事である；言語学者のつとめは、言語をして記号学的事実の総体のうちで特殊の体系たらしめるものを、定義するにある。"

　［下線部原文ママ］

（小林英夫訳、1972: 21–29）

　Saussure は、langue に比べ parole ははるかに処理しにくい対象であり、langue の科学こそ本来的な言語学であり、parole の科学には従属的地位しか与えなかった。ここにこそ、Saussure に範を取る現代言語学の落とし穴がある。この考え方は、現実世界との関わりの中でなされる言語の伝達機能を全く無視し、文は parole に属するものとなる。しかし、実際に意味は現実世界との関わりにお

いて発せられる発話文、すなわち parole にこそより強く存在する。そしてその記述は、可能な限りの parole の採集によって、そこから帰納していくより他にない。しかし Saussure に端を発する構造主義言語学では、parole の研究には従属的地位しか与えられず、langue の研究が先行するものであったため、言語学の対象は、意味よりも形式へと向かうのである。彼のこうした考えが、20 世紀の構造主義言語学においては、初めに音韻論、後に形態論が研究の中心となる中で、意味論の研究を遅れさせた一因と考えられる。

3. Bloomfield とアメリカ構造主義言語学

　一方アメリカでは、言語学は人類学の分派として始まった。ただし、アメリカにおける構造主義言語学の動向は、第一次大戦後までは Saussure に範を取るヨーロッパ構造主義言語学とそれほど異なる点はなかった。アメリカにおける構造主義言語学がヨーロッパのそれと異なる発展を示し始めたのは、1920 年以降である。

　20 世紀の初頭、人類学者達は急速に死滅しつつあったアメリカ・インディアンの諸種族の文化の記録に従事しており、アメリカ・インディアンの諸言語は、その研究の一局面に置かれていた。彼らはそこでの未知なる言語の記録、分析の必要に迫られ、それがまさに記述の方法から、ひいては言語学の学理全体にまで及ぶ出発点となった。その出発点となったのが、「アメリカ人類学の父」と称される Franz Boas（米 1858–1942）*9 であり、その記述的手法を受け継いだ Edward Sapir（米 1884–1939）*10 である。殊に Sapir は、後年、その教え子である Benjamin Lee Whorf（米 1897–1941）*11 とのホピ語の研究により、"Sapir ＝ Whorf Hypothesis（サピア＝ウォーフの仮説）"*12 を打ち出したことで知られている。特にこの論は、まえがきで述べたように、構造主義言語学における言語先行論の代表的なものである。と同時に、アメリカにおける構造主義言語学の基礎を形成したのは Sapir の業績であった。Sapir は Saussure 同様、二つの音の音声的な差異が言語の音素構造と一致した場合のみ、その言語の話者にとって意味を持つという現象を

発見した。

　アメリカ構造主義言語学が土着のインディアンの言語の記述分析から始まったことについては先述したとおりであるが、Sapir の音素論の誕生という研究は心理主義に基づいたものであり、その後、機能主義に基づく Leonard Bloomfield（米 1887–1949）＊13 の理論にその座を譲ることになる。Bloomfield の目的は、言語学を他の隣接諸科学から独立した真の科学にすることにあった。Sapir の研究に見られるような経験心理学に基本原理を求めた言語学を排し、行動心理学の原理を適用することで刺激と反応の図式から言語記号の部分のみを扱い、言語学に科学としての地位を与えようとしたのである。そしてアメリカ構造主義言語学は Bloomfield に代表される著書とその主張において急速に普及し、また発展した。彼は、その著書 *Language*（1933）において、言語を自然科学的研究手法において捉え、言語学は観察可能な資料を客観的かつ体系的に処理すべきであると主張した。そこでは、言語の意味よりも項目の配列様式により多くの関心と研究の重点が置かれた。そして言語学における意味の研究は、極めて曖昧かつ漠然としすぎたものであり、厳密な分析方法で処理することが不可能であると考えたのである。このことは、Bloomfield 自身によって次のように述べられている。

　　"The statement of meaning is therefore the weak point in language-study, and will remain so until human knowledge advances very far beyond its present state. In practice, we define the meaning of a linguistic form, wherever we can, in terms of some other science. Where this is impossible, were sort to makeshift devices. One is demonstration. If someone did not know the meaning of the word apple, we could instruct him by handing him an apple or pointing at an apple, and continuing, as long as he made mistakes, to handle apples and point at them, until he used the word in conventional way. This is essentially the process by which children learn the use of speech-forms. If a questioner understood enough of our language, we could define the word apple for him by circumlocution that is, in the manner of our dictionaries, by a roundabout speech which fitted the same situations as does the word apple, saying, for instance: "The well-known, firm-fleshed, smooth-skinned, round or oblong pome fruit of the trees of the genus Malus, varying greatly in size, shape, color, and degree of acidity." Or else, if we knew enough of the questioner's language, we could answer him by translation— that is, by uttering a roughly equivalent form of his language; if he were a Frenchman, for instance, we could give pomme [pom] as the meaning of apple. This method of definition appears in our bilingual dictionaries."

(1933: 140)

"意味の研究は言語研究の弱点である。この弱点は人間の知識が現在の状態より、はるかかなたまで進歩しなければ消えない。実際に当たっては、我々は言語形式の意味を、出来る場合には何か他の科学の助けを借りて定義する。それが不可能のときは、間に合わせ策に頼る。その策の一つは実物現示（demonstration）である。リンゴという単語の意味を知らない人があるとする、我々はリンゴを彼の手に渡し、あるいはリンゴを指して教え、間違わなくなるまでリンゴを手渡しまた指して、彼に呑み込ませれば、遂には彼はこの単語を慣習通りに使えるまでになる。これが、本質的には子供が言語形式の使用を学ぶ過程である。また質問者が我々の言語を十分に理解する人ならば、我々は単語「リンゴ」を遠まわしの言い方（circumlocution）により説明してやることができる。つまり辞書のやり方と同じく、単語「リンゴ」とその適用される場面を同じくする遠まわりのことばを用いるのであって、たとえばこう言う：「ありふれた、実の堅い、皮のなめらかな、円形または長楕円形をなす、梨果の果実。マルス属の木に生ずる。大きさ・形・色・酸度は大いに種類がある」。あるいはまた、もし我々が質問者の言語をよく知っているならば、翻訳（translation）によって答えをすることができる。つまり質問者の言語で大体それと等価の《roughly equivalent》形式を発音する。たとえばフランス人相手ならば、pomme [pom]を「リン

ゴ」の意味として与えることができる。この定義方法は我々の
二国語辞書《bilingual dictionaries》に見えるものである。"

（三宅鴻・日野資純共訳、1962: 178）

　Sapir にしても Bloomfield にしても、いわゆる構造主義以前のア
メリカの言語学者達の研究方法は、いずれも Saussure に範を取る
ヨーロッパにおける言語研究の伝統を踏まえていた。特に
Bloomfield は CLG を検討し、そこで明らかにされた langue と
parole という区別を高く評価し、CLG の書評をした唯一のアメリ
カ人研究者である。彼が 1924 年に著した CLG の第二版の書評で
は、「Saussure は初めて人間の言語に科学としての理論的基礎を与
えてくれた」と賛意を示している。しかしながら丸山（1981: 51–
52）も指摘するように、アメリカ構造主義言語学においては
Bloomfield と Chomsky という二重の誤解が Saussure にのしかかる
のである。Saussure が広く読まれもせず、また理解もされなかっ
たのは Bloomfield による功罪である。アメリカにおける Saussure
の受け取られ方は、構造主義という名称と相まって Bloomfield の
研究方法であるタクソノミー的なものと思われ、言語の構成要素の
成立と分布を記述するための音素論、形態論、統辞論としての扱い
であった。さらに、Bloomfield の行動主義的な研究方法を批判す
る Chomsky によってこうした誤解が拡大する。Saussure 学説の解
釈を自国におけるタクソノミー、行動主義、分布理論と同様である
と頭から混同し、Saussure 学説の浅薄な理解と大いなる誤解によ
って、Chomsky は Bloomfield の行動科学を Saussure のそれと重
ね合わせてしまうのである。
　しかし先述したように Bloomfield は langue と parole という区別
を高く評価し、後者の中に科学的に取り込みやすい知識の総体を認
めるのである。Bloomfield にとって langue は、日常の話し言葉の
流れから抽出された超個人的体系で、同一の言語社会の全ての成員
に共通の様相のみを組み入れたものであり、それは研究対象となり
得る一般的かつ厳密な合成物たり得たのである。しかもこの体系が
単に一言語社会の言語活動の総和であるだけでなく、言語的記号と
して機能する類型の体系であったことは、彼にとって論理的にも重

要な要素となったのである。それ故、Saussure の理論は、記述、もしくは構造言語学についての Bloomfield 自身の考え方を形成する根幹となったと考えてよいであろう。

4. アメリカ構造主義言語学における意味の研究

　しかしそれでも、自然言語における意味の研究は、長い間、言語学の研究対象とされてこなかった。特に第二次世界大戦後、アメリカの構造主義言語学が言語研究において中心的勢力として言語学の世界を席巻したが、そこでは言語研究の学問的厳密さや客観性を強調するあまり、意味の問題はあまりに主観的、心理的なものとして可能な限りそれを回避しようとする態度が見られた。そのため言語学における研究対象は、主として形に焦点が当たり、音韻論、形態論、統語論がその中心的な役割を果たすこととなる。そもそも現代の構造主義言語学において意味分野の研究が遅れた理由は、Saussure にまでその原因の一端を遡る。

　また、アメリカの構造主義言語学に目を移せば、意味研究の遅れは、アメリカ構造主義言語学の祖とされる Bloomfield の言語研究に対する姿勢に遡る。特に、意味の分野の研究については、彼は言語を自然科学的手法において捉え、可能な限り客観的かつ体系的に処理すべきものであるとした。その中で、意味とはあまりにも漠然として捉えどころのないもので、また主観的かつ心的なものでありすぎるため、厳密な分析方法で処理することが不可能な対象であるとして、意味の研究は更に文明が高度に発展してあらゆる諸科学が解明された時にこそ、そこでの何らかの科学的手法に頼ることで解明されるのを待つしかないとされた。特に、1930 年代から 1960 年代にかけての、アメリカ構造主義言語学の進展の一時期において、意味という不鮮明で非客観的な概念は、客観的かつ機械的な発見の手順を求めるという当時の方法論からは排除されていた感さえあった。Bloomfield（1933: 140）によってなされた、非言語的基準を言語の文法的記述の中に取り込んではならないとする主張は、そのまま、言語学における意味分野の研究の遅延へとつながっていく。

そして Bloomfield の意味に関する理論もこうした考えを前提とするものであり、言語を刺激と反応に基づいて示すことで、以下のように言語上の出来事と現実の出来事を区別する＊14。

"Accordingly, we say that speech-utterance, trivial and unimportant in itself, is important because it has a *meaning*: the meaning consists of the important things with which the speech-utterance（B）is connected, namely the practical events（A and C）."
［斜体部原文ママ］　　　　　　　　　　　　　　　　　（1933: 27）

"従って、ことば発話は、それ自身は些細で重要でないが、それが<u>意味</u>（meaning）を有する故に重要であると我々は言う。<u>意味とは、ことば発話（B）と関連する重要な物事、すなわち実地の出来事（A と C）から成り立つものである。</u>"［下線部原文ママ］　　　　　　　　　（三宅鴻・日野資純共訳、1962: 31–32）

このことからも明らかなように、Bloomfield にとって言語形式の意味とは「話し手がその言語形式を発する場面と、それが聞き手に喚起させる反応」に他ならない。言語を刺激と反応に基づいて示すことで、言葉の出来事と現実の出来事とを区別し、その上で言語の意味を定義し、科学的かつ客観的に見つめることのみが可能であり、そこに恒常性を現示することは不可能であると考える。Bloomfield のこうした考え方は、言語形式を記述するための厳密な方法を明確に規定しようということに他ならない。そして Bloomfield を中心とするアメリカでの構造主義とは、個別言語の構造（structure）の記述のための分析もしくは発見の手順のことなのである。Bloomfield のこうした考えは、以下の言葉からも推し知ることができる。

"Any utterance can be fully described in terms of lexical and grammatical forms; we must remember only that the meanings cannot be defined in terms of our science."　　　　（1933: 167）

"どんな発話でも、辞彙形式と文法形式に基づいて完全に記述できる。ただ意味が、我々の科学によっては定義できないということだけは記憶しておかねばならない。"　　　　（1962: 217）

Lepschy（1970: 89）も指摘するように、発話には語彙からは説

明されないある有意的な特性が含まれている。意味の一部は形式の配列に依存するためである。そして言葉は人間の行動の一つであり、人間の行動と他の動物の生物学的行動との間に違いは見られず、たとえば鼠を実験材料にそこから得られた実験結果を人間の行動や言語活動にあてはめようとする「擬鼠主義（rattomorphism）」に他ならないのである。そしてこれは、Saussure が厳しく批判した経験主義と呼ばれる考え方で、そこにヨーロッパとアメリカの「構造主義言語学」の一番の違いがあると考えられる。しかしヨーロッパ系とアメリカ系のいずれの構造主義の中にも見出された原点としての Saussure の思想と学説はやはり無視できないものであり、しかもそれが誤解と歪曲の極みであることを見るとき、われわれはやはり Saussure の影を追わざるを得ないのである。そして Bloomfield にしても Sapir にしても、いわゆる構造主義以前のアメリカの言語学者達の研究方法は、いずれも Saussure に範を取るヨーロッパにおける言語研究の伝統を踏まえたものであった。従って、彼らの意味に対する考え方は、Saussure が考えたように"言語は一つの構造体であり、そこでは各言語単位の価値はその言語単位がその構造全体の中でどのような位置を占めているかによって決定されるものである"というのと軌軸を一にすると考えてよいであろう。

　しかし、非言語的基準を言語の文法的記述の中へ取り込んではならないとする Bloomfield の主張やこうした意味の科学的かつ単純な捉え方はあまりに行動主義的すぎ、人間の内面における精神作用への考慮を欠いたものとして批判を免れ得ない。また、Bloomfield が示した人間の言語行動が目的志向的なものであるとする考えは、当時のアメリカ構造言語学がアメリカ・インディアンの未知の言語を記述、分析し、その書記体系の確立を目指すことを主たる目的としており、その点においてのみ有効なものであった。そしてこうしたヨーロッパ系の構造主義とアメリカ系の経験主義を塗り替えたのが Chomsky の生成文法である。

5．Chomsky と生成文法

その後、1957 年に言語学は新たな方向転換をすることになる。Noam Chomsky（米 1928–）の著した *Syntactic Structures*（勇康雄訳『文法の構造』研究社、1963 年）が、それまでの言語学における研究を一新したのである。

Chomsky は、アメリカ構造主義の名の基に経験主義的に現実の発話を詳細に記述することに向けられていたそれまでの言語学の方向性を変え、人間の持つ発話を生み出す体系とはどのような性質を持つものであるかという問いかけを始めたのである。そして彼は、言語学者の主たる役割は、任意に選んだ現実の発話の集合を単に記述することであるとする伝統的な見解では人間言語の創造性（creativity）という特徴が説明出来ず、文法とは、古い発話の目録以上のものであるべきであり、それは将来話される可能性のある発話までをも考慮に入れるべきであるとの主張を持った。そしてこの創造性という特徴こそが、数限りなく新しい発話を生み出したり、理解することを可能にする人間の言語の能力なのである。

Chomsky は、ある言語を知っている人間は誰であれ、自らの心の中にその言語で許される語連続を規定する一組の規則を持っていると指摘する。そして、彼は、人間の言語に対する制約は、人間が元々生まれながらにして受け継いできたものであるとする。Chomsky は、人間が受け継いでいるこの言語習得の核に対して "Universal Grammar（普遍文法）" という名称を与え、言語学の主要な役割は、こうした核がどのようなものであり、また何から出来ているものであるかを特定することであると考える。その方法論としては、最初に仮説を設定し、その妥当性を母国語話者の直感、内省に照応し、より一般的な理論を構築するという演繹法を取る。この方法論自体も、帰納法に基づくそれまでの構造主義言語学における言語研究とは対照的立場を取る。これは、Bloomfield の取ったアプローチと異なり、文法から初めて音に進む、いわば上から下へのアプローチの仕方であった。しかも普遍文法は、既知の言語の分析、操作を通じて、母国語話者の脳中にある生得的言語能力の解明

を目指し、同時に、当該言語の根底に存在すると考えられる言語の普遍性を解明しようとするものである。

この普遍文法は統語論、音韻論、意味論の三つの部門から構成される。これらはどれもが互いに密接なつながりを有し、言語研究上の重要な観点である。こうした Noam Chomsky の考えと、それを支える理論は「生成変形文法（generative transformational grammar）」と呼ばれる。ここで問題となる文法とは、前述したように、人間の言語習得の核となる能力のことである。そして Chomsky は、あらゆる言語のどの文法にも、このような何らかの規則性があると考え、生成変形文法を用いてそれを明らかにすることを目標とした。

このような生成変形文法理論を打ち出したことで、これまでの記述言語学の研究方向を一変したことから、Chomsky は「言語学の革命児」と称されることがあるが、事実、彼の残した功績は決して小さくない。Chomsky の果たした功績をまとめると次の二点に要約されよう。

第一は、言語の文法構造を分析、記述するための理論を構築したことである。彼が考え出した、生成変形文法と呼ばれる、数学の数式にも似た表記法を用いて非常に厳密な議論を行う文法記述のモデルは、今日では広義に、彼の文法モデルと同じような考え方に基づいて言語を記述しようとする様々な文法モデルの総称ともなっている。また今日の主要な統語研究は、少なからず Chomsky の影響を受けており、先行研究として Chomsky の業績を避けて通ることは出来ない。

第二は、文法記述の対象を規定し直した点である。1950 年代のアメリカの言語学者達は、実際の発話や書かれた文といった「言語資料」（corpus）を分析、記述の対象としており、そのような言語資料において観察される特徴や規則性を記述することを、その第一義としていた。

これに対し、Chomsky は、話者は母語の文法に関する知識を何らかの形で有しており、その文法知識を活用することで現実の文を発しているのであるから、実際に発せられた具体的な文の研究を通

じて、話者が自分の母語について持っている文法的な知識の総体を明らかにすることが言語学者の仕事であると主張したのである。これは、アメリカの構造主義言語学者が、corpus の分析、記述こそが言語研究そのものであるという考えに対し、Chomsky は、corpus の分析、記述は言語研究の出発点にすぎず、言語研究の本当の目的は、それらを通じて、その先にある人間の普遍的な言語獲得の知識の解明にあるとするものである。これにより、それまでごく狭い一部分でしかその存在が認められなかった言語学が、心理学、社会学、人類学、哲学等と直接関わりを持つ主要な科学へと生まれ変わったのである。

6. 生成文法における意味の研究

そして言語研究における意味分野の研究の遅れは、Bloomfield のみならず、Chomsky の考え方にまで波及する。Chomsky に関しては、それまでの伝統的な言語観に革命的な変革をもたらした言語学者であるという位置付けがなされるのが今日の常である。しかし、彼の Aspects of the Theory of Syntax（安井稔訳『文法理論の諸相』研究社、1970 年）においては、Saussure の言語観を強く肯定しており、初期の Chomsky は Saussure 以降のヨーロッパ言語学の伝統に極めて忠実な言語学者として位置付けられる側面を強く有している。

例えば、Saussure の langue、parole という体系を Chomsky は "linguistic competence（言語能力）" と "linguistic performance（言語運用）"＊15 という用語を用いて規定する。「言語能力」とは、話者が無意識に言語体系を統御する総体を指し、「言語運用」とは話者の実際上の言語の使用と定義付けられる。これが Saussure の langue、parole の Chomsky 版であることは *Aspects of the Theory of Syntax* の中で Chomsky 自身が認めるところである。実際の発話の総体としての parole と違って、langue はある言語共同体の成員が共有しているその共同体の言語の構造に関する知識の総体であり、この点に関する限り、Chomsky が「言語の使い手が自分の言

語について持っている知識」と定義する言語能力は、Saussure の言う langue に極めて近い概念である。*CLG* の英訳版が 1959 年に刊行されたことにより、そこから Chomsky が Saussure の学説に触れ、それを自身の学説に取り入れていったと考えるのが自然であろう。事実、Chomsky は「ある言語を習得した者の内化した《生成文法》（generative grammar）は、Saussure の用語で言えば langue を規定するものである」（1964: 10）と明言しているし、Chomsky が言うところの "linguistic competence（言語能力）" と "linguistic performance（言語運用）" との区別を Saussure も力説したとし、Saussure が langue の研究を優先させたことについても「全く避け難いことのように思われる」（1964: 11）と賛意すら示している。更に、Chomsky が言語学者の仕事は言語能力の総体を記述することであると規定するのは、Saussure が *CLG* において言語学の対象は langue であると規定しているのと同じ現象である。事実、*Aspects of the Theory of Syntax*（1965）の冒頭において「言語の能力」と「言語の運用」との区別の重要性を説くに当たり、Chomsky はこれが Saussure の langue と parole の二分法に関連していることを認めながら、言語理論を次のように規定する。

"Liguistic theory is concerned primarily with an ideal speaker-listener, in a completely homogeneous speech-community, who knows its language perfectly and is unaffected by such grammatically irrelevant conditions as memory limitations, distractions, shifts of attention and interest, and errors (random or characteristic) in applying his knowledge of the language in actual performance. This seems to me to have been the position of the founders of modern general linguistics, and no cogent reason for modifying it has been offered. To study actual linguistic performance, we must respect, study of language is no different from empirical investigation of other complex phenomena.

We thus make a fundamental distinction between competence (the speaker-hearer's knowledge of his language) and performance (the actual use of language in concrete situations). Only under the idealization set forth in the preceding paragraph is performance a direct reflection of competence. In actual fact, it obviously could not direct reflect competence. A record of natural speech will show numerous false starts, deviations from rules, changes of plan in mid-course, and so on. The problem for the linguist, as well as for the child learning the language, is to determine from the data of performance the underlying system of rules that has been mastered by the speaker-hearer and that he puts to use in actual performance. Hence, in the technical sense, linguistic theory is mentalistic, since it is concerned with discovering a mental reality underlying actual behavior. Observed use of language or hypothesized dispositions to respond, habits, and so on, may provide evidence as to the nature of this mental reality, but surely cannot constitute the actual subject matter of linguistics, if this is to be a serious discipline. The distinction I am noting here is related to the langue-parole distinction of Saussure; but it is necessary to reject his concept of langue as merely a systematic inventory of items and to return rather the Humboltian conception of underlying competence as a system of generative process." （1965: 3–4）

"言語理論は、主として、まったく等質的な言語社会における理想上の話者・聴者（ideal speaker-listener）［＊つまり言語使用者］を対象として扱うものである。この理想上の話者・聴者というのは、その言語を完全に知っており、その言語に関する自分の知識を、実際の言語運用（performance）において使用する際、文法とは特に関心をもたない条件、たとえば、記憶の限界とか、気がほかへ散っているとか、注意や関心の移行とか、誤り（無作為的（random）なものであれ、特性的（characteristic）なものであれ）などによって影響を受けていない者のことである。これは、近代の一般言語学の創始者たちがとっていた立場であったとわたくしには思われるし、また、これを修正すべき強力な理由は、まだ、提出されてはいない。言語運用の実際面を研究するとなれば、さまざまの要因の相互

作用を考慮しなければならない。話者・聴者が持っている根底にある言語能力（underlying competence）は、そ［れらの要因］の一つであるにすぎない。この点において、［つまり、理想状態を仮定して研究を進めるという点において］、言語の研究は、他の複雑な現象を対象とする経験的研究と異なるものではない。

　そこで、われわれは、言語能力（competence）（話者・聴者が持っている自分の言語についての知識）と言語運用（performance）（具体的な場面において言語を実際に使用すること）とを根本的に区別する。前のパラグラフで述べられたような理想状態においてのみ、言語運用というものは、言語能力の直接的な反映であ［りう］る。実際は、言語運用が言語能力をそのまま反映しているということは、明らかに、ありえない。ありのままの言語活動の記録をとってみれば、その中には、数多くの、話しはじめの言い違いや、規則からの逸脱、中途における計画の変更、などを含んでいることがわかるであろう。言語学者にとっての問題は、その言語を習得する子供にとっても同様であるが、言語運用の資料から、話者・聴者が習得し、実際に使用している根底規則体系（underlying system of rules）を決めてゆくことである。したがって、技術的な（technical）意味で、言語理論は、メンタリスティックである。言語理論は、実際の行動の根底にある心的実在（mental reality）を明らかにすることを問題にしようとしているからである。言語使用の実際を観察したもの、あるいは仮説として考えられた反応性向（dispositions to respond）、習慣などといったものは、この心的実在の本質に関して証拠となるものを提供してくれるかもしれないが、しかし、もしも言語学が本格的な学問であろうとするなら、それらが言語学の実質的な主題［そのもの］となりえないことは明らかである。わたくしが、いまここで述べている区別は、Saussure のラング・パロル（langue-parole）の区別に関連がある。けれども、彼の考えているラングは、項目を組織的にまとめた一覧表であるにすぎず、われわれはこの考え方を

34

捨て、むしろ、フンボルト流に、根底にある言語能力を、生成過程の体系であるとする考え方にまで、さかのぼる必要がある。"［斜体部と下線部原文ママ］　　　　　（安井稔訳、1970: 3–5）

　一見、Chomsky は Saussure の概念を自己流にアレンジして踏襲しているように見えるが、細かく見ていくと、そこには根本的な異なりが存在する。Saussure にとって、言語は、いわば社会的習慣である。ある一つの言語共同体の成員が同じ言語を話すのは、その成員が言語共同体の一定の慣習に従っているという考え方である。従って Saussure は、言語の体系を様々な社会的制度の体系と並行的に考える。Saussure にとって、langue としての言語とは文化的・社会的な現象に他ならないのである。一方、これに対して Chomsky は、ある一つの言語共同体の成員が同一の言語を共有し得るのは、生得的に人間には言語を習得するための能力が備わっているためであるとする。人間は、この生得的な言語習得能力を用いて、自分が成員として置かれた言語共同体の言語を習得する。言語習得能力は基本的には全ての人間に共通した能力であり、同じ言語共同体に置かれた人間は、それ故に、それが誰であれ、同じようにその言語共同体の言語を習得することが可能である。これが、言語共同体において言語が習得、共有される体系であるとする。それが「フンボルト流に、根底にある言語能力を、生成過程の体系である」という言葉で表されている。Chomsky の言語理論はここで、Humboldt の言語哲学と Saussure の言語概念を融合することに成功したと見ることができる。

　Chomsky が Humboldt の言語哲学を賦活しようとしているのは以上からも明らかであるが、Chomsky の言語理論に強い影響を与えたのは Saussure ではなく Humboldt の言語哲学であり、「有限の手段から無限の用途を造り出さないとならない」という一節であることは周知のとおりである。この言葉は Chomsky（1964: 17）でも引用され、Chomsky 自身の着想の源泉にあるのが、Humboldt の "Sie selbst ist kein Werk（Ergon）, sondern eine Thätigkeit（Energeia）.（1836: 41）（言語そのものは出来上がった作品（エルゴン）ではなくて、活動性（エネルゲイア）である）"（1948: 70）

という有名な主張である。Humboldt のこの主張は本書の問題とする時枝の文法理論にも通じるものであり、後の認知言語学においても敷衍される根底的な考え方であるが、この点については本書の第8章において具体的に考察する。

　そして先に見た *Aspects of the Theory of Syntax*（1965）に見られる、Saussure が langue を「基本的には文法的特性を担った記号の蓄積」、「諸要素の総目録」（1965: 23）と見なしていたという説明からも分かるように、規則の体系ではなく要素の体系に主眼を置いてきた Saussure 学説の考えを正しく継承したとは考えにくい。Chomsky（1965）は、彼の言語理論を行動主義的な説明に帰着させることは出来ないとする。そして「言語能力」、「言語運用」の区別を設けたのは、行動主義に抗するものとしての色合いが強い。そして伝統的な言語学の接近法を守ろうとしていたことは、その著書、*Syntactic Structures*（1962）や *Aspects of the Theory of Syntax* の中での言葉からも明らかである。そして言語の獲得と認知が生物的基盤を持つ可能性があることを示唆した。Chomsky は、言語は、文法がデータによっては十分に決定されない典型であり、言語を獲得するに当たって子供の発達は、子供を正しい文法に向けさせるいくつかの言語学的原理によって導かれるものであり、これらの原理は他の遺伝情報と同様に生得的に決定されているとする。そして Chomsky（1966b）は言語は創造であると言う。Chomsky の「普遍文法」は、彼の主たる仮説である子供の言語習得の生得的基盤を証明する道具に他ならない。Lewis（1971: 201–202）も指摘するように、Chomsky の仮説の中で最も基本的であると同時に、最も多くの反論を生むものが、われわれ人間が "言語を獲得する素質（potential knowledge of grammar）" を持って生まれてくるという主張である。Lenneberg（1967: 19, 127）の言う "species-specific（種特有）" と同じく、Chomsky はこれを人間独自のものとみなす。そして第一の教義である、子供の言語発達は成熟の過程であり、条件付けやその他あらゆる手段による学習によるものではないという考えの有効性を示すために Humboldt（1836）にまで遡り、「言語は適切な外的条件の下で比較的一定の容量の成熟により成長する」

という Humboldt の言葉を拠り所とする。その点で、Chomsky の
言語に対する考え方は Bloomfield の流れを汲む行動主義的、機能
主義的アメリカ構造主義言語学に反旗を翻し、一見、言語起源論的
な言語生得説に立ちかえった感を抱かせる。言語学習の生得的説明
においては、子供の言語獲得は普遍文法の原理に従う。しかし言語
の非普遍的側面は必ずしもそれが当てはまらない。ただそうであろ
うとも、学習によって獲得しなければならないという境遇に陥る。
その際、子供は自身が置かれた言語環境の資源を観察し、獲得過程
を自力で進めなければならない。普遍文法の原理によって促進され
る言語の普遍的側面を獲得する場合には環境的な手がかりにこれほ
ど依存する必要はなくなってくるのであり、このように言語獲得の
生得的基盤を仮定すれば、文法の普遍的側面と母国語への依存との
間の相関を説明付けることが可能となる点に、Chomsky の言語理
論の功績があると言えるであろう。

　Saussure と Chomsky のこうした概念の相違を区別する際に、
Birnbaum（1970）は Saussure が社会学的側面を強調していたの
に対して、Chomsky は言語の心理学ないしは倫理学的側面を強調
し Saussure の langue と parole、Chomsky の competence と
performance の間にはかなりの懸隔があると思われる、と指摘して
いる。確かに Saussure と Chomsky の言語に対する考えは、一見異
なる。しかし、langue という現象により多くの焦点を当て、現実
世界との関わりにおいて得られる意味を全く排除した上で langue
としての言語の体系のみにかかずらう点では、両者が同一の視点に
目を向けていることになる。そもそも Chomsky の普遍文法という
考え方自体が、一見言語獲得の概念世界の解明に目を向けながら、
その実文構成の解明に終始するという言語先行論としての性質を強
く有しているのも事実である。そしてそれはそのまま、構造主義言
語学における意味分野の研究の遅延を招くこととなる。またわが国
ではいち早く取り入れられ、世界に先駆けてその日本語訳も出版さ
れた CLG であるが、すでに述べたようにアメリカ構造主義言語学
においてその英訳が最も遅かった。その詳細については次章で考察
する。

第 1 章　言語学の潮流と意味研究　　37

7. 今後の課題

7.1 記号の対立と意味

　言語を科学として扱うために記号として捉え、そこに記号の音形と内容を認めたことは Saussure 学説の偉大な発見であり、これに異を唱える人間はいないであろう。記号を科学として位置付け、そこに言語の特性を見出したのは、Saussure と Pierce（米 1839–1914）の二人であるが、Hawkes（1977）が言うように、前者は「意味作用の記号学」として、後者は「コミュニケーションの記号学」としての色合いが強い。われわれがここで問題とするのはSaussure の唱える記号としての言語という考え方であるが、そこでの音形と内容の結び付きに関して Saussure 学説から得られる回答は、恣意性と線状性というものだけである。また、記号内容の決定は体系の中での構造性という観点から、「言語記号の対立によって概念の対立が見られ、記号には差異しかない」（1916: 166）とする。また Saussure は、「言語は相互依存的な項目の体系であって、そこにおいては個々の項目の価値は他の項目が同時に存在することによってのみ得られるのである」（1916: 114）とも言う。その結果、「言語においては、積極的な項を持たない差異のみが存在する。記号表現を取ろうが記号内容を取ろうが、言語には、言語体系以前には観念も音もなく、その体系から発している概念的、そして音声的差異のみがあるのである」（1916: 118–121）と言う。

　Saussure 自身、フランス語の son という語を取り上げ、son の持つ「彼の」という意味と「音」という二つの意味の同音異義を同一に見ないとしているが、これは帰結として "signifié" が同一ではないということになり、論理的矛盾に陥っている。*CLG* での主張に従えば、"signifié" に差異がなければ "signifiant" にも差異が認められないはずである。こうした同音異義の問題については、国広（2010: 3–4）の指摘が端的に的を射ている。

　　　"さらに構造主義的な立場に立つと説明に困る意味現象がいろ
　　　いろ出てくる。まず「川」と「皮」のような同音異義語がある。
　　　音声は全く同じなのに、われわれは異なった意味を結びつけて

混同することがない。場面・文脈の助けがあれば曖昧であることはまずない。多義語もまったく同じで現象である。われわれの現実の言語行動は具体的な場面の中で行われるので、混乱が起こることはない。この大切な場面をソシュールは言語にとって本質的なものではないとして、研究対象からはずしてしまうという2つ目の間違いをしている。"

　一方、町田健（2004b: 125）は人間の脳の負担という観点から同じく「川」と「皮」という同音異義を例に挙げ、その発生の原因を以下のように説明する。

　　"しかし、「私はカワで泳いだ」と言えば、その「カワ」は「川」に決まっていますし、「木のカワを剥いだ」と言えば、「カワ」は「皮」のことだとすぐに分かるのですから、たとえ同音異義語があったとしても、意味を理解するのに大きな障害があるということはないのが普通です。つまり、完全な同義語の存在が人間の記憶に負担をかけるのに比べて、同音異義語については、意味の区別をするための負担がそれほど大きくないので、不合理である度合いが小さいのです。おそらくこういう理由で、どんな言語にも同音異義語があるのではないかと考えられます。"

　脳の負担が軽減されるというのはその通りだとしても、これはSaussure の連辞関係に同音異義語の解答を求めるこれまでのSaussure 論者の態度と何ら変わらない。「川」と「皮」ならばその連辞関係も異なり互いが極端に離れていて混同する危険性は少ないが、国広（1985: 20–21）が「雲」と「蜘蛛」の例を上げて例証するように、排他的な連辞関係から同音異義の説明をすることは不可能である。仮に「カワを綺麗にする」、「大きいカワ」、「小さいカワ」、「綺麗なカワ」、「汚いカワ」、「臭いカワ」、「古いカワ」、「新しいカワ」、「カワが乾く」等の共通の連辞関係の場合、果たして町田の"意味の区別をするための負担がそれほど大きくないので、不合理である度合いが小さい"と言えるであろうか。またこの問題に対してSaussure 学説はどのような解答を与えてくれるのだろうか。実は、日本語の同音異義には連辞関係よりも「同音衝突の原理」が

働いていると個人的には考えているが、こうした問題については第7章の「言語記号の恣意性」で具体的考察を試みる。こうした問題に対して、結局のところ加賀野井（2004: 96）は、「川」と「河」など類義語の違いは現実に存在する自然物の川（あるいは河）そのものの要請によるのではなく、言語の方が創り出す区別であると結論付けている。これは厳密に言えば、言語を拠り所としている人間が、言語によって作り出しているものである。そしてそれは、国広（2010: 4）の概念によるものという指摘と何ら異なりがなく、ここにいたっても Saussure の記号の対立と意味という考えは崩壊の一途をたどる。

　また瀬戸賢一（2005）は、チーズケーキの味と意味の例を挙げて、われわれの身の回りにある言葉が記号の対立よりもそれ自体として存在する「素朴な実在論（naïve realism）」に基づいて成立すると論じる。確かに山は海との対比で存在が確定するわけではなく、われわれの存在以前にも存在以後にも山は山としてわれわれの認識とは無関係に存在し続けるのであり、それに山という語を命名するのも、そこから自然の巨大な突起物を認識するのも、われわれ人間側の勝手な所作である。しかし Saussure に従えば、それすら世界に存在する事物に言語での名前をつけるだけの行為にすぎない「言語命名論」として否定する。しかし現実はどうであれ、言語の存在それ自体が本来的に名づけの機能を持つのもまた事実である。丸山圭三郎（1981: 206）はこうした事実について Merleau-Ponty の言葉を引き合いに出し、以下のように説明付ける。

　　“さきほど、ソシュールは《言語命名論》を否定する、と書いた。それにも拘らず、コトバは事物を名づけるのである。すなわち、既に切り取られカテゴリー化された非連続体にラベルを貼るといった意味での命名ではなく、命名することによって連続体を非連続化し、実存を転調し、事物の中に捕えられていた意味を開放するという意味での、真の命名作用を持つのが本質的言語なのである。（中略）対象を名づけること、それは対象を存在せしめること、あるいは対象を改変することにほかならない。こうしてかつては事物に従属していたコトバ、手段とし

てのコトバ、コトバの彼方にある現実と意味の表現としてのコトバは、逆に事物がそれに従属するコトバ、事物との事項の関係を樹立し、それに意味づけるコトバとなって、コトバとモノの関係は逆転し、コトバはその自立性を回復する。コトバは、何か外的な目的のための一手段ではない。それはそれ自体の中に、その価値と、その世界観をそなえた自立体系である。"

　結局この説明はめぐりめぐって身の回りにある言葉が記号の対立よりもそれ自体として存在する「素朴な実在論」を認めるものにしかなっていない。Saussure は言語の中には差異しかないと言う。それでは、意味はどこにあるのか。それに対する Saussure の解答は、綴織りと同じように、言葉の意味は差異と差異のモザイクから生れるという。

　たとえばスイカが甘いというとき、われわれはそのスイカの甘さをイカの塩辛などの辛さとの対立で知覚するのであろうか。辛いものと対立しないで、スイカそれ自体の甘さとして知覚しているのだろうか。その場合、われわれは決して塩辛などとの対比でスイカ自体の甘さを決定しているわけではないであろう。スイカの熟れ具合による甘さの濃淡をわれわれは経験と学習によって獲得している。その中で、糖度といった構造体系により、最も甘さが強いものから最も弱いものまでの段階付けがある程度出来ており、その中で甘さの序列付けを無意識に行っているだけではないか。比較の対象を持たないから甘さを認識できないというのではなく、比較により甘さがより際立つという方が的確ではないだろうか。そこでわれわれに求められる判断基準は、スイカとしての甘さの基準という、あくまでその種のカテゴリーの成員に求められる基準に拠っているのであり、決して別種（項）との対立ではないはずである。

　語の意味認識にもこれと同様の原理が働いてはいまいか。それが認知言語学における意味認識の原理である、ある一方の認識が前景化されるともう一方の認識が背景化されるという「図と地の分化（Figure-Ground segregation）」であろう。成分分析などの構造主義的アプローチでは、語の意味を抽出する原理として限界があるのは初めから明らかである。構造主義的言語観は、意味の分析に対し

ては徒労を与えるだけの結果しかもたらさない。こうした記号と意味の問題に対して、町田（2004b: 68）は、

　　　"ただし、ある単語が要素として含まれる体系を設定して、その体系に属する他の単語の意味とは違うと言う性質だけで、その単語の意味が正確に決定できるわけではないことはもちろんです。"

と、Saussure 学説の不備を暗に認めるような説明に終始する。

　この種の問題に対する解答の一つが色彩語彙や成績評語の体系を現わす語彙、また役職名や階級名であるが、それすら国広（2006: 20）が指摘するように、それ自体が色彩や職場、組織といった構造における体系の中での位置付けを意識した人工的なものであり、自然の中での事物の存在などはこうした体系とは無関係に存在し、われわれ人間が最初からそうした事物の構造性や体系に気を配りながら事物の名づけをしてきたわけではない。あるいはその構造性や体系性すら気づかずに名前をつけ、その存在を認識していることの方が多く、また自然であろう。最初に意味の違いが意識されていなかったら音素も成立しないし対立の体系も成立しないということで、したがって差異も見られないはずである。Saussure は意味の差は音声、更には対立関係がなければ支持されないと考えたが、これは本末転倒である。意味が先か音声が先かということに関しても最初に事物が存在し、それに名前がないと不都合を生じることが多いので、後付けで異なる名前をつけたと考える方が自然であるし、また事実である。更に助詞に目を配れば、「から」と「ので」のように音声は異なりながらも同様の意味を表す理由についてもその説明がつかない。

　同音異義と多義の問題を Saussure の学説でどのように解決できるのか——現代言語学に課せられた問題であるとともに、そこに構造主義言語学の意味の問題の一端が姿を現わしている。

7.2　場面と意味伝達

　場面における意味伝達に機能主義的な視点から科学的位置を与えたのが Bloomfield であることは先述したとおりである。しかし言

語を科学的に扱うという彼の態度は意味の扱いに慎重であり、音素という下位レベルから統語論、意味論という上位レベルまでを分類して記述することを望み、音素、形態素、統語論、意味論の各段階における下位のレベルの記述が完了しないうちは上位の段階に移らないという「レベルの分離」という制約を課したため、その結果、意味の研究において進展が見られなかった。しかし 1950 年代後半になると、こうした研究の段階性や意味研究の排除に批判が高まり、Chomsky に代表される生成文法の出現によって、言語の研究は大きな転換を果たすこととなる。しかしそれでもアメリカ構造主義言語学者たちは、内容面の煩雑さゆえにそこでの形式を考えることを放棄し、表現面の形式の追及に終始したのであり、このことは「普遍文法」で内容面の普遍的形式を解き明かそうと試みた Chomsky でさえ、結局は表現面の形式の追及しかできなかったことも、自ずとそれを物語っている。Chomsky においてさえ、意味は依然として統語関係を説明するための一つの道具としてしか扱われていないし、依然形式であって実質は問題の外に置かれたままである。

　一方、我が国に目を移せば、日本における言語研究は、主にアメリカにおける言語学の影響を強く受けてきた。アメリカにおける構造主義言語学の発祥と発展は、Saussure に端を発するヨーロッパにおけるそれとは、根本的にその性質を異にする。確かにSaussure は、記号に与えられた外部の基板を考察対象から外している。また Saussure 学説を批判することで自論の有効性を解く時枝の言語過程説では記号と内容についてどう説明されているのか。そこではあくまで言語を用いて意味を伝達しようとする人間の頭の中で、特に送り手側の言語の産出メカニズムにおける事物から音声に至る過程に着目したもので、伝達されるべき記号の内容は特に考慮していない。また、意味の解釈は受け手のイメージによる。この点で話し手側の言葉の産出される過程に重きを置いた言語過程説では受け手側の解釈や理解についての適切な分析はなされていない。時枝の言語過程説は産出側の概念―音声という過程に重点を置いたが、それに対して Saussure 学説と時枝の言語過程説の違いは何なのか。

同音異義や多義の意味認識について、連辞関係がその成立を決定付ける根拠ではないとすれば、次に考えられるのが場面や文脈の助けということである。しかし国広（2006: 18）も指摘するように、場面や文脈の助けがないと記号内容の違いが成立しないというなら、裏返せばそれは記号の対立だけでは記号内容の区別は出来ないということを自ずと認めてしまうことになる。このような一連の言語活動の中での意味解釈の問題について、田中茂範（1998: 27–28）は「情況」という語を用い、会話の成立という視点から次のように説明する。

　　"さて、会話での情況編成とは、相手の発話したコトバの配列を取り込み、情況を再編成して自らの発話のコトバの配列を形成する営みである。情況は理解の相と応答の層をもつ意味の融合態として編成される。理解の相では、相手の発話内容の把握だけでなく、相手の態度・意図などの把握も含めた話者情況の忖度が重要となる。互いが「他者情況の忖度」を包摂した情況編成をしなければ、互いの発話はチグハグとなり、会話は社会的相互行為として成立しない。このような相互的情況編成を媒介するのは、ほかならぬ互いのコトバである（表情や身振りもこの役を担うが、ここではコトバに関心を集中する）。

　　ところが、すでに説明したように意味づけには不確定性がつきまとう。他者情況の忖度は他者のコトバを手掛かりとして、自らの記憶連鎖を動員して行なう作業である。むろん、他者の記憶連鎖を意味づけに用いることはできない。他者情況の忖度は、あくまでも忖度であって、他者情況そのものの再構成ではない。それにもかかわらず、どうして会話を成立させる相互的情況編成が可能なのか？

　　意味の不完全一致性にもかかわらず会話が成立するのは、コトバの働きに「共有の秩序性」があるためである。会話におけるコトバは、主体内では意味づけの対象となるとともに応答の意味を纏め上げ表出するメディアともなる。ここでは、コトバと意味について二つの結合関係が形成される。一つは（他者の）コトバの配列から（他者の）意味を編成する作業であり、

もう一つは（自己の）意味をコトバの配列にする応答を形成する作業である。この二つは辻褄合わせを志向して、互いに引き込み合いながら情況として編成される。情況とは、こうしたさまざまな意味づけの融合的所産として主体内に編成されるのである。

　さて、コトバを手掛かりとして他者情況を忖度しるのは、コトバが記憶連鎖の引き込み合いを整序する働きに共有の秩序性があるためである。「共有の秩序性」における「共有」には二種類の意味がある。一つは、もちろん秩序性が主体間に共有されているというという意味である。コトバは、主体間では、意味づけの相互作用を媒介するメディアとして働く。もう一つはこの秩序性が理解の相と応答の相の二つの相におけるコトバと意味の結合形成に共通している、という意味である。コトバをめぐる記憶連鎖の引き込み合は、どちらの相についても、この秩序性を充足するように整序される。コトバは、主体内では、記憶連鎖の引き込み合いを整序して意味を纏め上げるメディアとして働く。この二重の意味での「共有の秩序性」があるから、聞き手は相手のコトバが話者情況の反映だと見なすことができ、また、その情況を忖度できるのである。この共有の秩序性があるから、コトバから他者情況を忖度することができ、会話が成立しうるのである。”

　また、会話の成立とそこでの意味情報の共有は、田中のこうした指摘にも見られるように、決して言語表現によるものだけではない。例えば、「うちの娘は男でした」という文の意味解釈は、これだけの情報しか与えられなければ、そこには字義的な解釈しか余地はなくなるであろう。それは、子供の性別が現在は女であるが、生まれた時は男であり、途中で性転換手術でも受けて女性になったという意味解釈である。しかしこの文が、二人のお爺さんが、公園のベンチで日なたぼっこをしながらにこやかな顔で交している会話の一部分であるという場面の情報が与えられ、更にこの文の前には「うちの娘には女の子が生まれましたよ」という文があるという文脈の情報を与えられたとしたら、「うちの娘は男でした」という文の意味

第1章　言語学の潮流と意味研究　　45

認識として、恐らくは初孫の話題に花を咲かせているであろうという推測は、確実な意味の決定要因として大きな力を持つ。そしてこうした場面や文脈の情報故に、ここから先のような性転換手術を受けたというような意味解釈の余地はなくなる。同様に、Saussureと Chomsky の学説における場面の要素の欠落について、磯谷孝（1980: 16）は次のように述べる。

　　"たとえば、チョムスキーは言語生成の理想的（純形式的で、どんな場合にもあてはまる、というほどの意味）モデルを作るために言語と現実とのかかわりを一切捨象してしまった。チョムスキーは、社会的規約としての言語（ラング）と、この言語の運用によって実現される言（パロール）を区別したソシュールに範をもとめて言語能力と言語運用を区別し、前者すなわち、言語能力を言語研究の対象としたのである。話し手、聞き手の間のコミュニケーションの図式を考え、文をコミュニケーションの単位と認めて正しい文の生成規則の体系を作ろうとした点はソシュールより一段と前進しているが、文と現実のかかわり方を形式化するという重要な課題を無視したために、悪い意味で形式的なものになってしまった。"

　こうした場面と意味解釈の問題について、国広（2006: 18–19）の以下の指摘はきわめて示唆的である。

　　"ここで重要な働きをする場面と文脈（以下まとめて「場面」という）をソシュールはまったく無視していた。場面は実のところ、言語表現に伴う必須の条件なのであり、場面の情報なしには、言語表現の解釈は成立しない。例の「ぼくはウナギだ」というウナギ文の解釈に多くの言語学者が頭を悩ませてきたが、これも場面を考慮に入れなかったために無用の苦労をしてきたわけである。この文が「ぼくウナギ料理を注文したい」という意味を伝えるのは、その場面が意味情報を提供したに過ぎないのである。同じことは清少納言の「枕草子」の「春は曙。夏は夜。」にも当てはまる。場面は幼児の言語習得のときにも重要な働きをしているはずである。"

　また同音異義や多義の解釈の問題に対しても、国広（2010: 3–4）

は場面との関連で以下のように指摘する。

　　"さらに構造主義的な立場に立つと説明に困る意味現象がいろ
　　いろ出てくる。まず「川」と「皮」のような同音異義語がある。
　　音声は全く同じなのに、われわれは異なった意味を結びつけて
　　混同することがない。場面・文脈の助けがあれば曖昧であるこ
　　とはまずない。多義語もまったく同じで現象である。われわれ
　　の現実の言語行動は具体的な場面の中で行われるので、混乱が
　　起こることはない。この大切な場面をソシュールは言語にとっ
　　て本質的なものではないとして、研究対象からはずしてしまう
　　という2つ目の間違いをしている。"

Saussure 学説の考えである単語の意味に体系性を認めることか
ら得られる帰結は、記号の対立がなければ意味の違いも存在しない
ということである。同音異義や多義の意味認識について、連辞関係
がその成立を決定付ける根拠ではないとすれば、次に考えられるの
が場面や文脈の助けということである。しかし場面や文脈の助けが
ないと記号内容の違いが成立しないというなら、裏返せばそれは記
号の対立だけでは記号内容の区別は出来ないということを自ずと認
めてしまうことになる。このことについては、国広（2006: 18）も
同様に、

　　"場面文脈の助けがなければ意味の違いが保てないということ
　　は、取りも直さず「記号の対立だけでは意味の区別は出来な
　　い」ということであり、ソシュールの対立記号論的構造主義は
　　ここで崩壊の止む無きに至る。"

と、その根本的誤りを指摘する。そしてこの問題は、町田健
（2004b: 67–68）においても次のように Saussure 学説の不備を暗に
認めるような説明に終始する。

　　"単語の意味に体系性があることから出てくる重要な帰結は、
　　言語が違えば単語の意味もそれぞれ違ってくるということです。
　　異なった言語でまったく同じ意味をもつ単語がないことは、一
　　つでも外国語を学習してみれば分かります。（中略）日本語と
　　英語では、全体としての単語の体系が違うのですから、体系の
　　性質からして、この二つの言語で同じ意味をもつ単語が存在し

ないのは当然のことです。(中略)ただし、ある単語が要素として含まれる体系を設定して、その体系に属する他の単語の意味とは違うと言う性質だけで、その単語の意味が正確に決定できるわけではないことはもちろんです。"

また場面と意味の成立という問題の決定的要素が、記号の対立がないにもかかわらず、意味の差異が見られる多義の現象をどう説明するかという問題である。例えば、以下の例における"Are you with me?"という表現の多義性とその意味の解釈は、記号の対立からは説明がつかない。このような同一表現から異なる意味解釈が生れるのはあくまで場面や文脈の助けによる。

(1) "Year-round employment, great paycheck. *Are you with me?*"

「一年契約で給料も申し分ない。<u>おい、聞いてるか?</u>」

(映画『オールウェイズ』)

(2) "No, I can't make it tonight."

"Hey, Buddy? *Are you with me?* I need to know if you're with me."

"I'm with you, Gordon."

「今夜は都合がつかないんだ」

「おい、バディ。<u>お前は俺の味方なのか?</u>味方か敵か知っておかないとな」

「味方ですよ、ゴードンさん」 (映画『ウォール街』)

このような例からも、言語表現は人間の意味認識を表わす一部属性でありながらも、我々の意味認識は言語表現だけでなく、その背景情報から形成されている事実が明らかである。こうした言語表現とそこでの意味の認知活動は、すべからく我々の認知構造において行なわれているものであることが、以上の例からも判断されよう。我々が日常用いる自然言語には、それこそ無限の場面やそれに伴う文脈が現われ、そこでは状況変化にも富んでいる。そのような状況変化の中で使用される言語とそこでの意味を扱うには、人間の意味認識の原理とその過程の解明が望まれる。これまでは、例えば生成文法における成分分析や包摂関係といった語の意味研究のように、

語を全く独立したものとして、文から切り離した形での研究が主だったものであった。しかしそうした研究法では、語の点的な意味の側面しか把握され得ない問題点を有している。そして昨今、認知言語学では、人間の意味認識は認知的側面と主体的認識とのインターアクトにより形成されるとし、人間の意味認識の原理の解明を目指している。そこでは、場面と状況の中での言語表現とその場に置かれた人間主体の意味認識の活動を中心に扱う*16。そしてこの学問が、発話のダイナミズムに正面から向き合い、そこに更なる具体的枠組みや方向性を見出す時、意味の研究は更に大きく前進することであろう*17。

7.3 科学としての言語学が目指すもの

「構造主義言語学」という言葉は実に曖昧であり、広義に捉えれば言語はすべからく構造をなしており、Saussure に範を取るこれまでの言語学がその構造の記述、解明を目指したものであり、Saussure の究極の目標が言語の科学を構築することにあったことは間違いない。しかし言語という抽象的で漠然としたものを科学の対象とすることが果たして可能なのか。これは Saussure の時代から言語学者がずっと背負い続けてきた十字架であり、かつ努力目標であった。この目標を達成するために、Saussure は対象を特定することから始めた。記号の科学の構築を目標とし、その上で言語学の基礎を築こうとしていたのである。言語学が取り組むべき課題とは、langue の解明とそれが示す体系の性質を明らかにすることである。

Saussure は科学には二つの方法があると考えていた。すなわち、データの分析から始めて仮説を立て、多様なパターンの説明を検討することで得られた全てのデータと合致する理論的法則を求める「帰納的方法」と、それとは反対に強力な根拠と思われる理論や原則、または仮定の前提から出発し、データと理論の整合性を検討し、仮定から導き出した予測と理論が一致するかどうかを考察する「演繹的方法」の二つである。前者は「分析的方法」、後者は「総合的方法」とも呼ばれる。しかしそれに反して Hjelmslev は、言語学の

場合には万人が認めるような公理は存在せず、言語の純粋な資料を基に、機能的な方法を適用した結果、あらゆる言語に当てはまる範疇を決定するための原理を解明するのが言語学に課せられた科学的使命であると考えたのである。言理学では帰納的な分析方法が取られるため、言語の要素を分類するために、その分析は実際に観察されるテクストを基に、そこから文や単語などの要素を取り出す手続きから始められる。そこに体系としての構造が見出されることは、構造主義の恩恵である。

　しかしながら、町田（2004b: 182）も指摘するように、構造主義の方法に従うこれまでの言語学説の大きな問題点の一つは、「体系」の分析に重点を置き過ぎてきたことである。その一方で、Saussure は文に構造を認めながらもその解明までにはいたらなかった。自立体系としての言語の構造それ自体を生み出す原理を明らかにする方にはなかなか手が回らなかったのも事実である。また、そうした言語の構造的獲得を langue という装置に求めたが、その証明は未だなされていない。事実、Bickerton（1981）の詳細な記録による「ピジンのクレオール化（creole）」という事実に対して、Saussure 学説はどう説明付けるのか。記号に対立が見られない場合、場面や文脈の助けによってその意味解釈を行う現実を Saussure 学説はどう説明するのか。難解な術語を振り回して小難しい理屈を並べるだけが Saussure 学説の真髄ではないはずである。こうした初歩的かつ基本的な言語学、特に意味研究の不具合と疑問に Saussure 学説はどう答えるのか。もっと根本的な signe の問題から、同音異義や同義語、多義は言語における例外ではなく、規則を反映したものとして説明付けられなければならない。それに Saussure 学説はどう答えるのか。

　Saussure に範を取るこれまでの構造主義的分析法では、言語構造が項目の示差的対立関係の体系の中に当てはめられて存在していることを主張することで、言語構造における自己規定的な性質に目を向け、そして言語と外界との関わりに目を向けさせる代わりに内部の言語構造自体の解明にしか目が向かないのである。このことは、言語を科学として扱う分には理想的方法論かもしれないが、その反

面、構造主義的分析法では言語の外的要素、すなわち構造的要素に
しか目が向かない結果を生むのである。それは子供の言語獲得を普
遍文法で明らかにしようとした Chomsky においても然りであった。
ではわれわれは言語の研究から構造をすべて捨て去ってしまっても
よいのであろうか。われわれの中に言語とその認識を形作る何かし
らの構造が備わっていないだろうか。

　こうした人間の持つ何かしらの基盤や枠組みに対して、新たな光
を当てたのが George Lakoff（米 1941–）と Mark Johnson（米 1943–）
の以下の言葉である。

　　"（前略）we found that we shared, also, a sense that the dominant
　　views on *meaning* in Western philosophy and linguistics are inad-
　　equate— that "meaning" in these traditions has very little to do
　　with what people find *meaningful* in their lives.（中略）we discov-
　　ered that certain assumptions of contemporary philosophy and
　　linguistics that have been taken for granted within the Western
　　tradition since the Greeks precluded us from even raising the kind
　　of issues we wanted to address. The problem was not one of ex-
　　tending or patching up some existing theory of meaning but of re-
　　vising central assumptions in the Western philosophical tradition.
　　In particular, this meant rejecting the possibility of any objective
　　or absolute truth and a host of related assumptions. It also meant
　　supplying an alternative account in which human experience and
　　understanding, rather than objective truth, played the central role.
　　In the process, we have worked out elements of an experientialist
　　approach, not only to issue of language, truth, and understanding
　　but to questions about the meaningfullness of our everyday expe-
　　rience."［斜体部原文ママ］　　　　　（Lakoff and Johnson, 1980: ix–x）

　　"その時われわれは、西洋哲学や言語学で権威あるとされてい
　　る**意味**に関する見解は不適切なものであるという点で共通の認
　　識を抱いていることに気付いた。すなわち、従来の西洋哲学や
　　言語学でいうところの「意味」は、人々が自らの生活の中で実
　　感している意味とはまったくといっていいほど関係がないとい

第 1 章　言語学の潮流と意味研究　　5I

う点で二人の認識が一致したのである。

（中略）現代哲学や言語学には古代ギリシア時代以来西洋では
伝統的に当然のこととされている前提があるために、われわれ
がやりたいと思ったような議論は提起すらできないことがわか
った。それは意味に関する既存の理論を敷衍したり継ぎ合わせ
たりすれば済むような問題ではなく、西洋哲学の伝統の中心的
前提を修正するような問題であったのである。とくに、それは
客観的真実あるいは絶対的真実が存在する可能性を否定し、そ
れにまつわる多くの前提を否定することを意味していた。同時
にそれは、従来の説に代って、客観的真実よりは人間の経験や
理解が中心的役割を果しているという説を提示することを意味
していた。このような過程の中から、われわれは単に言語や真
実、理解の問題のみならず、われわれの日常の経験の意味に関
する問題をも解明する、経験主義に基づくアプローチの仕方を
導き出したのである。"

(渡部昇一・楠瀬淳三・下谷和幸訳、1986: iii-iv)

90年代に入ると、認知意味論の後押しも手伝って、認知的なア
プローチにより、意味の記述はより視覚的になされ、その研究動向
も、より多義的なものを扱う方向へと向かっている。このアプロー
チは、言語全般に対する新しい見方を与えるものであり、人間によ
って行われる意味の概念化は、認知機構の制約から自ずとその範囲
が限定される反面、同時にそこにはかなりの自由度も残されている。
認知的なアプローチは、この残された概念化の自由を認識し、解析
するものであり、この点でこれまでの生成文法と鋭く対立する言語
理論である。

De Mey は次のように言う。

"The way in which we consider perception to belong to psychol-
ogy, language to linguistics and communication to sociology
might stem from an equally awkward segmentation forced upon
authentic interests in communication and cognition. Cognitive
scientists promote the idea that there is no way to understand lan-
guage or perception apart from communication."

（De Mey, 1982: xvii）

　　"知覚は心理学に属し、言語は言語学に、コミュニケーション
　　は社会学にそれぞれ属する、とみなすやり方は同じく困った細
　　分化に由来しているが、この細分化はコミュニケーションや認
　　知に関する正しい関心をゆがめる働きをしている。認知科学者
　　は、コミュニケーションと切り離して言語や知覚を理解するこ
　　とは出来ない、という考えを広めている。"

（村上陽一郎他訳、1990: 18）

　これまでの研究では、言語の構造に理論をもってかかずらうばか
りで、帰納的アプローチと言いつつも結果演繹的な手順を踏むこと
も少なくなかった。しかし、語の意味、文の意味というものは、実
際の発話や文章といった言語資料の徹底的な採集と、それの記述、
分析によって帰納的にしか得られない性質のものである。そして最
終的な意味の実体というものは、言葉を並べ立てた理論で解明され
得る部分よりも、依然として曖昧で未解明の部分が遥かに多く横た
わり、それはわれわれの経験や理解を通じて感覚的にしか認知され
得ない側面を有している。この点から、最初に漠然とした意味概念
が存在し、それを表象のものとするために言語の表現形式が存在す
ると考えられる。

　私のこうした考えは、この点で言葉が先にあってそこに意味が附
随するとする Saussure の意味に対する考えとは異なる。しかしそ
れが故に、Saussure の言語理論は、その後に続く研究の動向を、
表現形式に関わる統語的な部分の先行といった現象へと導いたと言
えよう。更にはそれが、Saussure に範を取る構造主義言語学の中
心的な研究対象となっていったのである。しかし Saussure の真実
の言葉はどうであったのか。このことについては、本書第7章で具
体的に考察する。

　またこれまでの構造主義言語学と、そこにあっての意味研究が記
述や説明の対象としているのは抽象的な存在としての langue であ
った。従って、意味の記述も langue を対象とすることは当然の流
れである。ところが、言語を使用する人間が、ある形態素や文の意
味を理解するのは、具体的な状況においてであって、そこで生成さ

れる意味とは langue ではなく parole におけるものである。しかし
意味の問題は、現実との関わりとしての parol の研究よりも、むし
ろ形式にのみかかずらう langue の研究を第一義とする流れにある
現代言語学の中では、常に研究者の意識にのぼりながらも、その余
りに漠然とした問題の大きさと、自然科学的な方法論の確立の脆弱
さ故に、常に不十分な扱われ方しかされてこなかった。

　意味概念は極めて広範かつ曖昧なもので、各人によっても微妙に
異なるものである。しかしその反面、各人が共通する何らかの認識
を共有することで、言語による意思疎通が可能になることは自明の
理である。そこでの共通する意味概念を表象のものとして伝える手
段が表現形式であり、その点で意味に表現形式が従することはあっ
ても、表現形式に意味が従することは決してないのである。そこで
は、徹底的な parole の記述、分析によってのみ、初めて langue の
所在が明らかにされ得るのである。今後はこうした認識の上に立ち、
認知意味論において意味の所在を明確化することで、より有効な語
の意味記述が可能になる。同時に、コミュニケーションを成立させ
る過程と人間の意味認識についての新たな意味研究の場が模索、展
開されていくであろう。

---

*1　我が国に CLG の存在が始めて紹介されたのは、神保格（1922: 354）に
よってである。その後 1928 年に、同書は小林英夫によって『言語学原論』（岡
書院）のタイトルで出版された。これは CLG の翻訳としては世界で最初のも
ので、その後、1940 年に岩波書店からその改訳新版として『ソシュール言語学
原論』が、更に 1972 年にその改版として岩波書店から『一般言語学講義』の
題名で再版され、邦訳が出されている。こうした Saussure 学説の出版とそれに
対するわが国での翻訳という一連の流れについては、本書の第 2 章の注 2 で詳
しく俯瞰しているので、そちらを参照されたい。
　そして同書のドイツ語訳が出版されたのが 1931 年、次いでロシア語訳が出
版されたのが 1933 年、更にスペイン語訳が出版されたのが 1945 年、最後に英
訳が出版されたのは更に遅く、戦後の 1959 年であったことを考えれば、世界
に先駆けて、1928 年という早い時期に日本語訳が出版されたのは驚異的である。
また英訳版が最も遅かったという事実は、第一次世界大戦による北米とヨーロ
ッパの断絶、更にその後の第二次世界大戦でのその断絶の拡大という時代背景

による要因が少なくないが、加えてヨーロッパ構造主義とアメリカ構造主義における Saussure 学説の受容と抵抗といった要素も皆無ではないと思われる。このことについて詳しくは第2章の注4に譲る。そして興味深いことは、この翻訳を行った小林英夫も、Saussure の学説に対抗した時枝誠記も、共に京城帝国大学（韓国、ソウル市）の教授の職にあったことである。当時の最も先進的な言語理論の受容と抵抗が、共に植民地下での同じ大学で行われたことは、偶然とはいいながら、興味深い史実である。あるいはむしろ同じ大学を同じ職場としていたからこそ、当時の先進の言語理論に対する受容と抵抗が起こり得たと考える方が妥当かもしれない。

＊2　この箇所は、小林英夫訳『一般言語学講義』（岩波書店、1940）の「解説」で、次のように述べられている。

　　　"物を言うという行為と、我々が物を言うために日常用立てている口頭的又は書写的記号の体系とは、明かに別個の事実である。この二つの事実に対して唯一つの名前しか与えない言語もあるけれども、フランス人は前者を langue と称し、後者を langage と称へている。

　　　ソシュールの言語学理論は、このような常識的区別の科学的精製から始つている。彼によれば、langage（言語活動）はそのままでは混質的であつて、分類原理をなさない。我々はそこに社会的側面たる langue（言語）と個人的側面たる parole（言）とを見分け、それぞれを対象とする二個の相異なる学科を立てねばならぬ。"　　　　　　　　（小林英夫訳、1940:1）

しかしこの分類こそが後に議論の対象となる部分であり、そのことはこれ以降の章で具体的に考察する。

＊3　このことは、Saussure が言語研究に際して共時的研究より通時的研究を優先したとしてしばしば曲解されるが、Saussure の真意はどうもそうではなさそうである。この箇所は、*CLG* では以下のように説明されている。

　　　"Nous disons *homme* et *chien* parce qu'avant nous on a dit *homme* et *chien*."［斜体部原文ママ］　　　　　　　　　　　　　　　（1916:108）
　　　"ひとと言ひ、いぬと言ふ、前から言ひ慣はされて来たまでのことである。"［下線部原文ママ］　　　　　　　　　　　（小林英夫訳、1940:100）
　しかしながら松澤和宏（2004、2006）によれば、Saussure の講義には、*CLG* からは削除されている以下のような箇所が存在するという。

　　　"なぜ私たちは「人間」とか「犬」と言うのでしょうか。私たち以前に、人がそのように言っていたからです。正当化は時間の中にあります。"
　　　　　　　　　　　　　　　　　　　　　　　　　　　（松澤、2003:431）
　　　"ところがソシュールによれば、言語を真に言語たらしめるものは、慣習的な反復であり、とりわけ父から息子へ、世代から次の世代へと引き継がれていく伝統という時間なのである。"　　　　　　（松澤、2004:51）

Saussure の手稿には、すでに次のような言葉がある。

　　　"La langue, à quelque moment que nous la prenions, si haut que nous remontions, est à n'importe quel moment un héritage du moment précédent."
　　　　　　　　　　　　　　　　　　　　　（Komatsu Eisuke, 1993b: 307）
　　　"言語は、私たちが受け入れた時にすでにあり、また、どれほど昔に私たちが遡っても、どんな時代であったにせよ、前の世代の遺産なのです。"

第1章　言語学の潮流と意味研究　　**55**

（相原・秋津訳、2003: 190）

"Jamais une société n'a connu la langue que comme un produit plus ou moins perfectionné par les générations précédentes et à prendre tel quel."

（Komatsu Eisuke, 1993b: 307）

"いずれにせよ、前の世代によって仕上げられ、そのままの姿で受け入れる産物のようにしてしか、社会が言語（ラング）を知ることは絶対にありませんでした。ですから、最初に、言語（ラング）のある状態（エタ）の全体から歴史的な出来事をはっきりと見極めることです。"　　　　　　　　　　（相原・秋津訳、2003: 191）

この説明によれば、言語を言語たらしめ、その恣意的な存在を確実な存在へと決定付けるものは社会的継続による汎用によってのみであるということになる。そして Saussure のこうした言葉は、すでに Humboldt（1836）の第123節における、

"どんな言語でもその音声形式は、既に過去から連綿と受け継がれてきたものに基づいているものである。"　　　　　　　　　　　　　　　（筆者訳）

という言葉に通じるものであり、その後に続く、

"言語という思考の表現をもたらす精神的活動も、何らかの所与との関わり合いを常に持たざるを得ないことになる。その意味では、この活動も純粋に創造的であるというわけではなく、既にあるものを作り変えるだけのものにすぎない。"　　　　　　　　　　　　　　　　　　　（筆者訳）

という言葉から、言語先行説につながっていく要素を強く有していたことになる。しかも Harris & Taylor（1989: 155）の次の言葉は Weisgerber の言語論にすでに通じるものとして、きわめて示唆的である。

"（前略）when the ancestors of today's languages were created, each the result of a spontaneous, collective outburst of the inner linguistic sense of what Humboldt will call variously a nation, a people, or a race. This is a purely creative act, based on nothing other than the 'mental force' shared by all the people of that nation. It is an expression of the inner freedom and energy of the people, but expressed in a voice which they all share and which is characteristic of them all as a nation."　　　（Harris & Taylor, 1989: 155）

"ある時点で今日使われている諸言語の祖となる言語が創造されたのであり、それら一つ一つは、フンボルトの言う国家、国民あるいは民族といったものの内的言語感覚が集団的な形で自然にほとばしった結果であると考えている。これは純粋に創造的な活動であり、その民族に属しているすべての人間が共有する「精神的な力」のみに基づいている。これは民族の内的な自由とエネルギーの表現なのであり、そしてそれが表現される際には、その民族の全員が共有し、民族全体に特徴的な音声が使われるのである。"

（斎藤伸治・滝沢直宏訳、1997: 275–276）

Saussure にとって、言語は社会的産物であると同時に歴史的産物以外のなにものでもない。本書のまえがきでも述べたように、Saussure に範を取る構造主義言語学と称される学問体系では、Humboldt、Herder、Sapir、Whorf、Cassirer、Weisgerber らが唱えた言語相対説となって言語先行論を展開してきた。特に、母国語に民族の精神を創造する力、文化を担う力、歴史を形成する力を認めた Weisgerber の言語論などは、最も積極的に言語先行論を唱えたもの

であるが、その原形はすでに Humboldt にまで遡り、それが Saussure のみならずアメリカの構造言語学の Chomsky の拠り所とさえなることはきわめて興味深い事実であると共に、その主張の性質は表面的な差異よりも根底でつながっていることに他ならない。

*4　この箇所は、小林英夫訳『一般言語学講義』(岩波書店、1940) の「解説」の中で、次のように述べられている。
　"言語は一つの記号体系にほかならない。さて記号はいっぱんに、指すところの資料と指されるところの意味内容とからなる。この二つの要素はそれぞれ能記、所記と名づけられる。言語のばあい、能記は聴覚映像であり、所記は概念である。両者はともに心的なものである。さてこの二つの要素の間には自然的関係は成り立たず、それは恣意的であるという特質がある。この特質を、ソシュールは言語学の第一原理に立てるのである。"

(1940: xv)

　この考え方は科学としての言語の扱いととともに、19世紀までの古典的言語た観と決別することを全面的に打ち出す Saussure 学説全般に及ぶ重要な枠組みである。そしてこの言葉に従えば、signifiant (能記、記号表現) と signifié (所記、記号内容) は次のように位置づけられる。

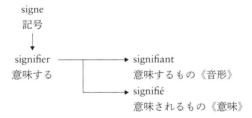

図1　signifiant と signifié の相関構造

*5　わが国での邦訳では、1972年に岩波書店から出された小林英夫訳の『一般言語学講義』が最も一般的である。他にも数多くの邦訳が出版されており、その細かい経緯は第2章の注1、注2に譲るが、2013年に実質小林以来の翻訳となる松澤和宏校注・訳『フェルディナン・ド・ソシュール「一般言語学」著作集 I 自筆草稿『言語の科学』』(岩波書店) が刊行されたことにより、これまでの CLG における Saussure 学説の不具合や言説が大幅に塗り替えられるであろう。

*6　1920年代から、約半世紀にわたってチェコのプラハで展開された構造言語学の有力な一派で、正確には「プラハ言語学派」という。研究対象となった言語はスラヴ語と、英語を中心とするゲルマン語で、具体的な言語資料を、外界の現実との相関において捉えようとする研究姿勢を取った。初期には音韻論、後にはその他に曖昧性、文語の理論、詩の言語、対照言語学、言語類型論と研究分野を拡大し、更には言語学で得られた機能構造的研究方法を文芸理論、民話の領域に適応して大きな業績をあげている。この学派の創始者達は、自らの特別な言語研究の方法を「音韻論 (phonology)」と呼んだ。彼らの定義するところによれば、音声の機能の研究を中心とするもので、それ故にこの学派の人

第1章　言語学の潮流と意味研究　　57

間は「機能主義者（functionists）」と呼ばれることがある。

＊7　1930年代に、デンマークでHjelmslevとBrøndalを中心に結成された「コペンハーゲン言語学サークル」を出発点として、「言理学」と称する言語理論を発展させ、プラーグ学派、アメリカ構造言語学と並ぶ国際的な構造主義言語学の一派。コペンハーゲン学派という名は便宜上つけられたもので、その実際はデンマークのコペンハーゲン大学を中心とする言語学者の集まり（サークル）にすぎない。Saussureの二つの命題、すなわち1.言語とは価値の体系である、2.言語は形態であり実体ではない、という考えをその基本的姿勢として、純粋に言語自体の内的秩序を整理する自律体系の樹立を目的としている点に言理学の特徴がある。そこでは、あくまで内在的に、言語の奥に伏蔵されている機能的秩序の解明を目指すべきであり、それによってのみ言語的普遍が把握され得ると考える。そのため、Saussureの言うlangueとparoleの区別は、形式はlangueのものであるとする立場を取り、必然的にparoleを研究の対象としない姿勢を取る。

＊8　これは、スイス、ジュネーヴ出身で、ジュネーヴ大学で比較言語学・一般言語学の教鞭を取ったSaussureに端を発し、ジュネーヴを活動の中心とした言語学派を指す。ここでの学者には、本章で前述したように、Saussureの講義録をCLGとして出版したSechehayeとBallyらがいる。

＊9　「アメリカ人類学の父」と評され、アメリカ人類学の性格、方向づけに最も大きな影響を及ぼした人類学者、言語学者である。アメリカインディアン語の研究から生まれたBoasの言語学の特徴は、その相対主義にある。Boasは、それぞれの個別言語に内在する構造を抽出した記述の必要性を強く主張した。言語に関するBoasのこうした考えは、その弟子であるSapirによって特に強く発展させられた部分が少なくない。Boasはその後、北西海岸インディアンの世界に没入するにつれて、弟子のSapirらとは対照的に、言語の歴史的再構や系統分類の可能性に懐疑的となり、言語の複源性、混交に確信を深めていったが、弟子達の中にこの考えを受け継ぐものはいなかった。

＊10　その師であるBoasとともに、アメリカのフィールド的言語学と人類学の黄金時代を築いた中心人物である。他方、Bloomfieldと共に、アメリカ構造言語学の始祖とも称される。

＊11　Sapirに師事し、アステカ語、ホピ語、マヤ語を研究した。また「サピア＝ウォーフの仮説」を打ち出したことでも有名である。

＊12　これは「言語相対性仮説」（linguistic relativity hypothesis）とも呼ばれ、言語は語彙的に言語外現実を反映し、それ故に言語の認識的機能は一定の選択によってなされる言語外的世界の範疇化にあるとする考えである。これは、言うならば「言語は、単なる伝達の手段ではなく、思考の手段でもある」という主張であった。Whorfによれば、言語によって世界を認識する以上、世界がどのように見え、どのように理解されるかは、その言語の有する性質によって決定されるということになる。

　外界をどのように捉え、認識するかは使用する言語によって左右されるかどうかといった問題は、古くはAristoteles（ギリシャB.C. 384–322）の時代からしばしば論じられてきた。Aristotelesが人間は言語に規定されることなく、そのまま外界を認識することが可能であると考えたのに対し、Wilhelm von

Humboldt（ドイツ 1767–1835）や Leo Weisgerber（ドイツ 1899–1985）らは、使用している言語によって外界の捉え方が相対的に異なり、異なる言語を用いている人間はその外界の認識の仕方や思考様式が異なっているのではないかと考えた。後者の考え方は、ドイツ生まれで後にアメリカに渡った文化人類学者である Franz Boas（米 1858–1942）に受け継がれ、更にその教え子であった言語学者・文化人類学者の Edward Sapir（米 1844–1939）と Benjamin Lee Whorf（米 1897–1941）に継承された。

　そして、外界の認識は使用する言語によって決定されるという考えを証明するために、Whorf はイヌイットの言語と英語を比較した。例えば、イヌイットの言語にはその状態に応じて、柔らかい雪、硬い雪、凍った雪、湿った雪といった、色々な状態の雪を表わすためのいくつもの別系統の言葉が存在する。しかし英語の場合には、"snow" という一系統の話しかなく、エスキモー語で表わされるような色々な状態の雪を表わすには、それに形容詞等をつけて、様々に説明した形で言い表す他に手段がない。従って、イヌイットの人々が見たり考えたりする雪は、英語圏の人間が見たり考えたりする雪とは、その状態を表す細かい認識の上で違いがあるはずであると Whorf は示唆するのである。また、ネイティヴ・アメリカンの言語であるホピ語では、容器に入っていない水を"pāhe" と呼び、容器に入っている水を "këyi" と呼ぶ。これが英語なら、どちらも "water" という一つの単語で表される。ところが、ホピ語では二つの別の単語で表すことから、ホピ語を母国語とする人達は両者を別のものとして認識していると示唆する。更に、同じくホピ語では、トンボのように空中を飛ぶ昆虫も鳥も飛行機も、空中を飛ぶ対象物を指し示す言葉として、「飛ぶ物体」を意味する "masa'ytaka" という一つの話しか存在しないという例を上げる。我々の言語認識では、昆虫と鳥と飛行機が同一の範疇をなしているとは考えにくいが、彼らにとってはそれが一般的な世界の認識の仕方であると主張する。すなわち、人間の言葉による認識は、現実の世界によって一意に決定される絶対的なものではなく、言語の性質次第で変化する相対的なものだとするのである。これが「サピア＝ウォーフの仮説」の中心的な主張である。

　しかし、この仮説には二つの大きな問題点があった。第一点は、Whorf の挙げた証拠が、言語の方の違いを示すものだけに限られており、そこで示された言語の違いに対応して、思考や認識の方にも違いが存在するかどうかについては、何一つ具体的証拠と実証が見られなかった点である。そのために、この仮説をめぐるその後の研究と議論は、言語の違いによって思考や認識に違いが生じるのかどうかという点に集中することとなる。第二点は、言語が思考を規定する強さがどの程度のものなのかという点について、Whorf 自身が何一つ明確な主張を残さなかったことである。そのため、この仮説の解釈をめぐって、相反する二つの解釈の立場が生まれることとなる。その一つが、「言語と思考は一体不可分であり、思考の内容は言語の性質によって一方的に規定される。言語で表現出来ないようなことは、考えることも不可能であるし、そもそも言語の介在なしでは思考はあり得ない」と解釈する立場であり、このような解釈に立って支持される「サピア＝ウォーフの仮説」は、「強い仮説」と呼ばれる。一方、「強い仮説」に反して、「ウォーフは、言語を用いない思考が存在することまで否定したのではなく、ただ、言語の性質が思考の内容に影響を及ぼす可

能性があると主張したにすぎない」と解釈する立場があり、こうした解釈に立って支持される「サピア＝ウォーフの仮説」は「弱い仮説」と呼ばれる。このように、「サピア＝ウォーフの仮説」という一つの名称の元で異なる解釈が併存することになり、この仮説についての議論は少なからず混乱をきたしてしまう結果となってしまった。

13 Sapir と共に、アメリカ構造言語学の始祖と称される。元来、ゲルマン語学者であり、比較言語学者であったが、印欧語族の言語だけでなく、タガログ語やアルゴンキン語のような非印欧語族の言語にまでその研究対象を広げた。比較言語学者として出発したが、言語研究の一般原理の考察を通して、共時言語学を言語学の基本であると確信するようになる。

14 Bloomfield（1933: 23–33）は行動主義の立場に立ち、刺激と反応という観点からこの説明を試みる。そして Bloomfield は、言語による刺激をs、言語による反応をrで示し、ジルとジャックの行動を次のような図式を使って説明する。

（ジル）S ━━━▶ r ・・・・ s ━━━▶ R（ジャック）

ジルは空腹という生理的刺激（S）に対して言葉の発言という形で反応（r）させる。音声は音波となって二人を隔てる空間を伝わって行く。それを受けることで、ジャックは空腹の刺激を持たないのに、ジルのことばを聴取して言語による刺激を受け（s）、走って行ってリンゴを取ってくるという反応（R）の行動を起こすのである。これが、例えばことばを有しない動物であれば、空腹という刺激に対しては、自ら餌を探して自分の腹を満たすしかなく、S ━━━▶ R という図式は個体内で処理されるものである。しかし人間は、ことばを操ることが出来るために、ことばを媒介にして、刺激を持つ個体が別の個体に反応を起こさせることが可能になるのである。このように、言語は刺激と反応を基に、行動主義的に発せられるものであるとするのが Bloomfield の主張である。

15 両訳語は安井稔訳『文法理論の諸相』（1970）による。

16 我が国の国語学の世界では、1930 年代から 1950 年代にかけて、「場面論」という学説が盛んに議論された時期があった。そこでは、ゲシュタルト心理学の影響を強く受け、日本語研究に場面の概念を初めて導入した佐久間鼎（1936、1954）や三尾砂（1948）の「場面論」の学説や、現象学の影響の強い時枝（1941）の「場面」の概念が代表的なものである。現在も、三尾の論を進めた高橋太郎（1956）の「情況論」や、時枝の論を更に進めた永野賢（1952、1970、1986）の「文章・コミュニケーション論」などがあり、それらは海外の社会言語学、語用論、談話分析という研究動向を先取りしているばかりでなく、ゲシュタルト心理学の影響という点からも察せられる通り、今日の認知言語学にも通じるような視点を持っていた。こうした日本語研究における場面の扱いについては別の機会に論じたい。

17 しかしながら、認知言語学で導入されるメタファー理論における「導管メタファー（Conduit Metaphor）」は、コミュニケーションの過程によって認知される意味の側面を取り除いてしまった上での言語表現の解釈という部分に傾倒する問題点を残している。それが、「言語表現は意味を盛る容器である」

という考え方の側面である。これは、言葉と文は、文脈や発話者とは無関係にそれ自体として意味を有しているということを含意し、その点では構造主義における意味研究の陥穽から免れてはいない。その失敗の最たる例が、国広（2015）で指摘されるように、奥津敬一郎（1978）の"ウナギ文"の意味解釈である。しかし、言葉の意味は文脈や場面から切り離して成立し得ない側面を多く有している。その例として、Lakoff と Johnson は次のように指摘する。

　　"Please sit in the apple-juice seat."
　　〈どうぞ、アップル・ジュースの席におすわり下さい。〉
　　"We need new alternative sources of energy."
　　〈新しい代替エネルギー源が必要である。〉
　　　　　　　　（G. Lakoff & M. Johnson／渡部昇一・楠瀬淳三・下谷和幸訳
　　　　　　　　　　　　　　　　　　　　　　　　　　　　　　　1986: 15）

　この二つの例文の前者における「アップル・ジュースの席」という表現は、この文だけ抜き出しても意味を成さない。しかし、朝食を取りに来たホテルの宿泊客に対して四つの席が設けられており、その内の三つにはオレンジ・ジュースが、そして残る一つにはアップル・ジュースが置かれてあったという場面でのものであったとすると、この「アップル・ジュースの席」が何を意味するかは明白となる。これは文そのものに意味があるのではなく、場面や状況に意味があり、それらの要因を解釈していることを前提として、この文が意味を持つのである。

　また後者は、地球友の会会長が発する場合と、モービル石油の社長が発する場合では、その意味の受け取り方、解釈の仕方に違いが出てくる可能性が高いものである。こうしたことから、Lakoff と Johnson は、意味はまさに文の中には存在せず、文脈があって初めて文が意味を持ち、その意味の内容が決定される。

　この導管メタファーは、全体の構造のどの部分に焦点が当たるかによってコミュニケーション活動における話し手の観点を呼び起こすことを可能にする。しかしその反面、意味を内容物と捉え、言語表現をその容器として捉え、言語表現による人間のコミュニケーション活動を意味という内容物を詰めた荷物の受け渡しとして認識するため、荷物という情報が人から人への移動という面を際立たせるものの、そこでは意味を決定付ける要因となる、聞き手による能動的な解釈作業や文脈、更には話し手による感情的側面等の、コミュニケーションにおける他の多くの重要な側面を無視してしまうことになる。しかしそれでも、純粋に語の内包している意味の抽出という点では、極めて有効な枠組みであると同時に、その性質からメトニミーやイメージ・スキーマと同様に、語の多義的意味認識の原理を我々の認知構造から説明付ける、有効な枠組みとなり得る側面を有している。

第2章

Saussure 学説の主要点

1. *Cours de linguistique générale* と『言語学原論』

　まず、後年、時枝の批判を浴びることになった部分に重点を置いて、Saussure の学説について見ていく。Saussure の学説は 1916 年に出された *Cours de linguistique générale*（本書ではこれを *CLG*、小林英夫（1903–1978）によるその邦訳『言語学原論』を『原論』、『改訳新版 言語学原論』を『改訳』、『一般言語学講義』を『講義』*1 と略して記す）において集約される。しかし、Saussure の学説について語る時、我々は非常に複雑な手続きが必要となる。というのも、*CLG* 自体が Saussure の直接の手によるものではないためである。第 1 章で述べたように、*CLG* は 1907 年、1908〜1909 年、1910〜1911 年に、ジュネーヴ大学で Saussure が三回にわたって行った一般言語学の講義を聴講した学生達の取ったノートを、Charles Bally と Albert Sechehaye が Albert Riedlinger（スイス 1891–1913）の協力の元に、再構成、統合して編纂したものである。そのため、同書が Saussure 自身の思想をどこまで忠実に再現し得ているか、あるいはどの程度まで編者の解釈が加わっているかという疑問から逃れられないでいる。また *CLG* の記述の信憑性に対する疑問の声があるのも事実である*2。しかしいずれにしても、*CLG* が後世の言語学の礎となったことは間違いのない事実であり、そこで述べられた言語に関する様々な思想が後の言語学に与えた影響は余りに大きい。そしてそこでの思想が、洋の東西を問わず、後の言語学者達の言語研究の基盤となっていることも、また覆しようのない事実である。

　こうした事実を目にすると、*CLG* に集約された思想の偉大さや有効性の方が、同書にまつわる否定的な見解をはるかに上回って余

63

りある。そのため、Saussure の学説を検討し得る現存する資料として、*CLG* を基に、そこに述べられている思想を今一度読み解き、その正しい理解の促進を目指すより他ない。そこで本書では、原典の正確な理解を目指すため、原文を原文のまま提示し、ついでその箇所の和訳（1928 年版、1940 年版共に）を対比して提示する形を取る。これは、原文で表された意図がその翻訳によって歪められていないかどうかを客観的かつ冷静に見るためと、のちに時枝誠記が *CLG* における Saussure の学説批判にあたり、その拠り所とした小林英夫訳が 1928 年版と 1940 年版であったという理由による。何故なら、わが国において Saussure の学説は、その殆どが翻訳（特にここでは小林英夫訳を指す）によって受容され、浸透してきた経緯があるためである。そして原文とその翻訳を基にして、そこで述べられている思想について解釈を試みる。

　第 1 章で述べたように、Saussure の学説で言語の研究に際して意味に関する主張とその功績は、第一に、langue、langage、parole という三つの体系を設けたことである。第二に言語を "signe（記号）" として捉え、そこには「指すもの」の "signifiant（能記）" と「指されるもの」を表す "signifié（所記）" という二つの表裏一体の概念を体系立てたことである。そして第三に、signifiant と signifié の間には何ら必然的な結び付きは存在せず、それは恣意的なものであるとする「記号の恣意性」と呼ばれる特質を明らかにした点である。Saussure の学説では、言語を相互に織り込まれた要素から入念に作り上げられた「構造（structure）」として捉え、言語内の諸項目は全てもともと相互に結び付けられたものであるとする主張にその独創点があり、この特色をして後に構造主義言語学として発展し、更には言語学の範囲を超えて様々な分野にまで拡散していった部分である。以下、この点についての *CLG* での記述を見ていく。

2.　langue、langage、parole の三分法

Saussure 学説における一番の特徴として、人間の言語をその性

質に応じて langue、langage、parole という三分法があげられる。このことについて、*CLG* では次のように記述されている。

"Mais qu'est-ce que la langue ? Pour nous elle ne se confond pas avec le language ; elle n'en est qu'une partie déterminée, essentielle, il est vrai. C'est à la fois un produit social de la faculté du langage et un ensemble de conventions nécessaires, adoptées par le corps social pour permettre l'exercice de cette faculté chez les individus. Pris dans son tout, le langage est multiforme et hétéroclite ; à cheval sur plusieurs domaines, à la fois physique, physiologique, et psychique, il appartient encore au domaine individuel et au domaine social ; il ne se laisse classer dans aucune catégorie des faits humains, parce qu'on ne sait comment dégager son unité.

La langue, au contraire, est un tout en soi et un principe de classification. Dès que nous lui donnons la première place parmi les faits de langage, nous introduisons un ordre naturel dans un ensemble qui ne se prête à aucune autre classification.(中略)la langue est une convention, et la nature du signe dont on est convenu est indifférente."

(1916: 25–26)

"所で、言語とは何か。余に従えば、それは**言語** langue と**言語活動** langage とは別物である。言語は決定されたる部分であり、本質的なる部分である。言語活動能力の社会的所産であり、同時にその能力の行使<small>エギゼルスィス</small>を個人に許すべく社会団体<small>コミュノーテ・ソシャル</small>が採用したる必要なる制約<small>コンヴァンシオン</small>の総体である。言語活動は、全体として観ると、多様<small>ミュルティフォルム</small>であり混質である。物理、生理、心理と、各方面に跨り、個人の領分へも足を突込んでいる。従って人類所産の如何なる部類<small>カテゴリ</small>へも分類する事が出来ない。その単位を引出すべき術<small>すべ</small>を我々は知らぬからである。

言語は之に反して其れ自身一体である。故に分類原理となる。言語活動事実の中で言語を第一位に置きさえすれば、此の、他の如何なる分類にも任されぬ全一体なるものに、本来の世界<small>オルドル</small>を与える事を得るのである。（中略）言語が制約であり、人間が好しと定めた記号が甲であれ乙であれ問う必要がない、という

事は正しい。"［太字原文ママ］ （1928: 21–23）

"ところで、言語とは何であるか。我々に従えば、それは言語活動とは別物である；それは後者のある一定部分にすぎない、尤も本質的なる部分であるが。それは言語活動の能力の社会的所産であり、同時にこの能力の行使を個人に許すべく社会全体が採用したる、必要なる制約の総体である。言語活動は、全体としてみれば、多様であり混質的である；数個の領域に跨り、同時に物理的、生理的、且つ心的であり、なおまた個人的領域にも社会的領域にも属する；それは人間的事象のいかなる部類にも収めることができない；その単位を引出すすべを知らぬからである。

　之に反して、言語はそれ自身一体であり、分類原理をなす。これを言語活動の諸事実の中で第一位に置きさえすれば、他にどのようにも分類の仕様のない総体のうちに、我々は本来の秩序を与えることになるのである。（中略）言語は一つの制約であり、人々がとりきめた記号の性質の如何は、問う必要がない。" （1940: 19–20）

"La partie psychique n'est pas non plus tout entière en jeu : le côté exéctif reste hors de cause, car l'exécution n'est jamais faite par la masse ; elle est toujours individuelle, et l'individu en est toujours le maître ; nous l'appellerons la *parole*."［斜体部原文ママ］ （1916: 30）

"精神的な部分にしてもその全部が働いて居るものではない。遂行的方面は原因に成れぬ。遂行は群衆に依って行はれることは絶対にないからだ。遂行は常に個人的であり、個人は常に遂行の主である。我々はそれを**言**parole と呼ぶ。"［太字部原文ママ］ （1928: 29）

"心的な部分にしても、その全部が働いているわけでない：遂行的部面は関与しない、遂行が大衆によって行われることは絶対にないからである；それは常に個人的なものであり、個人は常にそれの主である；我々はこれを言（parole）と呼ぼうと思

う。"［下線部原文ママ］ （1940: 24)

"Si nous pouvions embrasser la somme des images verbales em-
magasinées chez tous les individus, nous toucherions le lien social
qui constitue la langue. C'est un trésor déposé par la pratique de la
parole dans les sujets appartenant à une même communauté, un
système grammatical existant virtuellement dans chaque cerveau,
ou plus exactement dans les cerveaux d'un ensemble d'individus ;
car la langue n'est complète dans aucun, elle n'existe parfaitement
que dans la masse.

　En séparant la langue de la parole, on sépare du même coup:
1.ce qui est social de ce qui est individuel ; 2.ce qui est essentiel de
ce qui est accessoire et plus ou moins accidentel." （1916: 30)

"若し凡ての個人の頭の中に貯蔵された言語映像の総和を把握
する事が出来たならば、言語を構成する社会的連鎖に触れるで
あろう。言語は言わば、言の運用に依って、同一団体に属す
る言主の頭の中に溜込まれたる貯金であり、各人の脳裡に、い
な正確に言えば個人の総和の脳裡に、隠然と力を振う文法体系
である。何となれば言語は個人にあって完成せず、群集にあっ
て始めて完全に存在するからである。

　言語を言から切り離す事に依って、同時に、（一）社会的な
るものと個人的なるもの、（二）本質的なるものと随伴的にし
て多少とも偶有的なるもの、とが分離される。" （1928: 29–30)

"もしすべての個人の脳裡に蓄積された語詞映像の総和を、そ
っくり取込むことができたならば、我々は言語を組立てる社会
的紐帯に触れるであろう。言語は、言の運用によって、同一社
会に属する話手たちの頭の中に貯蔵された財宝であり、各人の
脳髄の裡に、一層精密にいえば、一団の個人の脳髄の裡に、陰
在的に存する文法体系である；何となれば、言語は個人にあっ
ては完璧たることなく、大衆にあって始めて完全に存在するか
らである。

　言語を言から切り離すことによって、同時に 1. 社会的なも

第2章　Saussure 学説の主要点　　67

のと、個人的なものと；2.本質的なものと、副次的にして多
少とも偶有的なものと、が分離される。” (1940: 24)

“La langue, distincte de la parole, est un objet qu'on peut
étudier séparément.” (1916: 31)
“言語は言とは違って、切り離して研究し得る対象である。”
(1928: 32)
“言語は、言とは趣を異にし、切り離して研究しうる対象であ
る。” (1940: 25)

“Tandis que le langage est hétérogène, la langue ainsi délimitée
est de nature homogène : c'est un système de signes où il n'y a
d'essentiel que l'union du sens et de l'image acoustique, et où les
deux parties du signe sont également psychiques.” (1916: 32)
“言語活動は多質的であるが、言語は、上の如く限定すれば、
等質的である。言語は記号の体系である。それには意味と聴覚
映像との合一を措いて他に本質的なものはない。又かような記
号の二部分は等しく精神的である。” (1928: 32)
“言語活動は異質的であるが、上の如く限定された言語は、も
ともと等質的である。これは記号の体系であり、そこでは意味
と聴覚映像との合一を措いて他に本質的なものはなく、又かよ
うな記号の二部分は等しく心的である。” (1940: 26)

“Nous venons de voir que la langue est institution sociale ; mais
elle se distingue par plusieurs traits des autres institutions poli-
tiques, juridiques, etc. Pour comprendre sa nature spéciale, il faut
faire intervenir un nouvel ordre de faits.

La langue est un systéme de signes exprimant des idées, et par
là, comparable à l'écriture, à l'alphabet des sourds-muets, aux
rites symboliques, aux formes de politesse, aux signaux militaires,
etc., etc. Elle est seulement le plus important de ces systèmes.”
(1916: 33)

68

"言語が一つの社会制度である事は既に述べた。併し色々な特徴からして他の制度、政治、法制等から区別される。その特殊(スペシヤル)の性質を理解するには別の界(オルドル)の事実を持ち出して来ねばならぬ。

　言語は観念を表わす記号の体系である。従つて書、聾唖の指話法、象徴的儀式(リート)、作法、軍用信号、等と比較すべきものである。たゞ言語は是等の体系の中で最も重要なものなのである。"

(1928: 34)

"言語が一つの社会制度であることは今しがた見た通りであるが、それは多くの特徴からして、他の政治制度、法律制度等とは趣を異にする。その特殊的性質を理解するには、新たな種類の事実を持出さねばならぬ。

　書とか、指話法とか、象徴的儀式とか、様式とか、軍用記号とかと、比較されうるものである。ただそれはこれらの体系のうち最も重要なものである。"

(1940: 27)

そして langue を言語学の研究対象とした点については、次の様に述べられている。

"(前略) *il faut se placer de prime abord sur le terrain de la langue et la prendre pour norme de toutes les autres manifestations du langage.*"［斜体部原文ママ］

(1916: 25)

"何を差置いても先ず第一に言語なる土地の上に腰を据え、言語を以て言語活動の他の凡ゆる示現の規範と為す事である。"［傍点部原文ママ］

(1928: 21)

"即ち、何を差置いても先ず、言語（langue）の土地の上に腰を据え、これを持って言語活動の爾餘一切の顕現の規範となすこと、これである。"［下線部原文ママ］

(1940: 19)

"(前略) la tâche du linguiste est de définir ce qui fait de la langue un système spécial dans l'ensemble des faits sémiologiques."

(1916: 33)

"言語学者の務めは、言語をして記号学的事実(フェ・セミロジック)の総体の中に特殊な体系を成さしめる所のものを確定するにある。" (1928: 35)

第2章　Saussure 学説の主要点　　69

"言語学者の務は、言語をして記号学的事実の総体のうちで特殊の体系たらしめる所のものを、定義するにある。"

(1940: 27–28)

"*La linguistique a pour unique et véritable objet la langue envisagée en elle-même et pour elle-même.*"［斜体部原文ママ］＊3

(1916: 317)

"言語学の独自且つ真正の対象は、直視せる言語であり、言語の為の言語である。［傍点部原文ママ］"　　　(1928: 478)

"言語学の独自且つ真正の対象は、それ自体としての言語であり、それ自体のための言語である。"［下線部原文ママ］

(1940: 311)

　この langue、parole という二つの枠組みは、その後の言語研究の基本的姿勢となり、アメリカ構造主義言語学においても Bloomfield、Chomsky らによって形を変えて受け継がれていく。＊4

3.　実存体としての言語

　Saussure 学説では、言語を相互に織り込まれた要素から入念に作り上げられた構造（structure）として捉え、言語内の諸項目は全てもともと相互に結び付けられたものであると考える。このことは、*CLG* では次のように説明されている。

"Les signes dont la langue est composée ne sont pas des abstractions, mais des objets réels（中略）ce sont eux et leurs rapports que la linguistique étudie ; on peut les appeler les *entités concrètes* de cette science.（中略）

　1.L'entité linguistique n'existe que par l'association du signifiant et du signifié :（後略）"［斜体部原文ママ］　　(1916: 144)

"言語を構成する所の記号は抽象ではなく実存的対象である。（中略）言語学が研究するのは其れであり、其れ等の関係である。其れを此の科学の具体的実体 entité concrète と呼ぶことが出来る。（中略）

一.言語実体は、能記所記の連合関係に依ってのみ存在する。”　　　　　　　　　　　　　　　　　　　　　　（1928: 209）

“言語を組成する記号は、抽象物ではなくて、実在的客体である。（中略）言語学が研究するのはそれらの関係である。これをこの科学の<u>具体的実存体</u>（entité concrète）と呼ぶことができる。（中略）

　1.言語実存体は、能記と所記との連合によらずしては存在しない。”［下線部原文ママ］　　　　　　　（1940: 137）

“L'entité linguistique n'est complètement déterminée que lorsqu'elle est *délimitîée*, séparée de tout ce qui l'entoure sur la chaîne phonique. Ce sont ces entités délimitées ou *unités* qui s'opposent dans le mécanisme de la langue.”［斜体部原文ママ］　　　（1916: 145）

“言語実体は、音連鎖上に於て其れを囲繞する凡ての物から分離し限定しない内は、完全に決定する事が出来ない。言語機構の中に於て対立を為すものは決定されたる実体、即ち**単位** unité である。”［傍点部と太字部原文ママ］　　（1928: 210）

“言語実存体は、<u>限定された</u>時、音連鎖の上においてそれを取巻く一切のものから分離された時、始めて完全に決定される言語の機構において対立をなすものは、このような限定された実存体、即ち<u>単位</u>である。”［下線部原文ママ］　　　　　　　（1940: 138）

この主張は、言語の意味は実体ではなく関係の中での価値で、関連するほかの意味との関係の中でしか決定されないとするその後の主張と論理的に矛盾するのではないか。そしてこのことが意味の問題と絡めて、*CLG* における記述の不整合という第一の問題となる部分であり、後に時枝と服部による Saussure 学説の議論の際に第一の論点となる部分である。

4.　記号としての言語

CLG では、意味を「指すもの（signifiant）」と「指されるもの（signifié）」に分割し、それを表す言語表象を「記号（signe）」とし

て捉え、二つの表裏一体の概念を体系立てる。言語を記号として見ることは、言語を科学として扱うことの第一歩となる基本的な視点である。*CLG* では、signifiant と signifié の関係は次のように説明されている。

 "La langue est un système de signed experiment des idées, et par là, comparable à l'écriture, à l'alphabet des sourds-muets, aux rites symboliques, aux forms de politesse, aux signaux militaires, etc., etc. Elle est seulement le plus important de ces systèmes."
(1916: 33)

 "言語は観念を表わす記号の体系である。従って書、聾唖の指話法、象徴的儀式、作法、軍用信号、等と比較すべきものである。たゞ言語は是等の体系の中で最も重要なものなのである。"
(1928: 34)

 "言語は観念を表現する記号の体系であり、そうとすれば書とか、指話法とか、象徴的儀式とか、様式とか、軍用記号とかと、比較されうるものである。ただそれはこれらの体系のうちもっとも重要なものである。"
(1940: 27)

 "Le signe linguistique unit non une chose et un nom, mais un concept et une image acoustique." (1916: 98)
 "言語記号は事物と名称とを結合するものではない、概念と聴覚映像とを結合するものである。" (1928: 134)
 "言語記号は物と名とを連結するのではない、概念と聴覚映像とを結合するのである。" (1940: 90)

 "Les signe linguistique est donc une entité psychique à deux faces, qui peut être représentéepar la figure :

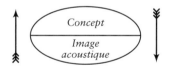

Ces deux elements sont intimement unis et s'appellent l'un l'autre." (1916: 99)

"されば言語記号は二面を有する精神的実体である。図示すれば上の如くなろう。

此の二つの要素は密接に結合し、互に喚起し合う。"(1928: 135)

"それゆえ言語記号は二面を有する心的実在体である；これを図示すれば右の如くなる：

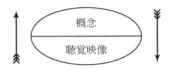

この二つの要素はかたく相連結し、相呼応する。"

(1940: 90–91)

"Que nous cherchions le sens du mot latin *arbor* ou le mot par lequel le latin désigne le concept《arbre》, il est clair que seuls les rapprochements consacrés par la langue nous apparaissent conformes à la réalité, et nous écartons n'importe quell autre qu'on pourrait imaginer."〔斜体部原文ママ〕

(1916: 99)

"漢語の樹の意味〔下図右、語は下半面、意味とは概念で上半面〕或は漢語が「樹」なる概念を指すに用いる語を求めるならば〔下図左〕、言語が取持つ近寄せのみが真相に適って居る様に見え、我々は想像し得る他の何物をも斥けるものなる事が明

第2章 Saussure学説の主要点　73

かになる。"

（1928: 135–136）

"ラテン語の *arbor* の意味を求めるにせよ、或はラテン語が「樹」なる概念を指すに用いる語を求めるにせよ、言語が認めた照合のみが真相に適うものとして、我々に現れることは明瞭であって、人は他に随意の照合を想像しえようが、我々はそれらをすべて斥けるのである。"

（1940: 91）

"Nous appelons *signe* la combinaison du concept et de l'image acoustique :（中略）Nous proposons de conserver le mot *signe* pour désigner le total, et de remplacer *concept* et *image acoustique* respectivement par *signifié* et *signifiant* ;（中略）

Le signifiant, étant de nature auditive, se déroule dans le temps seul et a les caractères qu'il emprunte au temps : a) *il représente une étendue,* et b) *cette étendue est mesurable dans une seule dimension* : c'est une ligne."［斜体部原文ママ］　　（1916: 99–103）

"余は概念と聴覚映像との結合を記号 signe と呼ぶ。（中略）余は提唱する、記号なる語はそのまま全体を指さしめ、概念と聴覚映像とはそれぞれ所記 signifié と能記 signifiant とを以て代入するがよい。（中略）

能記は元来聴覚的のものであるから、時間中にのみ展開し、時間からその特質を受けている。（一）拡がりを表わす。（二）その拡がりは一次、即ち線に於てのみ測定可能である。"

(1928: 136–142)

"我々は概念と聴覚映像との結合を<u>記号</u>（signe）と呼ぶ。（中略）我々は、<u>記号</u>なる語をもってそのまま全体を指さしめ、<u>概念</u>と<u>聴覚映像</u>との代りにそれぞれ<u>所記</u>（signifié）と<u>能記</u>（signifiant）をもってすることを、提議する。（中略）

能記は本来耳に聴かれるものであるから、時間の中にのみ展開し、その諸特質を時間に仰いでいる、即ち：a)<u>それは拡がりを表わす、また b)この拡がりは唯一つの次元内においてのみ測定される：それは線である。</u>"［下線部原文ママ］

(1940: 91–95)

これにより、言語を音とそれに結び付く概念との記号として捉える。言語研究に対する科学的基盤の第一歩が与えられることとなる。

5. 記号の対立と意味

そして意味を生み出す記号の対立という点については、以下のように述べられている。

"Tout ce qui precede revient à dire que *dans la langue il n'y a que des differences*. （中略）Qu'on prenne le signifié ou le significant, la langue ne comporte ni des idées ni des sons qui préexisteraient au système linguistique, mais seulement des differences conceptuelles et des differences phoniques issues de ce système."［斜体部原文ママ］

(1916: 166)

"今まで述べて来たことは要するに、言語には差異しかないと云うに帰する。（中略）所記或は能記を取ってみるがよい、言語は言語体系以前に存在せんとする観念とか音とかを許す事は出来ない。只その体系から出る所の概念的差異及び音的差異のみを許すのである。"［傍点部原文ママ］

(1928: 243)

"<u>以上述べて来たことは要するに、言語には差異しかないというに帰する。</u>（中略）所記をとってみても能記をとってみても、言語は言語体系に先立って存在するような観念なり音なりを含

むものではなくして、只この体系から生ずる概念的差異と音的
差異とを含むだけである。”［下線部原文ママ］　　　　（1940: 159）

"（前略）deux signes comportant chacun un signifié et un signifi-
cant ne sont pas différents, ils sont seulement distincts. Entre eux
il n'y a qu'*opposition*. Tout le mécanisme du langage, dont il sera
question plus bas, repose sur des oppositions de ce genre et sur les
differences phoniques et conceptuelles qu'elles impliquent.”［斜
体部原文ママ］　　　　　　　　　　　　　　　　　　（1916: 167）

"夫々一所記一能記を持ち得る二つの記号は「差異」するので
はない、たゞ「分明」であるに過ぎない。両者間には対立しか
ないのである。言語活動の機構は凡て—其れに就いてはいづれ
後に説くが—此の種の対立と、その対立が内有する所の音的差
異及び概念的差異に基いている。”［傍点部原文ママ］

（1928: 245–246）

"めいめい一個の所記と一個の能記をもつ二個の記号は、差異
するものではなくて、ただ分明なのである。両者の間には対立
しかない。言語活動の機構はすべて、後に論及する如く、この
類の対立と、そしてそれが内有する音的差異及び概念的差異に
基くのである。”［下線部原文ママ］　　　　　　　　（1940: 160）

このことは、言語の意味は実体ではなく、関連する他の意味との
関係によって決定されるということに他ならない。この主張から生
まれる言語先行論から必然的に導き出される帰結は、"言語記号の
区別がなければ概念も区別されない"というものであるが、この考
え方で解決されないのが、同音異義と多義の意味解釈の問題である。
また、Saussure は記号内容の決定は体系の中での構造性という観
点から、言語は相互依存的な項目の体系であって、そこにおいては
個々の項目の価値は他の項目が同時に存在することによってのみ得
られると言う。その結果、言語においては、積極的な項を持たない
差異のみが存在する。記号表現を取ろうが記号内容を取ろうが、言
語には、言語体系以前には観念も音もなく、その体系から発してい
る概念的、そして音声的差異のみがあると結んでいる。しかしこれ

こそが意味研究における不備を生む。

6. 言語記号の恣意性

CLG では、言語記号の恣意性を言語学の第一原理に置く。また signifiant と signifié の間には必然的な結び付きは存在せず、それは社会的に規定された恣意的なものであるとする。その性質について CLG では次のように記述されている。

> "Le lien unissant le signifiant au signifié est arbitraire, ou encore, puisque nous entendons par signe le total résultant de l'association d'un signifiant à un signifié, nous pouvons dire plus simplement : *le signe linguistique est arbitraire*."［斜体部原文ママ］(1916: 100)

> "能記と所記とを結ぶ連絡は、任意的 arbitraire である。別の言葉で言えば、記号とは能記が所記と連合して出来た全一体を意味する以上、更に簡単に、「言語記号は任意的である」と言えよう。" (1928: 137)

> "能記を所記に結びつける紐帯は、恣意的なものである。言いなおせば、記号とは、能記と所記との連合から生じた全体を意味する以上、我々は一層簡単に言うことができる : 言語記号は恣意的なものである。"［下線部原文ママ］ (1940: 92)

> "Le principe de l'arbitraire du signe n'est contesté par personne ; mais il est souvent plus aisé de découvrir une vérité que de lui assigner la place qui lui revient. Le principe énoncé plus haut domine toute la linguistique de la langue; ses consequences sont innombrables." (1916: 100)

> "「記号の任意性」なる原理に関しては何人も意義を挟む者はない。然しながら真理を見出す事は、その真理の帰すべき位置を指摘するよりも、屡々容易である。上掲の原理は言語学全体を支配して居り、その帰結は無数である。" (1928: 137–138)

> "記号の恣意性の原理に関しては、何ぴとも異議を差挟むものはない。然しながら真理を発見することの方が、それにその帰

すべき位置を与えることよりも、しばしば容易である。上掲の
原理は、言語学全体を支配してをるものであって、その帰結は
無数である。” （1940: 92）

"（前略）quand la sémiologie sera organisée, elle devra se de-
mander si les modes d'expression qui reposent sur des signes en-
tiérement naturels — comme la pantomime — lui reviennent de
droit. En supposant qu'elle les accueille, son principal objet n'en
sera pas moins l'ensemble des systems fondés sur l'arbitraire du
signe." （1916: 100）

"将来記号学が組織された暁、其れは、全く自然な記号に基く
表現様式（黙劇の如き）なるものが対象たる権利を失ふか否か
を考究するに相違ない。記号学がかやうな様式をも蒐集するも
のと想定しても、その主要な対象はやはり記号の任意性に基く
体系の総体であることは動かせぬ。” （1928: 138）

"記号学が組織された暁、それは、全く自然的な記号に基く表
現様式―黙劇の如き―が、これに当然帰属すべきであるか否か
を問わねばなるまい。記号学がそれらを取上げるものと想定し
ても、その主要対象はやはり、記号の恣意性に基く体系の総体
であることは動かぬであろう。” （1940: 92）

"On peut donc dire que les signes entièrement arbitraries ré-
alisent mieux que les autres l'idéal du proceed sémiologique ; c'est
pourquoi la langue, le plus complexe et le plus répandu des sys-
tèmes d'expression, est aussi le plus caractéristique de tous; en ce
sens la linguistique peut devenir le patron general de toute sémiol-
ogie, bien que la langue ne soit qu'un système particulier."

（1916: 101）

"それ故、全く任意的な記号は然らざるものより記号学的手順
の理想型を実現すること数等上であると言えよう。これ表現体
系の中で最も複雑にして最も流布せる言語なるものが、凡ての
中で最も 特 質 的なる所以である。此の意味に於て言語学は凡

て記号学の一般的保護者（パトロン）と成り得るのである、たとえ言語が特異の一体系に過ぎずとも。"　　　　　　　　　　　　　（1928: 138–139）

"されば記号学的手順の理想を実現するには、全く恣意的な記号の方が、然らざるものより優れている、と言うことができる。この故に、表現体系の中で最も複雑にして最も流布せる言語がまた、すべての中で最も特質的なのである。この意味において言語学は、言語がたとえ一個の特異体系にすぎずとも、全記号学の代表となりうるのである。"　　　　　　　　　　（1940: 93）

"Le mot *arbitraire* appelle aussi une remarque. Il ne doit pas donner l'idée que le significant depend du libre choix du sujet parlant（中略）nous voulons dire qu'il est *immotivé*, c'est-à-dire arbitraire par rapport au signifié, avec lequel il n'a aucune attache naturelle dans la réalité."［斜体部原文ママ］　　　（1916: 101）

"**任意性** arbitraire という語に就いても、一応の注意を要する。能記が言主の自由選択（リーブル・シュワ）に任されて居るものと見るのは不当である。（中略）余はこう言いたい、能記は**非配意的** immotivé である。言換へれば所記との関係に於いて任意的である、実在に於いて所記とはなんら自然の契合（アッタージュ）を持たぬものである、と。"
［太字部原文ママ］　　　　　　　　　　　　　　　（1928: 139）

"恣意性という語についても、一応の注意を要する。能記は手話の自由選択に委されているものとの考を、それは人に抱かすべきではない。（中略）我々は言いたい：能記は無縁（immotivé）のものである、つまり所記との関係において恣意的である、所記とは実在において何らの自然的契合をももたない。"［下線部原文ママ］　　　　　　　　　　　（1940: 93）

後に時枝の批判点となった Saussure 学説の主要部分が以上の点である。言語を記号として捉え、記号は概念と聴覚イメージの結び付きから成るとする Saussure の考えは、言語を科学として捉える際の第一歩である。そして両者の結び付きが恣意的であるとするのもまた、Saussure 言語学の大きな功績である。これにより、言語の分析に科学としての基盤が与えられることになる。しかしながら

その反面、こうした主張が言葉が先にありきの言語先行論として構造主義言語学の中心的議論となって隆盛を極めていく＊5。

＊1　今日、Saussure の学説を邦訳したものとしては、1972 年に岩波書店から出された小林英夫訳の『一般言語学講義』が最も一般的である。しかし、ここで『一般言語学講義』（岩波書店、1972）ではなく、『言語学原論』（岡書院、1928）と『改訳新版 言語学原論』（岩波書店、1940）を用いるのには理由がある。それは、当時時枝が批判を展開した Saussure 学説は、全て『言語学原論』とその後に出された改訳版である『改訳新版 言語学原論』における記述を基にしたものである。そのため、時枝学説における Saussure 批判を検討するための手続きとして、時枝が批判の対象にした当時の『言語学原論』と『改訳新版 言語学原論』に当たらねばならない。

＊2　CLG は、そこでの記述や用語に統一性が見られにくく、それが CLG の解釈をめぐって様々な論を引き起こす一つの要因となってきた。そのため、CLG に出てくる術語を基にした議論やその正当な解釈をめぐる議論は、Bally と Sechehaye による創作と分かっていながらも、他に頼る資料がないためそれに頼るしかないという極めて脆弱な前提の上で成されていたことになる。しかもわが国での Saussure 学説の解釈の特異性は、その多くが原典ではなく小林訳という翻訳を介した上で、そこでの術語をめぐる議論であったことが少なくない。事実、一連の "時枝・服部論争" は CLG をめぐってというよりも、むしろ『原論』での術語とその解釈をめぐってなされた部分が多い。その後、Saussure 自身の手稿を含む原資料が 1955 年、1958 年に三回にわたって相次いで発見されたため、CLG をめぐる疑問や問題点の幾つかは解決を見た。更に1996 年に Saussure の屋敷の庭仕事用倉庫から Saussure 自身による手稿の束が発見され、そこから Saussure 文献学と Saussure 学説はこれまでにも増して見直しや修正を迫られることとなった。そこで発見された原資料は、大別すると以下のように分けられる。

　1. Saussure の手稿。（1955 年 1 月）
　2. Saussure の第二、第三回講義の聴講生である E.Constantin によって書きとどめられた講義内容のノートの発見。（1958 年）
　3. 発見された Saussure の手稿。（1958 年）
　4. フランス国立図書館に所蔵されている Saussure の書簡類。
　5. ハーバード大学ホートン図書館に所蔵されている Saussure の手稿。
　6. レニングラードの科学古文書館に所蔵されている Saussure の書簡類。
　7. Saussure の屋敷の庭仕事用倉庫から発見された Saussure の手稿。（1996 年）

　そして 1～6 までの資料の大半は Godel（1957）と Engler（1968）に収められており、今日 Saussure 学説について触れる際には、Bally と Sechehaye による CLG のみではなく、Godel（1957）と Engler（1968）の原資料に当たるこ

とが Saussure 研究における基本的手順となっている。これらの二冊で Bally と Sechehaye による CLG の不具合と Saussure 学説の修正作業が行われることとなる。その第一段階は、Saussure の衣鉢を継ぐジュネーブ学派において Godel（1902–1948）が Saussue 生誕 100 年に向けて 1957 年に著した *Les Sources Manuscrites du Cours de Linguistique Générale de F. de Saussure*.（『一般言語学の原資料』）である。Godel はそこで Riedlinger による第一回講義の手稿や、Bourchardy と Gautier による第二回講義の手稿、Dégallier による第三回講義の手稿を基に、Bally と Sechehaye に由来する CLG の内容がオリジナルの講義内容をどれほど歪曲しているかを暴き、その不具合を修正した。その後 Godel の研究を更に押し進めたのが Engler（1930–2003）である。Engler は 1968 年に *Cours de linguistique générale, Edition critique.* を著したが、これがその後 Saussure 文献学の基本的文献となる。これらの研究の進展と歩を同じくして、イタリアでは 1967 年に Tullio De Mauro による CLG のイタリア語訳であると同時に Saussure についての膨大な解説書でもある *Corso di linguistica generale Ferdinand de Saussure: introduzione, traduzione e commento.*（山内貴美夫訳 .1976.『ソシュール一般言語学講義校注』而立書房）が出版される。こうした Saussure の手稿の出版とわが国でのそれらの翻訳の流れをまとめれば、以下のようになる。

- 1916 年、Bally と Sechehaye による *Cours de linguistique générale*（1928 年 1 月、小林英夫訳『言語学原論』（岡書院））の刊行。
- 1940 年 3 月、小林英夫訳『改訳新版　言語学原論』（岩波書店）；1972 年 12 月、小林英夫訳『一般言語学講義』（岩波書店）の刊行。
- 1957 年、Godel による *Les Sources Manuscrites du Cours de Linguistique Générale de F. de Saussure*.（1971 年 4 月、山内貴美夫訳『ソシュール 言語学序説』勁草書房；1984 年 3 月、新装版、勁草書房）の刊行。
- 1967 年、Tullio De Mauro による *Corso di linguista generale Ferdinand de Saussure: introduzione, traduzione e commento*.（1976 年 7 月、山内貴美夫訳『「ソシュール一般言語学講義」校注』而立書房）の刊行。
- 1968 年、Engler による *Cours de linguistique générale, Edition critique*.（1991 年 9 月、前田英樹訳・注『ソシュール講義録注解』（法政大学出版局）の刊行。
- 1993 年、小松英輔による Constantin のノート（Pergamon 社）の刊行。
- 1993 年、小松英輔による Riedlinger と Constatin のノート（学習院大学）の刊行。
- 2002 年、Simon Bouquet と Rudolf Engler による *Ferdinand de Saussure, Écrits de linguistique générale*（Gallimard 社）の刊行。
- 2003 年 2 月、相原奈津江・秋津伶訳、西川長夫解題『一般言語学第三回講義—エミール・コンスタンタンによる講義記録』（エディット・パルク）の刊行。
- 2006 年 11 月、小松英輔編、相原奈津江・秋津伶訳『一般言語学第二回講義—リードランジェ／パトワによる講義記録』（エディット・パルク）の刊行。
- 2007 年 3 月、影浦峡・田中久美子訳『ソシュール一般言語学講義　コンス

タンタンのノート』（東京大学出版会）の刊行。
・2008年3月、小松英輔編、相原奈津江・秋津伶訳『一般言語学第一回講義
　—リードランジェによる講義記録』（エディット・パルク）の刊行。
・2009年3月、小松英輔編、相原奈津江・秋津伶訳『増補改訂版 一般言語
　学第三回講義—コンスタンタンによる講義記録＋ソシュールの自筆講義メ
　モ』（エディット・パルク）の刊行。
・2013年1月、菅田茂昭新対訳『一般言語学講義抄』（大学書林）の刊行。
・2013年5月、2002年刊行のBouquetとEnglerによる *Ferdinand de Saussure,
　Écrits de linguistique générale* Gallimard社）の邦訳版となる、松澤和宏校
　注・訳『フェルディナン・ド・ソシュール「一般言語学」著作集』（岩波
　書店）全4巻の第一回配本開始。「Ⅰ　自筆原稿『言語の科学』」の刊行。な
　お、この全4巻の内訳は以下の通りである。
　　Ⅰ　自筆草稿『言語の科学』（2013年5月、既刊）
　　Ⅱ　第1回講義（1907年）（未刊）
　　Ⅲ　第2回講義（1908–09年）（未刊）
　　Ⅳ　第3回講義（1910–11年）（未刊）
　そして、これら一連のSaussure研究やSaussure文献学の進展を元にわが国
では丸山圭三郎が中心となってSaussure学説の紹介や修正が試みられ、それは
『ソシュールの思想』（1981）、『ソシュールを読む』（1983）で結実する。しか
しそれでも本書の第1章で示した意味の問題を払拭するには至らず、むしろ
Saussureの学説の誤りに屋上屋を架す結果となっていることは本書の第7章で
考察する。その後、前田英樹訳・注（1991）や小松英輔（1993）による
Constantinの第三回講義ノートの出版で大方の問題に対する修正と解答が見ら
れたが、1996年にSaussureの邸宅にある庭仕事用の倉庫から手稿の束が発見
され、それ以来Saussure文献学の世界では、相原奈津江・秋津伶（2003〜
2009）による *CLG* の一連の翻訳、町田健（2004a、2004b）や加賀野井秀一
（1995、2004、2007）、相原奈津江（2007）らによるSaussure研究、松澤和宏
（2013）による *CLG* の新たな翻訳という一連の流れによって加速的にその形
を完成させつつある。*CLG* の成立過程については、その構想段階から構成の問
題にいたるまで松澤和宏（2003）と小松英輔（2011）において精緻に論考さ
れているので、詳しくはそちらを参照されたい。
＊3　この言葉は *CLG* を締めくくるものとして殊に有名であるが、この文は
Saussureの手によるものではなく、編者のBallyたちによる創作であることが、
後年、Riedlingerのノートによって明らかとなる。また、この文に対応する
Saussure自身の手による原資料が存在しないばかりか、*CLG* に一貫して見ら
れる langue の parole に対する優位性を説く文は、全て編者達の創作である。
CLG における不整合の問題は全般的で多岐に渡り、その混沌と編者による創作
や書き換え、原文の削除ははなはだしい。小松英輔（2011: 40–43）は *CLG* の
問題点について、（1）「一般言語学講義」という名称の問題、（2）構成の問題、
（3）第1章の問題、（4）日付のコード、（5）本文の問題という五つの枠組みか
ら、Saussureの自筆原稿とそれぞれの書き換えについて精緻な考察を行ってお
り、これはSaussure学説と *CLG* の内容を論じる際にまず入り口として必読の
箇所である。これによると、（1）の問題では、まず「一般言語学講義」という

名称自体が編者の加筆によるもので、Saussure 自身は一度もこの名称を口に出していないこと。(2) の問題では、言語の一般理論から言語地理学として各国別の言語の研究へと向かう一種の演繹的構成の形を取る *CLG* の構成が、実は Saussure の実際の講義ではヨーロッパ各地の言語の諸形態から始まり、そこから一般論へと抽象する一種の帰納的構成の順番であったことなどが明らかにされており、Saussure の講義における実際の言葉と *CLG* の内容のあまりの乖離ぶりに驚きを隠しきれない。事実、Saussure の原資料に当たった人間はその内容と *CLG* の内容とのあまりの違いに一様に驚きを隠さないが、それは相原奈津江・秋津伶（2003: 298–299）の、

> "訳出に際し、たびたび『COURS DE LINGUISTIQUE GENERALE』(Ferdinand de Saussure. Publié par Charles Bailly et Albert Séchehaye avec la collaboration de Albert Riedlinger. Grande Bibliothèque Payot.)、並びにその邦訳である『一般言語学講義』（フェルディナン・ド・ソシュール著、小林英夫訳、岩波書店 2000 年版）を参照した。が、結果は不毛であった。構成が違うため、似ている箇所は確かにあるが、用語自体が違っていたり、該当するコンテキスト自体が違っていたのだ。『COURS DE LIN-GUISTIQUE GENERALE』は学生のノートからの切り張りを繋いだものでもなく、それらを素材にしてバイイとセシュエによって書き下ろされた「創作」であり、いわゆる文体が異なり、ソシュールの閃きも逡巡も、度重なる慎重な言い換えもそこにはなく、何よりも思索の過程が省かれていて、出してはならない結論が出されていたりするのである。故丸山氏の『ソシュールの思想』『ソシュールを読む』等で、すでに確認されていたこととはいえ、私達はそれを肌で強く感じた。"

という言葉が全てを物語っている。ではなぜこうした勝手な修正が行われたのか。Mauro（1967: LIV）や Lepschy（1970: 43）は、簡略化され万人向けに整えられた *CLG* の内容を「普及版のためのテクスト」と評したが、小松英輔（2011: 43）も指摘するように、こうした書き換えは Bally と Sechehaye の認識力不足から生れたものではなく、むしろ普及版という性質とそこでの略述であることから必然的に施された加筆修正であると見る方が自然であろう。事実、構造主義の時代に言語学の枠を超えて様々な分野に広範な影響を及ぼしたのも、また今日でもたびたび広く俎上に上げられる *CLG* の内容と Saussure 学説の批判も、Bally と Sechehaye による創作の普及版としての *CLG* に対するものであり、この事実は克目に値する。また、こうした *CLG* の経緯については第 7 章の注 3、注 7 ならびに第 8 章の注 2 を参照されたい。

＊4　Saussure の langue、parole という体系を Chomsky は "linguistic competence（言語能力）" と "linguistic performance（言語運用）" という術語を用いて規定することは前章で見たとおりであるが、丸山圭三郎は、Saussure の langue、parole 概念と Chomsky の "linguistic competence" と "linguistic performance" の概念が決して同質のものではないことを次のように指摘する。

> "また、チョムスキー（N.Chomsky）の《言語能力 competence》という概念をひきあいに出して、これがソシュールのラングにあたると説明する向きも少なくないが、この二つの概念が重なり合うことは決してない。ランガージュは潜在的能力、ラングはこれが社会的に顕在化した構造であり、

構造という言葉はラングにしかあてはまらず、ランガージュは《構造》で
はなく《構造化する能力》なのである。" (1985:65)
一方で、以下に見る Chomsky の、

   "The distinction I am noting here is related to the langue-parole distinc-
tion of Saussure; but it is necessary to reject his concept of langue as merely
a systematic inventory of items and to return rather the Humboldtian con-
ception of underlying competence as a system of generative process." (1965:4)

   "けれども、彼の考えているラングは、項目を組織的にまとめた一覧表で
あるにすぎず、われわれはこの考え方を捨て、むしろ、フンボルト流に、
根底にある言語能力を、生成過程の体系であるとする考え方にまで、さか
のぼる必要がある。" (1970:5)

という記述は、時枝の言語過程説の原理にも通じる考え方であると見ることが
出来よう。しかし、時代的な制約から時枝は仕方がないとしても、こうした
Chomsky の見解は、Saussure 学説の正しい理解の上に立っていたとは考えに
くい。というのも、Chomsky はアメリカの構造言語学とヨーロッパの構造言語
学とを混同し、その上で不当に Saussure を批判していると考えざるを得ない部
分が存在するからである。それは Chomsky 自身の次の二つの言葉からも明ら
かである。

   "The great Swiss linguist, Ferdinand de Saussure, even went so far as to
suggest, in various places, that principles of sentence formation do not be-
long to the system of language at all—that the system of language is restrict-
ed to such linguistic units as sounds and words, and perhaps a few fixed
phrases and a small number of very general patterns, the mechanisms of
sentence formation being otherwise free from any constraint imposed by
linguistic structure as such. Thus in his terms, sentence formation is not
strictly a matter of *langue*, but is rather assigned to what he called *parole*,
and thus placed outside the scope of linguistics proper. This is a view that
goes far beyond the assumption that the structure of language is essentially
arbitrary."［斜体部原文ママ］ (1966a:16–17)

   "偉大なスイスの言語学者 Ferdinand de Saussure は、文の構成の原理は、
言語の体系に全然属さない、言語の体系とは、音声とか、語とかの単位と、
おそらく少数の固定した句、あるいは少数のきわめて一般的なパターンに
限られていて、文形成のメカニズムは言語構造そのものによって課せられ
るあらゆる制限から自由であると、いろいろな箇所で示唆するまでに至っ
ております。こうして、彼の術語によるならば、文の形式は厳密には
langue の問題ではなく、彼が parole と称したものにむしろ帰属せしめらる
べきものとなり、かくて、本来の言語学の範囲の外に置かれます。"
(1966:23)

   "The great Swiss linguist Ferdinand de Saussure, who at the turn of the
century laid the groundwork for modern stractural linguistics, put forth the
view that the only proper methods of linguistic analysis are segmentation

and classification. Applying these methods, the linguist determines the patterns into which the units so analyzed fall, where these patterns are either syntagmatic—that is, patterns literal succession in the stream of speech — or paradigmatic — that is, relations among units that occupy the same position in the stream of speech. He held that when all such analysis is complete, the structure of the language is, of necessity, completely revealed, and the science of linguistics will have realized its task completely. (中略)

In fact, Saussure in some respects even went beyond this in departing from the tradition of philosophical grammar. He occasionally expressed the view that processes of sentence formation do not belong to the system of language at all—that the system of language is restricted to such linguistic units as sounds and words and perhaps a few fixed phrases and a small number of very general patterns; the mechanisms of sentence formation are otherwise free from any constraint imposed by linguistic structure as such. Thus, in his terms, sentence formation is not strictly a matter of *langue*, but is rather assigned to what he called *parole*, and thus placed outside the scope of linguistic proper; (中略)

In taking this position, Saussure echoed an important critique of Humboldtian linguistic theory by the distinguished American linguist William Dwight Whitney, who evidently greatly influenced Saussure. According to Whitney, Humboldtian linguistic theory, which in many ways extended the Cartesian views that I have been discussing, was fundamentally in error. (中略)

To conclude, I think there have been two really productive traditions of research that have unquestionable relevance to anyone concerned with the study of language today. One is the tradition of philosophical grammar that flourished from the seventeenth century through romanticism; the second is the tradition that I have rather misleadingly been referring to as "structuralist," which has dominated research for the past century, at least until the early 1950's. (中略) Structural linguistics have enormously broadened the scope of information available to us and has extended immeasurably the reliability of such data. It has shown that there are structural relations in language that can be studied abstractly. It has raised the precision of discourse about language to entirely new levels. But I think that its major contribution may prove to be one for which, paradoxically, it has been very severely criticized. I refer to the careful and serious attempt to construct "discovery procedures," those techniques of segmentation and classification to which Saussure referred. This attempt was a failure—I think that is now generally understood. It was a failure because such techniques are at best limited to the phenomena of surface structure and cannot, therefore, reveal the mechanisms that underlie the creative aspect of language use and the expression of semantic content." ［斜体部原文ママ］ (1972: 19–22)

"偉大なスイスの言語学者フェルディナン・ド・ソシュールは、世紀の替

わり目に近代の構造言語学の基礎を据えたが、言語分析の妥当な方法は分割と分類のみであるという見解を出した。こういう方法を適用して、言語学者はこのようにして析出された単位が並び合うパターンを決定する、—これらのパターンは統合的、すなわち発話の流れのうちの文字どおりの継起のパターンであるか、連合的、すなわち発話の流れのうちで同じ位置を占め得る諸単位のあいだの関係であるかである。ソシュールは、あらゆるそういう分析が完全になったとき、言語の構造は必然的に完全に開示され、言語の科学は自己の課題を完全に実現したことになると称した。(中略) 事実、ソシュールは哲学的文法の伝統から離れることにおいて、ある点でこれ以上に突き進んだ。彼は時折、文形成の過程は言語体系に全然属さない、—言語体系は音声、語、おそらくわずかな数の固定した句と少数のきわめて一般的なパターンに制限されるという見解を表明した。文形成のメカニズムはこの他には、言語構造そのものが課するあらゆる制約から、自由であるというのである。こういうわけで、彼の立場からすれば、文形成は厳密には言語に属する仕事ではなくて、彼が言と名づけたものに帰属するとされ、狭義の言語学の視野の外に置かれる。(中略) この立場を採ることによって、ソシュールは、すぐれたアメリカの言語学者ウィリアム・ドワイト・ホイットニーによるフンボルトの言語理論の重要な批判に呼応した。ホイットニーは明瞭にソシュールに大きな影響を与えたのである。その言うところによると、フンボルトの言語論は、わたくしが今まで論議して来たデカルトの見解を幾多の仕方で展開したものであるが、根本的に誤っていた。(中略) 結論すれば、今日言語の研究にたずさわるなにびとにとっても疑問の余地なく関与する真に生産的な探究の伝統が二つ存在してきた、とわたくしは思う。一つは、十七世紀からロマン主義の終りまでにわたって開花した哲学的文法の伝統である。第二は、わたくしが可成り誤解を誘いやすく「構造主義的」の呼称で言及してきた伝統であって、少なくとも一九五〇年代初期まで、過去一世紀のあいだ探究を支配してきた。(中略) 構造言語学はわれわれに入手可能な情報の視野を巨大に拡張し、そのようなデータの信頼性を測り知れぬほどに拡大した。それは抽象的に研究され得る構造的関係が言語に存在していることを示した。それは言語についての言説を全く新しい水準にまで引き上げた。しかし、その主要な貢献は、皮肉なことに、それがきわめて厳しく批判を受けることになったものであるということになるかもしれない、とわたくしは思う。わたくしの言及しているのは、「発見の手順」、ソシュールが言及したあの分割と分類の技術である。この試みは失敗であった—わたくしは、その点で今では一般に理解されていると思う。それが失敗であったのは、そのような試みはせいぜい表層構造の現象に限定され、したがって、言語使用の創造的面と意味内容の表現との根底に所在するメカニズムを開示することができないからである。"

(1980: 39–44)

丸山 (1981) も指摘しているように、アメリカ構造主義言語学においては Bloomfield と Chomsky という二重の誤解が Saussure にのしかかる。アメリカの言語学界において Saussure が広く読まれもせず、また理解もされなかったのは Bloomfield による功罪である。さらに、Bloomfield の行動主義的な研究方法

を批判する Chomsky によってこうした誤解が拡大する。Chomsky の先の言葉を受けて、丸山圭三郎（1981: 51）はその理解の浅薄さを以下のように非難する。

“右の文は、その批判対象がブルームフィールドとそのエピゴーネンであるのなら、まことに納得がいく。しかし、ここに引き合いに出されているソシュールの考えというのは、どのような出典に依って引用されているのであろうか。（中略）著者に限らず、少しでもヨーロッパ言語学の流れに親しんだ人々は、右のようなチョムスキーのソシュール解釈があまりにも浅薄なのに意外の念を禁じ得ないであろう。チョムスキーは、アメリカの構造言語学のアトミズム、タクシノミー、行動主義、分布理論と、ヨーロッパの構造主義とを頭から混同しているのである。『言語と精神』が出版される十年前に出たゴデルの『原資料』はおろか、『講義』自体に果たして目を通しているかどうかまで疑わしいと言わねばなるまい。”

こうした記述を見る時、斎藤伸治（2012）も指摘するように、Chomsky の言語理論の下敷きになっているのは Saussure の学説ではなく、Decarte と Humboldt の学説であることが如実に示されている。事実、Chomsky 自身、己の唱える生成文法が Decarte の学説から出て、Humboldt 的な要素を持つものであることを、多くの書において頻繁に明言している。その一例を示そう。

“It seems clear that we must regard linguistic competence—knowledge of a language—as an abstract system underlying behavior, a system constituted by rules that interact to determine the form and intrinsic meaning of a potentially infinite number of sentences. Such a system—a generative grammar—provides an explication of the Humboltian idea of "form of language," which in an obscure but suggestive remark in his great posthumous work, *Über die Verschiedenheit des Menschlichen Sprachbaues*, Humboldt defines as "that constant and unvarying system of processes underlying the mental act of raising articulated structurally organized signals to an expression of thought."［斜体部原文ママ］　　　　　　　　　　　　　（1972: 71）

“言語の能力〔コンピテンス〕（言語の知識）を、行動の根底に所在する抽象的体系、潜勢的に無限な数の文の形式と内具的な意味とを決定するために相互作用するところの諸規則によって組成される体系と見なされなければならないことは、明らかだと思われる。そのような体系―生成文法―は、「言語形式」というフンボルトの観念の明示化を提供する。この観念は、フンボルトが彼の偉大な遺著『人間の言語構造の多様性』のなかの晦渋な、しかし示唆的な所見によってこれを定義して、「分節された、構造的に組織された信号を表現にまで昂める心的行為の根底に所在するところの過程の恒常不変な体系」としている。この種の文法は言語をフンボルト的な意味に定義する。”　　　　　　　　　　　　　　　　　　　　　　　　　　　（1972: 118）

“It is, however, important to be aware of the fact that the concept "generative grammar" itself is no very great innovation. The fact that every language "makes infinite use of finite means" (Wikhelm von Humboldt) has long been understood. Modern work in generative grammar is simply an attempt to give an explicit account of how these finite means are put to infinite use in particular languages and to discover the deeper properties that define "human language," in general (that is, the properties that constitute universal grammar)." (1968: 127)

"しかしながら、「生成文法」という概念自体ははなはだ重大な改新ではないという事実に気づくことが重要である。いずれの言語も「有限の手段を無限に用いる」(ヴィルヘルム・フォン・フンボルト)という事実は、久しい以前から理解されている。生成文法の近年の研究は、個別言語似おいてどのようにしてこれらの有限の手段が無限の使用に付せられるかに明示的な解明を与え、一般に「人間言語」を限定するいっそう深い特質(すなわち、普遍文法を構成する特質)を発見しようとする試みにほかならない。" (1980: 197)

この記述を見ると、かつて Haugen (1951: 211–222) が以下のようなアメリカ構造言語学界における Saussure 学説の軽視を批判した理由も理解に難くない。

"American linguists are finding it increasingly difficult to read European writings in our field; younger linguists are neglecting the older writers, so that we are in some degree losing contact both with the tradition of linguistic science and its present-day representatives in the rest of the world. Rarely does one see a reference in American writings on linguistic theory to the works of de Saussure, Trubetzkoy, or other European writers, although they were the thinkers who gave us the instruments with which we work. I yeild to no one in my admiration for Bloomfield and Sapir; but I regard it as a kind of provincialism to suppose that all sound linguistic began with them." (1951: 211)

"アメリカ人の言語学者たちは我々の分野においてヨーロッパの文献を読むのが困難であることを次第に悟っていくのである。若手の言語学者は年長者の書いたものを読むことを軽視し、その結果、我々は言語科学の伝統と世界のその他の地域にいる今日的な旗手の双方において、いくぶんか接点を失くしつつある。我々の研究の道具を与えてくれる思想家であるソシュール、ツルベツコイ、その他ヨーロッパの著者の名前がアメリカの言語理論の書物において触れられることは殆どない。ブルームフィールドとサピアに対する敬意は誰にも負けないが、言語学と名の付くものはすべて彼らと共に始まり、彼らを創始者と思わせたいのは一種の地方主義のなせる所業であると私は見ている。" (筆者訳)

そしてこうした批判は Haugen のみに止まらず、Mounin をして次のような、辛辣なアメリカ構造主義言語学の体制批判へとつながっていく。

"Aux Etats-Unis, où on a lu le *Cours* à sa parution, le caractère entier de Bloomfield, sa volonté peut-être tyrannique de fonder la premiére linguistique totalement scientifique, l'ont conduit à passer systématiquement sous silence le nom et la pensée de Saussure. Ceci explique en grande partie que le *Cours* ait attendu presque un demi-siècle sa traduction anglo-américaine." [斜体部原文ママ] (1968: 76)

88

"米国では『講義』が出版されるや読まれたものの、ブルームフィールドは、その全性格、おそらく自分が完全に科学的な最初の言語学の創始者たらんとする専制君主のような欲望がなせるわざで、計算されたかのようにソシュールの名と思想については沈黙を守った。『講義』の英・米語への翻訳がほとんど半世紀もおくれた事実も、大部分上のことで説明がつくのである。" (1970: 99)

"(前略) offre l'intérêt d'un panorama et frappe par la présence d'un trait longtemps caractéristique de la culture scientifique américaine, son provincialisme, même si la province est vaste, c'est-à-dire son isolationnisme: en effet, Saussure est totalement ignoré dans ce panorama." (1970: 57)

"アメリカの学問・文化に古くから見られる特徴であるその地方主義（たとえ、その地方は広大であるとしても）、つまりその鎖国主義的体質には驚かされるのである。事実、ソシュールは、この展望においてはまったく等閑に付されている。" (1973: 69)

そしてこの批判が真実だとすると、第1章で述べたように、*CLG* の英訳が最も遅かったという歴史的事実も、二つの大戦によるアメリカとヨーロッパの断絶という壁以上にその背後関係から説明がつくのである。

＊5　松澤（2016）によれば、「記号の恣意性」の「記号」とは、「聴覚影像」の意味で用いられているという。よって「記号の恣意性」とは、「聴覚影像の概念に対する恣意性」という意味である。しかし *CLG* の編著者たちは、Saussure が後に提案した "signe"、"signifié"、"signifiant" という術語の意味における「記号」と解し、「記号の恣意性」という表現をそのまま放置する結果となったことを指摘している。それ故、「概念（signifié）」と「聴覚映像（signifiant）」の不均衡、前者の後者に対する優位を掩蔽することとなり、signifié と signifiant が一対一的に対応するパラレリズムを体系に導入するというミスを犯したのであり、本書の第7章（p.288）で論じる丸山圭三郎（1983: 211）の signifié と signifiant の全く意味を成さない対応図という失敗に行き着く。さらに松澤（2016）は、*CLG* では音と思想の間で生じる言語単位の画定を示す点線が言語外にまで延長されており、このために言語の文節がそのまま無定形な言語外的世界を分節し切り取ると主張する。このことが、本書の序章で述べた言語先行論，言語決定論的な偏見を誘発することとなる。

　なお、ここで従来の小林訳で用いられた「映像」ではなく「影像」とするのは、松澤に個人的に確認したところでは、image acoustique には視覚的映像という意味は全くなく、「聴覚映像」は聴覚と視覚が混在した不適切な訳語であり、他方「影像」には視覚的ではない物理的な音の「影」があり、image のニュアンスを色濃く留めている言葉であるからである、としている。

第3章

"時枝・服部論争"の勃発と言語学界での論争

1. 時枝誠記の『国語学原論』と「言語過程説」

　Saussureの学説は我が国において最も敏感に受け入れられ、その主張について様々な賛同や反論を生んだ。そこでの最も大きな議論の一つが、国語学者、時枝誠記（1900–1967）が打ち立てた「言語過程説」と呼ばれる学説を基にした、いわゆる"時枝・服部論争"*1である。この論争は、時枝がその著書、『国語学原論』（1941）*2の中でSaussureの学説批判を展開したことに端を発する。そしてこの論争は、1940年代後半から1970年代中半までの長きにわたって、実に多くの言語学者、哲学者達を巻き込んだ一大論争となって言語学界や哲学界を賑わし続けた。我が国におけるSaussure学説の受容と抵抗は、これら一連の論争と共に進展してきたと言えるであろう*3。

　時枝誠記の学説である「言語過程説」を支える基本的原理において、一般的にわが国ではSaussureの学説に対抗するものとして捉えられている*4。またそうした姿勢は、『国語学原論』に先立ち以下のように自ら明言し、その上で「言語過程説」について次のように定義する。

　　　"言語を表現過程の一形式であるとする言語本質観の理論を、
　　　ここに言語過程と名付けるならば、言語過程説は、言語を以
　　　て音声と意味との結合であるとする構成主義的言語観或は言語
　　　を主体を離れた客体的存在とする言語実体観に対立するもので
　　　あって、言語は思想内容を音声或は文字を媒介として表現しよ
　　　うとする主体的な活動それ自体であるとするものである。"

（1940: 7）

“言語過程観は、（中略）言語を、概念と音声との結合体とし
　てではなくして、表現素材である事物或は観念を、概念化し更
　にこれを音声によって表白する主体的表現行為の一形式と観ず
　るのである。（中略）それらは言語主体の立場によって規定さ
　れるものであるから、これを原本的に溯れば、国語の特質は国
　語の話手である日本民族の民族精神に由来するものであるとい
　うことが出来る。”　　　　　　　　　　　　　　　（1941:60-61）
そして自らが考える言語研究の理想を次のように述べる。

　　“自然科学に於いては、その対象は個物として観察者の前に置
　かれて居って、その存在について疑う余地がない。ところが言
　語研究に於いては、その事情は全く異なって来る。観察者とし
　ての我々の耳に響いて来る音声は、ただそれだけ取出したので
　はこれを言語ということは出来ない。音声を聴いてある意味を
　思い浮かべた時、始めて我々は言語の存在を経験することが出
　来るのである。一般に言語は意味を持った音声であるといわれ
　ている。しかしながら、それは脊髄骨を持った動物と同じ様な
　意味に於いては、我々はどこにも意味を持った音声というもの
　を観察することが出来ない。言語の具体的な経験は、只観察者
　である我々が、ある音声を聴いてある意味を思い浮かべた時、
　あるいは、ある思想を音声によって表現した時にのみ経験し得
　るのである。（中略）我々が言語を研究するに当っては、何よ
　りも先ずこの具体的な経験に立脚し、対象をその如実の姿に於
　いて把握することに努力しなければならないのである。最も具
　体的な言語経験は、「語ること」「聞くこと」「書くこと」「読む
　こと」に於いて経験せられる事実であって、この様な主体的活
　動を考えずして、我々は言語を経験することは出来ないのであ
　る。（中略）即ち「我」の主体的活動をよそにして、言語の存
　在を考えることは出来ないのである。自然はこれを創造する主
　体を離れてもその存在を考えることが可能であるが、言語は何
　時如何なる場合に於いても、これを産出する主体を考えずして
　は、これを考えることは出来ない。更に厳密にいえば、言語は
　「語ったり」「読んだり」する活動それ自体であるということが

出来るのである。具体的な言語経験は、音声によって意味を思い浮かべた時に成立し、文字によって思想を理解した即座に成立するのであるから、言語は実にこの様な主体的な活動自体であり、言語研究の如実にして具体的な対象は実にこの主体的活動であるといってよいのである。言語が人間行為の一形式であり、表現の一形式であるといわれる根拠はここにあるのである。言語をこの様に考えることは、正しく言語をその具体的にして如実なる姿に於いて把握したことになるのである。言語を心的過程と見る言語本質観はこの様にして生まれるのである。"

（1941: 10–13）

その上で、時枝は CLG で述べられた Saussure の研究姿勢に対して、次のように正面からそれを否定する。

"対象の観察とその分析は、その対象に規定されるということは、本論の最初に私が述べたことである。（中略）私は、この、対象が方法を規定するという仮説的理論に立って、言語研究の方法は、先ず対象である言語自体を観察することから始められねばならないと考えるのである。言語学の体系は、実に言語そのものの発見過程の理論的構成に他ならないのである。（中略）ソシュールが、言語の分析に用いた方法を、その対象との相関関係に於いて見る時、はたして右の如き方法が守られているであろうか。ソシュールの言語理論に対する疑は先ず最初にこの点に存するのである。"

（1941: 60–61）

"ソシュール言語学を例にとるならば、伝達は、資材的言語ラングの運用である。言語学の対象は、ラングの運用の事実即ち言語活動ランガージュではなくして、伝達以前の資材的言語ラングであり、ラングの性質法則を研究するのが言語学の任務であるとしたのである。このような言語学において、伝達ということは勿論、表現ということすら、問題にされないのは当然である。（中略）ソシュール言語学の立場において、もし、伝達の事実を説明するとしたならば、どのようになるかというに、およそ、次のようなことが、推測されるのである。甲乙の間に、

伝達が成立するのは、甲乙が、同じ資材的言語ラングを所有するからである。換言すれば、ラングは、思想伝達の道具として、各人の脳裏に貯蔵されているのである。ソシュールは、この事情を、各人が同じ辞書を一部づつ所有しているに似通っていると説明している（『言語学原論』改訳本三一頁）。" (1956: 23-25)

そして時枝は特に、Saussure 学説における langue という概念に対して、次のように疑問を投げかけ、かつそれを否定する。

"かくしてソシュールが対象として見出した所の「言語（ラング）」なるものは、はたして彼が考えた様にそれ自身一体なるべき単位であったろうか。先ず「言語（ラング）」とは何であるか。（中略）ソシュールに従えば、「言語」は、聴覚映像と概念との連合したものであるという。しかしながら、我々の具体的な言循行に於いて経験し得るものは、聴覚映像と概念との連合したものではなくして、聴覚映像が、概念と連合すること以外にはない。連合するという事実から、直に連合し、結合した一体的なものが存在すると考えるのは、論理の大きな飛躍でなければならない。ソシュール理論の第二の疑点はここに存するのである。"

(1941: 63-64)

"ソシュールの「言語（ラング）」の概念は、以上述べた如く、自然科学的単位概念の適用であると考えられると同時に、この概念は、又別にデュルケム Durkheim の社会学説に胚胎する社会的事実なる思想によって導かれたものであるということは、一部の学者によっていわれていることでもあり、この系統関係がたとえ事実でなく、それがソシュールの独創に出づるものだとしても。その思想的近似性は極めて濃厚であるが故に、その方面からも考察する必要があるであろう。（中略）従って、ソシュールが、

もし全ての個人の頭の中に貯蔵された言語映像の総和を把握することが出来たならば、言語を構成する社会的連鎖に触れるであろう（言語学原論二九頁）。

といった言葉は、余りに性急なデュルケムの社会的事実への「言語（ラング）」の近寄せといわなければならない。私をしていわしめ

るならば、個人の頭の中に貯蔵された言語映像の総和を把握することが出来、そしてその様は、同じ辞書を各人が一本ずつ所有しているのに似通っている（言語学原論四〇頁）ということがいわれるならば、それは、各個人の整序的能力の普遍性を証明するものでなければならない。もし各個人間に於ける言語映像の差別相に着目するならば、それは整序的能力の差異というよりは、その条件である各個人の社会的生活、体験の相違に基づくものであって、それは言語の性質を規定するものである。従って、社会的ということは、「言語（ラング）」の本質をいったことではなく、「言語（ラング）」の性質についていうべきことである。それは、「言語（ラング）」に冠せられるべき幾多の修飾語の一であると思う。「言語（ラング）」が社会的事実であるということは、個より帰納せられた普遍概念を実在の如く考える所から来る誤であり、「言語（ラング）」が個人間を結ぶ媒体であると考えることは、個人の普遍的整序能力を外在的なものに置き換えたことである。" （1941:66-79）

"かく見て来るならば、ソシュールが摘出した「言語（ラング）」は、決してそれ自身一体なるべき単位ではなく、また純心理学的実体でもなく、やはり精神生理的継起的過程現象であるといわなければならない。言語表現に於いて、最も実体的に考えられる文字について見ても、それが言語と考えられる限り、それは単なる線の集合ではなく、音を喚起し、概念を喚起する継起的過程の一断面として考えられなければならない。もしこれを前後の過程より切離して考える時、それは既に言語的性質を失うことになる。かくの如く、言語に於いては、その如何なる部分をとって見ても、継起的過程でないものはない。継起的過程現象が即ち言語である。かかる対象の性質を無視した自然科学的構造分析は、従って対象の本質とは距ったものを造り上げることになる。ソシュールの「言語（ラング）」の概念は、かくの如き方法上の誤の上に建てられたものであった。（中略）過程的構造を以て、言語の本質と考える時、「言（パロル）」を以て、言主による「言語（ラング）」の実現であるとする考え方は訂正されねばならない。「言語（ラング）」は、言語活動に於ける継起的過程中に位置を占める所の一部分的過

程であるというべきである。"　　　　　　　　　　（1941: 85–87）

"小林氏によるソシュール学説の目的論的修正は、要するに物としての「言語（ラング）」への目的意識の導入であった。これに対して私は価値意識と技術の対象を事としての言語に置こうとする。ここに事としての言語とは、ソシュールに於ける、「言語（ラング）」の運用としての「言語活動（ランガージュ）」と同じものを意味するのではなく、言語を専ら概念あるいは文字に置き換えられる過程として観ずる立場である。"　　　　　　　　　　（1941: 117）

"ソシュールの「言語（ラング）」は主体的な目的意識とは離れた個人の外にある存在であるとされている。「言語（ラング）」は主体的な表現行為の目的に使用せられる道具に過ぎないのであって、それ自身は合目的な所産であるとはいうことが出来ない。そこに「言語（ラング）」を社会的媒体であるとする考が生まれて来る訳である。しかしながら、「言語（ラング）」を社会的媒体であるとする考え方は、「言語（ラング）」に個人的創造を許さず、外部的拘束力を認めるという点から、仮説的に想像することは許されても、具体的な言語の観察からは認めることが出来ないということは、既にソシュールの批評に於いて述べた所である。（中略）

　言語が社会的に制約を受けるということは、言語の性格の一面であるが、これを社会的事実の典型である所の法律と同様に考えて、言語主体と切離して、社会の言語というものを実体的存在として考えることは出来ない。（中略）言語の社会性ということは、必ずしもその社会に存在する言語を考えることではなくして、もっと主体的な動的な言語事実を考えなくてはならないのである。それには社会というものを、平面的な静的なものとしてではなく、言語主体の身分として、対人的関係として考えなくてはならないのである。"　　　　　　（1941: 138–141）

　同じく Saussure が主張した、"言語が実存体（entité concrète）としての一つの単位（unité）"であるという主張に対しても、次のように反意を露にする。

"彼自身が認めている様に、「言語（ラング）」は心的なものに違いない
が、それは単一単位とはいうことが出来ない。且つ一方が他方
に呼応し、或は一方が他方を喚起する（原論初版一三五頁の訳語）ということ
であるならば、それは結合されたものではなくして、継起的な
心的現象と考えなくてはならない。聴覚映像と概念とが、脳髄
の中枢に於いて連合するという事実は、心理学的にも生理学的
にも証明されることであるが、それが連合という主体的な精神
生理的現象である限り、これを構成的客体に置直して考えるこ
とは許されないのである。かようにして、言循行に於いて求め
た「言語（ラング）」は、単一単位でないのみならず、二面の結合とも考
え得られないものであって、飽くまで精神生理的複合単位であ
り、厳密にいえば、聴覚映像→概念、概念→聴覚映像として連
合する継起的な精神生理的過程現象に他ならないのである。継
起的過程を、並列的構造の単位として認めるということは、常
識的便宜的説明としては許されるとしても、それによって若し
学問の体系に矛盾を来たす様な場合には、断じて許すことが出
来ないのである。"   (1941 : 65)

そして自らの学説が、こうしたSaussureの学説に範を取る、従
来の構造主義的な言語研究の在り方に抗するものであることを次の
ように述べている。

"従来の構成主義的言語学の問題が、専ら言語の構成要素に置
かれているのに反して、言語過程説に於いては、言語の過程的
構造を中心として問題が展開するのである。それは言語の本質
を心的過程と見る必然の帰結といわなければならない。過程的
構造こそ言語研究の最も重要な問題が存するのである。"

                                                   (1941 : 92)

時枝が同書で問題にした点をまとめれば、次の三点である。

1. 言語研究に対するSaussureの姿勢に対する疑問。
2. Saussureの主張するlangueという概念に対する疑問。
3. langueという概念を拠り所として、具体的実存体（entité
   concrète）という単位（unité）としての言語の外在性を主張
   し、それを言語の社会性と結び付けることに対する疑問。

第3章　"時枝・服部論争"の勃発と言語学界での論争　　97

このように Saussure 学説の批判を中心的に展開する時枝の『国語学原論』は、『文学』第 10 巻の新刊紹介面で、中村通夫により、次のようにかなり好意的に紹介される。

　　"著者は、まず、かかる一部の風潮に対して、国語学とは日本語の言語学であって、「国語学の究極の課題は、国語の特殊相を通して、その背後に潜む言語の本質を把握しようとするのであるから、言語の本質の探究は、又国語学の結論ともなるべきものである」との見解を明らかにしているが、本書はかかる立場にたつ著者が、多年にわたる国語学史研究から国語研究史上にあらわれた先人の言語観を探り、併せて国語の実証的研究に基づいて言語理論に対する反省を重ねた結果到達した、いわば、国語の究極的課題に対する著者の答案ともいうべきものであって、（中略）とまれ、本書は近年に於ける国語学上の最も注目すべき業績の一つとして、国語学徒・言語学徒はもとより、国語に関心をもつものの熟読玩味すべき珠玉の文字と称することができよう。"
　　　　　　　　　　　　　　　　　　　　　　　　　　（1941: 61–62）

このように肯定的に紹介された『国語学原論』と時枝学説ではあったが、Saussure 学説の否定によって成り立つ時枝学説が、Saussure 学説に強く影響を受ける当時の我が国の国語学界、ひいては言語学界において受け入れられ難い側面を持ち、Saussure 学説に賛同する研究者達から何らかの反発を受けるであろうことは、容易に想像がつこう。時枝学説に対する賛同と抵抗を基に、時枝の Saussure 学説の解釈をめぐって、その後約 20 年近くにわたって日本の言語学者達の間で交される論戦が、いわゆる "時枝・服部論争" である。

2. 時枝・服部論争

その "時枝・服部論争" であるが、この論争の形態は大別すると二つの時期に分けられる。

一つは *CLG* における術語とその解釈をめぐって、言語学的視点から主に時枝誠記と服部四郎の間で交された論戦の時期である。こ

こでは、時枝自身の*CLG*の解釈とその問題点が服部によって指摘され（1957a、1957b）、それを時枝が承服した形（1957: 28–29）で、議論が終息に向かったとされている。

　もう一つは、1967年の時枝の他界を機にした形で、1960年代中頃以降から1970年代後半の、いわゆる構造主義隆盛の時代的背景も手伝って、Heideggerを中心とした哲学的見地から“時枝・服部論争”に対する再検討がなされた時期である。またこの時期の論争は、Saussure自身の遺稿が発見され、その正確な解釈が施されたことも手伝って、主にSaussure研究を専門とする哲学者達によって1950年代になされた論争で、特に時枝、服部によるSaussure学説の解釈の正否を見直す性質のものが多い。当然ながら、そこでは論争の当人である時枝や、あるいはその論争相手であった服部による直接の論戦は見られず、哲学者を中心とした第三者によって、*CLG*での記述をめぐる解釈の是非に論点の中心が置かれる。

　よってこれら二つの時期を、言語学という共通の土俵の上での同じ性質の議論として見ることは出来ない。そこで本書では、前者を“第一次論争期”、後者を“第二次論争期”として区別して扱う。本章では“時枝・服部論争”の言語学的見地での意義を再検討しながら、第一次論争期を中心に考察をすすめる。第二次論争期については、言語学的見地にも影響を及ぼすような重要な論点は細かく記すが、それ以外の哲学的、観念論的な議論については、その中心的議論の流れとそこでの論点の輪郭を簡略化して示すにとどめる。ここでは、時枝と彼の学説に対して寄せられた批判、ならびにわが国の言語学史上最も長く続いた論戦の一つである、“時枝・服部論争”における“第一次論争期”までを見ていくことにする。

3．第一次論争期

3.1　佐藤喜代治との論争

　時枝の言語過程説が、Saussureの学説に抗するものとして打ち出されたことは前述したとおりだが、時枝学説における批判の鉾先は、単にSaussureの学説のみに向いていたのではない。時枝は、

その学説を通して、当時の国語学者、橋本進吉の国語研究の姿勢が
Saussure の学説を踏襲したものである点を指摘する形で、Saussure
の学説を無条件に受け入れた感のある当時の言語学界――特にその
鉾先は国語学界に向けられていたが――の体質や、ひいては欧米の
理論を無条件に受け入れ、それに傾倒してしまう日本人研究者の研
究態度に対して警鐘を鳴らしていた部分がある*5。

　しかしながら、そこではこうした研究態度一般に関する是非より
も、時枝による Saussure の学説の否定という衝撃的な事実にのみ
視点が向かうこととなる。時枝が言語過程説において、CLG にお
ける langue という概念を強く否定し、言語の社会性という問題に
真っ向から疑問を投げかけたのに対し、こうした時枝の主張に対し
て最初に異を唱えたのが国語学者、佐藤喜代治である。佐藤は
1948 年、『国語学』第 2 号に「言語過程説について疑問」と題する
論文を発表し、時枝の主張に対して以下のように疑問を投げかける。

　　"著者に従えば言語はソシュールの説く如く概念と聴覚映像と
　　の連合したものではなく、この二つが並立連合して客観的に存
　　在しているというようなものでなく、この二つを連合する作用
　　にこそ言語がある。個人個人が話したり聞いたりする主体的な
　　行為が具体的な言語現象だというのである。（中略）
　　ここに我々は言語の姿を具体的に把握するという点に於て確
　　かに前進しているのを見ることが出来る。しかしながらそれに
　　よって同時に又「言語」の概念が再びあいまいにされはしない
　　かという危惧の念を抱かされるのである。というのは我々が最
　　初の出発に当って問題としたところの国語ないし日本語という
　　ものは単に主体的な行為であり作用であるに過ぎないのであろ
　　うか。もっとそこに客体的なものが何らかの意味に於て存在し
　　ないだろうかという疑いが生ずるのである。言語はなるほど話
　　したり聞いたり書いたり読んだりする行為に於て成り立つ。単
　　なる音声や文字はそれ自体において内在的に何らの意味をも持
　　ち得ないことは明らかである。又聴覚映像とか概念とかはそれ
　　だけでは決して具体的言語ということが出来ない。音声や文字
　　や、聴覚映像や概念や、それらは言語主体によって結合せられ

ることによって始めて言語という事象が成り立つのであって、外に言語というべきものが具体的に存在するのではない。しかしながらかかる現象を考えてみるに、その行為は単に個人的主体的なものではない。もとより個々の主体的な行為に於て言語は具体化されてはいるが、それは決して個々独立した行為ではない。個々の行為の成立する背後には之を成立せしめる社会的客観的なものがある。音声と意味とは個人的恣意によって結びつけられることは許されぬ。音声は音声自身何らの意味をも本有しているものではない。ある音声がある意味をもつということは厳察にいえば比喩的な表現であるかもしれぬ。けれども音声を発し又はそれをきく時はある一定の意味を思い浮かべるように結びつきが出来ている。音声と意味を結びつける行為はあくまでも主体的なものであるが、その場合何を結びつけるか、いかに結びつけるか、その結びつける作用には一定の「型」がある。その型は決して個人的なものではない。(中略) 主体というのは単に個人的という意味ではないようであるけれども、日本語における主体一般というような場合、は単に主体という語によって表すことはもはや適切ではないと考えられる。(中略)

　言語がその個人的主観的性質の故に絶えず分化の傾向を帯びるにも拘らず、一方では言語は言語としての用をなす点から常に類同に向うべく要求せられる。言語は社会的なものとして共通性を必要とし、その意味では客観性をもつ。(中略)

　何れにしても言語が共通性をもつということは決して自然の結果ではなく、そこに必然性が潜んでいると考えざるを得ない。この点から観察する時には言語は雑多な様相の中に一定の構造をもち一定の法則の支配を受けていると考えられる。(中略)

　ソシュールが言語を社会的事実と認める、その認め方が正しいか否かは暫く措くとして、之を社会的事実として取り上げたことは注目すべきものと考えられるが、この点に関して著者(時枝を指す)が

　　従って社会的ということは、「言語」の本質をいったこと

ではなく、「言語（ラング）」の性質についていうべきことである。それは、「言語（ラング）」に冠せられるべき幾多の修飾語の一であると思う。（第一編総論六 フェルディナン・ド・ソシュールの言語理論に対する批判）

といっているのは、ソシュールのいわゆる言語（ラング）に対する批判であるが、それは同時に本来言語のもつ社会的性質を展開せしめる機会をも失わしめたことは遺憾に思われる。（中略）少なくとも話手と聴手との間に於ける共通性無くして言語現象は考えられぬ。"

(1948: 19–30)

ここで述べられた時枝学説に対する佐藤の疑問点を要約すれば、次の三点である。

1. 言語の主体性という問題についての見解。
2. 言語の客体性という問題についての見解。
3. 言語の社会性という問題についての見解（特に"ラング"に関する問題として）。

これに対して時枝は1950年、『国語学』第4号に「佐藤喜代治氏の「言語過程説」についての疑問に答えて」（1950a）という論文を発表し、佐藤の疑問に対する回答とする。しかしここでの時枝の言葉は、次のように抽象論に終始した曖昧な部分を残したままでかみ合っておらず、佐藤の疑問について直接の回答を与えてはいない。

"理論がただ理論のために存在するものでないということは、理論と実証的研究とが、ややもすれば遊離しようとする国語学の現状において極めて大切なことであるといい得るのである。そこで私は、言語過程説に対して別個の見解を寄せられる方々に対して、次のような反問を提出することを常としている。「あなたの見解は、国語現象をどのように説明しますか。」「あなたの見解は、国語学の体系にどのようにひびいて来ますか。」「あなたの見解に従って、どのような問題と領域とが、国語学に開拓されますか。」と。（中略）

以上の反問は、佐藤氏の寄せられた質議と批判とに対しても、同様に加えることが出来るのではないかと思う。氏が言語の本

質はかく考えるべきであるという見解より更に進んで、「はなし」と「ことば」の別に従って、国語学の対象はどのように設定せらるべきであり、具体的な研究方法はそれによって如何に規定されて来るか。国語の諸現象に対する説明が、如何に異なって来るか。また国語学の領域が如何に拡大され、また異なって来るか。如何に異なった問題が提出されるか等々の見解が示されて、始めて氏の言語本質観に対して、私が適切な批判を下し得る段階に到達することが出来るので、「国語学」第二号に寄せられた氏の論旨の範囲では、私としては、可も不可も言い得るところにまで到達していないと思えるのである。"

(1950a: 71–72)

　ただし、そうした中で、唯一、佐藤の疑問に答えた部分が、言語の客体性の問題についてである。この問題に対して時枝は、あくまで術語の意味解釈の違いという点から、次のように答える。

　"国語学原論において客体或は客体的というのは、主体に対する表現内容或は表現素材をいうのであって、一般にいうところの表現形式に対応する意味をいうのである。氏は（佐藤を指す）、客体的ということを、おそらくここでは、言語主体を制約するところの外部的なものというような意味に用いられたのではないかと推測するのである。（中略）

　いづれにしても、氏は客体というものを、言語行為を制約する何等か外部的なものというに考えて居られるもののようである。言語過程説は、このような外部的拘束力を、むしろ言語主体の意識の問題として説明しようとするのに反して、氏は、これを主体と切離して、客体の名称を与え、それを以て個々の言語行為に対立するものとしての日本語或は国語の実在を説こうとするのである。（中略）

　言語過程説において主体的という時、常に必しもそれが恣意的であることを意味しない。（中略）

　言語過程説に於ける言語が主体的であるということの根本の意味は、それが恣意的であるか、制約的であるかということの以前に、言語は常にそれを行為する主体を考えないでは、その

成立を考えることが出来ないことを意味する。従って具体的に
はより恣意的な場合もあり得るし、より制約的な場合もあり得
る訳である。（中略）主体的ということを、個人的、恣意的の
意味に解されたのは、原論の叙述の不完全によるものであるか、
佐藤氏の誤解に基づくものである。このように主体的というこ
とは言語を個性的な面に於いて捉えたことでもなく、また普遍
的な面で捉えたことでもなく、更に根源的な言語の構造をいっ
たものなのである。" (1950a: 72–74)

この紙面上での論の応酬が、その後約20年近くにわたって続く、
Saussure 学説擁護派と時枝学説擁護派による長い論争の幕開けと
なる第一歩となるのであった。

3.2　三浦つとむによる擁護

同年、時枝学説を養護するものとして、三浦つとむが時枝学説を
"言語理論として世界の最高水準を行くもの"、"前人未踏のきわめ
て見事な弁証法の展開（1950: 237–238）"と賞賛し、『文学』第
19巻第2号に「なぜ表現論が確立しないか」と題する小論を発表
する。三浦はそこで再び、次のように時枝学説に賛意を示す。

"時枝氏は、言語における「主体の客体化」を、自画像を描く
場合と本質的に一致するものと見た。（中略）「主体の客体化」
という言葉だけをながめると、観念論のように見えるからわか
らずやの非難をうけやすいし、またここで誤ると観念論に転落
することにもなるのだが、何をのべてあるかを理解してそれを
正しく仕上げることが必要なので、表現の主体を客体化された
主体と区別したこと、言語理論にこのような主体の概念を導入
し「展開の重要な基礎」としたことは、時枝言語学の功績の一・
つである。" (1950: 75)

三浦がここまで時枝学説に賛意を示すのには、単に時枝学説の学
問的是非*6 のみに止まらず、時枝の学説の性質に、国語学界、ひ
いてはその背景にある言語学界全体の研究の在り方を非難する部分
がある点で、それが三浦の抱く言語研究の姿勢に対する理想と少な
からず合致する部分があったためであると思われる。そうした三浦

個人の言語研究に対する理想は、三浦の後年の著書（1951、1976、1981、1983b、1983c、1983d）等でも随所に見ることが出来る。また三浦はこれより遡ること二年前、1948年には「弁証法は言語の謎をとく―言語学批判序説―」と題する論文を『思想の科学』第3巻第5号に発表している。そこで三浦は次のように、Saussure学説に対する批判と同時に、日本の言語研究の姿勢に対する批判をも展開している。

　"ソシュール言語学の功績だといわれている「言」と「言語」の区別にしても、実は表現形式と表現内容との区別を歪めてとりあげたものであり、表現形式と表現内容との一般的な関係をしらべてその特殊性において論ずべき筋合のものである。ソシュールはどうしてこれをやれなかったかというと、彼が信奉していた認識論がカント主義であったためである。言語が直接に表現するのは概念であるが、カント主義はこの概念を現実の世界の反映としてではなしに、アプリオリにひきだしてくるのである。（中略）

　ソシュール言語学が、新カント派になって「価値」という概念をとりいれたのは、これによって概念の差別を説明しようとしたためである。経済学に於ける限界効用学説が、価値を主観から、すなわち観念からひきだしている以上、小林英夫氏のいうように。これとソシュール言語学とが共通点をもっているのはあたりまえである。逆立ち同志が出会えば、互いに相手を正当に立っているものと考えるであろう。

　わたしは、こういう言語学や芸術学を相手にするのをやめて、自分で現実から理論をひきだしてくることにした。（中略）

　言語学者や芸術学者の言語論をみていると、メクラが大ぜいですばらしく大きな象をなでている古い物語を思い出さざるをえない。メクラの先頭に立つものは、露骨な神がかり論者である。（中略）ソシュール学派は、カント主義に立って自然的所与を否定するのであるから、生きた肉体ももたずまたかたちの上でも足のない、オバケのようなものである。同じカント主義者で、やはり言語をアプリオリからひき出したフンボルトは、

このような複雑なものが外的関係から発生し進化するとはかんがえられぬという理由で人間の本性のなかに言語の起源を認めた。（中略）

ソシュールが観念論的にきりはなした、概念をうみだす過程すなわち現実との結びつき（この現実が客観的な自然や社会や他人の精神であろうと、または客観的な存在としての自分自身の精神であろうと、それは問わない）をとりいれ、言語としての表現をもって第一の段階を終了したものとし、対象─認識─表現というコースを言語の基礎的な成立過程としなければならない。（中略）

観念論的にこの中間項をきりとり、認識─表現─認識というコースを基本的なものとしてはならない。言語の理論的な部分は、まずその対象そのものからはじめて、基礎的な成立過程全体の論理的立体構造をしらべることにある。いままでの言語学者のように、言語とそれを表現するときの場との関係においてとりあげる現象的なやりかたを清算するのでなければ、言語はいつまでたっても謎的存在であろう。"　　　　　　　　　（1948: 20–27）

こうした三浦の言葉からも判断され得るように、Saussure 学説を全面的に受け入れた日本の言語学界に対して反意を露にする三浦にとって、Saussure 学説を批判し、それによって国語学界、ひいては言語学界全体に対して疑問を投げかける形となった時枝学説を擁護する立場に立つことは、ある種必然的結果であったと言えよう。

3.3　風間力三・大久保忠利との論争

一方、時枝学説に対する更なる疑問として、その後 1951 年に風間力三が『国語国文』第 20 巻第 6 号に「言語研究の対象─言語過程説についての一つの疑問─」と題する論文を発表し、時枝学説の不備を次のように指摘する。

"言語過程説にあっては、言語は精神物理的パロル循行以外の何ものでもないと考えられ、従って具体的に実在するものはこの精神物理的パロル循行のみであるとせられて、主体の脳裡に

おける観念としてのラングは認められないのであるが、観察的立場においてのみみられる言語の相を観察するという言語研究の一の部分としては右は、全く正しいと考えられるとしても、そこに、主体的立場において意識せられ、主体にとって最も具体的に自己の言語活動を与えるところの言語の相を逸することになるのではないかと考えられて来るのである。言語過程説においては、言語活動は主体的な活動以外の何ものでもないとされ、言語は常に主体的立場における行為としてみられるのであるが、言語がしかく主体的な行為にほかならぬが故にこそ、主体的意識における言語の相が忘れられてはならぬと思うのである。"

(1951: 62)

　そして同年、大久保忠利が『文学』第 19 巻第 6 号に、「時枝誠記氏のソシュール批判を再検討する―時枝氏「言語過程観」批判の序説として―」という挑戦的な論題の論文を発表し、Saussure 学説における langue という概念の正当性を中心に、三浦の時枝学説擁護に対する反論も含めた形で、時枝の言語過程説に対する辛辣な批判を展開する。そこで大久保は、時枝の『国語学原論』、『国語研究法』、『日本文法・口語篇』、『国語学史』、『中等国文法別記』の五冊の著書（大久保の論の中では、それぞれ順に A、B、C、D、E で表される）に見られる時枝学説の記述と小林訳の『言語学原論』、『改訳新版 言語学原論』（同じくそれぞれ順に旧 S、改 S で表される）の二冊を基にして、Saussure 学説が Durkheim に範を取るフランス言語社会学派の影響によるものであり、それが Saussure 学説の不備を招いていると指摘する時枝学説に対して辛辣な批判を展開する。

　　"今日の他の諸科学の発展、また別な世界観から見る時、ソシュールの考え方にはすでにそのままでは通用しない箇所のあることは、当然ですが、時枝氏の批判は、その点に触れつつも、それを発展し得ないこと、又、時枝氏の抱負にも拘らず、氏自身にも隣接科学への理解が不十分な点があるのではなかろうか？（中略）デュルケムの考えを批判する時枝氏は、一体、いかなる哲学的立場に立っておられるのか、この点、「哲学が無

い」では済まされません。

例えば、氏は、「私のいわゆる主体的言語学を、個人心理学的であるというのは当たらない―中略―『原論』はなお極めて序論的にしか扱っていない（B一〇〇）と、断わっておりますが、言語はまず社会との関連においてとらえるべきで、あれだけの年数と頁数を費やした主著に「社会性」が極めて序論的にしか取扱われていない事実こそ、言語の本質を問う論述としては、ソシュールよりも後退し、社会性の欠如を何よりも現わしております。（中略）

ソシュールのラングについては、（中略）次のように明らかにこれを「否定」します。

　1「循行過程に存する概念と聴覚映像との連合したものが成立し存在する如く考えたのは甚しい誤解」（A二七一。点原著者、、点引用者―以下同じ）

　「言語が理解の媒材となり得るのは（中略）決して概念と聴覚映像との連合したものが脳中に貯蔵されてあるが為ではない」（A二八）

時枝氏が、ラングの脳中の存在を、右のようにハッキリと否定している点を特に注意して下さい。

　2「言語構成観に従えば、ラングは、聴覚映像と概念との結合であり、個人を外にした社会的存在であるが故に、ラングをかく観する限り、言語による事物の理解ということは、言語研究の本質的領域には属さない。云々」（A一二〇）

ラングを「個人を外にした社会的存在」とソシュールが考えた、として時枝氏は非難します。これはソシュールがラングを「社会的事実」と見ていることを指しています。（改S一〇四）ソシュールまた「社会的事実」とも呼んでいます。（改S二七）

この「社会的事実」fait social という概念は、ドロシェフスキーも指摘する通り、デュルケームの概念を類似的に借用している、と見ることはできましょう。しかし、果たしてソシュールは、時枝氏が理解したように、ラングを外在するもの（時枝

氏はむしろ「物」と見たと理解しておられるようです）が存在する、などと言っておりましょうか？　言葉にとらわれては真意に迫り得ません。ここに、私は、時枝氏のソシュール「誤解」の中心点を見ます。（中略）

　時枝氏は、一体「概念concept」なる用語の内容を、どう理解しているのでしょうか？　時枝氏は、ソシュールの指している心理学的な「概念」、「意識事実」としての概念の意義が全くわかっておりません。哲学的にも勿論です。時枝氏は、事物も概念も表象も同列に置き、「言語を主体の表現行為であると見る立場に於いては、事物にしろ、表象にしろ、それらが凡て、主体によって、就いて語られる素材であって、言語を構成する内部的な要素と見ることは出来ない」（A五一）などと断言します。

　（中略）何より時枝氏の「概念」無理解の良い例は、氏の言語観の重要な分類である「詞と辞」の区別を、「概念過程の段階」を経るか経ないかに置く所（A九〇・二三一・二三五その他）そして、「おや」「ねえ」等は、概念過程を経ない（!）と言うのです。（A二三五）この最も著しいのはいわゆるコピュラ、「だ」「です」が、「辞」、即ち「概念過程の段階を経ていない」、と規定されていること、これが時枝氏の「概念」の理解です。（中略）

　さて、時枝氏は、前述の「媒体」にとらわれつつ、特に念入りにソシュールのラングをA七四―七九にわたって否定します。ところが、その叙述をよく見ますと、時枝氏はソシュールの主張をそのまま繰返して「自分の主張」とし、逆にソシュールが言っていることを、「言っていない」ように主張しています。これは「媒体」「実存」「外在性」などの訳語から、ソシュールの主張を「何か実体的なものが飛込む様に考えられ易い」（A七七）とし、（実は、「ソシュールがそう言っている」と考えてしまって否定しているのが時枝氏です）とし、つづけて、「ところが、言語活動に於いて思想の伝達をなす所のものは、かかる実体的なものではなくて、実は甲と乙との間に働く物理

的生理的心理的な想起的過程である」などと、全くソシュールがパロールについて言っている（改Ｓ二二）通りのことを、ソシュールに教えるかの如くに繰り返しているところによく現われています。これが、時枝氏の「ソシュール批判」なのです。（中略）

　時枝氏を誤解せしめた「訳語」に、ラングの「実在」と「外在性」があります。ソシュールの言うラングの実在とは、物体のように手に触れるもの、というのでは決してなく、「その座を脳中に有する実在」（改Ｓ二六）「その所在は　聴覚映像が概念と連合する場所」（改Ｓ二五）と、脳髄に推定的に実在すると言っていると考えるべきで、ライヘンバッハのいわゆるillataに当たると思われます。「外在性」も、ソシュールは時枝氏の理解するように、「我と他者の主体的行為を離れて存在する実体的なものと考え」（Ａ二七）てなどはいないのであって、「ラングは言語活動の社会的部分であり、個人の外にある部分である。個人は独力ではそれを作り出すことも変更することもできない。言語は共同社会の成員の間に取りかわされた一種の契約の力によって初めて存在する」（改Ｓ二五）と、（ここは比喩的にアイマイな表現ですが）、要するに共通の言語の通用する社会に生存し成長する各個人が幾万回となくくりかえされるパロールの循行と、物質的諸存在にほぼ同様に反応する過程において形づくられるラングの「一般的共通性」（「平均」もアイマイです）を指しているのであって、「契約の力」などと言ってあるからわかりにくくなったわけなのです。

　　　「観念と語詞映像とを連合せしめるには、前以てその連
　　　合をパロール行為の中で経験しておかずして、どうして可
　　　能であろうか」（改Ｓ三一）ラングの脳髄の機能としての
　　　存在を前述の通り明確に否定する（Ａ二七・二八）時枝氏
　　　は、これに何と答えられますか？

　（中略）以上、ソシュールがとらえた「ラング」を、時枝氏

はその「訳語」につかまって、誤解し、その誤解に立って不当に否定してしまった、というのが私の「時枝氏の『ラングの否定』」に対する批判です。時枝氏の否定にもかかわらず、ラングは健在である、と言うべきであり、時枝氏のソシュール批判は、見当が外れていた、とハッキリ申し上げます。」［傍点部原文ママ］
(1951: 80–86)

そして自らの批判に対する時枝からの回答を、大久保は次のように、一種挑戦的とも思えるような文面で求め、自らの批判を締めくくる。

"この批判に対する回答は—もしなされる場合は—「見解の相違である」とか、「原著をよく読め」という抽象的なものでなく、私のお尋ねしている諸点について、

　1 これこれの点については、何書の何頁にこう述べておいた。
　2 この所は、自分の解釈と批評は誤っていた。批判者に同意し、自説を次のように修正する。

等、具体的に御教示願いたいと思います。" (1951: 87)

大久保のこうした批判に対して時枝は、同じく 1951 年、『文学』第 19 巻第 9 号に「言語の社会性について—大久保忠利氏の「言語過程観批判の序説」に対する答をも含めて—」を発表し、1. 言語研究と言語本質観の問題、2. フランス言語社会学派における言語の社会性、3. 言語過程説における言語の社会性の三点について、次のように回答を寄せている。まず 1. については、

"学問の体系を構築する手続きから言えば、言語の本質観を思弁的に構築して、然る後に、これを種々な言語現象に演繹的に適用するというのではなく、先ず、種々な言語現象に直面し、これに沈潜し、これを観察するところから、言語の本質についての考えを求めて来なければならないことである。ひるがえって、これを他の言語現象に適用して、矛盾なく理論的に説明することが出来た時、この言語本質観は、定説として確立されるのである。私の言うところの言語過程観は、このようにして今日の私の言語研究の基礎理論となったのである。（中略）
大久保氏を含めて、言語過程説を哲学的議論に持ってゆくこ

とではなくして、事実の提供によってこの学説の欠陥を指摘さ
れたいということである。これらの事実はソシュール学説によ
っては完全に説明出来るが、言語過程説によっては説明出来な
いという風に。事実の提供こそ、私に対する最も厳粛な批判で
ある。大久保氏の批判全体を通じて、言語過程説の射程の外に
ある事実を挙げて、その解決を迫るということが殆ど見られな
いのは甚だ遺憾であった。"　　　　　　　　　　　（1951：76–77）
とし、次いで2.については、

　　　"ソシュールはその研究の出発点において、「言循行」（le
　　ciecuit de la parole）の名において、個人間の会話を観察の対象
　　としたことは正しいことであった。我々の言語研究の具体的な
　　対象は、実はこの「言循行」以外には存在し得ない筈なのであ
　　るが、ソシュールは、この循行過程を以て、精神、生理、物理
　　的要素の混在したものとみて、このような混質的なものは、科
　　学の対象とすることが出来ないものであると考えた。そこで、
　　この混質的なものの中に、等質的にして、本質的なものとして、
　　概念と聴覚映像との結合から成る心的実存体としての「ラン
　　グ」を設定するのである。「ラング」は、ソシュールに従えば、
　　全く心理的なものであるが、具体的な「言循行」の説明原理と
　　して求められた「ラング」と、言語活動との関係は、物質をそ
　　の究極の分析単位において説明しようとする自然科学的方法論
　　の類推であると私は見たのである。（中略）

　　　ソシュールは、このような「ラング」を、社会的結晶
　　（cristalisation sociale. 改訳本二九頁）とも、社会的所産
　　（produit social 同上）とも言っている。「言語は個人にあって
　　は完璧たることはなく、大衆にあって始めて完全に存在する」
　　（同上書二四頁）と言っているのもそれである。以上の所説で
　　明らかなように、「ラング」は各人が受動的に蓄積するもので
　　あることにおいて、社会的所産の名に値するのである。

　　　　　言語は話手の機能ではない。個人が受動的に登録する所産で
　　　　ある（改訳本二四頁）。

　　　　　個人は独力ではそれを作り出すことも変更することもできな

い（同上書二五頁）。

　その二は、「言」が各人に理解されるためには「ラング」が必要とされるところから、思想交換の媒介という意味において、社会的といわれる。

　　　言が人に理解され全き効果を収めるには、言語が必要である（同上書三一頁）。

　しかしながら、右の「ラング」の「言」における関係は、ソシュールにおいては、特に「ラング」の社会性としては強調されなかったようであった、専ら第一の意味において、言語が社会的であることが認められたのである。これを総括するならば、「ラング」は個人を超越する外在性と、個人を拘束する拘束性においてその社会性が認められたのである。このようにして「ラング」は、デュルケーム的意味における社会的事実の概念に合致し、言語学は社会学の一翼を荷うものとして認められたのである。（中略）

　言語において、社会及び文化の反映を観察しようというこれらの学派の立場に対して、その反映を荷う「ラング」の概念の設定は、極めて有効であったことも理解されると思うのであるが、我々が言語において社会性ということを考える時、ただ社会の共通所産としての「ラング」を考え、その社会的反映を観察することだけで満足することが出来るであろうか。我が国におけるソシュール言語学の継承者たちは、ソシュールが言語は社会的所産であると言ったことだけから、この言語学が言語の社会性を余すところなく究明しているであろうというような錯覚に陥っていはしないだろうか。そのような錯覚から、言語主体を強調する言語過程説が個人心理学的であり、言語の社会性を無視した言語理論で、ソシュール言語学よりも後退したものであるという大久保氏の批判のようなものも出て来るわけである（序説八〇頁）。”
　　　　　　　　　　　　　　　　　　　　（1951: 77-79）

と回答する。また Saussure 学説における Durkheim 的社会学の影響については、時枝は次のような回答を寄せている。

　“言語の社会性を明かにするには、ソシュール学的観点より外

にないという迷信を打破するには、ソシュール的言語理論の発生し、育成された地盤であるデュルケーム社会学の理論体系と、それに対立する諸々の社会学的見地とを観察することが近道であるように思えるのであるが、私には未だ自身を以てこれを明かにするだけの力が無い。ただ僅かに社会学史の教えるところに従うならば、デュルケームは社会有機体説の見地から、社会はそれ自体としての特有の生活を行い、内部の要素的諸個人に対し拘束力を現わすと説いているのに対して（松本潤一郎、社会学原論一三〇頁）、タルドの如きは、社会事象を諸個人の心と心との関係現象であると解し（同上書、一一八頁）、ジムメルが社会学を以て人間相互作用それ自体を対象化することであるとし（同上書、一五八頁）、和辻哲郎博士もまた、「社会は『人間』である。社会の学は人間の学でなくてはならない。従ってそこでの根本問題は人と人との間柄である。」（人間の学としての倫理学二二七頁）と述べられる時、我々はそこに、デュルケーム的社会概念とは凡そ対照的な社会概念を見出すのである。"
(1951: 78–79)

そして 3. については、

"人間は、社会的行為をなすことによって、その生活を営み、その生命を維持して行くことが出来るのであるが、言語は正にそのような対人関係を構成するに必要な手段であるという意味において、これを社会的と言うことが出来、また、言語がそのような対人関係を構成することが出来る機能の上から、これを社会的ということが出来るのである。人間行為は、これを全般的に見れば、常にそれが社会的であるとは言うことが出来ない。例えば、山に入って木の実を拾い、飢えをしのぐというような行為は、そこに何等対人関係を構成もしなければ、想像もされていない。しかしながら、言語行為は、いつ如何なる場合にでも、対人関係が想像されないで行為されることは無い。即ちそれは常に誰かに向って表現される行為であって、言語が本質的に社会的であると言われる所以である。

（中略）以上のように、言語の社会性の意味を規定すること

は、言語を人間行為の一形式とみる言語過程の理論の当然の帰結であるが、それはまた、同時に、我々の日常の言語生活の反省、観察から導き出されて来る結論でもあるのである。フランス言語社会学においては、社会組織の反映として、個人がただ受動的に登録する「ラング」を社会的所産としてみるのであるが、ここでは、時々刻々に我々の対人関係を左右する主体的な言語表現において言語の社会性をみようとするのである。前者は静的な社会的反映の観察であるのに対して、後者は動的な社会的機能の観察を意味するのである。

　（中略）言語行為は、その成立のそもそもの始めから、人間の社会的生活の重要な手段として、その発生を等しくしていたものであろう。従って言語において社会性を言う時、言語と国家、或は市町村、或は家族というような、いわゆる社会学で好んで問題にするような近代的な社会集団との交渉関連のみを問題にすることは正しくない。言語における社会性は、もっと基本的な人間関係においてこれを見る必要がある。"(1951: 79–81)

と回答している。また同年には、『言語研究』に服部四郎の「メンタリズムかメカニズムか？」が発表される。服部はここで、科学的素材としての言語研究の在り方について、Bloomfield以降のアメリカ言語学を基にして持論を展開する。ただしここでは、直接時枝学説に対しての意見や批判といった形ではなく、あくまで中立的立場から科学的言語研究の在り方について、以下のような私見を述べる程度にとどまっている。

　"私は、自然科学者たとえば物理学者が物理現象を研究するのと同じように、我々が人類の行動を研究することはできないと思う。たとえば物理学においては、観察の対象は我々の外にあるから、我々の直接経験の"主観的"部分、即ち我々の内部における現象と関係があり他人が観察できない部分は、出来るだけ除外しなければならない。例えば物理学者は視覚錯覚に由来する誤差を排除するために何らかの方法を講じなければならない。しかしながら、社会学においては観察の対象は人類の行動である。観察者自身が人類の一員であって、彼自身の行動を観

察することができる。そして、その場合には、その直接経験の
"主観的"部分を完全に排除することは観察者にとって有利で
はないと私は思う。(中略)しかしながら、上のように述べた
からとて、必ずしも、社会学者は主観的にのみ研究し得るとか、
言語学者は元の主観的メンタリズムに戻らなければならないと
か、言うことにはならない。それどころか、彼らは科学者とし
て、勿論でき得る限り客観的でなければならないし、独断的な
主観的陳述を排除するように努力しなければならない。(中略)
　私が特に強調したいと思うのは、機械的メカニストでも、そ
れを容認しないで置きながら、実は話し手達のいわゆる意識を
利用しているのだという点、さらに、言語学者が話し手達のこ
の意識を利用するのは正当であるという点である。(中略)即
ち、社会科学において、"科学的であること"は、物理学、化
学などで"科学的である"とは多少異なることを意味しなけれ
ばならないと思う。"

(1951: 1-4)

　一方、大久保忠利は更に翌年、『国語の力』第4巻に「言語の本
質を求めて ソシュール学説の発展の上に」という論文を発表し、
時枝が否定したlangueという概念についての正しい見解をすすめ
る。同時に、前年に『文学』第19巻で展開した自らのlangue解釈
を捕足する形で、次のように論をすすめる*7。

　"ソシュールは、せっかくillataとしてのラングをとらえたの
だが(仮称「個人ラング」)これと「社会的事実」としてのラ
ング(仮称「社会ラング」)との関係を、ただ「もしすべての
個人の脳裡に蓄積された語詞映像の総和を、とっくりと取込む
ことができたならば我々はラング(社会ラング)を組立てる社
会的紐帯(le lien social)に触れるであろう」(改訳二四頁)と
か、「個人ラング」と「社会ラング」を同じラングの名称で呼
んでいるために区別せず、「ラングは、人が他人を理解し、他
人に自己を理解せしめることを許すところの言語習慣の総体
(l'ensemble des habitubes linguistiques)である」(同一〇四頁)
などと言ってしまっている。(中略)
　ソシュールが「個人の脳裡に蓄積された語詞映像と言うのは

個人ラングを指している。この時、単に「語」が辞書の中にあるように考えてはいない。（中略）ソシュールも、単位を求めてもてあましている。だから、前述のように「語」をラングの単位の近似的観念を与えるものとして、あとはそれに立って論を進めているのだ。（ここに個人ラングと、社会ラングの混乱がある。）ここは、「文法的諸特質を与えた語」を個人ラングの単位として定立し、それと社会ラングとの関係を明らかにしつつ、社会ラングの単位を求むべきであった。"　　　　（1952a: 2–4）

　ここでの議論は、langue の本質論を目指しながら、その実在と外在性がかえって強調され、Saussure 学説の中心的考えである langue の解釈に混乱をきたす結果しか生まなかった。こうした混乱と混沌は第二次論争期まで続き、Saussure 学説の真理からますます遠ざけるだけの結果しか生まなかったことも、Saussure 学説を難解にしてしまった一因である。しかしその原因が、langue に相当する日英語の概念の不在にあるのを明らかにされるには、Lévi-Strauss の登場を待たねばならない。このことは、本書の第 5、第 6 章で検証する。

3.4　黒岩駒男との論争

　同じく 1952 年には、黒岩駒男が「言語の過程性と記号契約性」を『久留米大学論集』第 4 巻に発表し、言語記号の契約性という問題点から時枝の言語過程説に対して、次のように反論する。

　　"確かに言語行為の遂行が時間的線条的継起的過程として理解し得るものを含むこと、即ち言わば言語現象が過程性によって貫かれていることは認めなければならない。（中略）然し過程説の一元論的強味は同時にそのまま問題点ともなるのである。先ず第一に問われなければならないのは、かかる過程が如何にして可能となるかと言うことである。（中略）かかる記号的規定を全く受けない過程の遂行のみを考えるとすれば、この世の中には叫びや無意味な発声の氾濫があるのみであろう。否、かくの如き純粋に衝動的な表現も、表出過程を見れば必然的過程ないしは必然的連合として記号性の支持を必要としないし、去

ればこそ時枝博士も「多くの感嘆詞は自然の叫声に類するもので、未だこれを言語の体系中に加えることが出来ない…」と言われたのであるが、一方、聴手の受容過程を見れば、それは必然的過程ではあり得ず、記号性の介入を待って初めて理解過程が遂行されるのであり、それ故に、かかる叫び声の如きものも言語の体系から除いてしまう事が出来ないのである。逆に言えば、以上の事実は又、言語性の成立が記号的契約によって支えられていることを証明するとも言える。言語・非言語の境目は過程の軸のみでは決定も説明も出来ない筈である。"

(1952: 18–19)

　その後、1956年に時枝は『国語学原論 続篇』を出版する。この本は表向きこそ『国語学原論』に継ぐ時枝学説の補足的展開となっているが、その構成は、それまで時枝の学説に対して寄せられた疑問や批判に答えるものであった。同書の中で、時枝は自身の学説である言語過程説の基本的原理を次のように説いている。

　　"言語過程説は、言語において、人間を取り戻そうとするのである。言語は、その本質において、人間の行為の一形式であり、人間活動の一であるとする時、何よりも肝要なことは、言語を、人間的事実の中において、人間的事実との関連において、これを観察するということである。（中略）

　　言語過程説は、言語を、音韻と概念（或は思想）との結語体と考える言語構成説に対し、言語を、精神、生理、物理的過程現象であるとする言語理論であって、その概要は、前項に述べた通りであるが、その基本的な考え方は、凡そ次のように要約し、かつ布衍することが出来る。

　　（一）言語は、人間の表現行為そのものであり、また、理解行為そのものである。その考え方は、表現理解の行為とは別に、或はそれ以前に、表現理解において使用される資材としての言語（ソシュールのいわゆる「ラング」）が存在するという考え方を否定するものである。あるものは、ただ、素材を、音声或は文字を媒材として、可感覚的に外部に表現し、或は、音声、文字によって、ある思想を理解する作用だけであるとするのである。（中略）

（二）言語が、表現理解の行為であるということは、言語は、常に表現主体或は理解主体、一般的に言って、言語主体（言語を成立させる人間）を、不可欠の条件として成立するものであることを意味する（『正篇』第一）。（中略）ソシュールは、資材的言語ラングの成立に関与する話手、聞手の作用を重視した。しかし、このようにして成立した資材的言語は、もはや個々の話手聞手の作用とは、独立した存在であると考えた。

　言語過程説の最も著しい特色は、一切の言語的事実を、言語主体の意識、活動、技術に還元して説明しようとするところにある。

（三）言語を、言語主体の行為であるとすることは、言語は、常に必ず個人の行為としてのみ成立することを意味する。この考え方から、言語過程説を個人心理学的言語理論であるとするのは、当を得たことではない。（中略）それは、常に話手に対立する聞手に制約され、聞手の理解、不理解を顧慮し、聞手に働きかける個人として規定されている（『正篇』第一）。ここから、言語の社会的機能と、同一社会圏における言語習慣の平均化を説く鍵が見出せることになる。ソシュール言語学のように、同一社会における平均化されたラングの存在を前提として出発することは、言語研究の最も重要な問題を回避したことになるのである。どのようにして、平均化されたラングの如きものが、形成されるかというところにこそ、むしろ、言語研究の重要な課題があるとみなければならないのである。

（四）言語の行為主体が個人であるということは、言語学の対象は、特定個人の特定言語行為以外にはあり得ないことを意味する。ソシュールは、個々の言語行為とは別に、個人を超越して存在する資材的言語ラングを真正な言語学の対象と考えるのであるが、言語過程説は、明らかにこの考えを否定する。（中略）

（五）言語を、表現及び理解の行為であるとする時、それは、根本的に、音楽、絵書、舞踊などの表現活動と共通した性質を持っていることが分かる。これらのものと、言語との相違する

一つの著しい点は、表現の媒材を異にしていることである。
（中略）
　（六）言語は、その媒材の性質の相違によって、音声言語か、文字言語かのいづれかにおいて成立するものである。更に、これに、表現行為、理解行為の別を加味するならば、具体的な言語は、次の図に示すように、「書く」「話す」「聞く」「読む」のいづれかにおいて成立するものであって、そのいづれにも所属しない言語というものは考えられない。

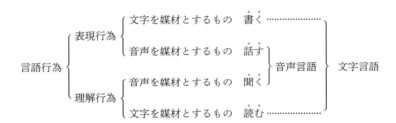

　（中略）これらの言語の形態上の性質と機能とを明らかにすることは、言語研究上の重要な課題であるべきであったにも拘らず、そのことが全く問題にならなかったのは、言語学の対象を、表現理解以前の資材的言語ラングに求めたからに他ならないのである。それも、言語学が、言語の系統関係や歴史的系譜を辿ることを、主要な課題としていた間は、さまで破綻を見せなかったが、人間生活における具体的な言語的事実の解明を課題とするに至って、ようやくその無力を暴露するに至ったのである。（中略）
　（七）言語を、表現理解の行為であるとする時、言語は、人間の行為一般の中に位置づけられなければならない。（中略）言語は、行為であり、活動であり、生活である。それは、次の等式によって示されている。

　　　　　言語＝言語行為＝言語活動＝言語生活
　（中略）言語は、何よりも人間生活全体の中で切取られる必要があるのである。"　　　　　　　　　　　　　　（1956:6–14）
しかし当時は『国語学原論』で展開した時枝学説に対する非難が

強かったせいか、『続篇』もあまり好意的には取り上げられなかったというのが、どうやら実情のようである。例えば『国語学』第25号での阪倉篤義による同書の新刊紹介では、阪倉自身、次のような否定的な見解を述べている。

　"本書において特に強調されるのは、「言語の成立は、表現が理解される過程にあるのであるから、文学の芸術性は、理解の体験の中に求められなければならぬ」（一一五）という一点であろう。しかしながらこのことは、しからば文学は体験されなければ存在せず、また例えば源氏物語の文学は、その読者の数だけ違った形で存在するということになるのか、という屁理屈を述べたてる余地を残すものではなかろうか。（中略）ここにもまた、余りにも伝達という実用的機能に則して文学を説こうとされすぎた嫌いがあるのではなかろうか。"（1956b: 122–123）

　阪倉のこの言葉こそ、時枝に対する当時の国語学界の態度を如実に表しているものと考えられる。そしてそれは期せずして、これから始まる『続篇』に対する一連の批判の口火を切る役割を果たすことになるのである。

3.5　門前真一との論争

　また、『続篇』で述べられた時枝学説の正当性に対しても疑問の声が上がる。その最初が、同年に門前真一によって発表された「言語過程説とラング、パロール」である。この論文は『天理大学学報』第22号に掲載され、そこで門前は、これまで同様、時枝学説における langue 否定について、次のように疑問を投げかける。

　"言語学は意識そのものに関する学ではなく、記号の学である。くわしく言えば、記号を通じて誰かが誰かに何物かについて語ることを研究する。内容のない主体の作用というようなものは目にも見えない、手にもふれることの出来ないものであるから、実証を旨とする経験科学の直接の対象とならない。ソシュールのラングがメンタルな抽象であると同様にあるいはそれ以上に時枝博士の内容のない言語主体の作用もメンタルな抽象である。言語学の具体的の対象はそれとは異なったものである。それは

ソシュールのパロールであり、時枝博士が特定個人の特定表現として先ずとらえられる具体的な言語行為である。（中略）時枝博士は言語過程の原理的分析においてはソシュールほどこの言辞的表示を重要視していないように思われる。また特に注意したいのは、ソシュールの場合一回一回のパロールを成立させる根拠としてのラングの概念があり、そして時枝博士の場合にはこのようなラングの概念が否定されていることである。しかしながら時枝博士はラングの概念を徹底的に否定されているであろうか、否定しながらラングを取扱っていないであろうか。それをわたくしは疑問に思う。（中略）時枝博士はかつて、その言語過程説を

> 言語研究の対象をひとえに具体的な個人の言語行為に求め、そこに言語のあらゆる問題の根源を見出そうとする…
> （佐藤喜代治氏の「言語過程説についての疑問」に答えて、国語学4、昭和二五・一〇 p.70）

ものとして、ラングの学とパロールの学とを二次元的に対立させる立場に対して否定的見解を述べられた。しかしながら言語学が個別的な事例の記述に終止せず、普遍的に体系づけられた概念を志向する時、それは必然的にラングの学になるであろう。時枝博士のラング否定はソシュールのそれに止まるか、あるいはいかなる意味においても絶対にラングを否定されるか、それはわたくしには疑問である。" (1956: 6–11)

更に門前は翌年、「言語学の体系と言語過程説」を『天理大学学報』第24号に発表し、時枝のラング否定について次のように批判する。

"時枝博士の体系的変は、すなわち示差的連合的な関係構造をもつラングの記号体系に外ならず、それは個々の言語表現の成立に関与する体系的事実そのものであるといって差支えない、そして体系的変の構造を明らかにするとき、そこにラングの学が成立し、音韻、語彙、文法の三大部門がなんらかの形で新しく組織されるであろう。" (1957a: 20–21)

3.6 服部四郎との論争

同じく 1957 年、服部四郎は「言語過程説について」（1960: 149–165 にも再録）と題する論文を『国語国文』第 26 巻第 1 号に発表し、時枝が Saussure の原典よりもその翻訳によって与えられた認識に立っており、そうした脆弱な認識の上で langue を否定する一方で、「型」という独自の概念を導入する時枝学説の不当性を次のように指摘する。

"時枝教授は「正篇、第一篇六」において、ソシュールの学説を批判される際に、彼の本文における表現そのもののみを（しかもその日本語訳を！）問題にされた感がある。私が教授のソシュール批判に根本的な点で賛成し得ない一つの大きな理由はここにある。（中略）

一方我々は、〔inu〕或いは〔neko〕という社会習慣的型にはまった音声を聞くと、「犬」或いは「猫」という動物を思い出す習慣を持っている。これも日本語的な社会習慣によるものと言わなければならない。この繰返し的活動も、我々が先天的に有した能力のみによるものではなく、我々が、"日本語の話される"社会に生まれて成人する間に、たとえば「犬」に注意を向けている時に〔inu〕という発音を度々聞かされたために、条件反射的になし得るようになったものに過ぎない。（中略）

我々日本人は、日本語的社会習慣による繰返し的特徴を含む右述のような言語活動をいとなみ得るからこそ、相手の日本語的「表現行為」を「理解」することができるのである。（中略）

時枝教授は、「表現」や「感情表現」において、「型」が「先行」して「存在」することを認めて居られるのだから、何故一歩進めて、「言語表現」においても同種の型が先行して存在することを認められないのであろうか。私のいう、言語活動における社会習慣的に繰返し現れる特徴（ソシュールのラングに当る）とは、早くいえば、言語活動におけるこの種の「型」のことであるといってよい。（厳密にいうと、こういう特徴が組合わさってゲシュタルトをなしたものが「型」である、というべきである。）社会習慣的に学習されたこの種の型が先行しなか

ったならば、人間は（言語）表現行為をなす術を見出すことが
できないであろうし、（言語）理解行為をなすこともできない
に違いないのである。”　　　　　　　　　　　　　（1957a: 6-10）
　しかしここでの服部の論調は、Saussure の用いた langue という
術語で表された概念の正当な解釈よりも、服部自身が言語研究にお
いてこうした概念をどう捉えているかといった持論の展開に偏りす
ぎた感を払拭し得ない。それは、この時の服部自身の次の言葉にも
見ることが出来る。

　　“さて、ソシュールのいうランガージュ（langage）は、私のい
　　う言語活動に当るといえよう。（中略）

　　　私の、言語活動の分析的考察は、言語研究の必要上、独自の
　　見地から経験的に進めて来たもので、ソシュール学説の影響も
　　受けたけれども、特にそれを理解し解釈するために行って来た
　　ものではない。従って、私の分析とソシュールの分析とが細部
　　に亘って完全に一致するものではない。（中略）

　　　さて、ソシュールが、ラングのほかにランガージュ無しと考
　　え、時枝教授がラングの概念を完全に否定して言語活動のみを
　　認められるとすれば、言語活動の中に社会習慣的に繰返し現れ
　　る特徴を認める私の説は、両者の対立を解消せしめる第三の説
　　ということができよう。（中略）

　　　しかしながら、ソシュールは、ラングの研究の重要さを強調
　　するのあまり、ランガージュこそ我々の直接観察し得る対象で
　　あって、ラングは我々がその中から分析によって抽出し得る特
　　徴に過ぎないことを強調せず、ラングのみが我々の観察の対象
　　となり得るような印象を与える説き方をしている点、発話活動
　　（表現活動）の中にもラング的特徴のあることを強調しなかっ
　　た点などで、（中略）追従者に誤解されて、時枝教授が非難し
　　て居られるような素朴な言語観の生ずる原因ともなったと考え
　　られる。”　　　　　　　　　　　　　　　　　（1957a: 7-9）
　しかし、この服部の論を擁護する形で、同年、門前は『国文学研
究誌 山辺道』第 3 号に「言語過程説と構造主義言語観」を発表す
る。門前はそこで、時枝の考え自体が既に、ソシュールに範を取る

構造主義的な要素を有していながらも、その視点の違いにより異なりを呈している旨を次のように指摘する。

　　"ソシュールの理論が構造主義といわれるのは、ラングを記号の体系として、分節された全体としてとらえている点にあるであろう。これに反して時枝博士は、ソシュールのラングをその単位要素としての個々の記号として、せいぜいその算術的総和として考えられているようである。言語の構造主義的な見方にとって一番大切な全体の概念が異なっている。恐らくは時枝博士にとっては、つぎのような構造主義の基本的概念が見失われているのではなかろうか。すなわち、一つの音韻も、一つの語も、一つのセンテンスも、孤立的に存在するものでなく、一つの特定のラングの全体の体系の中に他のものと対立して、相互連関的に存在しているということである。"　　　　　　（1957b: 40）

　同じく門前はそこで、時枝の「型」の概念についても、それが構造主義的な視点である点を、先の服部の「言語過程説について」を引き合いに出して次のように指摘する。

　　"わたくしは言語過程説においていたるところに型あるいは類型という概念のあらわれることを問題として取り上げて見ようと思う。

　　それらの中のあるものはいままで述べて来た過程的構造形式とほとんど同じ意味のものである。これは時枝博士の側に立って考えれば必ずしもラングの概念を想像しなくてすむかも知れない。しかし一般の言語学者の考えや、われわれの常識からすれば、背後にラング的体系を前提とするのが自明のことと思われるところの型の概念が、言語過程説の理論の一方に含まれている。これとても時枝博士の立場としてはあくまでラング的概念を否定されるであろうけれども言語過程説の文法論においてはすでに述べたように風呂敷型とか入子型の型が説かれている。また原論各論の第六章言語美論には語の美的表現に必要な構造形式としての直線型、曲線型、屈折型、倒錯型などがあげられている。これらの型はすでに述べた過程的構造形式のことであり、ラング的概念が当然含まれるであろう。（中略）注意すべ

きことはソシュールをはじめ一般に言語学者の言語というもの
に対する考えは、言語行為そのものはその背後にラングの図式
を含むものとなっているのに、言語過程説では一方的に前者の
みが言語そのものとして説かれ、後者が否定されていることで
ある。"
(1957b: 44–50)

そして、多少批判の調子を和らげながら、言語過程説の有効性に
対して、次のような希望を述べることで、自らの論を締めくくる。

"時枝博士はこれらの過程的構造形式のカテゴリーをたとい型
であっても、ラング的のものでないとされる。服部博士やわれ
われはそれを型であると同時にラング体系の中の要素と認める。
言語過程説の出発点は正しいし、理論的にも内部に矛盾を含
んでいないとしても、その実践的作業は結果としてラング的の
ものを取扱っている、すなわちその否定したソシュールのラン
グ的概想を援用して対象を処理している矛盾を生み出している
と考える。そして実際時枝博士の言語理論の体系の根本思想は
正しかったが、半面においてそれと対立するソシュールのラン
グ概念をつつむような体系を目ざされなかったため、根本理論
の展開に不自然な矛盾を生じた。そしてこの欠点はほんの僅か
な修正、構造的言語観の全体性の概念を個々の言語行為の背後
に、それが成立のための、欠くべからざる外部条件でなく、欠
くべからざる相補的の言語概念として導き入れることによって、
救われるのではなかろうか。"
(1957b: 52)

こうした反論を一身に浴びながらも、時枝は、服部の「言語過程
説について」に対する回答として、同じく1957年に「服部四郎教
授の「言語過程説について」を読む」を『国語国文』第26巻第4
号に発表する。そしてそこで、服部の先の批判がSaussure学説の
解釈を服部の持論に適用するがあまり、部分によってはSaussure
自身の解釈を歪めてしまう危険性のある点を指摘しながら、次のよ
うに牽制する。

"次に、服部教授は、私が、「言語における型」ということを
言ったことを取上げて、
時枝教授は、「表現」や「感情表現」において、「型」が

「先行」して「存在」することを認めて居られるのだから、
　　何故一歩進めて、「言語表現」においても同種の型が先行
　　して存在することを認められないのであろうか（論一〇
　　上ノ三）

と述べられ、（中略）私がいう「型」とは、連合の習慣であり、
「ソシュールのいう「ラング」（少なくともその一部）なのであ
る」と言われる。服部教授のいわれるように、私の「型」の概
念と、ソシュールの「ラング」の概念とが、近似しているもの
であるか否かを論ずることは、ここでは、充分、慎重に扱われ
ねばならない。何となれば、服部教授は、前項に述べたように、
序説並びに註の解釈に従って、ソシュールのラングを「言語活
動において社会習慣的に繰返し現れる特徴」（論七上）と考え
られた。しかしながら、少なくとも、私においては、ソシュー
ルの考えているラングは、右のようには考えられない。私の見
るところでは、ソシュールは、ラングを、個別的な言語活動か
ら抽象された一般的特徴とは考えていない。そのような個別と
普遍との関係において認識されたものではなく、言語活動によ
って、生産されたものであり、言語活動によって働きかけられ
るものとして規定されている。ラングが言語学の具体的な対象
であると言っていることからも、以上のことは明瞭である。服
部教授のラング観は、教授独自の解釈に基づくもので、ソシュ
ールの真意そのものであるかどうかは、甚だ疑わしい。（中略）

　服部教授のように、「ランガージュこそ我々の直接観察し得
　る対象であって、ラングは我々がその中から分析によって抽出
　し得る特徴に過ぎない」（論九ノ上）といわれる時、それは、
　認識の所産であって、研究の対象として指定されたソシュール
　のラングとは、全く別ものであると考えなくてはならない。そ
　れは、服部教授独自のラング説であって、ソシュール理論のラ
　ングとは、全く無縁のものである。”　　　　　（1957: 27-28）

しかしその一方で、自身に寄せられた Saussure 学説の解釈の不
備に対しては、

　“仮に一歩を譲って、私のソシュール解釈に誤りがあったとし

第3章　“時枝・服部論争”の勃発と言語学界での論争　　127

ても、それによって言語過程説の妥当性を云々することは、当
を得たことではない。過程説の当否は、過程説自体の理論構成
の当否を問題にすることから始められなければならないのであ
る。時枝のソシュール解釈には誤りがある。従って、言語過程
説は誤っているという結論が度々聞かされたのである。しかし、
それは学説批判の方法としては正しくない。「国語学原論」正
篇は、そのソシュール批判の項を抹殺しても、充分、批判の対
象となり得るように構成されていることを自負しているのであ
る。世の識者批評家に、切にそのことを希望するのである。"

（1957: 28–29）

と、それを認める形で、自身の回答を締めくくっている。

　それに対して、服部は同じく 1957 年、「ソシュールの langue と
言語過程説」（1960: 166–218 にも再録）と題する論文を『言語研
究』第 32 号に発表する。そこで服部は、「言語過程説について」で、
時枝が Saussure の原典よりもその翻訳によって与えられた認識に
立っており、そうした認識が誤っているとする指摘を、更に具体的
に実証する。そこでは Saussure が CLG で用いた entité という術語
とそれに対して付けられた「実存体」という訳語の是非、langue
と parole という術語とそれが表す概念、及び langue の社会的位置
付けについて、次のように論を展開する。

　　"ソシュール学説に対する教授の解釈と私のそれとの相違の一
　　つは、une entité psychique（小林英夫博士訳「心的実存体」、
　　1940 年改訳新版による。以下同様。）という言葉に関係がある。
　　（中略）ソシュールがその著 Cours de linguistique générale
　　（Paris, 1931³）の序説の 19 頁の脚注で、la langue n'est pas une
　　entité《langue は実存体ではない》と言っておきながら、本文
　　において langue に関連して entité という単語を用いるのは、
　　比喩的意味或いは転義において用いているのだ、と解釈するか
　　らである。いずれにしても、entité というフランス語の単語を
　　「実存体」と訳するのはよいが、この「実存体」という日本語
　　の単語によって日本語的に考察しながらソシュール学説を批判
　　することは危険だと考えるから、まず entité というフランス語

の意味を調べよう。（中略）大まかに言って、フランス語の
entité には、Martin の辞典に見えるように、「物」という意味
と、「本質」という意味とある。「物」というのは、客観的な物
質的な実在物のことで、机・石・木・犬・人・手・尾などは勿
論のこと、流れ・風・波も含まれる。「自然有機体」も勿論こ
の「物」である。

　上に引用した la langue n'est pas une entité という文において
ソシュールが entité というのは、まさにこの「物」のことであ
ろう。なぜなら、langue は自然有機体ではないと言おうとし
たものと考えられるから。小林博士がこれを「実存体」と訳さ
れたのは不適当ではない。（中略）そこで、ここでは une entité
psychique の意味について一般論をすれば十分であろう。この
単語連結を、小林博士は「心的実存体」と訳し、時枝教授も
これを採用しておられるが、この場合の「実存体」は、上に問題
とした「物」（及び Robert の辞典の（二）の意味）ではあり得
ない。たとえば「観念」——これも「心的実存体」の一例とい
ってよかろうが——などと称しても、我々はそれを「客観的な
物質的対象」や自然有機体を観察するように観察することはで
きない。心的な活動として表象されるときに、内部観察
（introspect）し得るにすぎない。だからして、une entité
psychique というのは比喩に過ぎないと私は思う。（中略）い
ずれにしても、客観的な対象から受ける直接経験を、外界とは
関係なく、我々の内部のみにおいて主観的に経験できると考え
る人はあるまいから、自然有機体を entité と呼ぶ場合と、
entité psychique の entité とは、同一の意味ではない、と言っ
ても異存はないのではなかろうか。"
(1957b: 1–3)

次いで、langue と langage の位置づけについても、以下のように
説明し、時枝批判の手を緩めようとはしない。

　"まず、langue が langage の一部分に過ぎないことは、次の説
明によって明らかである。この説明によれば、langage には、
概略、少なくとも次のものが含まれることがわかる。

（A）　発話の際の話し手の心理的活動、即ち発話活動の心理

第3章　"時枝・服部論争"の勃発と言語学界での論争　129

的な部分。

（B）　発話活動の生理的な部分——これには外部から観察できる発音運動も含まれる。

（C）　発話の音声——これは物理現象である。

（D）　聞き手の諒解活動——生理的な部分も心理的な部分もある。

上のソシュールの文章を訳するに当り、私は、小林博士がlangue を「言語」、langage を「言語活動」と訳しておられるのを、わざと日本語訳をつけずに、langue、langage とした。なぜなら、日本語の「言語」という単語は langage の意味にも langue の意味にも用いられるから、langue=「言語」と固定すると、誤解を生ずるおそれがあると思うからである。（中略）だから、我々は、翻訳（langue=「言語」というような）によって考えることなく、原著の意味を直接把握するように努力しなければならない。（中略）時枝教授の「言語過程説」の「言語」は langage に近い意味であるのに、小林博士の訳本の「言語」は langue の意味である、と概略的に言い得る事態であるために、誤解が生じたように思う。

時枝教授は、

　　ソシュールの言語（ラング）の概念には、私のいうような、行為、活動の概念は、全然含まれていないとするのが、私の解釈である（「回答」26 頁下）

と言われる。しかし、教授は、御自身の「言語」の概念と比較されるためには、langue の概念ではなく、langage の概念を検討さるべきだったと思う。従って、

　　服部教授は、ソシュールが「言語は人間を離れては存在しない」と言ったことを、直に言語が活動として成立するものであると言ったように解するのであるが、それは、本文中の表現から言っても、原著の体系から言っても、無理であると見るのが、私の結論である。（「回答」26–27 頁）

という時枝教授の御意見には、賛成することができないのであ

る。

　（中略）langue と parole と langage と を 並 列 さ せ た り、langue とは「日本語」「英語」などのような特定の言語で、langage は抽象的に考えた言語一般であるとしたり、或いは langage は個別的具体的な言語行動、parole は一般的抽象的な言語行動としたり、或いはまた langue は langage に対立する現象であるかの如く説いたりするのは、正当ではないと私は考える。

　従って時枝教授が

　　ソシュールが、右のように考えていた証拠は、ラ̇ン̇グ̇に̇働̇き̇か̇け̇る̇、話手の活動である言̇語̇活̇動̇を̇、ラングとは別ランガージュに考えていることからも推測出来ることであるとし、…（「回答」26 頁下。圏点服部）

と言って langue と langage とを対立する現象のように考えておられるらしく見えるのにも、賛成することができない。（中略）数年前に、アメリカの勝れた言語理論家 Rulon S. Wells がソシュールの学説を解釈批判するに当り、私の見解に非常に近い解釈を行っているのを見出した。（中略）ウェルズが langue と parole を強いて英訳せず、そのまま術語として用いているのは賢明な策である。日本語訳の場合にも、langue と parole に対し、強いて訳さずに「ラング」「パロル」としておけば、多くの誤解を防ぎ得たであろうにと惜しまれる。"［傍点部原文ママ］

(1957b: 7–10)

　そして、Saussure 学説における langue 概念の正しい解釈を施し、その上で時枝の考え自体も Saussure の学説から逃れられていないことを指摘する。

　"また、時枝教授が次のように言っておられることについても、私見を述べておこう。

　　我々の具体的な対象は、精神物理的過程現象であるにも拘わらず、それをそれと把握せずして、混質的であることを理由として、他に等質的な単位要素を求めようとすることは、明かに対象よりの逃避であり、方法を以て

第 3 章　"時枝・服部論争"の勃発と言語学界での論争　131

対象を限定したことになるといわなければならないのである。(「正篇」62頁)

　ソシュールは、langage は物理・生理・心理の領域にまたがり個人的領域にも社会的領域にも属して異質的だから研究が困難だが、langue は等質的でその記号の二つの部分である聴覚映像も概念も共に心理的であるから、それを研究対象とすることによりすべての困難が解決するという意味のことを言っている。(Cours25頁)(中略)ソシュールの言葉は、よく味わって見ると、結局、社会習慣的特徴(の総体)を研究対象(観察対象に非ず!)とするとき研究作業が楽になる、(個人的特徴はラングを明かにしてから研究する)という意味に解し得るけれども、非常に誤解され易い表現といえよう。それにも拘らず、時枝教授のように解することは誤解であると言ってよいのではないかと思う。(中略)時枝教授は、ソシュールの langue の概念を誤解して——と私は信ずる——これを否定されたけれども、結局、時枝学説は langue の概念と無縁なのでは決してない、と言うことができるというのが、私の意見である。"

(1957b: 24–25)

　そして翌1958年には、門前が『国文学研究誌 山辺道』第4号に「言語段階観—解釈文法の効用と限界—」を発表する。そこで門前は解釈文法の適用を図りながらも、時枝学説の所在を構造的言語観に求め、服部同様、時枝学説の Saussure 的側面について次のように切りすてる。

　"国語学原論は、一応ある段階においてではあるが時枝博士の言語理論の発展完成を示すものである。その各論すなわち、音韻論、文法論などは当然言語事実の体系化であり、ソシュール的な立場からいえば、これはラングの学であろう。(中略)時枝博士の文法では統語、文論、文章論が分かたれる。ソシュール流に考えれば時枝博士の語論、文論も従来のそれと同じようにラングの文法であろう。(中略)一応ラング、パロールの文法を区別したが、時枝博士の文法は全体としてはパロール的な言語過程説を背景にしたものである。(中略)時枝博士の言語

りにノミナリスト的な見解に立っているため、言語の段階観の
多元的秩序を見失って一元論的なものに落ちこんでいるように
わたくしには思われるのである。"　　　　　　　　　（1958: 3–16）

　服部による 1957 年のこの論を最後に、時枝からの回答や反論は
見られなくなり、一般的には、"時枝・服部論争" の言語学的な視
座での論戦は、これをもって一応の終息を見たとされる。しかしこ
の終息期間は長くは続かず、1960 年代に入ると哲学的な視点から
再び "時枝・服部論争" に光が当たり出すが、そこでの議論につい
ての考察は次章に譲ることにする。

＊1　ここで、"時枝・服部論争" という言葉に注意しなければならない。
Saussure の学説に抗する形で打ち出された時枝学説ではあるが、時枝学説と
Saussure 学説との対立は、直接の論戦という形を取ってはいない。それは時枝
が Saussure の学説に抗して独自の学説を打ち出した 1941 年には、Saussure は
すでに他界していたという時代的背景事実からも容易に推測され得よう。そこ
では時枝が一方的に Saussure の学説を批判し、それに賛同を示す人々によって、
時枝の唱える「言語過程説」の正当性が叫ばれたというのが実情である。その
ため、時枝あるいはその学説の支持者による Saussure 学説の批判はあるが、当
然ながら、Saussure 自身からの時枝学説に対する批判は存在しない。ただし、
Saussure 学説を受け入れる日本の言語学者達による時枝学説の批判は少なくな
い。その代表的人物が当時の言語学者、服部四郎（1908–1995）である。欧米
のみならず日本の言語学界における Saussure 学説の影響の大きさと、時枝学説
の支持者の大きさを考え、またそこで直接、間接的に交された議論とその大き
さや影響力を考えると、"時枝・服部論争" という言葉で表す他に言葉がない
であろう。前田英樹・滝口守信（1985）はこの論争を指して "時枝論争" と呼
ぶが、本書ではその論争の性質と主たる論者の名前を取って、"時枝・服部論
争" と呼び表すことにする。
＊2　わが国における Saussure 学説の受容に抗し、Saussure を批判の対象とす
ることで皮肉にも Saussure 学説を一層有名にしたのが、時枝誠記の「言語過程
説」である。時枝の言語過程説は Saussure の言語学説に対抗する学説として位
置付けられている。また時枝の学説を収めた『国語学原論』も、その題名から
明らかなように、CLG（1928 年代当時の小林英夫の邦訳題名『言語学原論』）
に対置すべきものとして書かれている。時枝自身、己のこうした姿勢を同書の
序において、次のように明言している。
　　"言語を表現過程の一形式であるとする言語本質観の理論を、ここに言語

過程説と名付けるならば、言語過程説は、言語を以て音声と意味との結合であるとする構成主義的言語観或は言語を主体を離れた客体的存在とする言語実体観に対立するものであって、言語は思想内容を音声或は文字を媒介として表現しようとする主体的な活動それ自体であるとするものである。（中略）総論に於ては、先ず言語過程説を成立せしめる所の言語に対する根本的な観察の態度方法を明かにし、更に進んで言語過程説の妥当である所以を、一方現今の国語学界に多大の影響を与えつつあるソシュール及びその流派の言語学説に対比し、他方それを国語学史上の学説によって根拠付けようとした。"
(1941: 7-8)

*3　時枝の論争には、これ以外にも西尾実との間で交された「西尾・時枝論争」がある。しかしこれは1949年以降の言語教育と文学教育をめぐる論争であり、ここでの論争とは性質とその方向性を異にするため、本書では取り上げない。「西尾・時枝論争」については、渡辺哲男（2010）が詳しいので、そちらを参照されたい。

*4　言語過程説は、その性質を、本書で問題としているような言語一般に対する研究姿勢を説いた基本原理と、具体的にそれを日本語の分析に適用した文法理論（言語過程説の中でもそうした文法理論の部分は、以下「時枝文法」と表す）の二つに大別出来る。時枝文法は、それまで日本語の中心的文法理論であったSaussureに範を取る橋本文法に抗する形で打ち立てられた文法理論である。時枝は後年、『国語学原論 続篇』（1956）において、そうした橋本文法への対抗意識を本文の時枝（1956: 22-25）のように明言してはばからず、その後に、

　　　　［本文ではここに橋本進吉の「国語学研究法」から橋本文法の研究姿勢を引用しているが、ここでは紙幅の都合上、割愛する］

　　　右は、正に、ソシュール理論に基づく伝達論である。引用文中に言われている言語表象とは、ソシュール学説に言うところのラングに相当するものであり、それは、同一社会の成員においては同じであるとする。それが、表現理解の道具として用いられて、伝達が成立するのである。右の解説によっても知られるように、言語の中心、または本体をなすものは、言語表象、或いはラングであって、その運用は、言語学の問うところではなく、従って、伝達の事実が、言語学の正面の課題になり得なかったことを知るのである。"
(1956: 22-25)

と続ける。

　こうした時枝文法の主要点は、次のようにまとめられる。

　1)　日本語の単語は「詞」と「辞」に分類することができる。「詞」とは概念過程を経た形式（即ち客観的なもの）を指し、「辞」とは概念過程を経ないもの（即ち主観的なもの）を表す。この観点に立つと、「詞」に当たるものとしては名詞、動詞があり、「辞」に当たるものとしては助詞、助動詞、感動詞がある。副詞は「詞」と「辞」が一形態に融合しているものと見なされる。

　2)　日本語の構造は、「詞」の右側に「辞」が現れ、「辞」が「詞」を統括する構造を基本とする。「詞」―「辞」で構成された関係は、更に大きな「詞」の一部に含まれる。そのような関係は最終的には文を構成し、文は

一個の最大の「詞」とそれを統括する一個の「辞」の二つに分析される。そして文末に現れる一文に一個の「辞」を「陳述」と呼び表す。

3) 動詞の終止形といった、「辞」に当たる部分が形態的にこれ以上分析不可能である場合は、「ゼロ記号」と呼ばれる無形態の「辞」が存在するものとしてこれを扱う。　　　　　　　　　　　　　（1950: 240–283）

単独で文節をなすものを「詞」、常に他の語に伴ってそれと一緒に文節を作るものを「辞」と呼んだ橋本文法を受け継いだ、いわゆる学校文法では、単独で文節を構成し得るものを「自立語」、常に自立語に伴って文節を構成するものを「付属語」と呼んで品詞の二大分類を行う。しかし時枝文法では、橋本文法に見られるような形態論的な視点とは異なった視点から「詞」と「辞」を分類する。すなわち時枝は、本居宣長、鈴木朖といった江戸時代以来の国語学者の訴えた「詞」と「辞」の用法に立ち返り、語の表現過程の差異に注目し、名詞、動詞、形容詞などの概念過程を含むものと、助詞、助動詞などの概念過程を含まないものとに二分した。更に時枝は、文の構成を「詞」＋「辞」の再帰的な構成として捉える（1950b: 262）。この文構造を時枝自身は"入子型構造"と呼び、次の図（1950b: 250）のようにその構造を表わす。

図1　時枝の「入子型構造」

そしてこの文を、時枝文法に則って、書き換えの規則で表すと、次のようになる。

　　文　→　句
　　句　→　詞辞
　　詞　→　句詞

そしてこれを基に、「梅の花が咲いた」という文を句構造に基づいて分析すると、次の句構造が得られる。

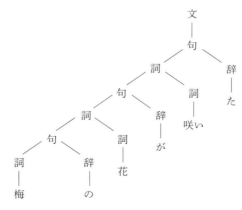

図2　「入子型構造」の句構造

第3章　"時枝・服部論争"の勃発と言語学界での論争　　135

この解析法を見ると、時枝文法における入子型構造は Saussure の「連辞関係（rapport syntagmatiques）」に酷似し、その文構造の解析法は Chomsky の生成文法の文解析の構造に驚くほど通じていることが分かる。時枝の文法理論が Chomsky の生成文法的な性質に通じるものであるという指摘は、すでに井上和子（1966）や原田信一（1970）、水谷静夫（1983）、郡司隆男（1988、1990）、金水敏（1977）の言葉にも見られる。井上は、

　　　"このようにして成分構造を記述することは、言語学では目新しいことではなく、直接構成要素分析と呼ばれ、統合論（シンタックス）では欠かせないものとして広く用いられて来た。日本の文法学でも、時枝博士の入子型構造、橋本博士の連文節の考えも、この種の分析法である。"

（1966: 128）

と指摘する。一方原田は、

　　　"このように、時枝文法は単純な句構造文法ではなく、むしろ素朴な形ではあるが変換文法の一変種とみなすことができる。（中略）入子型構造形式とは、いわば文の深層構造と表層構造を同時に表示しようとしたものであったと言える。この点で、時枝文法はタグミミックスと共通しているように思われる。（中略）たとえば単語の過程的構造を論ずる箇所（『国語学原論』二二二頁以下）は生成文法における語彙挿入（もしくは、グルーバー風に言えば「語彙附着」）の問題と一脈通ずるところがある。（中略）大まかに言えば、時枝文法は初期の生成（変換）文法に似ているが、随所に述べたように、それを超越している点が多い。"　　　（1970: 32–33）

と賞賛する。他方水谷は、

　　　"洋文典の影響を受けるより前、江戸時代の国語学者の間に別種の文法研究が在った。こちらを承けたのが、富士谷成章流の山田文典、宣長・朗流の時枝文典である。本章で意図する所はその山田・時枝両説の統合発展である。（中略）筆者は何も、国文法を説くのに泰西の理論を使うなと主張する者ではない。言語であるからには似寄りも在ろう。事実、成章『かざし抄』に見る語類の設け方は《parts of speech》の考えに近いし、本居春庭『詞の通路』が見せた構文解析法には従属文法（dependency grammar）が似ている。"

（1983: 2）

と述べ、郡司は、

　　　"このような再帰的な文の構成は生成文法の誕生に先んじており、時枝の先見性がわかる。"

（1988: 59）

　　　"「辞」が陳述の機能をになって文の構成素をまとめていくという考え方は、句構造が主辞（主要部）を中心にして展開されるという最近の X'理論の考え方と対応しており、時枝の理論は国文法における X'理論といえる。時枝は、このような文の再帰的な構成を生成文法の誕生に先んじて考えていたのである。"

（1990: 213）

と賞賛する。そして金水は、

　　　"念のために言うと、時枝の『国語学原論』（1941）は N. Chomsky の *Syntactic Structure* より 16 年早い。"

（1977:146）

と、その先見性をたたえる。しかし時枝文法はその半面、「陳述」をどこまで

認め、どこにその統一点を見出すか（芳賀綏：1954）、形容詞を語幹と語尾に分割し、前者を「詞」、後者を「辞」として形容動詞を認めないとする考え方に一貫性がない（永野賢：1951）、主語と主題の区別も見られにくい（菅野宏：1954）、係り結びに見られるように入子型を破って文末にまで勢力を及ぼすような言語現象をどう扱うか（大野晋：1950）、文字を言語活動の過程と見なし得るか（山田俊雄：1950）といった点から多くの批判や疑問が寄せられる結果を招いた。また、詞・辞の区別法は、特に文学理論の視点から、後に吉本隆明らを巻き込んだ論争を引き起こすことにもなる。こうした時枝文法に寄せられた疑問とそこでの不備を修正する形で現れたのが渡辺実（1971）と北原保雄（1981）の文法理論であるが、本書の目的はあくまで言語過程説の一般的原理の解釈を言語学的価値として問い直すことであり、また問題の性質が異なることもあるため、これらの理論についてはここでは触れない。しかし時枝文法の利点を評価する声も近年高まりつつあり、池原悟（2004）はコンピュータ上における自然言語処理の研究において、時枝の言語理論を非常に有益なものとして認めている。そこでは、英文の構造を解析するのに有利な Chomsky の生成文法や Fillmore の格文法と並んで、日本語の文構造解析には、時枝文法の入子型構造の原理が適用されることが多い。また時枝の言語理論が日本語のモダリティ研究において重要な役割を占めることは Maynard, S. K.（1993）や Johnson, Y.（2003）、Narrog, H.（2009）においても言及されている。

＊5　このことは『国語学原論』における時枝自身の次の言葉からも伺い知ることが出来る。

　　"言語を表現過程の一形式であるとする言語本質観の理論を、ここに言語過程説と名付けるならば、言語過程説は、言語を以て音声と意味との結合であるとする構成主義的言語観或は言語を主体を離れた客観的存在とする言語実体観に対立するものであって、言語は、思想内容を音声或は文字を媒介として表現しようとする主体的な活動それ自体であるとするのである。"

（1941：7）

　　"翻って我が国語学界の現状と、その進むべき将来について静かに考える時、既に本論第一項に述べたように、方法論的立場に於いて、言語学の国語学に対する関係を再検討する必要を感ずるのである。国語学が真に学問的精神に生きるにはどうしたならばよいか。国語学者の態度は如何に。その方法は如何に。そして言語学はこれらに対して如何に処すべきか。私は既にそれらの一端を述べて来たのであった。国語学界に限らず、今日我が国語学界に於いて最も必要なことは、泰西の既成品的理論を多量に吸収してこれを嚥下することではなくして、学問的精神の根本である所の批評的精神に生き、あくまで批判的態度を以てこれを取捨選択し、自己の理性に訴えて以て我が国学術進展の基礎として受入れねばならぬということである。"

（1941：58-59）

　　"私はかつて世の言語学者に次の様なことを希望したことがあった。言語学者がもし国語学の指導ということを目標にするならば、泰西に於ける新しい言語学の理論や結論をこの国に紹介すると同時に、併せて言語学に於

ける対象と理論との相互関係、それらの方法の起こって来た因由、学派の生じた根本的理由、その背後に存する一般的な思潮等について、国語学者が充分批判的態度をとり得る様な資料をも教えられる所がありたいということであった。もしそれなくして、一の学説をとって、これが国語学の指導原理であるかの様に強いるならば、それは国語学にとって、これより甚だしい困惑は無いであろうと思うのである。" (1941: 59)

そして時枝は、引き続き『国語学原論 続篇』において、橋本進吉の『国語学研究法』を引き合いに出し、その研究姿勢がSaussureの学説を踏襲したものである点を指摘しながら、反論を展開する。

*6 三浦の学説は、時枝文法の主張点と強く類似し、場合によっては時枝文法を踏襲、修正する部分があるのも事実である。例えば時枝が『国語学原論』で"詞"、"辞"として分類したものを、三浦は『日本語はどういう言語か』で"客体的表現"と"主体的表現"という術語で分類している。また、言語の捉え方に対しても、三浦はモンタージュ論を基盤にして、時枝が「詞と辞の連続・非連続の問題」（1954）で見せるゲシュタルト原理と同様の姿勢を強く全面に押し出している。

*7 1952年には、時枝と大久保の論争は、更に形を変えて発展する。1951年に、大久保はS.I. ハヤカワ著の *Language in Thought and Action* の邦訳（『思考と行動における言語』岩波書店）を出版するが、ここで示された言語の研究法に対して、翌年、時枝が次のように苦言を呈する。

"言語は、本書において、社会生活の重要な手段として、捉えられ、しかも、そのような言語の社会的機能が、正面の対象として問題にされていることは、従来の言語学書に類を見ないところである。今までの言語学が、到達しようとするところを、本書は、出発点としているとも言えるのである。しかしながら、本書は、右のように、社会生活の場において捉えられた言語をそのまま科学の対象として考察しようとするのではなく、言語の歪められた機能と、それのもたらす危険とを除くために、言語に対する正しい認識と技術とを勧めようとするのである。そのために、著者は、言語のコミュニケーションの種々相を採集することに、至れり尽せりで、読者は、現実の言語生活の多彩なパノラマの中に身を置く思いをするのであるが、一度、著者が現象の説明に使用した言語理論に考えを及ぼす時、それは、正統的言語学によって伝承された言語理論以上の何ものでもないことを知らなければならないのである。（中略）伝統的な言語理論に従えば、記号の体系は、それを使う個々人を超越した存在である。記号と物との関係は、人間の同意によって決定され、必然的な関連が無い（三二、三四頁）。ここで、我々は、ソシュールの「ラング」の理論を思い浮べればよいのである。このように、同意によって一定の価値を与えられた記号とその体言とは、言語的世界を構成しつつ、その記号によって表わされている外在的世界と対立して存在する。（中略）本書の著者は、現代の思想交換に現れた幾多の障害を指摘して、正しい思想伝達の方法を確立しようと意図した。もし、著者が、思想交換の実態を、仔細に観察し、分析する労を惜しまなかったならば、言語の本質と機能について、より正確な認識を獲得し、そこから、更に的確に病根をつきとめ、それに対する適切な処置を

工夫することが出来た筈である。ところが、著者は、あれほどまでに、豊富な事実を収集しながら、そこから新しい原理を帰納する代りに、在来の言語理論によって、これを説明することで満足してしまった。その結果が、言語と物との必然的関係を否定することによって、言語の最も重要な機能をも否定することになり、新に言語と物との関係を設定することによって、再び言語の魔術的用法を強調することになってしまったのである。"

(1952: 49–55)

時枝のこの苦言を受けて、同書の翻訳者としての責任と立場から、同年には大久保が時枝の疑問に対して次のように反論している。

"時枝氏は、ハヤカワの理論の根底に「伝統的言語理論が持出される」（五一頁）と言い、「記号」の論がそれであるとしてソシュールを引き合いに出します。

「伝統的」という形容詞は高いレベルの抽象で、一体どこからどこまでの言語理論を包むのか明らかでありませんが、同時にこの語は「旧い」という感化的同包と、時枝氏から見れば、「誤っている」という含みを持ちます。（中略）ハヤカワの立っている「一般意味論」は言語学者のほか、心理学者・神経学者・社会学者その他の諸科学領域の研究家が協力して建設しつつある言語観で（それには穴のあいている所もあるようですが）単にソシュールとの一点の類似だけを見て「伝統的」と想像されたのは早計であると思われました。（中略）ソシュールとの類似を時枝氏が見たのは、「記号と記号で示されているものとの間には何の必然的な関連 necessary connection もない」（14頁―以下ローマ数字は訳書の頁）といっている所です。ここはたしかにソシュールの例の記号の「恣意性」に似ているところですが、原文の文脈で解すれば、時枝氏が解釈されたように、「言語と物との間には、何の関連も無い」（五三頁）とは言っておりません。こうした意味のとり方は不当な拡張です。"［傍点部原文ママ］

(1952b: 59)

二人のこうした論戦は、特に大久保を中心として、1960年以降の第二次論争期にも引き継がれていく。

また Saussure 学説における Durkheim 的性質については田中克彦（2009: 123–132）において具体的にまとめられているので、そちらを参照されたい。

第4章

"時枝・服部論争"の再燃と哲学界での論争

1. 第二次論争期

　第3章では、時枝誠記、服部四郎らによってなされた言語学的な視点での、時枝学説の是非と時枝によるSaussureの学説の解釈についての論争（前章ではそれを第一次論争期と呼び表わした）について考察した。本章では、1960年代に入って構造主義隆盛の時代的背景も手伝って、哲学的見地から再び"時枝・服部論争"に光が当り始めた、いわゆる第二次論争期における論争の経緯を見ながら、全体を通して、この論争の問題の所在について見ていく。

1.1　杉山康彦との論争

　1957年の服部四郎（1957b）の論を最後に、一旦は終息を見た"時枝・服部論争"であるが、この終息期間は長くは続かなかった。1960年代に入って、構造主義という学問体系が様々な分野で脚光を浴びる中、構造主義の生みの親であるSaussureとその学説の解釈に目が向けられることは当然かつ自然な流れであったと言えるであろう。しかしそこでは、かつての"時枝・服部論争"に直接の視点が向くというよりはむしろ、時枝の言語過程説（特に時枝文法）を基に、文学理論を中心とした様々な議論が文学界、思想界等に飛び火する形となる。その最初が、1964年に杉山康彦が『文学』第32号に発表した「言語と文学」である。ここで杉山は、文学論の展開に際して、文学とは言語行為の具現化であるという視点から、持論の説得性を時枝の学説に求め、次のように時枝学説の有効性を賛する。

　　　"すでにのべたように言語とは外在的であると同時にその内化であるところの弁証法的行為である。ソシュールはここのとこ

141

ろで思い違いをして、言語活動の総体（これこそが言語の本質）の研究を〈言語〉の研究に還元してしまったのだ。

時枝誠記はこのようなソシュールの言語観を言語道具説、言語構成観として拒否し、これに対し自らの言語過程説を対置した。氏は

> 如何なる人によっても語られもせず、読まれもせずして言語が存在していると考えることは単に抽象的にしかいうことは出来ないのである。自然はこれを創造する主体を離れてもその存在を考えることが可能であるが、言語は何時如何なる場合に於いても、これを算出する主体を考えずしては、これを考えることが出来ない。更に厳密にいえば、言語は「語ったり」「読んだり」する活動それ自体であるということが出来るのである。

と言語を一つの主体的行為として、一つの心的過程としてとらえることを強調する。すなわちたとえばソシュールが、言語を概念と聴覚映像とが密接に結合され互に喚起しあう一つの外在的実存体としてとらえるのに対し、時枝はそれを概念が聴覚映像と連合すること自体、すなわちその概念作用そのものとしてとらえることを強調する。

> これはまさしくソシュールの学の欠陥をつくものであり、それはソシュールが比較言語学、歴史言語学のように言語をたんなる自然としてとらえることを越え、その言語事実そのものをとらえようとした企図を大きく一歩押し進めたものであるといえよう。とくにそれは西欧の既成の方法を日本語に形式的に適用するに止るスコラスティックな従来の国語学をゆすぶって、日本語をその具体的事実においてとらえる道を拓いたという意味において画期的な意義をもつものである。" (1964: 10)

この論を契機に、再び時枝学説を擁護する兆しが見え始める。そこでは特に、言語過程説における時枝文法を足掛かりにして、持論の有効性を主張する動きが起こるのである。

1.2 吉本隆明による擁護

こうした動きの最も大きなものが、吉本隆明による時枝学説の擁護とも取れる記述である。吉本は自書『言語にとって美とはなにか』（1965a）において、自らの文学理論の有効性を時枝文法の詞と辞の区別に求める。ここで吉本は、時枝が"詞"、"辞"と呼んで区別したものを、自らの理論の中ではそれぞれ"指示表出"、"自己表出"と呼び表わし、多くの先人の理論と文学作品を抜粋しながら、次のように持論を展開する。

　　"言語における辞・詞の区別といい、客体的表現といい、主体的表現というものが、二分概念としてあるというよりも傾向性やアクセントとしてあるとかんがえることができるし、また、文法的な類別はけっして本質的なものではなく、便覧または習慣的な約定以上のものも意味しないことが理解される。品詞の区別もまったく同様で、品詞概念の区別自体が本質的には不明瞭な境界しかもたないものだとみるべきである。"

（1965a: 54–55）

このように時枝文法に対して賛意を示す吉本は、時枝の言語過程説に対しても、次のように全面的にそれを賞賛する。

　　"まず、主体の意味作用に意味の根源をもとめた時枝言語学の一貫性と本質性とを賞賛しなければならないとおもう。わたしの読みえた範囲では、どんな言語学者も、これだけ本質的に意味の解明はなしえていないからである。対象にたいして主体の内部にきまった把握の仕方があらわれ、この把握の仕方が言語に表出されて意味をなすとここではかんがえられている。（中略）わたしたちが詩歌や文章をつくるさいの体験を内省してみると、まず主体のなかに対象にたいする意味作用があって、それがつぎに言語にあらわれる、とはかんがえにくい。まず、おぼろ気な概念か、像か、ひとつの意識のアクセントがあって、かかれる言語の意味は、かいてゆく過程につれてはじめて決定されてゆく。主体が意識としてまったく空っぽであって言語が表現されることもなければ、（シュルレアリストの自動記述のばあいでさえも）また、主体に意味作用の根源があってそれが

言語にうつされることもないのである。

　こういう過程をもんだいとする難しさは別に論ずるとして、時枝誠記の意味の考察にはたくさんの示唆がかくされている。意味が内容的な素材的なもの自体ではなく、また、言語は写真が物をそのまま写すように、素材をそのまま表現するのではないというかんがえによく象徴されているように、俗説をやぶって主体のはたらきと言語の意味とのあいだに橋をかけようとする意図がはっきりとかたちをとっている。”　　　　　(1965a: 63)

しかし吉本のこうした賛同に対しては、すぐさま批判の声が上がる。その最初が、かつて時枝に正面から反論した大久保忠利である。

1.3　大久保忠利との論争

大久保は 1966 年、『国語教育研究』第 8 号に「『言語にとって美とはなにか』を解読する」を発表し、吉本の論の内容についてはもとより、時枝学説を鵜呑みにし、それに対して手放しで賛同する吉本の姿勢に対しても次のように非難する。

　“ことに、吉本の論の欠点は基礎的な概念の無規定とゆれにあることがわかりかけた。論の最も重要な概念である「自己表出」と「指示表出」の二区分についても、極めてわかりにくい。（中略）このように、吉本が、品詞分類にまで自己表出と指示表出とを適用しだすことは、右に見たように次元の混同と時枝的考えの無批判的援用という二重の誤り・混乱を残してしまっていることになった。時枝買いかぶりもいい所である。”

(1966a: 149–154)

また驚くべきは、自説を論拠として引き合いに出された当の時枝自身も、吉本の持論を展開するやり方に対して決して快く思わなかったことである。時枝は同年、『日本文学』誌上に「詞辞論の立場から見た吉本理論」を発表し、そこで次のようにその困惑ぶりを隠そうとはしない。

　“吉本氏が、自己表出、指示表出なる語の概念規定をしていないので、私は、右の引用のままに、これを詞辞論の立場で理解した。ところが、右の引用の箇所の後のところで、

言語における辞・詞の区別といい、客体的表現といい、
　　主体的表現というものが、二分概念としてあるというよ
　　りも傾向性やアクセントとしてあるとかんがえることが
　　できるし、また、文法的な類別はけっして本質的なもの
　　ではなく、便覧または習慣的な約定以上のものも意味し
　　ないことが理解される（五五ぺ）。

といっていることに従うならば、これは詞辞論とは全く正反対
の、指示表出と自己表出との連続論であり、重層論であり、前
項に述べて来た、詞辞が次元を異にするとする論の否定であり、
詞と辞の間に対応関係があるとする論の否定である。そこで問
題は、著者が詞辞論と関係があると考えた指示表出と自己表出
の概念が、どのようにして成立したものであるかを検討するこ
とが、さし当っての私の課題になって来るのである。（中略）
自己表出と指示表出ということが、具体的には、どのような事
実をいうのかは、明瞭に示されないままに、ここでは、それら
の連続性と重層性とが説かれると同時に、品詞別との関連が説
かれている。これは、甚だ唐突な問題の提出の仕方であって、
自己表出、指示表出ということが、推論の基礎になっている事
柄であるのか、それとも、三浦つとむ氏や、時枝の品詞分類論
のようなものが基礎になっているのか、その点が必ずしも明ら
かではない。吉本氏の論旨のままでは、時枝の詞辞論を取上げ
る地点に到達していないにも拘らずその到達していない道中で
取上げたために混乱が生じたのではなかろうかと見られるので
ある。
　（中略）私が氏に期待したいことは、他説などにおかまいな
しに、氏の論旨を厳密に追求、展開させることをやっていただ
きたいことである。私の詞・辞論などを引用することは、読者
を昏迷に陥れるだけのものではないかを惧れるのである。"

（1966: 6–7）

　こうした時枝自身の不賛成もあってか、時枝文法を背景に持論を
展開しようとする吉本の姿勢には、様々な方面から反発が噴出する。
同年の同誌には、時枝学説を擁護する杉山康彦が「言語の自立性に

ついて―吉本隆明における指示表出と自己表出―」という論文を発表し、次のように吉本の論を真っ向から否定する。

"言語、文章というものを、人間の自立の構造としてとらえるということは、たとえその自立という概念の理解に個人差はあれ、とにかく賛同する。しかし、言語、文章をそのようなものとしてとらえるためには武器としての理論が必要だ。吉本のこの著書がその理論化に成功しているとは思われない。指示表出、自己表出などという概念は言語、文章をそのようなものとしてとらえることにむしろブレーキをかけている。その仕事はだから彼の著書では星くずをちりばめたようなものとして終ってしまっている。著者も読者もすべからくその概念の呪縛から解かれなければならない。"
(1966:23)

更に同誌には、大久保忠利の「吉本隆明の言語本質観は特異なものであるか」と題する論文も掲載されている。大久保はそこで、やはり時枝学説に対する批判を基にしながらも、『国語教育研究』第8号で展開した「『言語にとって美とはなにか』を解読する」の捕足という形で、次のように吉本の理論構築の甘さを批判する（文中、**大**とは大久保自身を指している）。

"**大**が**吉本**について特に批判したいのは、つぎの点である、すなわち、そもそも自己表出・指示表出はパロール（言行為）次元での用語であるのに、ラング（共有語）次元での品詞分類の次元にその概念を**吉本**はズカズカと持ちこんでくることである。これはいけない。次元の区別を忘れている、悪いけれど、**吉本**においても、「言語」の概念の下位区分の体系が確立していないからこうなるのだ。言行為にあっては、共有語として存在する「社会ラング」を各個人は「個人ラング」として分有し、その大脳での所有を基礎として、思考・通達に当り大脳に喚起しておこなうのである。そのとき語が選択的に喚起され、「文法則」によって「文」に総合される。さらに、文＋文＋文として思考内容が分析・総合される。これが言行為なのである。（中略）**吉本**の言っていることを解釈すれば、ある言語表現の、指示的内容、すなわち客観の指示を「意味」と呼び、表現者の意

識の直接の表出を「価値」と呼んだということなのであろう。そしてここには認識・価値づけ・感情・感化性などを特に分離してひとまとめにそう命名したものと見ていいと思う。この二分法は、オグデン、リチャーズが言語の「指示的機能」と「喚情的機能」referential function, emotive function と二分、S・I・ハヤカワが言語の「情報的用法」と「感化的用法」informative use, affective use と二分したことを思い出させる。全く重なっているとは言えないが、大へんよく似た二分法であると言えるようーだ。さらにサルトルの散文のコトバと詩のコトバの相違をも想起させる。大体、ここいらあたりに落つくのではないか。一体に、コトバ数の多いわりに、説明不十分というのが**吉本**の文章の特色で、ここにおのずから**吉本**の言語観そのものも表明されてしまっているようなのだ。(中略)送り手が自己の意識過程をとらえるためには「内観法」によらねばならないのだが、意識過程は必ずしもすべてが意識にのぼるとは限らず、また、意識を過程させつつ自分で側面から観察するということも、普通の人間ではしにくい。どうしても解釈が加わる。ましてや、そこにある言語過程を逆算して表現者の意識過程を再現することは、読み手にあっての解釈・推定作業がその大部分をしめる。ところが、**吉本**には、そういう作業過程についての厳密さの自覚がなく、他の人が書いた文章を自分で勝手に表現過程を解釈・推定してのべているのに、それを表現者の過程そのものであるかの如く言いたてるというソザツサがいたるところに出てくる。このような方法論的ソザツサは、またこの論そのものへの信頼度を著しく低下させる。もちろん、解釈作業の手段としては、それ意外にないであろうけれど、あくまでも「推定である」ことを自覚し、そう言明すべきなのである。"[太字と傍点部原文ママ]　　　　　　　　　　　　(1966b: 12–15)

1.4　竹内成明、平田武靖、大久保そりや、藤井貞和、野村精一、川本茂雄との論争

この他、吉本隆明に対する批判として、同じく 1966 年には竹内

成明の「吉本隆明の言語論批判―意味と価値―」や平田武靖の「吉本隆明論の反省―世代論を軸として―」、藤井貞和の「『表現としての言語』論の形式」がある。1967年には大久保そりやの「吉本言語論の陥穽―そのナルキッソス的空間について」、またその後、吉本、時枝両者の論点をまとめたものとして、1974年には野村精一の「表現としての言語―吉本隆明と時枝誠記の遭遇と交渉」、川本茂雄の「喩と像―『言語にとって美とはなにか』憶え書き」(1974b)がある。これらの批判の一端を覗けば、竹内は、

　　　“吉本が、現在のマルクス主義芸術論に不満であり、また様々
　　　の文学者の趣味の表白にすぎない個人的文学論にも同調できず、
　　　より本質的な文学論を立てようとした気持は、わたしにもよく
　　　わかっている。しかし自己表出にこだわるあまり、吉本は言語
　　　と文学を科学的にとらえていく視点を失ってしまったのではあ
　　　るまいか。（中略）吉本は、その両方の傾向に反発しながら、
　　　結局はそれらの文学論のどこに問題があったかに気づかなかっ
　　　た。そして、すでにおかされてきたまちがいをもう一度繰り返
　　　そうとしたため、文学理論家としての彼は、作品それ自体に永
　　　遠の価値を求め、読者を無私してきた十九世紀の文学者と同じ
　　　位置に立ってしまったのだ。”　　　　　　　　　　（1966: 72）

と述べ、藤井は、

　　　“吉本が「指示表出・自己表出」を「詞・辞」にかさねあわせ
　　　たことは何としても間違いであると私はけんきょに指摘した
　　　い。”　　　　　　　　　　　　　　　　　　　　　（1966: 62）

と強く否定する。大久保は、

　　　“「自己表出」にしても「指示表出」にしても、それぞれ「意
　　　識活動」「言語体活動」の機能ないし属性と考えることによっ
　　　て明確に位置づけられるように思う。したがって、これらは、
　　　言語労働論において現実的な出発点とはなり得ないものである
　　　と、私は考える。”　　　　　　　　　　　　　　（1967: 117）

と疑問を露にする。一方吉本隆明が時枝学説に賛同を示し、持論の有効性を時枝文法の有効性と重ね合わせようとしたことは、様々な方面から批判の槍玉に挙げられる結果しか生まず、この一連の論議

自体が噛み合うことは、ついになかった＊1。しかしこの論議が、皮肉にも一方で"時枝・服部論争"の終結以来、およそ10年近い平静ののち、再び時枝の存在とその学説を大きくクローズアップさせる結果を招いたことは事実である。そしてそれがかつての"時枝・服部論争"へも世間の視点を向けさせることとなる。実際、こうした流れを受けて、1965年には丸山静が『文学』7月号に「言語についての考察」を発表し、次のように"時枝・服部論争"について締めくくっている。

　　"時枝言語学は、ソシュール理論の批判によって成立してくるが、それは果して、ソシュールを正当に把握し、その上に立っての批判であったであろうか。私は、国家理論や歴史・社会の理論と同様、言語の考え方の問題も、戦前にまでさかのぼって、考え直さねばならないところが、いろいろあるのではないかとおもう。"
　　　　　　　　　　　　　　　　　　　　　　　　（1965b: 96）

　また1966年には、1951年に『文学』に発表された大久保忠利の「時枝誠記氏のソシュール批判を再検討する―時枝氏「言語過程観」批判の序説として―」が一部加筆され、編集部による次のような書き出しで、児童言語研究会編の『国語教育研究』第9号に再録される。

　　"最近、一読総合法は誤って時枝誠記氏の「言語過程説」の実践化だと、いうことが言われている。甚だしい誤解である。事実と一致しないような発言は、ご本人の時枝氏にとってもご迷惑であろうし、またわたしたち児言研にとってもじつに困ることである。（中略）

　　　児言研は、時枝氏の国語学上の業績を評価すると同時に氏の言語観　「言語過程説」に対してはきびしい批判をしてきた。すでに、一五年前の一九五一年六月号『文学』に大久保忠利氏は『時枝誠記氏のソシュール批判を再検討する』を発表している。この論文の内容は児言研会員の共通理解となり、言語観を支える基礎理論の一つとなった。現在でもこのことは変わっていない。（中略）なお、大久保氏の前掲論文を同氏の許しを得てここに再録して読者の資に供したいと思う。"　　　（1966c: 129）

　　　　　　　　　　第4章　"時枝・服部論争"の再燃と哲学界での論争　　149

また再録の理由として、大久保自身はその附記において、次のように述べている。

　　　"この小論をこの本に入れたのは、つぎの二つの理由からです、イ 時枝氏は『国語学原論』のその後の版でも、自説を訂正せず、学生たちがその不十分さに気づかずにソシュール批判のよりどころとする恐れのあること。ロ その後、時枝学説批判を志す人々にしばしば、この小論の復刻を求められ、同時に今日でも一つの参考になり得るものであると信ずること。"

(1966c: 138)

　こうした動きと共に、時枝学説のみだけでなく、徐々にかつての"時枝・服部論争"にも再び世間の注目が向き始める。しかしそのような中、翌1967年に時枝誠記が他界してしまう。するとそれを機に、時枝の生前の偉業に対する追悼的な性質も含んだ形で、"時枝・服部論争"に再び光が当たり出す。同じく1967年、岡田紀子が『理想』誌上に「言語過程説の再検討」と題する論文を発表し、Heideggerを中心とした哲学的見地から時枝学説の意義について疑問を隠そうとはしない。

　　　"ソシュールにとって言語の最初の事実とは、個人の言語行為に、習慣の総体、ラングの実現をみる言語学者の目から始まる。言語過程説にとっては、いわば第一に生きられるものが問題である。実際、これは見かけよりもずっと根本的な対立である。

　　　結局この問題は、言語の拘束性と自由（創造性）という大問題へ私たちを導く。（中略）まず第一に、ラングは、通俗的ないい方をすれば、語彙と統合のし方である文法を含んだものであるが、パロルはいわばそれを受け取るだけだし、文を作り出す時の働きである音と意味の両面における連合は、もちろん個人の心理的な働きであるといっても、もともとソシュールが述べているように体系に依存しているのだから、原理的に創造的なものはない。"

(1967: 45–46)

　この主張を皮切りに、後年時枝がHusserlに傾倒し、その思想に及ぼした影響力についての研究が進められていくことになる。

1.5 山内貴美夫、三宅鴻、亀井孝、丸山静との論争

　その後、1968年には、かつて全面的に時枝学説を擁護した三浦つとむが『文学』第36巻に「時枝誠記の言語過程説」と題する追悼的論文を掲載し、特に時枝学説における文章論と文学論に焦点を置きながらその正当性を主張する。また同誌には野村英夫の「ソシュールの解釈について―言語過程説をめぐって―」が掲載され、野村はそこで、かつての三浦つとむ（1951）、杉山康彦（1964）らの論を再び引き合いに出し、言語の主体性という問題について時枝とSaussureの双方の解釈の相違を掘り下げる。

　そしてこうした流れは、構造主義の隆盛という時代的背景にも後押しされて、徐々にSaussure学説を擁護する形でSaussure学説の正しい解釈の試みへと重点を移していく。その最初が1970年に山内貴美夫が『中央公論』1月号に発表した「ソシュールと人間科学」である。山内はそこで、Saussure学説の意義を次のように説明付ける。

> "このように「言語」の周辺から規定にかかるソシュールは、内側からそれを考察するとき、他の人によって指摘されなかったと自身でいう二つの問題、つまり「単位」（ユニテ）、「同定」（イダンティテ）という問題を設定する。そして言語の問題に関しては、生物学、天文学、化学、史学などと違って、この単位をどこに求め、それをいかに画定するかという問題があることを示す。（中略）ソシュール理論という科学は人間のどの部分をめざし、いかなる意味をもち、どのような方向にあるのか。このようにみてくると、ソシュールが「言語」を「記号」として物性化したことは、記号研究によって社会の一部を研究することを可能にしたといえそうである。"　　　　　（1970: 197–199）

　この他、Saussure学説を促すものとして、同じく1970年には、『英語文学世界』3月号に掲載された三宅鴻の「ソシュールの人間と学問」と、『中央公論』11月号に掲載された亀井孝の「ソシュールへのいざない」がある。三宅は、

> "ともかく「現代言語学」を語る場合に、ソシュールを抜くことは考えられない。（中略）日本に於てはソシュールは当時無

名の青年小林英夫氏によって訳され（一九二八年、岡書院、改訳新版は岩波）、とくに国語学界に対して大きな影響を与えた。その具体的例は故橋本進吉教授の学問で、なお橋本教授にブルームフィールドがどう影響したかは知る由もないが、とにかくソシュールの影響は、ラングとパロール、共時と通時というソシュールの基本概念について特に顕著である。さらに前東京大学教授服部四郎先生の学問は、おそらく十九世紀のパウルと、二十世紀のソシュールと、ブルームフィールドとを先達として独自の境地を開かれたもので、最近の意義素論においても、ある面からはソシュールからの発展も見られようかと思う。以上名を挙げた人々や学派は、もちろんソシュールの単なる亜流ではなく、すべてソシュールを（一つの）源として、新たに一党一派が開かれているのは壮観である。”　　　　　　　　（1970: 20–21）

と述べ、Saussure学説とその影響力について賞賛する。一方亀井は、

“ソシュールを批判しただけでは、それはなんら生産的にはならない。ただ、現代の言語学のその遠景にはやはりソシュールが大きく立っている。言語の自然へたちかえってかんがえるこの精神、これをひとはわすれてはならないのである。言語そのものは自然ではないが、言語の自然は自然として混沌である。”
（1970: 187）

と述べてSaussure学説を肯定する。そして、再び時枝学説に対する批判として、1971年に丸山静が「言語理論について」を発表する。丸山はそこで構造主義の世界観から時枝のSaussure批判は、時枝自身のSaussure学説の誤認の上に成り立っているものであることを指摘する。このことについて丸山は、次の様に述べる。

“『国語学原論』の読者は誰でも知っているように、このあたりから時枝はいちいちソシュールを引合いに出し、ソシュール学説を批判し、それとの対比において自説を展開するという叙述の仕方を採っているが、そのようなことが何故必要になったのだろう。ひょっとすると、そのようにして問題がしらずしらずのうちにすり替えられてゆくのではないだろうか。いったい、

言語という「主体的経験」は、これを「客体的存在に置き換える」ことのが出来ないものであるからこそ、「主体的経験」であったが、それでは、この「客体的存在に置き換える」ことのできないもの、つまり、対象化することのできないものを、どうして学問の「対象」とし、それを記述することができるだろうか。（中略）彼はいう、「言語研究の方法は、先ず対象である言語自体を観察することから始められねばなら」ず、「言語学の体系は、実に言語そのものの発見過程の理論的構成に他ならない」が、ソシュールにおいては、「はたして右の如き方法が守られているであろうか」（六〇―六一）と。そういって時枝は、「言語活動のなかに、それ自身一体なるべき単位要素を求めようとする」ソシュールの態度は、対象の忠実な観察ではなくて、「既に対象の考察以前に於いて、対象に対して自然科学的な原子的構成観を以て臨んでいることを示すものである」（六一）という。

　それゆえ、問題は要するに、ソシュールの発見したシーニュ（signe ＝ signifiant ＋ signifié）という単位が、自然科学的な「原子」のごとき単位であるかどうか、したがって「原子」のごとき「もの」であるかどうか、ソシュールの思考法が「自然科学的世界観」の枠にしばられた「客観的立場」を超えることができなかったかどうかという点に要約される。

　しかしながら、これはまったく、ソシュールにたいする時枝の誤解、誤読であるとおもう。（中略）結局、時枝の批判の要点は、ソシュールのいうところの言語の「単位」（聴覚映像＋概念）は、両者が結合するという行為作用（acte）＝「心的過程」そのものであるにもかかわらず、ソシュールはそれを外化し、客体化して、「もの」として捉えているというに尽きる。しかし、ソシュール自身は、そのような「もの」と「イデー」の近代的ディコトミーの枠のなかで、言語現象を眺めていたであろうか。たとえば、ソシュールが、「聴覚映像」と「概念」という用語を、それぞれ「シニフィアン」（signifiant）、「シニフィエ」（signifié）という語におき替えることを提案している、

第4章　"時枝・服部論争"の再燃と哲学界での論争　153

つぎのような箇所を、時枝はよく読んだことがあるだろうか。「（中略）吾々は、全体を指すのには、「シーニュ」という語を保存し、概念と聴覚映像とをそれぞれ「シニフィエ」と「シニフィアン」によっておき替えることを提案する。あとの二つのコトバは、その両者をたがいに区別し、あるいはその両者をそれの属する全体から区別する対立をハッキリさせるという利点を持っている。」（Cours. 九九頁）（中略）時枝が過去の国語学のあり方をふりかえって、それを「自立」させようとしたとき、おそらく彼は正しかった。また言語現象を反省して、それが自然科学的方法によって把握できないものだと気づいたとき、その直観は正しかった、しかし、そのときこそ、彼はもっとも危険な場所にさしかかっていたのではないか。そのように過去をぬぎすて、過去の武装をかなぐりすてるとき、ほんとうに自分に残るものは何なのか。曰く「主体的体験」、曰く「心的過程」、しかし、「主体」とか「心」という概念ほど当てにならないものがあるだろうか。"［傍点部原文ママ］　　　　（1971: 92–101）

　この時期になると、1955 年から 1958 年にわたって発見された Saussure 自身の遺稿を直接解読し、それによって CLG の記述に見られた矛盾点が次々と修正され、それを踏まえた上で Saussure の思想を解釈する動きが活発化してくる。そこで発見された遺稿は Godel（1957）と Engler（1968）の書にまとめられている。

1.6　丸山圭三郎との論争

　我が国では、丸山圭三郎がすでに 1960 年代から Saussure の原典とその遺稿の解読に着手し始め、その最初の成果を 1971 年 5 月、『理想』誌上に「ソシュールにおける体系の概念と二つの《構造》」と題する論文で発表する *2。そこで丸山は、かつて時枝が問題にした langue という術語とその概念について、Saussure 自身の遺稿を基に正しい解釈を施し、次のように結論付ける。

　　"「ラングとは、ランガージュのもつ能力の社会的所産であり、この能力の行使を個人に許すべく社会が採り入れた、必要な契約の総体である」ラングは、一つの社会制度であって、ランガ

ージュはこの社会生活を通してのみ実現される能力という点で、他の呼吸とか歩行とかいった本能的能力とははっきり区別される。（中略）ラングとは「パロールの実践によって、同じ共同体に属する主体に預託された資材」なのである。（中略）まずラングとは抽象であり、体系そのものである。体系はそれ自体で充足し、その固有の価値は、体系自身によってのみ決定される。ここでは、ラングとは一つの国語体を指すのではなく、言語のすべてのレベルについて語ることができる。例えば、音素phonèmeはラングであり、その顕現化としての音は、パロールである。形態においても、統辞においても、また意味の次元においても、それぞれ固有の法則の総体がラングであって、換言すれば、これは一つの抽象、人間のコミュニカシオンの条件とも言えるであろう。（中略）ラングとは、従って一つのコードである。私たちは、このコードによってさまざまな生体験を分析し、発話の瞬間に必要な選択が可能になる。このコードを持つために、非言語的現実を言語に分節し、連続的世界を不連続の次元に止揚し、知覚されたものを認識の次元に高めることができるのである。（中略）ラングとはまた一つの《形態》であって、《物質的実体》ではない。（中略）以上みてきたように、ソシュールのラング＝パロールの対立は、第二の観点、すなわち《体系の概念》から捉えられるべきであり、これは二十世紀の諸科学に共通する方法論上の意味を持っていると考えられる。すなわち、構造的モデルを作りあげる方法がそれであって、一言で言うならば、タクシノミーの否定である。"［傍点部原文ママ］

(1971a: 29-32)

長年議論の対象となってきたSaussureのlangueという概念の解釈については、丸山のこの指摘によっておおよその解決を見る。そして丸山はSaussure学説におけるlangue以外の問題の解決にも着手する。同年6月には、『フランス語学研究』に「Signe linguistiqueの恣意性をめぐって」と題する論文を発表し、そこでSaussure学説におけるもう一つの問題点であった言語記号の恣意性について、原典とSaussure自身の遺稿を基にした正確な解釈を

施し、言語の自立性という観点から次の様に結論付ける。

"Signe は signifiant、signifié という二項から成るというより
は、むしろ、《signe は同時に signifiant であり signifié である》
と言うべきである。（中略）signe は、ことばの外にある意味や
概念を表現する外的標識ではない。signe はそれ自体が意味で
あり表現であり、それが articuler された時に価値が生ずる。
（中略）ことばは観念の表現ではなく、観念の方が言葉の産物
なのである。"
(1971b: 22–23)

更に丸山は同年、『中央大学文学部紀要』第29号に「ソシュール
におけるパロールの概念―主体と構造の問題をめぐって―」という
論文を発表し、Saussure 学説における parole 概念の正しい解釈を
施す。丸山はそこで、次のように parole 概念を説明する。

"文化一般のすべてのレベルにおいてその潜在的本質と顕在現
象を分けた場合、前者がラングであり後者がパロールである。
例えば言語の各レベルを対象とした時には、音韻論における音
素（もしくはその下位要素である弁別特徴）がラングであり、
その現動化としての物理音はパロールである。形態のレベルに
おいても、統辞のレベルにおいても、また意味の次元において
も、それぞれ固有の体系がラングであって、換言すれば、これ
は一つの関係の網であり人間のコミュニケーションの条件とも
言えるであろう。これに反して、ある特定の瞬間に、特定の話
し手によって実現されたものがパロールである。ラングという
体系があってはじめてそれ自体は空気の振動に過ぎないパロー
ル、紙の上のインクの汚点に過ぎないパロールが意味を生ず
る。"
(1971c: 55)

そしてこの頃から、丸山を中心とした Saussure の遺稿の解読に
よって、"時枝・服部論争"そのものよりも、Saussure の遺稿の直
接の解読による Saussure 学説の意義をめぐる哲学的、記号学的な
論が展開されていく。その最初が、史実として発見された
Saussure の書翰の詳細を Slusareva, N. A. がリトアニアの言語学雑
誌に発表した文書を邦訳し、1971年6月に『東京経済大学人文自
然科学論集』誌上に紹介した村田郁夫の「ボドゥアン・ド・クルト

ネへのソシュールの書翰について」である。こうした流れの中で、Saussure 学説の解釈をめぐって賛否両論が飛びかうこととなる。

　また 1971 年、中村雄二郎「制度としての日本語」のような、西田哲学の再評価と関連づけた形での時枝評価も存在する *3。しかし安田敏朗（2006: 107）も指摘するように、時枝と西田哲学の直接的な影響を立証するのは現状では困難である。そこで展開されたSaussure 学説に対する批判としては、同じく 1971 年、田中利光の「ソシュールの言語理論に関する若干の考察―『変形文法』理論との関連で」がある。ここで田中は、Saussure の langue、parole 概念と Chomsky の competence と performance という術語とその背景にある差異について明らかにする。そしてそれを追う形で、様々な視点からソシュール学説の不備を指摘する論文が発表される。野村英夫「ソシュールにおける否定的なものについて」（1972 年）、泉邦寿「ソシュールの言語記号論と若干の問題」（1972 年）、露崎初男「ソシュール理論の限界とその有効性」（1972 年）の三本がそうである。そのような中、特筆すべき事項としては、1971 年の山内貴美夫訳『ソシュール 言語学序説』がある。これは Saussure の講義をまとめた Riedlinger の講義ノートの翻訳であるが、この翻訳書の出版が、後に"時枝・服部論争"とは別の形で繰り広げられるもう一つの論戦の火種となるものであった。

　一方、Saussure 学説を擁護するものとしては、1972 年、堀井令以知の「言語学と記号学」と、山内貴美夫の「記号子論 ソシュール理論展開のための粗描」がある。これらはどれも、Saussure 学説の正しい解釈を試みながら、その学説の意義と有効性を説いたものである。そのような中、"時枝・服部論争"とは趣を異にしながらも、言語学的に示唆深いもう一つの論争が起こる。それは、先述した山内貴美夫訳の『ソシュール 言語学序説』の翻訳の是非をめぐって、Grootaers と山内の間でのみ行われた論戦である。これは、Grootaers が山内訳の『ソシュール 言語学序説』の翻訳の不備を取り上げたことに端を発する論戦である。この論戦は一度きりしか行われず、その後の進展は見られなかった。しかしこの論戦は言語学、とりわけ翻訳の問題について非常に示唆深いものであったと筆者は

考える。そのためここでその論点について少しばかり触れておきたい。

1972年、Grootaersが『国語学』第88号に「書評ソシュール著、山内貴美夫訳『言語学序説』」という小論を発表し、翻訳論の視点を持ち出しながら、山内訳の『ソシュール 言語学序説』の翻訳に対して次のように苦言を呈する。

"よく知られているように、翻訳には逐語訳と自由翻訳の二通りの方法がある。アメリカの言語学者E・ナイダは『翻訳のために』（1964）の中で、この二つの方法を比較して、「逐語訳は、もとの言語の文法形式をそのまま生かして、同じ語順を取ろうとする。そのため意味が通じなくなってしまう。言い換えると、原文の伝達内容を逐語的に翻訳すると、伝達そのものが妨げられるという悲しむべき結果に終わる」（pp.22–23）と言っている。残念ながら手許にある『言語学序説』の翻訳は、逐語訳である。（中略）例えば、フランス語のforme は、形態論に於ては「形態」の意味であり、具体的に一つの語を指す場合には「語形」のことである。ソシュールは、この他に第三の意味でforme を用いていることがある。"leur combinaison produit une forme"（ⅡR. p.38）という文は、山内氏は「（音と思考の）結合は一つの形態を生産する」（p.57）と訳している。Cours の中では"Cette combinaison produit une forme, non une substance"（p.157, p.169）となっており、これを小林氏は「この結合は形態を生み、実質を生むのではない」（p.150又はp.162参照）と訳している。このほか『ソシュール 構造主義の原点』（福井・伊藤・丸山共訳）（p.154）では、「この結合は形態を生み出すのであって実質を生み出すのではない」と訳している。ここで注意したいのは、ソシュールはforme と substance の二つの語を対立させていることである。言い換えると、ソシュールはアリストテレスの概念を使っているのである。（中略）結局、forme に対して、形態か形相かいずれか一方の訳語を選べば解決する、という問題ではないのである。ソシュールがアリストテレスの術語を用いたのは、言語

の本質は思考の意図にあることを強調するためえあった。ちなみに、R・ゴデルは『手稿出典』（R.279）に於て、ソシュールの使っている substance の意味は「知性の働きに関与しない存在」であると定義している。このような意味で用いられた substance に対立する、forme という術語の意味は非常に明確になる。再び繰り返せば、言語と言う対象には「実体」は無い。"
(1972: 136–135)

　この苦言に対して、同じく 1972 年に山内貴美夫は『国語学』第 90 号に「ソシュール言語学に寄せて グロータース氏への反論に代える」という小論を発表し、次のように Grootaers に反論する（文中、Grootaers はグ氏と略して表わされる）。

　"グ氏によるこのような翻訳論は、そもそも全体科学としてのソシュール言語学を、あたかも翻訳の問題がその主たるテーマででもあるかのように、持ち出さねばならない出発点に原因があると愚考する。（中略）ひきつづきグ氏が、ナイダの翻訳のカテゴリーに当てはめて、拙訳を「逐語訳」としていることに触れておこう。ナイダは Bible translating などをはじめとして、翻訳一般のことを論じているのであるが、ことを翻訳の点のみにしぼってしまうならば、われわれとしては、その結果失う代償のことを想起しておいてほしい、と私は申し述べたい。学術上の内容をもつものを、ある言語に訳出するとき、理解は原語と、その原語で表現されている科学の対象との、双方におよばなければならないだろう。（中略）私は原文と訳文の意味、すなわちイデーが等価であることを、「翻訳」の理念と考えている。自由訳が小手先で処理しているのでなければ、さいわいであるが、全篇この調子で訳出するならば、原文のもつ思想を、相当に低下させてしまうだろう。

　さらに氏は、翻訳にさいして、言語学的体系のほかに、「文脈の体系」、そして「文化の体系」を考慮すべきだと言う。文脈の体系、文化の体系とはなにか。これこそ語の濫用いがいのものではない。氏がとくに指摘している forme と substance に関連して、ソシュールではそれらがいかに位置づけられるか示

したいと思う。（中略）他方、forme を「形相」とし、
substance を「質料」もしくは「実体」とすることについては、
それで全部が解決するのであれば、それでよいと言いたい。
（中略）グ氏によれば、「フォルム」という語は、語形（改訳文
中）であり、形相であり、形態となりうるものであった。ある
語について、その場かぎりにめまぐるしく転変する訳語が頻出
するような「翻訳」であれば、それは学術的な翻訳としては系
統だったものでは言わねばならない。ここでもまた、用語一つ
を取っても、祖述者の一貫した学問的姿勢が問題となっている
のであるから、翻訳は原典の全体と、できることならその歴史
的位置に十分な配慮がなされているべきであると考える。"

(1972b: 126–128)

　この Grootaers と山内貴美夫の論争は、直接 "時枝・服部論争"
を対象として展開されたものではない。そしてこの論争が、その後
大きく発展することもなかった。しかし、この論争は根本的な部分
で、翻訳という作業に半永久的に内包される言語学的、かつ普遍的
問題を捉えている。すなわち、言語形式としての言葉とそれが指し
示す意味、更には他言語へのその等価な転移という問題で、
Grootaers の指摘とそれに対する山内の反論は、時枝が entités
concrètes＝「具体的実体」、langue＝「言語」、unité＝「単位」と
いう訳語に寄りかかって Saussure 学説の真意を読み誤った現象に
対して、大久保忠利や服部四郎らが展開した論と同様の問題を投げ
かけている。ましてや Grootaers が、そこで翻訳の有り様を取り上
げ、その是非について意見を述べる様は、翻訳作業において永遠に
解決され得ない問題をも示唆する点で、非常に興味深い。換言すれ
ば、Grootaers の指摘は、その根本において、わが国で古くから議
論されてきた翻訳論とそこでの論議にも通じる性質を垣間見せ
る＊4。そしてそれは、"時枝・服部論争" とも間接的につながり
を持っている。なぜなら、"時枝・服部論争" は時枝の Saussure 学
説解釈が小林英夫による翻訳を基になされたものであり、それを契
機に勃発した論争だからである。それ故にその問題の性質は、必然
的に翻訳の問題と無縁ではない。この点については本書の第7章で

考察する。

　こうした中、Saussure 自身の遺稿の解釈を基に、翻訳による述語の理解とその問題という視点から時枝の Saussure 学説解釈と服部のそれとの相違点を問い正したのが大橋保夫である。1973 年に大橋は『みすず』第 15 巻に立て続けに「ソシュールと日本 服部・時枝言語過程説論争の再検討（上）・（下）」（1973a、1973b）を発表し、そこで特に服部の Saussure 学説の解釈を検討し、その誤りを訂正する。その上で、時枝、服部の双方の論点を、合理主義と経験主義の対立に還元する視点から洗い直す。大橋はそこで、次のように論を切り出す。

　　"言語過程説の出発点になったソシュール批判については Cours の読み方を誤っているとする指摘がいくつも出され、時枝自身は承服してはいないけれども、（中略）　一般には議論は落着したかのように思われている。

　　ところが実際には時枝誠記を批判した人々の読み方が正しいかというと、けっしてそうとは言い切れないのである。"

（1973a: 3–2）

　そして時枝の Saussure 批判に止めを刺したとされる服部四郎（1957b）の論文を取り上げ、そこで服部がおかした Saussure 学説における entité の解釈の誤りを正す。まず、服部の "ソシュールがその著 Cours de linguistique générale（Paris, 1931³）の序説の 19 頁の脚注で、la langue n'est pas une entité《langue は実存体ではない》と言っておきながら、本文において langue に関連して entité という単語を用いるのは、比喩的意味或いは転義において用いているのだ、と解釈するからである。（1957b: 2）" という陳述に対して、次のようにその解釈の誤りを正す。

　　"ソシュールはホイットニーや青年文法学派以前の、言語をそれ自体のうちに定まった生長の機制をもつ動植物のように見る言語観は斥けるが、言語を有機的体系として存在するものと見るので、新学派のように言語が entité であることを否定するのは行きすぎと考える。つまり「言語は entité である」は青年文法学派までの考え方であり、しかもソシュールはそれを肯定し

ているのである。（自分自身の用語法としては、さらに一段つっこんで、言語記号を entité としているけれども）。したがって、序説の脚注と以下の本文との間にはなんの矛盾もなく、服部氏（および時枝）のような苦しい説明はなんら必要でない。（中略）服部四郎氏は、entité という語の意味も誤解している。その理由の一つは、（中略）英語の entity の意味を援用してフランス語の entité を解釈したことであろう。（中略）英語ではいま説明したフランス語の使い方のほかにかなり漠然と「もの」を指すのに entity を使うが、フランス語の entité はそうではない。（中略）すなわち、この語は言語にとって本質的なものを指し、原則的には entité linguistique もしくは entité de la langue という形で使われる。*Cours* の中では、ソシュールの用語として言語に関して使われるかぎり、修飾語がついていなくても同じ意味である。そして entité linguistique と呼ばれるのはまず言語記号であり、かつそれは、能記と所記が結合した形でとらえなければ本質性を失い、entité とは呼ばれない。だから音素や音節は「単位」unité ではあっても、entité ではないのである。記号体系としての言語にとって本質的な文法的諸手段も当然 entité であるが、記号が entité concrète であるのに対して entité abstraite と呼ばれる。「実存体」という訳語だけではこの本質的要素という意味が十分につかめないが、このことを理解すると『講義』の中のなぞめいた文はだいぶわかりやすくなる。"［斜体部原文ママ］　　　　　　　　　(1973a: 10–13)

また、服部の langue 解釈については、次のように訂正する。

"ランガージュから非本質的な部分を除くとラングが残る。ラングの本質的要素を追究すると言語記号になる（ラングの「抽象的実存体」としての文法もあるが、ソシュールは、その性質を突っこんで検討することはしていない）。言語記号の本質はなにか。それは能記と所記の結合であり、その結合は本質的に恣意性の上に成り立つ。そして記号の価値は記号の相互関係によってきまる。そこから、ラングの体系性の考え方が出て来る。（中略）このようなパースペクティヴがある以上、ソシュール

がラングをもってランガージュの essentiel な部分である、と言うとき、それは、服部氏が訳しているように、（一七二ページ）「重要な」という風化した転義ではなくて、accidentel、accessoire に対立する「本質的な」というこの語の本来の用法で使われているのである。（中略）彼が言語学の objet としている「ラング」とは、つねに明瞭に単数定冠詞つきの普遍的な la langue であって個別言語の体系ではないことをはっきりさせなければならない。（中略）服部氏の考えるような経験論的ラング観は「ソシュール理論のラングとは、全く無縁のものである」と時枝誠記が反論したのも不当ではないことがわかると同時に、時枝誠記いらい「ソシュールのラング」と言われているものが基本的な誤解の上に立っていることもはっきりするはずである。」［傍点部原文ママ］　　　　　　　　　　（1973b: 16–18）

　こうしたフランス語の langue 概念の解釈について、同年に篠沢秀夫が「言語活動の学の実存的基盤」と題する論文を『現代思想』11 月号に発表し、次のようにその概念認識の誤りを指摘する。

　　“ソシュールの言語活動、言語、ことばという三水準を表わす用語は、フランス語に本来ある用法上の区別に、自然に従っていて見事である。一般には、言語は、“国語”と訳せることが多い。これに国名の形容詞をつければ、例えば langue française “フランス語”となる。ところが、ランガージュの方には国名の形容詞はつけられない。一例を挙げれば、langage poli “ていねいな”というような品質形容詞がつく場合が若干あるだけで、一般には“ことばづかい”の意である。それから“毎日の”とか“視覚的”とかの限定をつけることができる。“日常言語”“視覚言語”と訳せる。日本語では、ランガージュも“言語”となることが多いのだ。既に述べたように、ソシュールは、“言語は異質で多様である”といっているからには、言語活動とは、人間一般がさまざまな言語を使ってことばを交わすことを指すことになる。人間一般というと統計学的事象のようだが、体系である、言語の個人的実行面であることばが現われるという意味では、言語活動という操作概念は

第4章　“時枝・服部論争”の再燃と哲学界での論争　　163

必然的に個別的、時空的要素を含んで来るのに注目すべきである。くりかえしていうが、これをソシュールは扱わなかった。しかるに、英語ではラングとランガージュの別をたてることができず、日常的にはいずれもランゲィジであるし、日本語の"言語"も心理的、哲学的側面に逸脱しやす拡がりを持っている。"

(1973: 208–209)

　篠沢のこの指摘は注目に値する。このことは次章でフランス語と英語の原典に当たって検証を進める。

　一方、その他の論文に眼を移すと、同年には同じく『みすず』第15巻に野村英夫が「『一般言語学講義』の"序文"」(1973a) を発表し、原典と遺稿と邦訳のずれといった観点から、小林英夫訳の『一般言語学講義』を問い直す。また野村英夫は同年、『現代思想』10月号に「ソシュールの一句をめぐって "一般言語学" と『一般言語学講義』の問題」(1973b) を発表する。こうした Saussure 学説の真意の解釈をめぐる動きは止まる所を知らず、そのような視点での論文として、1973年には『現代思想』10〜11月号に掲載された川本茂雄の「Signifié について ソシュールの瞥見（上）（下）」が、次いで、1974年には『福岡大学人文論集』6巻に発表された樋口昌幸の「ソシュールに関する覚え書き」がある。

　そして、こうした一連の Saussure 学説解釈の流れに大きく影響力を持ち、かつその流れに完結性を持たせたのが丸山圭三郎による Saussure 学説の解釈を施した、70年代に発表された一連の論文である。

　丸山の研究成果は、Saussure 学説についてのわが国で初めての専門的な書物 (1981、1983b) として結実する*5。そして1978年には月刊誌『月刊 言語』が大々的に Saussure の特集を組む。そこでは丸山圭三郎の「『一般言語学講義』の基本概念」、小林英夫「日本におけるソシュールの影響」、前田英樹の「ソシュールと言語過程説〈その相違の本質〉」等、新たな視点から極めて有効な Saussure 学説の解釈と時枝学説の解釈が施される。そこで丸山は、様々な誤認を生んだ Saussure 学説における術語、langue、langage、parole について、次のようにその正しい解釈を施す。

"ソシュールは、それまであまりにも漠然と用いられてきたコトバという概念に目を据えて、まず言語学の科学的対象を厳密に規定し直そうと試みた。彼はまず人間のもつ普遍的な言語能力・抽象能力・カテゴリー化の能力およびその諸活動をランガージュlangage とよび、個別言語社会で用いられている多種多様な国語体をラング langue とよんで、この二つを峻別した。前者はいわば《ヒトのコトバ》もしくは《言語能力・言語活動》とも訳せる術語で、これこそ人間を他の動物から截然と分かつ文化の根底に見られる、生得の普遍的潜在的能力である。後者は、《言語》という訳があてられる概念で、ランガージュがそれぞれ個別の社会において顕現されたものであり、その社会固有の独自な構造をもった制度である。(中略) ソシュールは、「ラングとは、ランガージュのもつ能力の社会的所産であり、この能力の行使を個人に許すべく社会が採り入れた、必要な契約の総体である」と言っている。ラングは、一つの社会制度であって、ランガージュなる生得の能力もこの社会生活を通してのみ実現されるという点で、他の呼吸とか歩行とかいった本能とははっきり区別されなければならない。

さて、ソシュールがランガージュとラングを峻別した視点に立つ限り、前者は潜在的能力であるのに対し、後者は顕在的社会制度であった。(中略) すなわち、ある特定の言語にあっては、音声の組み合わせ方、語の作り方、語同士の結びつき、語のもつ意味領域等々には一定の法則があり、この法則の総体がラングであって、これはいわば超個人的な制度であり条件である。そうすると、現実の発話に現われた個々の言語行為とラングを同一視することはできない。ソシュールが、特定の話し手によって発せられた具体的音声の連続をパロールparole とよんで区別したのは、右のような考えからであった。したがってラングとパロールの区別という視点に立つと、今度は前者が潜在的構造であり後者はこれを顕在化し具体化したものと言うことになろう。"［傍点部原文ママ］ (1978: 3-5)

また、同書における前田英樹の「ソシュールと"言語過程説"

〈その相違の本質〉」では、前田は Saussure の研究姿勢と時枝の研究姿勢が共通するものである点を次のように指摘する。

"「語る主体の意識のうちにあるもの、何らかの度合で感じられているもの、それが意義である。現実に具体的なものを言語の中で捉えるのは余り容易ではないが、しかしここではそれは、感じられているもの、何らかの度合において表意的なもの、に等しいものであると言えるだろう」（ⅡR42）。言語において具体的なものとは、感じられているもののことである。ここでは具体的単位は、語る主体が感じる「表意性の度合」に従って画定される。単位画定のこの原理は、ソシュール的探究の唯一の方法へとつながってゆく。すなわち「語る主体の印象がどうであるかを問う以外に（共時言語学の）方法はないひとつのことがらがいかなる範囲で語る主体の意識のなかに存在し、意味づけられるかを探究しなければならない。従って唯一の見方もしくは方法は、語る主体によって感じられているものを観察することにある」（ⅡR85）。

このように明言された「方法」は、ソシュール的探究の個性のなかで全く独自な生育を遂げることになるのだが、仮にこの生育を一時問わないことにするならば、ここに述べられている方法こそ、言語過程説の方法であることが分かる。"［傍点部原文ママ］

(1978: 51–55)

更に翌1979年には前田英樹の「言語における行為と差異―再び SAUSSURE と時枝をめぐって―」が『フランス語学研究』に掲載され、前田はそこで時枝の解釈する「主体」概念と Saussure 学説のそれについて次のように結論を下す。

"SAUSSURE の「主体」には、時枝の「主体」の透明さはどこにもない。前者の行為が「語られるかたまり」の差異化を通して、自己自身の混沌とした「思考」を差異化することにあるとすれば、後者の行為は「素材」の対象的な把握から概念化、音声化へと至る過程の往復にある。時枝におけるこのような言語行為が、SAUSSURE の言うパロール活動に対応するものをその最も本質的な部分として含んでいるのは、当然であろう。

時枝にとっては言語の「素材」は、常に「主体」によって対象的に把握されるのであり、「主体」はこの「素材」の変質作用そのものから何の影響も受けることのない地位にいる。（中略）時枝とSAUSSUREにおける「主体」観の違いは、langue——parole の区別から生じるどころか、むしろこの区別の有無を決定したものこそ、「主体」とその行為に関する彼等の相異なる考察だったと言えるだろう。" （1979: 63–64）

　そして翌1980年には、月刊誌『現代思想』がSaussureの特集を組む。ここで丸山は、Saussure学説におけるunitéという術語の解釈を例に挙げ、そこで時枝のSaussure学説の解釈が小林訳によって引き起こされた誤認であることを、次のように指摘する。

　"ところで、unitéを一律に「単位」と訳すことには、小林氏の方にもまったく問題がないとは言いきれない。時枝氏が批判の対象としてとりあげたソシュールの文は、その註からも明らかなように、次の小林訳であった。

　　　言語活動は、全体として見れば、多様であり混質的である。〔…〕それは人間的現象のいかなる部類にも収めることが出来ない。その単位を引出すすべを知らぬからである。（『言語学原論』一九ページ）

　服部氏がentitéの意味を原語の辞典で示したのにならってunitéの意味を調べてみると、大別して次の二種類があるあることがわかる。一つは、「同一性、統一性」にあたるものであり、二番目は「単位（同質のものからなる全体の構成要素、あるいは大きさなどを測定する一定の尺度となる大きさ）」であり、英語ではそれぞれunity, unitという別の語によって表わされる概念である。小林氏の訳した箇所で用いられているunitéは、「統一性」という意味なのであって、ちなみにバスキンの英訳を参照すると、正しくunityがあてられている。(...; we cannot put it into any category of human facts, for we cannot discover its unity.)

　ここでこれ以上他の部分の訳文を検討して誤訳をあげつらうつもりはない。先ほどもくりかえし述べたように、日本におけ

る特異な現象として、翻訳の問題を洗い出さない限り、ソシュールの思想はおろか、『講義』の正確な読み方さえ出来ないという事実と時枝氏の批判をうのみにして原典を読まずにソシュール批判の立場を取る危険性が、現実に存在したし、いまだに存在しているということを指摘するにとどめて、先に進もう。"

(1980: 86)

　このような、Saussure 学説の正しい解釈と理解という流れは、前述した丸山の二冊の書物（1981、1983b）によって完結を見る。しかしその後も丸山は精力的に、哲学的、観念論的視点から、Saussure の学説とその意義を様々な形で発表していく。そこでは、1982 年に『思想』3 月号に竹内芳郎との対談形式で発表された「言語・記号・社会―『文化の理論のために』と『ソシュールの思想』をめぐって―」、同じく 1982 年に『国文学』6 月号に掲載された CLG の紹介的記事「一般言語学講義」、1983 年に『言語生活』1 月号に掲載された「ソシュールとチェス」、1984 年に『思想』4 月号に発表された「〈現前の記号学〉の解体」、同じく同書に廣松渉との対談形式で発表された「言語・意味・物象―構造主義を超えて―」、同年の『理想』11 月号に高橋允昭・篠原資明との対談形式で発表された「デリダの哲学」がある。こうした真の Saussure 学説の解釈という流れは、丸山が中心となって編纂した『ソシュール小辞典』（1985）として完成される。そして、これら丸山の一連の論文で示された Saussure 学説の正しい解釈と、その上に立った時枝、服部の『講義』における術語解釈の是非が検討され、"時枝・服部論争"の第二次論争期は、構造主義と Saussure 学説解釈の隆盛という時代的背景の中、静かに幕を閉じるのである。

2. 論点のまとめ

　ここで、"時枝・服部論争"の論点の流れをまとめれば、次のような関係と性質を見出す。

・Saussure 学説擁護派……佐藤喜代治、服部四郎、風間力三、大久保忠利、黒岩駒男、門前真一等

これらの批判で共通するものは、時枝学説での langue の否定により、それが主観的心理主義に陥ってしまっている危険性を説きながら、それがそのまま時枝学説が誤りであると帰結する傾向が強く見られる。

　・時枝学説擁護派……時枝誠記、三浦つとむ、杉山康彦、野村英
　　　　　　　　　　　夫、中村雄二郎、吉本隆明等

　これらの批判で共通するものは、Saussure 学説を観念論的合理主義として非難することで時枝学説の有効性を主張しながら、時枝自身は省くとしても、自論を時枝学説に重ね合わせることで自論の説得性をそこに求めようとする傾向が強い。

　ここでの思想解釈とそれぞれの問題点については、第7章で具体的に考察する。

＊1　吉本への批判には、その論の直接的な内容についてはもとより、その文章の難解さといった余剰的な部分にまで批判が及んでいる。例えば丸山静は「日本読書新聞」誌上の「今週の一冊」欄において、吉本の『言語にとって美とはなにか』を取り上げ、そこでの吉本の考察の仕方について次のように苦言を呈する。

　　“数年前、吉本隆明が「試行」にたてこもって、この『言語にとって美とはなにか』を書きだしたことは、たしかに、壮挙というに適わしい出来事であった。（中略）ところで、私などがわずかにかいまみることができただけだからといっても、この本における吉本の言語そのものについての考察は、あまりにも貧しく、ひとりよがり的である。”　　　　　　　　（1965a: 5）

と述べる。同じく丸山は、「言語についての考察」においては、

　　“かれがまったく新しい世界をたずさえて言葉の表現に参加したとしても、ひとりでに言葉の歴史の現在にたっているだけだし、また、どんな密室のなかで言葉を練ったとしても、現実社会の息づかいのなかに流動している。だから欲しないにもかかわらず別の意味をはらんでしまうという言葉の性格は、かならずしも全部が個人によって左右できる自由ではない。”

（1965b: 86）

と、間接的に吉本の言葉遣いについて諭す。また田中美知太郎は、吉本の『言語にとって美とはなにか』を直接の題材とはしないまでも、その文体について読売新聞夕刊の社会面、「論壇時評」において、次のように遠回しに批判する。

　　“今月の雑誌では、まず「展望」の「戦後思想の荒廃」（吉本隆明）を興

味深く読んだ。もっともその文体は、わたしには親しみのないものなので、充分には理解できないところもあり、ある範囲の仲間にだけしか通じないのではないかと思われる暗黙の了解みたいなものが、わたしには欠けているような気がするので、わたしの興味といっても部分的な理解にもとづくものなので、論者にはかえって迷惑なのかも知れない。"　　　　　　（1966: 9）

一方大久保忠利は、「『言語にとって美とはなにか』を解読する」で、

"ことに、吉本の論の欠点は基礎的な概念の無規定とゆれにあることがわかりかけた。論の最も重要な概念である「自己表出」と「指示表出」の二区分についても、極めてわかりにくい。（中略）べつに、中学生・高校生にもわかりやすくとか、大学の学部の学生にわかるようにと、要求しているわけではない。しかし、この「わかりにくさ」は度を越している。彼の論のわかりにくさについては、田中美知太郎・丸山静氏なども指摘している。おそらく天下周知の事実なのであろう。"　　　　（1966a: 149）

と辛辣に批判する。また同じく大久保は、「吉本隆明の言語本質観は特異なものであるか」においては、

"吉本の文章を読むことは、じつに「解読」の名に値する難解なものの読みとりであった。ずいぶん長い時間をかけて解読した結果、大の心に浮かんだ川柳は、

　　　化けものの正体見たり枯れ尾花

であったことを、先に紹介しておく。"　　　　　　　　（1966b: 8–9）

と告白する。更に時枝は、本文中でも前述したように、

"実のところ、私は、吉本氏の著書を読むのに少なからず苦労した。今でも、的確には、そのイメージが頭に浮かんで来ないような気がする。それが何に由来するのかを考えてみたのであるが、氏の論述には、他説の引用が非常に多い。"　　　　　　　　　　　　　　　　　（1966: 7）

と困惑を隠そうとはしない。

＊2　丸山が本格的に、*CLG* における langue という術語の正確な解釈を発表したのはこの 1971a であるが、実は丸山はこれより一年前に、すでにこの時の青写真となる指摘をしている。それが 1970b の論文である。丸山はそこで、あくまで構造主義と言語学の関係に重点を起きながらも、構造主義の原点である Saussure 学説にも言及している。その中で丸山は langue 概念について、"langue は forme であり、parole は substance、そうして、langage は forme を与える力、forme を生み出す能力なのである（1970b: 36）"と述べており、後の丸山の langue 概念の解説は、ほとんどその全てがこの時のものを下敷きとしている。

＊3　時枝の言語過程説は「言語を人間行為の一部として観察」する学説であり、それを支える柱が"主体"、"場面"、"素材"であり、この三つの存在が必須条件である。ここでの"場面"こそ、西田哲学における"場所の論理"と通じるものである。時枝は場面を「純客体的世界でもなく純主体的な作用でもなく、いわば主客の融合した世界である」とするが、それが言語にあっては、客体的事実は「詞」によって表され、主体による認定の過程は「辞」によって表現され、ここで言語（文）は客体的表現（詞）と主体的表現（辞）との統一として

捉えられるようになる。岡智之（2009: 556）が指摘するように、西洋で展開された存在論が日本では場所論として深化され、国語学、日本語学では場面論として展開される。

＊4　わが国では、こうした翻訳に伴う諸問題は、古くから文学論の片隅に位置付けられてきた。それは、森鴎外や二葉亭四迷の翻訳でも知られるように、我が国における翻訳は常に西洋諸国の文学作品の翻訳という形でしか受容して来なかったためである。そしてそれ故に、わが国では翻訳のあり方をめぐって、森田思軒、二葉亭四迷、森鴎外、野上豊一郎、森田草平、伊藤整、沢村寅二郎、神西清、新居格、柳田泉、中野好夫、吉川幸次郎、大山定一、福田恆存らによって、西洋文学の翻訳のあり方について論じられてきた。その中でも特に、吉川幸次郎と大山定一の『洛中書問』（1946）における直訳、意訳論争は、そうした翻訳論争の代表的なものとして今日でも殊に有名である。この論争の根底にある問題は、翻訳における普遍的問題として、先の山内、Grootaers の指摘にも通じる原典的なものである。

＊5　丸山のこうした一連の研究は、海外における Saussure 文献学の進展がその基盤になっている。その第一段階は、Saussure の衣鉢を継ぐジュネーブ学派において Godel が Saussue 生誕 100 年に向けて 1957 年に著した *Les sources manuscrites du Cours de linguistique générale de F. de Saussure.*（『一般言語学の原資料』）である。Godel はそこで Riedlinger による第一回講義の手稿や、Bourchardy と Gautier による第二回講義の手稿、Dégallier による第三回講義の手稿を基に、Bally と Sechehaye に由来する CLG の内容がオリジナルの講義内容をどれほど歪曲しているかを暴き、その不具合を修正した。その後 Godel の研究を更に押し進めたのが Engler である。Engler は 1968 年に *Cours de linguistique générale, Edition critique* を著したが、これがその後 Saussure 文献学の基本的文献となる。これらの研究の進展と歩を同じくして、イタリアでは 1967 年に Mauro による CLG のイタリア語訳であると同時に Saussure についての膨大な解説書でもある *Corso di linguistica generale Ferdinand de Saussure: introduzione, traduzione e commento di Tullio De Mauro.*（山内貴美夫訳. 1976.『「ソシュール一般言語学講義」校注』而立書房）が出版される。そしてこれら一連の Saussure 研究や Saussure 文献学の進展を元にわが国では丸山圭三郎が中心となって Saussure 学説の紹介や修正が試みられてきたことは本論で論じたとおりであり、それは『ソシュールの思想』（1981）、『ソシュールを読む』（1983b）で結実するに至るのである。しかしそれであっても、本書の第 1 章で示した意味の問題を払拭するには至らず、むしろ Saussure の学説の誤りを是正することはできないままで終わっている。

第5章

フランス語原典と日本語訳の比較検証

1. 日本語との対応

　Saussure が現代言語学の祖とされ、彼の学説によって構造主義言語学が様々な分野にまで裾野を広げ大きな発展を遂げてきたことは、これまでの章を通じてすでに見てきたとおりである。そして Saussure の学説は、"時枝・服部論争" という形を取りながらもわが国において最も敏感に受け入れられた。同時にそれは、言語現象を表す西洋諸語における術語と概念が、日本語のそれにおいて対応を見せにくいという問題をも浮き彫りにする役割を果たした。その最たる例が、Saussure の言語理論において中心的な役割を果たす langue、langage、parole という三分法と、その術語並びに概念認識の対応である。こうした術語と概念認識の対応という問題は、この三分法が現代言語学の中枢をなす考え方であるだけに、小さな問題として決して看過すべきものではない。

　そもそも langue とは何なのか。はたしてその理解は言語学の世界で一様であるのか。なぜなら、小林英夫訳による *CLG* の日本語訳である『一般言語学講義』における langue、langage、parole に当てられた日本語訳を見る限りにおいて、それが言語学の内外で定着しているとは思われず、またそれ以上に、*CLG* 以降に上梓されたフランス語の主たる言語学や哲学関連の書物における langue、langage、parole の日本語訳を見るとその訳語自体になんら統一性は見出されず、訳者の各人で訳語に揺れがあり、またそれが伝える内容も不誠実かつ分かりにくさの極みだからである。特にこの三分法が、日本語において一応の術語上の対応を見せることで、言語学という学問の構築を果たしているだけに、言語学そのものがこうした術語の上に成り立っていながら、それ故に脆弱な基盤に揺れてい

る学問であるという見方さえ出来るのである。このことについて、Godzich（1974: 43）は次のようにその問題点を批判している。

"C'est ainsi que depuis lors le développement de la linguistique a consisté en de vaines tentatives de définitions de concepts variés dont l'unique dénominateur communa été leur résistance à l'acte de définition, de sorte qu'on a pu récemment écrire (Kramsky,1969) que la linguistique est cette science qui est aux prises avec ses dé-finitions. Il suffit, en effet, de considérer l'abondance et la diversité des définitions proposées pour le phonéme, la syllabe, et, plus récemment, la phrase, pour comprendre《qu'on est pessimiste quant à la possibilité de définir quoi que ce soit en linguistique》(ibid.)."

"このように、言語学はその発展期からずっと、諸概念の定義をいたずらに試みるだけのものでしかなかった。これまで色々と行われてきたこれらの虚しい試みに見られる唯一の共通点は、定義を試みられた諸概念が、実際には定義という行為に逆らうものだということである。それゆえ Kramsky（1969）では、言語学は自らの行う定義の罠にはまってしまった学問である、とまで書かれているのである。実際、音素とか音節について、あるいはもっと最近なら文について、これまでいかに多くの異なる定義が試みられてきたかを少し考えてみさえすれば、「言語学に属するものを何か一つでも定義出来る可能性については、悲観的にならざるを得ない」（Kramsky の同書より）ということが納得される。" （筆者訳）

Godzich の指摘は、言語学の抱えている根本的問題であると同時に、言語学における術語解釈の問題を我々に投げかける。更に、言語先行論に対する批判の代表的なものが Greenberg（1954）であることはまえがきでも触れたとおりだが、Greenberg が指摘した（1）～（4）の問題点も解明されないまま言語的相対性の名の下に言語先行論が論じられたことについては、Bernstein（1971: 230）も言語学が泥沼に陥り、自身はそうした泥沼に足を踏み入れる意志はないと明言し、Black（1969: 35）は、このように広く関心を集

めている問題でありながら、現状のようにつかみどころのないまま問題が放置されているのは不思議なことである、と Godzich 同様、言語学のあり方自体に警鐘を鳴らす*1。本章では、langue、langage、parole という三分法と、その術語並びに概念認識の日本語訳との対応を中心に見ながら論考する。

　Saussure の学説が現代言語学のみならず、現代思想や哲学にまで波及するのは、構造主義における思想家、哲学者、人類学者の研究によってである。Jakobson との出会いによって Lévi-Strauss は人類学に構造という観念を持ち込み、文化現象を一つの記号作用を持つものとして捉え、人間社会の価値観に項と項の関係による体系が見られることを明らかにした。langue、langage、parole という三分法は、小林英夫による『言語学原論』（1928）において、それぞれ「言語」、「言語活動」、「言」と訳された。この訳語は言語学の術語として定着し、言語学は言語、すなわち langue を研究対象とする学問であるという認識を与えることになる。しかし、フランスで Lévi-Strauss が出現し、構造主義的な記号論研究が脚光を浴びるようになり、欧米の言語学者が研究対象とする言語とは langue ではなく langage であるということが判明してから、事態は一変する。それまで langue、langage という概念とそれに当てられた訳語が一致しないものとなり、langue の訳語として「言語」だけでは不備が生じるようになる。

　Jakobson の研究は Saussure の連辞関係と連合関係という考えに由来し、失語症の研究でそれを実証したということ、それを後に構造主義言語学を詩の分析に応用したことで知られる。そして形式主義と構造主義の間の橋渡し的な役割を果たし、両者の理論的な基礎を築いた点に Jakobson の一番の功績があろう。その後、Lévi-Strauss との出会いによって構造主義が言語学や記号学の枠を越え、現代思想や哲学の領域にまで広がっていくのはその研究の性質だけでなく、Jakobson に課された運命であったのかもしれない。ナチス・ドイツによるチェコスロヴァキア侵攻（1939）という時代の趨勢とともに、ユダヤ人の血を引く彼がナチス・ドイツからの追手を逃れ、コペンハーゲン、オスロ、ウプサラなどの地を転々としな

がら 1939 年に北欧へ亡命し、更に 1941 年にはアメリカへと亡命し、ヨーロッパとアメリカの二つの構造主義言語学を自らの身で体験した研究者である。その Jakobson が、同時期に人種法でフランスを追われた同じくユダヤ系の Lévi-Strauss と出会うことになるのは、多くのヨーロッパの知識人たちが大西洋を渡ることを余儀なくされた激動の時代とその時代を生きた二人にとって必然的なものであった。

　Lévi-Strauss は Jakobson から言語学で用いられる構造という考え方を学び、自らの親族体系の研究にその概念や手法を取り込んでいく。Lévi-Strauss は親族関係を規制する様々な規則について、体系における差異によって言語記号の意味作用を決定づける構造主義言語学の手法の適用を試みる。「社会生活の異なった様相が、言語学に用いられたような方法と概念によって研究され得るのではないか」という認識から、言語学者と同じく、一見ばらばらでつかみどころのない現象に構成的な要素を見つけ出し、言語学者の用いる音素の概念とその原理を儀式、親族関係、料理法、神話、民族、思考法、文化的行動などの非言語的な対象にまで拡大適用し、言語における音素の対立関係という観点から、それらを言語における音韻構造と類似する構造性を持つものとして捉える。それは『構造人類学』の中での Lévi-Strauss 自身の「親族名称は、音素と同様、意味作用の要素である。それらは、音素と同様、体系のうちに組み入れられることなしには意味作用をもつことができない。」(1958: 40–41)＊2 という言葉や、「言語と同様に、ある社会の料理法はその構成要素に分解されるかもしれない。(中略)それらは対立と相互関係からなるある種の構造にしたがって体系付けられている可能性がある」(1958: 99)＊3 という言葉からも推しはかることができる。更に「もしそれらの構造が、色んな領域で共通しているのを見つけることができたら、その考察の対象となる社会が無意識に抱いている態度について、われわれは一つの重要な知識に到達したのだと結論付けてよいであろう」(1958: 100)＊4 と人類学における構造と人間社会の普遍的性質の解明に意欲を燃やす。そして全ての社会に共通の要素は親族の体系である。ある現象の性質を決定するのは現

象間の関係であり、それが構造主義言語学の音素の体系と基本的原理に通じ、ここからこうした現象や親族関係といった体系が、それを有する社会の言語の構造に相同ではないかと考えるのである。Lévi-Strauss は、親族体系における「叔父」と「甥」の二項の対立構造が言語学者の体系の差異と同様のものであると考え、近親相姦をタブー視する現代社会の根底にある親族の構造からその関係の体系そのものが構造的に規定されていることを主張し、体系の社会的機能それ自体が構造的であることを突き止める。そしてそれが神話や未開人の思考法や構成要素にまで拡大され、これらが全ての人間の中に潜在的に存在する意識であることを実証する。

　Barthes は Saussure の記号論に関する考えを最も積極的に押し進めた人物の一人である。「言語学は記号学の一部である」とする Saussure の考えを Barthes は「記号学は言語学の延長である」と転換し、「全ての記号論的分析は記号表現と記号内容という二つの項の間に平等ではなく等価の関係を認めなければならない」と主張する。そしてその実証として、自然言語よりもコード性が遥かに低いもの、たとえばエクリチュールとしての文学的表現などにも記号体系の働きを見出そうとする。Barthes は「記号の体系は必ず言葉と交じり合っているものであり、それゆえ parole の言語学は可能性として存在し得ない」と主張し、言語学と記号学の位置付けを試みる。そこにおいて文学的記号としての langue が社会階級の指標として機能することを論証する。彼の「構造主義そのものは言語学のモデルから発展したが、言語からなる作品である文学に言語学モデルとの類似性以上の何かを持つ対象を見ることが出来る。両者は同質である」*5 という主張は、言語学の分野で得た記号学とともに文学の枠を超えて、その後写真、映画、演劇、音楽、政治などあらゆる分野に拡大応用されていく。

　Riffaterre は文章の構成に構造を見出し、表現としての記号学と langue との関連性を探る。Foucault は西洋史におけるそれぞれの時代におけるそれぞれの思考法や価値観を、時代や差異に応じて作り上げられた認識構造としてあばき、それを Saussure の langue の体系になぞらえ、実存主義的な表層行為を parole になぞらえ、人

間の持つ思考法や価値観が社会や文化に応じ構造を持って作り上げられるものであることを明かそうとする。構造主義の考え方や方法論は言語だけでなくあらゆる対象に対して、その構成要素自体の性質よりも関係性の中での体系の成立ということに重きを置き、漠然とした体系の形式といったものへと進んでいくのである。

Saussure の構造的視点は Lévi-Strauss をはじめ、Lacan、Barthes、Riffaterre、Foucault らの思想の根幹を成すものである。こうして Saussure の思想的な部分は言語学の領域をはるかに超えて、文化や社会を形作る人間活動の説明モデルとなって拡張を続けていくことになる。それゆえここで取り上げたものは、Saussure の言語学における思想的な部分が音韻論や文体論、人類学と引き継がれていく際の基幹的書物であり、Saussure の langue、langage、parole という考え方を言語学の枠を超えたそれぞれの分野で色濃く踏襲したものである。よって、表面的な訳語云々の問題もさることながら、そこでの例文をじっくり読み解くことにより、Saussure が言わんとした langue の概念の何たるかまで見えてくる性質のものであり、第7章で考察する Saussure 学説の思想解釈の内容にまで自然と立ち入ることが出来る。

以下、そうした訳語の揺れの実態を、様々な書物の原書と訳書から簡単に拾ってみる。また例文の数も一つか二つで十分であると考える向きもあるが、ここでは可能な限りほぼ全ての出典箇所を列挙した。というのも、例文に求め得る機能として、単なる訳語の問題に留まらず langue、langage、parole の使用法と意味内容をも例文の内容を通じて理解され得ることを期したためである。

1.1 *Cours de linguistique générale* と『言語学原論』

Saussure の学説は、1916 年に出された *CLG* において集約される。同書で Saussure は、抽象的な概念であり、ある言語社会の成員に共通して内包され得る根本的な言語形成のための概念を指す langue（言語）と、この langue の運用によって実現され得る個々の発話を指す parole（言）、更には langue と parole から成る言葉による表現・聴取活動全体の活動を成立させる生得的な能力までを

178

も指す langage（言語活動）という三つの体系を明確にしている。
そして言語学の対象を langue に置いたことである。この langue と
parole、langage という三つの体系について、*CLG* では次のように
記述されている。

"（前略）*il faut se placer de prime abord sur le terraine de la
langue et la prendre pournorme de toutes les autres manifesta-
tions du langage.*"［斜体部原文ママ］　　　　　　　　（*CLG*. p.25）

"何を差置いても先ず第一に言語なる土地の上に腰を据え、言
語を以て言語活動の他の凡ゆる示現の規範と為す事である。"
［傍点部原文ママ］　　　　　　　（小林英夫訳『言語学原論』p.21）

"Mais qu'est-ce que la *langue* ? Pour nous elle ne se confond pas
avec le *langage* ; elle n'en est qu'une partie déterminée, essentielle,
il est vrai. C'est à la fois un produit social de la faculté du *langage*
et un ensemble de conventions nécessaires, adoptées par le corps
social pour permettre l'exercice de cette faculté chez les individus.
Pris dans son tout, le *langage* est multiforme et hétérocite ; à che-
val sur plusiers domaines, à la fois physique, physiologique, et
psychique, il appartient encore au domaine individuel at au do-
maine social ; il ne se laisse classer dans aucune catégorie des faits
humains, parce qu'on ne sait comment dégager son unité.

La *langue*, au contraire, est un tout en soi et un principe de clas-
sification. Dès que nous lui donnons la première place parmi les
faits de langage, nous introduisons un ordre naturel dans un en-
semble qui ne se prête à aucune autre classification. （中略)la
langue est une convention, et la nature du signe dont on est con-
venu est indifférente."［斜体部筆者］　　　　　　（*CLG*.pp.25–26.）

"所で、言語とは何か。余に従えば、それは言語 langue と言
語活動 langage とは別物である。言語は決定されたる部分であ
り、本質的なる部分である。言語活動能力の社会的所産であり、
同時にその能力の行使を個人に許すべく社会団体が採用した
る必要なる制約の総体である。言語活動は、全体として観る

第5章　フランス語原典と日本語訳の比較検証　　179

と、多様であり混質である。物理、生理、心理と、各方面に跨り、個人の領分へも足を突込んでいる。従って人類所産の如何なる部類へも分類する事が出来ない。その単位を引出すべき術を我々は知らぬからである。

　言語は之に反して其れ自身一体である。故に分類原理となる。言語活動事実の中で言語を第一位に置きさえすれば、此の、他の如何なる分類にも任されぬ全一体なるものに、本来の世界を与える事を得るのである。（中略）言語が制約であり、人間が好しと定めた記号が甲であれ乙であれ問う必要がない、という事は正しい。"［下線部筆者］（小林英夫訳『言語学原論』pp.21-23）

　"La partie psychique n'est pas non plus tout entière en jeu : le côté exéctif reste hors de cause, car l'exécution n'est jamais faite par la masse ; elle est toujours individuelle, et l'individu en est toujours le maître ; nous l'appellerons la *parole*."［斜体部原文ママ］

(*CLG*. p.30)

"精神的な部分にしてもそのぜんぶが働いて居るものではない。遂行的方面は原因に成れぬ。遂行は群衆に依って行われることは絶対にないからだ。遂行は常に個人的であり、個人は常に遂行の主である。我々はそれを言 parole と呼ぶ。"［下線部筆者］

(小林英夫訳『言語学原論』p.29)

　"Si nous pouvions embrasser la somme des images verbales emmagasinées chez tous les individus, nous toucherions le lien social qui constitue la *langue*. C'est un trésor déposé par la pratique de la *parole* dans les sujets appartenant à une même communauté, un système grammatical existant virtuellement dans chaque cerveau, ou plus exactement dans les cerveaux d'un ensemble d'individus ; car la *langue* n'est complète dans aucun, elle n'existe parfaitement que dans la masse.

　En séparant la *langue* de la *parole*, on sépare du même coup : 1.ce qui est social de ce qui est individuel ; 2.ce qui est essentiel de ce qui est accessoire et plus ou moins accidentel."［斜体部筆者］

(*CLG*. p.30)

"若し凡ての個人の頭の中に貯蔵された言語映像の総和を把握する事が出来たならば、言語を構成する社会的繋鎖に触れるであろう。言語は言わば、言の運用^{プラティック}に依って、同一団体^{コンミュノーテ}に属する言主の頭の中に溜込まれたる貯金^{デポ}であり、各人の脳裡に、いな正確に言えば個人の総和の脳裡に、隠然と力を振う文法体系である。何となれば言語は個人にあって完成せず、群集にあって始めて完全に存在するからである。

言語を言から切り離す事に依って、同時に、（一）社会的なるものと個人的なるもの、（二）本質的なるものと随伴的にして多少とも偶有的なるもの、とが分離される。"［下線部筆者］

（小林英夫訳『言語学原論』p.29–30）

"La *langue*, distincte de la *parole*, est un objet qu'on peut étudier séparément."［斜体部筆者］ (*CLG*. p.31)

"言語は言とは違って、切り離して研究し得る対象である。"
［下線部筆者］ （小林英夫訳『言語学原論』p.32）

"Tandis que le *langage* est hétérogène, la *langue* ainsi délimitée est de nature homogène : c'est un système de signes où il n'y a d'essentiel que l'union du sens et de l'image acoustique, et où les deux parties du signe sont également psychiques."［斜体部筆者］

(*CLG*. p.32)

"言語活動は多質的^{エテロジエーヌ}であるが、言語は、上の如く限定すれば、等質的^{オモジエーヌ}である。言語は記号の体系である。それには意味^{サンス}と聴覚映像との合一^{ユニオン}を措いて他に本質的なものはない。又かような記号の二部分は等しく精神的である。"［下線部筆者］

（小林英夫訳『言語学原論』p.32）

"Nous venons de voir que la *langue* est institution sociale ; mais elle se distingue par plusieurs traits des autres institutions politiques, juridiques, etc. Pour comprendre sa nature spéciale, il faut faire intervenir un nouvel ordre de faits.

　La *langue* est un systéme de signes exprimant des idées, et par là, comparable à l'écriture, à l'alphabet des sourds-muets, aux rites symboliques, aux formes de politesse, aux signaux militaires, etc., etc. Elle est seulement le plus important de ces systèmes."［斜体部筆者］

(*CLG*. p.33)

　"言語が一つの社会制度である事は既に述べた。併し色々な特徴からして他の制度、政治、法制等から区別される。その特殊の性質を理解するには別の界の事実を持ち出して来ねばならぬ。

　言語は観念を表わす記号の体系である。従って書、聾唖の指話法、象徴的儀式、作法、軍用信号、等と比較すべきものである。ただ言語は是等の体系の中で最も重要なものなのである。"

［下線部筆者］ (小林英夫訳『言語学原論』p.34)

　"（前略) la tâche du linguiste est de définir ce qui fait de la *langue* un système spécial dans l'ensemble des faits sémiologiques."［斜体部筆者］

(*CLG*. p.33)

　"言語学者の務めは、言語をして記号学的事実の総体の中に特殊な体系を成さしめる所のものを確定するにある。"［下線部筆者］

(小林英夫訳『言語学原論』p.35)

　"（前略) *la linguistique a pour unique et véritable objet la langue envisagée en elle-même et pour elle-même*."［斜体部原文ママ］

(*CLG*. p.317)

　"言語学の独自且つ真正の対象は、直視せる言語であり、言語の為の言語である。"［傍点部原文ママ］

(小林英夫訳『言語学原論』p.478)

　この langue、parole という二分割法は、その後の言語研究の基本的姿勢となり、それはアメリカ構造主義言語学においても形を変えて受け継がれていく。

1.2 *Anthropologie structurale* と『構造人類学』

"En premier lieu, on s'est occupé du rapport entre *une langue* et *une* culture déterminées. Pour étudier une culture, la connaissance de la *langue* est-elle nécessaire ?"［langueの斜体部のみ筆者、その他の斜体部原文ママ］

(Lévi-Strauss, *Anthropologie structurale*. p.77)

"最初に、一つの特定の言語と一つの特定の文化との関係が問題になりました。ある文化を研究するためには、その文化のもつ言語についての知識が必要だろうか。"［傍点部原文ママ。下線部筆者］

(荒川磯男他共訳『構造人類学』p.75)

"Nous avons aussi discuté à un autre niveau, où la question posée n'est plus celle du rapport entre *une langue* et *une* culture, mais plutôt du rapport entre *langage* et *culture* en général."［langueとlangageの斜体部のみ筆者、その他の斜体部原文ママ］

(Lévi-Strauss, *Anthropologie structurale*. p.77)

"われわれはまた、別のレヴェルを論じました。すなわち、一つの言語と一つの文化の関係ではなく、むしろ言語一般と文化一般との関係が問題になるレヴェルです。"［傍点部原文ママ。下線部筆者］

(荒川磯男他共訳『構造人類学』p.75)

"Au cours des discussions, on n'a jamais envisagé le problème posé par l'attitude concrète d'une culture envers sa *langue*. Pour prendre un exemple, notre civilisation traite le *langage* d'une façon qu'on pourrait qualifier d'immodérée : (後略)"［斜体部筆者］

(Lévi-Strauss, *Anthropologie structurale*.pp.77–78)

"討議の途中で、ある文化が自己の言語に対してとる具体的態度の問題は、決して考察されなかったのです。一例をあげましょう。われわれの文明は、節度のないともいえる仕方で言語を扱っています。"［下線部筆者］

(荒川磯男他共訳『構造人類学』p.75)

"Cette manière d'abuser du *langage* n'est pas universelle ; elle

n'est même pas fréquente. La plupart des cultures, que nous appelons primitives, usent du *langage* avec parcimonie ; (後略)"［斜体部筆者］
(Lévi-Strauss, *Anthropologie structurale.* p.78)

"ところで、言語のこうした濫用は普遍的なものではなく、頻繁なものですらありません。未開の名で呼ばれる文明の多くでは、言語の使い惜しみともいうべきものが見られます。"［下線部筆者］
(荒川磯男他共訳『構造人類学』p.76)

"Je pense ici au rapport, non plus entre *une langue*—ou le *langage* lui-même—et *une* culture—ou la culture elle-même—mais entre la linguistique et l'anthropologie considérées comme sciences."［langue と langage の斜体部のみ筆者、その他の斜体部原文ママ］
(Lévi-Strauss, *Anthropologie structurale.* p.78)

"私はここで、一つの言語――あるいは言語一般――と一つの文化――あるいは文化一般――の関係ではなく、科学としての言語学と人類学の関係を考えているのです。"［傍点部原文ママ。下線部筆者］
(荒川磯男他共訳『構造人類学』p.76)

"C'est que le problème des rapports entre *langage* et culture est un des plus compliqués qui soient. On peut d'abord traiter le *langage* comme un *produit* de la culture : une *langue*, en usage dans une société, reflète la culture générale de la population. Mais en un autre sens, le *langage* est une *partie* de la culture ; il constitue un de ses éléments, parmi d'autres."［langue と langage の斜体部のみ筆者］
(Lévi-Strauss, *Anthropologie structurale.* p.78)

"それは、言語と文化との関係の問題が、もっとも複雑な問題の一つだからです。言語を文化の産物として扱い、ある社会で用いられる言語はその成員の一般的文化を反映していると見ることもできますが、別の意味において、言語は文化の一部分であり、他の多くの要素とともに文化の要素の一つをなしています。"［傍点部原文ママ。下線部筆者］
(荒川磯男他共訳『構造人類学』p.76)

"（前略）on peut aussi traiter le *langage* comme *condition* de la culture, et à un double titre：（後略）"［langageの斜体部のみ筆者、その他の斜体部原文ママ］

(Lévi-Strauss, *Anthropologie structurale*. p.78)

"人はまた<u>言語</u>を文化の条件とみなすこともできます——しかも二重の意味で。"［傍点部原文ママ。下線部筆者］

(荒川磯男他共訳『構造人類学』p.76)

"（前略）puisque c'est surtout au moyen du *langage* que l'individu acquiert la culture de son groupe ; on instruit, on éduque l'enfant par la *parole* ; on le gronde, on le flatte avec des mots."［斜体部筆者］

(Lévi-Strauss, *Anthropologie structurale*. p.78)

"なぜなら、個人が集団の文化を習得するのは主として<u>言語</u>を介してだからです。子供を教育し、しつけるのにも<u>言葉</u>を使い、叱るのにもおだてるのにも言葉を使うのです。"［下線部筆者］

(荒川磯男他共訳『構造人類学』p.76)

"En se plaçant à un point de vue plus théorique, le *langage* apparaît aussi comme condition de la culture, dans la mesure où cette dernière possède une architecture similaire à celle du *langage*."
［斜体部筆者］　　　　(Lévi-Strauss, *Anthropologie structurale*. p.78)

"ところでさらに理論的な見地に<u>立</u>つと、文化が<u>言語</u>に類似した機構をもつというかぎりで、<u>言語</u>はまた文化の条件と見えてきます。［下線部筆者］　　　(荒川磯男他共訳『構造人類学』p.76)

"Si bien qu'on peut considérer le *langage* comme une foundation, destinée à recevoir les structures plus complexes parfois, mais du même type que les siennes, qui correspondent à la culture envisagée sous différents aspects."［斜体部筆者］

(Lévi-Strauss, *Anthropologie structurale*. p.79)

"<u>言語</u>と文化とは、ともに対立と相関関係によって、別の言葉でいえば、論理的諸関係によって、成り立っています。それゆ

え、言語は一つの土台であって、その上に、より複雑なことは
あっても言語の構造と同じタイプの構造——これが文化のさま
ざまな面に対応するのですが、——が乗るのだと考えることが
できるのです。"［下線部筆者］

(荒川磯男他共訳『構造人類学』pp.76–77)

"En second lieu, nous avons fait comme si le dialogue se dérou-
lait entre deux protagonistes seulement : d'un côté la *langue*, de
l'autre la culture ; et, comme si notre problème pouvait être inté-
gralement défini en termes de causalité : est-ce la *langue* qui exerce
une action sur la culture ?"［斜体部筆者］

(Lévi-Strauss, *Anthropologie structurale*. p.81)

"第二に、われわれは、一方では言語、他方では文化という二
人の立役者だけのあいだで対話がおこなわれるかのように、そ
して、われわれの問題は言語が文化に作用を及ぼすのか文化が
言語に作用を及ぼすのかといった因果関係の形で規定されるか
のように、考えていたきらいがあります。"［下線部筆者］

(荒川磯男他共訳『構造人類学』p.79)

"Nous ne nous sommes pas suffisamment avisés que *langue* et
culture sont deux modalités parallèles d'une activité plus fonda-
mentale :(後略)"［斜体部筆者］

(Lévi-Strauss, *Anthropologie structurale*. p.81)

"われわれは、言語と文化とがより基本的な一つの活動の二つ
の並行した様式だという点には、十分に思いを致したとはいえ
ません。"［下線部筆者］　　　(荒川磯男他共訳『構造人類学』p.79)

"Même en nous plaçant à un point de vue théorique, nous pou-
vons, me semble-t-il, affirmer qu'entre *langage* et culture, il doit
exister quelque rapport."［斜体部筆者］

(Lévi-Strauss, *Anthropologie structurale*. p.81)

"論理的な立場に立ったとしても、われわれは言語と文化のあ

いだに何らかの関係があるにちがいないと断言できるように思
われます。"［下線部筆者］

（荒川磯男他共訳『構造人類学』pp.79–80）

"Je néglige sans doute les cas fréquents d'adoption d'une *langue*
étrangère par une société qui en parlait précédemment une autre.
Au point où nous en sommes, nous pouvons nous limiter aux cas
privilégiés dans lesquels la *langue* et la culture ont évolué côte à
côte pendant un certain temps, sans intervention marquée de
facteurs externes."［斜体部筆者］

（Lévi-Strauss, *Anthropologie structurale*. p.81）

"なるほど私は、以前に或る言語を話していた社会が外部の言
語を採用するという、しばしば起こるケースを無視しています。
いまの場合、言語と文化とが、しばらくのあいだ、外部の要素
の目立った介入なしに、並んで進化をとげた特権的なケースだ
けを考えればよいのです。"［下線部筆者］

（荒川磯男他共訳『構造人類学』p.80）

"Au cours d'une séance précédente, Roman Jakobson dégageait
les caractères fondamentaux des *langues* indo-européennes."［斜
体部筆者］　　　　（Lévi-Strauss, *Anthropologie structurale*. p.90）
"ロマン・ヤコブソンは先に、インド＝ヨーロッパの諸言語に
共通する基本的な特徴を示しました。"［下線部筆者］

（荒川磯男他共訳『構造人類学』pp.88–89）

"Pour définir convenablement les relations entre *langage* et cul-
ture, il faut, me semble-t-il, exclure d'emblée deux hypothèses."
［斜体部筆者］　　　（Lévi-Strauss, *Anthropologie structurale*. p.90）
"言語と文化の関係を正しく規定するためには、二つの仮説を
同時に排除することが必要だと私には思われます。"［下線部筆
者］

（荒川磯男他共訳『構造人類学』p.89）

第 5 章　フランス語原典と日本語訳の比較検証　187

"Mais si la correspondance entre la *langue* et la culture était ab-
solute, les linguistes et les anthropologues s'en seraient déjà aper-
çus, et nous ne serions pas ici pour en discuter." ［斜体部筆者］

(Lévi-Strauss, *Anthropologie structurale*.pp.90–91)

"だが一方、もし言語と文化との対応が絶対的なものだとすれ
ば、言語学者や人類学者はそれにすでに気づいていたでしょう
し、われわれがこの問題を論ずるためにここに集まることもな
かったはずです。" ［下線部筆者］

(荒川磯男他共訳『構造人類学』p.89)

ここでは、langue に対して「言語」、langage に対しても「言語」、
parole に対しては「言葉」という訳語が当てられている。

1.3 *Questions de Poétique* ＊6 と
『ロマーンヤコブソン選集 3 詩学』

"A côté de l'acte individuel, particulier, de parler   la   *parole*   —
selon la terminologie de F. de Saussure   la   linguistique   identifie
aussi la *langue*, c'est-à-dire 《un ensemble de conventions néces-
saires adoptées par le corps social pour premettre l'exercice de
cette faculté ［du *langage*］ chez les individus》." ［斜体部筆者］

(Roman Jakobson, *Le folklore, forme spécifique de création*. pp.59–60)

"個々の発話行為 ——F.de.Saussure の術語によれば ——
parole と並んで、現代の言語学はさらに langue、すなわち、
パロールの理解を確実にするためにある共同体によって受け入
れられた慣習の総体を知っている。この伝統的な超個人的体系
にどのような話し手も自分の変更をもち込むことができるが、
それは langue の個人的な逸脱としてしか解釈されえず、また、
langue を顧慮することなしには解釈されえないものである。
個人の変更は、所与の langue の所有者である共同体がそれを
一般に用いられるものとして受け入れたのち、langue の事実
となる。" ［下線部筆者］

(山本冨啓訳『創造の特殊な形態としてのフォークロア』pp.12–13)

188

"（前略）est en tous points analogue à la relation entre *langue* et *parole*. Comme la *langue*, l'œuvre folklorique est extra-personnelle et n'a qu'une existence potentielle ; ce n'est qu'un assemblage complexe de certaines normes, de certaines impulsions, un canevas de la tradition du moment qu'animent les interprètes par les enjolivures de la création individuelle comme le font les producteurs de la *parole* par rapport à la *langue*."［斜体部筆者］

（Roman Jakobson, *Le folklore, forme spécifique de création.* pp.63–64）

"この作品のいわゆるヴァリアントとの間の関係は、<u>langue</u>と<u>parole</u>の関係に全く類似している。<u>langue</u>のように、フォークロア作品は個人の外にあり、潜在的な存在しか有しておらず、それは、一定の規範や刺激の複合体であり、<u>parole</u>の生産者が<u>langue</u>に対してなすように、演じ手が個人的創造の飾りで生き生きとさせる、アクチュアルになった伝統のカンヴァスである。"［下線部筆者］

（山本冨啓訳『創造の特殊な形態としてのフォークロア』p.17）

"Différence essentialle entre folklore et littérature : l'un se rapporte spécifiquement à la *langue*, l'autres, à la *parole*."［斜体部筆者］　（Roman Jakobson, *Le folklore, forme spécifique de création.* p.64）

"フォークロアと文学との本質的な違いは、前者にとっては<u>langue</u>への定位が、また後者にとっては<u>parole</u>への定位が特有であるという点にある。"［下線部筆者］

（山本冨啓訳『創造の特殊な形態としてのフォークロア』p.18）

"Ici se trouve défini clairement le rapport entre tradition orale et improvisation, entre *langue* et *parole* en poésie orale."［斜体部筆者］　（Roman Jakobson, *Le folklore, forme spécifique de création.* p.69）

"ここには伝統と即興との間の関係が、口承詩における<u>langue</u>と<u>parole</u>との間の関係が、明らかに他の言葉で言い表されている。"［下線部筆者］

（山本冨啓訳『創造の特殊な形態としてのフォークロア』p.23）

"La *parole* autorise une plus grande variété de modifications que la *langue*."［斜体部筆者］

(Roman Jakobson, *Le folklore, forme spécifique de création.* p.70)

"parole は langue よりも変更のより豊かな多様性を許している。"［下線部筆者］

(山本冨啓訳『創造の特殊な形態としてのフォークロア』pp.23-24)

"Le caractère spécifique du *langage* versifié est, de toute évidence, son schéma prosodique, sa forme de《vers》."［斜体部筆者］

(Roman Jakobson, *La Dominante.* p.145)

"拘束された言語に特有な特徴は明らかにその韻律パターン、その韻文形式である。"［下線部筆者］

(山本冨啓訳『ドミナント』p.43)

"（前略）diminution de la vigilance, angoisse, aliénation de la *parole* propre, attribuée à un autre, le tout《dans les limites d'un espace clos》."［斜体部筆者］

(Roman Jakobson, *Le Language en Action.*pp.208-209)

"警戒心の減退、苦悩、自分自身の発言の疎外化、その他者への帰属、それに伴う「空間の狭い限界づけ」などである。"［下線部筆者］

(林みどり訳『言語の作動相』p.75)

"Cette propension à inférer, de la ressemblance des sons, une connexion des sens, est un trait caractéristique de la fonction poétique du *langage*."［斜体部筆者］

(Roman Jakobson, *Le Language en Action.* p.216)

"音の相似性から意味の結びつきを推測しようとするこの傾向は、言語の詩的機能の特性である。"［下線部筆者］

(林みどり訳『言語の作動相』p.84)

"（前略）affinité qui est nettement tangible dans le *langage* poétique, et dont le principe a été ardemment défendu par Edgar Allan Poe, a décidé de notre choix（後略），［斜体部筆者］

(Roman Jakobson, *Le Language en Action*. p.217)

"詩的言語において明白に感得され、Poe によって熱心に説かれた親縁性が、われわれの選択を決定したのだ、（後略）"［下線部筆者］

(林みどり訳『言語の作動相』p.84)

"Le philosophe Brentano qui combatti opiniâtrement l'objectivation, logiquement illégitime, de semblables fictions fondées sur le *langue*, aurait découvert dans la prose et la poésie de Pasternak la plus riche collection de ces prétendues《entia》, traitées comme des êtres de chair et de sang."［斜体部筆者］

(Roman Jakobson, *Notes marginale sur la prose du Poète Pasternak*.p.134)

"言語面に基づいたそのような虚構である論理的に規則違反である客体化に対し、がまん強く戦っていた哲学者 Brentano なら、Pasternak の詩や散文のなかに、肉と血からなる生物のように扱われる想像上の entia の非常に豊かな収集を見出したであろう。"［下線部筆者］

(山本冨啓訳『詩人 Pasternak の散文に関する覚書』p.57)

ここでは、langue に対しては "langue" と「言語」という訳語が、parole に対しては "parole" と「発言」という訳語が、langage に対しては「言語」という訳語が当てられている。

1.4 *Le Degré Zéro de L'écriture* と 『零度のエクリチュール』

"Voilà donc l'exemple d'une écriture dont la fonction n'est plus seulement de communiquer ou d'exprimer, mais d'imposer un au-delà du *langage* qui est à la fois l'Histoire et le parti qu'on y prend."［斜体部筆者］

(Roland Barthes, *Le Degré Zéro de L'écriture*. p.7)

"だからこれはもはや単に伝達^{コミュニケ}したり、表現^{エクスプリメ}したりするだけではなくて、言語^{ランガージュ}（langage）のかなたのものを強いるのが機能であるエクリチュールの見本といっていいし、言語のかなたのも

第5章　フランス語原典と日本語訳の比較検証　191

のとは歴史であると同時に、そこにおける主体の決意なのである。"［下線部筆者］　　　　（渡部淳他訳『零度のエクリチュール』p.5）

"D'où un ensemble de signes donnés sans rapport avec l'idée, la *langue* ni le style, et destinés à définir dans l'épaisseur de tous les modes d'expression possibles, la solitude d'un *langage* rituel."
［斜体部筆者］　　　　（Roland Barthes, *Le Degré Zéro de L'écriture*. p.8）
"そこから、思想とも言語体（langue）とも文体（style）とも関係なしに与えられ、あらゆる可能な表現様式のみの厚みのなかで、ある儀式的言語の孤立を明示することをめがけた諸記号（signes）の総体が生ずる。"［下線部筆者］

（渡部淳他訳『零度のエクリチュール』pp.5-6）

"On sait que la *langue* est un corps de prescriptions et d'habitudes, comme à tous les écrivains d'une époque. Cela veut dire que la *langue* est comme une Nature qui passe entièrement à travers la *parole* de l'écrivain, sans pourtant lui donner aucune forme, sans même la nourrir : (後略)"［斜体部筆者］

（Roland Barthes, *Le Degré Zéro de L'écriture*. p.17）
"周知のように言語体は、一時代のどの作家にも共通した、規則的・習慣的なある全体である。これは、言語体というものが作家のコトバ（parole）を貫通している自然のようなものだが、そのコトバに何の形式も与えないし、形式を養いさえもしないものだということを意味している。"［下線部筆者］

（渡部淳他訳『零度のエクリチュール』p.11）

"L'écrivain n'y puise rien, à la lettre : la *langue* est plutôt pour lui comme une ligne dont la transgression désignera peut-être une surnature du *langage* : elle est l'aire d'une action, la définition et l'attente d'un possible."［斜体部筆者］

（Roland Barthes, *Le Degré Zéro de L'écriture*. p.18）
"言語体は作家にとってむしろ、侵すと言語の自然をこえたも

のが見えてくるかもしれない国境線のようなものであり、行為
の場、可能なものの限定と期待である。"［下線部筆者］

(渡部淳他訳『零度のエクリチュール』pp.11–12)

"Nul ne peut, sans apprêts, insérer sa liberté d'écrivain dans
l'opacité de la *langue*, (後略)"［斜体部筆者］

(Roland Barthes, *Le Degré Zéro de L'écriture*. p.18)

"誰も、気どりなしには作家的自由を言語体の暗所にさし入れ
ることはできぬ。"［下線部筆者］

(渡部淳他訳『零度のエクリチュール』p.12)

"Aussi, pour l'écrivain, la *langue* n'est-elle qu'un horizon humain
qui installe au loin une certaine *familiaruté*, toute négative
d'ailleurs : (後略)"［langueのみ斜体部筆者。その他の斜体部原
文ママ］　　　　(Roland Barthes, *Le Degré Zéro de L'écriture*. p.18)

"それゆえ、作家にとって言語体とは、ある親密さ、しかしま
ったくネガチーブな親密さをかなたにすえている人間的な地平
線にほかならない。"［下線部筆者］

(渡部淳他訳『零度のエクリチュール』p.12)

"(前略) dire que Camus et Queneau parlent la même *langue*, ce
n'est que présumer, par une opération différentielle, toutes les
langues, archaïques ou futurristes, qu'ils ne parlent pas : (後略)"
［斜体部筆者］　　　　(Roland Barthes, *Le Degré Zéro de L'écriture*. p.18)

"たとえば、カミュとクノーが同じ言語体を語っているという
ことは、ある選別操作によって、かれらが語ってはいない、古
風派風、あるいは未来派的なすべての言語体を仮定することに
すぎない。"［下線部筆者］

(渡部淳他訳『零度のエクリチュール』p.12)

"(前略) la *langue* de l'écrivain est bien moins un fonds qu'une
limite extrême ; (後略)"［斜体部筆者］

(Roland Barthes, *Le Degré Zéro de L'écriture.* p.19)

"作家の<u>言語体</u>は、今は廃絶された形式と未知のそれとの間に宙吊りにされていて、なるほど土台というよりは極限なのである。"［下線部筆者］　　　　（渡部淳他訳『零度のエクリチュール』p.12）

"La *langue* est donc en deçà de la Littérature. Le style est presque au delà."［斜体部筆者］

(Roland Barthes, *Le Degré Zéro de L'écriture.* p.19)

"したがって<u>言語体</u>は文学のこちら側にあり、文体はほぼむこう側にある。"［下線部筆者］

（渡部淳他訳『零度のエクリチュール』p.12）

"Ainsi sous le nom de style, se forme un *langage* autarcique qui ne plonge que dans la mythologie personnelle et secrète de l'auteur, dans cette hypophysique de la *parole*, où se forme le premier couple des mots et des choses, où s'installent une fois pour toutes les grands thèmes verbaux de son existence."［斜体部筆者］　　　　　　　　(Roland Barthes, *Le Degré Zéro de L'écriture.* p.19)

"こうして、文体の名のもとにひとつの自給自足的な<u>言語</u>がかたちづくられ、それはもっぱら、著者の個人的で秘密な神話のなか、語（mots）と事物の最初のカップルがつくられ、著者の実存に由来する大きな言語的主題が断乎として設定される<u>コトバ</u>の潜在的自然のなかに沈む。"［下線部筆者］

（渡部淳他訳『零度のエクリチュール』pp.12–13）

"（前略）comme si, dans cette espèce de poussée florale, le style n'était que le terme d'une métamorphose aveugle et obstinée, partie d'une infra-*language* qui s'élabore à la limite de la chair et du monde."［斜体部筆者］

(Roland Barthes, *Le Degré Zéro de L'écriture.* p.20)

"文体はまるで、あの花を咲かせる圧力のように、肉体と世界の境界のところで練りあげられる<u>下言語</u>から出発する、盲

目的で執拗な変身の帰結にすぎないといっていいからだ。"［下線部筆者］　　　　　　　　　（渡部淳他訳『零度のエクリチュール』p.13）

"（前略）la *parole* a une structure horizontale, ses secrets sont sur la même ligne que ses mots et ce qu'elle cache est dénoué par la durée même de son continu ; （後略）"［斜体部筆者］

（Roland Barthes, *Le Degré Zéro de L'écriture*. p.20）

"しかし、コトバは水平構造をもち、その秘密はそれをかたちづくる語と同じ線上にあってコトバがかくすものはその内容の持続自身によって明るみに出される。"［下線部筆者］

（渡部淳他訳『零度のエクリチュール』p.13）

"（前略）dans la *parole* tout est offert, destiné à une usure immédiate, et le verbe, le silence et leur mouvement son précipités vers un sens aboli : c'est un transfert sans sillage et sans retard."［斜体部筆者］　　　（Roland Barthes, *Le Degré Zéro de L'écriture*.pp.20–21）

"コトバにあってはすべてがさし出されており、すぐ消耗するようにできていて、ロゴスと沈黙、そしてそれらの動きはすぐさま廃棄されてしまう。それは、航跡を残さぬ速かな移動である。"［下線部筆者］　　　（渡部淳他訳『零度のエクリチュール』p.13）

"（前略）mais le versant silencieux de sa référence ne tient pas à la nature mobile et sans cesse sursitaire du *langage*; （後略）"［斜体部筆者］　　　（Roland Barthes, *Le Degré Zéro de L'écriture*. p.21）

"とはいえ、文体の身元不詳の傾きは何も、言語の動的で、たえず徴兵猶予者的性質のせいではない。"［下線部筆者］

（渡部淳他訳『零度のエクリチュール』p.14）

"L'horizon de la *langue* et la verticalité du style dessinent donc pour l'écrivain une nature, car il ne choisit ni l'une ni l'autre. La *langue*, fonctionne comme une négativité, la limite initiale du possible, le style est une Nécessité qui noue l'humeur de l'écrivain à son *langage.*"［斜体部筆者］

(Roland Barthes, *Le Degré Zéro de L'écriture.* p.23)

"したがって、言語体の地平線と文体の垂直性は作家にとって
ひとつの自然を描いている。作家はどちらも選びはしないから
である。言語体は否定性、つまり可能なものの手初めの制限と
して機能し、文体は作家の気質をかれの言語にむすびつける必
然性なのである。"［下線部筆者］

(渡部淳他訳『零度のエクリチュール』p.15)

"*Langue* et style sont des données antécédentes à toute problé-
matique du *langage*, *langue* et style sont le produit naturel du
Temps et de la personne biologique ; (後略)"［斜体部筆者］

(Roland Barthes, *Le Degré Zéro de L'écriture.*pp.23–24)

"言語体と文体は言語の問題提起一切に先立つ所与であり、そ
れらはともに時間と生物学的人間の自然な所産なのだ。"［下線
部筆者］　　　　　(渡部淳他訳『零度のエクリチュール』p.15)

"Toute la *parole* se tient dans cette usure des mots, dans cette éc-
ume toujours emportée plus loin, et il n'y a de *parole* que là où le
langage fonctionne avec évidence comme une voration qui n'en-
lèverait que la pointe mobile des mots ; (後略)"［斜体部筆者］

(Roland Barthes, *Le Degré Zéro de L'écriture.* p.32)

"コトバはすべてこういった語の損耗と、こうしたつねにより
遠くへ運ばれる泡の状態で保たれており、言語が語の動的な尖
端だけを取り去るような貪欲な行為としてはっきりと機能する
ところにしかコトバは存在しない。"［下線部筆者］

(渡部淳他訳『零度のエクリチュール』p.20)

"《Taper à la machine》,《battre》(en parlant du sang) ou《être
heureux pour la première fois》, c'est du *langage* réel, ce n'est pas
du *langage* réaliste ; (後略)"［斜体部筆者］

(Roland Barthes, *Le Degré Zéro de L'écriture.* p.101)

"「タイプをたたく」とか、（血について語るときの）「鼓動する」とか、「はじめて幸福だ」とかいったいいまわしは現実の<u>言語</u>であって、リアリズムの<u>言語</u>ではない。"［下線部筆者］

（渡部淳他訳『零度のエクリチュール』p.67）

"Les Belles-Lettres menacent tout *langage* qui n'est pas purement fondé sur la *parole* sociale."［斜体部筆者］

（Roland Barthes, *Le Degré Zéro de L'écriture.* p.106）

"芸文は、純粋に社会的な<u>コトバ</u>に基礎をおかない<u>言語</u>をすべて脅かすのだ。"［下線部筆者］

（渡部淳他訳『零度のエクリチュール』p.71）

"（前略）les passions continuaient de fonctionner au-dessus de la *parole*."［斜体部筆者］

（Roland Barthes, *Le Degré Zéro de L'écriture.* p.114）

"情念は、<u>コトバ</u>の上方で機能しつづけていたのである。"［下線部筆者］　　（渡部淳他訳『零度のエクリチュール』p.75）

"（前略）il a beau créer un *langage* libre,（後略）"［斜体部筆者］

（Roland Barthes, *Le Degré Zéro de L'écriture.* p.125）

"作家が自由な<u>言語</u>をつくり出しても無駄である。"［下線部筆者］　　（渡部淳他訳『零度のエクリチュール』p.82）

ここでは、langue に対して「言語体」、「言語体」という訳語が、parole に対しては「コトバ」、「コトバ」という訳語が、langage に対しては「言語」、「言語」という訳語が当てられている。

1.5　*Éléments de Sémiologie* と『記号学の原理』

"Le concept（dichotomique）de *Langue/Parole* est central chez Saussure（後略）"［斜体部原文ママ］

（Roland Barthes, *Éléments de Sémiologie.* p.85）

"<u>ラング</u>（langue）と<u>パロール</u>（parole）という二元的な概念は、ソシュールの考えの中心をなすもので、（後略）"［下線部筆者］

第5章　フランス語原典と日本語訳の比較検証　197

（沢村昂一訳『記号学の原理』p.98）

"Pour élaborer cette dichotomie célèbre, Saussure est parti de la nature 《multiforme et hétéroclite》 du *langage*, （後略)"［斜体部筆者］
（Roland Barthes, *Éléments de Sémiologie*. p.85)
"このよく知られた二分法を考え出すにあたって、ソスュールは、彼の言う言語活動(langage)の「多様で混質的な」性質からスタートしている。"［下線部筆者］
（沢村昂一訳『記号学の原理』p.98）

"La *Langue*, c'est donc, si l'on veut, le *langage* moins la *Parole* : （後略)"［Langue以外の斜体部筆者］
（Roland Barthes, *Éléments de Sémiologie*. p.85)
"故に、言語とは、いわば、言語活動の総体からパロールをマイナスしたものと言ってもよい。"［下線部筆者］
（沢村昂一訳『記号学の原理』p.99）

"Face à la *langue*, institution et système, la *Parole* est essentiellement un acte individuel de sélection et d'actualisation ; （後略)"［Parole以外の斜体部筆者］
（Roland Barthes, *Éléments de Sémiologie*. p.86)
"制度であり同時に体系である言語に対して、言は本質的に個人による洗濯と現動化の行為である。"［下線部筆者］
（沢村昂一訳『記号学の原理』p.100）

"（前略) pas de *langue* sans *parole*, et pas de *parole* en dehors de la *langue* : （後略)"［斜体部筆者］
（Roland Barthes, *Éléments de Sémiologie*. p.87)
"言がなければ言語は存在しないし、また言語を離れて言は存在しないからである。"［下線部筆者］
（沢村昂一訳『記号学の原理』p.101）

"La portée sociologique du concept *Langue/Parole* est éviden-
te."［斜体部原文ママ］

(Roland Barthes, *Éléments de Sémiologie*. p.95)

"ラング、パロールの概念が社会学的ひろがりを持っているこ
とは明らかである。"［下線部筆者］

(沢村昂一訳『記号学の原理』p.112)

"On postulera donc qu'il existe une catégorie générale *Langue/
Parole*, extensive à tous les systèmes de signification ;（後略）"［斜
体部原文ママ］　　　　(Roland Barthes, *Éléments de Sémiologie*. p.97)

"故に、ラング／パロールという一般的なカテゴリーが、すべ
ての記号作用の体系を包括して存在することをここで仮定しよ
う。"［下線部筆者］　　　　(沢村昂一訳『記号学の原理』p.114)

"（前略）faute de mieux, on gardera ici les termes de *Langue* et de
Parole, même s'ils s'appliquent à des communications dont la
substance n'est pas verbale."［斜体部原文ママ］

(Roland Barthes, *Éléments de Sémiologie*. p.97)

"これに代るより適切なものはないから、ことばを資料としな
いコミュニケーションに適用する場合にも、ラングとパロール
という用語を使うことにする。"［下線部筆者］

(沢村昂一訳『記号学の原理』p.114)

"（前略）que l'abstraction inhérente à toute *Langue* est ici matéri-
alisée sous forme du *langage* écrit :（後略）"［斜体部筆者］

(Roland Barthes, *Éléments de Sémiologie*. p.98)

"すべてのラングに本来そなわっている抽象化が、ここでは書
かれたコトバの形を取って具象化されていることである。"［下
線部筆者］　　　　(沢村昂一訳『記号学の原理』p.115)

"Le rapport de la *Langue* et de la *Parole* serait ici assez proche de
celui qu'on trouve dans le *langage* :（後略）"［斜体部筆者］

第 5 章　フランス語原典と日本語訳の比較検証　　199

(Roland Barthes, *Éléments de Sémiologie*. p.100)

"食品における<u>ラング</u>と<u>パロール</u>の関係は、<u>言語活動</u>にみられる関係とかなり近いと言えるだろう。"［下線部筆者］

(沢村昂一訳『記号学の原理』p.118)

"Pour en finir, d'ailleurs arbitrairement, avec les perspectives de la distinction *Langue/Parole*, on donnera encore quelques suggestions concernant deux systèmes d'objets, (後略)"［斜体部筆者］

(Roland Barthes, *Éléments de Sémiologie*. p.101)

"<u>ラング</u>と<u>パロール</u>の区別によって開かれた展望を、いささか恣意的に閉じる前に、物の体系の他の二つの場合について若干暗示を与えておこう。"［下線部筆者］

(沢村昂一訳『記号学の原理』p.118)

"Dans le *langage*, rien n'entre dans la *langue* qui n'ait été essayé par la *parole*, mais, inversement, aucune *parole* n'est possible (c'est-à-dire ne répond à sa fonction de communication) si elle n'est prélevée dans le《trésor》de la *langue*."［斜体部筆者］

(Roland Barthes, *Éléments de Sémiologie*. p.103)

"<u>言語活動</u>においては、<u>パロール</u>によって試行されたものでないかぎり、何ものも<u>ラング</u>の中には入りこめない。しましまた逆に、<u>ラング</u>の「宝庫」の中から取り出してこないかぎり、どんな<u>パロール</u>も成立不可能である（つまり伝達の機能に応えることができない）。"［下線部筆者］

(沢村昂一訳『記号学の原理』p.121)

"Dans le *langage*, il y a une très grande disproportion entre la *langue*, ensemble fini de règles, et les《*paroles*》qui viennent se loger sous ces règles et sont en nombre pratiquement infini."［斜体部筆者］ (Roland Barthes, *Éléments de Sémiologie*. pp.104–105)

"<u>言語活動</u>の場合には、規則の有限な集合である<u>ラング</u>と、この規則のもとに宿る実際上無限の数の「<u>パロール</u>」との間には、

非常に大きな不均衡がある。"［下線部筆者］

（沢村昂一訳『記号学の原理』p.123）

"（前略）si, dans ces systèmes, la 《*langue*》a besoin de《matière》(et non plus de《*parole*》), c'est qu'ils ont général une origine utilitaire, et non signifiante, contrairement au *langage* humain."［斜体部筆者］　　　　　（Roland Barthes, *Éléments de Sémiologie*. p.106）

"すなわち、これらの体系で、<u>ラング</u>が「<ruby>有形素材<rt>マ チ エ ー ル</rt></ruby>」を必要とする（「<u>パロール</u>」を必要としなくなる）のは、人間の<u>コトバ</u>とは異なり、通常これらの体系が実際の効用に由来し、記号としての有意性に由来してはいないからである。"［下線部筆者］

（沢村昂一訳『記号学の原理』p.124）

　ここでは、langue に対して「ラング」、「<ruby>言語<rt>ラング</rt></ruby>」という訳語が、parole に対しては「パロール」、「<ruby>言<rt>パロール</rt></ruby>」、langage に対しては「<ruby>言語活動<rt>ランガージュ</rt></ruby>」、「言語活動」という訳語が当てられている。

1.6　*Essais de stylistique structurale* と『文体論序説』

"Etant donné la parenté entre le *langage* et le style, on peut espérer que les méthodes linguistiques peuvent être employées pour la description exacte et objective de l'utilisation littéraire du *langage*."［斜体部筆者］

（Michael Riffaterre, *Essays de stylistique structurale*.pp.27–28）

"<ruby>言語活動<rt>ランガージュ</rt></ruby>と文体との親近性から見て、<ruby>言語<rt>ランガージュ</rt></ruby>の文学的使用を正確に、客観的に記述するために、言語学の方法を用い得るのではないだろうか。"［下線部筆者］

（福井芳男他訳『文体論序説』p.29）

"Alors et seulement alors sera évitée la confusion entre *langage* et style."［斜体部筆者］

（Michael Riffaterre, *Essays de stylistique structurale*. p.28）

"そうして初めて、<ruby>言語<rt>ランガージュ</rt></ruby>と文体の混同が避けられよう。"［下線部筆者］　　　　　（福井芳男他訳『文体論序説』p.30）

"Mais son sens, quel qu'il soit au niveau de la *langue*, est néces-
sairement altéré dans le texte par ce qui le précède et par ce qui le
suit (rétroaction)." ［斜体部筆者］

(Michael Riffaterre, *Essays de stylistique structurale*. p.31)

"しかし語の意味は、言語体系（ラング）のレベルではどうあろうとも、
テクスト中では、先行するもの、従うもの（遡及効果）によっ
て必然的に変えられてしまう。" ［下線部筆者］

(福井芳男他訳『文体論序説』p.31)

"Ce qui revient à dire que le *langage* exprime et que le style met
en valeur, (後略)" ［斜体部筆者］

(Michael Riffaterre, *Essays de stylistique structurale*. p.31)

"つまり言語（ランガージュ）は表現し、文体は価値づけると言ってもよい。"
［下線部筆者］　　　　　　　(福井芳男他訳『文体論序説』p.32)

"(前略)《à son univers devait ... correspondre un univers de
mots et de formes, c'est-à-dire une *langue*》(後略)" ［斜体部筆者］

(Michael Riffaterre, *Essays de stylistique structurale*. p.98)

"《彼の世界には…語と形態の世界、すなわち言語（ラング）が対応して
いるに違いない》(後略)" ［下線部筆者］

(福井芳男他訳『文体論序説』p.95)

"Mais en décidant de la traiter comme *langue*, on se prive du bé-
néfice de l'observation in situ, puisqu'on la découpe en segments
arbitraires à des fins de classification." ［斜体部筆者］

(Michael Riffaterre, *Essays de stylistique structurale*. p.99)

"しかし、言（パロール）を言語（ラング）として扱うと決めてしまうと、〈本来の場
所で行われる〉観察の利点が失われてしまいます。" ［下線部筆
者］　　　　　　　　　　　(福井芳男他訳『文体論序説』p.95)

"(前略) comme le *langage*, il préexiste à la structure stylistique
du poème et ne peut être qu'un contexte spécial (後略)" ［斜体部

筆者］　　　　（Michael Riffaterre, *Essays de stylistique structurale.* p.140)
"言語活動〔ランガージュ〕と同様、韻律は詩の文体的構造に先立って存在しており、特殊な文脈にすぎないのである（後略）"［下線部筆者］

（福井芳男他訳『文体論序説』p.131)

"L'attitude du locuteur à l'égard de son sujet étant le véritable principe du style, les traits physionomiques du *langage* dépendent de la fonction stylistique."［斜体部筆者］

（Michael Riffaterre, *Essays de stylistique structurale.* p.157)
"話し手の主題に対する態度こそが、文体の真の原理であるから、言語活動〔ランガージュ〕に於ける表情〔トレ〕の面の特徴は文体機能に依存している。"［下線部筆者］　　　　（福井芳男他訳『文体論序説』p.146)

"（前略）que parce qu'on applique aux textes une idée du vieillissement qui n'est valable que pour les choses, et pour les mots dans la *langue*."［斜体部筆者］

（Michael Riffaterre, *Essays de stylistique structurale.* p.167)
"また言語〔ラング〕に於いては語にしか当てはまらない老衰という考えを、テクストにまで当てはめようとするからに他ならない。"
［下線部筆者］　　　　（福井芳男他訳『文体論序説』p.156)
ここでは、langue に対して「言語体系」という訳語が、parole に対しては「言〔パロール〕」という訳語が、langage に対しては「言語活動〔ランガージュ〕」、「言語〔ランガージュ〕」という訳語が当てられている。

1.7　*Sémiotique de la poésie* と 『詩の記号論』

"La *langue* de la poésie diffère de celle de l'usage courant."［斜体部筆者］　　　　（Michael Riffaterre, *Sémiotique de la poésie.* p.11)
"詩の言語は普通に用いられる言語とは違う "［下線部筆者］

（斎藤兆史訳『詩の記号論』p.3)

"（前略）si nous ne considérons pas le poème en tant qu'entité finie et close, nous ne pouvons pas toujours faire la différence en-

第5章　フランス語原典と日本語訳の比較検証　203

tre le discours poétique et la *langue* littéraire."［斜体部筆者］

(Michael Riffaterre, *Sémiotique de la poésie.* p.12)

"つまり、詩を閉鎖関係と見なさないかぎり、文学言語の中から詩的言説を特殊なものとして切り離して定義することはできない。"［下線部筆者］　　　　　　　　（斎藤兆史訳『詩の記号論』p.4)

"（前略）cela parce que la représentation est fondée sur le caractère référentiel de la *langue*."［斜体部筆者］

(Michael Riffaterre, *Sémiotique de la poésie.* p.13)

"なぜなら描写というものは、言語の指示性、すなわち言葉と事物との直接的な関係の上に成り立っているからである。"［下線部筆者］　　　　　　　　（斎藤兆史訳『詩の記号論』p.5)

"De cette façon, au moins, un sens apparaît : la transformation semble traduire bandoulière, ou, écharpe en *langage* de téléphone, puisque anicroche est si étroitement liéaux deux verbes essentiels de ce *langage*."［斜体部筆者］

(Michael Riffaterre, *Sémiotique de la poésie.* p.166)

"だが、それによってまたこの変形は、「吊りひも」や「吊り革」を電話の言語に翻訳することであるようにも取れる。なぜなら、anicroche は、その言語の基本的な動詞と密接に結びついているからである。"［下線部筆者］

（斎藤兆史訳『詩の記号論』p.177)

"Ainsi, mignonne ne peut pas être expliqué par le fait qu'un téléphone est traduit en *langage* — marin ;（後略）"［斜体部筆者］

(Michael Riffaterre, *Sémiotique de la poésie.* p.170)

"たとえばmignonne「可愛らしい」などは、電話の言語が海水の言語に変換されているということでは説明がつかない。"［下線部筆者］　　　　　　　　（斎藤兆史訳『詩の記号論』p.181)

"（前略）le sujet du texte n'est plus l'acedia, c'est le *langage* romantique ; （後略）"［斜体部筆者］

(Michael Riffaterre, *Sémiotique de la poésie*. p.183)

"すなわち、テクストはもはや怠惰を描いたものではなく、ロマンティシズムの<u>言語</u>を描いたものとなる。"［下線部筆者］

(斎藤兆史訳『詩の記号論』p.196)

"（前略）il s'ensuit qu'un trait constant de la significance poétique est que la *langue* du poème est un rituel, un jeu (dans bien des cas, le poème est comme un jeu de mots généralisé) ou un pur artifice autant qu'un moyen de communique le sens."［斜体部筆者］

(Michael Riffaterre, *Sémiotique de la poésie*. p.205)

"したがって、詩の深意の恒常的な構成要因は、詩の<u>言語</u>が儀式やゲーム（多くの場合、詩は洒落を一般化したものに近い）、あるいは、意味を伝達するための手段として、純粋な工夫のように見えるということである。"［下線部筆者］

(斎藤兆史訳『詩の記号論』p.221)

"Ce matériau (terme plus exact que norme) n'est pas la matière brute de la *langue*, （後略）"［斜体部筆者］

(Michael Riffaterre, *Sémiotique de la poésie*.pp.205–206)

"この（規範というよりもむしろ）材料は、<u>言語</u>の原料ではない。"［下線部筆者］   (斎藤兆史訳『詩の記号論』p.221)

"Parce que ces agrammaticalités menacent la *langue* comme représentation, le lecteur cherche à se rassurer en récusant l'évidence des mots qui le gênent et en retournant à la sécurité de la réalité, de ce que le consensus considère comme la réalité."［斜体部筆者］   (Michael Riffaterre, *Sémiotique de la poésie*. p.207)

"そのような非文法性は、描写するものとしての<u>言語</u>を脅かすから、絶えず読者は、あやしい語句から安全な現実性に（あるいは、現実に関する社会的合意に）逃げ込むことによって、安心感を得ようとする。"［下線部筆者］

（斎藤兆史訳『詩の記号論』p.223）

ここでは、langue に対して「言語」という訳語が、parole に対しては「言_{パロール}」という訳語が、langage に対しても「言語」という訳語が当てられている。

1.8　*L'archéologie du Savoir* と『知の考古学』

"（前略）un énoncé est toujours un événement que ni la *langue*, ni les sens ne peuvent tout à fait épuiser. Événement étrange, à un geste d'écriture ou à l'articulation d'une *parole*, （後略）"［斜体部筆者］
（Michel Foucault, *L'archeologie du Savoir*. pp.40–41）

"言表は常に、言語体系によっても意味によっても完全には汲みつくされえない出来事である。たしかに奇異な出来事である。まず、それは、一方において、書_{エクリチュール}くことのしぐさ、音声言語_{パロール}の分節化と結びつくが、（後略）"［下線部筆者］
（中村雄二郎訳『知の考古学』p.47）

"Mais si on isole, par rapport à la *langue* et à la pensée, l'instance de l'événement énonciatif, ce n'est pas pour disséminer une poussière de faits."［斜体部筆者］
（Michel Foucault, *L'archeologie du Savoir*. p.41）

"だが、言語体系や思念について、言表的出来事の決定用件を隔離するにしても、それは、事実の塵を散布するためではない。"［下線部筆者］
（中村雄二郎訳『知の考古学』p.47）

"Ces relations caractérisent non pas la *langue* qu'utilise le discours, non pas les circonstances dans lesquelles il se déploire, mais le discours lui-même en tant que pratique."［斜体部筆者］
（Michel Foucault, *L'archeologie du Savoir*. p.63）

"これらの連関が特徴づけるものは、言説が用いる言語体系_{ラング}でもなければ、そこに言説が展開される環境でもなく、実践_{プラチック}としての言説それ自身である。"［下線部筆者］
（中村雄二郎訳『知の考古学』p.72）

206

"C'est ce *plus*, qui les rend irréductibles à la *langue* et à la
parole."［斜体部筆者］

(Michel Foucault, *L'archeologie du Savoir*. p.67)

"この「超えて」こそ、言説を言語体系やパロールに還元不可
能なものにしている。"［下線部筆者］

(中村雄二郎訳『知の考古学』p.77)

"La *parole* médicale ne peut pas venir de n'importe qui ; sa val-
eur, son efficacité, ses pouvoirs thérapeutiques eux-mêmes, et
d'une façon générale son existence comme *parole* médicale ne
sont pas dissociables du personnage statutairement défini qui a le
droit de l'articuler, en revendiquant pour elle le pouvoir de con-
jurer la souffrance et la mort."［斜体部筆者］

(Michel Foucault, *L'archeologie du Savoir*. p.69)

"医学の言葉は、誰から生じるものでもない。その価値、有効
性、治療上のさまざまな力自身、また一般的な仕方で、医学の
言葉としてのその存在は、規約上限定された人物——かれは、
そうした言葉のために苦悩や死を払いのけるための能力を要求
することによって、そうした言葉を明確に発音する権利をもっ
ている——から解離しえない。"［下線部筆者］

(中村雄二郎訳『知の考古学』pp.79–80)

"Car il est évident que les énoncés n'existent pas au sens où une
langue existe et, avec elle, un ensemble de signes définis par leurs
traits oppositionnels et leurs règles d'utilisation ; (後略)"［斜体部
筆者］　　　　(Michel Foucault, *L'archeologie du Savoir*. p.112)

"それというのも、言表は、言語体系が存在するのと同じ意味
では、存在しないこと、また、言語体系とともに、その対立的
な諸特徴およびその使用の規則によって規定された記号の総体、
が存在するのと同じ意味でもないことは明らかだからである。"
［下線部筆者］　　　(中村雄二郎訳『知の考古学』pp.128–129)

第5章　フランス語原典と日本語訳の比較検証　　207

"(前略) la *langue* en effet n'est jamais donnée en elle-même et dans sa totalité ; elle ne pourrait l'être que d'une façon seconde et par le biais d'une description qui la prendrait pour objet ; (後略)"［斜体部筆者］

(Michel Foucault, *L'archeologie du Savoir*.pp.112–113)

"事実、言語体系は、決してそれ自身において、またその全体性のうちには、与えられない。それが言表になりうるのは、第二次的な仕方においてであり、言語体系を対象とする記述を間接手段としてなされるときにすぎない。"［下線部筆者］

(中村雄二郎訳『知の考古学』p.129)

"S'il n'y avait pas d'énoncés, la *langue* n'existerait pas; (後略)"［斜体部筆者］　　(Michel Foucault, *L'archeologie du Savoir*. p.113)

"もしも言表が存在しなかったとしたら、言語体系も存在しなかったであろう。"［下線部筆者］

(中村雄二郎訳『知の考古学』p.129)

"(前略) la plénitude de la *parole* vivante, la richesse du verbe, l'unité profonde du Logos."［斜体部筆者］

(Michel Foucault, *L'archeologie du Savoir*. p.142)

"(前略) 生きた言葉の充満、ことばの豊かさ、ロゴスの深遠な統一性、(後略)"［下線部筆者］

(中村雄二郎訳『知の考古学』p.166)

"De ce point de vue, on ne reconnaît pas d'énoncé latent : car ce à quoi on s'adresse, c'est à la patence *langage* effectif."［斜体部筆者］　　(Michel Foucault, *L'archeologie du Savoir*.pp.143–144)

"なぜなら、人々が赴くのは現実的な言語の明白さであるからである。"［下線部筆者］　　(中村雄二郎訳『知の考古学』p.168)

"Ni caché, ni visible, le niveau énonciatif est à la limite du *langage* : il n'est point, en lui, un ensemble de caractères qui se donneraient, même d'une façon non systématique, à l'expérience immédiate ; mais il n'est pas non plus, derrière lui, le reste énigmatique et silencieux qu'il ne traduit pas."［斜体部筆者］

(Michel Foucault, *L'archeologie du Savoir*. p.147)

"言表のレヴェルは、隠されてもいなければ見えもせず、言語の限界に存在する。すなわち、言表のレヴェルは、言語においては、非体系的な仕方においてさえ、直接的経験に身を委ねるような特徴〔性質〕の総体では決してない。しかもそれは、また、言語の背後の、言語によっては翻訳不可能な、謎を含んだ沈黙の余剰でもない。言表のレヴェルは、言語の出現の様態を規定する。"［下線部筆者］

(中村雄二郎訳『知の考古学』pp.172–173)

"（前略）vers le moment fondateur où la *parole* n'était encore engagée dans aucune matérialité, n'était vouée à aucune persistence, et où elle se retenait dans la dimension non déterminée de l'ouverture."［斜体部筆者］

(Michel Foucault, *L'archeologie du Savoir*. p.164)

"この創始的瞬間たるや、そこでは、言葉はいまだいかなる物質性のなかにも参与せず、いかなる堅固さにも捧げられず、開始のいまだ確定されざる次元のうちに自己を保持していたのである。"［下線部筆者］ (中村雄二郎訳『知の考古学』p.193)

"Entre la *langue* qui définit le système de construction des phrases possibles, et le *corpus* qui recueille passivement les *paroles* prononcées, l'*archive* définit un niveau particulier : （後略）"［parole のみ斜体部筆者。その他の斜体部原文ママ］

(Michel Foucault, *L'archeologie du Savoir*. p.171)

"さまざまの可能な文の構築のシステムを規定する〈言語体系〉と、発音されたさまざまの言葉を受動的に蒐集した〈集成〉との間で、〈集蔵体〉は一つの独自なレヴェルを明確化する。"［下線部筆者］ (中村雄二郎訳『知の考古学』p.201)

"（前略）le modèle linéaire de la *parole*（後略）"［斜体部筆者］

(Michel Foucault, *L'archeologie du Savoir*. p.220)

"互いに相継起する言葉〔音声言語〕の線的モデル（後略）"
［下線部筆者］　　　　　　　　　（中村雄二郎訳『知の考古学』p.258）

"Le discours, tel du moins qu'il est analysé par l'archéologie, c'est-à-dire au niveau de sa positivité, ce n'est pas une conscience venant longer son projet dans la forme externe du *langage* : ce n'est pas une *langue*, plus un sujet pour la parler."［斜体部筆者］

(Michel Foucault, *L'archeologie du Savoir*.pp.220–221)

"少なくとも考古学によって分析されるような言説、つまりその実定性のレヴェルにおいて分析されるような言説は、その企てを言語の外的形式のうちに住まわせることになるような意識ではない。それは、一個の言語体系でも、それを話すための一個の主体でもない。"［下線部筆者］

(中村雄二郎訳『知の考古学』p.258)

"（前略）vous avez précipité toute une série de notions qui paraissent étrangères aux concepts maintenant admis par ceux qui décrivent des *langues* ou des mythes, des œvres littéraires ou des contes ;（後略）"［斜体部筆者］

(Michel Foucault, *L'archeologie du Savoir*. p.259)

"いまや言語体系や神話、文学的作品や噺などを記述する人々によって認められたさまざまな概念に無縁にみえるような一連の諸概念のすべてを、投げ入れたし、"［下線部筆者］

(中村雄二郎訳『知の考古学』pp.301–302)

ここでは、langue に対して「言語体系」、「言語体系」という訳語が、parole に対しては「パロール」、「音声言語」、「言葉」という訳語が、langage に対しては「言語」という訳語が当てられている。

1.9 *Les Mots et Les Choses* と 『言葉と物―人文科学の考古学―』

"Connaître sera donc interpréter : aller de la marque visible à ce qui se dit à travers elle, et demeurerait, sans elle, *parole* muette, ensommeillée dans les choses."［斜体部筆者］

(Michel Foucault, *Les Mots et Les Choses*. p.47)

"すなわち、目に見える標識から、それをつうじて語られているものへ、それなしには物のなかで眠る無言の言葉(パロール)にとどまるにちがいないものへと、赴くことなのだ。"［下線部筆者］

(渡辺一民・佐々木明訳『言葉と物―人文科学の考古学―』p.57)

"（前略）l'autre va du graphisme immmobile à la claire *parole*（後略）"［斜体部筆者］

(Michel Foucault, *Les Mots et Les Choses*. p.49)

"他方は不動の文字記号(グラフィスム)から明晰な言葉(パロール)へと赴く（後略）"［下線部筆者］

(渡辺一民・佐々木明訳『言葉と物―人文科学の考古学―』p.59)

"Les *langues* ne furent séparées les unes des autres et ne devinrent incompatibles que dans la mesure où fut effacée d'abord cette ressemblance aux choses qui avait été la première raison d'être du *langage*. Toutes les *langues* que nous connaissons, nous ne les parlons maintenant que sur fond de cette similitude perdue, et dans l'espace qu'elle a laissé vide."［斜体部筆者］

(Michel Foucault, *Les Mots et Les Choses*. p.51)

"諸言語(ラング)が分化し、たがいに両立せぬものとなったのは、言語(ランガージュ)の最初の存在理由だったこの物との類似が、まず消えさったからにほかならない。われわれの知っているあらゆる言語(ラング)を、われわれはいま、この失われた相似を基底として、それが消え去ったあとの空虚な空間において話しているのにすぎない。ただひとつの言語(ラング)だけが、この失われた相似の記憶をとどめている。"［下線部筆者］

（渡辺一民・佐々木明訳『言葉と物―人文科学の考古学―』p.61）

"（前略）les autres *langues* ont perdu ces similitudes radicales, que seul l'hébreu conserve pour montrer qu'il a été jadis la *langue* commune à Dieu, à Adam, et aux animaux de la première terre.

Mais si le *langage* ne ressemble plus immédiatement aux choses qu'il nomme, il n'est pas pour autant séparé du monde ; (後略)" ［斜体部筆者］　　　　（Michel Foucault, *Les Mots et Les Choses*. p.51）

"他の言語（ラング）はこれらの根源的な相似を失ってしまい、わずかにヘブライ語だけがそれを保持し、それがかつては神とアダムと原初の大地の動物たちに共通の言語（ラング）であったことを示しているにすぎない。

けれども言語（ランガージュ）は、その名ざす物にもはや直接類似してはいないにせよ、だからといって世界から切り離されているわけではない。"［下線部筆者］

（渡辺一民・佐々木明訳『言葉と物―人文科学の考古学―』p.62）

"Les racines, ce sont des mots rudimentaires qu'on trouve, identiques, dans un grand nombre de *langues* ― dans toutes peut-être ; elles ont été imposées par la nature comme cris involontaires et utilisées spontanément par le *langage* d'action."［斜体部筆者］

（Michel Foucault, *Les Mots et Les Choses*. p.123）

"語根とは、多数の――おそらくはすべての――言語（ラング）のなかに見いだされる同一の基本語である。それらは、意志の介入する余地のない叫びとして自然から強制され、動作による言語（ランガージュ）によって自然発生的に利用されたのだ。"［下線部筆者］

（渡辺一民・佐々木明訳『言葉と物―人文科学の考古学―』p.133）

"La ressemblance de la racine à ce qu'elle nomme ne prend sa valeur de signe verbal que par la convention qui a uni les hommes et réglé en une *langue* leur *langage* d'action."［斜体部筆者］

（Michel Foucault, *Les Mots et Les Choses*. p.123）

"語根とそれが名ざしているものとの類似は、人間たちを結び
つけ動作による言語を言語として整えた約束ごとによって、は
じめて言語記号としての価値をもつのにほかならない。"［下線
部筆者］

（渡辺一民・佐々木明訳『言葉と物―人文科学の考古学―』p.134）

"Comme si la disposition spatiale du *langage* prescrivait la loi du
temps ; comme si leur *langue* ne venait pas aux hommes à travers
l'histoire, mais qu'inversement ils n'accédaient à l'histoire qu'à
travers le système de leurs signes."［斜体部筆者］

（Michel Foucault, *Les Mots et Les Choses*. p.128）

"それはあたかも、言語の空間的配置が時間の法則を指定する
かのようであり、言語が歴史をつうじて人々に伝えられるので
はなく、逆に、人々が彼らの記号体系をつうじてしか歴史に到
達できないかのようなのだ。"［下線部筆者］

（渡辺一民・佐々木明訳『言葉と物―人文科学の考古学―』p.138）

"（前略）de là un axe qui traverse tout le quadrilatère du *langage* ;
c'est le long de cette ligne que se fixe l'état d'une *langue* : ses ca-
pacités d'articulation sont prescrites par le point de dérivation au-
quell elle est parvenue ; là se définissent à la fois sa posture histo-
rique et son pouvoir de discrimination."［斜体部筆者］

（Michel Foucault, *Les Mots et Les Choses*. p.132）

"そこから、言語の四辺形をつらぬく一本の軸が生れる。ある
言語の現状が位置づけられるのは、まさにこの線に沿ってなの
だ。つまり、言語のもつ分節化の能力は、それが到達した転移
の程度によって指定され、言語の歴史的位置と識別能力は、い
ずれもこの線上で規定されるのである。"［下線部筆者］

（渡辺一民・佐々木明訳『言葉と物―人文科学の考古学―』p.142）

"（前略）outre la diversité des *langues*, la relative instabilité de
chacune. En un moment donné de cette dérivation, et à l'intérieur

第5章　フランス語原典と日本語訳の比較検証　213

d'une *langue* singulière, les hommes ont à leur disposition un en-
semble de mots, de noms qui s'articulent les uns sur les autres et
découpent leurs représentations ; (後略)"［斜体部筆者］

(Michel Foucault, *Les Mots et Les Choses*. p.217)

"おそらくは諸言語（ラング）の多様性ばかりでなく、それぞれの言語（ラング）の
かなり不安定な性格をも説明する、さまざまな転移を生じさせ
る。こうした転移の一定の瞬間において、そしてまたひとつの
個別的言語（ラング）の内部において、人々は、語の一総体、たがいに分
節的に連接しつつ表象を截断する、名の一総体を所有してい
る。"［下線部筆者］

(渡辺一民・佐々木明訳『言葉と物―人文科学の考古学―』p.225)

"(前略) ne peut être ≪ expliquée ≫ ni même recueillie en une *pa-
role* unique."［斜体部筆者］

(Michel Foucault, *Les Mots et Les Choses*. p.229)

"(前略)「説明」されうるものでも、唯一の言葉（パロール）で表現されう
るものでもない。"［下線部筆者］

(渡辺一民・佐々木明訳『言葉と物―人文科学の考古学―』p.237)

"C'est pourquoi, quand nous voyons deux *langues* employer de
la même manière ces grands procédés du *langage*, la dérivation, la
composition, l'inflexion, nous pouvons en conclure que l'une
dérive de l'autre ou qu'elles sont toutes deux des dialectes d'une
même *langue* primitive."［斜体部筆者］

(Michel Foucault, *Les Mots et Les Choses*. p.249)

"だから、二つの言語（ラング）が、派生法、合成法、屈折という、
言語（ランガージュ）のあの大きな手段をおなじ仕方で用いている場合には、
そのことから、一方の言語（ラング）が派生したか、あるいは両者がとも
に同一の原初的言語（ラング）の方言であると結論することができよう。"
［下線部筆者］

(渡辺一民・佐々木明訳『言葉と物―人文科学の考古学―』p.256)

"Pour lier la représentation d'un sens avec celle d'un mot, il faut se référer, et avoir recours aux lois purement grammaticales d'un *langage* qui, hors de tout pouvoir de représentations, est soumis au système rigoureux de ses modifications phonétiques et de ses subordinations synthétiques ; à l'âge classique, les *langues* avaient une grammaire parce qu'elles avaient puissance de représenter ; maintenant elles représentent à partir de cette grammaire qui est pour elles comme un envers historique, un volume intérieur et nécessaire dont les valeurs représentatives ne sont plus que la face externe, scintillante et visible."［斜体部筆者］

(Michel Foucault, *Les Mots et Les Choses*. p.250)

"ある意味の表象をある語の表象に結びつけるためには、表象を表象するいっさいの能力とは関係なく音声学的変様統辞法的従属関係の厳密な体系にしたがう、言語の純粋に文法的な諸法則に依拠し、頼らなければならない。古典主義時代には、諸言語は表象能力をもつがゆえに文法をもつのであった。いまや諸言語は、文法から出発して表象をおこなう。そしてその文法とは、それらの言語にとって、いわば歴史的裏面、内的で必然的な嵩ともいうべきものであり、表象的価値はそのきらめく可視的な外面にすぎぬのだ。"［下線部筆者］

(渡辺一民・佐々木明訳『言葉と物―人文科学の考古学―』p.257)

"On cherche le *langage* au plus près de ce qu'il est : dans la *parole* — cette *parole* que l'écriture dessèche et fige sur place."［斜体部筆者］

(Michel Foucault, *Les Mots et Les Choses*. p.298)

"言語は、それが現にそうであるところのものにもっとも近いもの、すなわち――話されたもの――書かれたものが涸らし即座に凝固させるあの話されたもの――のなかに求められる。"［下線部筆者］

(渡辺一民・佐々木明訳『言葉と物―人文科学の考古学―』p.306)

"En sa sonorité passagère et profonde, la *parole* devient souveraine."［斜体部筆者］　(Michel Foucault, *Les Mots et Les Choses*. p.298)

"その束の間の深い音声によって、話されたものは至上のものとなる。"［下線部筆者］

(渡辺一民・佐々木明訳『言葉と物—人文科学の考古学—』p.306)

"Les analyses de Bopp devaient avoir une importance capîtale non seulement pour la décomposition interne d'une *langue*, mais encore pour définir ce que peut être le *langage* en son essence."［斜体部筆者］　(Michel Foucault, *Les Mots et Les Choses*. p.302)

"ボップの分析は、たんに言語の内的分解のためばかりではなく、言語とはその本質において何でありうるか規定するという意味でも、これからさき根本的重要性を持つにちがいない。"［下線部筆者］

(渡辺一民・佐々木明訳『言葉と物—人文科学の考古学—』p.310)

"（前略）puisque celui-ci devenait objet de sciences, il fallait inventer une *langue* qui fût plutôt symbolisme que *langage*, et qui à ce titre fût transparente à la pensée dans le mouvement même qui lui permet de connaître."［斜体部筆者］

(Michel Foucault, *Les Mots et Les Choses*. p.310)

"言語が諸科学にとって客体となった以上、言語というよりむしろ記号体系であるような言語、そのようなものとして、思考に認識することを可能にする運動そのもののなかで、思考にたいして透明であるような言語を発明しなければならなかった。"［下線部筆者］

(渡辺一民・佐々木明訳『言葉と物—人文科学の考古学—』p.318)

ここでは、langue に対して「言語」という訳語が、parole に対しては「話されたもの」、「言葉」という訳語が、langage に対しては「言語」という訳語が当てられている。

1.10　*Alice au Pays du Langage* と『言葉の国のアリス』

"Parmi les outils culturels de l'homme, le *langue* occupe une place à part."〔斜体部筆者〕

(Marina Yaguello, *Alice au Pays du Langage.* p.12)

"人間の文化的な道具のなかでも、言語活動（ことば）は格別な位置を占めています。"〔下線部筆者〕

(青柳悦子訳『言葉の国のアリス』p.10)

"Le *langue* doit être appris, sous la forme d'une *langue*, propre à une communauté, afin de se manifester en actes de *parole*."〔斜体部筆者〕 (Marina Yaguello, *Alice au Pays du Langage.* p.12)

"言語活動（ランガージュ）はある共同体に固有な〔個別〕言語（ラング）というかたちで、学習される必要があります。そしてそれが言語実践（パロール）という行為となってあらわれるのです。"〔下線部筆者〕

(青柳悦子訳『言葉の国のアリス』p.11)

"La linguistique a donc pour objet l'exploration des mécanismes du *langage* à travers les différentes *langues* parlées par les hommes."〔斜体部筆者〕 (Marina Yaguello, *Alice au Pays du Langage.* p.12)

"したがって言語学の目的は、言語活動（ランガージュ）のさまざまなメカニズムを、人々によって話されるさまざまな〔個別〕言語（ラング）を通して探究することだといえます。"〔下線部筆者〕

(青柳悦子訳『言葉の国のアリス』p.12)

"Son objet, elle ne peut l'appréhender, le décrire, l'analyser qu'en usant du *langage* lui-même :"〔斜体部筆者〕

(Marina Yaguello, *Alice au Pays du Langage.* p.12)

"すなわち言語学は、言語活動（ことば）そのものを用いてしか、その対象を把握することも、記述することも、分析することできない、という点です。"〔下線部筆者〕

(青柳悦子訳『言葉の国のアリス』p.12)

"（前略）il existe une relation dite *métalinguistique* entre le *langage, objet* d'analyse, et le *langage, outil* de cette analyse."〔langageのみ斜体部筆者。その他の斜体部原文ママ〕

(Marina Yaguello, *Alice au Pays au Langage*.pp.12–13)

"つまり分析の対象としての言語活動と分析の道具としての言語活動のあいだには、いわゆるメタ言語的な関係があるのです。"〔下線部筆者〕 （青柳悦子訳『言葉の国のアリス』p.12)

"(前略) car le *langage* est à tout le monde."〔斜体部筆者〕

(Marina Yaguello, *Alice au Pays du Langage*. p.13)

"なぜなら言語活動は万人の所有物だからです。"〔下線部筆者〕 （青柳悦子訳『言葉の国のアリス』p.12)

"(前略) d'autres peuvent être considérés, à des degrés divers, comme des théoriciens du *langage*."〔斜体部筆者〕

(Marina Yaguello, *Alice au Pays du Langage*. p.13)

"こうした人々は、程度のちがいはあってもみな、言語活動の理論家とみなしてよい人々です。"〔下線部筆者〕

（青柳悦子訳『言葉の国のアリス』p.14)

"D'où l'idée d'exploiter tout ce qui, dans la *parole* des locuteurs, relève du *jeu*, de la *déviance* (conscients ou non, voir les *lapsus*) pour décrire les structures de la *langue* et remonter, par-delà, aux caractéristiques universelles du *langage*."〔parole, langue, langageのみ斜体部筆者。その他の斜体部原文ママ〕

(Marina Yaguello, *Alice au Pays du Langage*. p.14)

"そこで私は、話し手たちの言語実践のなかから遊びや逸脱にかかわるあらゆることがら（意識的なものでも、たとえば言い違いのように無意識的なものでも）をひろいだして、言語の構造を記述し、そこからさらに言語活動の普遍的な特性へと遡ってみようと思いついたわけです。"〔下線部筆者〕

（青柳悦子訳『言葉の国のアリス』p.15)

"Il n'existe pas, de toute façon, de théorie ou de description qui rende compte de l'ensemble du phénomènce *langage*, ni même d'une *langue* particuliè ni même d'une partie d'une *langue*."［斜体部筆者］

(Marina Yaguello, *Alice au Pays du Langage.* p.15)

"<u>言語現象</u>の総体についてはもちろんのこと、あるひとつの<u>個別言語</u>についても、あるいはある<u>言語</u>のある一部分についてでさえも、ゆきとどいた説明をおこなうような理論とか学説はどのみち、存在しないのですから。"［下線部筆者］

(青柳悦子訳『言葉の国のアリス』p.16)

"（前略）sur ce qui relève de la *langue* et ce qui relève de la *parole*, （後略）"［斜体部筆者］

(Marina Yaguello, *Alice au Pays du Langage.* p.15)

"また、<u>ラング</u>に属するものが何で<u>パロール</u>に属するものが何か、（後略）"［下線部筆者］　(青柳悦子訳『言葉の国のアリス』p.16)

"Par ailleurs, la *nature* de l'activité de *langage* nous est encore mal connue."［langageのみ斜体部筆者。その他の斜体部原文ママ］

(Marina Yaguello, *Alice au Pays du Langage.* p.15)

"また別の問題をあげれば、<u>言語〔活動〕</u>という活動の性質について、わたしたちはよくわからないでいます。"［下線部筆者］

(青柳悦子訳『言葉の国のアリス』p.17)

"（前略）c'est celui qui porte à croire que le français est, plus que toute autre *langue*, propre au mot d'esprit, au calembour, au jeu de mots. Toutes les *langues* autorisent le jeu."［斜体部筆者］

(Marina Yaguello, *Alice au Pays du Langage.* p.16)

"<u>言語活動</u>に精通している人たちですら信じているその先入見とは、気の利いた文句や<u>語呂合わせ</u>や洒落をつくる能力に優れている点ではフランス語が一番であり、ほかのいかなる<u>言語</u>もこれにおよばないとする思いこみです。しかし、どんな<u>言語</u>でも遊びが許容されています。"［下線部筆者］

(青柳悦子訳『言葉の国のアリス』pp.18-19)

第5章　フランス語原典と日本語訳の比較検証　**219**

"Selon les cultures, la *parole* est ou n'est pas valorisée comme forme d'art." ［斜体部筆者］

(Marina Yaguello, *Alice au Pays du Langage*. p.17)

"言語実践(パロール)はそれぞれの文化によって芸術的形式として評価されたり、されなかったりします。" ［下線部筆者］

(青柳悦子訳『言葉の国のアリス』p.19)

"La *parole* n'est pas seulement un outil, (後略)" ［斜体部筆者］

(Marina Yaguello, *Alice au Pays du Langage*. p.19)

"言葉(パロール)はたんに道具であるだけではなく、(後略)" ［下線部筆者］

(青柳悦子訳『言葉の国のアリス』p.21)

"Seul parmi tous les systèmes de signes, le *langage* a un pouvoir d'*interprétance*, selon le mot de Benveniste. Seul, il peut parler de lui-même et de tous les autres *langages*." ［langage, langagesのみ斜体部筆者。その他の斜体部原文ママ］

(Marina Yaguello, *Alice au Pays du Langage*. p.28)

"すべての記号体系のなかでただひとつ言語活動(こ と ば)だけが、バンヴェニストの用語を使えば、解釈傾向性の力をそなえています。言語活動(こ と ば)だけがおのれ自身について、そしてほかのあらゆる言語について語ることができるのです。" ［下線部筆者］

(青柳悦子訳『言葉の国のアリス』p.35)

"Le *langage* est commun à tous les hommes. Il n'y a pas de différence de nature entre les *langues*." ［斜体部筆者］

(Marina Yaguello, *Alice au Pays du Langage*. p.39)

"言語活動(ランガージュ)はあらゆる人間に共通のものです。諸言語(ラング)のあいだに本性的な差異はありません。" ［下線部筆者］

(青柳悦子訳『言葉の国のアリス』p.54)

"Toutes les *langues* ont en commun certaines propriétés et caractéristiques 《universelles》qui définissent justement *le langage*." ［

斜体部筆者］　　　　　　（Marina Yaguello, *Alice au Pays du Langage*. p.39)

"あらゆる言語（ラング）はいくつかの「普遍的な」特性と特色とを共有しており、まさにそれが言語活動（ランガージュ）の定義をなします。"［下線部筆者］

（青柳悦子訳『言葉の国のアリス』p.54)

"Car, à travers l'extraordinaire diversité des *langues* du monde, c'est l'unité du *langage* humain que l'on vise, ce qui fait sa spécificité par rapport aux codes de communication non humains."［斜体部筆者］　　　　　　（Marina Yaguello, *Alice au Pays du Langage*. p.39)

"いいかえれば、途方もなく多様な世界中の諸言語を通して、人々が探し求めているのは、人間の言語活動（ランガージュ）の単一性だからであり、単一性こそ、言語活動（ことば）が人間以外のコミュニケーションの諸コードと異なる特殊な点なのです。"［下線部筆者］

（青柳悦子訳『言葉の国のアリス』p.54)

"（前略）c'est-à-dire dans le système de la *langue* telle qu'elle existe et est perçue par les locuteurs à un moment donné de son histoire."［斜体部筆者］

（Marina Yaguello, *Alice au Pays du Langage*. p.64)

"共時的な次元でというのは、現に存在するものとしての、話し手たちによって歴史のある時点においてとらえられたものとしての言語（ラング）の体系において、ということです。"［下線部筆者］

（青柳悦子訳『言葉の国のアリス』p.94)

"La possibilité de produire des énoncés comportant des emboîtements ou des enchaînements en nombre infini est une caractéristique essentielle du *langage*：（後略）"［斜体部筆者］

（Marina Yaguello, *Alice au Pays du Langage*. p.130)

"無限数の入れ子構造や無限数の語の連鎖をもつ文章（ノンセ）を生みだすことができるというのは、言語活動（ことば）の本質的特徴のひとつです。"［下線部筆者］　　（青柳悦子訳『言葉の国のアリス』p.192)

第5章　フランス語原典と日本語訳の比較検証　**221**

"C'est la *langue* et non la *parole* que Saussure assignait comme objet à la linguistique, (後略)" [斜体部筆者]

(Marina Yaguello, *Alice au Pays du Langage*. p.134)

"ソシュールが言語学の対象として定めたのは<u>パロール</u>ではなく<u>ラング</u>です。" [下線部筆者]

(青柳悦子訳『言葉の国のアリス』p.197)

"(前略) en effet, la *langue*, phénomène social, n'est observable qu'à travers la *parole*, manifestation individuelle." [斜体部筆者]

(Marina Yaguello, *Alice au Pays du Langage*.pp.134–135)

"たとえば社会的現象である<u>ラング</u>は、実際のところ、個人による顕在化行為である<u>パロール</u>を通してしか観察することはできません。" [下線部筆者] (青柳悦子訳『言葉の国のアリス』p.198)

"Il paraît difficile de renvoyer tout cela dans le domaine d'une *parole* individuelle." [斜体部筆者]

(Marina Yaguello, *Alice au Pays du Langage*. p.135)

"それをすべて個人的な<u>パロール</u>の領域に帰すことは難しいと思われます。" [下線部筆者]

(青柳悦子訳『言葉の国のアリス』p.198)

"La polysé, l'homophonie, bien que relevant du système de la *langue*, peuvent également servir de révélateur à l'inconscient, lorsqu'elles apparaissent dans la *parole* du patient en analyse." [斜体部筆者] (Marina Yaguello, *Alice au Pays du Langage*. p.139)

"多義性、同音性〔同音異義の関係〕は、<u>ラング</u>の体系に属するものではありますが、分析される患者の<u>発言</u>にあらわれた場合には、これらもまた無意識の世界の秘密を明かすものとして役だちます。" [下線部筆者]

(青柳悦子訳『言葉の国のアリス』pp.205–206)

"Benveniste montre que si l'inconscient est structuré comme un *langage*, c'est à la *parole* qu'il faut comparer la symbolique de l'inconscient et pas à la *langue* (au sens saussurien du terme)."［斜体部筆者］　(Marina Yaguello, *Alice au Pays du Langage*.pp.139–140)

"バンヴェニストは、無意識が言語活動^{ランガージュ}のように構造化されているとすれば、無意識の象徴はラング（この術語のソシュール的な意味における）とではなく、パロールと比較されるべきであると説きました。"［下線部筆者］

(青柳悦子訳『言葉の国のアリス』p.206)

"Le symbolisme universel de l'inconscient peut être rapporté à ces traits universels de *langage* qui, transcendant le système culturel et supposé neutre de la *langue*, se manifestent dans la *parole* de tous les peuples."［斜体部筆者］

(Marina Yaguello, *Alice au Pays du Langage*. p.140)

"無意識という普遍的な象徴活動と関係づけることができるのは、ラングという中性的だと仮定される文化的な体系を超越し、あらゆる民族のパロールのなかにあらわれでる言語活動^{ランガージュ}の普遍的な諸特徴にほかなりません。"［下線部筆者］

(青柳悦子訳『言葉の国のアリス』pp.206–207)

"Mais le principe d'économie n'est pas le seul à régner sur le *langage*. Celui-ci est à la fois cigale et fourmi puisque la synonymie,（中略)Le *langage* se trouve ainsi le jeu de forces contraires."［斜体部筆者］　(Marina Yaguello, *Alice au Pays du Langage*.pp.178–179)

"とはいえ、経済の原理だけが言語活動^{ことば}を支配しているのではありません。言語活動^{ことば}はアリであると同時にセミでもあるのです。（中略）このように言語活動^{ことば}とは、相反する力の戯れにほかなりません。"［下線部筆者］

(青柳悦子訳『言葉の国のアリス』p.270)

"Car, s'il est vrai que c'est au spécialiste que revient la recherche proprement dite, l'étude approfondie, souvent ardue, ingrate, de tel ou tel aspect particulier du *langage* ou des *langues*,(後略)"［斜体部筆者］

(Marina Yaguello, *Alice au Pays du Langage*. p.199)

"狭い意味での研究、すなわち言語活動ないし諸言語のしかじかの特殊的な相をあつかう、しばしば難渋を強いたうえに徒労に終わる深遠なる研究は、たしかに専門家にゆだねられるべきものかもしれません。"［下線部筆者］

(青柳悦子訳『言葉の国のアリス』pp.301–302)

"Il est plus humain que l'enfant sauvage réduit à l'état de bête par l'absence de *langage*. Et c'est bien pourquoi le *langage* est au centre de l'homme et réciproquement."［斜体部筆者］

(Marina Yaguello, *Alice au Pays du Langage*. p.199)

"この兵士は、言語活動を剥奪されているために獣の状態にあるあの野生児よりもはるかに人間的です。だからこそこう言えるのです。人間の中心には言語活動があり、また言語活動の中心には人間がある、と。"［下線部筆者］

(青柳悦子訳『言葉の国のアリス』p.302)

　ここでは、langue に対して「ラング」、「言語」、「言語体系」、「個別言語」という訳語が、parole に対しては「パロール」、「発言」、「言葉」、「言語実践」、「せりふ」という訳語が、langage に対しては「言語活動」、「言語活動」、「言語現象」、「言葉」*4 という訳語が当てられている。

2.　訳語のまとめ

1.1　*Cours de linguistique générale* と『言語学原論』

langue：「言語」

langage：「言語活動」

parole：「言」

1.2　*Anthropologie structurale* と『構造人類学』

langue：「言語」

langage：「言語」

parole：「言葉」

1.3　*Questions de Poétique* と『ロマーンヤーコブソン選集3 詩学』

langue："langue"、「言語」

langage：「言語」

parole："parole"、「発言」

1.4　*Le Degré Zéro de L'écriture* と『零度のエクリチュール』

langue：「言語体<ruby>ラング<rt></rt></ruby>」、「言語体」

langage：「言語<ruby>ランガージュ<rt></rt></ruby>」、「言語」

parole：「コトバ<ruby>パロール<rt></rt></ruby>」、「コトバ」

1.5　*Éléments de Sémiologie* と『記号学の原理』

langue：「ラング」、「言語<ruby>ラング<rt></rt></ruby>」

langage：「言語活動<ruby>ランガージュ<rt></rt></ruby>」、「言語活動」

parole：「パロール」、「言<ruby>パロール<rt></rt></ruby>」

1.6　*Essais de stylistique structurale* と『文体論序説』

langue：「言語体系<ruby>ラング<rt></rt></ruby>」

langage：「言語活動<ruby>ランガージュ<rt></rt></ruby>」、「言語<ruby>ランガージュ<rt></rt></ruby>」

parole：「言<ruby>パロール<rt></rt></ruby>」

1.7　*Sémiotique de la poésie* と『詩の記号論』

langue：「言語」

langage：「言語」

parole：「言<ruby>パロール<rt></rt></ruby>」

1.8　*L'archéologie du Savoir* と『知の考古学』

langue：「言語体系」、「言語体系<ruby>ラング<rt></rt></ruby>」

langage：「言語」

parole：「パロール」、「音声言語<ruby>パロール<rt></rt></ruby>」、「言葉<ruby>パロール<rt></rt></ruby>」

1.9　*Les Mots et Les Choses* と『言葉と物―人文科学の考古学―』

langue：「言語<ruby>ラング<rt></rt></ruby>」

langage：「言語<ruby>ランガージュ<rt></rt></ruby>」

parole：「話されたもの<ruby>パロール<rt></rt></ruby>」、「言葉<ruby>パロール<rt></rt></ruby>」

1.10　*Alice au Pays du Langage* と『言葉の国のアリス』

langue：「ラング」、「言語<ruby>ラング<rt></rt></ruby>」、「言語体系」、「個別言語」

langage：「言語活動」、「言語活動」、「言語現象」、「言葉」*7
parole：「パロール」、「発言」、「言葉」、「言語実践」、「せりふ」

　本章では取り上げなかったが、小松英輔による Saussure の自筆草稿の翻訳である相原・秋津訳（2003、2006）では、langue：言語／langage：言葉／parole：言葉となっている。同様に、Bouquet, S. et Engler, R.（2002）の松澤訳（2013）では、langue：言語、個別言語、ラング／langage：言語、言葉、ランガージュ／parole：言葉、パロールとなっていることを付け加えておく。

　こうした日本語訳がわれわれに呈示するのは、本章の初めに見た Godzich の指摘の正当性と Saussure 学説の理解に混乱をきたすだけの結果しか生まない、訳語の混乱と不統一だけである。

---

*1　言語学における術語に対する懐疑的態度は、1894 年 1 月 4 日に Meillet に宛てた手紙の中ですでに Saussure 自身抱いていたことが以下の文からも明らかである。

　　"Sans cesse l'ineptie absolue de la terminologie courante, la nécessité de la réforme, et de montrer pour cela quelle espèce d'objet est la langue en général, vient gâter mon plaisir historique, quoique je n'aie pas de plus cher vœu que de n'avoir pas à m'occuper de la langue en général.

　　Cela finira malgré moi par un livre où, sans enthousiasme ni passion, j'expliquerai pourquoi il n'y a pas un seul terme employé en linguistique auquel j'accorde un sens quelconque. Et ce n'est qu'après cela, je l'avoue, que je pourrai reprendre mon travail au point où je l'avais laissé."

（Cahiers 21, 1964: 95）

　　"現在用いられている術語が荒唐無稽で、それを改革する必要性と言語とは一般にどういう種類の対象であるかを示す必要性が、たえず私の歴史に対する喜びを損ねてしまいます。言語一般などには関わらずにすませたいというのが私の切なる願いです。

　　しかしながらこれは、不本意ながら一冊の本になることでしょう。私はその中で、言語学で用いられている術語には意味の認められるものがなぜ一つもないのかということを、感動も情熱もなく淡々と説明することになるでしょう。"（筆者訳）

このことは Godzich や Black が指摘するまでもなく、言語学への懐疑もすでに Saussure 自身が誰よりも強く抱いていたことを物語っている。

＊2　原文は次のとおりである。"comme les phonèmes, les termes de parenté sont des elements de signification ; comme eux, ils n'acquièrent cette signification qu'à la condition de s'intégrer en systès ; "

＊3　原文は次のとおりである。"Comme la langue, il me semble que la cuisine d'une société est analyzable en elements constitutifs qu'on pourrait appeler dans ce cas des ((gustèmes,)) lesquels sont organizes selon certaines structures d'opposition et de correlation."

＊4　原文は次のとおりである。"Et, si nous les découvrions communes à plusieurs domains, nous serions en droit de conclure que nous avons attaint une valeur significative des attitudes inconscientes de la société, ou des société en question."

＊5　「文学と科学」『タイムズ紙文学付録』1967年9月28日号。

＊6　Roman Jakobson の *Questions de Poetique* とは、詩学にまつわる29編の論文を集めた本のタイトルであり、わが国では11人によってそれぞれの論文が訳され、『ロマーンヤーコブソン選集3詩学』として刊行されている。見出しと出典のタイトルに違いが見られるのは、引用の出典が *Questions de Poetique* に収められた29編の各論文につけられたタイトルのためである。

＊7　本文中には、langage に対して「言葉」という訳語が使われている箇所は見当たらないが、*Alice au Pays du Langage* に当てられた邦題が『言葉の国のアリス』となっている。

第5章　フランス語原典と日本語訳の比較検証　227

第6章

仏文原典と英語訳の比較検証

1. 英語との対応

前章では、*CLG* におけるフランス語とその日本語訳の対応について見た。加えて、Saussure 学説のエッセンスである構造主義を、言語学を超えて広めたフランス語文献における langue、langage、parole の三分法の現れ方とその日本語の対応関係の揺れについて考察した。

一方、その英訳では、これらの langue、langage、parole という三分法に対してどのような訳語を当てているかを見れば、欧米人の考える langue、langage、parole という三分法の認識が分かりやすくなると同時に、これら三つの認識法とその術語に対する日本語での対応関係も見えやすくなる。

本章では、そうした訳語の対応の問題とそれに伴って生じる概念の認識、更には英語との対応関係による西欧諸語との対応関係について考察をすすめる。その方法として、前章で取り上げたフランス語文献とそれに対する英訳を対比し、langue、langage、parole という三分法と、その術語に対する英語での対応関係を見ていく。

また英文文献が第5章の論考と対をなさないのは、フランス語原典に対する日本語訳が出版されているものの、それに対する英訳版が出版されていないためである。さらに、引用文の掲載頁が第5章の仏文原典とその日本語訳の頁と逐一対応しないのは、その箇所が訳出されなかったり省略されているためである。

1.1 *Cours de linguistique générale* と *Course in General Linguistics*

"(前略) *il faut se placer de prime abord sur le terraine de la langue et la prendre pournorme de toutes les autres manifestations du langage.*"［斜体部原文ママ］ (*CLG.* p.25)

"(前略) from the very outset we must put both feet on the ground of *language* and use *language* as the norm of all other manifestations of *speech*."［斜体部筆者］

(Wade Baskin 訳, *Course in General Linguistics.* p.9)

"Mais qu'est-ce que la *langue* ? Pour nous elle ne se confond pas avec le *langage* ; elle n'en est qu'une partie déterminée, essentielle, il est vrai. C'est à la fois un produit social de la faculté du *langage* et un ensemble de conventions nécessaires, adoptées par le corps social pour permettre l'exercice de cette faculté chez les individus. Pris dans son tout, le *langage* est multiforme et hétérocite ; à cheval sur plusiers domaines, à la fois physique, physiologique, et psychique, il appartient encore au domaine individuel at au domaine social ; il ne se laisse classer dans aucune catégorie des faits humains, parce qu'on ne sait comment dégager son unité.

La *langue*, au contraire, est un tout en soi et un principe de classification. Dès que nous lui donnons la première place parmi les faits de langage, nous introduisons un ordre naturel dans un ensemble qui ne se prête à aucune autre classification. (中略)la langue est une convention, et la nature du signe dont on est convenu est indifférente."［斜体部筆者］ (*CLG.*pp.25–26)

"But what is *language* [*langue*]? It is not to be confused with *human speech* [*langage*], of which it is only a definite part, though certainly an essential one. It is both a social product of the faculty of *speech* and a collection of necessary conventions that have been adopted by a social body to permit individuals to exercise that faculty. Taken as a whole, speech is many-sided and heterogeneous; straddling several areas simultaneously — physical, physiological, and psychological — it belongs both to the individual and to society; we cannot put it into any category of human facts, for we cannot discover its unity."［斜体部筆者］

（Wade Baskin訳, *Course in General Linguistics*. p.9）

"La partie psychique n'est pas non plus tout entière en jeu : le côté exéctif reste hors de cause, car l'exécution n'est jamais faite par la masse ; elle est toujours individuelle, et l'individu en est toujours le maître ; nous l'appellerons la *parole*."［斜体部原文ママ］

（*CLG*. p.30）

"Neither is the psychological part of the circuit wholly responsible: the executive side is missing, for execution is never carried out by the collectivity. Execution is always individual, and the individual is always its master: I shall call the executive side *speaking* [*parole*]."［斜体部筆者］

（Wade Baskin訳, *Course in General Linguistics*. p.13）

"Si nous pouvions embrasser la somme des images verbales emmagasinées chez tous les individus, nous toucherions le lien social qui constitue la *langue*. C'est un trésor déposé par la pratique de la *parole* dans les sujets appartenant à une même communauté, un système grammatical existant virtuellement dans chaque cerveau, ou plus exactement dans les cerveaux d'un ensemble d'individus ; car la *langue* n'est complète dans aucun, elle n'existe parfaitement que dans la masse.

En séparant la *langue* de la *parole*, on sépare du même coup : 1. ce qui est social de ce qui est individuel ; 2. ce qui est essentiel de ce qui est accessoire et plus ou moins accidentel."［斜体部筆者］

（*CLG*. p.30）

"If we could embrace the sum of word-images stored in the

第6章　仏文原典と英語訳の比較検証　　231

minds of all individuals, we could identify the social bond that constitutes *language*. It is a storehouse filled by the members of a given community through their active use of speaking, a grammatical system that has a potential existence in each brain, or, more specifically, in the brains of a group of individuals. For *language* is not complete in any speaker; it exists perfectly only within a collectively."［斜体部筆者］

(Wade Baskin 訳, *Course in General Linguistics*.pp.13–14)

"In separating *language* from *speaking* we are at the same time separating: (1)what is social from what is individual; and (2) what is essential from what is accessory and more or less accidental."［斜体部筆者］

"La *langue*, distincte de la *parole*, est un objet qu'on peut étudier séparément."［斜体部筆者］　　　　　　　　　　　　(*CLG*. p.31)

"*Language*, unlike *speaking*, is something that we can study separately."［斜体部筆者］

(Wade Baskin訳, *Course in General Linguistics*. p.15)

"Tandis que le *langage* est hétérogène, la *langue* ainsi délimitée est de nature homogène : c'est un système de signes où il n'y a d'essentiel que l'union du sens et de l'image acoustique, et où les deux parties du signe sont également psychiques."［斜体部筆者］

(*CLG*. p.32)

"Whereas *speech* is heterogeneous, *language*, as defined, is homogeneous. It is a system of signs in which the only essential thing is the union of meanings and sound-images, and in which both parts of the sign are psychological."［斜体部筆者］

(Wade Baskin 訳, *Course in General Linguistics*. p.15)

"Nous venons de voir que la *langue* est institution sociale ; mais elle se distingue par plusieurs traits des autres institutions politiques, juridiques, etc. Pour comprendre sa nature spéciale, il faut faire intervenir un nouvel ordre de faits.

La *langue* est un système de signes exprimant des idées, et par là, comparable à l'écriture, à l'alphabet des sourds-muets, aux rites symboliques, aux formes de politesse, aux signaux militaires, etc., etc. Elle est seulement le plus important de ces systèmes." ［斜体部筆者］ (*CLG.* p.33)

"We have just seen that *language* is a social institution; but several features set it apart from other political, legal, etc. institutions. We must call in a new type of facts in order to illuminate the special nature of *language*.

Language is a system of signs that express ideas, and is therefore comparable to a system of writing, the alphabet of deaf-mutes, symbolic rites, polite formulas, military signals, etc. But it is the most important of all these systems." ［斜体部筆者］

(Wade Baskin訳, *Course in General Linguistics.*pp.15–16)

"（前略）la tâche du linguiste est de définir ce qui fait de la *langue* un système spécial dans l'ensemble des faits sémiologiques." ［斜体部筆者］ (*CLG.* p.33)

"The task of the linguist is to find out what makes *language* a special system within the mass of semiological data." ［斜体部筆者］ (Wade Baskin訳, *Course in General Linguistics.* p.16)

"（前略）*la linguistique a pour unique et véritable objet la langue envisagée en elle-même et pour elle-même.*" ［斜体部原文ママ］ (*CLG.* p.317)

"（前略） the true and unique object of linguistics is *language* studied in and for itself." ［斜体部筆者］

(Wade Baskin訳, *Course in General Linguistics.* p.232)

ここでは、langue に対して language が、langage に対して speech が、parole に対して speaking が当てられている。

第6章　仏文原典と英語訳の比較検証　　233

1.2 *Anthropologie structurale* と *Structural Anthropology*

"En premier lieu, on s'est occupé du rapport entre *une langue* et *une* culture déterminées. Pour étudier une culture, la connaissance de la *langue* est-elle nécessaire ? "［langueのみ斜体部筆者。その他の斜体部原文ママ］ (Lévi-Strauss, *Anthropologie structurale*. p.77)

"In the first place, we have spoken about the relation between *a language* and *a* culture. That is, how far it is necessary, when we try to study a culture, to know the *language*, or how far is it necessary to understand what is meant by the population, to have some knowledge of the culture besides the *language*."［languageのみ斜体部筆者。その他の斜体部原文ママ］

(Claire Jacobson and Brooke Schoepf 訳, *STRUCTURAL ANTHROPOLOGY*. p.67)

"Nous avons aussi discuté à un autre niveau, où la question posée n'est plus celle du rapport entre *une langue* et *une* culture, mais plutôt du rapport entre *langage* et *culture* en général."　［langue と languageのみ斜体部筆者。その他の斜体部原文ママ］

(Lévi-Strauss, *Anthropologie structurale*. p.77)

"There is a second level, which is not the relationship between *a language* and *a* culture, but the relationship between *language* and *culture*."［languageのみ斜体部筆者。その他の斜体部原文ママ］

(Claire Jacobson and Brooke Schoepf訳, *STRUCTURAL ANTHROPOLOGY*.pp.67–68)

"Au cours des discussions, on n'a jamais envisagé le problème posé par l'attitude concrète d'une culture envers sa *langue*. Pour prendre un exemple, notre civilisation traite le *langage* d'une façon qu'on pourrait qualifier d'immodérée : (後略)"［斜体部筆者］ (Lévi-Strauss, *Anthropologie structurale*.pp.77–78)

"And though there also many important problems on this level,

234

it seems to me that our discussions have not so often been placed on the second level as on the first one. For instance, I am rather struck by the fact that at no moment during our discussions has any reference been made to the behavior of culture as a whole toward *language* as a whole." ［斜体部筆者］

(Claire Jacobson and Brooke Schoepf 訳, *STRUCTURAL ANTHROPOLOGY*. p.68)

"Cette manière d'abuser du *langage* n'est pas universelle ; elle n'est même pas fréquente. La plupart des cultures, que nous appelons primitives, usent du *langage* avec parcimonie ; (後略)" ［斜体部筆者］

(Lévi-Strauss, *Anthropologie structurale*. p.78)

"This is not at all a universal situation. There are cultures — and I am inclined to say most of the cultures of the world which are rather thrifty I relation to *language*." ［斜体部筆者］

(Claire Jacobson and Brooke Schoepf 訳, *STRUCTURAL ANTHROPOLOGY*. p.68)

"Je pense ici au rapport, non plus entre *une langue* — ou le *langage* lui-même — et *une* culture — ou la culture elle-même — mais entre la linguistique et l'anthropologie considérées comme sciences." ［langue と langage のみ斜体部筆者。その他の斜体部原文ママ］

(Lévi-Strauss, *Anthropologie structurale*. p.78)

"It is the relation, not between *a language* or *language* and *a* culture or *culture*, but the relation between linguistics as a scientific discipline and anthropology." ［language のみ斜体部筆者。その他の斜体部原文ママ］

(Claire Jacobson and Brooke Schoepf 訳, *STRUCTURAL ANTHROPOLOGY*. p.68)

"C'est que le problème des rapports entre *langage* et culture est un des plus compliqués qui soient. On peut d'abord traiter le *lan-*

gage comme un *produit* de la culture : une *langue*, en usage dans une société, reflète la culture générale de la population. Mais en un autre sens, le *langage* est une *partie* de la culture ; il constitue un de ses éléments, parmi d'autres." ［langueとlangageのみ斜体部筆者。その他の斜体部原文ママ］

(Lévi-Strauss, *Anthropologie structurale*. p.78)

　"The relationship between *language* and culture is an exceedingly complicated one. In the first place, *language* can be said to be a result of culture : The *languag*e which is spoken by one population is a reflection of the total culture of the population. But one can also say that *language* is a *part* of culture." ［languageのみ斜体部筆者。その他の斜体部原文ママ］

(Claire Jacobson and Brooke Schoepf 訳, *STRUCTURAL ANTHROPOLOGY*. p.68)

　"Mais ce n'est pas tout : on peut aussi traiter le *langage* comme *condition* de la culture, et à un double titre : （後略）" ［langageのみ斜体部筆者。その他の斜体部原文ママ］

(Lévi-Strauss, *Anthropologie structurale*. p.78)

　"In the third place, *language* can be said to be a *condition* of culture, and this in two different ways: （後略）" ［languageのみ斜体部筆者。その他の斜体部原文ママ］

(Claire Jacobson and Brooke Schoepf 訳, *STRUCTURAL ANTHROPOLOGY*. p.68)

　"（前略） puisque c'est surtout au moyen du *langage* que l'individu acquiert la culture de son groupe ; on instruit, on éduque l'enfant par la *parole* ; on le gronde, on le flatte avec des mots." ［斜体部原文ママ］　　　　(Lévi-Strauss, *Anthropologie structurale*. p.78)

　"（前略） because it is mostly through the *language* that we learn about our own culture we are taught by our parents, we are scolded, we are congratulated, with *language*." ［斜体部筆者］

（Claire Jacobson and Brooke Schoepf 訳，*STRUCTURAL ANTHROPOLOGY*. p.68）

　"En se plaçant à un point de vue plus théorique, le *langage* apparaît aussi comme condition de la culture, dans la mesure où cette dernière possède une architecture similaire à celle du *langage*."［斜体部筆者］　　（Lévi-Strauss, *Anthropologie structurale*. p.78）

　"But also, from a much more theoretical point of view, *language* can be said to be a condition of culture because the material out of which *language* is built is of the same type as the material out of which the whole culture is built: logical relations, oppositions, correlations, ant the like."［斜体部筆者］

（Claire Jacobson and Brooke Schoepf 訳，*STRUCTURAL ANTHROPOLOGY*.pp.68–69）

　"Si bien qu'on peut considérer le *langage* comme une foundation, destinée à recevoir les structures plus complexes parfois, mais du même type que les siennes, qui correspondent à la culture envisagée sous différents aspects."［斜体部筆者］

（Lévi-Strauss, *Anthropologie structurale*. p.79）

　"*Language*, from this point of view, may appear as laying a kind of foundation for the more complex structures which correspond to the different aspects of culture."［斜体部筆者］

（Claire Jacobson and Brooke Schoepf 訳，*STRUCTURAL ANTHROPOLOGY*. p.69）

　"En second lieu, nous avons fait comme si le dialogue se déroulait entre deux protagonistes seulement : d'un côté la *langue*, de l'autre la culture ; et, comme si notre problème pouvait être intégralement défini en termes de causalité : est-ce la *langue* qui exerce une action sur la culture ?"［斜体部筆者］

（Lévi-Strauss, *Anthropologie structurale*. p.81）

第 6 章　仏文原典と英語訳の比較検証　**237**

"In the second place, we have been behaving as if there were only two partners — *language* on the one hand, culture on the other — and as if the problem should be set up in terms of the causal relations: "Is it *language* which influences culture? Is it culture which influences *language*?"［斜体部筆者］

(Claire Jacobson and Brooke Schoepf 訳, *STRUCTURAL ANTHROPOLOGY*. p.71)

"Nous ne nous sommes pas suffisamment avisés que *langue* et culture sont deux modalités parallèles d'une activité plus fondamentale : (後略)"［斜体部筆者］

(Lévi-Strauss, *Anthropologie structurale*. p.81)

"But we have not been sufficiently aware of the fact that *both language* and culture are the products of activities which are basically similar."［languageのみ斜体部筆者。その他の斜体部原文ママ］

(Claire Jacobson and Brooke Schoepf訳, *STRUCTURAL ANTHROPOLOGY*. p.71)

"Même en nous plaçant à un point de vue théorique, nous pouvons, me semble-t-il, affirmer qu'entre *langage* et culture, il doit exister quelque rapport."［斜体部筆者］

(Lévi-Strauss, *Anthropologie structurale*. p.81)

"If we try to formulate our problem in purely theoretical terms, then it seems to me that we are entitled to affirm that there should be some kind of relationship between *language* and culture, (後略)"［斜体部筆者］

(Claire Jacobson and Brooke Schoepf 訳, *STRUCTURAL ANTHROPOLOGY*. p.71)

"Je néglige sans doute les cas fréquents d'adoption d'une *langue* étrangère par une société qui en parlait précédemment une autre. Au point où nous en sommes, nous pouvons nous limiter aux cas privilégiés dans lesquels la *langue* et la culture ont évolué côte à côte pendant un certain temps, sans intervention marquée de facteurs externes."［斜体部筆者］

(Lévi-Strauss, *Anthropologie structurale*. p.81)

"Of course, I am leaving aside for the moment cases where a foreign *language* has been adopted by a society that previously spoken another *language*. We can, for the sake of argument, consider only those cases where, in an undisturbed fashion, *language* and culture have been able to develop together."［斜体部筆者］

(Claire Jacobson and Brooke Schoepf 訳，*STRUCTURAL ANTHROPOLOGY*. p.70)

"Au cours d'une séance précédente, Roman Jakobson dégageait les caractères fondamentaux des *langues* indo-européennes."［斜体部筆者］ (Lévi-Strauss, *Anthropologie structurale*. p.90)

"While I was making this chart, I could not but remember what R.Jakobson said at yesterday's session about the structure of the Indo-European *language*: (後略)"［斜体部筆者］

(Claire Jacobson and Brooke Schoepf訳，*STRUCTURAL ANTHROPOLOGY*. p.79)

"Pour définir convenablement les relations entre *langage* et culture, il faut, me semble-t-il, exclure d'emblée deux hypothèses."［斜体部筆者］ (Lévi-Strauss, *Anthropologiestructurale*. p.90)

"Finally, I would say that between culture and *language* there cannot be *no* relations at all, and there cannot be 100 per cent correlation either."［languageのみ斜体部筆者。その他の斜体部原文ママ］ (Claire Jacobson and Brooke Schoepf訳，*STRUCTURAL ANTHROPOLOGY*. p.79)

ここでは、langue に対して language が、langage に対しても language が、parole に対しても langage が当てられている。

第6章　仏文原典と英語訳の比較検証　　**239**

1.3　*Le Degré Zéro de L'écriture* と *Writing degree Zero*

"Voilà donc l'exemple d'une écriture dont la fonction n'est plus seulement de communiquer ou d'exprimer, mais d'imposer un au-delà du *langage* qui est à la fois l'Histoire et le parti qu'on y prend."［斜体部筆者］

(Roland Barthes, *Le Degré Zéro de L'écriture*. p.7)

"Now here is an example of a mode of writing whose function is no longer only communication or expression, but the imposition of something beyond *language*, which is both History and the stand we take in it."［斜体部筆者］

(Annette Lavers & Colin Smith 訳, *Writing degree Zero*. p.1)

"D'où un ensemble de signes donnés sans rapport avec l'idée, la *langue* ni le style, et destinés à définir dans l'épaisseur de tous les modes d'expression possibles, la solitude d'un *langage* rituel."［斜体部筆者］　(Roland Barthes, *Le Degré Zéro de L'écriture*. p.8)

"Whence a set of signs unrelated to the ideas, the *language* or the style, and setting out to give definition, within the body of every possible mode of expression, to the utter separateness of a ritual *language*."［斜体部筆者］

(Annette Lavers & Colin Smith 訳, *Writing degree Zero*. p.2)

"On sait que la *langue* est un corps de prescriptions et d'habitudes, comme à tous les écrivains d'une époque. Cela veut dire que la *langue* est comme une Nature qui passe entièrement à travers la *parole* de l'écrivain, sans pourtant lui donner aucune forme, sans même la nourrir : (後略)"［斜体部筆者］

(Roland Barthes, *Le Degré Zéro de L'écriture*. p.17)

"We know that a *language* is a corpus of prescriptions and habits common to all the writers of a period. Which means that a *language* is a kind of natural ambience wholly pervading the writer's expression, yet without endowing it with form or content: (後

略）"［斜体部筆者］

(Annette Lavers & Colin Smith 訳，*Writing degree Zero.* p.9)

"L'écrivain n'y puise rien, à la lettre : la *langue* est plutôt pour lui comme une ligne dont la transgression désignera peut-être une surnature du *langage* : elle est l'aire d'une action, la définition et l'attente d'un possible."［斜体部筆者］

(Roland Barthes, *Le Degré Zéro de L'écriture.* p.18)

"The writer literally takes nothing from it; a *language* is for him rather a frontier, to overstep which alone might lead to the linguistically supernatural; it is a field of action, the definition of, and hope for, a possibility."　［斜体部筆者］

(Annette Lavers & Colin Smith 訳，*Writing degree Zero.* p.9)

"Nul ne peut, sans apprêts, insérer sa liberté d'écrivain dans l'opacité de la *langue*, (後略)"［斜体部筆者］

(Roland Barthes, *Le Degré Zéro de L'écriture.* p.18)

"No one can without formalities pretend to insert his freedom as a writer into the resistant medium of *language* because, (後略)"［斜体部筆者］

(Annette Lavers & Colin Smith 訳，*Writing degree Zero.*pp.9–10)

"Aussi, pour l'écrivain, la *langue* n'est-elle qu'un horizon thumain qui installe au loin une certaine *familiaruté*, toute négative d'ailleurs : (後略)"［斜体部筆者］

(Roland Barthes, *Le Degré Zéro de L'écriture.* p.18)

"Hence, for the writer, a *language* is nothing but a human horizon which provides a distant setting of familiarity, the value of which, incidentally, is entirely negative : (後略)"［斜体部筆者］

(Annette Lavers & Colin Smith訳，*Writing degree Zero.* p.10)

"(前略) dire que Camus et Queneau parlent la même *langue*, ce

第6章　仏文原典と英語訳の比較検証　**241**

n'est que présumer, par une opération différentielle, toutes les *langues*, archaïques ou futurristes, qu'ils ne parlent pas : (後略)"
［斜体部筆者］　　　(Roland Barthes, *Le Degré Zéro de L'écriture*. p.18)

"(前略) to say that Camus and Queneau speak the same *language* is merely to presume, by a differential operation, all *languages*, archaic and futuristic, that they do not use."［斜体部筆者］　　　(Annette Lavers & Colin Smith訳, *Writing degree Zero*. p.10)

"(前略) la *langue* de l'écrivain est bien moins un fonds qu'une limite extrême ; (後略)"［斜体部筆者］
(Roland Barthes, *Le Degré Zéro de L'écriture*. p.19)

"(前略) the writer's *language* is not so much a fund to be drawn on as an extreme limit; (後略)"［斜体部筆者］
(Annette Lavers & Colin Smith 訳, *Writing degree Zero*. p.10)

"La *langue* est donc en deçà de la Littérature. Le style est presque au delà."［斜体部筆者］
(Roland Barthes, *Le Degré Zéro de L'écriture*. p.19)

"A *language* is therefore on the hither side of Literature. Style is almost beyond it: (後略)"［斜体部筆者］
(Annette Lavers & Colin Smith 訳, *Writing degree Zero*. p.10)

"Ainsi sous le nom de style, se forme un *langage* autarcique qui ne plonge que dans la mythologie personnelle et secrète de l'auteur, dans cette hypophysique de la *parole*, où se forme le premier couple des mots et des choses, où s'installent une fois pour toutes les grands thèmes verbaux de son existence."［斜体部筆者］　　　(Roland Barthes, *Le Degré Zéro de L'écriture*. p.19)
"Thus under the name of style a self-sufficient *language* is evolved which has its roots only in the depths of the author's personal and secret mythology, that subnature of expression where the first coition of words and things takes place, where once and

for all the great verbal themes of his existence come to be in-
stalled." ［斜体部筆者］

(Annette Lavers & Colin Smith 訳，*Writing degree Zero.* p.10)

"（前略）comme si, dans cette espèce de poussée florale, le style
n'était que le terme d'une métamorphose aveugle et obstinée, par-
tie d'une infra-*langage* qui s'élabore à la limite de la chair et du
monde." ［斜体部筆者］

(Roland Barthes, *Le Degré Zéro de L'écriture.* p.20)

"（前略）as if, in this kind of floral growth, style were no more
than the outcome of a blind and stubborn metamorphosis starting
from a sub-*language* elaborated where flesh and external reality
come together." ［斜体部筆者］

(Annette Lavers & Colin Smith 訳，*Writing degree Zero.* p.11)

"（前略）la *parole* a une structure horizontale, ses secrets sont sur
la même ligne que ses mots et ce qu'elle cache est dénoué par la
durée même de son continu ; （後略）" ［斜体部筆者］

(Roland Barthes, *Le Degré Zéro de L'écriture.* p.20)

"（前略）whereas *speech* has a horizontal structure, its secrets are
on a level with the words in which they are couched, and what it
conceals is revealed by the very duration of its flow." ［斜体部筆
者］　　　(Annette Lavers & Colin Smith訳，*Writing degree Zero.* p.11)

"（前略）dans la *parole* tout est offert, destiné à une usure immé-
diate, et le verbe, le silence et leur mouvement son précipités vers
un sens aboli : c'est un transfert sans sillage et sans retard." ［斜体
部筆者］　　(Roland Barthes, *Le Degré Zéro de L'écriture.*pp.20–21)
"In *speech*, everything is held forth, meant for immediate con-
sumption, and words, silences and their common mobility are
launched towards a meaning superseded: it is a transfer leaving no
trace and brooking no delay." ［斜体部筆者］

第 6 章　仏文原典と英語訳の比較検証　　**243**

（Annette Lavers & Colin Smith 訳，*Writing degree Zero*. p.11）

"（前略）mais le versant silencieux de sa référence ne tient pas à la nature mobile et sans cesse sursitaire du *langage* ;（後略）"［斜体部筆者］
（Roland Barthes, *Le Degré Zéro de L'écriture*. p.21）

"So that style is always a secret; but the occult aspect of its implications does not arise from the mobile and ever-provisional nature of *language*;（後略）"［斜体部筆者］
（Annette Lavers & Colin Smith 訳，*Writing degree Zero*. p.12）

"L'horizon de la *langue* et la verticalité du style dessinent donc pour l'écrivain une nature, car il ne choisit ni l'une ni l'autre. La *langue* fonctionne comme une négativité, la limite initiale du possible, le style est une Nécessité qui noue l'humeur de l'écrivain à son *langage*."［斜体部筆者］
（Roland Barthes, *Le Degré Zéro de L'écriture*. p.23）

"A *language* is therefore a horizon, and style a vertical dimension, which together map out for the writer a Nature, since he does not choose either. The *language* functions negatively, as the initial limit of the possible, style is a Necessity which binds the writer's humour to his form of expression."［斜体部筆者］
（Annette Lavers & Colin Smith 訳，*Writing degree Zero*. p.13）

"*Langue* et style sont des données antécédentes à toute problématique du *langage*, *langue* et style sont le produit naturel du Temps et de la personne biologique ;（後略）"［斜体部筆者］
（Roland Barthes, *Le Degré Zéro de L'écriture*.pp.23–24）

"A *language* and a style are data prior to all problematics of *language*, they are the natural product of Time and of the person as a biological entity;（後略）"［斜体部筆者］
（Annette Lavers & Colin Smith 訳，*Writing degree Zero*. p.13）

"Toute la *parole* se tient dans cette usure des mots, dans cette éc-ume toujours emportée plus loin, et il n'y a de *parole* que là où le *langage* fonctionne avec évidence comme une voration qui n'en-lèverait que la pointe mobile des mots ; (後略)"［斜体部筆者］

(Roland Barthes, *Le Degré Zéro de L'écriture.* p.32)

"The whole of *speech* is epitomized in this expendability of words, in this froth ceaselessly swept onwards, and *speech* is found only where *language* self-evidently functions like a devour-ing process which swallows only the moving crest of the words."
［斜体部筆者］

(Annette Lavers & Colin Smith 訳，*Writing degree Zero.*pp.19–20)

"《Taper à la machine》,《battre》(en parlant du sang) ou《être heureux pour la première fois》, c'est du *langage* réel, ce n'est pas du *langage* réaliste ; (後略)"［斜体部筆者］

(Roland Barthes, *Le Degré Zéro de L'écriture.* p.101)

"'To type', 'to throb' or 'to be happy for the first time', is real, not Realist *language*; (後略)"［斜体部筆者］

(Annette Lavers & Colin Smith 訳，*Writing degree Zero.* p.71)

"Les Belles-Lettres menacent tout *langage* qui n'est pas purement fondé sur la *parole* sociale."［斜体部筆者］

(Roland Barthes, *Le Degré Zéro de L'écriture.* p.106)

"The threat of becoming a Fine Art is a fate which hangs over any *language* not based exclusively on the *speech* of society."［斜体部筆者］

(Annette Lavers & Colin Smith 訳，*Writing degree Zero.* p.75)

"(前略) les passions continuaient de fonctionner au-dessus de la *parole*."［斜体部筆者］

(Roland Barthes, *Le Degré Zéro de L'écriture.* p.114)

"(前略) the mechanism of the passions went on functioning over

第 6 章　仏文原典と英語訳の比較検証　　**245**

and above the *speech*."［斜体部筆者］

(Annette Lavers & Colin Smith 訳, *Writing degree Zero*. p.79)

"（前略）il a beau créer un *langage* libre, （後略）"［斜体部筆者］

(Roland Barthes, *Le Degré Zéro de L'écriture*. p.125)

"However hard he tries to create a free *language*, （後略）"［斜体部筆者］　(Annette Lavers & Colin Smith訳, *Writing degree Zero*. p.87)

ここでは、langue に対して language が、langage に対しても language が、parole に対して speech が当てられている。

1.4　*Éléments de Sémiologie* と *Elements of Semiology*

"Le concept (dichotomique) de *Langue/Parole* est central chez Saussure （後略）"［斜体部原文ママ］

(Roland Barthes, *Éléments de Sémiologie*. p.85)

"The (dichotomic) concept of *language/speech* is central in Saussure （後略）"［斜体部筆者］

(Annette Lavers & Colin Smith 訳, *Elements of Semiology*. p.13)

"Pour élaborer cette dichotomie célèbre, Saussure est parti de la nature 《multiforme et hétéroclite》 du *langage*, （後略）"［斜体部筆者］　(Roland Barthes, *Éléments de émiologie*. p.85)

"In working out this famous dichotomy, Saussure started from the 'multiform and heterogeneous' nature of *language*, （後略）"［斜体部筆者］

(Annette Lavers & Colin Smith訳, *Elements of Semiology*. p.13)

"La *Langue*, c'est donc, si l'on veut, le *langage* moins la *Parole* : （後略）"［Langue以外の斜体部筆者］

(Roland Barthes, *Éléments de Sémiologie*. p.85)

"A *language* is therefore, so to speak, *language* minus *speech*: （後略）"［斜体部筆者］

(Annette Lavers & Colin Smith 訳, *Elements of Semiology*. p.14)

246

"Face à la *langue*, institution et système, la *Parole* est essentielle-ment un acte individuel de sélection et d'actualisation ; (後略)" ［Parole以外の斜体部筆者］

(Roland Barthes, *Éléments de Sémiologie*. p.86)

"In contrast to the *language*, which is both institution and sys-tem, *speech* is essentially an individual act of selection and actual-ization : (後略)" ［斜体部筆者］

(Annette Lavers & Colin Smith 訳, *Elements of Semiology*.pp.14–15)

"(前略) pas de *langue* sans *parole*, et pas de *parole* en dehors de la *langue* : (後略)" ［斜体部筆者］

(Roland Barthes, *Éléments de Sémiologie*. p.87)

"(前略) there is no *language* without *speech*, and no *speech* out-side *language* : (後略)" ［斜体部筆者］

(Annette Lavers & Colin Smith 訳, *Elements of Semiology*. p.15)

"La portée sociologique du concept *Langue/Parole* est éviden-te." ［斜体部原文ママ］ (Roland Barthes, *Éléments de Sémiologie*. p.95)

"The sociological scope of the *language/speech* concept is obvi-ous." ［斜体部筆者］

(Annette Lavers & Colin Smith 訳, *Elements of Semiology*. p.23)

"On postulera donc qu'il existe une catégorie générale *Langue/Parole*, extensive à tous les systèmes de signification ; (後略)" ［斜体部原文ママ］ (Roland Barthes, *Éléments de Sémiologie*. p.97)

"We shall therefore postulate that there exists a general category *language/speech* is." ［斜体部筆者］

(Annette Lavers & Colin Smith 訳, *Elements of Semiology*. p.25)

"(前略) faute de mieux, on gardera ici les termes de *Langue* et de *Parole*, même s'ils s'appliquent à des communications dont la substance n'est pas verbale." ［斜体部原文ママ］

(Roland Barthes, *Éléments de Sémiologie*. p.97)

"（前略）since there are no better ones, we shall keep the terms *language* and *speech*, even when they are applied to communications whose substance is not verbal."［斜体部筆者］

(Annette Lavers & Colin Smith 訳, *Elements of Semiology*. p.25)

"（前略）que l'abstraction inhérente à toute *Langue* est ici matérialisée sous forme du *langage* écrit : (後略)"［斜体部筆者］

(Roland Barthes, *Éléments de Sémiologie*. p.98)

"（前略）the abstraction inherent in any *language* is here materialized as written *language* : (後略)"［斜体部筆者］

(Annette Lavers & Colin Smith 訳, *Elements of Semiology*. p.26)

"Le rapport de la *Langue* et de la *Parole* serait ici assez proche de celui qu'on trouve dans le *langage* : (後略)"［斜体部筆者］

(Roland Barthes, *Éléments de Sémiologie*. p.100)

"The relationship between the *language* and *speech* would here be fairly similar to that which is found in *verbal language*." ［斜体部筆者］

(Annette Lavers & Colin Smith 訳, *Elements of Semiology*. p.28)

"Pour en finir, d'ailleurs arbitrairement, avec les perspectives de la distinction *Langue/Parole*, on donnera encore quelques suggestions concernant deux systèmes d'objets, (後略)"［斜体部筆者］

(Roland Barthes, *Éléments de Sémiologie*. p.101)

"To bring to a close, somewhat arbitrarily, this question of the prospects opened up by the *language/speech* distinction, we shall mention a few more suggestions concerning two systems of objects, (後略)"［斜体部筆者］

(Annette Lavers & Colin Smith 訳, *Elements of Semiology*. pp.28–29)

"Dans le *langage*, rien n'entre dans la *langue* qui n'ait été essayé

par la *parole*, mais, inversement, aucune *parole* n'est possible
(c'est-à-dire ne répond à sa fonction de communication) si elle
n'est prélevée dans le 《trésor》 de la *langue*." ［斜体部筆者］

　　　　　　　　　　（Roland Barthes, *Éléments de Sémiologie.* p.103）

　"In the *linguistic model*, nothing enters the *language* without
having been tried in *speech*, but conversely no *speech* is possible
(that is, fulfils its function of communication) if it is not drawn
from the 'treasure' of *language*." ［斜体部筆者］

　　　　（Annette Lavers & Colin Smith 訳, *Elements of Semiology.* p.31）

　"Dans le *langage*, il y a une très grande disproportion entre la
langue, ensemble fini de règles, et les 《*paroles*》 qui viennent se lo-
ger sous ces règles et sont en nombre pratiquement infini." ［斜体
部筆者］　　　　　（Roland Barthes, *Éléments de Sémiologie.* pp.104–105）

　"In *verbal language* there is a very great disproportion between
the *language*, which is a finite set of rules, and *speech*, which
comes under the heading of these rules and is practically unlimited
in its variety." ［斜体部筆者］

　　　　（Annette Lavers & Colin Smith 訳, *Elements of Semiology.* p.33）

　"（前略）si, dans ces systèmes, la 《*langue*》a besoin de 《*matière*》
(et non plus de 《*parole*》), c'est qu'ils ont général une origine utili-
taire, et non signifiante, contrairement au *langage* humain." ［斜
体部筆者］　　　　　（Roland Barthes, *Éléments de Sémiologie.* p.106）

　"（前略）if, in such systems, the '*language*' nees a 'matter' (and no
longer a '*speech*'), it is because unlike that of human *language*
their origin is in general utilitarian, and not signifying." ［斜体部
筆者］　　　（Annette Lavers & Colin Smith 訳, *Elements of Semiology.* p.34）

　ここでは、langue に対して language が、langage に対しても
language が、parole に対して speech が当てられている。

　　　　　　　　　　　　第6章　仏文原典と英語訳の比較検証　**249**

1.5 *Sémiotique de la poésie* と *Semiotics of Poetry*

"La *langue* de la poésie diffère de celle de l'usage courant."［斜体部筆者］ (Michael Riffaterre, *Sémiotique de la poésie.* p.11)

"The *language* of poetry differs from common linguistic usage（後略)"［斜体部筆者］ (Thomas Sebeok訳, *Semiotics of Poetry.* p.1)

"（前略）si nous ne considérons pas le poème en tant qu'entité finie et close, nous ne pouvons pas toujours faire la différence entre le discours poétique et la *langue* littéraire."［斜体部筆者］ (Michael Riffaterre, *Sémiotique de la poésie.* p.12)

"（前略）if we do not regard the poem as a closed entity, we cannot always differentiate poetic discourse from literary *language*." ［斜体部筆者］ (Thomas Sebeok訳, *Semiotics of Poetry.* p.2)

"（前略）cela parce que la représentation est fondée sur le caractère référentiel de la *langue*."［斜体部筆者］ (Michael Riffaterre, *Sémiotique de la poésie.* p.13)

"（前略）for representation is founded upon the referentiality of *language*,（後略)"［斜体部筆者］ (Thomas Sebeok訳, *Semiotics of Poetry.* p.2)

"De cette façon, au moins, un sens apparaît : la transformation semble traduire bandoulière, ou, écharpe en *langage* de téléphone, puisque anicroche est si étroitement liéaux deux verbes essentiels de ce *langage*."［斜体部筆者］ (Michael Riffaterre, *Sémiotique de la poésie.* p.166)

"But it also maks the transform sound like a translation of "sling" or "strap" into téléphone *language*, because anicroche is so closely related to its basic verbs."［斜体部筆者］ (Thomas Sebeok 訳, *Semiotics of Poetry.* p.131)

"Ainsi, mignonne ne peut pas être expliqué par le fait qu'un téléphone est traduit en *langage* marin ;（後略）"［斜体部筆者］

(Michael Riffaterre, *Sémiotique de la poésie.* p.170)

"Mignonne, for instance, cannot be explained by the fact that a telephone is being translated into briny *language*."［斜体部筆者］

(Thomas Sebeok訳, *Semiotics of Poetry.* p.134)

"（前略）le sujet du texte n'est plus l'acedia, c'est le *langage* romantique ;（後略）"［斜体部筆者］

(Michael Riffaterre, *Sémiotique de la poésie.* p.183)

"（前略）the text is no longer about acedia, it is about the *language* of romanticism ;（後略）"［斜体部筆者］

(Thomas Sebeok 訳, *Semiotics of Poetry.* p.145)

"（前略）il s'ensuit qu'un trait constant de la significance poétique est que la *langue* du poème est un rituel, un jeu（dans bien des cas, le poème est comme un jeu de mots généralisé）ou un pur artifice autant qu'un moyen de communique le sens."［斜体部筆者］

(Michael Riffaterre, *Sémiotique de la poésie.* p.205)

"Hence a constant component of poetic significance is that the poem's *language* looks as much like a ritual or a game（in many cases the poem is akin to a generalized pun）, or pure artifice, as it does like a means of conveying sense."［斜体部筆者］

(Thomas Sebeok 訳, *Semiotics of Poetry.* p.164)

"Ce matériau（terme plus exact que norme）n'est pas la matière brute de la *langue*,（後略）"［斜体部筆者］

(Michael Riffaterre, *Sémiotique de la poésie.*pp.205–206)

"This material（rather than norm）is not the raw stuff of *language*;（後略）"［斜体部筆者］

(Thomas Sebeok訳, *Semiotics of Poetry.* p.164)

"Parce que ces agrammaticalités menacent la *langue* comme

第6章 仏文原典と英語訳の比較検証 **251**

représentation, le lecteur cherche à se rassurer en récusant l'évidence des mots qui le gênent et en retournant à la sécurité de la réalité, de ce que le consensus considère comme la réalité." [斜体部筆者]
(Michael Riffaterre, *Sémiotique de la poésie.* p.207)

"Because these ungrammaticalities threaten *language* as representation, the reader continually seeks relief by getting away from the dubious words, back to safe reality (or to a social consensus as to reality)." [斜体部筆者]
(Thomas Sebeok 訳, *Semiotics of Poetry.* p.165)

ここでは、langue に対して language が、langage に対しても language が当てられている。parole はなし。

1.6 *L'archéologie du Savoir* と *The Archaeology of Knowledge*

"(前略) un énoncé est toujours un événement que ni la *langue*, ni les sens ne peuvent tout à fait épuiser. Événement étrange, à un geste d'écriture ou à l'articulation d'une *parole*, (後略)" [斜体部筆者]
(Michel Foucault, *L'archeologie du Savoir.* pp.40–41)

"(前略) a statement is always an event that neither the *language* (*langue*) nor the meaning can quite exhaust. It is certainly a strange event: first, because on the one hand it is linked to the gesture of writing or to the articulation of *speech*, (後略)" [斜体部筆者]
(Sheridan Smith訳, *The Archaeology of Knowledge.* p.28)

"Mais si on isole, par rapport à la *langue* et à la pensée, l'instance de l'événement énonciatif, ce n'est pas pour disséminer une poussière de faits." [斜体部筆者]
(Michel Foucault, *L'archeologie du Savoir.* p.41)

"But if we isolate, in relation to the *language* and to thought, the occurrence of the statement/event, it is not in order to spread over everything a dust of facts." [斜体部筆者]
(Sheridan Smith 訳, *The Archaeology of Knowledge.* p.28)

"Ces relations caractérisent non pas la *langue* qu'utilise le dis-cours, non pas les circonstances dans lesquelles il se déploire, mais le discours lui-même en tant que pratique." ［斜体部筆者］

(Michel Foucault, *L'archeologie du Savoir.* p.63)

"These relations characterize not the *language* (*langue*) used by discourse, nor the circumstances in which it is deployed, but dis-course itself as a practice." ［斜体部筆者］

(Sheridan Smith 訳, *The Archaeology of Knowledge.* p.46)

"C'est ce *plus*, qui les rend irréductibles à la *langue* et à la *pa-role*." ［斜体部筆者］　　(Michel Foucault, *L'archeologie du Savoir.* p.67)

"It is this *more* that renders them irreducible to the *language* (*langue*) and to *speech*." ［斜体部筆者］

(Sheridan Smith 訳, *The Archaeology of Knowledge.* p.49)

"La *parole* médicale ne peut pas venir de n'importe qui ; sa val-eur, son efficacité, ses pouvoirs thérapeutiques eux-mêmes, et d'une façon générale son existence comme *parole* médicale ne sont pas dissociables du personnage statutairement défini qui a le droit de l'articuler, en revendiquant pour elle le pouvoir de con-jurer la souffrance et la mort." ［斜体部筆者］

(Michel Foucault, *L'archeologie du Savoir.* p.69)

"Medical *statements* cannot come from anybody ; their value, efficacy, even their therapeutic powers, and, generally speaking, their extence as medical *statements* cannot be dissociated from the statutorily defined person who has the right to make them, and to claim for them the power to overcome suffering and death." ［斜体部筆者］　　(Sheridan Smith訳, *The Archaeology of Knowledge.* p.51)

"Car il est évident que les énoncés n'existent pas au sens où une *langue* existe et, avec elle, un ensemble de signes définis par leurs traits oppositionnels et leurs règles d'utilisation ; (後略)" ［斜体部

第6章　仏文原典と英語訳の比較検証　**253**

筆者］ (Michel Foucault, *L'archeologie du Savoir*. p.112)

"For it is obvious that statements do not exist in the same sense in which a *language* (*langue*) exists, and, with that *language*, a collection of signs defined by their contrasting characteristics and their rules of use ; (後略)" ［斜体部筆者］

(Sheridan Smith 訳, *The Archaeology of Knowledge*. p.85)

"(前略) la *langue* en effet n'est jamais donnée en elle-même et dans sa totalité ; elle ne pourrait l'être que d'une façon seconde et par le biais d'une description qui la prendrait pour objet ; (後略)" ［斜体部筆者］

(Michel Foucault, *L'archeologie du Savoir*.pp.112–113)

"(前略) a *language* in fact is never given in itself, in its totality ; it could only be so in a secondary way, in the oblique form of a description that would take it as its object ; (後略)" ［斜体部筆者］

(Sheridan Smith訳, *The Archaeology of Knowledge*. p.85)

"S'il n'y avait pas d'énoncés, la *langue* n'existerait pas ; (後略)" ［斜体部筆者］ (Michel Foucault, *L'archeologie du Savoir*. p.113)

"If there were no statements, the *language* (*langue*) would not exist; (後略)" ［斜体部筆者］

(Sheridan Smith 訳, *The Archaeology of Knowledge*. p.85)

"(前略) la plénitude de la *parole* vivante, la richesse du verbe, l'unité profonde du Logos." ［斜体部筆者］

(Michel Foucault, *L'archeologie du Savoir*. p.142)

"(前略) the plenitude of living *speech*, the richness of the World, the profound unity of the Logos." ［斜体部筆者］

(Sheridan Smith 訳, *The Archaeology of Knowledge*. p.108)

"De ce point de vue, on ne reconnaît pas d'énoncé latent : car ce à quoi on s'adresse, c'est à la patence *langage* effectif." ［斜体部筆

者］ (Michel Foucault, *L'archeologie du Savoir*.pp.143–144)

"From this point of view, there is no such thing as a latent statement: for what one is concerned with is the fact of *language* (*langue*)."［斜体部筆者］

(Sheridan Smith 訳, *The Archaeology of Knowledge*. p.109)

"Ni caché, ni visible, le niveau énonciatif est à la limite du *langage* : il n'est point, en lui, un ensemble de caractères qui se donneraient, même d'une façon non systématique, à l'expérience immédiate ; mais il n'est pas non plus, derrière lui, le reste énigmatique et silencieux qu'il ne traduit pas."［斜体部筆者］

(Michel Foucault, *L'archeologie du Savoir*. p.147)

"Neither hidden, norvisible, the enunciative level is at the limit of *language* (*langage*) : it is not, in itself, a group of characteristics that are presented, even in any unsystematic way, to immediate experience; but neither is it the enigmatic, silent remainder that it does not translate."［斜体部筆者］

(Sheridan Smith 訳, *The Archaeology of Knowledge*. p.112)

"（前略）vers le moment fondateur où la *parole* n'était encore engagée dans aucune matérialité, n'était vouée à aucune persistence, et où elle se retenait dans la dimension non déterminée de l'ouverture."［斜体部筆者］

(Michel Foucault, *L'archeologie du Savoir*. p.164)

"（前略）beyond a time that is no more than a falling off, a latency, an oblivion, a covering up or a wandering, towards that moment of foundation when *speech* was not yet caught up in any form of materiality, when it had no chances of survival, and when it was confined to the non-determined dimension of the opening."［斜体部筆者］

(Sheridan Smith 訳, *The Archaeology of Knowledge*. p.125)

第 6 章 仏文原典と英語訳の比較検証 **255**

"Entre la *langue* qui définit le système de construction des phrases possibles, et le *corpus* qui recueille passivement les *paroles* prononcées, l'*archive* définit un niveau particulier : (後略)" [parole のみ斜体部筆者。その他の斜体部原文ママ]

(Michel Foucault, *L'archeologie du Savoir*. p.171)

"Between the *language* (*langue*) that defines the system of constructing possible sentences, and the corpus that passively collects the words that are spoken, the archive defines a particular level : (後略)" [斜体部筆者]

(Sheridan Smith 訳, *The Archaeology of Knowledge*. p.130)

"(前略) le modèle linéaire de la *parole* (後略)" [斜体部筆者]

(Michel Foucault, *L'archeologie du Savoir*. p.220)

"(前略) the linear model of *speech* (後略)" [斜体部筆者]

(Sheridan Smith 訳, *The Archaeology of Knowledge*. p.169)

"Le discours, tel du moins qu'il est analysé par l'archéologie, c'est-à-dire au niveau de sa positivité, ce n'est pas une conscience venant longer son projet dans la forme externe du *langage* : ce n'est pas une *langue*, plus un sujet pour la parler." [斜体部筆者]

(Michel Foucault, *L'archeologie du Savoir*.pp.220–221)

"Discourse, at least as analysed by archaeology, that is, at the level of its positivity, is not a consciousness that embodies its project in the external form of *language* (*langue*) ; it is not a *language* (*langue*), plus a subject to speak it." [斜体部筆者]

(Sheridan Smith 訳, *The Archaeology of Knowledge*. p.169)

"(前略) vous avez précipité toute une série de notions qui paraissent étrangères aux concepts maintenant admis par ceux qui décrivent des *langues* ou des mythes, des œvres littéraires ou des contes ; (後略)" [斜体部筆者]

(Michel Foucault, *L'archeologie du Savoir*. p.259)

"（前略）you have precipitated a whole series of notions that seem quite alien to the concepts now accepted by those who describe *languages*, myths, or works of literature ; （後略）"　［斜体部筆者］　　（Sheridan Smith訳, *The Archaeology of Knowledge*. p.199)

ここでは、langue に対して language、language (langue)、langage に対しては language (langage) が、parole に対しては speech が当てられている。

1.7　*Les Mots et Les Choses* と *The Order of Things*

"Connaître sera donc interpréter : aller de la marque visible à ce qui se dit à travers elle, et demeurerait, sans elle, *parole* muette, ensommeillée dans les choses."［斜体部筆者］

（Michel Foucault, *Les Mots et Les Choses*. p.47)

"To know must therefore be to interpret: to find a way from the visible mark to that which is being said by it and which, without that mark, would lie like unspoken *speech*, dormant within things."［斜体部筆者］

（Tavistock Publications Limited 訳, *The Order of Things*. p.32)

"（前略）l'autre va du graphisme immmobile à la claire *parole* （後略）"［斜体部筆者］　　（Michel Foucault, *Les Mots et Les Choses*. p.49)

"（前略）the other moves from the unmoving graphism to clear *speech* （後略）"［斜体部筆者］

（Tavistock Publications Limited 訳, *The Order of Things*. p.34)

"Les *langues* ne furent séparées les unes des autres et ne devinrent incompatibles que dans la mesure où fut effacée d'abord cette ressemblance aux choses qui avait été la première raison d'être du *langage*.Toutes les *langues* que nous connaissons, nous ne les parlons maintenant que sur fond de cette similitude perdue, et dans l'espace qu'elle a laissé vide."［斜体部筆者］

第6章　仏文原典と英語訳の比較検証　**257**

(Michel Foucault, *Les Mots et Les Choses*. p.51)

"*Languages* became separated and incompatible with one another only in so far as they had previously lost this original resemblance to the things that had been the prime reason for the existence of *language*. All the *languages* known to us are now spoken only against the background of this lost similitude, and in the space that it left vacant."［斜体部筆者］

(Tavistock Publications Limited 訳, *The Order of Things*. p.36)

"（前略）les autres *langues* ont perdu ces similitudes radicales, que seul l'hébreu conserve pour montrer qu'il a été jadis la *langue* commune à Dieu, à Adam, et aux animaux de la première terre.

Mais si le *langage* ne ressemble plus immédiatement aux choses qu'il nomme, il n'est pas pour autant séparé du monde ; （後略）"［斜体部筆者］

(Michel Foucault, *Les Mots et Les Choses*. p.51)

"（前略）all other *languages* have lost these radical similitudes, which have been preserved in Hebrew only in order to show that it was once the common *language* of God, Adam, and the animals of the newly created earth.

But though *language* no longer bears an immediate resemblance to the things it names, this does not mean that it is separate from the world ; （後略）"［斜体部筆者］

(Tavistock Publications Limited 訳, *The Order of Things*. p.36)

"Les racines, ce sont des mots rudimentaires qu'on trouve, identiques, dans un grand nombre de *langues*—dans toutes peut-être ; elles ont été imposées par la nature comme cris involontaires et utilisées spontanément par le *langage* d'action."［斜体部筆者］

(Michel Foucault, *Les Mots et Les Choses*. p.123)

"Roots are those rudimentary words that are to be found, always identical, in a great number of *languages*—perhaps in all ; they

258

have been imposed upon *language* by nature in the form of invol-
untary cries spontaneously employed by the *language* of action."
［斜体部筆者］

(Tavistock Publications Limited 訳, *The Order of Things*. p.107)

"La ressemblance de la racine à ce qu'elle nomme ne prend sa
valeur de signe verbal que par la convention qui a uni les hommes
et réglé en une *langue* leur *langage* d'action."［斜体部筆者］

(Michel Foucault, *Les Mots et Les Choses*. p.123)

"The resemblance of the root to what it names assumes its value
as a verbal sign only through the agency of the convention that
brought men together and regulated their *language* of action so as
to create a *language*."［斜体部筆者］

(Tavistock Publications Limited訳, *The Order of Things*. p.107)

"Comme si la disposition spatiale du *langage* prescrivait la loi du
temps ; comme si leur *langue* ne venait pas aux hommes à travers
l'histoire, mais qu'inversement ils n'accédaient à l'histoire qu'à
travers le système de leurs signes."［斜体部筆者］

(Michel Foucault, *Les Mots et Les Choses*. p.128)

"As though the spatial arrangement of the *language* prescribed
the law of time; as though their particular *language* did not come
to men via history, but that, inversely, their only means of access
to history was via their system of signs."［斜体部筆者］

(Tavistock Publications Limited 訳, *The Order of Things*. p.112)

"(前略) de là un axe qui traverse tout le quadrilatère du *langage* ;
c'est le long de cette ligne que se fixe l'état d'une *langue* : ses ca-
pacités d'articulation sont prescrites par le point de dérivation au-
quell elle est parvenue ; là se définissent à la fois sa posture histo-
rique et son pouvoir de discrimination."［斜体部筆者］

(Michel Foucault, *Les Mots et Les Choses*. p.132)

第6章　仏文原典と英語訳の比較検証　**259**

"（前略）hence an axis that cuts across the whole quadrilateral of *language*; and it is along this line that the state of a *language* is marked off: its articulative capacities are determined by the distance it has moved along the line of derivation; such a reading defines both its historical posture and its power of discrimination."
［斜体部筆者］

(Tavistock Publications Limited 訳, *The Order of Things.* p.116)

"（前略）outre la diversité des *langues*, la relative instabilité de chacune. En un moment donné de cette dérivation, et à l'intérieur d'une *langue* singulière, les hommes ont à leur disposition un ensemble de mots, de noms qui s'articulent les uns sur les autres et découpent leurs représentations ;（後略）"［斜体部筆者］

(Michel Foucault, *Les Mots et Les Choses.* p.217)

"（前略）in addition to the diversity of *languages*, the relative instability of each of them. At any given moment of this derivation, and within any particular *language*, men have at their disposal a totality of words, of names which are articulated one upon another and provide the pattern of their representations ;（後略）"［斜体部筆者］

(Tavistock Publications Limited 訳, *The Order of Things.* p.204)

"（前略）ne peut être《explique》ni même recueillie en une *parole* unique."［斜体部筆者］

(Michel Foucault, *Les Mots et Les Choses.* p.229)

"（前略）cannot be 'explained' or even summed up in a single *word*."［斜体部筆者］

(Tavistock Publications Limited 訳, *The Order of Things.* p.217)

"C'est pourquoi, quand nous voyons deux *langues* employer de la même manière ces grands procédés du *langage*, la dérivation, la

260

composition, l'inflexion, nous pouvons en conclure que l'une dérive de l'autre ou qu'elles sont toutes deux des dialectes d'une même *langue* primitive."［斜体部筆者］

(Michel Foucault, *Les Mots et Les Choses*. p.249)

"And, therefore, when we find that two *languages* practise the three great arts of *language*, derivation, composition, and flexion, in the same way, we may conclude that the one *language* is the original of the other, or that they are both dialects of the same *language*."［斜体部筆者］

(Tavistock Publications Limited 訳, *The Order of Things*. p.236)

"Pour lier la représentation d'un sens avec celle d'un mot, il faut se référer, et avoir recours aux lois purement grammaticales d'un *langage* qui, hors de tout pouvoir de représentations, est soumis au système rigoureux de ses modifications phonétiques et de ses subordinations synthétiques ; à l'âge classique, les *langues* avaient une grammaire parce qu'elles avaient puissance de représenter ; maintenant elles représentent à partir de cette grammaire qui est pour elles comme un envers historique, un volume intérieur et nécessaire dont les valeurs représentatives ne sont plus que la face externe, scintillante et visible."［斜体部筆者］

(Michel Foucault, *Les Mots et Les Choses*. p.250)

"In order to link the representation of a meaning with that of a word, it is necessary to refer to, and to have recourse to, the purely grammatical laws of a *language* which, apart from all power of representing representations, is subjected to the rigorous system of its phonetic modifications and its synthetic subordinations; in the Classical age, *languages* had a grammar because they had the power to represent ; now they represent on the basis of that grammar, which is for them a sort of historical reverse side, an interior and necessary volume whose representative values are no more than the glittering, visible exterior."［斜体部筆者］

第6章　仏文原典と英語訳の比較検証　　261

(Tavistock Publications Limited 訳，*The Order of Things*. p.237)

"On cherche le *langage* au plus près de ce qu'il est : dans la *parole*──cette *parole* que l'écriture dessèche et fige sur place." ［斜体部筆者］　　　　(Michel Foucault, *Les Mots et Les Choses*. p.298)
"*Language* is sought in its most authentic state: in the *spoken word*──the *word* that is dried up and frozen into immobility by writing." ［斜体部筆者］

(Tavistock Publications Limited 訳，*The Order of Things*. p.286)

"En sa sonorité passagère et profonde, la *parole* devient souveraine." ［斜体部筆者］　　(Michel Foucault, *Les Mots et Les Choses*. p.298)
"By means of the ephemeral and profound sound it produces, the *spoken word* accedes to sovereignty." ［斜体部筆者］

(Tavistock Publications Limited 訳，*The Order of Things*. p.286)

"Les analyses de Bopp devaient avoir une importance capîtale non seulement pour la décomposition interne d'une *langue*, mais encore pour définir ce que peut être le *langage* en son essence." ［斜体部筆者］　　　　(Michel Foucault, *Les Mots et Les Choses*. p.302)
"Bopp's analyses were to be of major importance, not only in breaking down the internal composition of a *language*, but also in defining what *language* may be in its essence." ［斜体部筆者］

(Tavistock Publications Limited 訳，*The Order of Things*. p.289)

"(前略) puisque celui-ci devenait objet de sciences, il fallait inventer une *langue* qui fût plutôt symbolisme que *langage*, et qui à ce titre fût transparente à la pensée dans le mouvement même qui lui permet de connaître." ［斜体部筆者］

(Michel Foucault, *Les Mots et Les Choses*. p.310)
"And since *language* was becoming an object of science, a *language* had to be invented that would be a symbolism rather than a

language, and would for that reason be transparent to thought in the very movement that permits it to know." ［斜体部筆者］

(Tavistock Publications Limited訳，*The Order of Things.* p.297)

　ここでは、langue に対して language が、langage に対しても language が、parole に対しては word、speech、spoken word が当てられている。

2. 訳語のまとめ

1.1 *Cours de linguistique générale* と *Course in General Linguistics*

langue： language

langage： speech

parole： speaking

1.2 *Anthropologie structurale* と *STRUCTURAL ANTHROPOLOGY*

langue： language

langage： language

parole： language

1.3 *Le Degré Zéro de L'écriture* と *Writing degree Zero*

langue： language

langage： language

parole： speech

1.4 *Éléments de Sémiologie* と *Elements of Semiology*

langue： language

langage： language

parole： speech

1.5 *Sémiotique de la poésie* と *Semiotics of Poetry*

langue： language

langage： language

parole： 訳語なし

1.6 *L'archéologie du Savoir* と *The Archaeology of Knowledge*

langue： language、language (langue)

langage： language (langage)

第6章　仏文原典と英語訳の比較検証　263

parole：speech

1.7 *Les Mots et Les Choses* と *The Order of Things*

langue：language

langage：language

parole：word、speech、spoken word

　なお本章では取り上げなかったが、Bouquet, S. et Engler, R.（2002）の英訳版である Sanders, C. & Pires, M. 訳（2006）では、langue：*Langue*、language／langage：*langage*、language／parole：*parole* となっていることを付け加えておく。

　また、Roy Harris による *CLG* の英訳版（1986）でも、langue に language system や language structure と多少手を加えつつも、langage には language、parole には speech という英訳を当てており、Wade Baskin 訳と同様に混乱をまぬがれてはいない。

　こうした langue、langage、parole 概念とその訳語の不対応や混乱は日本語訳の場合と同様であるばかりでなく、langue も langage も language と英訳される場合が多い現実が浮き彫りになった。そこで見えてきたものは、フランス語における langue 概念の日英語における不在という問題である。こうしたフランス語に対応する英語訳は日本語訳と同様に一定せず、Amacker, R.（2005）が指摘するように、そのような現実においては安全策として原語のまま残し、フランス語で表記するという手法が取られることになる。そして Sanders, C.（2004）も同様の手法に頼ることで、これらの語の翻訳不可能性を認める。

　Saussure 学説の中心的主張である langue が日英語において不在であることが明白となった以上、その意味するもの、また言語学が科学として目指すものが何であるかについて再考が迫られる。

第7章

Saussure の自筆草稿と
時枝学説の相違についての考察

1. "時枝・服部論争" の論点の考察

"時枝・服部論争" におけるこれまでの流れとそこでの主張の共通性をまとめれば、第4章でも見たように以下のようになろう。

・Saussure 学説擁護派……佐藤喜代治、服部四郎、風間力三、大久保忠利、黒岩駒男、門前真一等

これらの批判で共通するものは、時枝学説での langue の否定により、それが主観的心理主義に陥ってしまっている危険性を説きながら、それがそのまま時枝学説が誤りであると帰結する傾向が強く見られる。

・時枝学説擁護派……時枝誠記、三浦つとむ、杉山康彦、野村英夫、中村雄二郎、吉本隆明等

これらの批判で共通するものは、Saussure 学説を観念論的合理主義として非難することで時枝学説の有効性を主張しながら、時枝自身は省くとしても、自論を時枝学説に重ね合わせることで自論の説得性をそこに求めようとする傾向が強い。ただし中村雄二郎は、時枝の Saussure 学説批判を Saussure を全く理解していない決定的な誤読によるものであると断言しつつも、その日本語の言語理論が西田哲学による「場の論理」と類似するものとしての時枝を評価する。その点で純粋に時枝学説擁護とは言い難い部分があるが、時枝学説を評価するものとしてこちらに入れた。

そして時枝の Saussure 学説への異論が全て小林訳による術語とそこでの概念の解釈に基づくものであり、それが丸山らによる原典と遺稿の直接的な解読によって徐々に正しい解釈へと導かれていったのは先に見た通りである。しかし時枝の誤認を引き起こした根本的問題は、CLG における術語の理解とあわせて、その翻訳にもあ

ると考えられる。ここではその二点について考察を進める。

2. 思想解釈の相違

　CLG における Saussure 学説の真実の言葉を探す手続きの困難さに併せて、Saussure の思想をめぐる理解と解釈自体も実に煩雑で難解さをきわめる。時枝による Saussure 学説の批判で主要点となるのは、何をおいてもまず langue をめぐる理解と解釈ということに尽きる。そしてそれが言語学的にも直接意味に関わってくる問題であるだけに、その問題はきわめて重要である。こうした時枝の Saussure 学説批判の要点を松澤（2011: 101）は、1）ラングと記号の混同という誤解、2）langue の解釈と langage の科学、3）Saussure 学説における言語の扱い方、という三つに分類するが、これが間違いでないことはこれまでの "時枝・服部論争" の経緯とそこでの問題点を見れば容易に判断がつく。そして 1）については松澤（2011: 101）も指摘し、また第 3 章、第 4 章でも見てきたとおり、時枝が聴覚映像と概念の結び付きである signe をその体系としての langue と混同した誤解に基づくものであることがすでに指摘されており、この問題は一応の解決を見るが、本章でも今一度確認の意味をこめて考察を進める。2）は Saussure 学説の解釈と時枝の Saussure 学説批判の双方において最も重要な問題である。しかもわが国ではその術語解釈が翻訳という二重構造をとるため、その思想内容と合わせて本章で具体的に考察していく。また 3）については様々な部分でつながりを有し、また今日的な認知言語学に通じる問題もはらんでいるため、本章と次章を通じて随所で考察を試みる。

2.1　langue、langage と parole

　Saussure 学説における第一の独創点であると同時に、言語を科学として扱うための中心的な主張が人間の言語をその性質に応じて分類した langue、langage、parole という三分法であることは、これまでの章を通じて見て来たとおりである。そして科学としての言語学が解明を目指すべき研究対象が langue であるとする。しかし

このことが後世に残した遺産であると同時に、少なからず疑問や問題をもはらんでいた。そもそも Saussure はなぜ langue、langage、parole という三分法、更には langage の元で実現される langue と parole という二項の対立の図式を生み出したのであろうか。そこにこそ 19 世紀以降の言語学における Saussure の位置付けと、言語を signe（記号）として捉えるという科学的思想、果ては構造主義という名のもとに Saussure の学説が言語学の枠を超えて拡張していく思考の源泉が存在する。さらには langue と parole という二項の対立の図式はそのまま Saussure の 学説を指すくらい、いまや Saussure の思想を語る上で切り離せないものとなっている。

　ではこの思想はどこから来たのか。Mounin（1968: 38）も指摘するように、西欧諸語にはラテン語における"lingua（言語）"と"sermo（話し言葉）"、ドイツ語における"Sprache（言語）"と"Rede（言葉）"、そしてフランス語における"langue（言語）"と"parole（発話）"など、こうした言語現象を表す二項対立の言葉が存在し、それに基づいた考え方であると見ることができる。その上で、おそらくは Paul や Gabelentz に見出される"Sprachusus（言語慣習）"と"individuelle Sprachtätigkeit（個人的言語活動）"との対立、Humboldt における"Ergon（作品）"と"Energeia（活動）"の対立と類似の概念であろうことはこれまでにもたびたび議論の対象とされてきた。またこうした考え自体が直接の先駆者である Whitney に少なからず依っていることは明らかである。しかし Saussure 自身はこれら先人の考えが自身の思想にどのように影響を及ぼしているかについては何も触れようとはしない。ただ最も重要な事実は Godel（1957: 144）が指摘するように、"langue"と"parole"の対立は、単に"言語慣習"と"個人的言語活動"との対立に見られるような単純な図式で割り切れない、もっと複雑な内容を持っているということである。こうした点について Engler（1968: 865）の図は Saussure の"langue"と"parole"の概念とそこでの思想を捉えているが、それによれば、われわれ言語研究者が研究の対象とするのは、潜在にある精神的宝庫としての"langue"であると言えよう。また langue、langage、parole の三

分法に対して、磯谷孝は次のように述べる*1。

"ラング、パロール、ランガージュの三分法は、先に述べたように、小林氏によって、それぞれ言語、言、言語活動と訳され、この訳語は一応定着した。このうち、一番おさまりのよいのはラング＝言語であり、パロールとなると少々厄介で、言ではなんとなく馴染みがないので、発話にしたり、言葉にしたり、ことば、コトバ、ことば、コトバなど色々工夫がなされた。（中略）

欧米語にはどうやらラング、パロールの二分法に対応するものがあって、たとえば英語では language と speech（実際、A. ガーディナーがその区分を用いている）、ドイツ語では Sprache と Rede、ロシヤ語ではヤズィクとレーチがそれに当たる。（中略）

ところが、フランスでレヴィ＝ストロースが出現し、構造主義的な記号論研究が起こってから事態が変わった。彼らが研究対象とする言語とはラングではなくてランガージュだったのである。それ以後ラング＝言語だけでは用が足りなくなってしまった。訳書には言語、言語体、言語体系などが登場するようになる。（中略）

ソシュールのラング、ランガージュ、パロールという三分法は、全くフランス語の自然な発想であり、この発想にもとづいてソシュールはなにはさておいてもラングを研究対象とする言語学を建設しようとした。それを足場にして、戦後、フランス人たちは現実と言語のかかわりあいの産物ともいうべきランガージュの構造を解きほぐそうとしたのである。（中略）

ラングはいわば文法規則のようなもので、現実の質を反映しにくいが、ランガージュはラングが現実において使用されたものであり（逆に、ラングがランガージュの抽象というほうが正しいのかもしれないが）、現実と相関し、現実の質を反映する。そこで現実を分析しようとするときには、現実そのものは混沌としたものであるから、現実についての言語であるランガージュを取りあげ、これをラングの研究で得られた諸原理、諸方法

をもちいて分析すればよいということになるのである。（中略）

　英語では、languageとspeechという便利な語があり、（中略）これは、一応、ソシュール言語学のラング、パロールに対応している。これら二つの対応が成り立つことによってランガージュは追い出されてしまったわけである。（中略）他方、マウロも指摘しているとおり、マルティネの言語学辞典（大修館）の術語索引では、language（英）には主にlangue、そしてlanguageが当てられており、speechには、discours、parlerそしてparoleが当てられている。（中略）つまり、speechがパロールとランガージュ、languageがラングとランガージュにあたるという二つの解釈がここに存在するのである。”

（1980: 224–233）

“ソシュール言語学における、ラング、パロール、ランガージュの三分法が、フランス語の言語構造そのものに負っていることはすでに述べたが、マウロの指摘は、ラングの概念そのものが、多分にフランス語そのもの（というよりも、ひょっとしたら、冠詞と、数という文法的カテゴリーをもつインド・ヨーロッパ語そのものの）構造に負っていることを明らかにする。言語langueは、フランス語では……langue、une langue、la langue、les langues、langues等の現れ方をする。このうち、la langueは、一方では「この、その言語」、を表わすと同時に、「そもそも言語というもの」といった絶対普遍概念を表わすことができる。つまり、冠詞と数の使い分けによって、任意の単語が普遍概念、個別概念、特称概念を表わしたりすることができるのである。”

（1980: 249）

　事実、磯谷が指摘する通り、Saussureにおけるlangueの概念は、次の三つに分けられる。一つ目はles languesと複数形で用いられる場合である。それは以下の例に見られるように、現存する諸言語の中の、対象となる複数個の言語を指す。

“*Les langues* sémitiques expriment le rapport de substantif déterminant à substantif déterminé（後略）”［斜体部筆者］

（1916: 311）

"セミト諸語は定辞実体詞と被定辞実体詞との関係を、（中略）たんなる並置によって表わす、（後略）"［下線部筆者］

(1972: 321)

"Quand on compare *les langues* sémantiques avec le protosémite reconstitué, on est frappé à première vue de la persistence de certains caractères ;"［斜体部筆者］　　　　　　　　　(1916: 315)

"セミト諸語と再建されたセミト原語とを比較したとき、ひとは一見してある種の特質の永続に眼を見張った；"［下線部筆者］

(1972: 325)

二つ目は la langue と単数形で用いられる場合である。これは les langues から帰納される言語の原理的体系を指している。例えば、以下の記述がそうである。

"*La langue*, distincte de la parole, est un objet qu'on peut étudier séparément. (中略)C'est au psychologue à déterminer la place exacte de la sémiologie ; la tâche du linguiste est de ce qui fait de *la langue* un système spécial dans l'ensemble des faits sémiologiques."［斜体部筆者］　　　　　　　　　(1916: 25–33)

"言語は、言とはことなり、切りはなして研究しうる対象である。（中略）記号学の精密な位置を決定するのは心理学者の仕事である；言語学者のつとめは、言語をして記号学的事実の総体のうちで特殊の体系たらしめるものを、定義するにある。"［下線部筆者］　　　　　　　　　(1972: 21)

"*La langue*, au contraire, est un tout en soi et un principe de classification."［斜体部筆者］　　　　　　　　　(1916: 25)

"これに反して、言語はそれじしん全一体であり、分類原理である。"［下線部筆者］　　　　　　　　　(1972: 21)

"(前略) *la langue* n'est pas une institutioin sociale en tous points semblables aux autres（中略）*la langue* est une convention, et la nature du signe dont on est convenu est indifférente."［斜体部筆

者］ (1916: 26)

　　“言語は一つの制約であり、人びとのとりきめた記号の性質の
　　いかんは、問う必要がない。”［下線部筆者］ (1972: 22)

　そして三つ目は、同じく la langue と単数形で用いられる場合で
あるが、これは最初に見た特定の国語体を指すものでも、二番目に
見た一つの国語体の総体化でもなく、社会や文化総体を一つの体系
として捉える人間的認識として用いられる概念である。こうした
langue 概念の使用は、主に Riedlinger の講義ノートから発見され
ている。そしてここでの langue 概念の解釈は、先に見た丸山圭三
郎の、

　　“まずラングとは抽象であり、体系そのものである。体系はそ
　　れ自体で充足し、その固有の価値は、体系自身によってのみ決
　　定される。ここでは、ラングとは一つの国語体を指すのではな
　　く、言語のすべてのレベルについて語ることができる。例えば、
　　音素 phonème はラングであり、その顕現化としての音は、パ
　　ロールである。形態においても、統辞においても、また意味の
　　次元においても、それぞれ固有の法則の総体がラングであって、
　　換言すれば、これは一つの抽象、人間のコミュニカシオンの条
　　件とも言えるであろう。（中略）ラングとは、従って一つのコー
　　ドである。私たちは、このコードによってさまざまな生体験
　　を分析し、発話の瞬間に必要な選択が可能になる。このコード
　　を持つために、非言語的現実を言語に分節し、連続的世界を不
　　連続の次元に止揚し、知覚されたものを認識の次元に高めるこ
　　とができるのである。（中略）ラングとはまた一つの《形態》
　　であって、《物質的実体》ではない。” (1971a: 31)

という解説につながっていく*2。そして丸山（1981: 266–267）
は、langue をその性質によってそれぞれ六つに分類する。またこれ
と同様の指摘は、加賀野井秀一（2004: 71–72）にも見られる
（2007: 26 にも同一記述あり）。

　　“まず、ランガージュは、一般的に「言語」と訳せばいいが、
　　ありとあらゆる言語、言語活動、言語能力をふくめたものの総
　　称として使われる。話し言葉も、書き言葉も、身体言語も、さ

らに（ソシュールはそこまで言ってはいないが）犬のほえ方だって、ミツバチのダンスだって、すべてをひっくるめてランガージュと呼ぶことができるだろう。そのランガージュを二分すると、一方がラング、他方がパロールになる。

　ラングは「言語体（系）」と訳すのがよろしかろうが、およそ「日本語」「英語」など、いわゆる国語と呼ばれるものをイメージすればいい。それらは語彙的にも文法的にも一つの体系をなしていて、語彙体系は、国語辞典からおしはかることができるし、文法体系もまた、その国語の文法書の全体から見当がつく。もちろん、こうした国語の下位区分とも言うべき方言・俚言、ある種の階層語・業界語なども、それが体系として捉えられるかぎりでは、これまたラングであるということになる。

　ちなみに、ラングには「レ・ラング les langues」のように複数形で使われるものと、「ラ・ラング la langue」のように単数形で使われるものとがある。複数の場合には、日本語・英語のような個々のラングの集合体が念頭におかれており、単数の場合には、そうした集合体の一般化というか抽象化というか、最大公約数的なものが考えられていると見てさしつかえない。

　最後にパロールは、個々人がしゃべったり書いたりする具体的な言語であり、「言葉」とでも訳しておけばいいだろうか。たとえてみれば、ラングは暗号解読用の「コード」、パロールはそのコードを使って送受信される具体的な「メッセージ」のようなものである。”

そして langue であるが、これは実際の言語使用とは異なり、ある民族や文化に共通して存在する抽象的、しかし民族の言語としての単位を担う総合体としての言語の存在であり、それを丸山（1983:113）は「国語体」という言葉で表す。そしてその例として、「日本語」と言う時は“*langue* Japonaise”であり、決して“*langage* Japonaise”とは言えない点をあげ、日常のフランス語の慣習の中にすでにそうした概念と区別が存在していたことを指摘し、langue と langage は英語の language、ドイツ語の Sprache に相当し、parole は英語の speech、ドイツ語の Rede に相当するとして、その

対応関係を以下のように図示している。

language, Sprache
　　⎧　**langage**　コトバ、シンボル化（抽象化・カテゴリー化・概念化）能力
　　⎨
　　⎩　**langue**　言語（国語体）〔コード〕社会制度（条件）
speech, Rede
　　　parole　言葉　　　　　〔メッセージ〕個人の言行為（発話）

図1　langue, langage と parole の相関

　丸山のこの指摘は、結局は先に見た西欧諸語における言語現象を表す二項対立の言葉の存在に基づいた枠組みを提示しただけにすぎない。一方、こうした概念と Saussure がそこに到達した経緯について、松澤和宏（2007b: 138–142）は、次のように主張する。

　　"しかし人間の自然的能力としてのランガージュ langage（言語能力）の研究と諸言語 les langues の研究との関係が問題となるやいなや、あらたな問いかけの場が拓けてくる。ソシュールは二つの研究が相互に補い合って豊かなものになると強調しているように一見すると思えるのだが、注意深く読むならば、諸言語の研究がランガージュの一般的研究よりも優先されるべきだと説いていることが判明する。（中略）

　　ソシュールは最初の段落では、先天的な言語能力の実現、すなわち発話の実施にアプローチするには、具体的な諸言語 les langues の研究を通してからしか可能ではないと説いている。また二番目の段落では条件法（もし～ならば、～であろう）を用いているために、ランガージュの一般的研究の重要性を説いているものの、緩和されていることに留意すべきであろう。（中略）

　　なぜソシュールは言語の科学の将来はランガージュの研究と諸言語の研究の相互交流と往還にあるといえないのであろうか。J. フェールも指摘しているように、ソシュールが諸言語の研究の優位を強調しているために、われわれは困惑を覚えざるを得ない。就任講演の草稿の注意深い読解によって、ランガージュと諸言語との関係の問題化においてソシュールが、ランガ

第7章　Saussure の自筆草稿と時枝学説の相違についての考察　　273

ージュ（言語能力）に着目する言語学的自然主義と諸言語の歴史を研究する歴史言語学の批判という迂回を経ながら、いずれの学派によっても考えられなかった単数形のラング la langue という概念を築いていく過程を垣間見ることができるだろう。（中略）

　こうして一方では、先天的なランガージュの研究に対しては、言語を人間の歴史・社会に属するものという立場からその限界を指摘する。他方では、諸言語の歴史とは歴史言語学者の多くが考えるような人間の意志による歴史ではなく、ほとんど無意識的なものであり、また言語は個人的なものというよりもむしろ匿名的な性格をもっているとソシュールは述べて、「歴史」概念に対して注意を喚起している。

　そこで人類に普遍的な言語能力の研究と多様な諸言語の歴史的研究の対立を超えるべくソシュールは、ラング概念を練り上げていく。ソシュールが「ランガージュ」「諸言語」「ある一つの言語」との葛藤のなかで「言語」概念が誕生する現場を草稿第 20 葉が鮮やかに示している。（中略）

　ソシュールはランガージュと諸言語との狭間で、「言語能力」のように人類にとって普遍的でありながら，同時に「諸言語」のように具体的な事実でもあるものとして、すなわち具体的普遍性 universalité concrete の地平でラング（la langue 言語）という概念を練り上げていくのである。ソシュールは弟子の手による『一般言語学講義』のように、ラング概念は断定的に課せられるのではなく、具体的普遍性の地平で時間軸における間断なき言葉の伝承において姿を顕してくる。通説に反して、ラング概念は共時論的な展望において現れてくるのではなく、時空間にわたる言葉の伝承の次元で登場してくる。ソシュールは「或る言語」une langue、「諸言語」les langues、「言語活動」language、そして「言語ラング」la langue の間で逡巡したあげく、ラング概念に到達している。"

Bouissac（2010: 138）も同様に、次のように語っている。

　"ソシュールはフランス語のありふれた単語ラングを再定義し

て、理論的、いや、少なくとも試行錯誤的意味合いを与えた。ソシュールはラングという概念に明確な意味を与え、複数形であれ単数形であれ、その後が示しうるそれ以外の意味合いを排除した。ソシュールの再定義においては、単数形のラングは普遍的なるものを指す。過去、現在、未来のすべての言語の土台だ。他のすべての使用的側面をそぎ落とした、純粋なシステムとしての言語である。これこそ、ソシュールが、科学的研究の基礎となりうるシステムだと考えたものだった。"

　langue に具体的本質体と抽象的本質体の二つを認める Bouissac (2010) の指摘は正しい。すなわち、これまで問題にされ、議論の対象とされてきた langue の構造を図示すれば、以下のようになる。

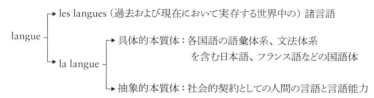

図2　langue の性質

　Saussure が言語研究の対象とし、またそしてわれわれが問題とし、これまで議論されてきたのは、まさにこの抽象的本質体としての langue に他ならない。加賀野井 (2004: 69) にもこれまでの CLG の langage と parole の図に体系と辞項を加えた同様の図があるが、これでは langue の単複の違い、そして単数形での具体的概念と抽象的概念を省いていきなり langue から通時と共時の二つが派生しており、langue の所存が見えにくい。正しくは langue の下部構造に上図を入れ、そこの最下部の具体的概念から通時と共時を派生させる形でなくてはならない。その点については、"ただし、いつも図式からこぼれ落ちるものがあることを忘れてはならないし、図式をもとにおおよその理解が得られたならば、その後は原典にあたり、図式を崩していく覚悟もしておかなければならない" というその後に続く一文からも、加賀野井も承知の上だったようである。

そして序章の6節で上げた①langue とは何かという問題についての解答は、ここに示されている。

2.2 実存体としての langue

第2章で見たように、Bally と Sechehaye による CLG では、以下のように言語を実存体として扱う記述が散見された。そしてこれこそが、langue という枠組みと併せて、"時枝・服部論争"における主要な問題点の一つであった。

"Les signes dont la langue est composée ne sont pas des abstractions, mais des objets réels（中略）ce sont eux et leurs rapports que la linguistique étudie ; on peut les appeler les entités concrètes de cette science.（後略）

1.L'entité linguistique n'existe que par l'association du significant et du signifié ;"（後略）　　　　　　　　　　　　（1916: 144）

"言語を構成する所の記号は抽象ではなく実存的対象である。（中略）言語学が研究するのは其れであり、其れ等の関係である。其れを此の科学の**具体的実体** entité concrète と呼ぶことが出来る。（中略）

一. 言語実体は、能記所記の連合関係に依ってのみ存在する。［太字原文ママ］　　　　　　　　　　　　　　　　（1928: 209）

"言語を組成する記号は、抽象物ではなくて、実在的客体である。（中略）言語学が研究するのはそれらの関係である。これをこの科学の具体的実存体（entité concrète）と呼ぶことができる。（中略）

1.言語実存体は、能記と所記との連合によらずしては存在しない。"［下線部原文ママ］　　　　　　　　　　　　　（1940: 137）

そして次のように、言語が社会的な実存体であり、一つの単位であると規定する。

"Le signe linguistique est donc une entité psychique â deux faces,（中略）Ces deux éléments sont intimement unis et s'appellent l'un l'autre."　　　　　　　　　　　　　　　　　　　　　（1916: 99）

"されば言語記号は二面を有する^{アンテイテ・プスイシック}精神的実体である。（中略）

276

此の二つの要素は密接に結合し、互に喚起し合う。"（1928: 135）

"それゆえ言語記号は二面を有する心的実存体である。（中略）この二つの要素はかたく相連結し、相呼応する。"（1940: 90–91）

"L'entité linguistique n'est complètement déterminée que lorsqu'elle est délimitîée, séparée de tout ce qui l'entoure sur la chaîne phonique. Ce sont ces entités délimitées ou unités qui s'opposent dans le mécanisme de la langue."　　　　　（1916: 145）

"言語実体は、音連鎖上に於て其れを囲繞する凡ての物から分離し限定しない内は、完全に決定する事が出来ない。言語機構の中に於て対立を為すものは決定されたる実体、即ち単位 unité である。"　　　　　（1928: 210）

"言語実存体は、限定された時、音連鎖の上においてそれを取巻く一切のものから分離された時、始めて完全に決定される言語の機構において対立をなすものは、このような限定された実存体、即ち単位である。"［下線部原文ママ］　　　　　（1940: 138）

Saussure は langue が具体的な存在であると言う。実存体としての langue という問題について、CLG では "Les entités de la langue（ラングの具体的な実態）" という章立てさえ見られる一方で、"la langue n'est pas une entité（ラングは実体ではない）" と明言しており、内容的に矛盾しているという指摘があったのはこれまでの論争の経緯で見たとおりである。CLG の注における、

"（前略）puisque la langue n'est pas une entité, et n'existe que dans les sujets parlants. Il ne faudrait pourtant pas aller trop loin, et il suffit de s'entendre."　　　　　（1916: 19）

"言語は実在体ではなく、話手を離れて存在するものではないからである。然しながら極端に走るは不可であり、要はお互に分かりさへすればよいのである。"＊3　　　　　（1940: 13）

という箇所は青年文法学派に対する注記であるが、一方で CLG の第二部第二章では "Les entités concrètes de la langue（ラングの具体的実体）" という章立てが見られることで内容的な矛盾が見られるという指摘があった。しかしこれに関しても小松英輔（2011:

第7章　Saussure の自筆草稿と時枝学説の相違についての考察　　277

49）が解答を与えている。すなわちここの箇所は、「ラングは（比較論者の主張するように）実体（実存体）として存在するのではなく、（また言語を人間から切り離して自然の生育のように考えるのではなく）ただそれは語る主体の中にある」と主張したのであり、「ラングは実存体ではなく、語り手の意識の中にしかない（と青年文法派は主張するのだ）」と（　　）内の言葉を補って考えるべきであり、そうすればこの箇所は Saussure 自身の考えではなく、青年文法派の考えを紹介していることが明らかとなる。

　とすれば、この箇所に関する時枝と服部の議論はそもそも誤った翻訳の上においてなされたものであり、小松も指摘するようにこの点についての二人の議論は全くの不毛である。しかも小松は、もっともめりはりの利いた訳文ならば、翻訳しか読めなかった（と言われる）時枝でも誤解の余地はなかったであろう（2011: 52）と指摘するが、それは翻訳の功罪と言うより Bally と Sechehaye による切り貼りされた創作の *CLG* そのものの功罪であると言った方がいいであろう。

　もう一つは服部でさえもその解釈に間違いを犯したフランス語の entité という術語解釈に由来する。すなわち英語の entity と同様の意味で langue を entité と捉えると、言語が三次元空間における個物の形状を伴ったタンジブルな存在であるかのような意味に取られてしまう危険性が大きい。その点については服部と時枝による Saussure 学説の解釈の相違をめぐる論争で既に見たとおりである。この点については、すでに本書の第4章で取り上げた大橋保夫の以下の主張が解答を与えてくれる。

　　　"ソシュールはホイットニーや青年文法学派以前の、言語をそれ自体のうちに定まった生長の機制をもつ動植物のように見る言語観は斥けるが、言語（ラング）を有機的体系として存在するものと見るので、新学派のように言語（ラング）が entité であることを否定するのは行きすぎと考える。つまり「言語は entité である」は青年文法学派までの考え方であり、しかもソシュールはそれを肯定しているのである。（自分自身の用語法としては、さらに一段つっこんで、言語記号を entité としているけれども）。したがっ

て、序説の脚注と以下の本文との間にはなんの矛盾もなく、服部氏（および時枝）のような苦しい説明はなんら必要でない。（中略）服部四郎氏は、entité という語の意味も誤解している。その理由の一つは、（中略）英語の entity の意味を援用してフランス語の entité を解釈したことであろう。（中略）英語ではいま説明したフランス語の使い方のほかにかなり漠然と「もの」を指すのに entity を使うが、フランス語の entité はそうではない。（中略）すなわち、この語は言語にとって本質的なものを指し、原則的には entité linguistique もしくは entité de la langue という形で使われる。Cours の中では、ソシュールの用語として言語に関して使われるかぎり、修飾語がついていなくても同じ意味である。そして entité linguistique と呼ばれるのはまず言語記号であり、かつそれは、能記と所記が結合した形でとらえなければ本質性を失い、entité とは呼ばれない。だから音素や音節は「単位」unité ではあっても、entité ではないのである。記号体系としての言語にとって本質的な文法的諸手段も当然 entité であるが、記号が entité concrète であるのに対して entité abstraite と呼ばれる。「実存体」という訳語だけではこの本質的要素という意味が十分につかめないが、このことを理解すると『講義』の中のなぞめいた文はだいぶわかりやすくなる。"

(1973a: 10–13)

また Bouissac も同様に、以下のように指摘する。

"Saussure repeatedly asserted that *langue* is "concrete," meaning by this that it is not an abstract ideal reality, and that its template resides in individual brains. At any given time, when speakers of a language use this language to express their thoughts and to communicate with each other, they draw upon the resources provided by their *langue*, that is, they select some of the relations, or values, that allow them to produce significations for themselves and for their interlocutors who share the same *langue*."［斜体部原文ママ］

(Bouissac, 2010: 81)

"ソシュールは「ラングは具体的な存在だ」と何度も断言して

いる。その意味は、ラングとは抽象的・概念的存在ではなく、一人一人の人間の脳に宿るもの、ということだ。ある言語の話者が自分の考えを人に伝えたり、誰かとコミュニケーションを取ったりするために言語を使うとき、彼らは自分の使うラングからリソース（資源）を引き出している。つまり、関係や価値を選び出し、それによって自分や同じラングを共有する対話の相手に対して意味を生産することが出来る。"（鷲尾翠訳、p.143）

　これらの説明は、Godel（1957: 266）の「langue は個々人の脳の中に預けられた宝物の総体である」という言葉にもあるように、langue は個々人の脳の外にあるのではなく、ある集団の中でのコミュニケーションを可能にするためにその集団のメンバーの間にしっかりと重なり合うように存在しているのだという点は非常に重要である"という指摘とその根底で同じであると考えられる。langue の問題はその性質上、ややもすると哲学的、観念論的な議論に陥りやすい性質を伴うが、それでも Saussure 学説の精神を凝縮するものである一方で、最も誤解され歪曲されてきたものでもある。しかしこれに関しては服部の論でほぼ解決を見る。更には丸山圭三郎らの微に入り細を穿つような研究成果や、小松英輔らによる一連の Saussure 文献学の進展により、Saussure 学説中の術語とその概念についての解釈は、より哲学的な観点から第二次論争期の中心的問題として引き継がれて行く。Saussure の langue という概念の正確な解釈については、前述した丸山の解釈（1971a: 29–32）を基に、再びここで整理しておく。

　Saussure の言う langue とは、全ての体系としての意味を持っている。この点について丸山は次のように述べている。

　　"ソシュールの体系は、何よりもまず価値の体系である。そこでは、自然的、絶対的特性によって定義される個々の要素が寄り集まって全体を作るのではなく、全体との関連と、他の要素との相互関係の中ではじめて個の価値が生ずる。しかも、ラングなる体系は、自然の潜在構造の反映ないし敷き写しではなく、人間の歴史、社会的実践によってはじめて決定される価値の体系、換言すれば既成の事物がどう配置されどう関係付けられて

いるかというのではなく、もともと単位という客観的な実体は
存在しない体系なのである。（中略）ソシュールの体系の概念
は、タクシノミーの背後にあるアトミスムの強い否定でもある。
出発すべきは常に全体からであり、全体は個の算術的総和では
ない。"
（1981: 93–95）

　こうした langue 概念の解釈について、丸山は（1971a: 29–32）
で行った自らの説明を、次のように敷衍している（一部簡略化して
1985: 67 にも再録）。

　　"この、コトバの本質という点から捉えられた《構成原理》と
　　してのラングとは、一つの国語体をさすのでもなければその一
　　般化でもない。何よりも、言語のあらゆるレヴェルについて語
　　ることができるのが、その証拠である。例えば、《音素
　　phonème》は音韻論レヴェルでのラングであり、その顕現化と
　　しての物理音はパロールである。形態論のレヴェルでは《形態
　　素 morphème》が、意味論のレヴェルでは《意味素 sème》が、
　　それぞれのラングであり、このラングを「言語」と訳すことが
　　できないのは、以上の例のみからも頷かれることであろう。言
　　語を離れても、このラングは有効な概念装置として機能する。
　　我々は《神話素》、《物語素》といった -émique（本質的な関係
　　の網の視点）を語ることができ、それらは -étique（現象的顕
　　現、物理的材質）と対立させることができる。当然、この第三
　　のラングに対置させられるパロールは、先に見た第一のパロー
　　ルであって、副次的、非本質的なものである。"　（1981: 90–91）

　筆者自身、本書の序章において、「彼が打ち立てた構造主義言語
学と称される学問は、哲学や心理学とも結び付き、様々な分野で大
きな発展を遂げてきた」と述べたが、こうした langue の概念こそ
が、Saussure の学説を言語学のみならず、その他の関連領域と有
効に結びつけた一番の要素である。ただし、それでも音素に
langue を認めるということは記号の対立との関係においてどうい
うことか解決しないままである。

　そして言語がもし langue に基盤を置いているという仮定から出
発すると、語彙も整然とした体系をなしているはずである。しかし

現実にはそうではない。このことについては瀬戸賢一（2005: 25–26）の事物の命名とその認知活動の指摘や、国広（2006: 20）の階級名などの人工性の例は実に示唆的である。そして体系としての普遍的側面である langue を *CLG* では具体的な実存体として説明してきたことは、これまで見てきたとおりである。しかし Saussure の自筆草稿では、次のように述べられている。

"Dans des domaines comme celui de la langue, on ne peut pas dire que les différents êtres s'offrent du coup aux regards : il faut choisir un mot. Entité est pour nous aussi : l'être qui se présente."

(Komatsu Eisuke, 1993b: 290)

"言語のような学問の領域では、様々な存在が、それ自体として姿を現すとは言えません。正確に言い換えなくてはなりません。**実体**とは、私たちにとって、結局、現れ出て来る存在なのです。"［太字部原文ママ］ (相原・秋津訳、2003: 159)

"Dans la langue prise face à face, sans intermediaries, il n'y a ni unités ni entités données." (Komatsu Eisuke, 1993b: 290)

"媒介なしに直面する言語の中には、単位も所与の**実体**もありません。" (相原・秋津訳、2003: 159–160)

"(la langue n'existe pas comme entité, mais seulement les sujets parlants !)" (Komatsu Eisuke, 1997: 93)

"言語は実体として存在しているのではなくて、話す主体の裡にだけ存在しているのです！" (相原・秋津訳、2006: 168)

序章で上げた②langue の実存体という問題については、これらの言葉で解答が指し示されている。松澤（2009: 25）は、「時枝が批判したラングとは、『講義』の編著者によってこの根源的二重性が解体され、二項対立に還元された末の一項目に過ぎず、したがってソシュール的ラングの残骸であったと言ってもけっして過言ではない」としめくくるが、まさに言い得て妙である。

2.3 記号の対立と意味

Saussure の学説をめぐる第二の問題点が、記号の対立という問題である。第2章で見たとおり、*CLG* では記号の対立という点については、以下のように述べられている。

"Tout ce qui precede revient à dire que *dans la langue il n'y a que des differences*. Qu'on prenne le signifié ou le significant, la langue ne comporte ni des idées ni des sons qui préexisteraient au système linguistique, mais seulement des differences conceptuelles et des differences phoniques issues de ce système."［斜体部原文ママ］

(1916: 166)

"今まで述べて来たことは要するに、言語には差異しかないと云うに帰する。（中略）所記或は能記を取ってみるがよい、言語は言語体系以前に存在せんとする観念とか音とかを許す事は出来ない。只その体系から出る所の概念的差異及び音的差異のみを許すのである。"［傍点部原文ママ］ (1928: 243)

"以上述べて来たことは要するに、言語には差異しかないというに帰する。（中略）所記をとってみても能記をとってみても、言語は言語体系に先立って存在するような観念なり音なりを含むものではなくして、只この体系から生ずる概念的差異と音的差異とを含むだけである。"［下線部原文ママ］ (1940: 159)

このことからも Saussure が体系に属する要素の価値がそれぞれ異なり、互いに連合関係にあるという性質をことのほか重要視していたことがうかがえる。この主張は、連合関係の性質を明らかにすることで単語の意味が正確に決定されるということに他ならず、単語の意味に体系性を認めることから得られる帰結は、記号の対立がなければ意味の違いも存在しないということである。しかしながら、序章の注1で見たように Engler 版の断章番号 1764 では、

"Mais ensuite, si nous considérons cet autre point que dans la même phrase je puis dire par exemple : *son* violon a le même *son*, — si précédemment je m'étais appliqué sur l'identité du son, je verrais ici que la tranche auditive *son* répétée deux fois ne représente pas une identité. De même si on surprend la même

第7章　Saussure の自筆草稿と時枝学説の相違についての考察　283

suite/[295] auditive dans 《cet animal *porte plume* et bec》 et
《prête-moi ton *porte-plume!*》, nous ne reconnaissons pas qu'il y a
là une identité. Il faut qu'il y ait identité dans l'idée évoquée. Elle
comporte, cette identité, un element subjectif, indéfinissable. Le
point exact où il y a identité est toujours délicat à fixer."［斜体部
原文ママ］

(Komatsu Eisuke, 1993b: 294)

　"これがまず一点目ですが、次に、別の文を例に出して、二点
目を考えてみます。**son violon a le même son**［訳注：彼の
（ソン）バイオリンは、同じ音（ソン）だ］。"私が音の同一性
だけにこだわっていれば、二度繰り返される son という聴覚の
切片が、ここで同一性を表していないことがわかるでしょう。

　同様に、**cet animal porte plume et bec**［訳注：動詞
porter の三人称単数形＋目的語 plume と bec。この動詞は羽根
と嘴を持っている、の意］と〈prête-moi ton〉porte-plumes
［ママ］［訳注：一つの名詞 porte-plumes。あなたのペン軸を私
に貸して、という意］の中で、同じ音の繋がりに気付いても、
私たちはそこに同一性があるとは認めないでしょう。同一性は
呼び起こされる観念の中にこそあった、と言うべきなのです。
この同一性は、定義できない主観的な subjectif 要素を含んで
います。〈同一性がある〉という点を厳密にするには、いつも
細心の注意が必要です。"［太字と斜体部原文ママ］

（相原・秋津訳、2003: 168）

という記述が見られ、音形による差異のみを認め、音形から得られ
る概念には差異を認めず、signifiant と signifié が同一でないことを
主張している。この問題に対して丸山（1983: 213）は、

　"同音と見做される二つの語が、それぞれ別々の価値をもつの
は、連辞の次元で他の語と結びつき得る〈結合値〉（ヴァラン
ス）が異なっているからであり、これが連辞の軸上での差異化
を可能にしているからにほかなりません。（中略）②実質的な
支えなしにも語る主体の内に対立化した差異として意識される
単位、という二つの概念があるのです。"［下線部原文ママ］

と、langue の中に連辞を認めることで同一の記号表現であっても

284

連辞上で異なった結合値を有すれば異なった signifié を持つことは可能であると説明する。このことは Saussure 自身、

"Nous parlons uniquement par syntagmes, et le mécanisme probable est que nous avons ces **types de syntagmes** dans la tête, et qu'au moment de les employer, nous faisons intervenir le groupe d'associations."［太字原文ママ］ （Engler, 1968: 断章番号2019）

"われわれが言葉を発するのは、連辞によってのみである。おそらくそのメカニズムは連辞の型を脳の中に有しており、それらの型を用いる時に連合語群を介入させる。 （筆者訳）

"Dans la proposition tout se réduit au sujet et au prédicat, （中略）, à ce que je crois, à la conjunction (vocatifs à réserver). Mais le sujet et le prédicat n'ont rien à voir avec les 'parties du discours, distinguées sur un autre principe'（後略）:"

（Engler, 1968: 断章番号3306）

"文はすべて（中略）主語と述語とに還元される。しかしながら主語と述語は、他の原理にもとづいて区別された品詞とは何の関係も持たない。" （筆者訳）

と述べており、ここから丸山（1981: 101）の、

"いずれにしても、ラングに属する事実の中にさえ、連辞が存在することは間違いない。"

という苦し紛れとも取れる説明が生じたであろうことは容易に推測がつく。

　しかし、同音異義や多義の発生の原理や意味認識の成立が連辞ですべて解決されえないことは、国広（1985）で証明済みである。連辞関係が同音異義や多義の成立を決定付ける根拠ではないとすれば、次に考えられるのが場面や文脈の助けということである。しかし場面や文脈の助けがないと記号内容の違いが成立しないというなら、裏返せばそれは記号の対立だけでは記号内容の区別は出来ないということを自ずと認めてしまうことになる。このことについては国広（2006: 18）も、

"場面文脈の助けがなければ意味の違いが保てないということは、取りも直さず「記号の対立だけでは意味の区別は出来な

い」ということであり、ソシュールの対立記号論的構造主義は
ここで崩壊の止む無きに至る。"

と、その根本的誤りを指摘する。そしてこの問題は、町田（2004b:
67–68）においても次のようにSaussure学説の不備を暗に認める
ような説明に終始する。

"単語の意味に体系性があることから出てくる重要な帰結は、
言語が違えば単語の意味もそれぞれ違ってくるということです。
異なった言語でまったく同じ意味をもつ単語がないことは、一
つでも外国語を学習してみれば分かります。（中略）日本語と
英語では、全体としての単語の体系が違うのですから、体系の
性質からして、この二つの言語で同じ意味をもつ単語が存在し
ないのは当然のことです。（中略）ただし、ある単語が要素と
して含まれる体系を設定して、その体系に属する他の単語の意
味とは違うと言う性質だけで、その単語の意味が正確に決定で
きるわけではないことはもちろんです。"

ここで生じる疑問の第一は、Saussure学説での体系の異なりが、
はたして町田があげるような日本語と英語といった異なる外国語間
のことを指して言っているのかということである。広義に捉えれば
そのように拡大解釈も可能であろうが、Saussure学説における体
系の差異と記号の対立とは、まずは同一言語内における現象として
言っているのではないか。それゆえ記号間の対立がなくても意味の
認識が見られる同音異義や多義の問題にSaussure学説はどう答え
ることが出来るのかということが問題になっているのである。それ
は町田の同書の引用箇所においても同じである。それなのに体系が
異なる言語同士の例を引き合いに出して、町田も言うように「同じ
意味をもつ単語が存在しないのは当然のこと」と述べるのは堂々巡
りにしかなっていない。この問題に対してSaussure自身は「この
種の同一性は主観的な定義不能の要素」（1968: 243）といった漠
然とした説明で逃げ、それに対して国広が、「ソシュールは（理論
的矛盾点に）大して悩むことなく、さらりと逃げているように見受
けられる」（1985: 19）、「ソシュールは自説の誤りに気付かないま
ま、何の説明にもならない言辞を吐かざるを得なかった」（2006:

20）などと痛烈な批判をしながら意味論的見地からSaussure学説に対する反証を提示し、Saussure論者の解答を求め続けてきたことは序章で見たとおりである。

更に続けて町田（2004b: 68–69）は、

"『講義』には、単語の意味を決定するための具体的な方法は書かれていませんでしたから、後の言語学者たちには、その方法を見つけ出すという課題が残されたのでした。（中略）このように、コトバに含まれる単語の意味以外の要素にも体系性があることは容易に推測できるわけで、体系と連合関係という概念は、コトバの本質を解明する上で考慮しなければならない最も重要な要因の一つです。それをソシュールがはっきりと提示したことは、言語学の歴史では特筆すべきことだと言えます。"

と述べて、結局自らが認める体系の差異と記号の対立に伴う意味の問題には答えていない。これは結局これまでSaussure論者が繰り返してきた態度と同じで、Saussure学説の言語学史における意義と価値（そのこと自体は筆者も否定しない）を持ち上げながら、ここで提示された意味の問題に対する不備とその解答を示すことはおろか、それは後世の研究者に委ねるとして問題の本質から逃げ、何の回答も進展も見られないままである。もっともそれは、Saussureの遺稿やそれにまつわる歴史的資料からSaussureの直接の考えを紐解くのが主な仕事であるSaussure文献学の方向性と性質から致し方のないことではあろう。そうした主張や学説に基づいて現実の言語現象をどう扱うかというのはどこまで行っても言語研究者の仕事でありSaussure文献研究者の仕事ではない以上、こうした態度はどこまで行っても平行線をたどるのみであろう。

記号の対立のみでは記号内容の区別が不可能で、場面や文脈の助けがないと記号内容の違いが成立しない例は言語学的には掃いて捨てるほど存在する。たとえば「シリツ大学」という場合、そのsignifiantとしての音形からは「私立大学」か「市立大学」か区別がつかない。よって、そういう場合にわれわれが講じる手段は、「ワタクシリツ大学」や「イチリツ大学」とあえて説明的に言い変えることで、文脈の中でその差異を示すことにより正確な記号内容

を伝え、共有を図ろうとするやり方である。同様に「カガク」では「科学」なのか「化学」なのか判断がつかないため、わざと片方を「バケガク」と呼んで区別するのも然りである。そのどれかを決定するのは音的な特徴による差異か、あるいはあくまで場面や文脈の助けによる*4。

　たとえば、2013年6月12日に流れた日本野球機構の統一球の不正のニュースはその好例であろう。それまでの古いボールから新たに統一した野球のボールに飛びやすい細工が仕掛けられていた問題で、謝罪会見の席上、コミッショナーの発言に「古い新しいという方のシンキュウですが……」という前置きがなされた。問題の性質上、この「シンキュウ」は新たに統一された「新球」と取られかねず、意味理解に混乱をきたす。そうした混乱を避けるためにあえて先のような言い方をして「新旧」と「新球」を取り違えないように念を押したのである。この場面で「シンキュウ」を「鍼灸」と取る人間はいまい。それは場面の中での言語運用という側面から、ここでの文脈で共起しにくい言葉だからである。こうした意味の違いを成立させるのは、まずは音的な特徴による差異か、または場面や文脈の助け以外のなにものでもない。これ自体がすでにSaussure学説の記号の対立と意味の区別という主張に対する十分すぎる反証である。

　記号と意味の問題に対してSaussure論者が有効な解答を示さない点について更に立ち返れば、その原点的指摘は丸山（1983：

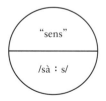

シニフィエは潜勢としての価値

文脈（1）：au sens étroit　「狭い意味で」
文脈（2）：cinq sens　「五感」
文脈（3）：rue à sens unique　「一方交通路」

図3　丸山によるsignifiantとsignifiéの結び付きの解説

211）に行き着く。丸山はこの問題についてsensの「意味」、「感覚」、「方向」という三つの異なる意味について以下のような図で解説を試みるが、この図が意味をなさないのは国広（2006: 19）の指摘を持ち出すまでもない。

　これはSaussureが示した図とは全く異なるものであるばかりでなく、sensの記号表現とそれに伴う音形を示しただけの丸山の意味不明な創作に過ぎず、言語学的には全く意味をなしていない。また、シニフィエは潜勢としての価値と説明を加えるが、潜勢としての価値とは何なのか全く意味不明である。本来ならこの図は以下のようにならないといけない。

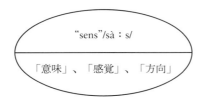

図4　signifiantとsignifiéの結び付き

　そして仮に、sensの「意味」、「感覚」、「方向」という異なる三つの意味が記号の対立から生まれる同音異義であるというのであれば、以下のような構図を取らなければいけないのであるが、現実はそうではない。

図5　同音異義におけるsignifiantとsignifié

　sensという記号は異なる三つのどの意味であろうとその音形は同一のものであり、よってこの図が意味論的にもいかに意味をなさない誤りであるかは疑問の余地がない。

　意味論者はsensの「意味」、「感覚」、「方向」という異なる意味

に有契性を感じ取り、これが互いに関連する派生関係にある多義であることの証明に腐心するのであるが、Saussure論者や哲学者はそういう点にはあまり関心がないらしく、外延や内包で現実世界と観念世界の切り取りといった現象の解明に腐心するのが常のようである。言語学者の研究対象であり最大の関心事であるのは、sensから派生する「意味」、「感覚」、「方向」という三つの意味が、それぞれ関連性を持つ多義なのか、また多義であるならばどのようなメカニズムでこうした三つの異なる意味を生み、それがどのようにSaussureの唱える記号の対立なしで意味の成立を生むのかという部分の解明である。こうした根本的かつ基本的な問いにさえ丸山の図は答えてはいない。

　しかし、実際のSaussureの言葉は違った。まずsignifiantとsignifiéの関係を以下のように説明しているのはBallyとSechehayeによるCLGでの図とさほど変わらない（ただし上下間の矢印が消えていることには着目すべきである）。

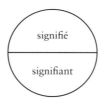

図6　Saussureによるsignifiantとsignifiéの相関図

　そして意味の不明確さに対して連辞から解答を求められない点については以下のように、すでにSaussure自身の言葉で先の問題に対する解答とも取れる主張をしているのである。

　　"Ce qu'il y a autour de lui syntagmatiquement, c'est ce qui vient avant ou après, c'est le contexte, tandis que ce qui va autour de lui associativement, cela n'est dans aucun contexte, vient de la con-science〈uni par lien de la conscience, pas d'idée d'espace〉
　　L'entourage d'un mot doit être distingue syntagmatiquement et associativement.〈Placé dans le syntagme, le mot agit en vertu de ce qu'il a un commencement et une fin, et de ce que les autres mots

doivent être avant ou après⟩.（中略）

Objection : est-ce que le syntagme n'appartient pas à la parole et ne mélangeons-nous pas les deux sphères *langue-parole* pour distinguer les deux sphères *syntagme-association* ?

⟨C'est en effet ici qu'il y a quelque chose de délicat dans la frontière des domains⟩. Question difficile à trancher. En tous cas même dans les faits qui appartiennent à la langue, il y a des syntagmes.（中略）

Il y a entre autres toute une série de phrases qui sont toutes faitespour la langue et que l'indivudu n'a pas à combiner⟨luimême⟩. Dans le syntagme point délicat : la separation entre parole et langue." ［斜体部原文ママ］ （Komatsu Eisuke, 1993b: 354–355）

"連辞的なものは、前後に位置し、それが文脈なのです。けれ ども、連合的に周囲を囲んでいるものは、どんな文脈の中にも なく、意識 ⟨(空間の観念ではなく、意識が結ぶもの)⟩ から来 ます。

語を取り囲むものが連辞的か、連合的かは見分けられるはず です。⟨始まりと終わりを持ち、また、他の諸語の前か後かで 連辞の中に置かれた語は機能します。⟩（中略）

異議。連辞は言葉（パロール）に属さないのではないでしょう［か］。ま た、私たちは、二つの領域（連辞的―連合的）の区別のために、 二つの領域（言語（ラング）―言葉（パロール)）を混同していないでしょう［か］。

⟨結局、領域の境界は微妙なのです⟩。解決困難な問題。

いずれにせよ、言語（ラング）に含まれる出来事にも、連辞が同じよう にあります。（中略）

特に既成の言語（ラング）の中に、個（アンディヴィデュ）が ⟨自分では⟩ 組合わせられな い一続きの文があります。

言葉（パロール）と言語（ラング）の間の境目が、連辞の微妙な点なのです。"

（相原・秋津訳、2003: 260–261）

しかし問題はこれだけで終わらない。先述した丸山の音素を langue の一種とする解説は Saussure の言葉でどう説明されるので あろうか。音素はその音形的な差異によって異なった内容が伝えら

れるというのが成立の根拠である。それが Saussure をして「聴覚イメージと概念の関係は心理的、精神的現象である」と繰り返させ、「あらゆる言語記号は意味を持ち、あらゆる言語の意味は形を持っているのだから、形と意味を分離して考えるのはおかしい」と主張させたと考えられる。このことについては、北京方言の［th］と［t］、日本語の［r］と［l］の記号音の違いと記号内容の差異という現象からも反論が可能である。すなわち、国広（私信）が指摘するように、北京語の「天」［thiɛŋ］と「点」［tiɛŋ］の違いに見られるように、［th］と［t］は北京方言では異なった語を区別するため /t/ と /d/ という別々の音素を指すが、日本語ではそうではないため両方共 /t/ に該当する。日本語では［r］と［l］は別語を区別しないので /r/ に該当するが、英語では［rais］と［lais］は別物を指すから /l/ と /r/ は別音と考えられる。日本語であれば「天」も「点」もともに［ten］という同一の音形であるため、同音異義という扱いになる。しかし北京語では元々音形が異なる別の語として区別して存在するため、異音異義のままである。このことは、最初に意味の違いが意識されていなければ音素も対立の体系も成立せず、よって差異も見られないということになる。同様の指摘は、「象」の「ゾ」と「インド象」の「ゾ」が /z/ と /dz/ で異なりながらも対立関係になく、意味を弁別する単位として機能しないとする柴田健志（1999: 32）にも見られる。Saussure の学説では意味の差は音声さらには対立関係がなければ支持されないと考えるのであるが、これは本末転倒である。これは意味が先か音が先かという問題につながるが、はじめに記号内容が存在し、それを区別するために音形の差異が生じると考える方が自然である。記号内容もない状態で音形だけ先に発生することはあり得ない。ここに langue を認めた Saussure とそれを擁護する丸山の説明は苦し紛れの言い訳としか取れないのである。

　Bouissac（2010: 101）も指摘するように、Saussure の考えによれば、記号はその意味ゆえに存在しており、意味はその記号ゆえに存在しており、記号と意味は記号間にある差異ゆえに存在していることになる。ある音声パターンはそれ自身が変化と対立のシステム

の中である位置を占めている言語に属していると認識される時においてのみ、記号として成立することになる。この例として、たとえば日本語の「あいうえお」の50音字のそれぞれの音形の後に「か」という音形を付与する時、それぞれ「あか」、「いか」、「うか」、「えか」、「おか」という signifiant が出来上がる。「あか」という signifiant からは「赤」、「垢」、「亜科」などの signifié が想起され得よう。「いか」からは「以下」、「医科」、「異化」、「烏賊」など、「うか」からは「羽化」、「雨下」など、「おか」からは「丘」、「岡」などが想起され得よう。

　では「えか」からは何が想起されるだろうか。何もないのである。なぜなら「え」と「か」という音形の配列によって出来た signifiant は、その音形によって表される記号内容、すなわち signifié を持たないからである。これは記号ではなくただの意味を持たない「え」と「か」という音でしかないのである。こうした音と意味のつながりに必然性はなくその性質は恣意的である。言語記号が恣意的であるとされる所以がここにある。この恣意性を支える原理は、第1章の注3で見たように、社会的継続による汎用のみである。

　そして音素の数は全体でも数十個にすぎず、有限である。そこから形成される記号の数も数十万個で有限である。しかしそこから生み出される観念は無限である。われわれは数十個の有限の音から、われわれの世界を構成するあらゆる事物、観念、心情といった無限の事象を生み出し伝達し、理解しているのである。しかしこれが記号と結び付いて意味の成立となると、1対1対応での音素列と意味という単純なものではなく、問題は複雑である。最初に意味の違いが意識されていなければ音素も成立せず、対立の体系も成立しないのであり、したがって差異も見られないということになる。Saussure は意味の差は対立関係がなければ指示されないと考えたが、これは本末転倒になる。

　この点について、Hawkes も同様の問題を指摘している。

　　"However, much more crucial is the fact that by no means every possible contrast is registered as significant by the language. In

第7章　Saussure の自筆草稿と時枝学説の相違についての考察　293

fact, large numbers of contrasts are ignored by it, and only a relatively small proportion of the differences that actually occur between sounds are *recognized* as different for the purpose of forming words and creating meaning." ［斜体部原文ママ］

(Hawkes, 1977: 23)

"しかしながら、さらにもっと決定的に重要な意味を持っているのは、ありうるすべての差異がその言語に有意義なものとして登録されるわけでは決してないという事実である。事実そこでは差異の多くは無視されており、音と音の間に実際に起こる差異のうちの比較的わずかな割合のものだけが語を形成し、意味を創造する目的のために用いられるようになったものとして認知されるにすぎない。"［傍点部原文ママ］

(池上嘉彦他訳、1979: 31–32)

この問題に対しては、町田（2004b: 62–64）も次のように述べている。

"一つの言語に完全な同義語がないのだとすれば、その言語がもっているすべての単語の意味はそれぞれ異なっていることになります。だとすると、ある一つの単語の意味を決定するためには、他のすべての単語の意味とは「違う」という性質を必ず考慮に入れなければなりません。別の見方をすれば、ある単語の意味は、他の単語の意味との関係で決定されるということです。

ソシュールは、何らかの対象が作る集合で、その要素の特徴（ソシュールの用語では「価値」）が他のすべての要素との関係で決まってくるという性質をもつものを「体系」と呼びました。ある言語がもっている単語の集合は、それぞれの単語の意味（単語にとっての価値）が他の単語との関係で決まるのですから、この定義からして体系だとすることができます。（中略）ところが単語の集合では事情が異なっていて、あらかじめ意味が決まっているという単語はなくて、同じ集合に属する単語にどんなものがあるかが分からなければ、正確な意味は決定できないわけです。このように、要素の価値があらかじめ決まって

いるのではなくて、他の要素との関係でしか決定できないという点が普通の集合と体系の重要な違いです。要素の価値があらかじめ決まっていないとすれば、ある体系に含まれる要素とそうではない要素が必ずしも一義的には決まらない場合もあることになります。"

　こうした体系の性質が後に構造に置き換わり、Saussure の言語学が「構造主義」という名称を冠するようになるのであるが、その点は次章で考察する。更に国広（1985: 22）はこの問題について、以下のように追及する。

　　"記号表現と記号内容が決して紙の表裏のように不可分に結び付いているのではないことを示していると言えよう。記号表現と記号内容は、心的な連合関係にあるというのが、その本質的な姿であろう。連合関係は必ずしも緊密なものではなく、どちらか一方が認知されるだけに終るというような不完全な事態が生じることも十分にあり得ることである。"

　意味論者からすると、まさしくこうした現実の矛盾点に Saussure 学説はいかに解答を与えてくれるかを知りたいのであるが、町田（2004b: 82–83）の以下の説明を見ても、やはりこれまでの Saussure 論者と同じく理論の原則論や理想論に終始していて、何ら解答が示されてはいない。

　　"これとは逆に、同じ音素列なのにまったく異なる意味を表す単語を「同音異義語」と言って、日本語の「皮」と「川」や英語の night〈夜〉と knight〈騎士〉のように、どんな言語にもそれなりの数の同音異義語があります。（中略）話し手から聞き手へと同じ意味を伝達するのがコトバの本来の働きなのですから、この働きが最も効率よくできるためには、同音異義語などないに越したことはありません。したがって実際のところは、意味が違えばそれに対応する音素列も違うのがコトバとしての原則だと考えていいと思います。"

　同様に加賀野井（2004: 93–96）もフランス語の rivière と fleuve や日本語の「川」と「河」を例にあげてこうした問題を論じているが、この現象が起きる原因の究明には至っていない。結局のところ

加賀野井（2004: 96）は、「川」と「河」など類義語の違いは現実に存在する自然物の川（あるいは河）そのものが要請する区別ではなく、言語の方が創り出す区別であると結論付けている。これは厳密に言えば、言語を拠り所としている人間が、言語によって作り出しているものである。そしてそれは、国広（2010: 4）が指摘する概念によるものという指摘と何ら変わりがなく、ここにいたってもSaussure の記号の対立と意味という考えは成立しないのである。町田が言うように、「同音異義語などないに越したことはありません」というのは確かにその通りであろうが現実はそうではないし、逆にわれわれの身の周りは同音異義語で溢れかえっている。それに対して Saussure 学説からいかに解答を導き出すかが問題であり、意味論者にとってはこれは簡単にかわすことの出来る問題ではないのである。しかも多くの Saussure 論者が同音異義の発生理由を連辞関係に求めるが、それさえ有効な論拠にはならないのはすでに国広（1985）が証明済みである。「記号表現の差異があってはじめて記号内容の差異が生じる」という Saussure の学説では、現実に存在する反証としての同音異義という現象に対する解答を何ら示すことは出来ないのである。それを「同音異義語などないに越したことはない」というのは何の解答にもならないのは明らかである。現実には記号表現に差異がなくても記号内容に差異はあり得る。こうした問題について河本英夫（2007: 189）は、

　　　"差異の出現は、差異化の結果の二つの対比項に改称出来ない。それ以上に、差異化は本来発話行為（パロール）で起きているはずである。このときやや厄介な問題が生じる。言語学の対象として設定された言語（ラング）は、一般的には観察者から捉えた言語的対象であり、歴史的な安定性をもつとはいえ、人為的設定である。ところが発話行為は言語表現を生み出すのであって、まさにそれが行為であるがゆえに、それじたいを全面的に対象化することはできない。"

と、示唆的な意見を述べている。そして parole における signe は以下のような音声と意味が複雑な網状体をなす「相互喚起関係」にある。概念が頭の中に浮かんでいても言語表現がない場合や、音声あ

るいは文字は捉えていても意味が分からない場合もあるが、そうした現象をSaussureの学説では説明できないのである。

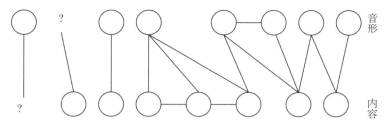

図7　音形と内容の相関図

　この図について少し説明しておこう。記号が異なっても記号内容が同一の場合（たとえば「母ちゃん」と「お袋」など）、音形的なつながりはないので、 で表す。一方記号が音形的なつながりで類似する形で関連性を有しながら、記号内容が同一の場合（たとえば「母ちゃん」と「お母さん」など）、 で表す。他方音形が同一で複数の関連する記号内容を表す多義の場合、 で表す。更に一つの記号が一つの記号内容しか有せず、それ以外の内容を持ち得ないような場合、1対1対応の関係が成立しているわけであるから で表す。「音声」というと個々人が発する声色やイントネーションやトーンなどの声質を指す場合までも含まれるので、筆者の場合は、そうした個人的要素を排除してどんな人が発するどんな発声の記号であろうと形の上で共通の音の構成要素という意味で、「音形」という言葉で表す。あるいは「記号音」でもいいであろう。

　たとえば少し前にビールのテレビCMで、焼肉屋で何の脈絡もなくいきなり若い女性が「エーゴざぶとん！」と上機嫌で叫ぶ場面があった。「エーゴ」という音声に対応する意味は、筆者の場合「A5」というサイズか、「英語」という言語か、「英悟」などの人名しか思いつかなかった。一方「ざぶとん」という音声に対応する意味は、座る時に尻の下に敷く「座布団」しか思いつかなかった。よって、「エーゴ」と「ざぶとん」が共起すること自体が不自然で違和感しかなく、自分の持っている言語経験として座布団の一面に英語がプリントされている「英語座布団」なのか（園児の頃、筆者の

第7章　Saussureの自筆草稿と時枝学説の相違についての考察　　297

お昼寝用布団は一面にカラフルなアルファベットが描かれた「英語お布団」であった）、持ち運びにコンパクトなA5サイズの「A5座布団」なのか、他に選択肢が思い当たらなかった。「エーゴ」という一つの記号に結び付く「A5」も「英語」も「英悟」も共に同一音形でありながらも意味的な関連性を持たないから、横のつながりを有しない同音異義となる。しかもここでは場面からも「英悟」という人名が「ざぶとん」に結び付くことはなく、よって記号内容も持ち得ない。

　先の図形に従えば、この現象は以下のような構造になる。

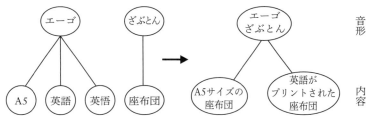

図8　「エーゴ」と「ザブトン」の有契性

　「エーゴざぶとん」とは「A5ザブトン」で、A5は精肉の最高級ランク、ザブトンは牛肉の肩ロースの最高級部位の名前である。
　脳は、記号の解釈を当人の持つ言語知識や経験に照らし合わせて理解しようとする。そこに言語知識や経験にとって未知のものが入り込めば、当然人間は既知のもので処理し、理解しようとする。「ざぶとん」というsignifiantは座る時に尻下に敷く「座布団」のsignifiéしか持たなかった筆者の脳は、当然ながらどういう形状の座布団かを「エーゴ」という音形と結び付けて理解しようとし、そこに自らの言語経験から得られるかぎりのsignifiéを結び付けようとしたのである。「エーゴざぶとん！」の意味不明さは、記号の対立だけでは記号内容の区別が出来ないことの好例であり、証明である。しかも「エーゴ」と「ざぶとん」はそのままでは関係性が見られず、連辞関係としても成立しにくい*5。もしエーゴの後に「ランク」をつけて「エーゴランク」としたなら、ランクという語は数字と共起しやすい性質を持つことから、エーゴがA5として認識されやす

くなり、連辞として多少は意味の解釈が助けられる可能性はあったかもしれない。あるいは一方で、「英語ランク」と解釈して英検などの検定試験における英語の級のランクと取り違える可能性も出てくるかもしれない。

　Saussureの学説では記号は相互の対立から初めて記号としての機能を果たすのであり、言い換えればそれは、最低二個の異なる記号がないと機能を発揮しないということである。しかしこれまで見てきたように、現実はそうではない。そしてこの問題の解答として引き合いに出される有名な説明が、CLGにおける以下の文である。

　　"Lorsque, dans une conference, on entend répéter à plusieurs reprises le mot *Messieurs* !, on a le sentiment qu'il s'agit chaque fois de la même expression, et pourtant les variations de débit et l'intonation la présentment, dans les divers passages, avec des différences phoniques très — appréciables aussi appréciables que celles qui servent ailleurs à distinguer des mots différents（中略）; en outré, ce sentiment de l'identité persiste, bien qu'au point de vue sémantique non plus il n'y ait pas identité absolue d'un *Messieurs* ! à l'autre, de meme qu'un mot peut exprimer des idées assez différentes sans que son identité soit sérieusement compromise."

　［斜体部原文ママ］　　　　　　　　　　　　　　（1916: 150–151）

　　"ある講演の席で、たびたびMessieurs！という語を連発するのを聞いたばあい、そのつどそれは同じ表現であるとの感じをもちはするものの、言い場所によって口調のちがいや抑揚のために、はなはだしい音的差異が現れるそのはなはだしさは、ほかのばあいならばべつの語を区別させるほどである（中略）; のみならず、この同一性の感じは、意味論的観点からみても、いくつものMessieurs！のあいだに絶対的同一性はないとはいえ、なお持続することは、あたかも一語がかなりことなった観念を、その同一性がひどくおびやかされることなしに、表現することができるようなものである。"　　　　　（1972: 151–152）

　　"Ainsi nous parlons d' identité à propos de deux express《Genève-Paris 8 h. 45 du soir》 qui partent à vingt-quatre heures d'intervalle. A nos yeux, c'est le même express, et pourtant proba-blement locomotive, wagons, personnel, tout est différent. Ou bien si une rue est démolie, puis rebâtie, nous disons que c'est la même rue, alors que matériellement il ne subsiste peut-être rien de l'ancienne."

(1916: 150–151)

　"かくして「午後8時45分、ジュネーヴ発パリゆき」の急行列車が、24時間のまをおいて二本発車するばあい、われわれはそれを同一であるという。われわれの眼には同じ急行であっても、じつは機関車なり、車両なり、乗務員なり、すべてべつであるに違いない。あるいはまた、ある市街が破壊され、のち再建されたとすると、われわれはそれを同じ市街だという、資材としてはおそらくなに一つ旧いものは残っていなかろうとも。"*6

(1972: 152)

　また加賀野井（2004: 89）では、新語の出現や語の消滅は体系の中での辞項が消えたり新たに加わったりすることではなく、体系の組み換えによって起こると説明付けている。しかし体系の組み換えがなぜ、またどのような原理で起こるかについては触れられていない。この問題に対しては、結局のところわれわれは依然として、

　　"言語記号の成立をソシュールのように記号の対立から始まるとするとあらゆる難問に遭遇するが、ソシュールが最初に批判の対象にした一般の考え方である認知内容から出発することにすれば、いろいろな言語現象もよく理解でき（例えば新語の発生）、直感的にもよく理解できる。"

という国広（2006: 21）の言葉に頼るしかないのであろうか。

　しかし Bouquet et Engler（2002）では、Saussure の驚くべき言葉が次々と出てくる。しかもそれは CLG におけるこれまでの言説を覆すような内容ばかりである。Bouquet et Engler（2002）の邦訳である松澤（2013: 70–75）では、一つの意義に対する記号の多様性と、その反対の現象である記号の単一性に照応する意義の多様性について考察されており、これまでの疑問に対する回答と思われる言葉が散見される。更には、松澤（2013: 73）における「語が

300

〈物質的な〉対象にアプローチするのは、最初から観念によってでしかないのである」というSaussureの言葉は、先の国広の「一般の考え方である認知内容から出発することにすれば、いろいろな言語現象もよく理解でき（例えば新語の発生）、直感的にもよく理解できる」という指摘と同じではないか。Saussureは一般の考え方である認知内容から出発することを否定などしていなかったことになる。それどころか最初から国広と同じ指摘をし、今日の認知言語学に通じる意味の捉え方を示唆していたことになる。そして多義現象についてのSaussureの言葉は、次のようなものである。

    "Mais si un terme est indéfiniment extensible dans son sens, on voit que le compte que nous croyons établir entre n idées et n termes est d'une puérilité absolue, en même temps que d'un arbitraire absolue. Et si, quittant la phrase particulière, nous raisonnons en general, on verra probablement très vite que rien du tout n'est ellipse, par le simple fait que les signes du langage sont toujours adéquats à ce qu'ils experiment, quitte à reconnaître que tel mot out el tour exprime plus qu'on ne croyait. Réciproquement il n'y aurait pas un seul mot doué de sens sans ellipse, mais dés lors pourquoi parler d'ellipse (comme Bréal) comme s'il y avait une norme quelconque au-dessous de laquelle les mots sont elliptiques. Ils le sont sans aucune interruption ou sans aucune appreciation exacte possible du[ ]. L'ellipse n'est autre chose que le surplus de valeur[ ]."   (Bouquet et Engler, 2002: 102)

    "しかし一つの辞項がその意味において無限に深延可能であるならば、われわれがn箇の辞項の観念とn箇の辞項の間に設定できると思い込んでいる計算は、極めて恣意的なものであると同時にまったく幼稚なものだということが分かる。そして個々の文を離れて一般的に推論するならば、そしてしかじかの語あるいは言い回しは人が思っていたよりも多くのことを表現するものだということを認めさえすれば、言語の記号は、それが言い表していることと一致するという単純な事実により、省略であるものなど何一つないということがおそらくすぐにわかるだ

ろう。〈また逆に、省略なしに意味を付与された語は、ただの一つとして存在しないことになる。そうであるなら、あたかもそれ以下では語が省略的になるなんらかの基準があるかのように、なぜブレアルのように」省略について語るのか。語はいかなる中断も、[ ]のいかなる可能な正確な評価もなしに、省略的なのである。〉省略とは価値の剰余に他ならない"

(松澤訳、2013: 159-160)

そしてこのことの説明として、松澤はKarcevski（1929）の「言語記号の非対称的二重性」に倣った以下の図を用いてsignifiantとsignifiéの結び付きとその無限の拡張の可能性を説明付ける。

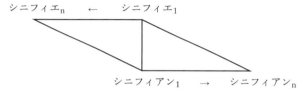

図9 音と意味の対応とその拡張関係

2016年の学会の席上で松澤本人に個人的に確認し松澤自身も認めるように、この図は語の多義的拡張を説明するのにも有効に働く。そして、記号の対立と差異という問題に対して、Saussure自身は次のように述べている。

"Nous n'établissons aucune difference sériuese entre les termes *valeur, sens, signification, function* ou *emploi* d'une forme, ni même avec *l'idée* comme *contenu* d'une forme ; ces termes sont synonymes."［斜体部原文ママ］ (Bouquet et Engler, 2002: 28)

"われわれは、ある形式の価値、意味〔サンス〕、意義〔シニフィカシォン〕、機能ないしは用法の間に、いかなる〈重要な〉差異も設けないし、またある形式の内容〈として〉の観念との間にさえも差異を設けることはしない。これらの用語は類義語である。"［傍点部原文ママ］ (松澤訳、2013: 26)

これにより、序章で上げた③記号の対立とそれに伴う問題は解決される。次にlangueの所在であるが、この点についてSaussure自身は以下のように述べている。

302

"Mais ce serait ne pas comprendre où est la puissance de la langue que de se plaindre de son inexactitude. On n'empêchera jamais qu'une seule et même chose ne soit appellée selon les cas une *maison*, une *construction*, un *bâtiment*, un *édifice*, (un *monument*), un *immeuble*, une *habitation*, une *résidence,* et le contraire serait un signe de notre [　]. Ainsi l'existence des faites matériels est, aussi bien que l'existence des faits d'un autre ordre, indifférente à la langue. Tout le temps elle s'avance et se meut à l'aide de la formidable machine de ses categories negatives, véritablement dégagées de tout fait concret, et par là meme immédiatement prêtes à emmagasiner une idée quelconque qui vient s'ajouter aux précédents."［斜体部原文ママ］　　　　　　　（Bouquet et Engler, 2002: 28）

"しかし言語（ラング）の不正確を慨嘆することは、言語の力がどこにあるかを理解しないことであるだろう。ただ一つの同じものが場合に応じて「家」、「建築物」、「建物」、「大建造物」、（「記念建造物」）、「不動産」、「住宅」、「邸宅」と呼ばれることが妨げられることはけっしてないだろう。そしてその反対はわれわれの［　］の記号であるだろう。かくして、物質的な事実の存在は、別の次元の事実の存在と同様に、言語（ラング）には関係がないのである。いつでも言語は、その否定的な範疇の素晴らしい〈機構〉のおかげで、前に進み、動くのである。この範疇は、具体的なあらゆる事実から真に解き放たれており、それゆえに、先行する観念に付け加わりに来るなんらかの観念を貯蔵する用意が直ちにできているのである。"　　　　　　　　　　（松澤訳、2013: 123）

Saussure のこの言葉によって、序章で上げた②langue の存在とその所在という問題についての謎と問題が氷解する。

2.4　言語記号の恣意性

Saussure の記号理論における最も重要な問題は、言語記号の "arbitraire（恣意性）" という問題である。これは Saussure 学説の全般に関わる問題であると同時に、記号の対立や意味の問題に直結する性質を持つだけに、決して看過できない問題である。Saussure

は言語記号の恣意性を言語学の一般原理における「第一原理」として位置付け、言語を科学として扱う己の学説の理論的な礎であると考えた。第2章で見たとおり、"言語記号の恣意性"について CLG では次のように記述されている。

"Le lien unissant le signifiant au signifié est arbitraire, ou encore, puisque nous entendons par signe le total résultant de l'association d'un signifiant à un signifié, nous pouvons dire plus simplement : *le signe linguistique est arbitraire*."［斜体部原文ママ］(1916: 100)

"能記と所記とを結ぶ連絡は、任意的 arbitraire である。別の言葉で言えば、記号とは能記が所記と連合して出来た全一体を意味する以上、更に簡単に、「言語記号は任意的である」と言えよう。" (1928: 98)

"能記を所記に結びつける紐帯は、恣意的なものである。言いなおせば、記号とは、能記と所記との連合から生じた全体を意味する以上、我々は一層簡単に言うことができる：言語記号は恣意的なものである。"［下線部原文ママ］ (1940: 92)

そして、言語記号の恣意性を言語記号の性質における「第一原理」として扱うことは Constantin のノートでも同様で、

"Le lien qui relie une image acoustique donnée avec un concept determine et qui lui confère sa valeur de signe est un lien radicalement arbitraire. Tout le monde [est] d'accord.

La place hiérarchique de cette verité-là est tout au sommet."

(Komatsu Eisuke, 1997: 287)

"一定の概念と与えられた聴覚イメージを結び付けるもの、そしてそれに記号の価値を授与するものは、根本的に恣意的な関係です。誰もがそう思っています。

この本質は、まさしく最上級のものです。"

(相原・秋津訳、2006: 168)

と、その性質こそが言語の本質であり、最上級の真理として扱われている。そして CLG では以下のような図を用いて、音と記号の結び付きについて説明している。

"Le signe linguistique est donc une entité psychique à deux faces, qui peut être représentée par la figure :

Ces deux éléments sont intimement unis et s'appellent l'un l'autre."　　　　　　　　　　　　　　　　　　　　（1916: 99）
"されば言語記号は二面を有する精神的実体（アンテイテ・プスイシック）である。図示すれば上の如くならう。

此の二つの要素は密接に結合し、互に喚起し合う。"（1928: 135）
"それゆえ言語記号は二面を有する心的実在体である；これを図示すれば右の如くなる：

この二つの要素はかたく相連結し、相呼応する。"（1940: 90–91）
この図は音と意味の不可分離性と相互喚起性を示したものである。しかし原文では、「この二つの要素はかたく相連結し、相呼応する」の部分に対応する言葉はなく、この一文さえもまた Bally と Sechehaye による創作であることが今や明らかである。そして CLG では、ラテン語の arbre（樹）という語を上げて、その音と概念の結び付きを表したその後に続く以下の二つの図が有名である。
"Que nous cherchions le sens du mot latin *arbor* ou le mot par lequel le latin désigne le concept 《arbre》, il est clair que seuls les rapprochements consacrés par la langue nous apparaissent conformes à la réalité, et nous écartons n'importe quell autre qu'on pourrait imaginer."［斜体部原文ママ］　　　　　　（1916: 99）

第7章　Saussureの自筆草稿と時枝学説の相違についての考察　　305

"漢語の樹(ジュ)の意味〔下図右、語は下半面、意味とは概念で上半面〕或は漢語が「樹」なる概念を指すに用ひる語を求めるならば〔下図左〕、言語が取持つ近寄せのみが真相に適つて居る様に見え、我々は想像し得る他の何物をも斥けるものなる事が明かになる。"

(1928: 135–136)

"ラテン語のarborの意味を求めるにせよ、或はラテン語が「樹」なる概念を指すに用いる語を求めるにせよ、言語が認めた照合のみが真相に適うものとして、我々に現れることは明瞭であって、人は他に随意の照合を想像しえようが、我々はそれらをすべて斥けるのである。"

(1940: 91)

しかしすでに丸山（1981: 71）や末永朱胤（2011: 83–84）でも指摘されているように、これらの二つの図も同様に、Constantinのノートには出てこない。Constantinのノートにあるのは、以下の図だけである。

図10　Constantinの図にある音と概念の結びつき
（Komatsu Eisuke, 1993b: 286）

そして Engler 版（1968）における Dégallier の断章番号 1109 に
あるのは、

> "Tout rapprochement de terme⟨s⟩ qui ne serait pas celui-là, nous
> le répudions comme fausse piste, dans cette recherché des deux
> termes que comprend un signe. (Engler, 1968: 150)

> "我々は、聴覚映像と概念の結び付きに見られるものとは異な
> るようなあらゆる結び付きは、記号が含む音と意味の二つの項
> に関する研究においては間違った方法としてこれを捨て去るの
> である。" （筆者訳）

という記述である。更に末永（2011: 85–86）が指摘するように、
Saussure 自身の説ではこうした記号と概念の結び付きを説明する
図における上下二本の矢印が存在しないこと、一本の矢印がある図
は七個あるが、そこでの矢印は常に下から上、すなわち signifiant
から signifié に向かうものの一方向のみのものが四個、あとの三個
は両端に矢じりの付された一本の縦の矢印が楕円の真ん中に存在す
るものとなっている。このことは、記号表現から記号内容を想起す
ることはあっても記号内容から記号表現を想起しないということに
なる。この点については本書の pp.328–329 でも論じる。

　Saussure は言語を記号として捉え、記号には音形と内容が結び
付くが、これらを結び付ける原理として絶対的な対応性は存在せず、
それは恣意的なものにすぎないと見る。そして signifiant と signifié
の間の結び付きは恣意的なものであるとする。Saussure は、
"arbitraire（恣意性）" という用語に格段の注意を払っていたよう
である。というのも、それまでの社会学や哲学では、"arbitraire"
という言葉を「自由選択」という意味合いで用いていたからである。
自然言語の場合、先述したように記号の音形と観念を人間の意志で
自由に選択したり取り替えたりすることは不可能である。こうした
用語に対する懸念は Saussure の、

> "Une partie seulement des signes dans toute langue seront radi-
> calement arbitraries. Chez d'autres⟨signes⟩intervient un phé-
> nomène au nom duquel on peut distinguer un degree. Au lieu
> *d'arbitrarie* nous pouvons dire *immotivé*."［斜体部原文ママ］

第 7 章　Saussure の自筆草稿と時枝学説の相違についての考察　　307

(Komatsu Eisuke, 1993b: 297)

　　　“言語全体の中で、記号のある部分だけは、絶対的に恣意的で
　　しょう。他の〈記号〉では、程度を識別できるような現象が起
　　こります。**恣意的**の代わりに**無根拠** immotivé と言うことも出
　　来ます。”［太字部原文ママ］　　　　　　　（相原・秋津訳、2003: 173）

という説明における“immotivé（無根拠）”という言葉にも見て取
れる。これにより、聴覚イメージと概念の関係は自由選択によるな
んらかの恣意性によって決定されるのではなく、偶然的要因によっ
て偶発的に決まり得ることを意味し、用語による煩雑な誤解を避け
ることに腐心したのである。

　単語がある言語の中で意味を有するのは、その言語を母国語とす
る話者の間で暗黙のうちにそれが了承されているからにすぎないの
であり、この了承は契約のような取り決められたものではないと考
える。恣意性はあくまでも単語の意味と音形の結び付きが変化する
ことを説明付ける原理としてのみ有効に働くのである。そしてこの
恣意性の不即不離な性質ゆえに、異なる言語間の単語に絶対的な対
応性が存在しないという説明付けが可能となるのである。単語の意
味と音形の結び付きの間に恣意性がなければ、ある一つの言語で同
じ意味に対応する音素列はただ一つでなければならず、そこには一
つの物に対して一つの語（名称）という確固たる結び付きで変異を
認めないことにより、同音異義の類は生まれないことになる。しか
し実際にはそんなことはなく、身の回りには同音異義が溢れている。
Saussure の学説で恣意性による単語の変異をどう説明付けるかは、
記号の対立と意味との問題と同じく、言語学が解決すべき問題であ
る。同音異義や多義の現象がこれまでの Saussure の学説や *CLG* の
説明では解決しないことはこれまで見てきたとおりである。そのよ
うな Saussure の学説にあって、同音異義や多義の現象を解明する
唯一の手がかりがこの恣意性という考えである。

　そもそも Saussure はなぜ、言語記号の恣意性をことさら強調し
たのであろうか。その理由は、古代ギリシャの言語名称目録観とも
言うべき言語の捉え方に終止符を打つためであったと考えられる。
Saussure は語における観念と聴覚イメージの間の関係を、それま

での言語哲学における「形」と「意味」とは異なるものとして捉えており、それまでの考え方と決別するためにこの「言語記号の恣意性」を声高に主張したと思われる。古代ギリシャでは、Platon の対話篇である"Kratulos（クラテュロス―名前の正しさについて―）"において、名称とそれが指示する事物との関係が自然な成り立ちにより形成されるという考えと、名称とそれが支持する事物との関係が契約的な成り立ちにより形成されるという、すでに言語についての二つの考え方があったことが記されている。前者を"phusei（自然）"、後者を"thesei（契約）"と呼んで区別するが、前者には Kratulos を筆頭にした Herakleitos の流れを汲む学派が、後者には Helmogenes を筆頭にした Demokritos の流れを汲む学派があり、これら二つの学派により言語についての考え方をめぐる議論が展開されていた。しかしこの議論は有効な解決を見ないまま今日まで続くものであり、またその性質から言葉と物との関係に終始し、いずれにしても言葉は"物の名前"か"既成の意味や概念を指す記号"でしかなく、どちらに転んでも言語が事物に名づけをするという性質からは逃れられない。Saussure は聖書や Platon 以来のこうした言語名称目録観というべき言語記号が事物と名称とを結び付けるものであるとする言語に対する古典的考え方を否定し、Humboldt 的な「言語の本質は、世界を思考の鋳型に流し込むことであり、これが言語の作業である」（1836）という考え方をも否定する。その方法として、記号が「概念」と「聴覚映像」によって結ばれるということにより二つの心的事象の間の関係が物質的なものではなく抽象的なものであることを強調し、その結果、言語記号の恣意性という原理を説いたのである。そして音と意味の問題についてギリシャ哲学以来の古典的方向性から外れ、そこに恣意性という付かず離れずの自由な関係を認めることで、単語の変化と変異の説明付けを可能にしたのである。また同時に記号の恣意性という考え方は言語を記号として捉えることから必然的に導かれる現象であり、言語を科学として扱うのにもこの考えは有効に働くのである。それまでの言語名称目録観を否定するところから始まり、言語の創造性の原理とそれを解明しようとする科学的基盤に、Cassirer（1944:

第7章　Saussure の自筆草稿と時枝学説の相違についての考察　309

133）をして Saussure を「十七世紀において物理的世界についての
われわれの観念全体を変えたガリレオに比する」と言わしめる理由
がここにある。

　Merleau-Ponty（1945: 207）は"事物は命名の認識の後からも
たらされるのではなく、それは認識そのものである"と述べている
が、こうした言葉と物の関係が固定的ではなく自由選択の性質を持
つものであることを、科学として証明しようとしたのである。よっ
て、丸山（1981: 153）が指摘するように、Saussure における「恣
意性」のアンチテーゼは「必然性」ではなく、「自然性」というこ
とになるのである。

　Bouissac（2010: 96）は signifié と signifiant は人々が育つ過程で
習得してきた言語システムによって強制的に与えられるものであり、
これらの恣意的関係を意図的に設定できる独立的媒体は存在しない、
と言う。だからこそ Saussure は、signifié と signifiant の結び付き
が個人の自由選択によるものではなく偶然的要因によって決定され
えることを恣意性という枠組みで説明付けようとするのである。そ
してこうした決定に責任を負う特定の媒体はこの世に存在せず、こ
うした関係を生み出す究極の源は社会的集団であると繰り返し述べ
るのである。またある言語における新語の産出も、こうした社会的
集団におけるコンセンサスによるものであり、その出発点が観念的
なものであれ、こうした現象を説明付けるのに恣意性の考えは有効
に機能するのである。signifié と signifiant の結び付きが恣意的であ
ればこそ、同じ signifié に対して様々な言語で様々な signifiant に
よる多様な命名の仕方が可能になるのであり、それは同一言語内に
おいても然りである。このことは以下の Saussure と Banveniste の
言葉にも見ることができる。

　　"Si par rapport à l'idée qu'il représente, le significant apparaît
　　comme librement choisi, en revanche, par rapport à la commu-
　　nauté linguistique qui l'emploie, il n'est pas libre, il est imposé."

（1916: 104）

　　"記号表現は、その表わす思想との関係では自由に選ばれたも
　　のとして思われるが、逆にこれを用いる言語共同体との関係で

は、自由ではなく、強制されたものである。"

(小林英夫訳、1940: 104)

"Mais le signe, élément primordial du système limguistique, enferme un signifiant et un signifié don't la liaison doit être reconnue comme *nécessaire*, ces deux composantes étant consubstantielles l'une àl'autre."［斜体部原文ママ］ (Banveniste,1966: 55)

"しかし、言語体系の根源的要素である記号は、能記と所記を含んでいて、この二つの成分は互いに共実質的であるから、両者の結びつきは<u>必然的</u>と認められなけらばならない。"［下線部原文ママ］

(岸本通夫監訳、1983: 61)

加賀野井（2004: 108）はこうした恣意性を語と単語の関係だけでなく、音と概念との結びつきも恣意的であるという恣意性の二重性を説きながら、

"何よりもまず、（1）シーニュはラングの体系によって恣意的に決定される。（2）それゆえ、そのシーニュのシニフィアンとシニフィエとの絆も恣意的である。（3）当然ながら、このシニフィアンとシニフィエとによって切り取られる音声の実質や概念の実質も、恣意的なものとなる。（4）とどのつまり、「ことば」とそれが指す「もの」との関係も恣意的になるのである。"

と締めくくる。こうした言語記号の恣意性とそれを決定付ける社会的集団という点に関する Saussure の言葉は、以下に見るようになお一層明晰である。

"Quand un système de signes deviant le bien d'une collectivité, cela quell qu'il soit d'ailleurs en soi, ou quell qu'il soit par sa provenance, il arrive de ce fait deux choses :

1.Il est vain de vouloir l'apprécier hors de ce qui résulte pour lui de son caractère collectif.

2.Il est suffisant, et meme nécessaire, de ne prendre que ce produit social, en［　　］

（中略）parce qu'en effet rien ne garantit plus depuis le moment où le système de signes appartient à la collectivité que ce soit une raison intérieure, une raison faite à l'image de notre raison indivi-duelle, qui va continuer à gouverner le rapport du signe et de l'idée.

(中略) La langue, ou le système sémiologique quell qu'il soit, n'est pas le vaisseau qui se trouve au chantier, mais le vaisseau qui est livré à la mer. Depuis l'instant où il a touché la mer, c'est vaine-ment qu'on penserait pouvoir dire sa course sous prétexte qu'on saurait exactement les charpentes dont il se compose, sa construc-tion intérieure selon un plan.

(中略) Lequel est le vrai du vaisseau sous un toit dans la main des architects, ou du vaisseau sur mer? Assurément il n'y a que le vais-seur sur mer qui soit instructif pour ce qu'est un vaisseau, et ajou-tons-le, qui soit meme un vaisseau, un objet proprement offert à l'étude comme vaisseau." (Bouquet et Engler,2002: 288–289)

"記号体系が集団の財になる時、それ自体がどのようなもので
あれ、あるいはどこからきたものであれ、この事実から二つの
ことが生じる。

〈1 この記号体系を、その集団的性格から生じる結果の外で評
価しようとしてみても、実りのないことである。

2 ［　　　］を除外することによって、この社会的産物のみを
取り上げることで十分であり、かつそうすることが必要でさえ
ある。〉（中略）

なぜなら実際に、〈記号体系が集団に属する時から、〉内面的
理性であれ、個人的理性に似せて作られた理性であれ、記号と
観念との関係を支配し続けることを保証するものなどもはやな
にもないのである。（中略）言語、あるいはどのようなものに
せよ、記号体系は造船所にある船ではなく海上に出た船である。
それが航海に出た瞬間から、その船の骨組みや内部構造を設計
にしたがって知ることができるから〈という理由で、〉その航
路を言い当てることができるなどと考えることは無駄なことで
ある。

（中略）屋根の下で技師の手のなかにある船か、それとも海上の船か、どちらが本当の船であろうか。勿論、船がどういうものか教えてくれるのは、海上の船しかない。そして言い添えておくが、それこそがまさに船、船として固有の研究対象として与えられたものなのである。"　　　　　（松澤訳、2013: 470–471)

"C'est seulement le système de signes devenu chose de la collectivité qui mérite le nom de, qui *est* un système de signes : parce que l'ensemble de ses conditions de vie est tellement distinct depuis ce moment de tout ce qu'il peut constituer hors de cela que le reste apparaît comme inimportant. Et on peut immédiatement ajouter : qui si ce milieu de la collectivité change toute chose pour le système de signes, ce milieu est aussi dès l'origine le veritable endroit de développement où tend dès sa naissance un systèmede signes : un système de signes proprement fait que pour la collectivité comme le vaisseau pour la mer. Il n'est fait que pour s'entendre entre plusieurs ou beaucoup et non pour s'entendre à soi seul. C'est pourquoi à aucun moment, contrairement à l'apparence, le phénomène sémiologique quel qu'il soit ne laisse hors de lui-même l'element de la collectivité sociale : la collectivité sociale et ses lois est un de ses elements *internes* et non *externs*, tel est notre point de vue."［斜体部原文ママ］　　　　　（Bouquet et Engler, 2002: 289–290)

"集団の事柄となった記号体系だけが［記号体系］の名称に値するのであり、それが記号体系なのである。なぜなら生の諸条件の総体は、集団の事柄となった時から集団以外のところでありうるものとは大変異なったものとなるので、残りのことはすべて重要ではなくなってしまうのである。更にただちに次のことを付け加えることができる。記号体系にとってこの集団という環境は、すべてを変えてしまうのである。この環境は、記号体系が誕生するやいなや発展を遂げていく真の場所でもある。記号体系が集団に対してのみできているのは、船が海に対して作られているのと同じである。記号体系は数人あるいは多くの

人の間で理解し合うために作られているのであって、一人だけ
の自己理解のために作られているのではない。そのために、外
見とは反対に、記号現象が、どのようなものであれ、社会的集
団の要素を自分自身の外部に残しておくことはどのような時で
もないのである。社会的集団とその諸法則は記号現象の内在的
諸要素の一つであって、外在的なものではない。以上がわれわ
れの観点である。"［傍点部原文ママ］　　　　（松澤訳、2013: 472）

　Saussure は、言語を言語外の事物の一つ一つと対応させる、そ
れまでのギリシャ哲学における言語の捉え方である言語名称目録観
を全面的に否定するために言語を記号として捉え、そこでの音と観
念の対応関係に恣意性という視点を持ち込んだことは、これまで見
てきたとおりである。そして恣意性の問題は Saussure の言う、

　　　"La langue est encore comparable à une feuille de papier : la pen-
　　　sée est le recto et le son le verso ; on ne peut découper le recto sans
　　　découper en même temps le verso ; de même dans la langue, on ne
　　　saurait isoler ni le son de la pensée, ni la pensée du son ;（後略）"

　　　　　　　　　　　　　　　　　　　　　　　　　（1916: 157）

　　　"言語はまた、一葉の紙片に比べることができる：思想は表、
　　　音は裏である；裏を同時に細分せずに表を細分することはでき
　　　ない。同じく言語においても、音を思想から引離すことも、思
　　　想を音から引離すことも、できないであろう。"

　　　　　　　　　　　　　　　　　　　　（小林英夫訳、1940: 149）

という有名な一文に代表されるように、signifié と signifiant の結
び付きが表裏一体のものであることの説明に行き着く。しかしこの
箇所も丸山（1983: 49）の指摘によって明らかなように、原資料で
一枚の紙の表裏にたとえられたものは言語ではなく記号なのである。
上に見るように CLG ではここが "langue（言語）" となっていた
ために、時枝がそれを誤った原文のまま字義通りに解釈し、それが
故に起こる不整合で不当に Saussure 学説を批判したことになる。
そして記号内の signifié と signifiant の関係は、動機付けを欠いて
いるが故に恣意的であり、同時に両者が不可分で一体であるとする。
しかし松澤（2013: 570）の解説にも見られるように、signifié と

signifiant の関係には必然性は存在せず、記号の二つの側面の関係は、話す主体の意識にとっては常に社会から暗黙裡に課せられた必然的に継承されるべきものとして現れ、恣意性とそこでの根源的二重性は、伝承と時間という目に見えない形と効果によってしか最終的な判断は下され得ない。ただ、ここで注意しなければならないのは、恣意性の二つの構造である。一つには物とそれを表わす記号との関係のつながりが恣意的であるが、同時にそれは音と観念のつながりが恣意的でもあることを意味する。ある signe における signifié と signifiant の関係が恣意的であるのは、他の signe との関係がそもそも恣意的であるためである。

結局 Saussure が「言語記号の恣意性」によって表現したかったのは、この恣意性の由来する二重のメカニズムと、langue という体系そのものの無動機性である、という加賀野井（2004: 107）の指摘は正しい。そしてこの恣意性と langue という体系の無動機性こそが、signifié と signifiant を自由に組み換えることで成立する同音異義や多義の発生と解釈という現象を生む一つの要因であると考えられる。

しかしながら、同音異義や多義の発生理由について最後まで邪魔をするのは記号の差異という主張である。これに対して、

"1) le caractère arbitraire du signe <(il n'y a pas de rapport entre le signe et la chose à designer);>)."　　　　　　　　(Komatsu Eisuke, 1997: 7)

"1) 記号の恣意的な特徴。〈(記号と示されるものとの間には関連がありません)〉"　　　　　　　　　　　(相原・秋津訳、2006: 24)

"Dans l'association du signe à l'idée il n'ya rien qui lie en so ice signe à cette idée. C'est une des raisons qui font qu'on doit éviter le terme de symbole, qui en soi est justement le contraire(後略)."

(Komatsu Eisuke, 1997: 8)

"観念と記号の結合の中で、その記号をその観念に結び付けるものが、それ自体には何もありません。象徴という用語 terme を避けねばならない理由の一つであって、まさに正反対のものなのです。"　　　　　　　　　　　(相原・秋津訳、2006: 25)

という説明や、前節で見た、

> "Nous n'établissons aucune difference sériuese entre les termes *valeur, sens, signification, function* ou *emploi* d'une forme, ni même avec *l'idée* comme *contenu* d'une forme ; ces termes sont synonymes."［斜体部原文ママ］　　　　　（Bouquet et Engler, 2002: 28）

> "われわれは、ある形式の価値、意味〔サンス〕、意義〔シニフィカシォン〕、機能ないしは用法の間に、いかなる〈重要な〉差異も設けないし、またある形式の内容〈として〉の観念との間にさえも差異を設けることはしない。これらの用語は類義語である。"［傍点部原文ママ］　　　　　（松澤訳、2013: 26）

という Saussure 自身の言葉は、これまでの CLG における主張とは正反対であり、また CLG から生まれる矛盾や問題点に対してきわめて大きな解答を与えてくれる。Saussure のこの言葉は国広（1985: 22）の、

> "このことは、繰り返しになるが、記号表現と記号内容が決して紙の表裏のように不可分に結び付いているのではないことを示していると言えよう。記号表現と記号内容は、心的な連合関係にあるというのが、その本質的な姿であろう。連合関係は必ずしも緊密なものではなく、どちらか一方が認知されるだけに終るというような不完全な事態が生じることも十分にあり得ることである。"

という指摘を支えるものであり、国広の意味現象に対する考え方が正しいことを証明するものに他ならない。また、

> "Ainsi il n'y a jamais rien *dans ce mot* que ce qui n'était pas d'avance *hors de lui* ; et ce mot peut contenir et enferme en germe, tout ce qui n'est pas hors de lui."［斜体部原文ママ］
>
> 　　　　　（Bouquet et Engler, 2002: 74–75）

> "（前略）かくしてある一つの語の裡には、その語の外に〈あらかじめ存在していなかった〉ものしかけっして存在しないのである。そしてこの語は、その語の外には存在していないすべてのものを含み、かつ萌芽的に秘匿しているのである。"［傍点部原文ママ］　　　　　（松澤訳、2013: 120）

"(前略) à son tour ce sene général n'est pas autre chose que la delimitation quelconque qui résulte de la presence d'autres termes au meme moment."
(Bouquet et Engler, 2002: 76)

「「本来の」意味は一般的な意味の多様な現れの一つでしかないのである。この一般的な意味は、〈同じ時点に〉他の辞項が現前することから生じる〈なんらかの〉境界画定以外のものではない。」
(松澤訳、2013: 122)

という言葉は、類義語と同音異義語の発生のメカニズムに対して極めて示唆的である。また類義語が発生する原理もこれと同様に、何かしらわれわれの認知構造と関連する部分があるのではないだろうか。国広（2010: 4）は「風景」と「景色」の類義語をあげるが、類似の概念を表すのに異なる記号を用いる類義語の場合も、その記号としての文字と意味が闇雲に結び付くのではなく、何かしらの有契性や関連性があるのではないだろうか。「風景」と「景色」はどちらも「景」という目に映る空間的情景と、そこに主体の五感で感じる主観的情緒を含ませるような「風」や「色」などという記号と結び付いている事実がそれを物語ってはいまいか。このことの例として、丸山（1981: 304）はｉは音的に軽快さを表し、ｄやｔは停止を表し、こうした音と感覚のつながりが契約的なものであるとして擬声語、擬態語の発生原理に自然的な要素を徹底して否定する。一方加賀野井（2004: 100–101）もｉは軽快さを表し、ｄやｔは停止を表すという丸山の例をそのまま自著で繰り返しながらも、それに対する賛否の姿勢は明言していない。加えて日本語の「でこぼこ」という音にはどことなく凹凸感が感じられ、漢字にもそれがそのまま反映されているような感があることを取り上げる*7。他にも「憂鬱」や「亡霊」の例をあげ、その漢字にも響きにもおどろおどろしさが滲み出ていることと、擬声語、擬態語の多い日本語でこの傾向が一層助長されていく現実を突いている*8。また丸山（1981: 304–307）は特に日本語に多い擬声語、擬態語の発生原理を"thesei（契約）"的なものであるとして"phusei（自然）"論を否定することに腐心するが、いずれにしてもこれはSaussureが全面的に否定しようとした言葉と物の対応関係のみに終始する言語名称目

録観としての言葉と物の関係の議論に終始してしまう。

国広（2006: 21）は、

　　　"言語学者の多くは音韻の体系性を見て、言語は構造をなして
　　　いると認めたのではなかろうか。しかし、すでに述べてきたよ
　　　うに、言語は必ずしも本質的な属性として構造性を持っている
　　　わけではないことが分かると、音韻の体系も別の要因によるの
　　　ではないかと疑いたくなってくる。"

とあらゆる構造に対して懐疑的な態度を取る。同じく国広（2006:
21）のその後に続く以下の文は、表面上に現れる体系性がわれわ
れの認知世界や生理的機構と何らかの関係性を有している可能性を
示している。

　　　"音韻が体系性を示しているのは、人間の音声識別能力の範囲
　　　内で音声を識別してきたためではないか。音声同士が近すぎる
　　　と識別が難しいし、離し過ぎると音韻の数が足りなくなるそこ
　　　で両者をあわせ考えて今見るような音韻体系に落ち着いている
　　　のだと考えることも出来よう。それと同時に、人間の調音器官
　　　の構造と働き方も調音に制約を加えていて、子音は大体唇音、
　　　舌音、奥下音に限られているようになっているとも言える。
　　　（中略）このような事情が見かけ上の体系性に繋がることにな
　　　る。このように音韻の体系性は人間の生理的構造性の反映とも
　　　見ることが出来るのである。"

　国広のこの指摘はTrubetzkoyの主張する"variante combinatoire
（結合変異体）"に真っ向から抗するものであるが、Trubetzkoyの
主張が誤りであることは、前節で見た北京方言の「点」と「天」の
記号音の違いと記号内容の差異という現象からも、また結合変異体
という現象自体が人間の持つ有機的構造から出ているであろうこと
は上の国広の指摘からも明らかである。では、同音異義の発生につ
いてその現象を生む原理はわれわれの認知構造からどう説明づけら
れるのであろうか。その解答はGilliéron Jules（1920）の「同音衝
突の原理（rencontre homonymique, homonymic clash）」*9と鈴木
孝夫（1975,1990）の「テレビ型言語」*10という視点が一つの解
答になるかもしれない。しかしながら、これらの考え方も最終的に

は連辞の枠を出ない部分があり、その実証は今後の研究の進展を待たねばなるまい。

またSaussureの次の言葉は、記号の音と観念のつながりについて「心的な連合関係にある」とする国広の先の言葉と一致している。

"Il arrive que le lien entre le signe et la sonorité est relativement motivé."　　　　　　　　　　　　　　　　　　(Komatsu Eisuke, 1993b: 298)

"ある記号と音の響き〈との関係〉は、相対的に根拠があるという結論になります。"　　　　　　　　　　　　　　(相原・秋津訳、2003: 173)

"Mais le signifiant et le signifié contractent un lien en vertu des valeurs déterminées qui sont nées de la combinaison de tant et tant de signes acoustiques avec tant et tant de 〈coupures〉 qu'on peut faire dans la masse. Que faudrait-il pour 〈que〉 ce rapport 〈entre〉 le significant et le signifié fût donné en soi? Il faudrait avant tout que l'idée soit déterminée 〈par avance〉 et elle ne l'est pas. 〈Il faudrait avant tout que le signifié fût par avance une chose determine et elle ne l'est pas.〉"　　(Komatsu Eisuke, 1993b: 364)

"しかし、シニフィアン〈と〉シニフィエが関係を結ぶのは、無数の聴覚記号が、集塊の中で作られた多数の〈裂け目〉と結合して生まれる、一定の価値に従ってなのです。このシニフィアンとシニフィエの〈間〉の関係が、それ自体で与えられる〈ためには〉、何が必要なのでしょう〔か〕。何よりもまず観念が、〈予め〉確定されていなければなりませんが、観念とはそういうものではありません。〈何よりもまず、シニフィエが予め確定されたものである必要がありますが、シニフィエもまた確定されたものではありません〉。"　　(相原・秋津訳、2003: 275–276)

ここまで見てきたSaussureの言葉は、BallyとSechehayeによるCLGの主張とは多くの点で正反対であるという驚愕の事実が明らかとなった。しかも部分によっては、国広が問題視し解答を与えたものと同じ答えを与えている箇所も少なくない。こうしたCLGの主張とSaussureの言葉の問題点については、相原・秋津訳（2003: 301–302）の訳者あとがきにおいて次のようにまとめられている。

"語の意味が使用を決定しているのではなく、使用が語の意味を決定している、というパラドックス。文法が意味を生み出しているのではなく、意味が生じているが故に文法の成立がある程度可能である、というパラドックス。では、何が語の使用を決定しているのだろうか。語を取り巻くものによってである。純粋にラングに関して言えば、語ではなく、語の価値であり、差異である。「言語（ラング）の中には、ポジティヴな語彙（テルム）はなく、差異しかないのだ、と。そこには、パラドキシカルな真実があります」。「差異がお互いを条件付けることによって、私たちは、記号（シーニュ）の差異と観念（イデ）の差異とを比較対照させ、ポジティヴな語彙（テルム）に似た何かを持つのです。〈その時〉、語彙（テルム）の対立について語ることが出来、それ故に、〈（この結合のポジティヴな要素から）〉、差異しかないのだと言い張ら〈なく〉ても済むでしょう」。「記号（シーニュ）に機能や価値（ヴァラー）を与えられるのは、記号（シーニュ）の差異でしかないのです。」

　語はそれとしては存在しない。しかし語に似た何かはあり、それを取り巻いている社会と大衆がある。純粋にラング以外で、何が使用を決定しているのだろうか。なぜ語は変化するのだろうか。"

　しかも松澤（2013: 73）における"ある一つの意義は、記号の外で存在する、あるいは存在すると見なされうる。"という記述、そして相原・秋津訳（2003: 301–302）における上の記述で、序章で上げた①～③までの問題についての少なからぬ解答になろう。

　CLG における Saussure の言葉として、最初にして最後の問題である「言語記号の対立によって概念の対立が見られ、記号には差異しかない」（1916: 166）という主張と、同音異義や多義に関して「この種の同一性は主観的な定義不能の要素」（1968: 243）といった自己矛盾も、先にあげた Bouquet et Engler（2002: 28）での言葉で自然に結ばれ、その記述や研究姿勢に矛盾がないことが明らかとなる。そしてこのことにより、丸山（1971b: 23）の、"ことばは観念の表現ではなく、観念の方がことばの産物なのである。"という指摘が、そのまま CLG による言語先行論を誘発するだけの誤

った結果をもたらすしかなく、全くもって間違いであることが今や明白である。

　結局、国広の疑問は Bally と Sechehaye による *CLG* での主張とその後の Engler 版を基にした丸山の主張に対して向けられたものであり、Saussure の自筆草稿における Saussure 自らの主張ではない。しかしこのことは、これまでの国広の指摘が無意味であったことを意味しない。結果として国広の指摘は、部分的に Saussure の主張と重なることが多く、このことは言語研究における国広の視点の正しさと、そこでの意味の問題に対する解答の正当性を裏付けるものに他ならない。

　あとは Saussure でさえ定義不能とさじを投げた同音異義や多義の現象の原理を明らかにし実証するのは、意味研究を専門とするわれわれに残された課題である。

2.5　Saussure と時枝誠記の「主体観」

2.5.1　Saussure の「語る主体（sujets parlants）」

「語る主体」という観点は、Saussure 学説を支える出発点であり、Saussure 学説の中心的主張である。一方、時枝が言語過程説を唱えるとき、そこに欠かすことのできない必然的視点は「主体的立場」という観点である。共に"主体"という観点が共通の項目であるが、果して両者の違いは何であろうか。Saussure の「語る主体」について立川健二（1986）は、

　　　"言語学においては、いかなる実体的対象も与えられていないので、なんらかの視点によって二次的に対象を創り出すことしかできないというのである。"　　　　　　　　　（立川健二、1986: 52）

　　　"ソシュールの考えていた特権的な視点とは、〈語る主体の意識〉であり、かれは〈語る主体の意識〉に問うことによってはじめて、言語学者は言語の「現実」、すなわち科学的操作による抽象物でない真に具体的な対象＝単位を手にすることができると信じたのである。"　　　　　　　　　（立川健二、1986: 57）

と述べる。これは *CLG* における、甲と乙の二人が会話をする際に同一相を経ることで互いの意思疎通が図られるという有名な図説に

通じる説明であるが、ここでの主体とは、言語学における対象不在の問題に対する一つの架空の視点の提供に過ぎない。よってここで問題となるのは実際に話された parole ではなく langue である。そのことについて立川は、

　　"「語る主体」とはいっても、それらは能動的にパロールを発するのではなく、ただ他人が発したパロールを受動的に受けとって、それを理解しようとする主体のことなのだ。ようするに、ソシュールのいう「語る主体」とは、いささかもことばを語る主体ではなく、ことばを聴く主体なのである。（中略）ソシュールのいう「語る主体」とは、いささかもことばを語る主体ではなく、ことばを聴く主体なのである。そして、主体にとって「聴く」(entendre)ということが、未分化のことばの背後にある〈意味〉を読みとり、それによって不連続な単位を切りだしていくことである以上、それは同時にことばを「了解する」(entendre)ことにほかならない。したがって、ソシュールのいう「語る主体」とは、「聴く」という行為が「了解する」という行為と共犯的であるかぎりにおいて、〈聴く主体〉(sujet entendant)なのである。"
　　　　　　　　　　　　　　　　　　　　（立川健二、1986: 80）

と説明づける。この点についてもう一度 *CLG* を紐解こう。

　　"Pour trouver dans l'ensemble du langage la sphère qui correspond à la langue, il faut se placer devant l'acte individuel qui permet de reconstituer le circuit de la parole. Cet acte suppose au moins deux individus ; c'est le minimum exigible pour que le circuit soit complet. Soient donc deux personnes, A et B, qui s'entretiennent:

Le point de départ du circuit est dans le cerveau de l'une, par exemple A, où les faits de conscience, que nous appellerons concepts, se trouvent associés aux représentations des signes linguistiques ou images acoustiques servant à leur expression. Supposons qu'un concept donné déclanche dans le cerveau une image acoustique correspondante : c'est un phénomène entièrement *psychique*, suivi à son tour d'un procès *physiologique* : le cerveau transmet aux organes de la phonation une impulsion corrélative à l'image ; puis les ondes sonores se propagent de la bouche de A à l'oreille de B : procès purement *physique*. Ensuite, le circuit se prolonge en B dans un ordre inverse : de l'oreille au cerveau, transmission physiologique de l'image acoustique ; dans le cerveau, association psychique de cette image avec le concept correspondant. Si B parle à son tour, ce nouvel acte suivra — de son cerveau à celui de A — exactement la même marche que le premier et passera par les mêmes phases successives,（後略）［斜体部原文ママ］

（1916: 27–28）

"言語活動の総体の中で言語に相当する域を発見するには、個人的行為(アクト)を取ってみる必要がある。言循行(スイルキュイ)を再建する事を可能ならしめるものは個人的行為である。その行為は少なくとも二個人を想定する。それは循行を完成するに要求されるべき最小限度である。いま甲乙の二人が会話をするとせよ。

乙　　　　　　　　　　　　　　　甲

循行 circuit の起点は一方、例えば甲の脳中に在る。その脳中で概念(コンセプト)と呼ばれる意識事実が概念を表現すべき言語記号の表象(ルプレザンクシオン)即ち聴覚映像と連合(アソシエ)する。いま与えられたる概念がそれに対応する聴覚映像を脳中で放ったとする。それは全然精神的な現象である。それに生理的過程が随伴する。即ち脳が発

音器官に映像と相関的な衝動を伝達する。次に、音波が甲の口から乙の耳へと伝播する。これ純粋な物理的過程である。かくて循行は乙に入って逆の順序を取って延長する。即ち耳から脳へと聴覚映像が生理的に伝達される。脳へ這入るとその映像がそれと対応する概念と連合する。さて今度は乙が話をするとなると、乙の脳から甲の脳へと新しい行為が進行する。それは最初のと同じ進行であり、同じ相を取って現れる。"(1928: 25–26)

"Elle est un objet bien défini dans l'ensemble hétéroclite des faits de langage. On peut la localiser dans la portion déterminée du circuit où une image auditive vient s'associer à un concept. Elle est la partie sociale du langage, extérieur à l'individu." 　　　(1916: 31)
"言語は言語活動なる雑然たる事実の総体中にあって、よく定義されたる対象である。その座を循行中の何處々々であると決める事が出来る。それは聴覚映像が概念と連合する場所である。言語は言語活動の社会的部分であり、個人を外にした部分である。"［下線部著者］　　　　　　　　　　　　　　　(1928: 31)
　この部分こそが langue が実存体であり、個人の外に存在する社会的部分であるという主張につながると同時に、時枝の批判の的となる個所である。時枝による Saussure 学説批判は、あくまで *CLG* における langue が実存体であり主体の外に置かれるという記述を対象になされたものであるが、1996 年に発見された Saussure の自筆草稿では、以下のように正反対の記述となっている。

"Dans des domaines comme celui de la langue, on ne peut pas dire que les différents êtres s'offrent du coup aux regards : il faut choisir un mot. Entité est pour nous aussi : l être qui se présente."
　　　　　　　　　　　　　　　(Komatsu Eisuke, 1993b: 290)
"言語（ラング）のような学問の領域では、様々な存在（エートル）が、それ自体として姿を現すとは言えません。正確に言い換えなくてはなりません。**実体**（アンティテ）とは、私たちにとって、結局、現れ出て来る存在（エートル）なのです。"［太字部原文ママ］　　　　　（相原・秋津訳、2003: 159）

"Dans la langue prise face à face, sans intermediaries, il n'y a ni unités ni entités données. Il fant un effort pour saisir ce qui forme les diverses entités contenues dans la langue ou pour éviter de prendre comme entités linguistiaues ce qui sont des entités d'un autre ordre."

(Komatsu Eisuke, 1993b: 290)

"媒介なしに直面する言語（ラング）の中には、単位（ユニテ）も所与の**実体**（アンティテ）もありません。言語（ラング）の中に含まれる様々な実体を形成するものを捉えるために、また、他の秩序の実体（アンティテ）を言語（ラング）なるもの（ラングィスティック）の実体（アンティテ）として見なすのを避けるためにも、努力が必要です。"［太字部原文ママ］

（相原・秋津訳、2003: 159–160）

"(la langue n'existe pas comme entité, mais seulement les sujets parlants !)"

(Komatsu Eisuke, 1997: 93)

"言語（ラング）は実体（アンティテ）として存在しているのではなくて、話す主体の裡にだけ存在しているのです！"

（相原・秋津訳、2006: 168）

"Tout ce qui est amené sur les lèvres par les besoins du discours et par une operation particulière : c'est la *parole*.

Tout ce qui est contenu dans le cerveau de l'individu, le dépôt des forms entendues et pratiquées et de leur sens, c'est la *langue*. （中略）

De ces deux sphères, la sphère parole est la plus sociale, l'autre est la plus complètement individuelle. La langue est le reservoir individuel ; tout ce qui entre dans la langue, c'est-à-dire dans la tête, est individuel."

(Komatsu Eisuke, 1993b: 92)

"言述（ディスクール）の必要に迫られ、特殊な働きで唇にもたらされたものの全体、それが言葉（パロール）です。個人（アンディヴィジュ）の脳の中に含まれている一切のものであり、〈聞き取られ〉実践された形態（フォルム）、及びそれらの意味の収蔵庫、〈それが〉言語（ラング）なのです。（中略）

この二つの領域のうち、言葉（パロール）の領域とは優れて社会的なものであり、もう一つのもの［訳注：言語］はまったく完全に個人的なものです。言語（ラング）とは個人的な貯蔵庫です。言語（ラング）の中に、つ

第7章　Saussureの自筆草稿と時枝学説の相違についての考察　325

まり頭の中に入っているすべてのものは、個人的なもの（中略）なのです。"［下線部原文ママ］　（相原・秋津訳、2008: 150–151）また言語は概念と音声が結びついたもの、という *CLG* での、

"La langue est encore comparable à une feuille de papier : la pensée est le recto et le son le verso ; on ne peut découper le recto sans découper en même temps le verso ; de même dans la langue, on ne saurait isoler ni le son de la pensée, ni la pensée du son ;（後略）"

(1916: 157)

"言語はまた、一葉の紙片に比べることができる：思想は表であり、音は裏である；裏を分断せずに同時に表を分断することはできない；おなじく言語においても、音を思想から切り離すことも、思想を音から切り離すことも、できない；"

(1940: 158)

という主張も、Saussure 自身の言葉では以下のようなものである。

"Une succession de sons vocaux, par exemple *mer* (*m* + *e* + *r*), est peut-être une entité reentrant dans le domaine de l'acoustique, ou de la physiologie ; elle n'est à aucun titre, dans cet état, une entité-linguistique.

Une langue existe si à *m* + *e* + *r* s'attache une idée."［斜体部原文ママ］　(Bouquet et Engler, 2002: 20)

"ある〈音声の〉音の継起、たとえば mer（m + e + r）は聴覚的なものの領域かあるいは生理学の領域〈に帰属する〉本体（アンティテ）である〈かもしれない〉。それは、〈この状態では、いかなる資格であれ、〉言語学的本体（アンティテ）にはなりえない。

ある一つの言語（ラング）が存在するのは、m + e + r に観念が結びついている場合である。"

(松澤訳、2013: 9)

"Le dualism profound qui partage le langage ne reside pas dans le dualism du son et de l'idée, du phénomène vocal et du phénomène mental ; c'est là la façon facile et pernicieuse de la concevoir. Ce dualism reside dans la dualisté du phénomène vocal COMME TEL, et du phénomène vocal COMME SIGNE – dufait physique (objectif) et du fait physic-mental (subjectif), nullement du fait ≪physique≫ du son par opposition au fait ≪mental≫ de la signification. Il y a un premier domaine, intérieur, psychique, où existe le signe autant que la signification, l'un indissolublement lié à l'autre ; il y en a un second, extérieur, où n'existe plus que le ≪signe≫, mais à cet instant le signe réduit à une succession d'ondes sonores ne mérite pour nous que le nom de figure vocale."

(Bouquet et Engler,2002: 20–21)

"言語を分割する根本的な二元論は、音と観念、つまり音声現象と精神現象の二元論にはない。それは〈二元論を〉考えるうえでは安易で有害な考え方である。この二元論は、**かかるものとしての音声現象**と**記号としての**音声現象の二重性にあり、物理的〈(客観的な)〉事実と物理的─〈精神的（主観的）〉事実の二重性にある。〈意義の「精神的」事実に対立する音の「物理的」事実なのでは〈まったくない〉。第一の領域があるが、これは〈内面的で〉心的であり、そこでは記号が意義と同様に存在していて、一方は他方に分かち難く結びついている。二番目の領域であるが、それは外面的で、そこではもはや「記号」しか存在しない。だがしかし記号はこの場合一連の〈音波に還元されてしまっているので、〉われわれにとっては、たかだか音声形象〈の名称にしか値しない。〉"［太字部原文ママ］

（松澤訳、2013: 11–12）

"1) le caractère arbitraire du signe <(il n'y a pas de rapport entre le signe et la chose à designer);>)."　　(Komatsu Eisuke, 1997: 7)
"1) 記号の恣意的な特徴。〈(記号と示されるものとの間には関連がありません)〉"　　　　　　　　（相原・秋津訳、2006: 24）
また主体意識における音と概念の結び付きについても、

"Dans l'association du signe à l'idée il n'ya rien qui lie en so ice signe à cette idée. C'est une des raisons qui font qu'on doit éviter le terme de symbole, qui en soi est justement le contraire."

(Komatsu Eisuke, 1997: 8)

"観念と記号(シーニュ)の結合の中で、その記号(シーニュ)をその観念に結び付けるものが、それ自体には何もありません。象徴という用語(テルム)termeを避けねばならない理由の一つであって、まさに正反対のものなのです。"

(相原・秋津訳、2006: 25)

"Comme nous l'avons reconnu, le signe linguistique repose sur une association faite par l'esprit entre deux choses trés différentes, mais qui sont toutes deux psychiques et dans le sujet : une image acoustique est associée à un concept. L'image acoustique 〈n'est pas le son matériel〉, c'est l'empreinte psychique du son.

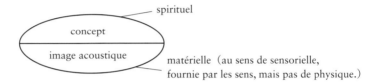

Il y a bien un objet qui est en dehors du sujet, et le nom, dont on ne sait pas bien s'il est vocal ou mental :(中略) Le lien entre les deux n'a rien de clair.

Dans la conception rationnele nous retrouvons deux termes, mais ces deux seront cette fois :

et ils seront tous deux dans le sujet et tous deux psychiques, concentrés au même lieu psychique par l'association."

(Komatsu Eisuke, 1993b: 285–286)

"ご承知の通り、言語記号(ラングィスティックシーニュ)は、非常に異なる二つのものの間にあり、とはいえ二つとも心理的なものであって、主体の中、つまり、聴覚イメージが一つの概念(コンセプト)に結合している主体の中で精神的なものによる結び付きの上に成立しています。聴覚イメージとは、〈物質的な音ではなく〉、心理的な音の刻印なのです。

（中略）対象物は主体の外にあります。一方、名称は、声音的なものなのか、精神的なものなのかわかりませんが、（中略）両者の結び付きが、明確ではありません。

純粋に理論的な構想の中で、私たちは二つの用語（テルム）を見出しますが、その二つの用語（テルム）とは、以下の通りです。

そして、これらは両者とも主体の中にあり、また両者とも心理的なものであって、結合により同じ心理的な場所に収められています。"　　　　　　　　　　　　（相原・秋津訳、2003: 151–152）

と、その結び付きの不可分性を否定し、時枝の主張と違いがない。またこの説明であれば、Constantinのノートに見られる聴覚イメージと概念の結び付きの図に矢印がないという問題と、本書のp.307で取り上げた末永朱胤（2011）の論も納得がいく。

事実、この後に示されるSaussureの自筆草稿における聴覚イメージと概念の結び付きの図には矢印は存在せず、Constantinのノートの図こそがSaussureの教えを最も忠実かつほぼ正確に伝えていたことがここからも証明されるのである。

2.5.2　時枝誠記の「主体的立場」

Saussureが己の言語理論を「語る主体」から出発するのと同じように、時枝も言語の本質を捉えるのに「主体的立場」から出発す

る。時枝の「言語過程説」の中で繰り返し強調されるのが、「主体」や「主体的立場」という用語とその観念である。時枝の理論は本居宣長や鈴木朖といった江戸時代における日本の学問的伝統としての国学を継承し、言語を人間活動の一つとしてみなし、概念過程の有無によって「詞」と「辞」を区別する。そして「詞」と「辞」を区別するのも主体の関与の有無であるとする。ここに Saussure の言う「語る主体」との違いがある。時枝の「主体的立場」では、Saussure とは反対に、主体の意識なしには言語は存在しないとして、言語過程の成立において主体が中心に置かれる。この点について、時枝は以下のように説明する。

> "研究の主体は必ず我であり、我によって国語とその理論は発見され建設されて行かねばならない。" （時枝誠記、1932: 17）

> "如何なる人によっても語られもせず、読まれもせずして言語が存在していると考えることは、単に抽象的にしかいうことができない。即ち「我」の主体的活動をよそにして、言語の存在を考えることは出来ないのである。自然はこれを創造する主体を離れてもその存在を考えることが可能であるが、言語は何時如何なる場合に於いても、これを産出する主体を考えずしては、これを考えることは出来ない。更に厳密にいえば、言語は「語ったり」「読んだり」する活動それ自体であるということが出来るのである。具体的な言語経験は、音声によって意味を思い浮かべた時に成立し、文字によって思想を理解した即座に成立するのであるから、言語は実にこの様な主体的な活動自体であり、言語研究の如実にして具体的な対象は実にこの主体的活動であるといってよいのである。言語が人間行為の一形式であり、表現の一形式であるといわれる根拠はここにあるのである。"

> （時枝誠記、1941: 12）

この説明を読む限り、柴田（1999: 34、35）が指摘するように時枝にとって言語は主体的活動としてみられる限りにおいてのみ言語としての存在が認められ、言語とは主体的立場において把握される言語以外のものではない。そして時枝は主体的立場と観察的立場

を区別し、後者は前者に従属するものとする。

そしてその主体的立場について時枝は、

　　　　"言語を観察しようと思う者は、先づこの言語の主体的立場に
　　　　於いて、彼自ら言語を追体験することによってのみ、観察する
　　　　ことが可能になる。"　　　　　　　　　　（時枝誠記、1941: 29）

　　　　"古代言語が現代人の理解の外にあるあるからとて、これまた
　　　　決して主体的活動を離れた客観的存在であると考えることはで
　　　　きないのであって、古代言語が言語と言われる所以は、それが
　　　　やはり古代人の主体的活動と考えられるからである。（中略）
　　　　この様に全て言語と言うことの出来るものは、常に主体的活動
　　　　であり、観察者がこれを対象として把握するということは、観
　　　　察者自らの主体的立場に於いて、これを再生することによって
　　　　始めて可能になって来るのである。"　　　（時枝誠記、1941: 14–15）

　　　　"言語主体なくして、或はその規範的意識なくしては言語は成
　　　　立し得ない。"　　　　　　　　　　　　　（時枝誠記、1976: 39）
と強く訴える。

主体を中心に置く「言語過程説」のもう一つの側面は、過程を成
立させる三要素の一つに「場面（聞き手）」を設けたことである。
言語過程説では、言語表現の成立には"主体（話し手）"、"場面
（話し手の相手である聴き手）"、"素材（表現される事物または観
念）"の三要素が必須条件である。この主体という考え方が初出す
るのが、1940年に発表された論文であったが、時枝はそこで次の
ように述べている。

　　　　"こゝに言語研究の主体と云ったのは、必ずしも甲とか乙とか
　　　　の特定個人を意味するばかりでなく、特定個人の言語を通して
　　　　主体一般を考えることを意味するのである。故に日本語を考え
　　　　る場合には、日本語の主体一般を考えるということゝなるので
　　　　ある。"　　　（時枝誠記、1940b: 8、時枝誠記、1941: 28にも再録）
時枝は、言語の存在条件として「主体」、「場面（聴き手）」、「素
材」の三要素を挙げる（『国語学原論 上』p.57）。「場面」は空間的

第7章　Saussureの自筆草稿と時枝学説の相違についての考察　　331

な意味での場所とそれを満たす内容およびそれらを志向する主体の主観的意識をも含むものである。聴手とはあくまでも場面の一部としての聴手であり、時枝が言語において社会概念としてみるものが主体の表現行為に対する場面の影響であると言える。素材とは言語の表わす「表象、概念、事物」であって、時枝によれば「構成主義的言語観」における「意義或は意味の名において、音声形式に対応するもの」であり、これらの要素はそれぞれ言語の外にあるものとされる。

　柴田（1999: 29）が指摘するように、時枝が Saussure を誤解せざるをえなかったのは Saussure の言語学の中に自身の言語観とは相容れない考えが含まれていたからであり、意図的な誤解によってそれを無視したと考える方が妥当であろう。丸山（1981a: 227）は「ソシュールの理論を日本の国語教育という特殊な事例にそのまま適用することは出来ない。なぜならソシュールが追求したのは〝人間の作り出した文化の根底としての言語〟であり、〝全ての言語に共通する記号学的原理〟だからである」と説く。ここにいたって時枝の言語観と Saussure の言語観は、まったくもって相容れない様相を呈する。

　さらに時枝が批判の矛先としたラングと主体の関係について、

　　　〝元来ソシュール学の対象とする処の言語（ラング）なるものは、心的なものであると云われて居るがそれは主体的作用の外に置かれて居るものであって、言語主体がこれを用いる時にはそこに関係が生ずるが、それが無い限り極めて客観的な性質を持ったものであって、これに就いて価値を云うことが既に矛盾して居る。〟

　　　　　　　　　　　　　　　　　　　　　　（時枝誠記、1940b: 11）

と述べて、自身の言語観と相容れないものであることを明言するが、藤井（2000: 130）が、

　　　〝時枝の言語学が、言語学とはみずから呼ばれず、国語学と呼ばれてある理由は、いうまでもなく特殊から普遍へ、つまり国語から言語へ、とたどられなければならないとみるからで、すなわち国語のなかに言語を見るのであって、その逆ではない。〟

　　　　　　　　　　　　　　　　　　　　　　（藤井貞和、2000: 130）

と述べる理由をここに垣間見ることが出来る。

　しかし時枝の想定する主体は、これだけにとどまらない。時枝は、言語主体の意識を規定するのは民族性や歴史であると説き、主体の性質を次のように定義する。

　　“国語即ち日本語を如何に定義すべきであるか。私は従来度々行われた国語は日本国家の言語或は日本民族の言語であるとする定義を斥けて、国語即ち日本語は日本語的性格を持った言語であるとしたのである。”(時枝誠記、1940：6–8、1941：143 にも再録)

　　“言語過程観は、（中略）言語を、概念と音声との結合体としてではなくして、表現素材である事物或は観念を、概念化し更にこれを音声によって表白する主体的表現行為の一形式と観ずるのである。（中略）西洋語には西洋語に於ける伝統があり、国語には国語特有の把握の仕方がある。それらは言語主体の立場によって規定されるものであるから、これを原本的に溯れば、国語の特質は国語の話手である日本民族の民族精神に由来するものであるということが出来る。”　　　　(時枝誠記、1941：66–67)

　しかし、これこそが「言語過程説」における一つの陥穽である。安田敏朗（2006：108）も指摘するように、日本語の主体を日本人全体として捉えることは、時枝が当時置かれていた環境とも相まって、後々朝鮮民族の国語政策などから主体に外国人を認めない方向へと進み、言語の問題から外れていくことになるのである。時枝にとって、主体とは言語の話者一般だけでなく、日本語を話す場合は日本人全体という民族意識を強く訴える。このことは時枝の、

　　“国語の特質は国語の話手である日本民族の日本精神に由来するものであるということが出来る。”　　　　(時枝誠記、1976：4)

という言葉にも凝縮されている。ここから主体とは場面に対する社会的存在という認識が生まれ、これが国民の言語、国家の言語という形となり、外国人が日本語を話す際についての問題を生む。

　このことは、イ・ヨンスク（1996、211）の、

　　“国語研究者は、当然「国語」による生活をしなければならない。だとすると、国語の生活の中にいない外国人の研究者はい

ったいどのようにすれば言語過程説による国語研究ができるの
　　　だろうか。"

という言葉にもその問題点が顔をのぞかせている。

　　さらに北原美紗子（2003: 24）は時枝の学問的性質を言語学との
位置づけで、

　　　"時枝は、日本語の学問である国語学を、ヨーロッパの言語学
　　　の一部として扱われることに抵抗した。（中略）日本の伝統的
　　　な学問がヨーロッパ言語学によって抹殺されていくことに、危
　　　機感を募らせた。（中略）時枝の言語過程説は、日本の国学を
　　　近代の言語学に復活させたものとも考えられる。"

　　　　　　　　　　　　　　　　　　　　　　（北原美紗子、2003: 24）

と指摘する。

　　しかるに、時枝にここまで強く国語とその研究姿勢に危機感をも
たらしたものは何だったのであろうか。時代的背景として、京城帝
国大学で教鞭を取っていた時枝自身の朝鮮での経験と朝鮮民族と国
語政策といった要素が強く影を落としていることは明らかである。
この点について安田敏朗（1998）は、時枝自身が自らの論理でこ
のことを肯定していたことを明らかにしている。藤井（2000:
115）も指摘するように，安田の著書をはじめとして，地域研究や
社会言語学，文芸批評の分野などでも時枝への関心が寄せられる傾
向にあり，今後の解明が期待される。

　　時枝は、日本人による国語研究のみが国語学であり、外国人によ
る研究は国語学ではないとする山田孝雄の考えに抵抗し、日本人に
よる研究も外国人による研究もどちらも国語学でありその本質にお
いてに相違はないと主張する。時枝（1941: 12）に見たように、時
枝は「我」の主体的活動をよそにして、言語の存在を考えることは
出来ないとする。しかも言語過程における主体的立場を日本精神と
いうような抽象的な対象に求めるのである。

　　こうした両者の態度の相違を柴田（1999: 41–42）は、

　　　"時枝の主体的立場に欠けていたのは、ほかならぬ個人という
　　　主体だったのである。逆に個人としての「話す主体」の成り立
　　　ちを徹底的に追及することで主体的な言語過程を可能にする条

334

件としての「ラング」を乱したのがソシュールである。（中略）
ソシュールはあくまで個々人の意識における言語過程を可能に
する条件としての「ラング」を見出したのがソシュールである。
（中略）ソシュールはあくまで個々人の意識における言語過程
を成立させている条件をとり出そうとしたのである。時枝は
（中略）言語を個人の意識過程に内在させることで逆に個人と
いう主体を曖昧にしてしまった。これに対して、ソシュールは
個々人の言語活動が可能になる条件を考察し、個人を相対化す
ることで主体を保持しえたのである。"（柴田健志、1999: 41-42）
と指摘する。

　末永（2011: 96）も言うように、Saussure の言う「言語」とは、
主体とは無関係に話し手―聴き手の非対称性と無関係にぽっかり中
空に存在する抽象物ではない。それは話し手から聴き手に至る相互
間の言語行為の理解のプロセスである。

　松澤は、

"ソシュールは、話す主体の意識における物理的な音と精神的
な意味＝「記号」との結合を、記号間の相互的否定的な差異よ
りもいっそう根源的なものと見なしていたように思われる。"

（松澤和宏、2013: 567）

と、Saussure の主体意識において時枝の言語観と通じるような側
面を指摘する。

　時枝の言語過程説の特色として、その説を成立させる三要素の一
つに"場面（話し手の相手である聴き手）"を設けたことがある。
聴き手とはあくまでも場面の一部としての聴手であり、時枝によれ
ば「構成主義的言語観」における「意義或は意味の名に於いて、音
声形式に対応するもの」であり、これらの要素はそれぞれ言語の外
にあるものとされる。そうであるなら、これが Saussure の言語相
とどう異なるのであろうか。

　高木敬生（2014: 68-70）は、

"時枝の言語過程は Saussure の発話の回路とほぼ同様の形式
をとっていると言ってよいだろう。ただし、ソシュールは話手
と聴手の二人を置きその間で記号がやり取りされるのに対し、

時枝は、言語の存在条件として「主体」、「場面」、「素材」の三要素を挙げ、「言語は、誰（主体）かが、誰（場面）かに、何物（素材）かについて語ることによって成立するものである」（『国語学原論上』、p.57）とした。

「主体」とはまさに「語る処の主体」でありソシュールでいえば話者を指す。「場面」は空間的な意味での場所とそれを満たす内容およびそれらを志向する主体の主観的意識（時枝は「態度、気分、感情」とするがそもそも場面となるところのものに対する主体の意識であるのだからより広い意味で捉えられるべきであろう）をも含むものである。さらに場面の特徴として聴手も含むことが挙げられるだろう。（中略）言語記号における聴覚映像と概念との内的関係が必然的ではないということは、ソシュール以来の研究によって言語の特性の一つとして認められるべきものであるように思われる。となれば、その観点を欠いた概念過程とはやはり見直されるべきであろう。その概念過程を補完するためにソシュールのラング概念は言語過程説と共存できる概念なのではないだろうか。"

と指摘するが、そうすれば時枝の言語観と Saussure の言語観の両者のどこに違いがあるのか疑問になってくる。

2.6　時枝誠記と Saussure の学問的類似

しるに、Saussure の学説に露骨に反意を示す時枝であるが、彼の学説が細部にわたって Saussure の学説と類似するものであることを指摘する声が少なからず存在するのも事実である。*11

Gadet は、Saussure 自身が唱えた Saussure 学説の本来の姿勢を次のように指摘する。

"La premiè matière à quoi se confronte le linguiste en abordant son travail est de l'ordre de la parole. L'accès à la langue est une sorte de 《filet》 serrè et abstrait, qui donne forme à la substance que constitue la parole. La parole est donc la voie d'accès obligée à la langue. (中略)Le fait que ce soit par la parole que le linguiste accède à la langue justifie l'ordre de présentation adopté par Saussure dans son troisième cours, tout à fait différent de celui qui est suivi par le *CLG*. (中略)La langue est un savoir linguistique qui se manifeste avant tout par des jugements d'identité et de différence.

L'ordre de présentation du *CLG*, faisant intervenir langue/parole dès le début de l'exposé, est donc paradoxal. La signification de ce couple conceptuel apparaît de façon plus nette dès que l'on restitue l'ordre conçu par Saussure dans son troisième cours: d'abord une interrogation sur les identités diachronique et synchronique, puis le caractère arbitraire du signe qui permet, à travers la valeur, de parvenir à la langue comme forme, et seulement alors l'opposition langue/parole. "［斜体部原文ママ］

(1987: 79–80)

"自分の仕事に取り組んでいるときに、言語学者が立ち向かう第一の質料〔マチエール〕は、パロールの次元に属している。ラングへのアクセスは、直接的観察には属していない。なぜなら、ラングとは、一種の目の細かい抽象的な「網」であり、パロールが構成する実質〔シュブスタンス〕に形式〔フォルム〕を与えるものだからだ。だから、パロールは、ラングにアクセスするのに避けられない道なのだ。（中略）言語学者がラングにアクセスするのはパロールをつうじてだという事実は、第三回講義でソシュールが採用した提示の仕方の順序を正当化するものだが、これは『講義』がたどる順序とはまったく異なっている。（中略）ラングとは、なによりもまず同一性判断と差異判断によって顕現する言語（学）的知にほかならない。

ラング／パロールを論述の最初から介入させる『講義』の提示の仕方の順序は、したがって逆説的なものだ。この概念的対の意味は、ソシュールが第三回講義で構想した順序を復元すれば、ただちにいっそうはっきりと浮かびあがってくる。すなわち、最初に、通時的同一性と共時的同一性にかんする問いかけ、つぎに、記号の恣意的性格、これが価値を介して、形式〔フォルム〕としてのラングへの到達を可能にし、そのとき初めてラング／パロールの対立が現われるのだ。"

(1995: 122–125)

この記述を見ると、Saussure が parole の検討から出発して、そこから langue と parole の対立の図式が現われたことになる。そうすると、langue と parole の対立から始まる *CLG* の記述そのものが、Saussure 本来の考えとは矛盾し、逆であることが分かる。しかも、言語学の研究対象として langue の優位性を説く部分が Saussure 自身の手によるものではなく、全て編者である Sechehaye と Bally によるものであることが明らかである現在、果たして時枝と Saussure の言語研究の姿勢に決定的な違いがあるのかさえ疑わしくなって来る。

　時枝の言う「言語」とその「過程」は、Saussure の言う差異からなる辞項の体系としての langue ではなく、parole の回路を指していると考えられる。それは時枝自身、「もしソシュール的名称を借りるならば」と前置きしながら、

　　“我々の観察の直接にして具体的な対象になるものは、（中略）精神物理的『言（パロル）』循行であって、それ以外のものではない。”　　　　　　　　　　　　　　　　（時枝誠記、1941: 71）

と明言していることからも明らかである。

　時枝学説と Saussure 学説の出発点の類似点に対して、前田英樹（1978: 54–55）は次のように言う。

　　“時枝が言う「過程」とソシュールの「現象」の間には、結局どんな相違があるのか。素材―概念―聴覚映像へと至る「過程」において、主体が果たす役割は、時枝にとっては「個物」の概念的な「変形作用」にある。（中略）ソシュールにとっては、言語の外にこのような「個物」としての素材は存在しない。主体が言語に先立って持っているものは、あえて言うなら世界についての直接的な経験の連続体であり、彼はそれを混沌とした「思考」と呼ぶわけである。「過程」の本質が、素材―概念―聴覚映像といった段階をめぐる変形作用にあるとすれば、「現象」の本質は、主体の混沌とした「思考」もしくは経験の連続体のなかに差異を生じさせることにある。（中略）「過程」と「現象」の間には、言語経験に関する最も根源的な見解の相違があった。前者のなかには、言語主体による意識的で能動的

な「加工変形」の活動があり、後者のなかには、語る主体が自己の内部に生じさせる差異そのものがある。たしかに時枝とソシュールは、いかなる分析によっても対象化されることのない言語とは何かを知ろうとし、共にその本質を語る主体の意識活動のなかに送り返そうとした。しかし、ただソシュールのみがさらに、いかなる方法、いかなる意識によっても対象化されることのない言語とは何かを知ろうとし、その本質を究極的な差異の観念に送り返そうとしたのである。"(前田英樹、1978: 54–55)

また、あれほど時枝が批判の矛先にした CLG における音声と記号の結びつきという主張についても、Engler 版（1968）における Dégallier の断章番号 1109 番には、

"Tout rapprochement de terme⟨s⟩ qui ne serait pas celui-là, nous le répudions comme fausse piste, dans cette recherché des deux termes que comprend un signe. *Arbos* est ici le terme le plus materiel, et《arbre》le plus psychique." ［斜体部原文ママ］

(Engler, 1968: 150)

"我々は、聴覚映像と概念の結び付きに見られるものとは異なるようなあらゆる結び付きは、記号が含む音と意味の二つの項に関する研究においては間違った方法としてこれを捨て去るのである。"

（筆者訳）

とある。

時枝はその過程を、主体が素材を伝達可能な形式に変換する機能、すなわち概念作用と称するのみであり、概念過程において一つの音声が一般的概念と個別概念とを別々に表わすことがあるとして、以下のように音声と概念との結びつきを否定する。

"右の如き、聴覚映像と概念の結合したものが、果して言語活動の単位となるべきそれ自身一体なるものであろうか。ソシュールも述べている様に、聴覚映像と概念とは二の要素である（言語学言論一三五頁）。それが如何に密接に結合されて居る様に見えても、互に喚起し合うという機能に於いて結合している時、この結合は一のものではなくして継起的な心的現象と考えなくてはならない。"

（時枝誠記、1937: 8–9）

この問題に対して Saussure の自筆草稿では、

"Le dualism profound qui partage le langage ne reside pas dans le dualism du son et de l'idée, du phénomène vocal et du phénomène mental ; c'est là la façon facile et pernicieuse de la concevoir. Ce dualism reside dans la dualisté du phénomène vocal COMME TEL, et du phénomène vocal COMME SIGNE – dufait physique (objectif) et du fait physic-mental (subjectif), nullement du fait ≪physique≫ du son par opposition au fait ≪mental≫de la signification. Il y a un premier domaine, intérieur, psychique, où existe le signe autant que la signification, l'un indissolublement lié à l'autre ; il y en a un second, extérieur, où n'existe plus que le ≪signe≫, mais à cet instant le signe réduit à une succession d'ondes sonores ne mérite pour nous que le nom de figure vocale."

(Bouquet et Engler, 2002: 20–21)

"言語を分割する根本的な二元論は、音と観念、つまり音声現象と精神現象の二元論にはない。それは〈二元論を〉考えるうえでは安易で有害な考え方である。この二元論は、**かかるものとしての音声現象と記号としての**音声現象の二重性にあり、物理的〈（客観的な）〉事実と物理的―〈精神的（主観的）〉事実の二重性にある。〈意義の「精神的」事実に対立する音の「物理的」事実なのでは〈まったくない〉。第一の領域があるが、これは〈内面的で〉心的であり、そこでは記号が意義と同様に存在していて、一方は他方に分かち難く結びついている。二番目の領域であるが、それは外面的で、そこではもはや「記号」しか存在しない。だがしかし記号はこの場合一連の〈音波に還元されてしまっているので、〉われわれにとっては、たかだか音声形象〈の名称にしか値しない。〉"［太字原文ママ］

（松澤訳、2013: 11–12）

"La troisième est de comprendre que le mot pas plus que son sens n'existe hors de las conscience que nous en avons, ou que nous voulons bien en prendre à chaque moment. Nous sommes très éloigné de vouloir faire ici de la métaphysique."

(Bouquet et Engler, 2002: 83)

　　"第三の仕方は、語はその意味と同様に、われわれがそれについてもつ意識の外側には存在しない、あるいは各時点でわれわれがそれについて抱く意識の外側には存在しないというものである。"

(松澤訳、2013: 135)

というように*CLG*の記述とは正反対とも取れる内容となっている。

　　松澤（2011: 108）も「言語過程説のソシュール的側面」として指摘しながら、心的な音韻と主体的音声意識の側面について明らかにされていない点や、心的実存体と概念化の問題について言語を通して主体の形成が成立する点に触れられていないという点で、時枝の主張する言語過程説がSaussure学説と変わらないと見ている。松澤が、

　　"言語の成立条件は、（物理的な音という）物質的なものと（意味＝「記号」という）心的なものとの一種異様な結びつき、ありうべからざる結合に求められている。「旧項目」のなかでもセームは「その選ばれた物質的記号のなかに根本的な基盤をもつ（一六九頁）のであり、「物質的なものは不可欠なように思える」（一八四頁）と書き留められていた。（中略）ソシュールは、話す主体の意識における物理的な音と精神的な意味＝「記号」との結合を、記号間の相互的否定的な差異よりもいっそう根源的なものと見なしていたように思われる。"

(松澤訳、2013: 567)

と指摘するように、Saussureと時枝の言語に対する考え方に違いが感じられないのである。そして松澤の、

　　"おそらく時枝は、一方では通説に従ってソシュールをラングの言語学の提唱者と見なし批判しながら、他方では主体的言語意識を重視した側面を、自説を形成あるいは補強するために、積極的に摂取していったのではないかと思われる。"

(松澤、2011: 117)

という先の藤井（2000: 103–104）にも通じるようなこの指摘は、衝撃的であるが事実であろう。

そうすると、Saussure に反意を露にし、構造的言語観に疑問を投げかける時枝の主張が Saussure の言語観に通じ、Chomsky の分析法に通う部分が実に多い理由も納得できる。松澤も憶測するように時枝は *CLG* の本文における不整合や矛盾にまで読解と理解を深めており、そうした問題点にすでに気づいていたと考える方が自然である。

　後年、*CLG* の訳者である小林は時枝との邂逅を次の様に語っている。

> "かれの有名な言語過程説の解説や批判を今ここでおこなうつもりはない。ただここで明らかにしておきたいことは、それの出産の秘密である。結果においてたとえ消極的であろうとも、右の意味で、かれもまたソシュールの影響下にあることは認めざるをえないところである。"　　　　　　　　　（小林英夫、1978: 48–49）

　小林のこの言葉は、時枝と Saussure の研究姿勢が共に同じ土壌にあったことを如実に物語っている。*12 そして Saussure 自身、自筆草稿では langue の所在について具体的実存体などという言葉はどこにも使っていない。藤井（2000: 139–140）の、

> "旧"ソシュール"を批判すると称する時枝の国語学は、今日の手稿群の発見ののちの旧"ソシュール"を克服する新"ソシュール"の相貌に、どうしても接近してくる。（中略）時枝の批判というのがいわば旧"ソシュール"を超えて言語の空無という"非実体"に迫るソシュール―時枝という連合を形成するかもしれない動きであった可能性は大きい。"

（藤井貞和、2000: 139–140）

という指摘は当然のものである。

　藤井（2000: 103）は両者の学問的類似について、

> "ソシュールの言語観は、時枝の《言語過程説》のそれにきわめて近接し、言語を記号（シーニュ）一般へ解消することへの懸念がつよくうかがえるのは（中略）言語という、いわば"ない"存在にふれていった両者の相似を十分にうかがわせる性格が見られる。"

（藤井貞和、2000: 103）

と指摘する。

時枝とSaussureの言語研究に対する見方は、言い換えれば、言語を静的なものとして捉えるか動的なものとして捉えるかという視点の違いに帰依する。

　町田（2000: 74–75）は、音と概念の結びつきをSaussureは「記号」と呼び、時枝はその結びつきを決めるのが言語の本質であると主張しているとして、まるで100メートルを10秒で走ったというのと時速36キロで走ったというようなもので、表わし方の違いだけで両者は同じことを言っていると、ばっさりと切り捨てる。

　一方釘貫（2007: 123–124）は、言語の静的側面と動的側面に対して、以下のように述べる。

　　“時枝は、ソシュールの理論を「構成主義的」であると批判し、言語を思考の表現過程および理解過程とする行動主義的言語観を主張する。言語を静的「存在」と捉えるか、動的「行為」として捉えるかの論争は、哲学者や言語学者を悩ませてきた永遠の難題でもあるが、日本ではこの議論がソシュール学説を論議する過程で行われた。（中略）時枝によれば、「概念と聴覚映像が結合したラング」（注：これはラングではなく記号signeの誤り、このような初歩的な間違いによって時枝は孤立した）は、構成主義的言語観によるものであり、記号を実体として認識しようとする限り、構成要素は個別科学的分析の中に分散、解消されてしまうだろう。時枝は、言語を概念と聴覚映像の同時並列的結合と捉えるのではなく、言語全体を表現過程、理解過程として捉えることによって概念や音声を統一的に把握することが出来るとした。”　　　　　　　　　　（釘貫亨、2007: 123–124）

　Saussure自身も言語が動的なものであることは認めた上で、それを科学的研究対象とするための静的な基準をどこに求めるべきかという一つの答えがlangueであった。しかし時枝は、言語学において、langueという仮説の上に立つことで成立する概念を否定し、具体的経験から導かれた言語過程説という自説の有効性を声高に主張したのである。Saussureの学説における「現象」概念と時枝の「過程」概念が、同一の対象を指している可能性は極めて高い。事実、言語とはune entité psychique（小林英夫訳「心的実存体」）で

はなく、話者と聴者の間に成り立つ「行為」とその「過程」によって決定され得るものであるとする時枝学説の出発点が、原資料によって示された Saussure の言語研究の出発点と酷似していることは、疑いようのない事実である。

　この点について藤井貞和（2000: 120）は、

　　“時枝の国語学とソシュールのラング（＝言語）言語学とは、おそらく、ともに成立する。許されないのは時枝の国語学のなかに、そのラングを安易に持ちこむことと、反対に、ラング言語学のなかに時枝の国語学を取りこむこととだろう。”

（藤井貞和、2000: 120）

と述べるが、けだし至言である。

　渡辺実（2002: 84-85）は、

　　“言い換えれば日本語は、西洋の言語が見落としていた、（中略）言語主体の活動に、気付きやすい体質に恵まれていたのである。（中略）日本語研究が西洋の言語学から教わったことは多いが、主体的意義、或いは言語主体のはたらきなどは、日本語が西洋の言語学に寄与すべきことの一つであるように思われる。”

と言う。

　そして町田（2004b: 146）も言うように、逆説的ではあるにせよ、Saussure 批判を展開することではからずも Saussure 学説に対する日本の言語学界の関心を呼び起こしたことは、時枝の大きな功績の一つなのかもしれない。

　どちらにしても言語実存観の克服をめぐる苦悩と苦闘は Saussure にしても時枝にしても共通の姿勢であり、そこに今日的な人間主体の言語研究の原点を見出すことができるのである。

2.7　Saussure の真の言葉と時枝学説

　Saussure の「語る主体」と時枝の「主体的立場」が通底することはすでに見てきたとおりである。そして時枝による Saussure 学説批判は、*CLG* における langue が実存体であり主体の外に置かれるという記述を対象になされた。時枝をして言語過程説を支える支柱に主体的価値意識と言わしめたものが、*CLG* におけるこうした

記述である。しかし 1996 年に発見された Saussure の自筆草稿では、それまでの *CLG* の内容を覆すような言葉が多く見られる。しかもそれは *CLG* の中心的主張であり時枝が強く異を唱えた langue の所在について、*CLG* とは全く異なる内容となっているのである。その点について具体的に見ていく。

"Dans des domaines comme celui de la langue, on ne peut pas dire que les différents êtres s'offrent du coup aux regards : il faut choisir un mot. Entité est pour nous aussi : l'être qui se présente."

(Komatsu Eisuke, 1993b: 290)

"言語<ruby>言語<rt>ラング</rt></ruby>のような学問の領域では、様々な存在<ruby>存在<rt>エートル</rt></ruby>が、それ自体として姿を現すとは言えません。正確に言い換えなくてはなりません。**実体**<ruby>実体<rt>アンティテ</rt></ruby>とは、私たちにとって、結局、現れ出て来る存在<ruby>存在<rt>エートル</rt></ruby>なのです。"［太字原文ママ］

（相原・秋津訳、2003: 159）

"Dans la langue prise face à face, sans intermediaries, il n'ya ni unités ni entités données. "

(Komatsu Eisuke, 1993b: 290)

"媒介なしに直面する言語<ruby>言語<rt>ラング</rt></ruby>の中には、単位<ruby>単位<rt>ユニテ</rt></ruby>も所与の**実体**<ruby>実体<rt>アンティテ</rt></ruby>もありません。言語<ruby>言語<rt>ラング</rt></ruby>の中に含まれる様々な実体<ruby>実体<rt>アンティテ</rt></ruby>を形成するものを捉えるために、また、他の秩序の実体<ruby>実体<rt>アンティテ</rt></ruby>を言語<ruby>言語<rt>ラングィスティック</rt></ruby>なるものの実体<ruby>実体<rt>アンティテ</rt></ruby>として見なすのを避けるためにも、努力が必要です。"［太字原文ママ］

（相原・秋津訳、2003: 159–160）

"（la langue n'existe pas comme entité, mais seulement les sujets parlants !）"

(Komatsu Eisuke, 1997: 93)

"言語<ruby>言語<rt>ラング</rt></ruby>は実体<ruby>実体<rt>アンティテ</rt></ruby>として存在しているのではなくて、話す主体の裡にだけ存在しているのです！"

（相原・秋津訳、2006: 168）

"Tout ce qui est amené sur les lèvres par les besoins du discours et par une operation particulière : c'est la *parole*.

Tout ce qui est contenu dans le cerveau de l'individu, le dépô des forms entendues et pratiquées et de leur sens, c'est la langue. （中略）

De ces deux sphères, la sphère parole est la plus sociale, l'autre est la plus complètement individuelle. La langue est le reservoir individuel ; tout ce qui entre dans la langue, c'est-à-dire dans la tête, est individuel." ［斜体部原文ママ］

(Komatsu Eisuke, 1993b: 92)

"言述の必要に迫られ、特殊な働きで唇にもたらされたものの全体、それが言葉です。個人の脳の中に含まれている一切のものであり、〈聞き取られ〉実践された形態、及びそれらの意味の収蔵庫、〈それが〉言語なのです。（中略）

この二つの領域のうち、言葉の領域とは優れて社会的なものであり、もう一つのもの［訳注：言語］はまったく完全に個人的なものです。言語とは個人的な貯蔵庫です。言語の中に、つまり頭の中に入っているすべてのものは、個人的なもの（中略）なのです。"［下線部原文ママ］

（相原・秋津訳、2008: 150–151）

　意味の解釈は受け手のイメージによって成立する要素が多い。この点で、Saussure にとっての言語記号とは話し手の側ではなく聞き手の側に見出されるとする末永朱胤（2011: 81）の視点に立てば、Saussure の学説は話し手側の言葉の産出される過程に重きを置いた言語過程説とは異なると考えられる。こうした時枝の言語過程説の性質と問題点については町田健（2004b: 141–146）に詳しいのでそちらに譲るが、町田（2004:b 143–144）は時枝が自身の批判の拠り所とした、Saussure の langue を優先し parole を言語学の研究対象から排除する姿勢は、時枝が言う言語使用の場面で観察される事物や音声を構成する場面や要素の中に含めてはおらず、単なる「素材」として扱っている点では Saussure の langue という考えと本質的に異なりはない、とする。また言語過程説では記号と内容についての具体的考察は行われておらず、あくまで言語を用いて意味を伝達しようとする人間の頭の中で、事物から音声に至る過程に着目したもので、伝達されるべき記号の内容、すなわち意味についての適切な分析はなされていない点でも Saussure と時枝の考えに違いは見られない。また宮崎靖士（2011）も時枝の「主体一般」と

いう考えを取り上げ、その主張が言語活動における個人の主体性や決定性よりも複数の人間におけるコミュニケーションの成立をめぐる問題を取り上げ、言葉と場面の要素との関係について考察しているが、言葉を記号とする Saussure の考えと言葉を素材とする時枝の考えに大きな差異があるとは思えない。

　Saussure の考えによれば、主体の言語意識には純粋的な観念というものは存在しない。Culler（1976）が指摘する様に、

　　　"First, it may now be clearer why Saussure should have insisted on the psychological reality of *la langue*, which he treats as a social product that the individual passively assimilates.（中略）what one 'has in mind' while speaking or writing is not a form and meaning conjured up for a fleeting instant but the whole system of a language, more permanently inscribed.

　　　It is thus possible to emphasize, as Saussure himself often did, that meaning or the signified is not an entity so much as a bundle of differential values, a space in a system of differences."［斜体部原文ママ］

(Culler, 1976: 112)

　　　"第一に、なぜソシュールがラングの心理学的実存性を力説したかが、今やいっそう明らかであろう。ソシュールはラングを、個人が受動的に同化する社会的産物として扱っている。（中略）すなわち、話しあるいは書いている間に人が「心中にもっている」ものは、擦過する一瞬のあいだ喚び起される形式と意味ではなくて、もっと永続的に刻みこまれた言語の全体系である。

　　　意味もしくは意味内容は存在体であるよりはむしろ差異的価値の束であること、差異の体系のうちの空間であることを、ソシュールが行ったように強調することが、こうして可能になる。"

(川本茂雄訳、1978: 166)

という認識こそ、Saussure の出発点である。そしてそうした差異的価値の束は、体系内において差異を繰り返す主体の活動と、歴史的、社会的にそれを沈澱させる恣意性の原理によって決定される。こうした視点は、時枝の説く社会（あるいは場面）の中における主体の過程活動における言語の在り方と同一であると考えられる。

このことについて、井島正博（2007）は次のように指摘する。

　　"時枝は『国語学原論』の中で、ソシュールを「言語構成観」
　に立つ研究者として批判し、自らの「言語過程観」を称揚する。
　しかし、ソシュールには、先に見たように、文法に関わるよう
　な発言はほとんど見られない。時枝の言語過程説は必ずしも文
　法に限られた理論ではないとしても、そこで批判されているソ
　シュールは、実像とは大きくかけ離れていることは否めない。
　（中略）
　　ここで、先ほど、言語学の展開を論ずる中で、ソシュールの
　理論に忠実に最小単位を理論の中心に据えた音韻論、形態論か
　ら、統語論へ進むためには、最小単位ではなく規則を理論の中
　心に据えるという認識の変革が必要であったと述べたことが思
　い合わされるかもしれない。それならやはりソシュールも「言
　語構成観」に立っていたと言ってよいのではないか、と反論を
　受けそうである。しかし繰り返すが、ソシュールは文法につい
　てほとんど議論していない。（中略）
　　実は、洋の東西を問わず、伝統的な文法論と言えば、文の構
　成単位を論ずる広義の「品詞論」であった。そもそも、文を構
　成する規則を規定することが文法論であるという認識が成立す
　る以前に、文の構成単位を論ずるより他にどのような文法論が
　あり得ただろうか。（中略）
　　このように、ソシュールを引き合いに出すまでもなく、文法
　論における品詞論はむしろ主流派であったと言える。時枝自身
　も『国語学原論』の総論において「言語構成観」を痛烈に批判
　しているものの、各論になると伝統的な品詞論とあまり変わら
　ない文法論を展開している。"　　　　　（井島正博、2007: 52–53）
一方、北原美紗子（2003）は、

　　"時枝誠記の『国語学原論』と、ソシュールの『言語学原論』
　とを、読み終って思うのは、ソシュールと時枝との二冊の本の、
　驚くほどの類似性である。（中略）ソシュールと時枝。二人の
　天才的な言語学者の論を、慎重に読み進めていくと、前にも述
　べたが、論の立ち方、議論の展開が非常に似ているのに気付

く。"　　　　　　　　　　　　　　　　　　（北原美紗子、2003: 22–24）

としめくくる。また前田（2007）は時枝の Saussure 学説批判を、Saussure 言語学の限界を的確に指摘したものであると言う。

　CLG で問題となった主張点と Saussure の自筆草稿との内容の相違は以下の通りである。

CLG	Saussure の自筆草稿
・記号には差異しかない	→ 我々はいかなる差異をも設けない
・言語は実存体である	→ 言語は実体ではない
・記号表現と記号内容は紙の表裏のように不可分に結びついている	→ 不可分に結び付いているのではない

　ここだけを見ても、*CLG* における主張が Saussure 自身の言葉とは正反対であることが浮き彫りになる。しかも時枝が Saussure 学説に対して反意を露わにした点が、まさにこの部分である。そうすると時枝の主張は、そもそも Saussure の主張となんら相違がなかったことになる。

　本節の初めに、時枝の存命中に今回の Saussure の自筆草稿が発見されたならば、時枝が"言語過程説"を生み出すこともなかったであろうし、"時枝・服部論争"さえ起こらなかったであろうと述べた理由がここにある。

　藤井（2000: 103–104）は、

　　　"言語学者小林英夫の訳した『（ソシュール）言語学原論』（中略）を仮想敵として、『国語学原論』を最終的にまとめあげていった時枝は、その『（ソシュール）言語学原論』への、いわば確信犯的誤読によって、訳者小林を通りこし、おぼえずソシュールという二十世紀言語学の出発点との世界同時性に立ちいたっている、そういうことではあるまいか。（中略）幻想にソシュールの教室にまぎれいった一人だったのではないかと錯覚させる感がある。"　　　　　　　（藤井貞和、2000: 103–104）

と先に見た柴田（1999:29）と同様のことを述べるが、まさしく真実であろう。

　そして記号の問題と常に不即不離の関係にあるのが langue という概念である。時枝が馬という signe を langue と読み誤る初歩的か

つ致命的ミスによりその発言の効力を失う契機となったのは事実であるが、そもそも時枝にして読み誤らせるだけの扱いを langue に与え、言語学とは langue を研究する学問であるとしたのは Dégallier のノートを自分の言葉に直して掘り起こした Sechehaye の責任であり、高野秀之（2010: 65）も指摘するように、その罪の上塗りである Bally と Sechehaye による *CLG* は Sechehaye による独断と再創作を完全に受け継いでいるのである。

2.8　時枝誠記の認知的言語観

　Saussure の学説を語るとき、そこで常に取り上げられるのが「構造」という術語とその観念である。しかし国広（2006: 21）も指摘するように、言語は必ずしも本質的な属性として構造性を持っているわけではない。構造を形作るのはわれわれの認知であり、言語自体に構造性を求めるより、われわれの認知世界がすでになんらかの構造を産出しており、言語はその反映であると見る方が自然である。その結果、表象的な形式としての現象に目を向けるのか、心象的な原因や原理に目を向けるのか、という姿勢の違いでしかない。構造主義が言語の体系によってそこになんらかの構造を見出し、それを形成する規律性の解明を求めたのに対して、そうした規律性を生むのはわれわれの認知構造なのである。こうした表層としての言語の構造性から、それを生み出すわれわれの認知構造へと目が向くのは、言語研究における必然的帰結である。

　この点に対して、Saussure はすでに次のように語っている。

　"Il y a, malheureusement pour la linguistique, trois manières de se représenter le mot :

　La première est de faire du mot un être existant complètement en dehors de nous, ce qui peut être figuré par le mot couché dans le dictionnaire, au moins par l'écriture ; dans ce cas le sens du mot deviant un attribute, mais une chose distincte du mot ; et les deux choses sont dotes artificiellement d'une existence, par cela même à la fois indépandantes l'une de l'autre et indépendantes chacune de notre conception ; elles deviennent l'une et l'autre *objectives* et semblent en outre constituer deux untités.

La deuxième est de supposer que le mot lui-même est de supposer que son sens est en nous ; qu'il y a une chose matérielle, physique, qui est le mot, et une chose immatérielle, spirituelle qui est son sens.

La troisième est de comprendre que le mot pas plus que son sens n'existe hors de las conscience que nous en avons, ou que nous voulons bien en prendre à chaque moment. Nous sommes très éloigné de vouloir faire ici de la métaphysique." ［斜体部原文ママ］

(Bouquet et Engler, 2002: 82–83)

"言語学にとっては、困ったことに語を表象する三つの仕方がある。

第一の仕方は語を〈完全に〉われわれの外側にある存在にしてしまうことである。それは〈少なくとも文字を使って〉辞書のなかに横たわっている語によって表される。この場合語の意味は属性になるが、〈まさにそのことにより語とは区別されたものとなる。〉そして語と意味の双方は〈人為的〉に存在を賦与されているのだが、その存在は互いに独立したものであると同時に、各々の存在はわれわれの概念化（コンセプション）からは独立している。両者は一方も他方も客体的（オブジェクティヴ）であり、その上二つの本体（アンティテ）を構成するように思われる。

第二の仕方は、語自体はわれわれの外側に〈疑いもなく〉存在していて、その意味はわれわれの裡にあるというものである。語という物質的で〈物理的な〉ものがあり、そしてその意味という非物質的で精神的なものがある。

第三の仕方は、語はその意味と同様に、われわれがそれについてもつ意識の外側には存在しない、あるいは各時点でわれわれがそれについて抱く意識の外側には存在しないというものである。"

(松澤訳、2013: 135)

言語を科学として扱うとき、Humboldt 的な言語観から発して、Saussure の科学的視点により言語研究の土台を築き、Bloomfield の行動学的視点により言語の科学的解明へと着手する。そして、

第7章　Saussure の自筆草稿と時枝学説の相違についての考察　351

Chomsky の生成文法によって表面的な文構造の規則性から言語を獲得し、それを生み出す人間の普遍的な言語能力の解明へと向かう。その言語表現が人間の内的認知世界の反映であるという考えから、言語とそれを生み出す根幹へと接近する方向を巡るのは、これまでの研究の流れとその帰結としての必然的結果である。この点に対しても Saussure は、

> "Ainsi le *lieu* du mot, la spherè où il acquiert une réalité, est purement l'ESPRIT, qui est aussi le seul *lieu* où il ait son sens :"［斜体部原文ママ］ （Bouquet et Engler, 2002: 83）
> "こんなわけで語の場所は、語が〈実在を獲得する〉領域は、純然とした**精神**であり、それはまた語が意味〈をもつような〉唯一の場所なのである。"［太字と傍点部原文ママ］
>
> （松澤訳、2013: 136）

と今日的な研究の性質を謳っている。

こうした認識が更に発展、成熟し、言語と認知という視点から言語現象の解明を目指したものが、「認知言語学（Cognitive Linguistics）」である。認知言語学は、言語が人間の認知機構と深い関わりを持つという立場を取る性質上、特に心理学的な概念をその基本に置き、とりわけ知覚心理学や認知心理学との関わりが深い。認知言語学の特徴は、言語と認知に関する哲学、心理学等の関連分野の研究成果を取り込み、人間の現実の活動における広範で多様な言語現象に対する理論体系を構築しようとする点にある。

個々の点において、Saussure の学説における諸現象が名前を変えつつも、その今日の認知言語学の性質の根幹において影響を及ぼしている。このことは野村益寛（2018: 255）の指摘にも見ることができる。野村は、認知言語学における「記号的文法観（symbolic view of grammar）」、「用法基盤モデル（usage-based model）」という考え方を引き合いに出し、その性質と姿勢の源泉を Saussure 学説に求める。

> "認知言語学は言語の恣意性＝無基盤性というソシュールの考え方を斥け、世界の分節は恣意的ではなく、人間の認知の傾向性と斑をもつ環境との相互作用によって制約されるとする立場

をとる。（中略）

　その一方で、ラネカーの認知文法（Langacker 1987, 1991）に代表される認知言語学は、チョムスキーによって過去の遺物にされてしまった感のあるソシュール学説の諸相を再評価し、現代に甦らせているとみることができる。（中略）

　ソシュールにとっての「意義的」とラネカーの「有意味的」とは両者の意味観の相違を反映してその性質が異なるとはいえ、〈意味〉ということを語彙と同様に文法についても問うことができるとする姿勢は共通する。そして語彙と文法に同じ原理が妥当するのであれば、語彙、形態論、統語論の区別は度合いの問題であり、連続的なものと考える点においてもソシュールとラネカーは共通する。"

（野村益寛、2007: 34–36）

　認知言語学のこうした基本姿勢を見ると、時枝の「言語過程説は、言語において、人間を取り戻そうとするのである。言語は、その本質において、人間の行為の一形式であり、人間活動の一であるとする時、何よりも肝要なことは、言語を、人間的事実の中において、人間的事実との関連において、これを観察するということである」（1956: 6）という言葉が、なおさら鮮明に、今日的な意義と深みを持って思い起こされるのである。また、Saussure の理論を言語主体の認知能力や運用能力から切り離してしまい、記号系を自立的なものとみなすものとして批判の矛先を向ける認知言語学の姿勢さえ、そこから免れてはいない。

　それは時枝の言語観についても同じである。Saussure の学説を批判の矛先にし、「言語過程説」で人間を取り戻そうとする己の学説の基本姿勢を、次のように説く。

　　"言語を表現過程の一形式であるとする言語本質観の理論を、ここに言語過程説と名付けるならば、言語過程説は、言語を以て音声と意味との結合であるとする構成主義的言語観或は言語を主体を離れた客体的存在とする言語実体観に対立するものであって、言語は思想内容を音声或は文字を媒介として表現しようとする主体的な活動それ自体であるとするものである。"

（時枝誠記、1940: 7）

しかしながら時枝のこうした言語研究に対する姿勢は、服部（1957a: 3）も指摘するように決して時枝独自のものではなく、約一世紀以上前の言語研究の黎明期にあって、すでに Humboldt（独 1767–1835）の以下の言葉にも通じるものがある。

　　"Man mufs die Sprache nicht sowohl wie ein todtes Erzeugtes, sondern weit mehr wie eine Erzeugung ansehen, mehr von demjenigen abstrahiren, was sie als Bezeichnung der Gegenstände und Vermittelung des Verständnisses wirkt, und dagegen sorgfältiger auf ihren mit der inneren Geistesthätigkeit eng verwebten Ursprung und ihren gegenseitigen Einflufs darauf zurückgehen. (中略) Sie selbst ist kein Werk(*Ergon*), sondern eine Thätigkeit (*Energeia*). Ihre wahre Definition kann daher nur eine genetische sein. Sie ist nämlich die sich ewig wiederholende Arbeit des Geistes, den articulirten Laut zum Ausdruck des Gedanken fähig zu machen." ［斜体部原文ママ］　　　　　　(1836: LV–LVII)

　　"すなわち、我々は、言語を生命の失われた作品（アイン・トーテス・エルツオイクテス）と見做してはならないのであって、むしろ、作り出す活動（エルツオイグンク）と考えなくてはならないのである。更に我々は、いろいろな対象にその呼び名を与えるとか、理解を助けるための手段になるとかいった役割から一応言語を引き離してみた上で、今度は一層細心な注意を払いながら、内面の精神活動と密接に結びついている言語の根源へと立ち戻り、言語と精神とが相互に与え合っている影響がどんなものであるか、という問題まで掘り下げてゆかなくてはならない。（中略）言語そのものは、出来上がった作品（エルゴン）ではなくて、活動性（テーテイツヒカイト）（エネルゲイア（ヴェルク））である。それ故、言語の本当の定義は、生成（ゲネティッシュ）に即した定義しかあり得ないことになる。すなわち、言語とは、分節音声を思考の表現たり得るものとするための、永劫に反復される精神の働きなのである。"

　　　　　　　　　　　　　　　　　　（岡田隆平訳、1948: 70–73）

　あるいはまた、Jespersen（1924: 2）の次の言葉にも通じるものがあろう。

　　"The essence of language is human activity on the part of one individual to make himself understood by another, and activity on the part of that other to understand what was in the mind of the first. These two individuals, the producer and the recipient of language, or as we may more conveniently call them, the speaker and the hearer, and their relations to one another, should never be lost sight of if we want to understand the nature of language and of that part of language which is dealt with in grammar. But in former times this was often overlooked, and words and forms were often treated as if they were things or natural objects with an existence of their own — a conception which may have been to a great extent fostered through a too exclusive preoccupation with written or printed words, but which is fundamentally false, as will easily be seen with a little reflexion."

(1924: 2)

"言語の本質は人間の活動である。その活動は、自分の思うところを相手に理解させるためのものであり、また逆に見れば相手の思うところを理解するためのものである。この二者、つまり言語の供与者と受容者、便宜上もっと平たくいえば、話し手と聞き手、および二者相互の関係は、言語の本質とか文法で取扱われる言語の面とかを理解しようとする場合、決して見失ってはならないものである。ところが以前にはこのことが往々にして看過され、語や形式があたかも「物」あるいはそれ自身の存在をもった自然物であるかのような取扱いを受けたことがよくあった。これは、大部分、書かれた（または印刷された）語に一途にとらわれたために育てあげられた観念であるが、それが根本的にまちがっていることは少し考えれば容易にわかることである。"

(半田一郎訳、1958: 1)

こうした視点の一致は、言語研究において、その根本的姿勢は常に一つであることを物語るものではある。母国語に民族の精神を創造する力、文化を担う力、歴史を形成する力を認めた Weisgerber の言語論の原形はすでに Humboldt にまで遡り、それが Saussure のみならずアメリカ構造主義言語学の Chomsky の拠り所とさえなることはきわめて興味深いと共に、こうした言葉を見ると、時枝の

主張も表面的な差異はともかく、その根底ではつながっていると思われるのである。

　Humboldt は言語を創造的な活動、すなわち行為であって行為の結果の産物ではないと考える。歴史のある時点で今日のある民族の言語の祖が創造され、それが民族、国民、更には国家といったものに属している全ての成員が共有する民族の内的な創作活動であり、それが表現される際には、その民族の全員がこれを共有し、民族全体に特徴的な音声が用いられるという考えであり、後に母国語に民族の精神を創造する力、文化を担う力、歴史を形成する力を認めた Weisgerber の言語論などの言語先行論に根本でつながるものであると見ることが出来る。言語と思考の関係性に対するこうした Humboldt の考えは、人間が精神の作用を統御できるのは言語を有しているからであるという考えに行き着く。すなわち、動物と人間を分かつ基準は言語の有無であるという考えにもつながり、言語先行論を生む原型となっている点は否めない。

　認知言語学は、ゲシュタルト心理学における中心的主張である、「全体は部分の総和以上のものである」という考えを基盤に置く。これは換言すれば、①全体的構造の方が、部分的構造よりも知覚されやすい、②部分は全体を踏まえて概念化される、ということに他ならない。これは、例えば、テレビの画面に映し出される映像や、新聞紙上の写真等を思い浮かべれば、ここで述べている主眼点が推測され得よう。つまり、テレビ画面の映像や新聞の写真は、細かくその細部にまで視点を移すと、それを構成している一つ一つの要因は赤、青、緑の光の粒子の集まりであったり、インクの黒い点の集まりである。しかし、我々は通常、こうした一つ一つの構成要素を気に止めることもなく、それが映し出す全体としての映像、あるいは写真といった構造を認識している。つまり、人間の認識は、部分を知覚している場合であっても、常にその全体を前提としているものであり、各部分、各構成要素はその全体の構成の中にどのように位置付けられるかによって規定されるのである。そして認知言語学における考え方の基礎を成すものに、ゲシュタルト要因の成果として挙げられる、我々の知覚における「図と地の分化（Figure-

Ground Segregation)」という現象がある。これは、我々が物や出来事を視覚によって解釈する場合、客観的には同一現象と捉えられることでも、その視点の採り方によって異なった解釈を生み出す場合があるという現象を表わしている。この典型的な例が「ルビンの盃」と呼ばれる、視点による絵の変化をもたらす「図と地の反転図」である。これは、我々の視覚の中に二種類の異質な領域が同時に存在する場合、いずれか一方が強く浮き上がり、もう一方はその周囲となる空間のように沈み込んでしまう現象を提示している。ゲシュタルト心理学の術語を用いれば、この強く浮かび上がる方を Figure（図）、周囲の空間となって沈み込む方を Ground（地）として区別する。この図で見ると、見方によって白い盃の方が強く見えたり、黒い二人の横顔の方が強く見えたりする。これは、客観的な外部世界の対象としては同じ図形であっても、どの部分を図とし、どの部分を地とするかによって捉え方が異なってくることを示唆している。例えばこの図において盃と横顔が同時に両方共見えることはなく、常にどちらか片方しか図として認識され得ない。この例が示していることは、知覚には解釈が関わってくるということであり、どちらに注目するかという知覚者の主体的な働きかけにより、同じ図形の解釈が変わり得るということである。そしてこの Figure と Ground の反転図の認識こそは、その具体的現象である。ある環境において、どちらが図となり、地となるかは主体的条件によっても、刺激布置の条件によっても規定され得る。現実生活における知覚では、その時々の欲求や生活の向き、態度、過去の経験等によって、どちらを図として認識されやすくなるかが異なってくる。

図11　ルビンの盃

そして注目すべきは、時枝自身が、「詞と辞の連続・非連続の問題」（1954）において、すでにこの図を用いて自らの言語過程説を説明付けている点である。時枝はこの図を基に、自らの言語過程説における詞・辞の区別の揺れを次のように説明付けている。

　“要するに、語は、個々の表現を基にして、それぞれ、別個にその語性が判定されなければならないということになるのである。このように考えて来ると、例えば、「あり」は、その表現においては、必ず、詞の場合であるか、或は辞の場合であって、同一表現において、詞であると同時に辞であるというようなことはあり得ないのである。（中略）この理論を立証するために、心理学で用いられるルビンの視知覚の図形 E.Rubin:Visuell wahrgenommne Figure を借用しようと思う。私は、ここでは、この図形が心理学で使用される本来の意味とは、別の意味で使用することになるかも知れないのである。この図形の中心を凝視していると、盃の部分が、図形として前面に張出し、二つの顔は、背景になっているように知覚される。次の瞬間に、今度は、二つの顔が、図形として前面に張出し、盃がその背景になる。このような交替が繰返される。ここで知り得ることは、（一）初めの図から次の図への交替は、突如として行われるので、図形より背景への転換には連続性はない。（二）一つが図形として知覚される時は、他の図形は全く意味を失う。二つの図形が、同時に成立することはない。（三）盃が図形になる時と、顔が図形になる時とは、それぞれ別個の図として扱われなければならない。以上、三つの事柄であるが、ここで重要なのは（三）である。この図は、同書の解説によれば、多義図とも言われているそうであるが、それは、この図を凝視する者の立場を離れて、第三者的立場から言うことで、凝視者の立場から言えば、最初の図と、次の図とは、全然別個の図であって、両者の間には、何等の関係もない。交替の度毎に、新しい図が出来るわけであるが、最初の図と、第三の図とは同じものであるから、無数の図が出来ると言っても、類別すれば、二つの図が成立することになるのである。ここで、私の今の問題に関連さ

せてみることが出来るのである。一つの図形が、二つの意味を持っていると考えるのは、ソシュール的立場であり、一語に詞的なものと辞的なものとが共存すると考える立場である。凝視の態度によって出来る図形を、それぞれ別個の図形とするのは、図形は、凝視者を離れて本来あるものでなく、凝視者によって作り出されるとするもので、言語過程説における詞辞論の立場である。"　　　　　　　　　　　　（時枝誠記、1954: 13-15）

　この知覚の分化という考え方は、認知言語学にも引き継がれる。認知言語学では、この知覚の分化という概念を人間の言語認識に当てはめ、言語の意味はその指示対象のみによって決定されるのではなく、認識者たる話者がその対象を如何に理解したかが意味決定の上で重要な役割を果すと考える。ここに見られる時枝の指摘は、部分的に認知言語学の原理に通ずるものであり、その先見性と共に言語現象の解明に対して、すでに半世紀近くも前に、人間の認知構造にその解決点を求めた着眼点に対して驚嘆の念を禁じ得ない。

　そしてこのことはなにより、国広（1995: 49）において、以下のような図を用いた説明でもすでに認められているのである。

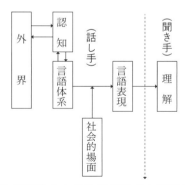

国広（1995）における「言語とその周辺体系」

"時枝誠記の言語過程説では、（中略）言語体系から言語表現に向かう矢印つまり表現過程と、言語表現から理解に向かう矢印つまり理解過程の二つの過程そのものが言語であると主張されたのであり、時枝が批判したソシュールは言語主体を言

（ラング）と見た。いずれも一つの観点から生み出されたもの
で、それこそ観点の相違に基づく。最近は言語体系と認知を結
びつけて考えるようになり、認知言語学と呼ばれる。"

（国広哲弥、1995: 49）

　時枝とSaussureの共通性も、またその認知的性質が通底する点
も、国広のこの言葉がすでにその全てを物語ってくれている。

3. 訳語の問題

3.1　langue、langageとparole

　時枝が批判の対象として取り上げたSaussureの学説は、小林訳
を基にしてなされたものであった。そして、そうした時枝の
Saussure学説の誤解は、小林訳の翻訳のまずさとその不理解にあ
ることは、しばしば指摘されるところである。そこでは、かつて服
部が指摘したように（1957b: 7–10）、そもそもlangueに「言語」
という訳語を当てたことが問題の大きな原因であることは、これま
での論争の流れからも否定し得ない事実である。またHawkesは、
こうした訳語の対応を英語との関係で以下のように指摘している。

　　　"The distinction between *langue* and *parole* is more or less that
　　which pertains between the abstract language-system which in
　　English we call simply 'language', and the individual uttarances
　　made by speakers of the language in concrete everyday situations
　　which we call 'speech.'"［斜体部原文ママ］　　　（Hawkes,1977: 20）
　　　"ラングとパロールの区別は大体において、一方は英語では単
　　にlanguageと呼んでいる抽象的な言語体系に対応し、他方は
　　その言語の話者が日々の具体的な状況において発する個々の発
　　話で、英語ではspeechと呼ぶものとの区別に等しい。"［傍点
　　部原文ママ］　　　　　　　　　　　　　（池上嘉彦他訳、1979: 29）

　またBouissac（2010）も同様の指摘を繰り返す。すなわち、フ
ランス語のlangageは英語のlanguageと同様の意味範疇をカバー
することを指摘し、こうした複数のlangueを同音異義とまで言い
切っている。Saussureの草稿に見られるフランス語のlangueは具

360

体的本質体としての「言語」と人間の持つ能力を指す抽象的本質体としての「言語（能力）」、そしてある特定の世界中の諸言語を指す場合とが混在している。言語学の研究対象として扱われ、"時枝・服部論争"で議論されてきた langue の意味がどれであるかは、今や明らかである。そもそも Saussure が langue、langage、parole という三分法を得たのは、丸山（1983: 112–113）も言うように、彼の母国語がフランス語であったことと無縁ではない。というのも、フランス語には日常的にこの三つの分類が存在しているからである。第4章で篠沢の指摘でも見たとおり、フランス語では langue、langage、parole という三分法は極めて自然な分割法である。日常のフランス語の慣習の中に、すでにそうした区別が存在するのである。

　では langue と parole の関係はどういうものか。Saussure 学説における第一の分岐点は langage を langue と parole に分けたことである。そしてこれまでは、言語学の目的で本質は langue の研究であると捉えられてきたが、実際はそうではないことが今や明らかである。Hawkes は langue と parole の関係について、次のように説明する。

　　"The nature of the *langue* lies beyond, and determines, the nature of eachmanifestation of *parole*, yet it has no concrete existence of its own, except in the piecemeal manifestations that speech affords. (中略) Langue is therefore 'both a social productof the faculty of speech and a collection of necessary conventions the have been adopted by a social body to permit individuals to exercise that faculty'(p.9). *Parole*, it follows, is tha small part of the iceberg that appears above the water. *Langue* is the larger mass that support it, and is implied by it, both in speaker and hearer, but which never itself appears."［斜体部原文ママ］

(Hawkes,1977: 21)

　　"ラングの特質は個々の場合のパロールという具現の特質を越えて存在し、またその具現を決定するが、それ自体としては発話に現れる断片的な具現以外に具体的な形で存在することはな

いのである。（中略）したがってラングとは、「言語能力の社会
的所産であり、かつ個人がその能力を用いることを可能にする
ように社会の大勢によって採用された必要な規則の集合」（九
頁）なのである。だから、パロールは海面上に浮かぶ氷山の一
角であり、ラングはそれを支え、そして更に話し手も聞き手も
共に当然持っていると考えられるより大きな氷山の塊である。
しかし、ラング自体は決して姿を現わさない。"［傍点部原文マ
マ］

（池上嘉彦他訳、1979: 29–30）

　たしかにこの説明は langue と parole の性質を捉えたものであろ
う。現存する parole と langage とは異なり、人間が言語を獲得し、
背後にある何らかの規則に従って文を構成するとき、そこに生得的
に備わった言語能力としての langue が存在するのであろう。しか
しそれは決して目に見えるものではない。それを科学的に証明し、
可視化しようと努力すればするほど、Chomsky などに代表される
ような文構造の解明にしか行き着かないのは言語研究が永遠に逃れ
られないパラドックスであり皮肉である。

　Saussure は langage と parole には、langue ほどの特別な意味を
付与しなかったようである。まず langage であるが、これまでの指
摘からも分かるとおり、言語の能力を指すこともあれば、言語の活
動を指すこともあり、そこには話し言葉、書き言葉、身ぶり手ぶり、
象徴行為などありとあらゆる言語に伴う諸行為と諸活動が含まれる。
言語に伴う一般かつ全般の行為が langage であり、それは「言語活
動」そのままである。一方 parole は、あらゆる言語に存在する人
間の活動の一つである眼前の言語現象を対象とし、そこでの現象の
みを論じればいいのであるから、特にこうした問題が起こらないの
もうなずける。小林訳の「言」という訳語はかなり違和感を覚える
ものではあるものの、parole の思想内容自体はさほど問題はない。
フランス語の parole は日常的にもよく使用される言葉で、個々人
による現実の「発話」といった意味合いを持つ。また parole は
langage を支える個々人のその都度の発話行為を指すのであるから、
「発話」という訳語で問題ないように思われる。そうであれば、英
語では langage は language で、parole は utterance や speech で問

題なく対応するのではないか。また日本語であれば、langage は
「言語活動」で、parole は「発話」で問題なく対応するのではなか
ろうか。そうすると残る問題は langue である。日本語では一応
「言語」でもよさそうであるが、一方これに対応する英語は何なの
だろうか。こうした訳語の対応の問題については次節で考察する。

3.2 訳語の対応関係

ここで、本書の第 5 章と第 6 章で比較検証したフランス語と日本
語、フランス語と英語の訳語の対応について見ていく。まずは 5 章
のフランス語とその日本語訳について見ていく。

1.1 *Cours de linguistique générale* と『言語学原論』

langue：「言語」

langage：「言語活動」

parole：「言」

1.2 *Anthropologie structurale* と『構造人類学』

langue：「言語」

langage：「言語」

parole：「言葉」

1.3 *Questions de Poétique* と『ロマーンヤコブソン選集 3 詩学』

langue："langue"、「言語」

langage：「言語」

parole："parole"、「発言」

1.4 *Le Degré Zéro de L'écriture* と『零度のエクリチュール』

langue：「言語体（ラング）」、「言語体」

langage：「言語（ランガージュ）」、「言語」

parole：「コトバ（パロール）」、「コトバ」

1.5 *Éléments de Sémiologie* と『記号学の原理』

langue：「ラング」、「言語（ラング）」

langage：「言語活動（ランガージュ）」、「言語活動」

parole：「パロール」、「言（パロール）」

1.6 *Essais de stylistique structurale* と『文体論序説』

langue：「言語体系（ラング）」

langage：「言語活動（ランガージュ）」、「言語（ランガージュ）」

parole：「言（パロール）」

1.7　*Sémiotique de la poésie* と『詩の記号論』

langue：「言語」

langage：「言語」

parole：「言（パロール）」

1.8　*L'archéologie du Savoir* と『知の考古学』

langue：「言語体系」、「言語体系（ラング）」

langage：「言語」

parole：「パロール」、「音声言語（パロール）」、「言葉（パロール）」

1.9　*Les Mots et Les Choses* と『言葉と物―人文科学の考古学―』

langue：「言語（ラング）」

langage：「言語（ランガージュ）」

parole：「話されたもの（パロール）」、「言葉（パロール）」

1.10　*Alice au Pays du Langage* と『言葉の国のアリス』

langue：「ラング」、「言語（ラング）」、「言語体系」、「個別言語」

langage：「言語活動（ランガージュ）」、「言語活動（ラング）」、「言語現象（ことば）」、「言葉（ランガージュ）」

parole：「パロール」、「発言（パロール）」、「言葉（パロール）」、「言語実践（パロール）」、「せりふ」

　また第5章では取り上げなかったが、Saussure の自筆草稿の翻訳である相原・秋津訳（2003、2006）においては langue：言語（ラング）／langage：言葉（ランガージュ）／parole：言葉（パロール）という訳語が当てられていることもここで補足的に見ておく。同様に、松澤（2013）においても、langue：言語（ラング）、個別言語、ラング、言語（ラング）／langage：言語、言葉、ランガージュ（ランガージュ）／parole：言葉、パロール（パロール）という訳語が当てられていることも、ここでつけ加えておく。

　この対応で気付くことは、訳語の混在と統一性のなさだけでなく、その訳語だけに頼っていては Saussure の思想の一端にも触れることが不可能であり、内容理解の前に術語解釈の段階で大きな試練と障壁の現実を突きつけられることである。

　特に松澤（2013）では、langue と langage に「言語」と「言 語」と同一訳語を当て、ルビ以外にも言と語の間に半角スペースを設けることでその違いを区別しているが、やはり訳語の混在と意味の不

364

明さは払拭できserおらず、これはもとより訳語で解決できる問題ではないことを示していることに他ならない。次に6章のフランス語とその英訳について見ていく。

1.1 *Cours de linguistique générale* と *Course in General Linguistics*

langue：language

langage：speech

parole：speaking

1.2 *Anthropologie structurale* と *Structural Anthropology*

langue：language

langage：language

parole：language

1.3 *Le Degré Zéro de L'écriture* と *Writing degree Zero*

langue：language

langage：language

parole：speech

1.4 *Éléments de Sémiologie* と *Elements of Semiology*

langue：language

langage：language

parole：speech

1.5 *Sémiotique de la poésie* と *Semiotics of Poetry*

langue：language

langage：language

parole：訳語なし

1.6 *L'archéologie du Savoir* と *The Archaeology of Knowledge*

langue：language、language (langue)

langage：language (langage)

parole：speech

1.7 *Les Mots et Les Choses* と *The Order of Things*

langue：language

langage：language

parole：word、speech、spoken word

また第6章では取り上げなかったが、Bouquet, S. et Engler, R.（2002）の英訳版である Sanders, C. & Pires, M. 訳（2006）では、langue：*Langue*、language／langage：*langage*、language／parole：*parole* となっている。英訳でも同様に、langue に対する訳語が language で対応している点は驚きであると同時に、やはり langue 概念の不在が浮き彫りになる。これらのフランス語に対する日英での訳語の対応関係を図示すれば、次頁の表1、表2のようになる。

　一瞥して分かるとおり、日英語ともにその訳語には問題が多いのは確かである。そして langue と langage にはどちらも「言語」という日本語訳が当てられることが多いが、なによりフランス語の langue と langage の英訳が *CLG* の Wade Baskin 訳以外はどちらも language であることに驚かされる。

　Lévi-Strauss が出現し、構造主義的な記号論研究が脚光を浴びるようになり、欧米の言語学者が研究対象とする言語とは langue ではなく langage であるということが判明してから、それまで langue、langage という概念とそれに当てられた訳語が一致しないものとなり、langue の訳語として「言語」だけでは不備が生じるようになった現象がこの対応図からも明らかである。事実、Lévi-Strauss の *Anthropologie structurale* の英訳である *Structural Anthropology* にいたっては、フランス語の langue、langage、parole が全て language と訳されていて支離滅裂である。それ以後 langue ＝言語だけでは用が足りなくなってしまったという先述した磯谷の指摘は、まさにこのことを指している。更にそれに追い討ちをかけるのが、Foucault の *Les Mots et Les Choses* である。同書において、langue という諸概念の差異は大きな問題としてその姿を露呈する。すなわち、langue と langage に同じ「言語」という訳語を当て、「言語」、「言語」とルビを振り分けることで、その違いを表そうとしているのである。更に困ったことには、langue という概念を表す際にも、「言語」、「諸言語」と全く異なると思われる現象に対して同一の訳語を当てていることである。このことは同訳書62頁の「…共通の言語」、「諸言語は世界に対して…」という一文を見れば、同一の訳

366

語でおおよそ正反対の事象を述べており、それゆえに全文の意図が全くもって矛盾するか、あるいは理解困難なものとなってしまっている。この現実を見れば、その問題の根深さが容易に理解され得るであろう。またこのことは、Saussure の自筆草稿の翻訳である相原・秋津訳（2003）においても基本的に変化は見られない。そこでは langage と parole を同じ「言葉」と訳し、言語、言葉、言葉とそれぞれにランガージュとパロールとルビを振り分けることで区別するものの、今度は言葉という術語が二重になって現れる。これでは言葉と形を変えただけで、Foucault の「言語」という訳語の問題と何も変わらない。

　果たしてこの訳語で一体何が分かるというのであろうか。こうした訳語の混在が与えるものは、混乱と誤解と、おおよそ難解な言葉を無闇に振り回すことが学問の所業であるかのような、誤った自己満足の世界にある理解不能かつ無意味な言葉遊びでしかない。このような訳語で langue と langage の概念の本質を分かり得るはずがないではないか。しかし、それは翻訳の功罪とばかりは言い切れない。なぜなら、そもそも日本語にはこれに対応する言葉も区別も存在しないのである。そしてそれはそのまま、第 5 章で見た Godzich（1974: 43）や Black（1969: 35）らの言語学の姿勢に対する批判へとつながるものである。

3.3　signifié と signifiant

　これは langue に較べれば、問題ははるかに小さいし、また紙面を割く必要性もさほど大きくはない。小林英夫訳では "signe" を「記号」と訳した。これ自体には何ら問題はない。問題は "signe" を構成する要素である "signifiant" に「能記」、"signifié" に「所記」という訳語を付したことである。そもそも「能記」、「所記」という日本語は何なのか。せっかく人間の根源的知的欲求にかかわる面白い話題が提示されているのに、ここで読者は内容を理解する前に訳語だけで言語学に対する興味をそぐのに十分すぎる理由を見つけ出す。なぜもっと万人の興味を喚起させる、日常の言語で分かりやすい物言いが出来ないものであろうか？こういう用語で

表1　フランス語と日本語の訳語対応関係

フランス語	日本語訳
langue	「言語」（小林英夫訳）
	「言語」（荒川磯男他訳）
	「言語」（山本冨啓訳）
	「言語体」、「言語体（ラング）」（渡部淳訳）
	「ラング」、「言語（ラング）」（沢村昂一訳）
	「言語体系（ラング）」（福井芳男他訳）
	「言語」（斎藤兆史訳）
	「言語体系」、「言語体系（ラング）」（中村雄二郎訳）
	「言語（ラング）」（渡辺一民・佐々木明訳）
	「ラング」、「言語（ラング）」、「言語体系」、「個別言語」（青柳悦子訳）
	「言語（ラング）」（相原奈津江・秋津伶訳）
	「言語（ラング）」、「個別言語（ラング）」、「ラング」（松澤和宏訳）
langage	「言語活動」（小林英夫訳）
	「言語」（荒川磯男他訳）
	「言語」（山本冨啓、林みどり訳）
	「言語（ランガージュ）」、「言語」（渡部淳訳）
	「言語活動」、「言語活動（ランガージュ）」（沢村昂一訳）
	「言語活動（ランガージュ）」、「言語（ランガージュ）」（福井芳男他訳）
	「言語」（斎藤兆史訳）
	「言語」（中村雄二郎訳）
	「言語（ランガージュ）」（渡辺一民・佐々木明訳）
	「言語活動」、「言語活動（ランガージュ）」、「言語現象」、「言葉（ことば）」（青柳悦子訳）
	「言葉（ランガージュ）」（相原奈津江・秋津伶訳）
	「言語（ランガージュ）」、「言葉（ランガージュ）」、「ランガージュ」（松澤和宏訳）
parole	「言」（小林英夫訳）
	「言葉」（荒川磯男他訳）
	「発言」（山本冨啓、林みどり訳）
	「コトバ」、「コトバ（パロール）」（渡部淳訳）
	「パロール」、「言（パロール）」（沢村昂一訳）
	「言（パロール）」（福井芳男他訳）
	「言（パロール）」（斎藤兆史訳）
	「パロール」、「音声言語（パロール）」、「言葉（パロール）」（中村雄二郎訳）
	「話されたもの」、「言葉（パロール）」（渡辺一民・佐々木明訳）
	「パロール」、「発言（パロール）」、「言葉（パロール）」、「言語実践（パロール）」、「せりふ」（青柳悦子訳）
	「言葉（パロール）」（相原奈津江・秋津伶訳）
	「言葉」、「パロール（パロール）」（松澤和宏訳）

Saussure を理解したつもりだとしたら、それはアカデミズムの持つ「知ったかぶり」や「もったいつけ」という負の側面以外のなにものでもない。こうした翻訳の問題については次節で触れる。しか

表 2　フランス語と英語の訳語対応関係

フランス語	英語訳
langue	language (Wade Baskin 訳)
	language (Claire Jacobson and Brooke Schoepf 訳)
	language (Annette Lavers & Colin Smith 訳)
	language (Annette Lavers & Colin Smith 訳)
	language (Thomas Sebeok 訳)
	language、language (langue) (Sheridan Smith 訳)
	language (Tavistock Publications Limited 訳)
	Langue、language (Sanders, C. & Pires, M. 訳)
langage	speech (Wade Baskin 訳)
	language (Claire Jacobson and Brooke Schoepf 訳)
	language (Annette Lavers & Colin Smith 訳)
	language (Annette Lavers & Colin Smith 訳)
	language (Thomas Sebeok 訳)
	language (langage) (Sheridan Smith 訳)
	language (Tavistock Publications Limited 訳)
	langage、language (Sanders, C. & Pires, M. 訳)
parole	speaking (Wade Baskin 訳)
	language (Claire Jacobson and Brooke Schoepf 訳)
	speech (Annette Lavers & Colin Smith 訳)
	speech (Annette Lavers & Colin Smith 訳)
	訳語なし (Thomas Sebeok 訳)
	speech (Sheridan Smith 訳)
	word、speech、spoken word (Tavistock Publications Limited 訳)
	parole (Sanders, C. & Pires, M. 訳)

し小林自身もこの訳には手をこまねいたようである。それは加賀野井（2004: 90–93）や宮崎裕助（2018: 289）も指摘するように、"signifié" という術語自体が、"signifier（意味する）" というフランス語の単語を基に、その現在分詞形を名詞化して "signifiant"、その過去分詞形を名詞化して "signifié" とした、Saussure 自身による全くの造語だからである。その点を鑑みると、訳語に苦心した小林のみを責めるわけにはいかないであろう。

　その後丸山圭三郎によって "signifiant" には「記号表現」、"signifié" には「記号内容」というかなり分かりやすい訳語が考案された。町田（2004b: 43）はそれぞれ「表示部」、「内容部」という用語で表すとしているが、それも特に大差も問題もないだろう。

第 7 章　Saussure の自筆草稿と時枝学説の相違についての考察　369

ただ一つ懸念としては、この術語だと「内容素」と類似しており、それゆえ内容素と混同する危険性があり、必ずしも記号の内容と結び付きにくい危険性があるかもしれない。Barthes, R（1964: 105）も指摘するように、Saussure 自身こうした用語の問題に常にぶつかっていたようで、"signifiant" と "signifié" という造語の創出に当たってはかなり苦心して試行錯誤を繰り返しており、当初 "signifiant" は "son（音）"、"signifié" は "idée（思考）" という用語を用いていた。更に "signe" の代わりに、"sôme（身体）" や "sense（意味）"、"sème（意味の素を表すギリシャ語からの造語）" などを考えていたようである。"signe（記号）" とは言語哲学で音や文字やジェスチャーなどの物質的人工物を指し、一対一の対応物を持つ関係にあるものと解釈されるなど諸々の問題から、死期に近づく頃になってようやく、フランス語の動詞 "signifier（意味する）" からの派生形である "signifiant" と "signifié" という造語で落ち着いたようである。この用語は第三回講義においてはじめて導入されたもので、Saussure が "signifiant" と "signifié" という考えと用語を初めて導入した時の模様は以下の言葉から見て取れる。

"〈1°　le signe linguistique est arbitraire.〉〈2°　Le signe linguistique possède une étendue et cette étendue se déroule dans une seule dimension.〉

Une amelioration peut être apportée à la formule de ces deux véritésen employant les termes de *signifiant* et de *signifié*.（中略）

Le significant 〈est auditif〉 et le signifié 〈est conceptuel〉 sont les deux éléments composant le signe. Nous dirons donc : 1° dans la langue, le lien unissant le significant au signifié est un lien radicalement arbitoraire,（後略）"［斜体部原文ママ］

（Komatsu Eisuke, 1993b: 305–306）

"〈1〉言語記号は恣意的です。2〉言語記号は延長を持ち、その延長は、一つの次元の中だけで展開します〉。この二つの真理の方式を、**意味するもの** signifiant、**意味されるもの** signifié という用語を使って改良を加えてみます：（中略）シニフィアンは〈（聴覚的）〉、シニフィエは〈（概

370

念的）〉なもので、記号（シーニュ）を構成している二つの要素です。ですから、私たちは、こう言います。〈1〉言語の中で、シニフィエとシニフィアンを結び付ける関係は、まったく恣意的な関係（アルビトレール）である、と。"［太字部原文ママ］

（相原・秋津訳、2003: 187–188）

この用語に行き着くまでSaussureが悩んだ理由は、Bouissac（2010）によれば"signifiant"が能動、"signifié"が受動の意味合いを持っており、同じ一つの語から派生した名詞を用いることは、「聴覚イメージ」と「概念」の関係の重要な特性である対称性が反映されなくなるからであり、また英訳された時に"signifiant"が"signifier"と訳されると、益々従来の言語哲学の「記号」の意味に近くなり、Saussureの聴覚イメージそのものだけを指すという考えから乖離してしまうからである。記号という用語の成立とその揺れについてはBouquet et Engler（2002: 44–45）にも詳しく記されており、高木敬生（2011: 41–59）が一つの解答を与えてくれている。高木は「ソシュールは一貫して「記号」という語を言語記号の音声面に当たるものとして述べてきた」と主張する。

前述したように、「音声」というと個々人が発する声色やイントネーションやトーンなどの声質を指す場合が多いため、社会的性質としての言語たりえない。そうした個人的要素を排除して形の上で共通の音の構成要素という意味で「音形」という言葉で表す。あるいは「記号の音形」または「記号音」でもいいかもしれない。また「意味」という用語も広すぎるので、「記号の内容」でもいいかもしれない。ただし、記号という観念とそれが表す内容は、先に見た記号の対立と差異という思想解釈に直接関わってくるものであるため、その理解には注意が必要である。時枝が誤解したlangueが実はsigneであったという後の発見を知れば、このことはなおさらである。一般的には"signifiant"と"signifié"の関係は、「単語」とそれが指し示す「物」との"言語名称目録観"と称される実的関係と理解される。しかしこの考え方だと、言語記号は音形としての"signifiant"のみを指し、記号内容としての"signifié"は言語の外にある現実的事物のみを指すことになってしまう。そうなると一つ

第7章　Saussureの自筆草稿と時枝学説の相違についての考察　371

の"signifié"がいくつもの"signifiant"を持つという無秩序が生じる。現実的事物である「時計」を「鉛筆」や「テレビ」と呼んでも差し支えなくなってしまうのであれば、物に対する名称が定まらず、現実の生活ではかなりの不都合と不便さを生むであろう。しかし現実はそうではない。

当初 Saussure は、"signe"の有する二面性を「音節／意義」、「音／意味」、「語詞映像／語詞概念」、「聴覚映像／概念」といった用語を経て、これらがどれも自らの考える思想を適切に表現する用語ではないという苦悩と葛藤の末に現在の"signifiant"と"signifié"に到達したが、丸山（1981: 196）も言うように、これは単に用語上の問題にとどまるものではなく、Saussure 自身の苦悩をも反映していると見るべきである。事実、langue だけにとどまらず、"signe"、"signifiant"と"signifié"、そしてそれを支える"arbitraire（恣意性）"という原理と考え方は、言語を科学として扱う際に今日でも有効な考え方である。それを証明するように、Saussure 学説に反意を示す者であっても、これらの考えを否定したり、あるいはそれ以上に有効な枠組みを示し得た者はいまだかつて一人もいないのである。*13

3.4　翻訳の問題

「Saussure にまつわる不幸は二つある。一つは思想内容の不理解、もう一つは翻訳である」

これは Saussure 学説の受容に際してよく言われることである。これら二つの不幸のうちの一つ、思想内容の不理解については先に論考したとおりである。その際、あわせて訳語の不一致という視点からもいくつかの回答は与えた。ここでは Saussure に関わるもう一つの不幸、すなわち翻訳によってもたらされる不幸について、翻訳そのものの性質と絡めて考えてみたい。

時枝による Saussure 学説批判は、先に中村雄二郎の例で見たように、時枝のフランス語の不理解と小林訳の誤解に起因するものとして、一顧だにされないことが多い。しかしながら原典を読むと、問題の根源は Saussure 学説における専門用語に対応する言葉が存

在しないことではなく、原典であるフランス語の用語そのものの曖昧さが問題であることに気付かされる。

このことは、柄谷行人との対談での丸山（1980b: 173）の、

　　　"つまり時枝さんとソシュールが全く同じ思想をもっているというのではなく、時枝さんの批判されたソシュールはソシュールではなかったという意味で。"

という言葉にも、その問題が見える。

わが国に *CLG* の存在が始めて紹介されたのは、神保格（1922: 354）によってである。その後 1928 年に、同書は小林英夫によって『言語学原論』（岡書院）のタイトルで出版された。これは *CLG* の翻訳としては世界で最初のもので、その後、1940 年に岩波書店からその改訳新版として『言語学原論』が再版、更にその後 1972 年に、その改版として岩波書店から『一般言語学講義』の題名で再版され、邦訳が刊行されている。同書のドイツ語訳が出版されたのが 1931 年、次いでロシア語訳が出版されたのが 1933 年、更にスペイン語訳が出版されたのが 1945 年、最後に英訳が出版されたのは更に遅く、戦後の 1959 年であったことを考えれば、世界に先駆けて 1928 年という早い時期に日本語訳が出版されたのは驚異的であると同時に、世界に誇るべきことであろう。また英訳版が最も遅かった理由に、ヨーロッパ構造主義言語学とアメリカ構造主義言語学の確執という事実があったことは、第 1 章、第 2 章を通じてアメリカ構造主義言語学の潮流とそこでの Bloomfield や Chomsky の主張から見てきたとおりである。

小林英夫による *CLG* の翻訳はそうした時代背景の中、世界に先駆けて翻訳されたこととその後の言語学や Saussure 研究に大きな一歩を記したという点で、その存在価値と役割は高く評価されて然るべきであるが、反面、翻訳として多くの問題を内包しているのも事実である。この点について、相原奈津江・秋津伶訳（2003: 288）の解題において西川長夫は次のように述べている。

　　　"ソシュールにかかわるもう一つの不幸は翻訳に由来するものである。（中略）世界各国に先駆けて、原書の出版の十二年後に日本語訳が出たということは、誇るべきことだと思う。また

小林英夫訳が、日本の言語学やソシュール研究に果たした役割は高く評価されるべきだろう。だが、小林英夫訳『言語学原論』は翻訳として多くの問題を残している。"

　果たして小林による Saussure 学説の邦訳は、本当に的確ではないのであろうか。

　翻訳はあくまで原文に忠実に他言語に置き換える作業である。よって、原文が優れていれば優れた翻訳に、原文が稚拙であれば稚拙な翻訳に、原文のミスはそのまま翻訳のミスに移し替えるべきであり、翻訳のあり方としては黒子の役割に徹すべきだからである。したがって、原文の不自然さや不整合をそのまま翻訳に移し替えた小林の翻訳技法とそのレベルの高さについては何の問題もない。もともとの原文が不自然さや不整合に満ちているのだから、そこに訳者の手を入れることは原文に対する裏切りであり、訳者の勝手な創作であり、原文に忠誠を欠く行為以外のなにものでもない。小林の訳は原文を等価に訳文に移し替えているのであり、その点でも小林の訳は秀逸なのである。また *CLG* の不自然さが小林訳にあるのではないということは、序章で見た小松英輔（2011: 36）の以下の言葉に全て集約されている。

　　"われわれは時として小林英夫訳『一般言語学講義』（旧版は、『一般言語学原論』）を読んで、その言葉づかいの不自然さ、接続詞の不明瞭さに気がついて原著をひもとくことがある。たいていの場合フランス語の原文にもその不自然さは残され、どこからそれが生れたかと思う。原因は原文のテクストが均一の織物でできていないからだ。"

　しかもこうした不整合や不自然さから透けて見える Saussure の原文とその内容の深遠さ、表現の明晰さには当初から小林自身も気付いており、それは『一般言語学講義』の「訳者のはしがき」における、

　　"原文は明晰をきわめた規範的フランス文のようにわたしには思われる。もし本書を難解と評するならば、それは思想そのもの、記述内容そのものの深さによるものであって、壱も文章のせいではない。記述内容を砕いてまで文章の平易化をはかろう

という気持ちは、わたしにはない。" （1972:x）

という小林自身の告白からも明らかである。同様の感想は相原奈津江と秋津伶（2003: 299）も、「訳者あとがき」で次のように語っている。

"原文の明晰さはその通りだが、それが勢い余って内容まで単純化しているように思われて仕方がない。それに反して、訳文は、難解さに満ちている。"

また相原奈津江は小松英輔（2011:x）の編者はしがきにおいて、翻訳の役割として、

"翻訳は二次的資料でしかなく、訳者の主観的な解釈を避けることが出来ないので、訳者の数だけ翻訳があり、それを豊かさと捉えてもあながち的外れとは言われないだろう。だが、校訂版にそうした解釈の豊かさがあってはならないはずだ。公開された校訂版が横にあって、初めて翻訳や研究の評価も成り立つ。"

と述べる。

同様にLakoffも認知言語学の視点から翻訳の性質について次のように述べる。

"Speakers of both languages share the same basic experiences and conceptualize the same domains of experiences to roughly the same degree. Nevertheless, their conceptual systems are different and translation is impossible. In such a situation, it would still be possible for a speaker of one language to learn the other. The reason: He has the same conceptualizing capacity and the same basic experiences. His conceptualizing ability would enable him to construct the other conceptual system as he goes along and to understand it via the shared preconceptual experiential structure. He may be able to *understand* the other language even if he cannot *translate* it into his own. Accura*te translation* requires close correspondences across conceptual systems; *understanding* only requires correspondences in well-structured experiences and a common conceptualizing capacity.(中略)

The difference between translation and understanding is this: translation requires a mapping from one language to another language. Understanding is something that is internal to a person. It has to do with his ability to conceptualize and to match those concepts to his experiences, on the one hand, and to the expressions of the new language on the other. Translation can occur without understanding, and understanding can occur without the possibility of translation."［斜体部原文ママ］

(Lakoff, G. 1987: 312)

"二種類の言語の話者たちが、同一の基本的経験を共有し、同一の経験領域をだいたい同じ程度にまで概念化している。それにもかかわらず、彼らの概念体系は異なっており、翻訳は不可能である。このような状況においてもなお、一方の言語の話者にとって他方の言語を学ぶことは可能であろう。その理由は、その話者が同じ概念化の能力及び同じ基本的経験を持っているからである。その概念化の能力のおかげで、彼は他方の言語を習得する過程でその言語の概念体系を構成していくことができ、そして共有している概念形成以前の経験の構造を通してその概念体系を理解することができるのである。彼は他方の言語をたとえ自分自身の言語に翻訳することができなくてもそれを翻訳することはできるかもしれない。正確な翻訳のためには概念体系間の緊密な対応関係が必要となるが、理解のために必要なのは十分に構造を与えられた経験間の対応関係と共通の概念化の能力のみである。(中略)

　翻訳と理解の違いは次のような点にある。翻訳は一方の言語から他方の言語への写像を必要とする。理解は人間の内部に生じる事柄である。理解は、その人の概念化の能力、そしてそれらの概念を、一方ではその人の経験に、そして他方ではその新しい言語の表現に対応させるという能力に関係がある。翻訳は理解することなしに行なわれ得る。そして理解も、翻訳の可能性がなくても行なわれ得るのである。"［傍点部原文ママ］

(池上嘉彦他訳、1993: 380)

時枝と服部らの議論は、Saussure の原典の複雑さとその時代的
制約という性質から、根本的な論点の認識が歪められていたことは
否めない。丸山自身（1980a）、こうした時枝、服部らによる一連
の論争の特異性については次のように述べている。

　　"ところで面白いことに、ソシュールに対する誤解ないし批判
　　は、我国における現象と、アメリカのそれと、そしてヨーロッ
　　パにおけるものとが、それぞれ三者三様、独特のニュアンスを
　　呈している。日本においては、何よりもまず翻訳自体の問題を
　　無視するわけにはいかない。我国の特殊事情は、『講義』自身
　　というよりは、その翻訳をもとに論争が行われた点にあり、日
　　本においてはソシュール現象そのものが二重だと言うのも、そ
　　のような意味からである。"［傍点部原文ママ］

（丸山圭三郎、1980a: 85）

　しかしそれを省いて考えたとしても、"時枝・服部論争"の問題
は、言語研究の根本的かつ普遍的な問題を問うものであった。そし
てそれを引き起こしたものは、術語の等価な翻訳という問題に他な
らない。丸山も、時枝の Saussure 学説批判が的外れであることが
あまりにも明らかであると糾弾しつつも、その原因の一端は unité
を「単位」と訳した小林英夫訳にもあると認める。しかし丸山の真
意は単にそんな表面的なものでは決してない。藤井（2000）はそ
の点について、

　　"しかし丸山氏としては、時枝が、もっぱら訳語だけで"泰
　　西"の言語学説を吸収していたこと（＝小林英夫の証言によ
　　る）を問題とする。つまり、翻訳の問題を洗いださない限り、
　　ソシュールの思想はおろか、主著『一般言語学講義』の正確な
　　読み方さえできないだろう、ということと、時枝の批判を鵜呑
　　みにして原典を読まずしてソシュール批判の立場をとる危険性
　　が、現実に存在していたし、いまだに存在している、というこ
　　ととを氏は言いたかった。"

（藤井貞和、2000: 138）

と指摘するが、真実である。こうした翻訳の問題に関しては、
CLG の訳者である小林英夫自身、次のように語っている。

　　"言語と思考との関係の問題は別として、わたしは訳出の仕事

のうちに少なくとも国語的必然の問題と、表現的必然の問題と、
さいごに翻訳術そのものの問題との三つをかぞえるのである。
およそ翻訳をなそうと思えば、この三つの問題にはいやでもぶ
つからざるをえない。そうしてそのいずれにも言語学者の注意
をよぶ権利があるであろう。（中略）かれは原文におけるＡの
表現がなにゆえに、かれ自身の国語に移すさいには、それに対
応する表現ａをもってせずにｂをもってせざるをえなかったか
を知っている。かれは原文におけるＡの表現がなにゆえにそ
れに対応するａをもって移しうるにもかからわずｂをもって移
したかを知っている。そうした自覚を多くもつときは、およそ
Ａのごとき表現に遭遇したばあいには、いかにしてそれを自国
語に移植すべきかを悟るようになる。"　　　　　　（1977: 409–410）

　小林のこの言葉は、極めて示唆的である。この言葉を小林自身の
CLG 翻訳に当てはめて考える時、langue に「言語」という訳語を
当てた真意がどこにあるかは、今となっては知る由がない。また、
翻訳にまつわる普遍的問題については、すでに *CLG* において、次
のようにその原点的示唆が提示されている。

　　"Si les mots étaient chargés de représenter des concepts donnés
　　d'avance, ils auraient chacun, d'une langue à l'autre, des corre-
　　spondants exacts pour le sens ; or il n'en est pas ainsi."　　（1916: 161）

　　"もし語というものが、あらかじめ与えられた概念を表出する
　　役目を受け持ったものであるならば、それらはいずれも意味上
　　精密に対応するものを、言語ごとにもつはずである ; ところが
　　事実はそうではない。"　　　　　　　　　　　　　　（1972: 163）

　また相原奈津江・秋津伶訳（2003: 288–289）における、ソシュ
ール言語学と翻訳の問題についての西川長夫の次の言葉には考えさ
せられるところが大きい。

　　"私がここで言いたいのは用語や誤訳といった問題ではなく、
　　翻訳とはそもそも何のために、誰のために行われるかという問
　　題である。私は学生時代フランス語フランス文学科に在籍して
　　いたからソシュールは必読文献であった。怠け者の学生として
　　まず翻訳を読み始めた私は、異様な文章に接し、言語学と言語

学者に対する無用の偏見を抱いてしまったのだと思う。『言語学原論』はそのころ（60年代）は岩波書店から改訳新版が出ていたが、それでも読者を遠ざけるには十分な言語学者的文体であった。"

　学問的内容の翻訳は権威的に形から難しくし、読者に威光を見せ付け、そのハードルを超えた者だけが学説の真の深淵に到達できるという排他主義による誤った優越感を植え付けるのがその役目では決してないはずである。翻訳による歪曲によって、どれだけ著者の考えや原文の内容が毀傷されていることか。

　こうした一連の記述を見ると、"時枝・服部論争"で論争の題材となり、またその論争の発端となった術語の翻訳とその解釈にまつわる全ての問題は、CLGにおけるSaussureの学説の記述から始まり、またその解決に通じる示唆もCLGにおいてすでに提示されていたことに気付かされる。このことは、"時枝・服部論争"の出発点と帰結点が、全てCLGに回帰するものであることを意味している。その点で小林訳は、関沢（2013: 92–93）が指摘するように、単なるSaussure学説の「紹介者」などではなく、独自の形でフランス語と日本語の論理を形成しており、それ故に時枝の「誤読」を単なる誤解として片付けるわけにはいかないのである。

　現代における言語研究は、CLGによりその出発点を見、CLGに回帰するものであることを見る時、Saussureの学説とCLGが現代言語学の礎として扱われる理由もそこに見出されるのである。

4．時枝誠記とその時代

　では、ここまでSaussureの学説に反意を露にしてはばからない当の時枝誠記自身の主張とSaussure学説の批判はどのようなものであったのか。Saussureによる自筆草稿が発見され、Saussureの真の言葉とCLGの記述との相違が明らかになった現在、時枝の主張自体が果たしてSaussureの学説とどのように一線を画し、またここまでSaussureの学説に反意を露にした時枝の真意は何だったのであろうか。そもそも当時時枝が批判の矢面にしていた

第7章　Saussureの自筆草稿と時枝学説の相違についての考察　　379

Saussure は、その後続々と見つかる Saussure の遺稿や新資料からも、真の Saussure ではないのである。

　もし時枝の存命中に今回の Saussure の自筆草稿が発見されたならば、時枝が「言語過程説」を生み出すこともなかったのではないか。また当然ながら、時枝による Saussure 学説批判を基にした「言語過程説」がないならば、"時枝・服部論争" さえ起らなかったであろう。今回の Saussure の自筆草稿の発見とそこで述べられている内容はこれまでの言語学における史実を覆すほど衝撃的なものである。

　そして時枝の「言語過程説」であるが、そのきっかけともなったのが京城帝国大学の同期である小林英夫とその『言語学原論』であったことはよく知られている。また時枝をして母国語の意識を強めさせる契機となったのが朝鮮半島における当時の国語政策の問題があるが、時枝自身、Saussure 学説への批判という形をとりながらも、そこには常に母国語とは何かという問いと葛藤があったことは否めない。さらには Saussure 以前と Saussure 以後の国語学とそこでの先人たちの考えに対する承継の意図や当時の国語学者の考えに対する批判をも含んでいたことはこれまでの時枝の主張からも明らかである。また時枝による Saussure 学説への批判といっても、時枝と Saussure とでは半世紀ほどの齢の開きがあり、直接の対決という形ではなくあくまで Bally と Sechehaye による *CLG*、または小林によるその邦訳を基にした間接的な批判という形であったことは仕方のないことである。今となっては Saussure と時枝との年代的差異はおろか、当時の国語学者、言語学者の存命の期間を知らない人間も少なくないであろうから、参考までに時枝が継承や批判の射程に置いた当時の国語学者、言語学者の年譜を表 3 に示す。

　年譜の見方であるが、人名とそこでの縦の網掛け部分は生没年の生涯を表している。網掛けの中の▶はその人物が著した代表的書物の刊行年を表す。またその具体的著書名は網掛けの外の右端に横に示した。たとえば左から 11 番目の時枝誠記を見ると、その生没年は 1900 年から 1967 年であり、網掛けの中の 1941 年に▶マークがある。これは 1941 年に時枝の代表的書が刊行されたことを意味

する。そしてそのまま横にずれて右端にいくと、『国語学原論』刊行（1941年）とあり、これが時枝の代表的書を表している。また20番目のSaussureに目をやると、没年が1913年で網掛けの外の1916年に▶マークがあるが、これはSaussureの死後、1916年に*CLG*が刊行されたことを意味する。また*CLG*がBallyとSechehayeの編纂によるものであることから、22番目と23番目のBallyとSechehayeの生没年の網掛けの中の1916年に▶マークがあり、そのまま右端に行くとそれを表すように*CLG*刊行（1916年）とある。

　この表は、斉木美知世・鷲尾龍一（2012: vi）を基に、人名や代表的書を大幅に加筆し、筆者が作成したものである。そしてSaussureと時枝の学説を見比べ、その主張や当時の時代的背景を基に、現代的視点から考察を試みる。

4.1　小林英夫に対する称賛

　時枝が批判の対象として取り上げたSaussureの学説は、小林英夫訳を基にしてなされたものであったことは、本書の第3、4章で見てきた通りである。ここで時枝に向けられる批判の第一が、時枝がSaussureの学説を十分に理解するだけのフランス語の語学力がなかったとするものである。その代表例が*CLG*の訳者、小林英夫の以下の言葉である。

　　　　"かれのソシュール理解なるものは、多くのばあい「原論」の
　　　　初めの数章を読んでえた印象をもとにして成立したものであり、
　　　　けっして全巻を読破した上これを構造的に把握して成ったもの
　　　　ではないのである。かれは暁星中学の出身ではあったが、大学
　　　　を出たころはその仏語力の大半を喪失しており、もっぱらわた
　　　　しの訳書を通じて泰西の言語学説を吸収することを努めていた
　　　　ようである。"　　　　　　　　　　　　　（小林英夫、1978: 48）

　時枝のSaussure不理解が彼のフランス語の不十分さにあるという批判は、小林のこの言葉に凝縮されると言ってよい。そして小林のこの言葉は予想以上に多方面に影響力を持つことになる。

　また『言語学原論』初版当時、小林は弱冠25歳であり、新進気

表3　当時の国語（言語）学者年表

刊行物
- *Hermes, A philosophical inquiry concerning universal grammar* (1751年)
- 『脚結抄』成立 (1773)
- 『御国詞活用抄』完成 (1782年頃)
- 『古事記伝』完成 (1798年)
- *Verschiedenbeit* (1836年)

No.	学者	年代
1	本居宣長	1730 — ▲1798 — 1801
2	富士谷成章	1738 — ▲1773 — ▲1782 — 1779
3	大槻文彦	
4	上田萬年	
5	山田孝雄	
6	新村出	
7	松下大三郎	
8	橋本進吉	
9	金田一京助	
10	小林英夫	
11	時枝誠記	
12	岩淵悦太郎	
13	服部四郎	
14	Harris	1709 — ▲1751 / 1751 — 1780
15	Humboldt	1835 — ▲1836
16	Hoffmann	1805
17	Whitney	1827
18	Sweet	
19	Paul	
20	Saussure	
21	Jespersen	
22	Bally	
23	Sechehaye	
24	Sapir	
25	Chomsky	

（年代軸：1710, 1715, 1720, 1725, 1730, 1735, 1740, 1745, 1750, 1755, 1760, 1765, 1770, 1775, 1780, 1785, 1790, 1795, 1800, 1805, 1810, 1815, 1820, 1825, 1830, 1835, 1840）

Lang.&the Study of Lang. (1867年)
A Japanese Grammar (1867年)

Prinzipien (1880年)
『語法指南』(1884年)
A New Eng. Gram. (1892年)
博言学講座を担当 (1894年)
『日本文法論上巻』(1902年)

『奈良朝文法史』(1913年)
CLG (1916年)
Language (1921年)
『標準日本文法』(1924年)
The Philosophy of Gram. (1924年)
『アイヌの研究』(1925年)
『言語学原論』(1928年)
『国語学原論』(1941年)
『古代国語の音韻に就いて』(1942)
『言語学序説』(1943年)
『国語学概説』(1948年)
1965 *Aspects* (1965年)

斉木美知世・鷲尾龍一『日本文法の系譜学』(開拓社) p.vi を基に、大幅に加筆、修正した。

鋭の学者として小林を持ち上げる声は当時から多かった。その代表的なものが、小林の学問的師匠である金田一京助の次の言葉であろう。

　　　"訳者小林英夫氏は、昨年東大の言語学科を出た新進の学者である。ラテン・ギリシア・サンスクリトの古典語の修養は云うに及ばず、現代の欧洲語は、英独仏露を始めとして、蘭・西・伊・丁・諾・瑞・蘭の十数個国語を読み且つ話す天稟の語学者である。その各国語で書かれた言語学上の新論述を渉猟して若齢既に斯界の堂に参入している。我国に於けるソッシュールの訳術は、蓋しよくその人を得たるもの。"

　　　　　　　　　　　　　　　（金田一京助、1928: 131／1992: 182）

　金田一のこの言葉が当時の小林の研究者としての位置付けを決定したと言っても過言ではない。事実、それに追従するかのように福井久蔵は、

　　　"昭和の初に至り若き語学の天才小林英夫氏が出で、フランコ・スイス学派のソシュールの言語学原論を昭和三年に訳出し、（中略）また、地理言語学や逆説言語学をも紹介してから斯界に別個の新しい雰囲気を生ずるに至った。"（福井久蔵、1942: 485）

と小林を絶賛し、亀井孝は、

　　　"この原著を小林英夫が各版参照して厳密に訳出した。『言語学原論』昭三（初版）、昭十五（改訳新版 岩波書店）。これによってソシュールの学説が国語学界へそのまま正しい姿で紹介された。国語学者の間にソシュールのすぐれた思想が、いちはやく浸潤したこと、訳書のみによってソシュールを論ずるを得しめたこと（例えば、時枝誠記『国語学原論』を見よ）は、ひとえに良心的な訳書を世に送った小林の功に帰せられる。"

　　　　　　　　　　　　（亀井孝、項目「言語学原論」1955: 314）

と賞賛する。また驚くべきは、

　　　"昭和の初め、小林英夫氏は、フランコ・スイス学派のソシュールの言語学説を紹介された。この言語学説は、従来の史的言語学に対して、言語の体系的研究を力説し、そこから言語の諸現象を説明しようとしたものである。言語の研究が、史的研究

以外に重要な研究領域を持つものであることを教えた功績は忘れることが出来ない。"　　　　　　　　　　　（時枝誠記、1940: 172）

と、当の時枝自身も、小林英夫とその訳書である『言語学原論』に対して評価を与えているのである。こうした文面を見るだけでも、当時の学問における期待に満ちた新風とそれを紹介した小林の一種の英雄ぶりが感じられよう。そのような中、小林訳や Saussure の学説を批判することは時代の波に逆らい、斯界の人間を敵に回す愚行であったろうことは想像に難くない。

この時代、新村出（1943）においても以下のような、CLG の言葉を模したような記述が見られる。

"La linguistique a pour unique et véritable objet la langue envisagée en elle-même et pour elle-même."［斜体部原文ママ］

（CLG、1916: 317）

"言語学の独自且つ真正の対象は、直視せる言語であり、言語の為の言語である。"［傍点部原文ママ］　（小林英夫訳、1928: 478）

"言語学の独自且つ真正の対象は、それ自体としての言語であり、それ自体のための言語である。"　　　（小林英夫訳、1940: 311）

"言語学は人間言語を、そのあらゆる時空の展開に於いて考察する、極言すれば言語学は言語それ自身のための言語の認識である。"　　　　　　　　　　　　　　　（新村出、1943: 1–2）

"言語学は言語それ自体のために観察する。"（新村出、1943: 12）

しかもこの箇所は Saussure の言葉ではなく、Bally と Sechehayer による完全なる創作であることが明らかである今、新村の文章から透けて見えるものは、言語研究における Saussure 学説の模倣だけでなく、当時の言語研究における CLG の影響力の強さである。

しかしこの時代に Saussure の学説を正しく理解できていた人間がどれだけ存在していたのか疑問である。高木敬生（2014: 57）も指摘し、本章の第3章で見たように、Saussure の学説を全面的に擁護し辛辣な時枝批判を展開した服部四郎でさえ、「実存体」という用語の誤った理解について大橋保夫から批判されている。また "signifiant" に「能記」、"signifié" に「所記」という訳語を当てた小林の訳語についても、Saussure 学説の分かりにくさを助長する

第7章　Saussure の自筆草稿と時枝学説の相違についての考察　　385

ものでしかない。

　そして、時枝がフランス語を解しないという指摘に対しては、もっぱら先の小林の言葉を敷衍したものが多く、個人的に確認した限りでは、時枝がフランス語と *CLG* の原典に通じていないということはなかったようである。むしろ時枝はフランス語と *CLG* の原典には通じていたものの、より一般向けに小林訳を足場にした節がある。時枝自身は英語の代わりにフランス語が教えられていた暁星中学の出身であり、暁星中学時代からフランス語には堪能であったと言われている。また東大教授時代には、「国語学概説」、「国語学概論」の講義において、*CLG* の要点をフランス語で黒板に書き出し、それに基づいて講義を行っていたという事実を時枝の直接の教え子らの関係筋から確認済みである。こうした事実を鑑みると、これまで多くの時枝反対派が述べてきたような、時枝が *CLG* を解さずに小林による翻訳を介して *CLG* の学説を読み誤ったといった主張は、決して真実ではない。それどころか時枝は Saussure の考えを己の主張の下敷きにしていた節がある。ただし関沢（2013: 97）も言うように、Saussure 学説受容の第一段階で、Saussure の学説自体がわが国における国語学者たちに原文で読まれ理解されたのか、あるいはその邦訳などを介して理解されたのかは、今後さらに慎重に検討されるべき課題であろう。

　一方、小林と『言語学原論』に対する批判も当然ながら存在する。*CLG* の内容の不整合については訳者である小林自身が誰よりもいち早く、また身をもって感じており、それは「3.4 翻訳の問題」で先述したように、『一般言語学講義』の「訳者のはしがき」における、

　　　“原文は明晰をきわめた規範的フランス文のようにわたしには思われる。もし本書を難解と評するならば、それは思想そのもの、記述内容そのものの深さによるものであって、壱も文章のせいではない。記述内容を砕いてまで文章の平易化をはかろうという気持ちは、わたしにはない。”　　　　　（小林英夫、1972: x）

という小林自身の告白からも明らかである。

　一方、この問題は世紀を越えた現在でも同じで、

　　　“原文の明晰さはその通りだが、それが勢い余って内容まで単

純化しているように思われて仕方がない。それに反して、訳文
は、難解さに満ちている。"　　　　　　　　（相原・秋津訳、2003: 299）

　"われわれは時として小林英夫訳『一般言語学講義』（旧版は、
『一般言語学原論』）を読んで、その言葉づかいの不自然さ、接
続詞の不明瞭さに気がついて原著をひもとくことがある。たい
ていの場合フランス語の原文にもその不自然さは残され、どこ
からそれが生れたかと思う。原因は原文のテクストが均一の織
物でできていないからだ。"　　　　　　　　（小松英輔、2011: 36）

という嘆きにも似た言葉はあちこちで散見される。こうした批判は
小林の訳というより、*CLG* そのものの内容的不具合についての懐
疑的な叫びといった方が的を射ている。

　前述したように、原文の不自然さや不整合をそのまま翻訳に移し
替えた小林の翻訳技術の高さについては何の問題もない。小林の翻
訳は原文を等価に訳文に移し替えているのであり、その点でも小林
の訳は秀逸である。また *CLG* の不自然さが小林訳にあるのではな
いということは、上の小松英輔（2011: 36）の言葉に全て集約され
ている。この点について藤井貞和（2000）の、

　"小林英夫の訳書からうかがう限り、時枝がソシュールを言語
　の実体論者として批判したことに対し、その程度の言語学なら
　ば今世紀最大の言語学者であるとはどうも言えそうにないこと
　を疑問として、むしろ概念と聴覚映像との関係下に言語を置い
　て、言語の曖昧性を取りもどすかのように見せるソシュールの
　動的な言語学のありように、時枝と非常に近い位置にあるこ
　とを嗅ぎとろうとしていたのではなかったかと思う。"

　　　　　　　　　　　　　　　　　　　（藤井貞和、2000: 140）

という指摘は、先に見た時枝と Saussure の学問的類似を示唆する
ものとして、きわめて興味深いものである。

4.2　時枝誠記による Saussure 学説批判の真意

　ではなぜ、小林訳の『一般言語学講義』に評価を与えていた時枝
が、Saussure 学説に対してこうまで批判的態度を露にしていった
のであろうか。時枝は自らの学問的出発点に対して、次のように明

言している。

　　"私の学問の出発点は、批評といふことから始められたと云っ
　　てもよい位である。私の批評の一つの対象は、ヨーロッパの近
　　代言語学の学説であり、他の一つは、日本の旧来の国語研究の
　　理論である。わけても、日本の旧来の研究に対しては、明治以
　　後の批評を不当なものとし、これを正当に評価するには、どう
　　したならばよいかを考へた。"　　　　　　（時枝誠記、1957: 135）

そして Saussure に範を取る西洋言語学の研究姿勢に対して、次
のように疑問を投げかける。

　　"ヨーロッパの言語学は、それが自然科学の影響下に発達した
　　ところから、言語を自然物と同視するということは、宿命的と
　　も考えられるのでありまして、言語は音声と意味との結合体と
　　して、言語を話す話手との関係について見ますと、言語は話手
　　の外に存在し、社会の共有財産として、話手の使用する一つの
　　道具或は資材として考えられて来ました。"（時枝誠記、1944: 12）

　　"対象の観察とその分析は、その対象に規定されるということ
　　は、本論の最初に私が述べたことである。（中略）私は、この、
　　対象が方法を規定するという仮説的理論に立って、言語研究の
　　方法は、先ず対象である言語自体を観察することから始められ
　　ねばならないと考えるのである。言語学の体系は、実に言語そ
　　のものの発見過程の理論的構成に他ならないのである。（中略）
　　ソシュールが、言語の分析に用いた方法を、その対象との相関
　　関係に於いて見る時、はたして右の如き方法が守られているで
　　あろうか。ソシュールの言語理論に対する疑は先ず最初にこの
　　点に存するのである。"　　　　　　（時枝誠記、1941a: 60–61）

そして、それに抗する自らの言語理論を「言語過程説」とし、そ
の主たる考え方を以下のように説明する。

　　"言語過程説が、言語を、〈人間の表現・理解の行為である〉
　　と規定する時、先づ対決を迫まられたのは、過程説とは全く異
　　なった仮説理論である言語実体観であります。それは、近代言
　　語学の根本理論で、言語を、〈音韻と意味との結合体である〉

とする考へ方であります。"［下線部原文ママ］

(時枝誠記、1941a: 60–61)

この考え方が日本人の本来の言語観に即したものであり、西洋の言語観より有用性に富むものであることは時枝自身明言しており、その点で、関沢（2013: 106–107）の「時枝によるヨーロッパ言語学批判は、単なるソシュールの誤読として出てきたわけではない。（中略）そうではなく、小林によるソシュールを始めとした理論が展開されているフランス語と日本語との比較を通して示された構図（中略）を積極的に転倒することによって、産み出されたのである」という指摘は正しい。そしてこのことは次の安田の言葉からも明らかであろう。

"言語過程説とは、「言語」を「心的過程」であり表現行為とする立場である。そして語を表出する過程で「概念過程」を経る語、つまり「言語主体」が、ある概念として対象化する語を「詞」、経ない語、つまり言語主体の意識が反映される語を「辞」と称した。後者はおよそ助詞・助動詞ととらえてよいのだが、「詞」「辞」は鎌倉時代の歌学の用語であり、日本語に即した言語観であることを時枝は強調している。"

(安田敏朗 b、2006: 106)

ただし、西洋の科学的、物質的言語感に異を唱えていたのは時枝だけではなく、以下のように時枝と同様に考える向きはあったようである。

"十九世紀以来多くの言語学者の頭を支配してきた考えは自然主義的言語観であった。（中略）すべての努力は在るがまゝの言語事実の観察と記述に集中せられ、言語政策の如きは言語学の関知せざる事柄、否寧ろ言語学本来の目的と背馳するものとさえ考えられた。" (長谷川松治、1942: 65)

また、時枝自身は大久保忠利を槍玉に上げながら Saussure 以降の言語学を批判することで、自らの言語観がデュルケームに範を取るタルド、ジンメル、和辻哲郎らの考えに強く影響を受け、言語を行為と捉える立場を示す。

"我が国におけるソシュール言語学の継承者たちは、ソシュー

ルが、言語は社会的所産であると云ったことだけから、この言語学が言語の社会性を余すところなく究明しているであろうというような錯覚に陥っていはしないであろうか。そのような錯覚から、言語主体を強調する言語過程説が個人心理学的であり、言語の社会性を無視した言語理論で、ソシュール言語学よりも後退したものであるという大久保氏の批判のようなものも出て来るわけである。　　　　　　　　　　　　　　（時枝誠記、1951: 78）

　そして、時枝が批判の対象とした橋本進吉の以下の言葉は、*CLG* における Saussure 学説の影響を受けたものであることを如実に物語っており、この観点こそが時枝が人間と言語を切り離して捉える構成的言語観と呼び、強く異を唱えた点である。

　　"言語は文化現象の一つであって、音（或場合には文字も）を以て思想感情を他人に通ずるものである。精神の働きが主になっては居るが、物理的（音及び文字）及び生理的（音を発し、字を書く筋肉の運動）の要素も含んでいる。又言語は社会的のものであって、社会生活の中から生れ、社会生活に便ずる為に用いられるものである。又言語は歴史的のもので前代から後代へと伝わって行くものである。これ等の性質を考慮しないでは、言語上の現象は説明する事が出来ない場合が多い。かようにして、国語学は文化科学であり、社会科学であり、又歴史科学である。"　　　　　　　　　　　　　　（橋本進吉、1946: 7）

　時枝の言語過程説が Saussure の学説に抗するものとして打ち出されながらも、その批判の鉾先は当時の国語学者、橋本進吉の国語研究の姿勢や Saussure の学説を無条件に受け入れた感のある当時の国語学界に向けられ、欧米の理論を無条件に受け入れ、それに傾倒してしまう日本人研究者の研究態度に対して警鐘を鳴らしていた傾向が強いことは、本書の第 3 章で検証した通りである。それは言語過程説における詞と辞を江戸時代の国語学者たちの考えに立ち返ることや、高木敬生の、

　　"時枝は明治以来の西欧言語学の影響を受け言語を言語生活から切り離そうとする構成的言語観を批判し、旧来のつまり江戸期以前の国語学者たちによる言語生活に則した研究の可能性を

再評価しようとしたのである。"　　　　　　　（高木敬生、2014: 60）

という指摘に全て表れている。時枝のこうした態度は、次の言葉からも明らかである。

　"翻って我が国語学界の現状と、その進むべき将来について静かに考える時、既に本論第一項に述べたように、方法論的立場に於いて、言語学の国語学に対する関係を再検討する必要を感ずるのである。国語学が真に学問的精神に生きるにはどうしたならばよいか。国語学者の態度は如何に。その方法は如何に。そして言語学はこれらに対して如何に処すべきか。私は既にそれらの一端を述べて来たのであった。国語学界に限らず、今日我が国語学界に於いて最も必要なことは、泰西の既成品的理論を多量に吸収してこれを嚥下することではなくして、学問的精神の根本である所の批評的精神に生き、あくまで批判的態度を以てこれを取捨選択し、自己の理性に訴えて以て我が国学術進展の基礎として受入れねばならぬということである。"

（時枝誠記、1941a: 58–59）

また、

　"日本の優れた言語学者であり、我が畏敬する友である小林英夫氏より、常に泰西の言語学の理論とその業績について幾多の啓発と教示とを親しく受け得ることは感謝に余りあることである。しかしながら、私は必しも小林氏によって示される理論の実演者ではなかった。寧ろ私は、私の実証的探求の結論を泰西の理論に照し、我自らの非を悟ることがあると同時に、時にはおほけなくも言語学の理論に対して批判の眼を向けざるを得ないこともあった。（中略）以下述べることは、私の国語に就いての実証的研究より得た言語の理論を、先づソシュールの言語理論に照し、私のテーゼに対するアンチテーゼとしてのソシュールの言語理論を述べることによって私の考を組織して見たのである。"

（時枝誠記、1937: 7–8）

という言葉から、小林英夫と Saussure の言語論について議論することで自身の国語学を体系化する契機にしようと考えていた節も見て取れる。この点について北原美紗子（2002）は、

　　　　“時枝は、日本語の学問である国語学を、ヨーロッパの言語学
　　　　の一部として扱われることに抵抗した。（中略）日本の伝統的
　　　　な学問がヨーロッパ言語学によって抹殺されていくことに、危
　　　　機感を募らせた。（中略）時枝の言語過程説は、日本の国学を
　　　　近代の言語学に復活させたものとも考えられる。”

　　　　　　　　　　　　　　　　　　　　　　（北原美紗子、2002: 24）

と指摘する。

　いずれにしても、こうした時枝の批判的態度に隠された真意は、
　　　　“時枝の言語過程説は必ずしも文法に限られた理論ではないと
　　　　しても、そこで批判されているソシュールは、実像とは大きく
　　　　かけ離れていることは否めない。むしろここでは、時枝以前の
　　　　文法理論、もっと特定すれば時枝の前任者の橋本進吉の文法理
　　　　論が、ソシュールの名を借りて批判されていると考える方が納
　　　　得しやすい。”　　　　　　　　　　　　　　（井島正博、2007: 52）

という井島の言葉に見る通りであろう。

　くわえて、藤井（2000）の以下の言葉は、時枝によるSaussure
学説批判の真意を端的に言い表している。

　　　　“『（ソシュール）言語学原論』を、時枝が批判したとき、それ
　　　　は結果からみると、日本社会での十九世紀的言語学に対する言
　　　　語観の変更を要求しようとしたのであって、事実上のあいては、
　　　　たとえば山田孝雄らの“語構成観”であり、時枝が名をあげて
　　　　いるのは神保格であり（『原論』、三一ページ）、あるいはさき
　　　　に引用した保科孝一のような、（中略）いくたりかの考えであ
　　　　って、それらを端的にいって時枝は乗りこえようとした。”

　　　　　　　　　　　　　　　　　　　　　　（藤井貞和、2000: 104）

　時枝のSaussure学説批判の真意については、藤井のこの言葉が
全てを表わしている。

＊1　ここでの磯谷と同様の指摘は、大橋保夫（1973b: 17–18）や丸山圭三郎
（1983: 112–113）においても見られる。

＊2　丸山（1981）は、Riedlinger らのノートの記述をまとめて、次の様に langue の正しい解釈を施している。

　　　　"ラングはすぐれて社会的なものである。いかなる事象も、その出発点はどうあれ、それが万人の物となるまでは言語的には存在しない。（中略）ラングを記号学的制度の中に位置させねばならない。ラングはこの科学の主要な部門を占めることになろう。何故ならラングはその一般的モデルとなるであろうから。"　　　　　　　　　　　　　　　　　　　　（1981: 267–268）

　一方 Gadet は、Saussure 自身が唱えた Saussure 学説の本来の姿勢を次のように指摘する。

　　　　"La premiè matière à quoi se confronte le linguiste en abordant son travail est de l'ordre de la parole. L'accès à la langue est une sorte de 《filet》 serrè et abstrait, qui donne forme à la substance que constitue la parole. La parole est donc la voie d'accès obligée à la langue. （中略）Le fait que ce soit par la parole que le linguiste accède à la langue justifie l'ordre de présentation adopté par Saussure dans son troisième cours, tout à fait différent de celui qui est suivi par le *CLG*. （中略）La langue est un savoir linguistique qui se manifeste avant tout par des jugements d'identité et de différence.

　　　　L'ordre de présentation du *CLG*, faisant intervenir langue/parole dès le début de l'exposé, est donc paradoxal. La signification de ce couple conceptuel apparaît de façon plus nette dès que l'on restitue l'ordre conçu par Saussure dans son troisième cours: d'abord une interrogation sur les identités diachronique et synchronique, puis le caractère arbitraire du signe qui permet, à travers la valeur, de parvenir à la langue comme forme, et seulement alors l'opposition langue/parole. "［斜体部原文ママ］　　　　　（1987: 79–80）

　　　　"自分の仕事に取り組んでいるときに、言語学者が立ち向かう第一の質料（マチエール）は、パロールの次元に属している。ラングへのアクセスは、直接的観察には属していない。なぜなら、ラングとは、一種の目の細かい抽象的な「網」であり、パロールが構成する実質（シュブスタンス）に形式（フォルム）を与えるものだからだ。だから、パロールは、ラングにアクセスするのに避けられない道なのだ。（中略）言語学者がラングにアクセスするのはパロールをつうじてだという事実は、第三回講義でソシュールが採用した提示の仕方の順序を正当化するものだが、これは『講義』がたどる順序とはまったく異なっている。（中略）ラングとは、なによりもまず同一性判断と差異判断によって顕現する言語（学）的知にほかならない。

　　　　ラング／パロールを論述の最初から介入させる『講義』の提示の仕方の順序は、したがって逆説的なものだ。この概念的対の意味は、ソシュールが第三回講義で構想した順序を復元すれば、ただちにいっそうはっきりと浮かびあがってくる。すなわち、最初に、通時的同一性と共時的同一性にかんする問いかけ、つぎに、記号の恣意的性格、これが価値を介して、形式（フォルム）としてのラングへの到達を可能にし、そのとき初めてラング／パロールの対立が現われるのだ。"　　　　　　　（立川健二訳、1995: 122–125）

　この記述に見ると、Saussure が parole の検討から出発して、そこから langue と parole の対立の図式が現われたことになる。そうすると、langue と parole

第7章　Saussure の自筆草稿と時枝学説の相違についての考察　　393

の対立から始まる *CLG* の記述そのものが、Saussure 本来の考えとは矛盾し、逆であることが分かる。しかも、言語学の研究対象として langue の優位性を説く部分が Saussure 自身の手によるものではなく、全て編者である Sechehaye と Bally によるものであることが明らかである現在、果たして時枝と Saussure の言語研究の姿勢に決定的な違いがあるのかさえ疑わしくなって来る。こうした現実を目にする時、Saussure の研究姿勢と時枝の研究姿勢は、同一のものであると考える方が妥当である。時枝学説と Saussure 学説の出発点の類似点に対して、前田英樹（1978: 54–55）は次の様にまとめている。

　　　"時枝が言う「過程」とソシュールの「現象」の間には、結局どんな相違があるのか。素材―概念―聴覚映像へと至る「過程」において、主体が果たす役割は、時枝にとっては「個物」の概念的な「変形作用」にある。（中略）ソシュールにとっては、言語の外にこのような「個物」としての素材は存在しない。主体が言語に先立って持っているものは、あえて言うなら世界についての直接的な経験の連続体であり、彼はそれを混沌とした「思考」と呼ぶわけである。「過程」の本質が、素材―概念―聴覚映像といった段階をめぐる変形作用にあるとすれば、「現象」の本質は、主体の混沌とした「思考」もしくは経験の連続体のなかに差異を生じさせることにある。（中略）「過程」と「現象」の間には、言語経験に関する最も根源的な見解の相違があった。前者のなかには、言語主体による意識的で能動的な「加工変形」の活動があり、後者のなかには、語る主体が自己の内部に生じさせる差異そのものがある。たしかに時枝とソシュールは、いかなる分析によっても対象化されることのない言語とは何かを知ろうとし、共にその本質を語る主体の意識活動のなかに送り返そうとした。しかし、ただソシュールのみがさらに、いかなる方法、いかなる意識によっても対象化されることのない言語とは何かを知ろうとし、その本質を究極的な差異の観念に送り返そうとしたのである。"

　前田のこの言葉はけだし真実であろう。

*3　この箇所は言語を実存体と見なすことで大きな矛盾と論点となったが、先に本書第 2 章の注 3 でも見たとおり、*CLG* における不整合の問題は文章はおろかその構成にまで全般的で多岐に渡り、その混沌と編者による創作や書き換え、原文の削除ははなはだしい。「要はお互に分かりさへすればよいのである」という langue の実存体の注釈箇所の部分も Saussure 自身の言葉ではない。またその後に続く、

　　　"Exiger qu'on ne serve que de termes répondant aux réalités du langage.c'est pretender que ces réalités n'ont plus de mystères pour nous. Or il s'en faut de beaucoup ; aussi n'hésiterons-nous pas à employer à l'occasion telle des expressions qui ont été blames à l'époque."　　　　　　　　(1916: 19)

　　　"なかには、なくてすまされぬ形容もあるのである。言語活動の真相に見合う用語しか使ってはならないと要求することは、そうした真相はもはやわれわれにとって神秘を保有しない、と公言することである。それどころではない；さればこそ、その時代にきめつけられたなにがしの表現を用いることも、時と場合では辞さぬつもりである。"　　　　　　　　　　(1940: 15)

という箇所は Bally と Sechehaye による完全な創作である。こうした点が時枝

と服部の議論の土台になっていたかと思うと、不毛な議論と一蹴されても仕方がない。こうした CLG の問題については、第 2 章の注 3 ならびに第 8 章の注 2 を参照されたい。

＊4　こうした同音異義の問題について、Nida（1969）は日本語の「こうしょう」という語を取り上げ、次のように論じている。

　　"日本語には、非常にたくさんの同音異義語があり、たとえば、「哄笑」「交渉」「高尚」「公娼」「公証」「公称」「口誦」「校章」「高翔」「考証」などは、漢字で書かないと、どれを指しているのかわからないと、一般に考えられているが、われわれは、話しことばで、これらを大した不便もなく使いわけている。これは、連語上の標識が助けとなっているからである。

　　（1）アメリカとの「こうしょう」がうまくいった。
　　（2）彼女は「こうしょう」な趣味をもっている。
　　（3）全生徒が胸に「こうしょう」をつけている。
　　（4）どっと「こうしょう」がまきおこった。

　　これらの例で（1）が「交渉」、（2）が「高尚」、（3）が「校章」、（4）が「哄笑」であると判断できるのは、連語上の脈略によってである。"

（沢登春仁・升川潔訳、1973: 83）

　Nida はここで「連語上の脈絡」という術語を用いているが、これは Saussure のいう「連辞関係」と同様であると考えられる。また Fodor and Katz（1964: 524）はこうした意味認識の文脈効果について light という語を取り上げ、その曖昧性と文脈効果による意味決定の現象について、次のように述べる。

　　"A lexical item is ambiguous if, and only if, its entry contains at least two distinct paths. Ambiguity at the lexical level is the source of semantic ambiguity at the sentence level. Thus, a necessary, although not sufficient, condition for a syntactically unambiguous sentence to be semantically ambiguous is that it contains an ambiguous lexical item. For example, the source of the semantic ambiguity of "He likes to wear a light suit in summer" is the lexical ambiguity of the word *light*. Since an adequate dictionary entry for a lexical item must mark every one of its ambiguities, the dictionary entry for *light* must represent this lexical item as branching into one path containing the semantic marker *Color* but not *Weight* and another containing the semantic marker *Weight* but not *Color*.

　　However, an ambiguous lexical item in a syntactically unambiguous sentence is not sufficient for that sentence to be semantically ambiguous. For example, the sentence "The stuff light enough to carry," although it contains the ambiguous word *light*, is not understood in the sense in which *light enough to carry* means light enough in color to be carried. Thus, when there is an ambiguous lexical item in a semantically unambiguous sentence, the grammatical relations and the meanings of the other constituents can prevent this item from bearing more than one of its senses. The selection of some senses and exclusion of others occurs as a result of the other constituents of the sentence. Such selection is of fundamental importance because, together with lexical ambiguity, it partly determines whether a sentence is anomalous, whether a sentence is semantically unambiguous, whether two sentences are paraphrases of each other, and other semantic properties of sentences that a semantic theory marks."［斜体部原文ママ］

　ここで述べられていることを要約すれば、少なくとも、語彙に二つの意味があれば、それは曖昧文を作り出す可能性を有しているということである。例えば light という語は色彩と重量という二つの異なる意味標識を有しており、それ故に "He likes to wear a light suit in summer." という文は、「彼は夏に明るい色の服装を着るのが好きだ」とも「彼は夏には軽い服装をするのが好きだ」とも解釈可能である。しかしこれは、例えば "The stuff is light enough to carry.（この荷物は軽いので持ち運べます）" というような場合であれば、ここでの light を色彩の意味として取ることはない。これは carry という動詞が選択制限として色彩を含む名詞句を取れないためである。つまり、「運ぶ」と「色彩」は共起し得ないという性質による。

　こうした現象は意味論では「単語の選択制限」と呼ばれる。文脈効果も基本的にはこの「単語の選択制限」と同一現象を捉えたものであるが、文脈効果は更にこうした共起関係から曖昧文の生成を分析するものではなく、ゲシュタルトとしての全体の解釈の認知構造を助ける言語表現とその意味認識を扱う点で、「単語の選択制限」と異なる。また、村木正武・斎藤興雄（1978: 22-23）は、同じく Fodor and Katz（1964）における "Our store sells horse shoes." と "Our store sells alligator shoes." という例文を取り上げて、以下のように説明する。

　　　"次の文の意味を検討してみよう。
　　　（36）　Our store sells horse shoes.
　　　（37）　Our store sells alligator shoes.
　　（36）が（38）と（39）の意味をもつことは可能であるが、実際は（38）の意味しか持たず（37）が（40）と（41）の意味をもつことが可能であるが、実際は（41）の意味しかないことを説明する。
　　　（38）　Our store sells shoes for horses.
　　　　　　（われわれの店は蹄鉄（てい）を売っている）
　　　（39）　Our store sells shoes made from the skin of horses.
　　　　　　（われわれの店は馬革の靴を売っている）
　　　（40）　Our store sells shoes for alligators.
　　　　　　（われわれの店はわにのはく靴を売っている）
　　　（41）　Our store sells shoes made from alligator skins.
　　　　　　（われわれの店はわに皮の靴を売っている）
　　　　　　　　　　　　　　　　　　　——以上 Fodor and Katz, 1964, p.489
（36）が（38）の意味しかもたず、（37）が（41）の意味しかもたないことを説明するには、現代の社会では馬は蹄鉄をつけるが、通例、人間のはく靴は馬革ではつくられることは少なく、また、ワニは靴をはかず、人間のはく靴はわに皮でつくられる場合があるという知識が必要となってくる。そのような知識を必要とする文をも意味論が取扱わなければならないかどうかは問題となるところであるが、ここでは、意味論はそのような文は取扱わず、文脈上の意味とは純粋に言語学的な文脈中の意味（統語構造と単

語によってきまる意味）を表わすことにする。”

このことは次の例でも証明されるであろう。かつて放映された「日本再生」というタイトルのテレビ番組で、政治、経済、外交、ドラマという枠組みで、それぞれ今の日本の立て直し（再生）を図るという討論番組があった。ドラマ部門では視聴率稼ぎの低俗な番組と韓流ドラマが溢れる日本のドラマを向上させるという名目で音声上でもテレビ画面のテロップ上でも「ドラマの再生」という言葉が連呼されていたが、この言葉からはビデオに予約録画されたドラマを後日視聴するという意味しか想起されず、ドラマの性質向上という意味での解釈が非常に困難であり、妙な違和感を覚えた経験がある。「日本再生」という言葉からは「日本の現状を改善し、これまで低迷していた経済などの復活を目指す」という認識しか得られないものの、「ドラマの再生」という表現からはそうした認識が生まれにくかったのは、「再生」という言葉自体が「性質の向上」と「（前もって記録保存した）音声や画像を後日立ち上げること」という二つの曖昧な多義的意味を有していることと、加えてそれが「ドラマ」という言葉と結び付くことで、すでにその性質と現実において後者の結び付きと意味認識が分かち難いほど強く、Nida（1969）の言う「連語上の脈絡」が文脈に関係なく前面に出てきたためであると考えられる。

＊5　池上は、言語習得が未熟な子供の時には、大人であれば同音語とは思わないような語でさえも誤って同音語として捉えてしまう現象を歌詞の面から説明付ける。例えば、我々が幼い頃に歌詞の意味がよく分からないまま、聞こえたままの音を頼りに別の解釈をしてしまうことがあるが、その現象として、浦島太郎の歌詞で、「帰ってみれば　こは如何に」の下線部分を「恐い蟹」と解釈したり、「山のあなたに　薄霞」を「臼が住み」と解釈したりする例をあげる。もっと身近な例では、童謡の「赤い靴」における「異人さんに連れられて　行っちゃった」の「異人さん」を「いい爺さん」とか「ひい爺さん」と解釈したり、文科省唱歌の「故郷」における「兎追いし」を「兎美味しい」と解釈したことは、誰にでも経験があろう。日本語におけるこうした言い間違いや認識違いは歌の歌詞だけにとどまらない。例えば向田邦子の『眠る盃』は、「荒城の月」における「巡る盃」の、『夜中の薔薇』は「野薔薇」における「野中の薔薇」の間違いから付けられたタイトルである。またこのような現象は英語でも同様で、例えば賛美歌における "Gladly the cross I'd bear.（われ喜んでいかなる辛苦の十字架も背負わん）" という歌詞を、"Gladly, the cross-eyed bear.（やぶ睨みの熊のグラッドリーは）" と間違えて認識される例が上げられている。

＊6　この箇所は、Riedlinger のノートでは「ナポリ行き急行」に、Constantin のノートでは「ベルリン行き急行」に、Bally と Sechehaye の CLG では「ジュネーヴ発パリ行き」に変更されている。しかし Saussure の原文ではこの箇所は「コルナヴァン駅」であり、原文は以下のとおりである。

“Nous faisons souvent des identités comme celle-ci : un train part à 5h. 25 de Cornavin, tous les jours ; pour nous il est identique.”

（Komatsu Eisuke, 1997: 294）

“私たちはよく、次のような同一性^{イダンティテ}を組み立てます。毎日、コルナヴァンを 5 時 25 分に出発する汽車。私たちにとって、これは同一性^{イダンティテ}です。”

（相原・秋津訳、2003: 168）

またその前の "Messieurs !" という喩えも、実際には先程の列車の喩えの後に続くものであり、そこでの喩えも以下に見るように列車ではなく "戦争（guerre）" である。

"Un orateur parle de la guerre et répète quinze ou vingt fois le mot *guerre*. Nous le déclarons identique.〈Or chaque fois que le mot est prononcé, il y a des actes séparés.〉"［斜体部原文ママ］　　　　（Komatsu Eisuke, 1997: 294）

"ある演説者が戦争について話します。**戦争**という語を何十回も繰り返したとします。私たちは、それを同一性だと断言します。〈ところが、語は発音されるごとに異なっているのです〉。"［太字原文ママ］

（相原・秋津訳、2003: 168）

これらの文からも編者による創作や書き換えとそこから生じる混沌と不整合が見て取れるであろう。*CLG* におけるこうした書き換えは全般的で多岐に渡る。こうした *CLG* の問題については、第2章の注3、本章の注3ならびに第8章の注2を参照されたい。

＊7　この問題は、特に芸術文における意味と表記の問題として姿を表わす。例えば詩においては、詩の創作では、音と意味との一致から詩の美しさが生まれるため、意味内容に即した音を持つ語を用いるべきであるとする「模倣的調和（harmonie imitative）」という主張が持ち上がる。またそれは、半諧音や頭韻法、韻といった言彩の問題をも生み出す。音と意味とのつながりは、純粋に慣習的かつ文化的なものである。signifié と signifiant の関係が恣意的であるという Saussure の指摘は有名だが、そこにおける言語記号の恣意性には、ある派生的命題が含まれている。すなわち、言語記号が恣意的であるということは、同一の言語の原話者間での合意を意味する。そしてこれは、余剰的に、あらゆる言語における表意音と観念との不変の結合を生み出す。また音の象徴性という問題は、それを表わす意味との連関で、詩の創作や効果音の表記という命題を投げかける。こうした問題に取り組んだ言語学者が、Jespersen、Sapir、Jakobson である。特に Jakobson（1976: 118–119）は、音の象徴性と詩の創造性に関して、次のように述べている。

"L'intimité du lien entre les sons et le sens du mot donne envie aux sujets parlants de compléter le rapport externe par un papport interne, la contiguïté par une ressemblance, par le rudiment d'un caractère imagé. En vertu des lois neuropsychologiques de la synesthésie, les oppositions phoniques sont à même d'évoquer des rapports avec des sensations musicales, chromatiques, olfactives, tactiles, etc. Par exemple, l'opposition des phonèmes aigus et graves est capable de suggérer l'image du clair et du sombre, du pointu et de l'arrondi, du fin et du gros, du léger et du massif, etc. Ce 《symbolisme phonétique》, comme le nomme son explorateur Sapir, cette valeur des qualités distinctives intrinsèque, bien que latente, se ramine dès qu'elle trouve une correspondance dans le sens d'un mot donné, dans notre attitude affective ou esthé tique envers ce mot et encore plus envers des mots de significations polaires.

Dans la langue poétique, où le signe comme tel assume une valeur autonome, ce symbolisme phonétique atteint son actualisation et crée une sorte d'accompagnement du signifié. Les mots tchèques *den* 《jour》, et *noc* 《nuit》, avec l'opposition du vocalisme aigu et grave, s'associent aisément dans la poésie au contraste de lumière de midi et des ténèbres nocturnes. Mallarmé déplorait le désaccord entre les sons et le sens dans les mots *jour* et *nuit* du français. Mais la poésie réussit à effacer cette divergence par un entourage de vocables aux voyelles aiguës pour le mot *jour*, graves pour *nuit* ou bien à faire ressortir des contrastes sémantiques qui s'accordent avec celui des voyelles graves et aiguës, tels que la pesanteur du jour confrontée avec la légèreté de la nuit." ［斜体部原文ママ］

"語の音と意味との結びつきが緊密なため、話す主体は、内的連関によって外的な関係を補い、類似性によって、比喩的性格の原基によって、隣接性を補いたい気持ちになる。共感覚の神経心理学的法則によって、音の対立は、音楽的、色彩的、嗅覚的、触覚的感覚、などとの関連を喚起することができる。たとえば、鋭い音素と重い音素の対立は、明るさと暗さ、尖ったものと丸いもの、繊細さと大雑把さ、軽さと鈍重さなどといったイメージを暗示することができる。その探究者サピーアが名づけて言うところのこうした《音声象徴性》、弁別特質のこうした内在的価値は隠れているが、それに応対するものを、ある特定の語の意味のなかに見出すか、または、そうした語、それにもまして分極的表意作用をもつ語に対するわれわれの感情的、美的態度の中に見出すやいなや、活気づく。

記号そのものが自律的価値をおびる詩的言語にあっては、こうした音声象徴性が実現化されるにいたり、所記の一種の付属物を生み出す。鋭い母音組織と鈍い母音組織との対立をもつチェコ語の den〔dɛn〕《昼》と noc〔nɔts〕《夜》が、詩のなかでは、真昼の光、夜の闇という対照と容易に連合する。マラルメは、フランス語の jour〔ʒuːr〕「昼」と nuit〔nɥi〕「夜」という語における、音と意味との不調和を嘆いた。だが詩は、jour という語に対しては鋭い母音、nuit に対しては鈍い母音を含む語彙的環境を配して、こうした食いちがいを解消するのに成功するか、あるいはまた、鈍い母音と鋭い母音の対照に調和する意味論的対照、たとえば夜の軽やかさと対比された昼の重苦しさを引き立たせるのに成功するのである。"（花輪光訳、1977: 154–155）

Jakobson のこの言葉は、音の象徴性と意味の結合という問題に対する一つの解答である。こうした詩の持つ効力の特殊性について、同じく Jakobson（1960: 753）は次の様にまとめている。

"（前略）a poetic work cannot be defined as a work fulfilling neither an exclusively aethetic function nor an aethetic function along with other functions; rather, a poetic work is defined as a verbal message whose aethetic function is its dominant. Of course, the marks disclosing the implementation of the aethetic function are not unchangeable or always uniform. Each concrete poetic canon, every set of temporal poetic norms, however, comprises indispensable, distinctive elements without which the work cannot be identified as poetic."

"詩作品は、美的機能だけを果たす作品としても、また他の諸機能と一緒

に美的機能を果たす作品としても定義されえない。詩作品はむしろ美的機能がドミナントである言語メッセージとして定義される。もちろん、美的機能の遂行を明らかにする特徴は不変でもなければいつも一定であるわけでもない。しかし、それぞれの具体的な詩的規範、各時代の一群の詩的基準のどれも、それがなければ作品が詩であると確認されえない必要不可欠で特殊な要素を含んでいる。"　　　　　　　　　（川本茂雄編、1985: 45）

　こうした、音と意味の象徴性とその表記法といった問題について、Valéry（1933: 215-217）は次のように括る。

　　　"La puissance des vers tient à une harmonie indéfinissable entre ce qi'ils disent et ce qu'ils sont. 《Indéfinissable》 entre dans la définition. Cette harmonie ne doit pas être définissable. Quand elle l'est, c'est l'harmonie imitative et ce n'est pas bien. L'impossibilité de définir cette relation, combinée avec l'impossibilité de la nier, constitue l'essence du vers. Le poème—cette hésitation prolongée entre le son et le sens."

　　　"詩句の力は、詩句の現実と詩句の理想との間にある定義し得ない調和によって形作られる。「定義しえない」こと自体がすでに定義に含まれているのである。この調和は定義され得るものであってはならないし、もし定義が可能であるなら模倣的調和ということになり、決して歓迎すべきものではない。この関係を定義することが不可能であること、そしてこの関係を否定することが不可能であることと結びついていることが、詩句の本質を形成するのである。詩とは、音と意味の間にある永いとまどいを指すのである。"　　　　　　　　　　　　　　　　　　　　　　　（筆者訳）

*8　日本語では漢字の音読み、訓読みも一つの問題である。白川静（1978: 220-221）は、「亡」という漢字について、「亡は逃亡・死亡というとき、はじめて語となる。同義語を連ねることによって、あるいは亡国・亡霊のような修飾関係の語によって、その字義を確かなものにする。（中略）訓をもつことによって、その字は国字となる」と述べる。また、鈴木孝夫（1990: 134-135）は、訓読みによって得られる意味認識を大きく認める。こうした漢字の音読みと訓読みで意味の相違が見られるか否かという問題は、森岡健二（1969: 337-350）の漢字形態素論が詳しい。森岡の論点は、日本語の中の漢字は、木（キ、モク）、店（ミセ、テン）などのように、音読みであっても訓読みであっても、意味に変化は見られないとする主張である。これに対して、国広哲弥（1997a: 8-13）は、「白髪」を「シラガ」と「ハクハツ」と読む場合や、「後」を「アト」と「ウシロ」と読む場合では意味が異なるとして、森岡の論に対して真っ向から反対意見を述べる。同様の立場に立つものとして、「何」を「ナン」と読むか「ナニ」と読むかで意味が異なるとする三宅知宏（2000: 120-122）の指摘もある。また「市場」を「シジョウ」と読むか「イチバ」と読むかでも認識に違いが生じる。こうした認識の揺れは、漢字の音読みと訓読みとそれに伴う意味認識の問題が、基本的には我々の認知の仕方によって大きく左右されることを示したものであろう。

*9「同音衝突の原理（rencontre homonymique, homonymic clash）」とは、19世紀後半から20世紀にかけて、フランスの Jules Gilliéron が創始した言語地理学（Géographie Linguistique, Linguistic Geography）において明らかにされた、

400

言語変化における重要な現象の一つである。すなわちそれは、同一の思考範疇に属しながらも、それぞれ別の意味を表わす二つの異形の語が、音声変化のために同じ音形（形態）になりそうになると、言葉の混乱を避けるために、無意識にどちらか一方の語がはじき出されて用いられなくなってしまうという現象のことである。例えば、フランス語において猫を表わすgatと雄鶏を表わすfaisan（本来は「雉」の意）やvicaire（本来は「助任司祭」の意）という語の問題や、英語におけるletの異なる二つの意味、更にはqueenとqueanの発音の類似性による紛らわしさという問題が上げられる。しかしながら、bat（木の棒）とbat（こうもり）や、night（夜）とknight（騎士）などは音形は同一であるが、使用される文脈が非常に異なるため混同される心配がなく、双方ともが共存している。この場合、綴りの違いが区別の役に立っているように思われるかもしれないが、実際にはそうではない。鈴木（1975: 65）も述べるように、辞書のレベルでは、綴りの違いは両者を区別するのに役立つが、現実の言語使用の場面では綴りの違いはさして大きな要因とはなり得ず、用いられる文脈の異なりによって区別され得るのである。そのため、意味および使い方で区別が可能であれば、綴りが同一であるかないかはヨーロッパ語では全く問題にならない。

　しかし、問題は日本語の場合である。日本語には、西欧諸語には見られない特徴として「同音衝突の原理」が多発する。鈴木（1975）によれば、意味が同じような文脈には、同音語が多くなる現象で、日本語はあえて同音の語を並べ立てることを好む傾向にあるという。このように、西欧諸語と日本語で全く正反対と言えるような現象が起こる原因について、言語学の世界では未だ有効な解答は見られない。

＊10 この問題に対する解決案として、鈴木は西欧諸語には見られない日本語の特色の一つとして、「テレビ型言語」という説を主張する。Gilliéronの「同音衝突の原理」という現象に対して、日本語ではむしろそれとは逆のような現象が多々見受けられる。つまり、同一の音形（形態）であっても、どちらか一方の語がはじき出されて用いられなくならないばかりか、二つないしは二つ以上の異なる同一音形の語が共存するという現象が見られるのである。このことについて、鈴木孝夫（1975,1990）は「テレビ型言語」という枠組みから解答を試みている。すなわちそれは、日本語に頻繁に見られる同音衝突の原理に反する事例は、音声と映像という二つの異質な伝達刺激を必要とする日本語の特色であり、日本語は耳だけで聞いていたのでは、決して文字と結び付かないテレビ型の言語であるというものである。我々日本人は、日本語を用いる際、音声を使って話している時でさえも、使われている漢字語の視覚的な映像を同時に頭の中で追っているというのである。そして同一の音形の語が多く存在ないするために、例えば、「シリツ」では「私立」なのか「市立」なのか判別が不可能であり、「カガク」では「科学」なのか「化学」なのか判別が不可能であるため、「ワタクシリツ」や「イチリツ」、「カガク」や「バケガク」などと、わざと違いを強調した言い方が存在するのである。

　日本語はその言葉がどのような漢字で表記されているかという知識がない場合は、往々にして発話内容が理解されないという特徴を持っている。また日本語は、漢字表記が同一であっても、音読みの場合と訓読みの場合で、認識が異

なることがある。同音の漢字が多いということは、ただ単に同音衝突が起きやすいという問題だけでなく、ある特定の音声形式が、数多くの相互に関係のない意味に対応し得るということは、その音声形式がそれだけではほとんど自立することが不可能であるということを意味している。このことから鈴木（1979: 72–73）は、日本語を「テレビ型言語」と呼び、西欧諸語を「ラジオ型言語」と呼んで、

"以上の考察から明らかになったことは、西欧諸語のように、文字表記が原則的には表音的な性質を持っている場合には、文字という視覚的情報は本質的には重複性（redundancy）がきわめて強いということである。つまり文字表記はなんら新しい情報をことばという伝達行為に付け加えないのである。だからどのような種類の文字を使っても、言語そのものは変らないというような考えが出てくることになる。

これに対し日本語の漢字語では、文字は音声からは別個に独立した情報源であり得るので、音声が等しくても、そして意味に関連があっても、文字さえ違えば同音衝突によるはじき出しが起らないのは当然である。音声形式が等しいことは、語の一部が等しいにすぎない。"

と説明付ける。

＊11 阿部（2016）は、時枝の主張する主体的立場にはモダリティ的な視点など Saussure が述べていないような、複数の異なる概念を先取りしていたことを指摘する。しかしながら、単純語と複合語の決定に際して主体と客体との意識の混在を認める点などで Saussure の学説と通底することを主張するが、これは両者の言語に対する見方の共通性を表わしていよう。なにより、Saussure 学説を支持する第一人者であった丸山でさえも、

"言語というものは、本当は主体の中にしかない。あるいは主体の意識というものを問題にせずにはことばについて語れない。これはソシュールと時枝さんは、ほとんど重なっています。"　　　　　　　　（丸山 1980b: 174）

と、早い段階からその共通性を認めている。

＊12 阿部（2016）は、Bréal（1897）における言語の主観的側面が Brunot（1922）の三種の主観性で引き継がれ、更にそれが Bally（1932）の三種の主観性によって引き継がれた形跡を指摘する。そして時枝の言語観が Bally に影響を受けた可能性が高いことを時枝（1955: 38-39）の言葉からも推し測ることができることを主張する。時枝の Saussure における langue の運用が Bally では表現論に進化し、それをこの説において伝達論へと発展させたという言葉からも、阿部の指摘が間違いではないと確信させられる。そうであれば、小林のこの言葉も、必然的に事実を語っていることになる。

そして、Saussure 学説を批判する時枝の心の深淵について阿部（2018: 337）は、

"時枝は、比較文法とそれからの脱皮を経験していない日本にあって、まず通時態と共時態を対比し、後者の優位性を主張するソシュールにならなければならなかった、同時に、ソシュールを批判して主観性論者のバイイにならなければならなかった。（中略）時枝の孤独の深さは、自らを育んだ印欧語比較文法を批判せざるをえなくなったソシュールの孤独、また師たるソシュールに異論を唱えざるをえなくなったバイイの孤独、江戸時代

の国学の成果だけをよりどころにモダリティ概念を構想せざるをえなかった自らの孤独、これら全てを一手に引き受けた、まさに「四面楚歌」的なそれだったのではなかろうか。"

と結んでいるが、まさに言い得て妙であり、「言語過程説」を拠り所にして孤軍奮闘する時枝の真の姿を的確に捉えていよう。

＊13 松澤（2016）によると、「記号の恣意性」の「記号」が当初は「聴覚影像」の意味で用いられており、「記号の恣意性」が「聴覚影像の概念に対する恣意性」であったことは、本書第2章の注5で見たとおりである。そうであるならば、音と意味のパラレリズムの対応関係も成立しないことになり、「記号の恣意性」についても今後、言語学的視点から再考を迫られることになる。

第8章

構造と認知の科学

1. 言語における構造とはなにか

　Saussure に範を取る 20 世紀以降の現代言語学は「構造主義言語学」と呼ばれる。ではなぜ Saussure の学説は「構造主義」と呼ばれるのか。そして言語における構造とは何なのか。ここで包括的ではあるが、そうした外郭的問題について考察しておきたい。なぜなら、この問題自体が Saussure 学説の真理へと通じるものであり、科学としての言語の捉え方に必須の視点となるからである。

　この問題に対して国広（1972: 18）は、以下のような解答を与えている。

　　　"非常に広義に解するならば、個々の具体的現象に抽象を加えて何らかの一般性を見出す場合、そこにはすでに構造的分析が見られる。（中略）狭義の構造の概念は言語要素の対立価値に基づくもので、スイスの言語学者ソシュールに始まるといってよい。その対立価値には我々の用語でいう「構造」と「体系」の二種類がある。（中略）一般に「構造言語学」というときの構造は、今述べた意味での構造と体系の両方を包含しているのが普通であり、実際には文脈からそのどちらを指すかは明らかである。"

　しかし「構造」などという言葉は Saussure 自身どこにも用いてはいない。そもそも国広の上の説明にあるように、"個々の具体的現象に抽象を加えて何らかの一般性を見出す場合、そこにはすでに構造的分析が見られる"のであり、言語の仕組みや更には意味との関連を体系や配列で分析し、解明するのが言語学の学問としての性質である以上、すでに構造を取り扱っていることになり、構造を問題にしないわけにはいかない。その点で言語学は全て"構造的"な

のである。しかしながらSaussure学説に冠される構造という言葉
は、国広の説明に見るように狭義の概念であり、言語要素の対立価
値に基づくものとしての意味で、一種独特な意味を持つ。すなわち、
世界は物というよりはむしろ関係によって成立しているとする考え
方で、それが言語にも当てはまるといった理念の基に言語研究を推
し進めるといった捉え方である。ではSaussure自身「構造」とい
う言葉を用いてはいないのに、この言葉は一体どこから来たのであ
ろうか。前章で先述したように、これはSaussure学説における
「体系」のことで、その性質が構造的であることと時代的背景と相
まって「構造」に置き換わったのである。そしてそれが「構造」と
呼ばれるようになったのは、Saussureの学説がヨーロッパの思想
界に影響を与え始めた1960年代以降になってからのことである。
そうした時代の趨勢から、その頃のわが国の言語学界でも西欧の構
造主義についての紹介的な論が多く散見され、先の国広の説明もそ
の一つである。Saussure学説の構造の性質については、町田
(2004b: 75–76) の以下の説明が役に立つ。

　　　"事物が体系を作り、事物の性質が体系に含まれる他の要素と
　　　の関係で決まってくるという考え方は、単語の意味だけではな
　　　くて、社会制度でも建築物でも、さらには人体を作っている器
　　　官についても、広く適用できる一般的なものです。つまり「関
　　　係性」という性質は、事物一般の性質を正しく見極める際には
　　　非常に有効な手段だったというわけです。

　　　こういう理由で、新しい意味を獲得した「構造」という用語
　　　が、言語学以外の分野にも浸透していくことになったのでした。
　　　そして、呼び名は違っていたにしても、構造の考え方について
　　　の中身をはじめて提唱したのはソシュールでしたから、ソシュ
　　　ールに始まる言語学説を「構造主義」と呼ぶようになったわけ
　　　です。"

　科学としての言語研究という目標を達成するために、Saussure
は対象を特定することから始めた。そしてそれをlangueと呼んだ。
そしてそのlangueに言語を生み出す生得性や生物的本能性をも含
めて、「システム（体系）」という言葉でそれを説明付ける。体系と

は関係性のことに他ならず、記号の対立も体系による差異に他ならない。では、体系とは何か。言語学では体系の中にある個々と要素を"辞項"と呼ぶが、辞項はそれ自体として実体を持つものではなく、その他の辞項との相互依存の関係においてその存在と意味が決定されるのである。

こうした記号との問題についても、同様に町田（2004b: 66）の説明から引用する。

"ある単語の意味が、その単語を要素として含む体系に属する他の単語の意味とは異なるという性質に基づいて決定されるということは、まったく同じ意味を表す単語が同じ言語に二つはない以上、間違いないことです。体系に含まれる要素の価値がお互いの差異で決まることから、コトバが示す体系を「差異の体系」と呼ぶこともあります。"

要するに言語体系は、実態的な要素の集合である体系とは異なり、個々の要素はそれ自体では何の実体性も持たず、他との関係性の中で始めてその存在が構成されるということである。このことは、以下のSaussureの有名な一文からも明らかである。

"Un système linguistique est une série de différences de sons combines avec une série de différences d'idées ;."　　　(1916: 166)

"言語体系は、音の一連の差異が観念の一連の差異と結合したものである。"　　　(1940: 168)

体系の中での関係性という点の解説に、Saussureがチェスのゲームとそこでの駒の役割と関係性を持ち出すことは有名である。そして、この体系の差異という問題から導かれる帰結の第一が、記号が異なれば意味も異なるという問題である。この点については前章で触れたとおりである。またlangueの体系の中で最小の単位が音素であり、それが記号と結び付いたものが単語であると考えられるのである。Saussure学説の基本的な立脚点は、まず単語を記号として捉えることから始まる。Saussureが想定するlangueの単位は、音素と単語であった。単語は音素列と意味が結び付いた最小単位と考えられる。ここでの音素列は"signifiant"、意味は"signifié"ということになる。そうなると文にもlangueを認めないといけない

が、Saussure は文はあまりに多様で話し手が何の制限もなく自由に創出することが可能であり、langue に求められる規則性を何一つ備えていないという理由で、文に langue を認めない。そのため単語こそが langue の中で意味を表す最も重要な単位であり、音素列という具体的な音の集合としての表象が意味と結び付き、特定の規律に従って特定の音素列に対応する意味は、同じ langue を用いる全ての成員間で同じになることが条件付けられる。したがって単語は以上のような体系付けられた記号の成立条件を満たすことで同一の signifié を共有することが可能となり、それが人間の言語による意味理解の第一歩であると考えるのである。単語を言語記号と呼ぶ所以がここにある。しかもわれわれは有限の数十の音素で数千の記号を作り、その数千の記号によって無数の事柄を表しているのである。この点についても、前章で日本語の「あいうえお」の 50 音字のそれぞれの後に「か」という記号を付与した signe とその意味の例で見たとおりである。

　そしてこうした体系を単語に求める時、Saussure の構造主義的言語観は言語研究者の目を語彙の構造に向けさせ、Trier らの「分野説」として発展するにいたる。そしてそこでの例として百年一日の如く引き合いに出されるのが色彩語や量意語、成績評語の体系である。このことの例として、菅原俊也（1987: 93–94）の量意語の分析は非常に興味深い。

　すなわち先程の体系という考え方を当てはめれば、量意語の half という辞項は little と much との関係付けでその意味が決定されるのであり、その他の辞項も同様である。こうした体系はわれわれの認識と言語による世界の認識を説明付けるのに一見便利である。しかしこうした体系にも、国広（2006: 20）は以下のように警鐘を鳴らす。

　　"例として成績標語の体系が挙げられることが多い。しかしこれは最初から標語の体系を作ることを目指して人工的に作られたものであることにも若い筆者は気付かなかった。ほかの役所や企業の役職名や軍隊の階級名なども明瞭な体系性を示すが、これも人工的なものである。人工的な体系でない場合は意味分

野の構成に変化があっても意味変化は生じないのが普通である。
（中略）本来人間は眼前の事物あるいは脳内の認知内容に名を
付けることによって語彙を発達させてきたのである。結果的に
同音異義が生じても、それは自然の成り行きというものである。
最初から構造性に気を配りながら名付けをしてきたわけではな
い。"

　先の菅原の量意語の構造的分析でhalfを真ん中の半分と捉える
ことは万人共通であるが、それ以外の多い少ないは個人の捉え方に
よって差異が生じ、万人に共通の線引きが厳密になされえないと考
える方が自然であろう。このことは、コップに入った半分の量の水
を「半分も」と多量と捉えるか、「半分しか」と少量と捉えるかと
いう有名な心理学のテスト図の解釈にも似ている。またそしてこう
した体系は、文の成立基盤としてもそこに構造性を求めることが可
能である。

　こうした語順という形での体系が文としての構造性を形成してお
り、そこにはSaussureが"syntagma（連辞）"と呼ぶ階層性が見
られるがSaussureは文を考察の対象としていなかったため、文の
構造における階層性については論じていない。Saussureが重視し
ていたのは単語の意味の決定を支える原理の発見であり、Saussure
はこうした連辞を形成している単語間にはなんらかの関係性があり、
その並び方や意味の決まり方は何らかの規則に従っているはずであ
ると考えたのである。連辞を構成する単語の並びや意味的な関係を
体系的に示すことが言語を科学的に扱うことにもつながり、それが
後に「構造」と呼ばれるようになり、Saussureの学説を「構造主
義」と呼ぶ所以はここにあるのである。また、こうした階層性が構
造主義と相まって、言語の文構造の解明に光を当てたのが
Chomskyと彼の文法理論である"generative grammar（生成文
法）"であることは広く知られるところである。そしてChomsky
の生成文法における文解析の手法が時枝の文構造の解析法と驚くほ
ど似通っており、また時枝文法における詞と辞の入子型構造が
Saussureの"rapport syntagmatiques（連辞関係）"につながるも
のであることは本書の第2章で見たとおりである。

第8章　構造と認知の科学　　409

このようにして言語の持つ語順の規則と構造性の規則が定式化出来れば、次に研究課題となるのがなぜそのような規則になっているかを解明することである。生成文法の考え方に従えば、句構造規則という形で文の構造を導き出すことにより、世界の諸言語が持つ文の構造は「主部＋補部」ないしは「補部＋主部」のどちらかの類型に分類することが可能になる。これにより、それまでのSaussureの構造主義言語学では十分に説明することが出来なかった文の構造を提示し、普遍文法という枠組みで文の構造が生成されるための規則性を句構造規則という形で定式化することに成功した。その点で、Chomskyの言語理論はSaussureの言説を更に発展させるものとして捉えることが可能なのである。普遍文法という枠組みが子供の言語獲得の根底にあるメカニズムの解明という部分とつながり、それがはからずもSaussureの言うlangueに近づくことは本章を通じて見たとおりである。

　こうした音、単語、文の成立に構造を求める姿勢は、まさに言語という抽象的存在を科学の対象として扱い、そこに科学性を持たせようとしたからに他ならない。Hawkes（1977: 23）も言うように、ここでわれわれが見出すのは言語における基本的な構造化の原則である。それは個々の項目の実際の性質を越えて作用することを特徴とし、それらの項目に自己の型を体系的に課すものである。同様に、全ての項目のそれぞれを規定する一般法則に支配されている一つの体系は構造をなしている。Saussureは言語記号を「記号内容」と「聴覚映像」という二つの側面に存在する関係という観点から捉えた。記号内容と聴覚映像の間にある構造的関係はこうして一つの言語記号を構成し、言語はこれらの言語記号によって成立するのである。その意味で言語は"観念を表現する記号の体系"なのである。このようにしてSaussureの唱えた言語の体系は、プラハ学派を通じて音韻論の確立に寄与し、更にその後コペンハーゲン学派による構造的分析手法を基に、その上に構築される現代言語学の中心的な考え方として構造主義という名の下に、音韻論や人類学への応用を超え、その根本的な思想部分においてヨーロッパ近代の思考様式にまで拡張していくのである。

しかしここに上げたものはある種具体的な言葉の対立である。抽象的なものに対して果たして対立そのものがありえるのであろうか。この点について、国広（2010: 3）は以下のようにその基盤を疑問視する。

　　"構造主義はまず論理的にいって成立しない。抽象的な記号の対立とは何ぞやということである。対立は音声なり視覚的な符号なり、知覚的に区別が感じられるものがあって初めて成立するものであるから、抽象的な対立というものはありえない。ソシュールはこの考えを「言語には差異しかない」という表現でまとめているが、具体的な知覚実質なしには差異は存在しえない。"

　差異という主張に目を向ければ、確かに国広の指摘のとおりである。しかしこれは Bally と Sechehaye による *CLG* での主張に限るものであり、自筆草稿における Saussure の言葉は

　　"Nous n'établissons aucune difference sériuese untre les termes *valeur*, *sens*, *signification*, *function* ou *emploi* d'une forme, ni même avec *l'idée* comme *contenu* d'une forme ;（後略）"［斜体部原文ママ］
　　　　　　　　　　　　　　　　　　　　　　（Bouquet et Engler, 2002: 28）

　　"われわれは、ある形式の価値、意味〔サンス〕、意義〔シニフィカション〕、機能ないしは用法の間に、いかなる〈重要な〉差異も設けないし、またある形式の内容〈として〉の観念との間にさえも差異を設けることはしない。"［傍点部原文ママ］
　　　　　　　　　　　　　　　　　　　　　　　　（松澤訳、2013: 26）

という、*CLG* とは正反対のものであったことは前章において解明したとおりである。このことは、国広が Bally と Sechehaye による *CLG* での主張を基に反論を展開していたとはいえ、これまでの国広の指摘がいかに正しかったかということを歴史的にも Saussure の真の言葉からも逆に証明するものである。とすれば、これまでの構造主義とそこでの言語研究とは何であったのか、再考を迫られる時期に来ているであろう＊1。

2．言語の科学と科学としての言語

　言語学では、自然科学の分野では当然と思われるような、万人が共通して拠り所とするような出発点となる原理が存在しない。また言語学では言語を規定するための用語がおびただしい。町田（2004b: 117）も認めるように言語学の煩わしいところは、こうした独特の用語が大量に使われることであり、それは Saussure においても例外ではない。そしてこうした言語学の問題は、本書第 5 章の Godzich や Bernstein、更には Black らの指摘でも見たとおりである。

　中田光雄（2018: 258）も指摘するように、Saussure の究極の目標が、言語の科学を構築することにあったことは間違いない。しかし言語なる抽象的で漠然としたものを科学の対象とすることが果たして可能なのか。これは Saussure の時代から言語学者がずっと背負い続けてきた十字架であり、かつ努力目標であった。この目標を達成するために、Saussure は対象を特定することから始めた。記号の科学の構築を目標とし、その上で言語学の基礎を築こうとしていたのである。

　Saussure は科学には二つの方法があると考えていた。すなわち、データの分析から始めて仮説を立て、多様なパターンの説明を検討することで得られた全てのデータと合致する理論的法則を求める「帰納的方法」と、それとは反対に強力な根拠と思われる理論や原則、または仮定の前提から出発し、データと理論の整合性を検討し、仮定から導き出した予測と理論が一致するかどうかを考察する「演繹的方法」の二つである。前者は「分析的方法」、後者は「総合的方法」とも呼ばれる。このことは、Engler 版断章番号七十三番の、

　　　"Pour se faire une idée plus approfondie de la linguistique deux chemins sont possibles : une méthode théorique (synthèse) et une method pratique（analyse）. Nous suivrons la seconde et nous commencerons par une ―― ."

　　　"言語学の問題を掘り下げるには二つの方法が考えられる。理論的方法（総合）と実際的方法（分析）である。我々は後者の

方法に従い、まずは前者から着手しようと思う。"　　　（筆者訳）
という Saussure 自身の言葉からも見て取れる。

　Saussure 学説の基本的な立脚点がまず単語を記号として捉えることから始まり、単語は音素列と意味が結び付いた最小単位と考えられることは先述したとおりである。そして Saussure にとって言語記号とは単語のことであり、単語は意味を表す最小単位である。そして音素列という具体的な音の集合としての表象が意味と結び付き、特定の規律に従って特定の音素列に対応する意味は、同じ langue を用いる全ての成員間で同じになることが条件付けられる。音素の数は全体でも数十個にすぎず、有限である。そこから形成される音の組み合わせも数千個で有限である。そうすれば音素の数が有限ならば、そこに付随する内容素も有限であると考えられる。しかし、現実にはそうではないことは、加賀野井（2004: 127）のラバに《仔》の内容素が存在せず、ほろほろ鳥には《牡》の内容素さえないといった様々な反証を持ち出すまでもなく、火を見るより明らかである。きっちりと規定された音と違って、意味は不確定な要素や境界が曖昧な場合が多く、機械的な配列で確定され得るものではないのである。ここで国広哲弥（1985b: 18）の"言語における記号表現と概念は必ずしも明確な形で平行せず、さまざまな反証も数多く散見される"という指摘が事実であることが分かる。またそれとは逆に、言語記号に対立する差異がなくとも概念の形成が見られることは、現実には多々ある。

　こうした分析法は現代言語学では成分分析という形で受け継がれ、人間の言語によるカテゴリー化の一端を見ることが可能であるという点だけでは有益である。しかしそれでも二重分節といった意味の最小単位点まで分解すると、それ以上の説明がつかないことにもこの分析法の限界が露呈している。こうした分析法の性質と限界については、町田（2004b: 129）の次の説明が説得力がある。

　　"そもそも単語の意味というのは、ソシュールも述べているように、私たちを取り巻く世界を構成しているモノやモノの性質、あるいはモノの動きや状態を表すものです。もっと一般的に言えば、世界を構成するすべての事物や事物の広い意味での性質

の一部分を切り出して集合の形にし、それを意味として表すのが単語なのです。切り出された事物の集合はそれぞれ異なっていますし、世界にある事物には無限の多様性があるのですから、そういう集合の性質を、一定の数の成分だけを組み合わせて表すことはもともと不可能なのです。もしそれが可能だとしたら、国語辞典で行われている単語の意味（語義）の説明は、もっと簡単なやり方でできていたでしょう。しかし現実にどの辞典でもそんなことは達成されていないことを見ても、内容素の存在が幻想に過ぎないことがよく分かるのではないかと思います。"

またこの構造を見るとき、すでに見た langue 概念についての丸山（1971a: 29–32）の、

"この、コトバの本質という点から捉えられた《構成原理》としてのラングとは、一つの国語体をさすのでもなければその一般化でもない。何よりも、言語のあらゆるレヴェルについて語ることができるのが、その証拠である。例えば、《音素 phonème》は音韻論レヴェルでのラングであり、その顕現化としての物理音はパロールである。形態論のレヴェルでは《形態素 morphème》が、意味論のレヴェルでは《意味素 sème》が、それぞれのラングであり、このラングを「言語」と訳すことができないのは、以上の例のみからも頷かれることであろう。言語を離れても、このラングは有効な概念装置として機能する。我々は《神話素》、《物語素》といった -émique（本質的な関係の網の視点）を語ることができ、それらは -étique（現象的顕現、物理的材質）と対立させることができる。当然、この第三のラングに対置させられるパロールは、先に見た第一のパロールであって、副次的、非本質的なものである。" （1981: 90–91）

という説明がいかに的外れで意味をなさないものであるかが、今や明らかである。Saussure は言語を科学として扱うためには、帰納的方法を持ち込むことは不可能であると考えた。Saussure は反論の余地のない定理から真理を構築しようと試み、そこに言語の科学としての分析法を求めた。その結果、言語とは体系の一種であり、社会制度の一種であるという公理を導き出し、その足場として

langue を設定した。Saussure は langue という概念に人間の言語の体系としての本質を求め、それが複数形で用いられた場合は世界の諸言語という意味合いで、単数形で用いられた場合は人間が獲得し、現在の使用法を習得し、未来において発達させることの出来る言語の土台として普遍的に存在する社会制度と人間の言語能力という意味合いで用いた。これこそが、Saussure が科学的研究の基盤となりえるシステムと考えた理由である。Hawkes（1977: 28）も言うように、Saussure は、言語構造が示差的対立の様式に従って構成されるという事実に着目することにより、言語は形式であり実質ではないという結論に到る。こうした構造における langue 概念を言語学の枠を超えてそれぞれの分野に応用、展開してきたのが、第5章、第6章で見た Jakobson、Lévi-Strauss、Barthes、Foucault らである。

　一方言語学における langue であるが、Bally と Sechehaye による *CLG* では、以下のように langue は「具体的実存体（entité concrète）」と説明される。

　　　"Les signes dont la langue est composée ne sont pas des abstractions, mais des objets réels(中略)ce sont eux et leurs rapports que la linguistique étudie ; on peut les appeler les *entités concrètes* de cette science.

　　　1.L'entité linguistique n'existe que par l'association du significant et du signifié ;(後略)"［斜体部原文ママ］　　　　　　　　（1916: 144）
　　　"言語を構成する所の記号は抽象ではなく実存的対象である。（中略）言語学が研究するのは其れであり、其れ等の関係である。其れを此の科学の具体的実体 entité concrète と呼ぶことが出来る。（中略）

　　　　一.言語実体は、能記所記の連合関係に依ってのみ存在する。"　　　　　　　　　　　　　　　　　　　　　　　　　（1928: 209）
　　　"言語を組成する記号は、抽象物ではなくて、実在的客体である。（中略）言語学が研究するのはそれらの関係である。これをこの科学の具体的実存体（entité concrète）と呼ぶことができる。（中略）

1. 言語実存体は、能記と所記との連合によらずしては存在しない。"［下線部原文ママ］ (1940: 137)

そしてそれこそがまさに"時枝・服部論争"における争点の一つであった。しかし Saussure 自身の説明は以下に見るように、*CLG* における記述とは正反対であったことは、本書の第 7 章で明らかにしたとおりである。

"Dans des domaines comme celui de la langue, on ne peut pas dire que les différents êtres s'offrent du coup aux regargs : il faut choisir un mot. Entité est pour nous aussi : l être qui se présente."

(Komatsu Eisuke, 1993b: 290)

"言語(ラング)のような学問の領域では、様々な存在(エートル)が、それ自体として姿を現すとは言えません。正確に言い換えなくてはなりません。実体(アンティテ)とは、私たちにとって、結局、現れ出て来る存在(エートル)なのです。"［太字部原文ママ］ (相原・秋津訳、2003: 159)

"Dans la langue prise face à face, sans intermediaries, il n'y a ni unités ni entités données. Il faut un effort pour saisir ce qui forme les diverses entités contenues dans la langue ou pour éviter de prendre comme entités linguistiques ce qui sont des entités d'un autre ordre."

(Komatsu Eisuke,1993b: 290)

"媒介なしに直面する言語(ラング)の中には、単位(ユニテ)も所与の実体(アンティテ)もありません。言語(ラング)の中に含まれる様々な実体(アンティテ)を形成するものを捉えるために、また、他の秩序の実体(アンティテ)を言語(ラングィスティック)なるものの実体(アンティテ)として見なすのを避けるためにも、努力が必要です。"［太字部原文ママ］ (相原・秋津訳、2003: 159–160)

"(la langue n'existe pas comme entité, mais seulement les sujets parlants !)" (Komatsu Eisuke, 1997: 93)

"言語(ラング)は実体(アンティテ)として存在しているのではなくて、話す主体の裡にだけ存在しているのです！" (相原・秋津訳、2006: 168)

われわれはなんと遠いまわり道をしてしまったものか。Bouissac（2010: 86）は、「langue は永遠に変容し続けるシステム（体系）

416

であり、起源をたどることの出来ない制度である」と言う。しかしながら Saussure はその在り処も、最初から公理として存在する演繹的手法としてではなく、むしろ parole という個々の事象の寄せ集めから帰納的手法によってしか見つけられないことをすでに明言している。

"Sans doute, la langue n'est sortie elle- même que de la parole dans un certain sens ; il faut la parole de milliers d'individus pour que s'établisse l'accord d'où la langue sortira. La langue n'est pas le phénomène initial."　　　　　　　　　　(Komatsu Eisuke, 1993b: 283)

"実際、ある意味では言葉（パロール）から〈しか〉言語（ラング）自体は発生しませんでした。言語（ラング）を発生させるための一致を生むには、数多くの個々（アンディヴィジュ）の言葉（パロール）が必要なのです。言語（ラング）は、予めあった事象ではありません。"
　　　　　　　　　　　　　　　　　　　　　　　　　(相原・秋津訳、2003: 146)

この点について、加賀野井（2004: 96）は次のように述べている。

"ようするに、私たちの日常的な言語観の背景には、かなり素朴な実在論が横たわっているのである。つまり、言語名称目録観においては、言語表現とはなんの関係もないところで、すでに、あらかじめ与えられ、はっきりと分節された対象物が存在している、ということが前提されていることになる。言語は、その対象にレッテルとして貼りつけられるだけなのだ。

ソシュールが根本的に問題としていたのは、実は、私たちのこの素朴な先入観であった。こうした先入観は、もっぱら日常的な言語観のみに巣くっているのではなく、そこから幾重にも洗練された当時の言語学のなかにさえ、気づかれぬまま受け継がれてもいたのである。"

構造主義という言葉はそもそも Saussure 自身が発明したものでも用いたものでもないが、Saussure の言語論の特徴は言語を構造として捉え、そこに langue の存在を見据え、langue を一つの実体と考える点にある。そして以下に見る Saussure の言葉からもこのことが決して憶測ではなく、確証へと変わるのである。

"Dans des domaines comme celui de la langue, on ne peut pas dire que les différents êtres s'offrent du coup aux regards : il faut choisir un mot. Entité est pour nous aussi : l'être qui se présente."

(Komatsu Eisuke, 1993b: 290)

"言語^{ラング}のような学問の領域では、様々な存在^{エートル}が、それ自体として姿を現すとは言えません。正確に言い換えなくてはなりません。**実体**^{アンティテ}とは、私たちにとって、結局、現れ出て来る存在^{エートル}なのです。"[太字部原文ママ] （相原・秋津訳、2003: 159）

"言語なるもの（la linguistique）"を対象にできるのか。それなくして"言語学（la linguistique）"の成立自体もありえない——Saussure の問いは全てそこから始まっている。

3. 生得性としての langue と後天性としての signe

　言語学において、言葉が先か物が先かという問題は、根本的かつ普遍的問題である。ここで Saussure の主説である langue を認めると、言語が先に存在し、その言語によって概念が形成されるという言語先行論に必然的に行き着く。そしてそれは、言語起源論という形で Aristoteles の時代から現在まで脈絡と続く言語研究の根本的かつ普遍的問題である。

　Chomsky（1966 b）は言語は創造であると言う。Chomsky の「普遍文法」は、彼の主たる仮説である子供の言語習得の生得的基盤を証明する道具に他ならない。Lewis（1971: 201–202）も指摘するように、Chomsky の仮説の中で最も基本的であると同時に、最も多くの反論を生むものが、われわれ人間が"言語を獲得する素質（potential knowledge of grammar）"を持って生まれてくるという主張である。Lenneberg（1967: 19,127）の言う"species-specific（種特有）"と同じく、Chomsky はこれを人間独自のものとみなす。そして第一の教義である、子供の言語発達は成熟の過程であり、条件付けやその他あらゆる手段による学習によるものではないという考えの有効性を示すために Humboldt にまで遡り、「言語は適切な外的条件の下で比較的一定の容量の成熟により成長する」という Humboldt の言葉を拠り所とするのは本書の第 1 章で見たとおりである。

置かれている環境の時間的長さと周囲の言語使用によって、人は学習によって言葉を獲得することが明らかである。しかしここに落とし穴がある。赤ん坊が学習によって後天的に獲得するのは「言葉」でも「言語」でもなく「記号」ではないのか。だからこそ、記号を取り違えたまま成長し、後年言語環境や言語使用において周囲との軋轢や不調和によって自分の認識違いに気付かされ、修正を迫られることは誰しもままある。「言葉」や「言語」ははじめから生物学的形質で生得的に人間に備わった機構ではないのか。Lewis（1971: 205）も言うように、Chomskyが「普遍文法」を基に「子供が言語を獲得する」と言う時、それは子供が言語を理解し語彙を増幅させるということではなく、子供が言語の規則に従って構造を生成しながらこの規則を超える言語能力の拡張を図っている、ということである。そしてそれこそが、Saussure学説におけるlangueの機構そのものではないのか。

　なるほど今日では、親が子供に話しかける総時間や環境にかかわらず、子供が話し始めるまでにほぼ同じ期間がかかることが知られている。赤ん坊は歩くべき時が来れば歩き、話すべき時が来れば話す、というのである。確かに言語の獲得には規則的な時間的推移をたどるのは事実である。Lenneberg（1967）は自然主義的言語観を擁護し、人間の用いる言語は生物学的基礎に基づくもので、遺伝によって特徴付けられるわけではないにしても、決して学習によるものではないことを主張した。こうした主張に対する有名すぎる反証は、狼に育てられた少女、アマラとカマラであろう。しかし人間が狼に育てられること自体が生物学上不可能であることなどからこれにも多くの反論が存在し、ここでは紙幅の関係と問題の方向性と多様性から、その点には触れないでおく。一つだけ言えるのは、環境は言語の獲得と発達に大なり小なり有効であるが、それは源ではなく一つの条件である、ということである。

　言語が生得的なものかあるいは後天的なものかを見るために、Lenneberg（1967）は生物学的に主たる二つの基準を示した。すなわち、1）種の成員の全てが当該の能力を持っているかどうか、2）当該の能力を遂行するための器官が生物学的に備わっているかどう

第8章　構造と認知の科学　　419

か、という基準である。1）では、人間が言語を話す（ことが出来る）という共通の能力を有していることから、言語能力は恐らく人間の遺伝形質の結果と考えられる。2）では人間が話すという運動を遂行するために口の器官が発達している。魚や蝶の口は、食物を採り入れるという生物本来の機能を有してはいても、決して話すための人間と同じ口の構造をしているわけではない。ここに、人間は言葉を有し発する器官を遺伝的に備えており、それゆえ周囲の環境の手助けにも寄りながら、言語は人間に生得的に獲得され発達されるものと考えられる。

　われわれは楽器をマスターしたり、車の運転を覚えたりする特殊な能力を発達させることができる。それと同様に、いつの間にか言葉を覚え、その使用法を学び、社会の中で言葉による意思疎通を図れるようになる。この点で言語の獲得は後天的である。しかしながら Mehler & Dupoux（1990）の言葉を借りれば、言語を獲得するための知識と技術は、人間という種の遺伝形質で決定された枠の中に収まった、万人共通の能力の存在に基づいているのであり、やはりどのように学ぶかを人間は知るように組み込まれており、その意味で言語は人間に生得的なものと言えるのである。蝶や蛇にいくら人間の言葉を教えても、土台遺伝的に器官の構造が言語を獲得したり用いたり、または学んだり発達させたりするようには出来ていないのである。われわれ人間は、どのように学ぶかを知っている。すなわち言葉を学習する術を遺伝的に知っているのである。蝶や蛇に人間の言葉を教えてもそれを獲得し、発達させることが出来ないのと同様に、人間に蝶の飛び方や蛇の体の動きを教えても、人間の赤ちゃんがそれを獲得し、発達させることは出来ない。馬の赤ちゃんが教わることもなく生まれた瞬間に立ち上がることが出来るのに、人間の赤ちゃんにはそれが出来ないという論理である。馬の赤ちゃんが生まれた瞬間に立つことは種の遺伝形質による生得的本能である。最初はぎこちない立ち方から徐々にスムーズな歩き方、速い走り方を獲得するのは、生物的発達とともに生活の中で母親の行動から足の動かしかたなどを学んでいると見る方が自然だろう。言語の獲得と発達もこの関係と同じであるという見方である。これと同様

の指摘は阿部（2015: 55-56）にも見られる。

　言語学的見地から言えば、Chomsky はこうした生得的な言語の獲得を可能にするメカニズムを「普遍文法」という枠組みで明らかにしようとした。そしてそれは Saussure の言う langue に等しい。また人間に生得的な、言語を獲得し操るための器官の構造は Chomsky が言う language faculty に相当しよう。Jacob（1970: 32）は「生物は個体とその環境との間にフィルターの役割を果たす記号を用いるようになるとともに、遺伝の法則によって課せられた厳しいプログラム性から解放される」と述べている。これは言語の獲得に際して Chomsky の考えと一致するが、その反面丸山（1983: 262）も指摘するように、記号の獲得が自らの遺伝法則そのものを破壊するマイナスの面も有している。

　Chomsky の仮説である子供の言語習得を生得的基盤から証明する「普遍文法」に対する反論で最近のものでは、Edelman（1992）や Elman et al（1996）、Deacon（1997）などがあげられるが、そこでは種による学習と生得性の差異が脳の遺伝とゲノムのコード化というレベルで論じられている。これらの議論は Jackendoff（2002）で詳しいので詳細はそちらに譲るが、言語理論の立場から見れば、ある言語が母国語となっていく過程で習得する意味体系を明らかにしなければ、人間の言語能力は説明付けられない。この点で Bloomfield の行動主義的言語観は一見有益である。行動主義者は内観主義者の方法に含まれる主観性を問題視し、内観主義にかえて行動に関する客観的科学を提唱し、そこに科学としての言語の意味の解明を試みた。もっともそれは、言語学が言語とともに心、思考、意識、認知、概念などというつかみどころのない漠然とした存在を科学の対象にするわけであるから、致し方のないことである。そしてそれは言語とそれに伴う意味もまた同様であった。

4.　langue と parole の言語学

　これまでの考察から明らかなように、Saussure にとって langue とは社会的に決定されている言語体系であり、潜在的な言語能力で

ある。そして parole は、この潜在的な言語能力かつ社会的な言語体系を基に創出された音声による langue の個々の実現に他ならない。そして Saussure は、言語の科学と科学としての言語の研究対象を langue に置いた。parole は langue を基に創出される個々の実現でありながら、その創造性は langue の範疇から逸脱し、利那的、一時的で現れては消え行くシャボン玉のように玉虫色で実体のつかみにくいものだからである。そしてここが大きな問題点の一つであるが、こうした点から Saussure は langue の研究を parole に優先したと言われている。そのことは本書の第2章でも検証したとおりである。しかし Constantin による講義録では、この部分は全く異なっている。

"Nous pouvons dire que le langage se manifeste toujours au moyen d'une langue ; il est inexistent sans cela. La langue à l'individu, elle ne saurait être sa creation, elle est sociale de son essence, elle suppose la collectivité. Enfin elle n'a d'essentiel que l'union du son et de l'image acoustique avec l'idée (l'image acoustique c'est l'impression qui nous reste, <impression latente en notre cerveau>. Il n'est pas besoin de se la (=la langue) représenter comme nécessairement parlée à tout moment."

(Komatsu Eisuke, 1993: 190)

"言葉は常に言語に助けられて現われ出る、と言えるでしょう。言葉は言語がなくては存在できないのです。言語の方は、完全に個から逃れており、自分が被造物であるのも知らず、その本質 essence からして社会的であって、そこに集団の存在を連想させます。それは結局、本質的には、音と観念を伴った聴覚イメージとの繋がりでしかありません。(聴覚イメージ、それは〈私たちの脳に潜伏している印象(D.)〉の残像なのです)。絶えず必然的に現れ出る発話だと、〈(言語)〉を考える必要はありません。"

(相原・秋津訳、2003: 24)

"Nous n'entendons pas en étudiant la langue étudier tout ce qui concerne le langage. Nous opposons la langue au langage, comme étant une partie essentielle, principale, mais enfin ce n'est qu'une partie du langage."

(Komatsu Eisuke, 1993: 276)

"言語を研究していながら、私たちは言葉に関するすべてを研究しているのだ、ということが理解できていません。まるで言語こそが本質的かつ原理的なものであるかのように、言語を言葉に対立させます。しかし、結局は、〈言葉〉の一部分でしかないのです。"

(相原・秋津訳、2003: 135)

"La langue pour nous ce sera le produit social don't l'existence permet à l'individu l'exercice de la faculté du langage."

(Komatsu Eisuke, 1993: 276)

"言語、その存在とは、私たちにとって、<u>個</u>の言葉能力の行使を可能にする社会的産物なのです。"［下線部原文ママ］

(相原・秋津訳、2003: 135)

"Sans doute, la langue n'est sortie elle-même que de la parole dans un certain sens ; il faut la parole de milliers d'individus pour que s'établisse l'accord d'où la langue sortira. La langue n'est pas le phénomène initial."

(Komatsu Eisuke, 1993: 283)

"実際、ある意味では言葉から〈しか〉言語自体は発生しませんでした。言語を発生させるための一致を生むには、数多くの個々の言葉が必要なのです。言語は、予めあった事象ではありません。"

(相原・秋津訳、2003: 146)

"Il y a donc 〈dans étude une partie comprenant étude de la partie individuelle du language, de la parole,〉 comprenant la phonation : c'est *l'étude de la parole*, et une seconde étude : partie du langage mise par delà la volonté de l'individu : convention sociale, qui est *l'étude de la langue*."［斜体部原文ママ］

(Komatsu Eisuke, 1993: 305)

"というわけで、〈研究の中には、言葉の個的な部分、つまり言葉を含み〉、発話も含んでいる〈部分〉があります。そ

第8章 構造と認知の科学　**423**

れが言葉の研究なのであり、二番目の研究が　個　の意志を向こう側へ置いた言葉の部分、つまり社会的な契約である言語の研究なのです。"［下線部原文ママ］　　　　（相原・秋津訳、2003: 186）

"C'est là l'embranchement, la bifurcation que l'on rencontre immédiatement, savoir si c'est la parole ou la langue qu'on prend comme objdet d'etude. On ne peut s'engager simultanément sur les deux routes, [il] faut les suivre toutes deux séparément ou en choisir une."　　　　　　　　　　　　　（Komatsu Eisuke, 1993: 305）

"そこで、まず分岐点、岐路にぶつかるのですが、果たして研究の対象として採り上げられるのは言葉でしょうか、言語なのでしょうか。同時に二つの路線に関わり合うことは出来ません。二つを分け、どちらか一方を選んで進まなければならないのです。私たちが語っていたのは、言語の研究の追究です。"［下線部原文ママ］　　　　　　　　　　　　（相原・秋津訳、2003: 187）

"Cela dit, il ne faut pas en conclure que dans la linguistique de la langue il ne faut jamais jeter de coup d'oeil sur la linguistique de la parole."　　　　　　　　　　　　　　（Komatsu Eisuke, 1993: 305）

"言語の言語学では、言葉の　言　に断じて目を投じてはならない、という結論を出すべきではありません。"

（相原・秋津訳、2003: 187）

　この記述を見ると、Saussure 自身が言語の研究において langue を優先したことはなく、この部分こそ Bally と Sechehaye の創作であることが今や明らかである。しかも最後の文にいたっては、全く正反対のことを言っているではないか。この文を見ると、いかに原文が歪曲され、誤解を生む表現に書き換えられたかが分かる。Saussure の言葉は明晰で、言語研究に当たって二つの対称の性質を明らかにした上で、言語研究の対象として存在する二つの事項を明分化したにすぎず、そのどちらが優先されるべきなどとは決して言ってはいないし、言語研究者としていかに明晰な考えを示していたかに驚かされる。そして Saussure は言うのである。「動機付けの

全くないような langue は存在しない」と。

　Saussure はまずは langue から出発し、問題を整理したらやがて
は langage も parole も考察しようとしていたようである。それは
病気により実現しなかった幻の第四回講義の、「個人における
parole の能力と行使」で講義されるはずであった。そして Bally と
Sechehaye による *CLG* で parole について扱うことは、二人の能力
を超えたものであると謝罪した上で、*CLG* で parole について扱わ
なかったことの理由は、以下にあげるその編者まえがきですでに見
られるとおりである *2。

　　"ある種の学科、たとえば意味論などが、ほとんど触れられて
　　いないのは、そんなわけである。わたしどもはこのような欠陥
　　が建築ぜんたいにひびを入れるとの感をもたない。「言の言語
　　学」の不在は、だれの目にもつく。第三講の聴講者に約束され
　　たこの研究は、必ずやのちのちの講義の首座を占めたことであ
　　ろう；この約束のほごにされた理由は、世人の知りすぎるとこ
　　ろである。わたしどもは、ほとんど素描もされずじまいになっ
　　たこの題目についての片言隻句をかき集め、これをしかるべき
　　位置にすえるだけにとどまった；それ以上に出ることは、力に
　　あまることであった。"
　　　　　　　　　　　　　　　　　　　　　　　　　　（1940: 4）

この文を見れば、加賀野井（2004: 76-79）の言うように、
Saussure は langage や parole の研究を切り捨てたわけでも、断念
したわけでもないということが納得される。これが実現されていた
ら、*CLG* が更にどんなに魅力的で刺激的な内容になっていたこと
であろうか。Saussure はジュネーヴ大学での三回にわたる一般言
語学の講義で一貫して langue と parole を対比して説明していたが、
それに最も力点が置かれたのは第三回講義において特に顕著である。
ここで Saussure は言語を個人の言語活動のレベルにおいて観察す
べき対象であるとし、「発話の回路」と呼ぶ図を提示しながら、言
語と発話にいたる過程の説明に腐心している。

　個々の発話や理解の目標ともなり、また前提ともされているよう
な、体系化された関係からなる完全な型を記述しようとするような
langue の存在と、Chomsky の言うような「言語運用」に先立って

存在しているはずのそしてその言語運用を"生成する"言語能力の体系の記述は、意味の研究を見誤らせるだけでなく、われわれをして意味の本質から目をそらさせる危険性が大きい。言語の意味を考える場合、われわれは langue とは何かという問いから出発すべきではない。何故ならこの問いは、langue の存在を自明の前提としたものであり、この問いからは永遠に意味の生成についての有効な解答は見出し得ないからである。むしろ、言語とそこで生成される意味を考える際には、徹底的な parole の帰納的分析によって、どの段階で langue という概念が要請されるのかを問うべきなのである。それによってのみ意味の研究は有効なものとなり得る。langue とは何かという問いは、人間の有する言語という漠然とした概念から始まって、更には人間が生来本能的に有していると考えられる、言語習得能力の是非といった方向へしか論点が進まないという性質を強く有している。事実、Chomsky が取った、言語を習得し、かつそれを操る能力が人間に生得的に備わった生物学的な特性であるとする立場に従えば、幼児の言語習得や失語症といった問題もまた、生物学的な視点から観察すべき対象となる。そのため Chomsky の言語理論は、「心理言語学（psycholinguistics）」と呼ばれる言語習得のメカニズムの解明を目指す学問分野を急速に発展させるきっかけとなるのである。

　研究の現場ではとっくに parole の分析が主流であるし、それは決して Saussure 反対派が言うような、Saussure 学説が時代遅れの言語学だからではない。そこからしか langue に到達できないからであり、研究者たちはとっくにそのことを知っているからである。構造主義言語学が隆盛を極めていた時代においてさえも、国広らの語彙の意味研究は実際の parole から演繹された語の構造とそこから導き出された普遍的心理である langue の探求であると見ることが出来る。

　あるいは意味の研究だけに限って言えば、Saussure の学説など切り捨ててしまった方がいいのかもしれない。その抽象的な矛盾だらけの理念に振り回されて余計なエネルギーを費やさないだけ、また現実に目の前にある言語事象にのみ目を向け、空虚な仮説との不

具合や整合性に頭を悩ます必要がなくなるだけ、具体的帰納から出発するのがいいのかもしれない。しかしそのような場合であっても、言語を記号として捉え、そこに音形と記号内容との科学的構造を見るとき、Saussure の学説と langue という捉え方は、逆説的ではあれ、踏み台としての通過儀礼の役割は担っているはずである。それがないことには、Saussure の学説の有効性も誤りも見えては来ないのである。

5. 記号としての言語

　Saussure 学説に反意を示す者であっても、Saussure が示した言語を記号（signe）として捉えるという考えに反対する人間はいない。そしてこれこそが言語を科学として捉えることを提唱したSaussure 学説の真髄であるとともに、後世への遺産でもある。このことについて *CLG* では以下のように述べられていた。

　　　"Nous appelons *signe* la combinaison du concept et de l'image acoustique :（中略）Nous proposons de conserver le mot *signe* pour désigner le total, et de remplacer *concept* et *image acoustique* respectivement par *signifié* et *signifiant* ;（中略）Le signifiant, étant de nature auditive, se déroule dans le temps seul et a les caractères qu'il emprunte au temps : a) *il représente une étendue,* et b) *cette étendue est mesurable dans une seule dimension* : c'est une ligne."［斜体部原文ママ］　　　　　　　　　　（1916: 99–103）

　　　"余は概念と聴覚映像との結合を記号signe と呼ぶ。（中略）余は提唱する、記号なる語はそのまま全体を指さしめ、概念と聴覚映像とはそれぞれ所記signifié と能記 signifiant とを以て代入するがよい。（中略）能記は元来聴覚的のものであるから、時間中にのみ展開し、時間からその特質を受けている。（一）拡がりを表わす。（二）その拡がりは一次、即ち線に於てのみ測定可能である。"　　　　　　　　　　　　　　　（1928: 136–142）

　　　"我々は概念と聴覚映像との結合を記号（signe）と呼ぶ。（中略）我々は、記号なる語をもってそのまま全体を指さしめ、概

念と聴覚映像との代りにそれぞれ所記（signifié）と能記（signifiant）をもってすることを、提議する。（中略）能記は本来耳に聴かれるものであるから、時間の中にのみ展開し、その諸特質を時間に仰いでいる、即ち：a) それは拡がりを表わす、また b) この拡がりは唯一つの次元内においてのみ測定される：それは線である。」［下線部原文ママ］ (1940: 91–95)

"Le signe linguistique unit non une chose et un nom, mais un concept et une image acoustique." (1916: 98)

"言語記号は事物と名称とを結合するものではない、概念と聴覚映像とを結合するものである。" (1928: 134)

"言語記号は物と名とを連結するのではない、概念と聴覚映像とを結合するのである。" (1940: 90)

では記号に関する Saussure の理論とはどのようなものであるのか。言語記号が事物と名称とを結び付けるものであるとする言語目録観と称される言語に対する古典的考えを否定し、Saussure の言う「概念」と「聴覚映像」によって結ばれるということにより、二つの心的事象の間の関係が物質的なものではなく抽象的なものであることを強調し、その結果言語記号の恣意性という原理を説くことは、前章でも見たとおりである。Saussure が記号理論を確立するまでの紆余曲折は、signe についても同様である。Saussure は、従来の言語哲学で用いられた signe という用語の意味のずれと、それを自説の証明で用いることの危険性を認識しており、手稿 15 では signe の代わりに sème という用語を当てることを提案している。Saussure にとって signe とは、意味と音素列を対応させる構造としての規則であり、それを生む langue の単位として想定していたのは音素と単語であった。単語は音素列と意味が結び付いた単位であり、これを "signe（記号）" としたのである。記号とは、音や図形など人間が知覚できる表象に意味が結び付いたものに他ならない。そしてこの表象と意味をそれぞれ "signifiant"、"signifié" と名づけた。言語を記号として捉えることにより、あらゆる表象に付与された意味を知覚により共有することが可能となる。そこに意味を持

たないただの音と意味を持つ言葉との違いが認識される。またこれ
は人間の言語だけに留まらず、道路標識やモールス信号、手旗信号
や動物の意思行動にも適用される。言語を記号の一種と捉えること
は、なににもまして言語の科学を樹立するために必要不可欠な視点
だったのである。そしてこうした考え方が間違いではないことは、
今日までの歴史が証明している。

　また記号に付与される音形と指示物の間には有契性は見られず、
その関係は恣意的であるとする。言語記号の恣意性という問題は、
言語を記号として捉えることから必然的に導かれる問題である。こ
うした音と意味のつながりに必然性はなくその性質は恣意的であり、
言語記号の恣意性と呼ばれるのはこのためである。Saussure のこ
うした考え方にただ一つ問題があるとすれば、記号の対立と意味の
差異という現象がどこまで真実であるかということである。この疑
問に対する解答も前章で見たとおりである＊3。

　そして記号を支えるものが langue であり、それは抽象的な
"forme（形相）"であり具体的に存在する鉛筆や消しゴムなどのよ
うな"substance（実質）"ではない、とした。時枝が己の言語過程
説を引き合いに出し、Saussure の学説批判を展開したのはまさし
く"forme（形相）"としての langue が言語の本質であるという
Saussure の考え方で、そこに疑問を投げかけたのである。言語は
それ自体が切り離されて具体物として存在するのではなく、具体的
な場面で具体的な事物や現象を音声によって表現することで存在す
る。時枝の言語過程説は、事物から音声へという"過程"が存在し、
そして言語過程説を拠り所とすることで、具体的な場面で人間がど
のようにして言語を用いるかという観点が抜けている Saussure の
学説で、langue がどのように作用するのか疑問を投げかけたので
ある。この点については、以下のように述べられている。

　　"ソシュールに従へば、「言語」は聴覚映像と概念との連合し
　　たものであるといふ。"
　　　　　　　　　　　　　　　　　　　　　　　　　（1941a: 64）
　　"この「杖」、「大黒柱」といふ様な「言語」が、特定の息子の
　　意味に限定されたと見ることが出来るであらうか。（中略）特
　　に「杖」とか「大黒柱」とかの「言語」を使用することは無意

第 8 章　構造と認知の科学　　429

味で「言語<ruby>言語<rt>ラング</rt></ruby>」なければならない。" （1941a: 70）

　"例へば、一匹の馬を表すのに何故に、「馬」という「言語<ruby>言語<rt>ラング</rt></ruby>」
が使用されるか。" （1941a: 71）

　"「言語<ruby>言語<rt>ラング</rt></ruby>」は、聴覚映像と概念との結合であると考へる限り、
それはソシュール自ら述べてゐる如く、純心理的実在である。"

（1941a: 74）

　しかし丸山（1983: 50）も指摘するように、ここでの「言語<ruby>言語<rt>ラング</rt></ruby>」は
全て signe の誤りである。「ウマ」という signe は存在しても、「ウ
マ」という langue は存在しない。時枝の言語過程説における過程
とは、音声と意味、すなわち signifiant と signifié の結び付きが成
立していてこそ可能になる考え方であり、それはまさに signe の構
造そのものである。時枝の言う過程が音声と意味の結び付きが成立
してこそ初めて可能なものになることから、過程を言語記号に置き
換えて考えることで Saussure の言説中の様々な矛盾がうまく解決
できる。これは、相原奈津江・秋津伶（2003〜2006）や Bouquet
et Engler（2002）の松澤訳（2013）による Bally と Sechehaye が
犯した langue と signe のミスの訂正につながり、国広は 30 年以上
も前からその正しい解釈に気付いていたことになり、その観察眼の
鋭敏さには驚かされる。そして時代は今、Saussure の自筆草稿に
よる内容訂正という Saussure 文献学の進展も伴って、その言説中
の矛盾の多くが解決されつつある。

6.　構造と認知の接点に向けて

　"時枝・服部論争" は、時枝が小林による翻訳を介して理解した
ことに端を発する、極めて特殊かつ複雑な性質を兼ね備えた問題で
あったとされる。更に言うならば、出発点としての langue のそも
そもの存在自体が危うい点からして、丸山（1983: 50）はじめ多く
の研究者が、時枝と服部の論争自体を不毛な議論と一蹴する。

　　"*La linguistique a pour unique et véritable objet la langue envisa-
gée en elle-même et pour elle-même.*"［斜体部原文ママ］

（1916: 317）

"言語学の独自且つ真正の対象は、直視せる言語であり、言語
・・・・・・・・
　　の為の言語である。"［傍点部原文ママ］　　　　　　　　（1928: 478）
・・・・・・・
　　"言語学の独自且つ真正の対象は、それ自体としての言語であ
　　り、それ自体のための言語である。"　　　　　　　　　　（1940: 311）
という *CLG* の最後を締めくくる有名な一文も Saussure 自身による
ものではなく、Bally と Sechehaye による完全なる創作であったこ
とが今や明らかである *4。しかも先に見た Saussure 自身の言葉か
らも、言語の研究において Saussure 自身が parole よりも langue を
優先したことはなく、これすら Bally と Sechehaye の勝手な創作で
あったこと、実際には Saussure は全く正反対のことを言っていた
ことも同様である *5。もし当初から Saussure の自筆草稿が発見さ
れていれば、あるいはそれが不可能であったとしても、仮に丸山圭
三郎や大橋保夫らによる Saussure 学説における術語の正しい解釈
とその真意についての解説がもう 10 年早く行われていたならば、
果たしてこうした議論自体が存在したかどうか疑わしい。当時、時
枝が批判の対象にしていた Saussure は真の Saussure ではないので
ある。そしてそれは現在に至って、国広も同じである。

　しかしながら、"時枝・服部論争"における一連の論争が langue
や実存体という術語やその誤った解釈から出発した誤った議論であ
ったとしても、それが全て学問的に不毛なものであったとは思えな
い。そこでは常に「言語とは何か」という、今日性を持った先進的
かつ普遍的な言語学の問題を提示した極めて有意義な議論が展開さ
れていた。それは同時に、言語研究に従事する者に対して、言語の
問題がどこにあり、その研究に臨む姿勢を示してくれるものであっ
た。そしてそれは言語の研究者が、最終的には常に同様の問題に突
き当たることを如実に示していた。

　こうした現象は、言語研究の歴史を通じて、そこで言語学者が少
なからず似通った視点や発言を繰り返している事実にも見ることが
出来る。例えば、服部四郎の「文の意義は、それに含まれる単語の
意義素の単なる総計ではなく、それ以上のものである」（1979: 55）
という記述や丸山圭三郎の「出発すべきは常に全体からであり、全
体は個の算術的総和ではない」（1981: 95）という指摘は「全体は

第 8 章　構造と認知の科学　　431

部分の総和以上のものである」というゲシュタルト心理学の中心的
主張に通ずる。同様に時枝が、「言語は思想内容を音声或は文字を
媒介として表現しようとする主体的な活動それ自体であるとするも
のである」（1941: 7）と言う時、それが "Sie selbst ist kein Werk
（*Ergon*）, sondern eine Thätigkeit（*Energeia*）.（1836: 41）（言語
そのものは出来上がった作品（エルゴン）ではなくて、活動性
（エネルゲイア）である）（1948: 70）" という Humboldt の主張と
類似点を見出すことに、何ら驚きを感じない。同時に、時枝の "言
語は、その本質において、人間の行為の一形式であり、人間活動の
一であるとする時、何よりも肝要なことは、言語を、人間的事実の
中において、人間的事実との関連において、これを観察するという
ことである（1956: 6）" という主張が Jespersen の "The essence of
language is human activity（1924: 2）［言語の本質は人間の活動で
ある（1958: 1）］" という主張と共通するものであることも、何ら
不自然に映るものではない。

　また、このことについては、加賀野井（2007: 27–28）も次のよ
うにしめくくる。

　　"（前略）ソシュールが、ラングを重視していたことに変わりは
　　ない。

　　　ただし、批判者たちが言うように、彼はランガージュやパ
　　ロールの研究を切り捨てたわけでも、断念したわけでもなかっ
　　た。とりあえず手堅い対象であるラングから出発すべきだとい
　　うだけのことで、やがてパロールをもランガージュをも考察し
　　ようとしていたふしはある。結局、ソシュールの研究が、生涯
　　にわたりラングに終始してしまったのは、ラングの謎が予想以
　　上に大きかったこと、そしてまた、彼の生涯があまりにも短か
　　ったことによるのだろう。"

　言語を研究対象とする者は、そのアプローチの仕方に違いこそあ
れ、最終的には同様な問題点に遭遇する。そして服部や時枝のこれ
らの言葉は、構造主義や認知主義といった学問上の枠組みを超えて、
言語研究のあり方を、すでに人間主体の認知構造の中で捉えようと
する先見的な視点を持っていたことを如実に物語っている。その点

で、細かい術語やその解釈の上での食い違いはあったとしても、時枝、服部の双方が、最終的には同じ視点で言語の研究に当っており、同じ視点であるが故に、そのアプローチの仕方において互いに反駁しあう議論が成立したと考える方が自然である。またその研究の性質も、部分的に重なる点を払拭し得ないのも事実である。

　科学としての言語学が最終的に目指すものは、言語の説明理論である。近代言語学の最初の100年は、歴史的存在としての言語がその中心的問題とされ、次の50年では生物学的必然としての言語習得及び言語運用に焦点が当てられた。そこでは、人間の有する言語の知識がどのようなものであり、それがどのように獲得され、使用されるかを文法という名を借りて、客観的に模式化する必要があった。従って、言語知識や言語獲得の問題と、言語の使用やそれを基にしたコミュニケーションの問題とその解明は、言語学における最初にして最後の究極的課題である。Saussureの学説も時枝の学説も、その解明に腐心していた点では共通点を持つ。

　国広（2006: 21）も指摘するように、言語は必ずしも本質的な属性として構造性を持っているわけではない。構造を形作るのはわれわれの認知であり、言語自体に構造性を求めるより、われわれの認知世界がすでになんらかの構造を産出しており、言語はその反映であると見る方が自然である。その結果、表象的な形式としての現象に目を向けるのか、深象的な原因や原理に目を向けるのか、という姿勢の違いでしかない。構造主義が言語の体系によってそこになんらかの構造を見出し、それを形成する規律性の解明を求めたのに対して、そうした規律性を生むのはわれわれの認知構造なのである。こうした表層としての言語の構造性から、それを生み出すわれわれの認知構造へと目が向くのは、言語研究における必然的帰結である。この点に対して、Saussureはすでに、次のように語っている。

　　"Il y a, malheureusement pour la linguistique, trois manières de se représenter le mot :

　　　La premièreest de faire du mot un être existant complètement en dehors de nous, ce qui peut être figure par le mot couché dans le dictionnaire, au moins par l'écriture ; （中略）

La deuxième est de supposer que le mot lui-même est indubita-
blement hors de nous, mais que son sens est en nous ; qu'il y a une
chose matérielle, physique, qui est le mot, et une chose immatéri-
elle, spirituelle qui est le mot, et une chose immatérielle, spirituelle
qui est son sens.

La troisième est de comprendre que le mot pas plus que son sens
n'existe hors de la conscience que nous en avons, ou que nous
voulons bien en prendre à chaque moment."

(Bouquet et Engler, 2002: 82–83)

"言語学にとっては、困ったことに語を表象する三つの仕方が
ある。

第一の仕方は語を〈完全に〉われわれの外側にある存在にし
てしまうことである。それは〈少なくとも文字を使って〉辞書
のなかに横たわっている語によって表される。(中略)。

第二の仕方は、語自体はわれわれの外側に〈疑いもなく〉存
在していて、その意味はわれわれの裡にあるというものである。
語という物質的で〈物理的な〉ものがあり、そしてその意味と
いう非物質的で精神的なものがある。

第三の仕方は、語はその意味と同様に、われわれがそれにつ
いてもつ意識の外側には存在しない、あるいは各時点でわれわ
れがそれについて抱く意識の外側には存在しないというもので
ある。"

(松澤訳、2013: 135)

Humboldt 的な言語観から発して、Saussure の科学的視点により
言語研究の土台を築き、Bloomfield の行動学的視点により言語の
科学的解明へと着手し、Chomsky の生成文法によって表面的な文
構造の規則性から言語を獲得し、それを生み出す人間の普遍的な言
語能力の解明へと向かい、そしてその言語表現が人間の内的認知世
界の反映であるという考えから、言語とそれを生み出す根幹へと接
近する方向へ向かうのは必然である。この点に対しても Saussure
は、

"Ainsi le lieu du mot, la sphère où il acquiert une réalité, est pure-
ment l'ESPRIT, qui est aussi le seul *lieu* où il ait son sens :(後略)"

［斜体部原文ママ］　　　　　　　　　　　　　　（Bouquet et Engler, 2002: 83）

　"こんなわけで語の場所は、語が〈実在を獲得する〉領域は、純然とした**精神**であり、それはまた語が意味〈をもつような〉唯一の場所なのである。"［太字と傍点部原文ママ］

　　　　　　　　　　　　　　　　　　　　　　　（松澤訳、2013: 136）

と今日的な研究の性質を謳っているのである。

　こうした認識が更に発展、成熟し、言語と認知という視点から言語現象の解明を目指したものが、80年代から台頭してきた、いわゆる「認知言語学（Cognitive Linguistics）」と呼ばれる言語学である。認知言語学は、言語が人間の認知機構と深い関わりを持つという立場を取る性質上、特に心理学的な概念をその基本に置き、とりわけ知覚心理学や認知心理学との関わりが深い。認知言語学の特徴は、言語と認知に関する哲学、心理学等の関連分野の研究成果を取り込み、人間の現実の活動における広範で多様な言語現象に対する理論体系を構築しようとする点にある。

　個々の点において、Saussure の学説における諸現象が名前を変えつつも、その今日の認知言語学の性質の根幹において累を及ぼしていることは枚挙にいとまがなく、このことは野村益寛（2007: 34–36）の指摘にも見ることができる。野村は、認知言語学における「記号的文法観（symbolic view of grammar）」、「用法基盤モデル（usage-based model）」という考え方を引き合いに出し、その性質と姿勢の源泉を Saussure 学説に求める。

　　"認知言語学は言語の恣意性＝無基盤性というソシュールの考え方を斥け、世界の分節は恣意的ではなく、人間の認知の傾向性と斑をもつ環境との相互作用によって制約されるとする立場をとる。（中略）

　　その一方で、ラネカーの認知文法（Langacker 1987, 1991）に代表される認知言語学は、チョムスキーによって過去の遺物にされてしまった感のあるソシュール学説の諸相を再評価し、現代に甦らせているとみることができる。（中略）

　　ソシュールにとっての「意義的」とラネカーの「有意味的」とは両者の意味観の相違を反映してその性質が異なるとはいえ、

〈意味〉ということを語彙と同様に文法についても問うことができるとする姿勢は共通する。そして語彙と文法に同じ原理が妥当するのであれば、語彙、形態論、統語論の区別は度合いの問題であり、連続的なものと考える点においてもソシュールとラネカーは共通する。"

　人間の有する言語の創造性は、Saussure の langue に出発し Chomsky の統語論の証明によって実証されるが、それは Saussure の二十分節とそこにおける言語の経済性、人間の創造性に何ら変わることはなく、むしろ普遍文法で実証しようとした人間の言語の創造性を先取りしていたとさえ見ることが出来る。Saussure の教えはプラハ学派を通じて音韻論の確立に寄与し、その上に構築されるコペンハーゲン学派の形式性や体系性、意味論、記号論、更にはフランス機能主義言語学派の下での言語機能の探求に応用され、現代言語学の礎となって発展するだけではない。Jakobson、Lévi-Strauss、Balthes、Riffaterre、Foucault らにより、あるいは Lacan、Merleau-Ponty、Althusser らによって言語学の範疇をはるかに超え、哲学、心理学、人類学、記号論、文体論などの分野でも広がりを有していくのである。しかし加賀野井（2004: 132）が言うように、そこでの問題も突き詰めていけば Saussure の問題圏に取り込まれていくような仕組みになっており、言語学における langue の問題もその例外ではない。Saussure を批判し、Saussure から脱却しようとする人間も結局は Saussure の問題から免れてはいないのである。Saussure における諸々の部分を認めない人々も、その認めない理由の多くをすでに Saussure に負ってしまっている。構造を形作るのはわれわれの認識であり、構造自体がわれわれの認知から発している。だからこそわれわれは、時枝の文法理論が Saussure の言語観に通じ、Chomsky の生成文法の分析法に先んじるという現象に突き当たるのである。そしてその解答はどれも、Saussure の自筆草稿によってすでに示唆されている＊6。

　そこに、われわれは今日の言語研究の成熟を支える源流を見るのである。

*1　国広哲弥（2015）では、Saussure に範を取る構造主義的言語観から生じる種々の不具合について論じられているが、そこでの指摘はしごく当然である。しかしそれも全て Bally と Sechehaye による CLG の記述を基に構成された構造主義という考え方に立つために生じた問題であり、今回の Saussure の自筆草稿での言葉によれば、こうした問題にも多少の解決の糸口が示されているのはこれまで見てきたとおりである。

*2　ただし、ここでの意味論という用語は現代のものではないので注意が必要である。ここでの意味論は当時の学問分野のもので、その研究領域も意味の歴史的変遷を扱う内容のものを指している。しかしこうした学問の性質の違いはあっても、そのまえがきにもあるように、CLG が言の科学の記述が十分でないものの、それが即現代的な意味での意味論の研究の欠如ということには結び付かない。言語を記号として捉え、記号の成立基盤を音形と記号内容が伴うこととする考え方は現代的な目で見れば反証は多いものの、意味論の原点的視点を提示していたことになる。またこうした意味の研究の欠落という誤解は、そのまま Bloomfield のアメリカ構造主義においても同様であったことは、本書の第1章で見たとおりである。このことは、意味の問題が過去においても現在においても、科学的対象として扱いにくいものであることを物語るものに他ならない。

*3　「記号の恣意性」の「記号」が「聴覚影像」を意味し、「恣意性」が「聴覚影像と概念の恣意性」であるとする松澤（2016）の最新の発見は本書第2章の注5と第7章の注11で述べたとおりである。そうすると、signifié と signifiant の対応図における音と概念のパラレリズムはそもそも存在しないこととなり、その結果、記号の対立と意味の差異自体も存在しないことになる。

*4　この一文は CLG の最後を締めくくるものとして有名であるが、この箇所は Constantin のノートでは "linguistique proprement dite（いわゆる言語学）" となっていたものが、Sechehaye の collation では "la science qui a la langue pour objet（言語学という科学）" に変わり、更に Dégallier のノートの参照という経緯からこの一文が導き出されたものであることが、小松英輔（2011）によって明らかにされている。
　CLG におけるこうした不整合の問題は全般的で多岐に渡り、その混沌と編者による創作や書き換え、原文の削除ははなはだしい。CLG の問題については、第2章の注3、ならびに第7章の注3、注6を参照されたい。

*5　CLG と Saussure の実際の講義との違いはタイトルはおろか全般的な構成まで多岐にわたり、小松（2011: 40–42）によれば、Bally と Sechehaye による CLG の最も大きな特徴の一つは、Saussure の実際の講義とはその構成の順番が逆になっていることである。CLG では、「序論」、「音韻論」、「記号理論」、「共時言語学」、「通時言語学」、「言語地理学」、「結論」という流れで言語の一般理論から始まり、具体論としての各国別の言語を扱う言語地理論が最後に回されている。しかし Saussure の実際の講義では逆に、ヨーロッパ各地の具体的言語の諸形態が述べられ、その後でそれらを一般論に抽象する形になっている。またこのことは、先に本書で見た、

"Pour se faire une idée plus approfondie de la linguistique deux chemins sont possibles : une méthode théorique (synthèse) et une method pratique (analyse). Nous suivrons la seconde et nous commencerons par une ——."

"言語学の問題を掘り下げるには二つの方法が考えられる。理論的方法（総合）と実際的方法（分析）である。我々は後者の方法に従い、まずは前者から着手しようと思う。"　　　　　　　　　　　　　　（筆者訳）

という言葉は、*CLG* の同番号の内容に対応せず削除されている。

　小松（2011: 43）が指摘するとおり、Saussure は langue の一般理論的な言語学ではなく、言語の外的な側面の諸事実を個々に指摘することから始め、その後にそれらの一般論を展開していたが、この構図を言語学とは langue を研究する学問であるとしたのは Dégallier のノートを自分の言葉に直して掘り起こした Sechehaye の責任であり、Bally と Sechehaye による *CLG* は Sechehaye によるこうした独断と再創作を完全に受け継いでいる。

＊6 Saussure にとって言語学の主たる対象は物理的な音声形象ではなく、語の意味とその存在なのである。それは"〈内面的で〉心的であり、そこでは記号が意義と同様に存在していて、一方は他方に分かち難く結びついている（一二頁）"のであり、その理由は"語はその意味と同様に、われわれがそれについてもつ意識の外側には存在しない（一三五頁）"からである。松澤（2013: 561）が言うように、「物理的な音声形象に記号—観念が結びついた時に言語学的本体がはじめて姿を現わす」のであるが、これは至極当然のことであろう。そうでなければ物理的な音声形象は意味を持たないただのノイズでしかなく、そこに言語学的対象を見出そうとすること自体が不可能なことである。このことについても Saussure は、"言語の成立条件は物理的なものと心的なものとの一種異様な結びつき、ありうべからざる結合に求められているのであり、その選ばれた物質的記号のなかに根本的な基盤をもつ（一九六頁）"のであり、"この物質的なものは不可欠なように思える（一八四頁）"と書き留めている。ここから音と観念という二つの実体の媒介を生み出し、そこに恣意性の二重性が生じる。このことについて、本書の第7章でも見たように、松澤（2013: 567）は、

"ソシュールは、話す主体の意識における物理的な音と精神的な意味＝「記号」との結合を、記号間の相互的否定的な差異よりもいっそう根源的なものと見なしていたように思われる。"

と指摘しているが、そうすれば時枝の言語観や今日の認知的視点とどこに違いがあるのかますます疑問になってくる。

あとがきにかえて

―なぜ今 Saussure か―

「君は Saussure をちゃんと読んでいるのかね？」

　20 年ほど前、大学院で指導教授を務めていただいた飛田良文博士の言葉である。あの時あの瞬間に、全ての問題が始まった気がする。

　今ではもうこんなご叱責を受けることもなくなったが、今でもこの言葉は呪文のように頭の中で繰り返され、私を呪縛する。そして当事よりは Saussure を読んできたつもりであるが、読めば読むほどちゃんと読めているか、正直今でも自信がない。

　いささか抽象的で非科学的な私事に過ぎるが、言葉にまつわる私の個人的経験を書かせていただきたい。

　私は少々変わった子供であった。生まれた瞬間の記憶があるのだ。断片的ではあるが、その後も生後 2 歳くらいまでの記憶が鮮明に残っている。作家の三島由紀夫やタレントの中川翔子など、生まれた瞬間の記憶がある人間は稀に存在するようであるが、私の場合はそれが後年、言語学、特に意味研究に向かうのに多少なりとも役立つとは思いもよらなかった。

　生まれた瞬間の記憶――それはそれまでいた暖かいオレンジ色の世界から真っ白な冷たい光の世界へと変わり、次の瞬間、開くか開かないかの私の目に飛び込んできたのは古い木戸の木目であり、慌しく声を上げる産婆さんの姿であった。私の生まれた場所が病院ではなく、父方の祖母の古い木造家屋の奥間にある納戸だったことからも、この記憶が間違いではないことに確信が持てる。なにより記憶にある木目と納戸の木目がぴったり同じで、幼稚園児の時祖母の

439

家で遊んでいた私がそれを見て、ここが自分の生まれた場所だと言い当てて祖母を驚かせたことがあることからも確信が持てる。中川翔子も、生まれた瞬間の記憶をバタバタと慌しく走り回る助産婦さんの姿で覚えていることを雑誌で語っているが、ひょっとしたらこの辺りは生まれた瞬間の記憶を持つ人間の共通項かもしれない。

　私の場合、問題は次の瞬間である。生まれた時から負けん気が強く人と同じことが嫌な性分であったのか、絶対泣かないでやると思ったのである。しばらくは我慢したものの、直後に生理的本能に負けて泣き声をあげてしまったが、自分の産声を自分で聞いたのだ。その直後から8ヶ月くらいまではぱったりと記憶がない。

　問題は、私がそれを言葉で思ったかということだが、答えは否である。生まれた瞬間に人間の言葉を持つはずもない。言葉を介せずに感情として本能的に思ったのである。このこと自体は決して驚くことではない。赤ん坊は言葉を発しなくても、感情のメッセージを送ることが可能である。Saussure 的に言えば、記号の対立などなくても概念は存在するのである。たとえば国広（2006: 18）が指摘するように、同じ長さと強さの車のクラクションでもそのメッセージの解釈は様々であるが、共通なのはそこに言葉を介在させなくとも意思疎通が可能であるという事実である。そうすると言葉は後天的に獲得されると考える方が妥当である。

　次に記憶があるのは8ヶ月くらいからである。私は生後8ヶ月頃に重い麻疹にかかったのだが、その時の苦しさと死の恐怖は今でも覚えている。また私は歩き始めるのが遅く、ようやく歩き始めたのは1歳6ヶ月頃であった。近所のおばさん連中が「まだ歩かないか？」などと言いながら、仰向けに寝ている私の顔を覗き込んでくる姿が今でも鮮明に脳裏に焼き付いている。その時も「他の子が歩くからといってなんで自分もそれに合わせないといけないのか」などとひねくれたことを思っていた。もちろん言葉でではない。

　成長に伴い、経験によって広がった言語の知識により、記号と意味を一致させる修正作業が行われることは、誰しもどんな言語でも経験する。私の経験では、たとえば童謡の「赤い靴」では「イージ

ンサンに連れられて行っちゃった」の「イージンサン」の部分はずっと「いい爺さん」だと思っていたし、その後「曾爺さん」だと更に間違いを上塗りし、最終的に「異人さん」という signifiant と signifié が合致したのは「異人」という言葉を覚えた時期より更に遅く、中学校を卒業する頃だった。これと同様の経験は誰にでもあろう。その頃色んな言い間違いで意味不明のまま覚えていた signe を正しい signifiant と signifié として一致する現象が頻発し、「こういう意味だったのか」と言語感覚が一気に開花する喜びに純粋な感動すら覚えたものである。

　言葉を覚えたての頃に、いわゆる"語彙の爆発"と呼ばれる現象とともに signifiant と signifié の一致作業をしながら、それが自分の signe になった時の喜びはきっとこんな感じであったろうし、その喜びはみんな一様に持っているはずなのに、大人になる過程で言葉があまりに日常的に身近かつ大量にありすぎて意識する暇もないくらいの慣れとなり、記号の獲得以上に大きな出来事や事件に忙殺されて日々が過ぎていく中で、みんなそれを忘れていくのだろう。しかしそれでも「言葉」の獲得については、説明のつかない事態が存在することも事実である。丸山（1983: 45-46）は、「私たちはともすれば、コトバ以前に何かを認識して、それからその認識した対象に名前をつける、というふうに思いがちです。しかし、子どもにとって対象物というものは、それが名前をもったときにはじめて知られる。名前というのは実は事物の本質である、ただ事物の上に貼り付いたラベルなどではなくて、事物の中にその色、あるいはその形と同じ資格で住み込んでしまう、ということではないでしょうか」と述べる。

　また、今西錦司（1982）の「言葉というものは、脳が大きくなるにつれて、ちょびっとずつ増えてきたというようなものではない。言葉がしゃべれるようになったら、そのとき言葉は一気に出てくるのや。（中略）人類は、脳が大きくするように進んできて、ある段階で大きくなる方はストップさせて、機能の方を高めてゆく方に転換する」という指摘は示唆的である。小松（1993: 364）が掘り起こした Saussure の言葉には、"signifiant と signifié が関係を結ぶの

は、無数の聴覚記号（signifiant）が集塊の中で作られた多数の裂け目と結合して生まれる一定の価値にしたがってである"と、すでに解答が与えられている。

　言語は統語構造に従って、音に意味を関係付けることで成立する。よって音と意味の研究は科学の対象として比較的容易に解明が可能である。その点で、Saussure の「言語には差異しかない」という主張は、国広（1985b: 23）も認めるように音声面については実に魅力的な考え方である。しかし、Saussure は言語の獲得に langue という機構を求めた。そして Saussure が langue で解明しようとしたものは実存体としての langue の存在であり、構造としての言語だった。これこそが言語学における最初にして最大の謎であると同時に、CLG の問題そのものであった。

　しかし「構造」などという安易な言葉は Saussure 自身どこにも用いてはいない。また langue が「実存体」であるなどとも Saussure は言っていない。更に、編者である Bally と Sechehaye 自身、Saussure の講義を受けた学生たちのノートを参考にすれば本に出来ると思っていたのが大間違いだったことはすでに CLG の編者まえがきにおいて、言い訳とも泣き言ともつかない自白で全ての回答が露呈されているではないか。なお現代語で分かり易いという点を考慮し、ここでは小林英夫訳、1972 年版を用いる。

　　"わたしどもの失望は大きかった：門下生らの筆記に相当するものが、皆無ないしそれに近かったのである。F.de Saussure はその日その日に論述のメモを走り書きした草稿を、片っ端から破り捨てていた！　机のひきだしにみつかった下書きも、そうとう古くて、無価値とはいえぬまでも、これを利用して三回の講義材料と照合のしようもなかった。（中略）

　　つまるところ、その三回の講義をきいた学生諸君のしたためたノートにたよるほかはなかった。すこぶる完全な筆記を提供された方々の氏名をあげれば、はじめの二講にたいしては、Louis Caille、Léopold Gautier、Paul Regard および Albert Riedlinger の諸氏。もっとも重要な第三講にたいしては、Albert Sechehaye

氏夫人、George Dégalier および Francis Joseph の諸氏である。
特殊な一点にかんするノートは、Louis Brütsch 氏に負う"

（小林英夫訳、1972: 1–2）

と、Bally と Sechehaye が三回とも講義に出席していないことの侘
びと CLG の不具合を転化するがごとき言い訳に終始している。し
かもノートの提供者としてここに名前があげられた Paul Regard の
ノートだけは行方不明で現在も参照不可能であり、Bally と
Sechehaye による CLG が出版された時に Regard 自身が「私は
Saussure 先生の講義を二回ともじかに聴いた人間であるが、この
書はそれとは全く異なっている」とその内容の不一致に激しく抗議
したことが、丸山（1983）によって明らかになっている。

　また、以下の部分も注意が必要である。

　　"わたしどもは、いっそう大胆ではあるが、いっそう合理的で
　　あると思われる解決に到達した：第三講を土台とし、わたしど
　　もの手にしうるかぎりの材料を、F.de Saussure の手控えもふ
　　くめて、利用しつつ、再建を・総合をこころみること。それゆ
　　えこれは再創造であった、（後略）"　　　　　　（1972: 3–4）

ここにいたっては CLG が Bally と Sechehaye による切り貼りで
あることを認めただけでなく、Saussure の講義内容を一切無視し
て散在させていることを自白した形になっている。最も重要な第三
回講義では、11 人の受講生のうち Albert Sechehaye 夫人、George
Dégallier、Francis Joseph および Emile Constantin のノートが残さ
れているが、Bally と Sechehaye は Constantin のノートは参照でき
なかった。そしてこの Constantin のノートこそが他のどれよりも
質、量ともに傑出し、講義のほぼ全容を伝えるものとなっているの
であるが、その存在が知られるのはそのノートが 1958 年に
Bibliothèque publique et universitaire de Genève（ジュネーヴ公共
大学図書館）に寄贈されるまで待たねばならない。そして
Constantin のノートを見ることなく、Bally と Sechehaye は先に見
るような CLG の「再建・総合をこころみ、再創造」を行うのであ
る。こうした Bally と Sechehaye の行為に対しては当然ながら牽制
する動きもあり、そのことを、

“かくべつ独創的な断章をそのまま出してみては、とすすめる
　　　向きもあった：”
　　　　　　　　　　　　　　　　　　　　　　　　　　　（1972: 3）
と語っているが、これを勧めたのが CLG の内容に激しく抗議した
Paul Regard である。それに対して Bally と Sechehaye は、

　　　“その考えも、はじめは面白いとも思われたが、そもそも全体
　　　のなかでしか価値の現われぬ構成を、断片だけ呈示したのでは、
　　　わたしどもの師の思想をゆがめてしまうことが、じきにわかっ
　　　たのである。わたしどもは、いっそう大胆ではあるが、いっそ
　　　う合理的であると思われる解決に到達した。”　　　（1972: 3）
と、結局は最初の言い訳につながっていくのである。そして自分た
ちのそうした行為に対するうしろめたさからか、

　　　“このような同化と再構との仕事のけっか、うしろめたさもな
　　　いわけではないが、ここにおおかたの諸賢ならびに言語学の愛
　　　好者一同に呈する書物は生まれたのである。

　　　　私共の趣旨は、いやしくも全体観に役立つものであれば、
　　　なにひとつ見落とすことなく有機的全一体を建てることであっ
　　　た。しかしまさにこれによって、わたしどもは恐らく二重の批
　　　判の矢面に立つことになるであろう。”　　　（小林英夫訳、1972: 4）
と、批判の覚悟はすでにあった様子も見て取れる。

　CLG のこうした問題点を好意的に捉えて Martinet（1965: 34）
は、

　　　“Comme sans doute bien œuvres dont la publication n'a pas reçu
　　　la sanction de leur auteur, le *Cours de linguistique générale* doit
　　　représenter, sous une forme durcie, un stade d'une pensée en cours
　　　d'épanouissement.”［斜体部原文ママ］
　　　“その発行が著者の承認を得ていない多くの著書同様、開花し
　　　つつある思考の一段階を生硬な形で表している。”　　　（筆者訳）
と言うが、これらの経緯とその内容を知るにつれ、CLG とそこで
の学説に拠る限り、Saussure は過去の人である。多くの研究者が
時枝と服部の論争を不毛として一蹴するが、そもそもの出発点が誤
りの上に立った議論にいくら議論を重ねても、屋上屋を架すだけで
何の解決も見られないのは当然である。では国広（2006: 22）も言

うように、私たちは Saussure 言語学を言語学史の一齣にしまいこむのがいいのだろうか？　Saussure の言語観に多くの点で反意を示す Harris（2001:213）はその著書の最後を、

　　　"History has not done with Saussure yet. Of that one can be fairly confident."

　　　"Saussure をめぐる歴史はまだ終っていない。このことだけは、強く確信を持って言える。"　　　　　　　　　　　（筆者訳）

という言葉で締めくくっている。Bouissac（2010）も言うように、Saussure を無条件に担ぎ上げ英雄視するパリやジュネーヴの学者連中の言葉よりも、Saussure に冷静な反意を向ける Harris の愛憎半ばする態度とこの言葉のほうが、Saussure の重要性を的確に反映していよう。

　1996 年に Saussure の屋敷の庭仕事用倉庫から Saussure の自筆草稿の束が発見されて以来、Saussure 文献学の世界では大きな進展とうねりが起こり、私自身も小林英夫訳以来となる『一般言語学講義』の新訳の登場を心待ちにしていた。発信者のメッセージや意図が歪められてしまうことが否めない受講生のノートの切り端の寄せ集めではなく、Saussure 自身の言葉による真の CLG とその翻訳が出ることによって、Saussure 文献学の専門家ではない私もその恩恵に預ることで、意味研究の問題が解決されると期待していたのである。ところが、相原奈津江・秋津伶訳（2003: 289）の解題の中で西川長夫も述べるように、何か密室の事情が存在するのか、その出版がなかなか実現しないまま月日は流れた。

　しかし 2013 年、突如として時代の扉は開かれた。松澤和宏による CLG の新たな翻訳が小林英夫訳『一般言語学講義』の版元と同じ岩波書店から出版された。この日をどれだけ待ち望んだことか──。

　本書は 2003 年に国際基督教大学大学院に提出した筆者の博士論文において、現代言語学における意味研究の足場とその出発点を Saussure の学説に依るに伴い、必然的にわが国における CLG の受

あとがきにかえて　　445

容と抵抗という現実に突き当たり、博士論文で展開した意味研究の関連的問題として温めてきた"時枝・服部論争"の研究にその出発点を見る。

　この問題に取り組み始めたのが私がまだ若干28歳の時で、日本学術振興会特別研究員として国際基督教大学の緑萌えるキャンパスで、風に舞って散り乱れる桜の花びらを眺めていた頃である。東京に出て10年目の春であった。それからさらに遡ること10年、18歳の時には父と一緒に、これから始まる東京での生活に想いを馳せながら、早稲田大学中央図書館脇の早咲き桜を眺めていた。

　あれから30年、九州で見る桜は温かくももの悲しい。

　1996年にSaussureの自筆草稿が発見されて以来、新たなCLGの翻訳を待ちながらというのを表向きの言い訳にしながら、果てしなく続く学問の峰に時に茫然自失となりながらも、当初気軽に考えていた胚芽的研究を一つの形にするまで、実に20年の月日が流れてしまっていたことになる。この20年は、Saussureの真の姿を探し求める旅であったと言えよう。

　そしてその"時枝・服部論争"の火付け役になったのが誰あろう東北大学名誉教授の佐藤喜代治博士である。佐藤博士は私の大学院時代の指導教授、飛田良文博士の指導教授にあたる。私自身は佐藤博士の教えを直接受けたことはないが、それでもいわば佐藤博士の孫弟子に当たる。とすれば、私にも"時枝・服部論争"とSaussure学説について語る資格の欠片くらいはあろう。本音は他に誰か語ってくれる俊英が出てくれるのを待っていたのだが、この問題について国広哲弥博士に公私に渡って幾度となく細かくご教示いただいた学恩に対する多少のお礼の意味合いを込めて、またそれ以上に30年以上も前からSaussure学説とCLGの矛盾点を意味研究の立場から鋭く指摘し、孤軍奮闘を続けてこられた博士の努力と論の正当性をこのまま埋れさせておくにはあまりに忍びないので、分不相応と知りつつも、無知をさらす恥を承知でしゃしゃり出たというのが正しいかもしれない。

　私が博士学位論文を提出した2003年に、佐藤喜代治博士が幽冥境を異にされた。その後時枝、Saussureに関しての研究の扉が開

かれたのが 2013 年であるから、こちらも 10 年目になる。こうした奇妙な一致からも、私に"時枝・服部論争"と同時に Saussure 学説に対して何か残しておけと言われている気がする。多分に勝手な思い込みと勘違いであろうが。

　20 年——まさに少年老い易く学成り難し、である。その間、絶えず私信で"時枝・服部論争"を基に Saussure 学説の矛盾点と意味研究の問題点をご教示いただいた国広哲弥博士には大変お世話になり、同時に当初の予定より大幅に時間がかかってしまい、論の完成がここまで長引いたことの不義理に対するお詫びと汗顔の思いでいっぱいである。

　同時に、Saussure 文献学の先哲達の原資料をめぐる経緯や人智を越えた学苦を知るにつれ、これまでの Saussure に対する言語学上の誤解や解釈の誤りを正し、意味論的見地から論考を試みる必要性に迫られ、解答を与える義務感に駆られた気持ちもある。Saussure を批判することはたやすい。しかし Saussure の原資料や草稿の収集に際して、丸山や小松らのこれまでの努力は得難く尊い。特に Saussure の自筆草稿をジュネーヴ大学図書館で 2 万枚の写真に収め、それを日本に持ち帰りマイクロフィルムにして解読した小松英輔の神事にも通じる人智を越えた学苦には無条件に頭が下がる。言語学は Saussure 文献学での発見とその恩恵の上に立っている。Saussure 研究者と言語研究者は、どこまで行っても交わらない二本のレールのままではいけない。互いが互いを補完する相互関係こそ、Saussure 学説と言語学の理想である。

　Saussure の自筆草稿の発見以前には、Godel や Engler 版を元に、丸山圭三郎によって *CLG* での学説は精力的に解説、修正が試みられて来たが、その流れは小松英輔（1993a，1993b、1996，1997）による Constantin の第三回講義ノートと Riedlinger の第二回講義ノートの出版、相原奈津江・秋津伶（2003〜2009）による第一回〜第三回までの一連の講義の翻訳、町田健（2004a、2004b）や加賀野井秀一（2004、2007）、相原奈津江（2007）、影浦峡・田中久美子（2007）による Constantin のノートの翻訳、小松英輔

（2011）による Saussure 研究という一連の流れによって加速度的に形を成し、松澤和宏訳（2013）による CLG の新たな翻訳によって一応の完成を見た。ここに言語の研究にかかるこれまでの一切の疑問に対する解答が指し示されている。

　しかしながら、現在は Amacker 氏が病の床に伏しておられるだけでなく、こうした一連の Saussure 研究の旗手であった Godel、Engler、Mauro ら偉大な先哲に続き、小松英輔博士も鬼籍に入ってしまわれた。Saussure 研究の一時代の終焉と共に、一抹の寂しさを禁じ得ないが、Saussure 研究での発見や成果と言語学におけるその検証と解決の試みはまだ始まったばかりである。

　本書は、CLG における記述の矛盾とそこから生まれる言語学、特に意味論の問題に対して、Saussure の自筆草稿とその研究成果から解答を与え、Saussure 研究と意味研究に橋渡しを行うことを目的とする。Saussure の名を冠して語られてきたこれまでの言説は、その多くが白紙に戻されるであろう。Saussure の亡霊と CLG という怪物との格闘は今回で一応の幕引きを見たが、この戦いはすぐにまた次の段階へと突入するであろう。その時われわれ言語研究者は、今一度 Saussure に立ち帰ることを余儀なくされる。

　われわれは Saussure から出発し、そして Saussure に還るのである。

　「君は Saussure をちゃんと読んでいるのかね？」

　この言葉は、一生私を呪縛し続けるのであろう。

初出一覧

　本書は以下のこれまでの論文・研究発表の内容に加筆・訂正を施したものである。なお、第5章と第6章は本書にむけて新たに書き下ろした論考である。

2001年3月30日　「認知的言語研究の先駆者としての時枝誠記」（国際基督教大学アジア文化研究所編『アジア文化研究』第27号、pp.197–211.）

2001年3月31日　「構造主義言語学における意味研究の黎明」（国際基督教大学比較文化研究会編『ICU比較文化』第33号、pp.65–100.）

2002年3月15日　「現代の多義語の構造」『現代日本語講座 第4巻 語彙』pp.129–151. 明治書院.

2002年3月31日　「認知言語学における意味研究の黎明」（国際基督教大学比較文化研究会編『ICU比較文化』第34号、pp.123–155.）

2003年3月23日　『現代英語語彙の多義構造―認知論的視点から―』（国際基督教大学大学院比較文化研究科提出博士論文.）

2005年3月26日　『現代英語語彙の多義構造―認知論的視点から―【理論編】』（白桃書房.）

2005年12月30日　「時枝・服部論争の再考察（Ⅰ）―言語研究の原点的問題として―」（敬愛大学経済学会編『敬愛大学 研究論集』第69号、pp.109–146.）

2006年3月26日　『現代英語語彙の多義構造―認知論的視点から―【実証編】』（白桃書房.）

2007年12月30日　「時枝・服部論争の再考察（Ⅱ）―言語研究の原点的問題として―」（敬愛大学経済学会編『敬愛大学 研究論集』第70号、pp.175–212.）

2008年2月25日　「時枝・服部論争の再考察（Ⅲ）―言語研究の原点的問題として―」（敬愛大学経済学会編『敬愛大学 研究論集』第74号、pp.49–109.）

2014年11月30日　「ソシュールと時枝誠記の主体的言語観について」国際基督教大学アジア文化研究所公開シンポジウム「アジア研究の現在―思想・歴史・言語」、於：国際基督教大学.

2015 年 3 月 31 日　「Saussure と時枝誠記の主体的言語観についての再検討—
　　　　　　　　　　　Cours de linguistique générale と『国語学言論』を基に—」
　　　　　　　　　　　（国際基督教大学アジア文化研究所編『アジア文化研究所
　　　　　　　　　　　紀要』別冊 20 号、pp.159–175.）

2016 年 3 月 14 日　「ソシュール学説の一つの矛盾についての考察—言語記号
　　　　　　　　　　　の差異について—」（久留米工業大学編『2015 久留米工業
　　　　　　　　　　　大学 研究報告』No.38、pp.54–66.）

2016 年 10 月 23 日「Saussure と時枝誠記—Saussure 学説の受容と抵抗—」（日
　　　　　　　　　　　本フランス語フランス文学会 2016 年度秋季全国大会
　　　　　　　　　　　（於：東北大学）ワークショップ 4「ソシュール『一般言語
　　　　　　　　　　　学講義』の 1 世紀—構造主義、時枝論争、新手稿」研究発
　　　　　　　　　　　表資料.）

2017 年 3 月 17 日　「ソシュール学説の一つの有効性についての考察—「記号
　　　　　　　　　　　の恣意性」について—」（久留米工業大学編『2016 久留米
　　　　　　　　　　　工業大学研究報告』No.39、pp.72–84.）

2017 年 3 月 31 日　「Saussure と時枝誠記—Saussure 学説の受容と抵抗—」（研
　　　　　　　　　　　究情報委員会編『cahier19』p.13、日本フランス語フラン
　　　　　　　　　　　ス文学会.）

2018 年 3 月 26 日　「ソシュール学説の一つの誤りについての考察—「言語実
　　　　　　　　　　　存体」について—」（久留米工業大学編『2017 久留米工業
　　　　　　　　　　　大学研究報告』第 40 号、pp.103–113.）

2018 年 3 月 30 日　「ソシュール言語学と翻訳—小林英夫と時枝誠記の邂逅—」
　　　　　　　　　　　（国際基督教大学アジア文化研究所編『アジア文化研究』
　　　　　　　　　　　第 44 号、pp.37–58.）

引用・参考文献

まえがき

Bouquet, S. et Engler, R. 2002. *Écrits de linguistique générale*. Paris: Gallimard. (松澤和宏校註・訳. 2013.『フェルディナン・ド・ソシュール「一般言語学」著作集 I 自筆草稿『言語の科学』』岩波書店.)

Godel, R. 1968. F. de Saussure et les débuts de la linguistique moderne. in *Semaine d'études, Genève* 67. pp.115–124.

Komatsu Eisuke. 1993a. *Cours de linguistique générale premier et troisième cours: d'après les notes de Riedlinger et Constantin*. (Collection Recherches Université Gakushuin n°24) Tokyo: Gakushuin University (相原奈津江・秋津伶訳. 2009.『フェルディナン・ド・ソシュール 一般言語学第三回講義〈増補改訂版〉』エディット・パルク.)

Komatsu Eisuke. 1993b. *Troisieme cours de linguistique générale* (1910–1911): *d'après les cahiers d'Emile Constantin*, Paris: Pergamon Press. ならびに小松英輔. 1994.『ソシュール自筆原稿の研究』(平成6年～平成8年度 科学研究費補助金基盤研究B（2）研究成果報告書 課題番号 06451091)（相原奈津江・秋津伶訳. 2003.『フェルディナン・ド・ソシュール 一般言語学第三回講義（1910–1911年）エミール・コンスタンタンによる講義記録』エディット・パルク.)

Komatsu Eisuke. 1996. *Premier cours de linguistique générale* (1907): *d'après les cahiers d'Albert Riedlinger*, Paris: Pergamon Press. (相原奈津江・秋津伶訳. 2008.『フェルディナン・ド・ソシュール 一般言語学第一回講義（1907年）リードランジェによる講義記録』エディット・パルク.)

Komatsu Eisuke. 1997. *Deuxieme cours de linguistique générale*. (1908–1909) : *d'après* les cahiers d'Albert Riedlinger et Charles Patois, Paris: Pergamon Press. (相原奈津江・秋津伶訳. 2006.『フェルディナン・ド・ソシュール 一般言語学第二回講義（1908–1909年）リードランジェ／パトワによる講義記録』:（エディット・パルク.)

釘貫亨・宮地朝子編. 2011.『ことばに向かう日本の学知』ひつじ書房.

Saussure, F. de. 1916. *Cours de Linguistique Générale*. Paris: Payot. (小林英夫訳. 1928.『言語学原論』岡書院.)

Saussure, F. de. 1916. *Cours de Linguistique Générale*. Paris: Payot. (小林英夫訳. 1940.『改訳新版 言語学原論』岩波書店.)

Saussure, F. de. 1916. *Cours de Linguistique Générale*. Paris: Payot. (小林英夫訳. 1972.『一般言語学講義』岩波書店.)

澤田治美編. 2010.『ひつじ意味論講座第1巻 語・文と文法カテゴリーの意味』

ひつじ書房.

時枝誠記. 1941.『国語学原論』岩波書店.

序章　現代言語学と Saussure

Banveniste, E. 1966a. Saussure aprés un demi-siécle, in *Problémes de linguistique Générale*. Gallimard.（三浦信孝訳. 1980.「五十年後のソシュール」『現代思想』1980 年 10 月号、pp.124–139. 青土社.）

Banveniste, E. 1966b. *Problèmes de Linguistique Générale*. Éditions Gallimard, Paris.（岸本通夫監訳. 1987.『一般言語学の諸問題』みすず書房.）

Bouquet, S. et Engler, R. 2002. *Ferdinand de Saussure, Écrits de linguistique générale*. Paris: Gallimard.（松澤和宏校註・訳. 2013.『フェルディナン・ド・ソシュール「一般言語学」著作集 I 自筆草稿『言語の科学』』岩波書店.）

Cassirer, E. 1923a. Die Sprache. Berlin : Bruno Cassirer.（矢田部達郎訳. 1941.『言語―象徴形式の哲学 第一―』培風館.）

Cassirer, E. 1923b. *Philosophie der symbolischen Formen. Berlin : Bruno Cassirer Ver lag.*（生松敬三・木田元訳. 1989.『シンボル形式の哲学 (一) 言語』岩波文庫.）

Engler, R. 1968. *Cours de Linguistique Générale, Edition Critique*. Wiesbaden: Harrasso-witz. Godel, R. 1957. *Les Sources Manuscrites du Cours de Linguistique Générale de F. de Saussure*. Genéve, Droz and Paris, Minard.

Gambarara, D. 2018.「ソシュール、『一般言語学講義』、一般言語学講義」松澤和宏編. 2018.『21 世紀のソシュール』pp.21–34. 水声社.

Godel, R. 1957. *Les Sources Manuscrites du Cours de linguistique générale de F. de Saussure*. Genéve: Droz／Paris: Minard.

Greenberg, J. H. 1954. Concerning inferences from Linguistic to Non-linguistic data. In Hoijer, H. ed. 1954. *Language in Culture*. pp.3–20. The University Chicago Press.

Harris, R. 1987. *Reading Sausure*. London: Duckworth.

Harris, R. 1989. *Language, Saussure and Wittgenstein*. London: Routledge.

Harris, R. &Taylor, T. 1989. *Landmarks in Linguistic Thought: The Western Tradition from Socrates to Saussure*. London: Routledge.（斎藤伸治・滝沢直宏訳. 1997.『言語論のランドマーク』大修館書店.）

Harris, R. 2000. Saussure for All Seasons. In *Semiotica 131–3/4*. pp.273–287. Berlin, New York: Mouton de Gruyter

Harris, R. 2001. *Saussure and Its Interpreters*. Edinburgh: Edinburgh University Press.

Herder, J. G. 1772. Abhandlung über den Ursprung der Sprache: Text, Materialien, Kommentar. Berlin: Christian Friedriich Voss.（木村直司訳. 1972.『言語起源論』大修館書店.／大阪大学ドイツ近代文学研究会訳. 1972.『言語起源論』法政大学出版局.）

Humboldt, W. 1836. *Über Die Verschiedenheit Des Menschlichen Sprachbaues Und Ihren Einflus Auf Die Geistige Entwickelung Des Menschen-*

geschlechts. Berlin. Gedruckt in der Druckerei der Koniglichen Akademie der Wiss enschaften in Commission bei F. Dummler.（岡田隆平訳．1948．『言語と人間』創元社．）

石井久雄．2007．「昭和前期の国語研究におけるソシュール」加藤正信・松本宙編．2007．『昭和前期日本語の問題点』99、pp.252–271．明治書院

加賀野井秀一．1995．『20世紀言語学入門：現代思想の原点』講談社．

加賀野井秀一．2018．「ソシュールと『一般言語学講義』について」松澤和宏編．2018．『21世紀のソシュール』pp.35–46．水声社．

Koerner, E. F. K. 1973. *Ferdinand de Saussure*. Friedr. Vieweg, Sohn GmbH, Braunschweig.（山中桂一訳．1982．『ソシュールの言語論』大修館書店．）

Komatsu Eisuke. 1993a. *Cours de linguistique générale. premier et troisième cours d'après les notes de Riedlinger et Constantin*. Collection Recherches Université Gakushuin n° 24. Tokyo: Gakushuin University.（相原奈津江・秋津伶訳．2009．『フェルディナン・ド・ソシュール　一般言語学第三回講義〈増補改訂版〉』エディット・パルク．）

Komatsu Eisuke. 1993b. *Troisieme cours de linguistique générale (1910–1911): d'après les cahiers d'Emile Constantin*. Paris: Pergamon Press. 及び小松英輔．1994．『ソシュール自筆原稿の研究』（平成6年〜平成8年度　科学研究費補助金　基盤研究B（2）研究成果報告書　課題番号06451091）（相原奈津江・秋津伶訳．2003．『フェルディナン・ド・ソシュール　一般言語学第三回講義（1910–1911）エミール・コンスタンタンによる講義記録』エディット・パルク．）

Komatsu Eisuke. 1996. *Premier cours de linguistique générale. (1907): d'après les cahiers d'Albert Riedlinger*. Paris: Pergamon Press.（相原奈津江・秋津伶訳．2008．『フェルディナン・ド・ソシュール　一般言語学第一回講義　リードランジェによる講義記録』エディット・パルク．）

Komatsu Eisuke. 1997. *Deuxieme cours de linguistique générale. (1908–1909): d'après les cahiers d'Albert Riedlinger et Charles Patois*. Paris: Pergamon Press.（相原奈津江・秋津伶訳．2006．『フェルディナン・ド・ソシュール　一般言語学第二回講義（1908–1909）』エディット・パルク．）

小松英輔．1998．「ソシュール『一般言語学講義』はどのようにして書かれたか」『文学部研究年報』35、pp.137–157．学習院大学．

小松英輔．2011．『もう一人のソシュール』エディット・パルク．

国広哲弥．1985．「言語と概念」『東京大学言語論集'85』pp.17–23．東京大学文学部言語学研究室．

国広哲弥．2006．「ソシュール構造主義は成立しない」『研究年報』第20号、pp17–22．日本エドワード・サピア協会．

国広哲弥．2015．『日本語学を切る』研究社．

町田健．2003．『ソシュール入門―コトバの謎解き』光文社．

町田健．2004a．『ソシュールのすべて　言語学でいちばん大切なこと』研究社．

町田健．2004b．『ソシュールと言語学』講談社．

前田英樹訳・注1991．『ソシュール講義録注解』法政大学出版局．

丸山圭三郎．1981．『ソシュールの思想』岩波書店．

丸山圭三郎. 1983.『ソシュールを読む』岩波書店.

松澤和宏. 2003.『生成論の探求』名古屋大学出版会.

松澤和宏. 2006.「ソシュール『一般言語学講義』」『月刊 言語』2006年1月号、pp.96–101. 大修館書店.

Mauro, T. 1967. *Corso di linguistica generale Ferdinand de Saussure: introduzione, traduzione e comment di Tullio De Mauro*. Bari: Laterza.（山内貴美夫訳. 1976.『「ソシュール一般言語学講義」校注』而立書房.）

Sapir, E. 1921. *Language: An Introduction to the Study of Speech*. New York: Harcourt, Brace and Company.（泉井久之助訳. 1957.『言語』紀伊國屋書店.）

Sapir, E. and Whorf, B. L. 1970. *Cultural antholopology and linguistics*.（池上嘉彦訳. 1970.『文化人類学と言語学』弘文堂.）

Saussure, F. de. 1916. *Cours de Linguistique Générale*. Paris: Payot.（小林英夫訳. 1928.『言語学原論』岡書院.）

Saussure, F. de. 1916. *Cours de Linguistique Générale*. Paris: Payot.（小林英夫訳. 1940.『改訳新版 言語学原論』岩波書店.）

Saussure, F. de. 1916. *Cours de Linguistique Générale*. Paris: Payot.（小林英夫訳. 1972.『一般言語学講義』岩波書店.）

Saussure, F. de. 1916. *Cours de linguistique générale (1908–1909) Introduction Édité, Annoté at Préfacé par Robert Godel*. Paris: Payot.（山内貴美夫訳. 1971.『ソシュール言語学序説』勁草書房.）

Saussure, F. de. 1916. *Cours de Linguistique Générale (1908–1909) Introduction*. Paris: Payot.（前田英樹訳. 1991.『ソシュール講義録注解』法政大学出版局.）

Saussure, F. de. 1959. *Course in General Linguistics*. Translated from the French by Baskin, Wade. New York: The Philosophical Library Inc.

関沢和泉. 2013.「時枝誠記はソシュールを「誤読」したか？―日本のソシュール受容史における小林英夫の役割についての序論」『研究東洋：東日本国際大学東洋思想研究所・儒学文化研究所紀要 (3)』pp.92–110. いわき：東日本国際大学出版会.

Suenaga Akatane. 2003. Le Saussurisme au Japon auXXᵉ siècle. In *Cahiers Ferdinand de Saussure*, vol.56. pp.177–224. Généve: Librairie Droz.

時枝誠記. 1941.『国語学原論』岩波書店.

Weisgerber, L. 1929. *Muttersprache und Geistesbildung*. Vandenhoeck & Ruprecht.（福本喜之助訳. 1969.『言語と精神形成』講談社.）

Whorf, B. L. 1956. *Language, Thought, and Reality*. Cambridge, Mass.: MIT Press.（池上嘉彦訳. 1993.『言語・思考・現実』講談社.）

第1章　言語学の潮流と意味研究

相原奈津江. 2007.『ソシュールのパラドックス』エディット・パルク.

阿倍純一・桃内佳雄・金子康朗・李光五編. 1994.『人間の言語情報処理』サイエンス社.

有福孝岳編. 1999.『認識と情報』京都大学学術出版会.

Bally, C. 1909. *Traité de stylistique française*. Paris: Klincksieck.

Bally, C. 1913. *Le langue et la vie*. Genève: Atar. (小林英夫訳. 1974.『言語活動と生活』岩波書店.)

Banveniste, E. 1966a. *Problèmes de Linguistique Générale* Paris: Éditions Gallimard. (岸本通夫監訳. 1987.『一般言語学の諸問題』みすず書房.)

Banveniste, E. 1966b. Saussure Aprés un Demi-Siécle. In *Problémes de Linguistique Générale*. Paris: Éditions Gallimard. (三浦信孝訳. 1980.「五十年後の Saussure」『現代思想』第 8 巻、第 12 号、pp.124–139. 青土社.)

Bartlett, C. 1932. *Remembering: A Study in Experimental and Social Psychology*. London: Cambridge University Press.

Bickerton, D. 1981. *Roots of Language*. Ann Arbor, Mich.: Karoma. (筧寿雄訳. 1985.『言語のルーツ』大修館書店.)

Birnbaum, H. 1970. *Problems of typological and genetic linguistics viewed in a generative framework*. Hague: Mouton.

Bloomfield, L. 1933. *Language*. New York: Holt, Rinehart and Winston. (三宅鴻・日野資純訳. 1962.『言語』大修館書店.)

Bouissac, P. 2004. Saussure's Legacy in Semiotics. In *The Cambridge Companion to Saussure*. Edited by Carol Sanderrs. Cambridge: Cambridge University Press.

Bouissac, P. 2010. *Saussure: a guide for the perplexed*. London: Continuum. (鷲尾翠訳. 2012.『ソシュール超入門』講談社.)

Bouquet, S. et Engler, R. 2002. *Ferdinand de Saussure, Écrits de linguistique générale*. Paris: Gallimard. (松澤和宏校註・訳. 2013.『フェルディナン・ド・ソシュール「一般言語学」著作集 I 自筆草稿『言語の科学』』岩波書店.)

千野栄一. 1972.「アメリカ言語学の発達―ヨーロッパ言語学との関係」『英語教育』1972 年 1 月号、pp.38–41. 大修館書店.

Chomsky, N. 1959. Verbal Behavior. In Linguistic Society of America ed. *Language Vol. 35*. pp.26–58. Baltimore: Waverly Press. Inc.

Chomsky, N. 1962. *Syntactic Structures*. Hague: Mouton. (勇康雄訳. 1963.『文法の構造』研究社.)

Chomsky, N. 1964. *Current Issues in Linguistic Theory*. Hague: Mouton&Co. (橋本萬太郎・原田信一訳. 1972.『現代言語学の基礎』大修館書店.)

Chomsky, N. 1965. *Aspects of the Theory of Syntax*. Cambridge, Mass: MIT Press. (安井稔訳. 1970.『文法理論の諸相』研究社.)

Chomsky, N. 1966a. *Language and the Study of Mind*. (東京言語研究所主催 第 1 回理論言語学国際セミナー：チョムスキー連続講演集). Tokyo: Sanshusha. (川本茂雄訳. 1966.「言語と人間科学」『ことばの宇宙』第 1 巻、第 6 号、pp.15–31. ラボ教育センター.)

Chomsky, N. 1966b. *Cartesian Linguistics*. New York: Harper and Row. (川本茂雄訳. 1976.『デカルト派言語学』みすず書房.)

Chomsky, N. 1972a. *Studies on Semantics in Generative Grammar*. Hague:

Mouton.

Chomsky, N. 1972b. *Language and Mind*. New York: Harcourt Brace Jovanovich, Inc. (川本茂雄訳. 1980.『言語と精神』河出書房新社.)

Chomsky, N. 1975. *Reflections on Language*. New York: Panteon Books. (井上和子・神尾昭雄・西山佑司共訳. 1979.『言語論』大修館書店.)

Chomsky, N. 1980. *Rules and Representations*. New York: Colombia University Press. (井上和子・神尾昭雄・西山佑司共訳. 1984.『ことばと認識』大修館書店.)

Constantin, E. 2006. *Linguistique générale*. (*Cours de Mr le Professeur de Saussure*). Edited by Claudia Mejia Quijano. Cahiers Ferdinand de Saussure. Revue Suisse de *linguistique générale*. 58/2005pp.82–290. Genève: Librairie Droz.

Cruse, A. 2011. *Meaning in Language: An Introduction to Semantics and Pragmatics*. Oxford: Oxford University Press. (片岡宏仁訳. 2012.『言語における意味―意味論と語用論』東京電機大学出版局.)

Culler, J. 1977. *Ferdinand de Saussure*. Harmondsworth, Middlesex: Penguin Books. (川本茂雄訳. 1978.『ソシュール』岩波現代選書.)

De, Mey, M. 1982. *The Cognitive Paradigm*. Dordrecht, Holland: D. Reidel Publishing Company. (村上陽一郎他訳. 1990.『認知科学とパラダイム論』産業図書.)

Ducrot, O. 1968. *Le Structuralisme en linguistique*. in François Wahl et al. eds. 1968. *Qu'est-ce que le structuralisme?* pp.13–96. Paris: Éditions du Seuil. (井村順一訳. 1978.「言語学における構造主義」渡辺一民他訳. 1978.『構造主義―言語学・詩学・人類学・精神分析学・哲学』pp.9–88. 筑摩書房.)

Duranti, A. 1997. *Linguistic Antholopology*. Cambridge: Cambridge University Press.

Edelman, G. 1992. *Bright Air, Brilliant Fire: On the Matter of the Mind*. New York: Basic Books. (金子隆芳訳. 1995.『脳から心へ―心の進化の生物学』新曜社.)

Ellis, J. 1966. On Contextual Meaning. In Bazel, E. et al. eds. 1966. *In Memory of J. R. Firth*. pp.79–95. London: Longmans, Green & Co. Ltd.

Elman, J. L., Bates, E. A., Johnson, M., Karmiloff-Smith, A., Parisi, D. and Plunkett, K. eds. 1996. *Rethinking Innateness: A Connectionist Perspective on Development*. Cambridge, Mass.: MIT Press. (乾敏郎・今井むつみ・山下博志訳. 1998.『認知発達と生得性』共立出版.)

Engler, R. 1968. *Cours de linguistique générale, Edition Critique*. Wiesbaden: Harrasso-witz.

Engler, R. 1973. Rôle et Place d'une Sémantique dans une Linguistique Saussurienne. In *Cahiers Ferdinand de Saussure*. No. 28. pp.35–52. Geneve: Librairie Droz. (前田英樹訳. 1980.「ソシュール言語学における意味論の役割と位置」『現代思想』1980年10月号、pp.103–113. 青土社.)

Godel, R. 1957. *Les Sources Manuscrites du Cours de linguistique générale de F.*

de Saussure. Genéve, Droz, Paris: Minard.

Godel, R. 1968. *F. de Saussure et les Débuts de la Linguistique Moderne in Semaine d'études Genéve 67*. pp.115–124.（富盛伸夫訳．1980.「Saussure と現代言語学の誕生」『現代思想』1980 年 10 月号、pp.114–123. 青土社.）

Godel, R. ed. 1969. *A Geneva School Reader in Linguistics*. Bloomongton: Indiana University Press.

Godzich, W. 1974. Nom Propre: Langage/Texte. In *Recherches: Sémio-texte les Deux Saussure 16*. pp.43–48. Paris: Centre d'Etudes.

Greenberg, J. H. 1954. Concerning inferences from linguistic to non-linguistic data. In Hoijer, H. ed. 1954 *Language in Culture*. pp.3–20. Chicago: University of Chicago Press.

Grootaers, W. A. 1972.「書評 ソシュール著山内貴美夫訳『言語学序説』」『国語学』第 88 号、pp.8–12. 武蔵野書院.

蜂谷清人．2002.「近代日本文法学説史―大槻文法から時枝文法まで」飛田良文・佐藤武義編．2002.『現代日本語講座 第五巻 文法』pp.146–178. 明治書院.

Harris, R. 1987. *Reading Saussure*. London: Duckworth.

Harris, R. 1989. *Language, Saussure and Wittgenstein*. London: Routledge.

Harris, R. & Taylor, T. 1989. *Landmarks in Linguistic Thought: The Western Tradition from Socrates to Saussure*. London: Routledge.（斎藤伸治・滝沢直宏訳．1997.『言語論のランドマーク』大修館書店.）

Harris, R. & Taylor, T. 2000. Saussure for All Seasons. in *Semiotica 131–3/4*. pp.273–287.

Harris, R. & Taylor, T. 2001. *Saussure and Its Interpreters*. Edinburgh: Edinburgh University Press.

Hawkes, T. 1977. *Stracturalism and Semiotics*. Berkeley: University of Califorlnia.（池上嘉彦他訳．1979.『構造主義と記号論』紀伊國屋書店.）

林栄一・小泉保．1988.『言語学の潮流』勁草書房.

樋口昌幸．1974.「Saussure に関する覚え書き」『福岡大学人文論集』第 6 巻、第 2・3 号、pp.1085–1106. 福岡大学.

Humboldt, W. 1836. *Über Die Verschiedenheit Des Menschlichen Sprachbaues Und Ihren Einflus Auf Die Geistige Entwickelung Des Menschengeschlechts*. Berlin.（岡田隆平訳．1948.『言語と人間』創元社.）

池上嘉彦．1975.『意味論 意味構造の分析と記述』大修館書店.

池上嘉彦・石綿敏雄・今井邦彦・小泉保・南不二男．1977.「最近十年の言語学の流れ」『言語』1977 年 6 月号、pp.2–43. 大修館書店.

池上嘉彦．1978.『意味の世界―現代言語学から視る』日本放送出版協会.

池上嘉彦．1981a.『「する」と「なる」の言語学―言語と文化のタイポロジーへの試論』大修館書店.

池上嘉彦．1981b.『詩学と文化記号論―言語学からのパースペクティブ』筑摩書房.

池上嘉彦．1981c.「言語の型と文化の型」『言語』1981 年 12 月号、pp.36–44. 大修館書店.

池上嘉彦．1982a.『ことばの詩学』岩波書店．

井上和子．1983.「言語学研究の動向」文部省科学研究費特定研究（1）『学術研究動向の調査研究報告』国際基督教大学．

磯谷孝．1975.「言語体系論から言語コミュニケーション論へ」『現代思想』1975 年 6 月号、pp.224–243. 青土社．

磯谷孝．1980.『翻訳と文化の記号論』勁草書房．

磯谷孝．1983.「脳と言語」『理想』1983 年 1 月号、pp.68–83. 理想社．

泉邦寿．1972.「Saussure の言語記号と若干の問題」『上智大学外国語学部紀要』第 7 号、pp.1–21. 上智大学外国語学部．

Jakobson, R. 1936. Beitrag zur allgemeinen Kasuslhre. Travauz du Cercle Linguistique de Prague 6, also In *Roman Jakobson Selected Writings II*. pp.23–71. Hague: Mouton.（服部四郎編．1978.『ロマーン・ヤーコブソン選集 2』大修館書店）

Jakobson, R. 1971. *Selected writings*. Hague: Mouton.（服部四郎編．1986.『ロマーンヤーコブソン選集 1』大修館書店．）

Jakobson, R. 1971. La première lettre de Ferdinand de Saussure à Antoine Meillet sur les anagrams. In *L'Homme Revue français d'anthropologie 11–2*. pp.15–24. Mouton & Co, éditeurs, Paris-LaHaye.

Jakobson, R. 1973. *Questions de Poétique*. Paris: Editions du Seuil.（川本茂雄編 1985.『ロマーンヤーコブソン選集 3 詩学』大修館書店．）

Jespersen, O. 1924. *The Philosophy of Grammar*. London: G. Allen & Unwin.（半田一郎訳．1958.『文法の原理』岩波書店．）

神保格．1922.『言語学概論』岩波書店．

神保格．1939.「Saussure の言語理論について」日本言語学会編『言語研究』第 1 号、pp.18–38. 三省堂．

加賀野井秀一．1995.『20 世紀言語学入門―現代思想の原点』講談社現代新書．

加賀野井秀一．2004.『知の教科書 ソシュール』講談社．

加賀野井秀一．2007.「入門のソシュール」『月刊 言語』2007 年 5 月号、pp.24–31. 大修館書店．

加賀野井秀一．2018.「ソシュールと『一般言語学講義』について」松澤和宏編．2018.『21 世紀のソシュール』pp.35–46. 水声社．

影浦峡・田中久美子訳．2007.『ソシュール 一般言語学講義 コンスタンタンのノート』東京大学出版会．

亀井孝．1970.「ソスュールへのいざない」『中央公論』1970 年 11 月号、pp.174–187. 中央公論社．

風間喜代三．1978.『言語学の誕生』岩波新書．

小林英夫．1932.「ランガージュの概念の疑義解釈」東京大学国文学研究室編『国語と国文学』第 9 巻、第 7 号、pp.1–23.（『言語学方法論考』三省堂．1935. ならびに『小林英夫著作集 1 言語学論集 1』みすず書房．1976. にも再録．）

小林英夫．1935.『言語学方法論考』三省堂．

小林英夫．1937.『言語学通論』三省堂．

小林英夫．1948.『言語学の基礎概念』振鈴社．

小林英夫. 1976.「国語学と言語学」『小林英夫著作集 1 言語学論集 1』pp.309–365. みすず書房.

小林英夫. 1978.「日本における Saussure の影響」『月刊 言語』1978 年 3 月号、pp.44–49. 大修館書店.

Koerner, E. F. K. 1973. *Ferdinand de Saussure*. Friedr. Vieweg, Sohn GmbH, Braunschweig.（山中桂一訳. 1982.『ソシュールの言語論』大修館書店.）

小松英輔. 1993b. *Troisieme cours de linguistique générale* (1910–1911): *d'après les cahiers d'Emile Constantin*. Paris: Pergamon Press. ならびに小松英輔. 1994.『ソシュール自筆原稿の研究』（平成 6 年〜平成 8 年度 科学研究費補助金基盤研究 B（2）研究成果報告書 課題番号 06451091）（相原奈津江・秋津伶訳. 2003.『フェルディナン・ド・ソシュール 一般言語学第三回講義（1910–1911 年）エミール・コンスタンタンによる講義記録』（エディット・パルク.）

小松英輔著・相原奈津江編. 2011.『もう一人のソシュール』エディット・パルク.

Komatsu Eisuke. 1996. *F. de Saussure Premier Cours de Linguistique Generale*. (1907): *d'après les cahiers d'Albert Riedlinger*. Paris: Pergamon Press.（相原奈津江・秋津伶訳. 2008.『フェルディナン・ド・ソシュール 一般言語学第一回講義 リードランジェによる講義記録』エディット・パルク.）

Komatsu Eisuke. 1997. *F. de Saussure Deuxième Cours de Linguistique Generale*. (1908–1909): *d'après les cahiers d'Albert Riedlinger et Charles Patois*. Paris: Pergamon Press.（相原奈津江・秋津伶訳. 2006.『フェルディナン・ド・ソシュール 一般言語学第二回講義（1908–1909）』エディット・パルク.）

国広哲弥. 1967.『構造的意味論』三省堂.

国広哲弥. 1982.『意味論の方法』大修館書店.

国広哲弥. 1985.「言語と概念」『東京大学言語論集 '85』pp.17–23. 東京大学文学部言語学研究室.

国広哲弥. 2006.「ソシュール構造主義は成立しない」『日本エドワード・サピア協会 研究年報』第 20 号、pp.17–22. 日本エドワード・サピア協会.

国広哲弥. 2010.「語の意味をめぐって」澤田治美編. 2010.『ひつじ意味論講座第 1 巻 語・文と文法カテゴリーの意味』pp.1–22. ひつじ書房.

Lakoff, G. and Johnson, M. 1980. *Metaphors We Live By*. Chicago: University of Chicago Press.（渡部昇一・楠瀬淳三・下谷和幸訳. 1986.『レトリックと人生』大修館書店.）

Lenneberg, E. 1967. *Biological Foundations of Language*. New York: Wiley.（佐藤方哉・神尾昭雄訳. 1974.『言語の生物学的基礎』大修館書店.）

Lepschy, G. 1970. *A Survey of Structural Linguistics*. London: Faber and Faber Ltd.（菅田茂昭訳. 1975.『構造主義の言語学』大修館書店.）

Lewis, M. M. 1971. The linguistic development of children In Minnis, N.1971. *Linguistics at Large*. pp.195–208. Worcester, and London: Edenezer Balys & Son Limited. The Trinity Press.（村田孝次訳. 1973.「子供の言語発達」中島文雄監訳. 1973.『概説言語学』pp.261–277. 三省堂.）

町田健. 2004a.『ソシュールのすべて—言語学でいちばん大切なこと』研究社.

町田健. 2004b.『ソシュールと言語学』講談社.

Martinet, A. 1965. *La linguistique synchronique: etudes et recherches*. Paris: Presses universitaires de France.

丸山圭三郎. 1975.「ソシュールにおけるパロールの概念」エネルゲイア刊行会編『言語における思想性と技術性』pp.36–53. 朝日出版社.

丸山圭三郎. 1981.『ソシュールの思想』岩波書店.

丸山圭三郎. 1983.『ソシュールを読む』岩波書店.

丸山圭三郎編. 1985.『ソシュール小辞典』大修館書店.

松澤和宏. 2003.『生成論の探究』名古屋大学出版会.

松澤和宏. 2004.「ソシュールの現代性—伝統的な時間をめぐって」『月刊 言語』2004年12月号、pp.50–53. 大修館書店.

松澤和宏. 2006.「ソシュール『一般言語学講義』」『月刊 言語』2006年1月号、pp.96–101. 大修館書店.

三尾砂. 1948.『国語法文章論』三省堂書店.

光延明洋. 1968.「Lévi-Strauss と九鬼周造」『英語教育』1968年4月号、p.47. 大修館書店.

三浦信孝. 1980.「ソシュール・ヴァレリー・バンヴェニスト」『現代思想』1980年10月号、pp.140–146. 青土社.

三宅鴻. 1970.「Saussure と人間の学問」『英語文学世界』1970年3月号、pp.20–24. 英潮社.

永野賢. 1952.「『相手』という概念について」国語学会編『国語学』第9号、pp.23–28. 武蔵野書院.

永野賢. 1970.『伝達論にもとづく日本語文法の研究』東京堂出版.

永野賢. 1986.『文章論総説』朝倉書店.

中島平三. 2008.「チョムスキー理論の功罪と今後の展望」『月刊 言語』2008年11月号（『言語セレクション』第3巻、pp.288–294. 大修館書店.）

奥津敬一郎. 1978.『「ボクハ ウナギダ」の文法—ダとノ』くろしお出版.

太田朗. 1963.「アメリカ流言語学」『英語青年』1963年10月号、pp.8–9. 研究社.

太田朗. 1978.「変形生成文法における意味論の変遷」『月刊 言語』1978年12月号、pp.70–79. 大修館書店.

斎藤伸治. 2012.「チョムスキーはソシュールをどう読んできたのか」『欧米言語文化論集』pp.119–135. 岩手大学人文社会科学部欧米言語文化コース.

佐久間鼎. 1936.『現代日本語の表現と語法』くろしお出版.

佐久間鼎. 1954.「発言の場・話題の場・課題の場」京都大学文学部国語学国文学研究室編『国語国文』23巻5号、pp.529–539. 京都大学.

Sapir, E. 1921. *Language: An Introduction to the Study of Speech*. New York: Harcourt, Brace and Company.（泉井久之助訳. 1957.『言語—ことばの研究』紀伊國屋書店.）

Saussure, F. de. 1916. *Cours de Linguistique Générale*. Paris: Payot.（小林英夫訳. 1928.『言語学原論』岡書院.）

Saussure, F. de. 1916. *Cours de Linguistique Générale*. Paris: Payot.（小林英夫訳.

1940.『改訳新版 言語学原論』岩波書店.)

Saussure, F. de. 1916. *Cours de Linguistique Générale*. Paris: Payot.(小林英夫訳. 1972.『一般言語学講義』岩波書店.)

Saussure, F. de. 1916. *Cours de linguistique générale*（1908–1909） *Introduction Édité, Annoté at Préfacé par Robert Godel*. Paris: Payot. 山内貴美夫訳. 1971.『ソシュール言語学序説』勁草書房.)

Saussure, F. de. 1916. *Cours de Linguistique Générale*（1908–1909） *Introduction*. Paris: Payot.(前田英樹訳. 1991.『ソシュール講義録注解』法政大学出版局.)

Saussure, de. L. 2018.「言語の性質をめぐる Saussure の逡巡」松澤和宏編. 2018.『21 世紀のソシュール』pp.47–65. 水声社.

瀬戸賢一. 2005.『よくわかる比喩―言葉の根っこをもっと知ろう』研究社.

新村出. 1954.『言語学概説』星野書店.

Starobinski, J. 1967. *Les Mots Sous les Mots: Les Anagrammes de Ferdinand de Saussure*. Paris: Gallimard.(工藤庸子訳. 1980.「Saussure のアナグラム・ノート」『現代思想』1980 年 10 月号. pp.175–188. 青土社.)

Sumpf, J. 1971. A propos de la philosophie du langage. In *Langages Philosophie du Language par J. Sumpf 21*. pp.3–34. Paris: Librairie Marcel Didier.

立川健二. 1986.『《力》の思想家ソシュール』白馬書房.

高橋太郎. 1956.「『場面』と『場』」京都大学国文学会編『国語国文』第 265 号、pp.591–599. 中央図書出版.

高野秀之. 2010.「ソシュール再考：言語研究史における評価の妥当性を問い直す」『嘉悦大学研究論集』第 53 巻 1 号、pp.47–73. 嘉悦大学.

田中克彦. 1993.『言語学とは何か』岩波新書.

田中茂範・深谷昌弘. 1998.『〈意味づけ論〉の展開』紀伊國屋書店.

Thorndyke, P. 1977. Cognitive Studies in Comprehension and Memory of Narrative Discourse. In *Cognitive Psychology 9*. pp.77–110. New York: Academic Press.

時枝誠記. 1941.『国語学原論』岩波書店.

戸村幸一. 1978.「ラング・パロールとはなにか」『月刊 言語』1978 年 4 月号、pp.54–57. 大修館書店.

Waterman, J. T. 1963. *Perspectives in Linguistics*. Chicago: The University of Chicago.(上野直蔵・石黒昭博共訳. 1975.『現代言語学の背景』南雲堂.)

Whorf B. L. 1956. *Language, Thought, and Reality*. Cambridge, Mass. : MIT Press.(池上嘉彦訳. 1993.『言語・思考・現実』講談社.)

山口巌. 2013.『人とことば：その関わりと研究のあゆみ』ブックワークス響.

山中圭一. 1989.『ヤコブソンの言語科学 1 詩とことば』勁草書房.

安井稔. 1963.「構造言語学と英語の記述」『英語青年』1963 年 11 月号、pp.12–13. 研究社.

安井稔. 1966.「チョムスキーにおける人間の学と言語の学」『英語青年』1966 年 11 月号、pp.7–8. 研究社.

湯川恭敏. 1999.『言語学』ひつじ書房.

Yule, G. 1985. *The Study of Language*. Cambridge: Cambridge University Press.

（今井邦彦・中島平三訳．1987.『現代言語学20章』大修館書店.）

第2章　Saussure学説の主要点

Bouquet, S. et Engler, R. 2002. Écrits de linguistique générale.（Gallimard）（松澤和宏校註・訳 2013『フェルディナン・ド・ソシュール「一般言語学」著作集 I 自筆草稿『言語の科学』』岩波書店.）

Chomsky, N. 1962. *Syntactic Structures*. Hague: Mouton.（勇康雄訳．1963.『文法の構造』研究社.）

Chomsky, N. 1964. *Current Issues in Linguistic Theory*. Mouton & Co.（橋本萬太郎・原田信一訳．1972.『現代言語学の基礎』大修館書店.）

Chomsky, N. 1965. *Aspects of the Theory of Syntax*. Cambridge.（安井稔訳．1970.『文法理論の諸相』研究社.）

Chomsky, N. 1966a. *Language and the Study of Mind*.（東京言語研究所主催．1982.『第1回理論言語学国際セミナー：チョムスキー連続講演集』.三修社.）（川本茂雄訳．1966.「言語と人間科学」『ことばの宇宙』第1巻、第6号、pp.15–31.ラボ教育センター.）

Chomsky, N. 1966b. *Cartesian Linguistics*. New York: Harper and Row.（川本茂雄訳．1976.『デカルト派言語学』みすず書房.）

Chomsky, N. 1972. *Language and Mind*（*Enlarged Edition*）. Harcourt Brace Jovanovich, Inc. New York.（川本茂雄訳．1980.『言語と精神』河出書房新社.）

Chomsky, N. 1975. *Reflections on Language*. Pantheon Books.（井上和子・神尾昭雄・西山佑司共訳．1979.『言語論』大修館書店.）

Chomsky, N. 1980. *Rules and Representations*. Columbia University Press, New York.（井上和子・神尾昭雄・西山佑司共訳．1984.『ことばと認識』大修館書店.）

Engler, R. 1968. *Cours de linguistique générale, Edition critique*. Otto Harrassowitz, Wiesbaden.

Godel, R. 1957. *Les Sources manuscrites du Cours de Linguistique Générale de F. de Saussure*. Genève, Droz, Paris: Minard.

Haugen, E. 1951. Directions in modern linguistics. in Bernard Bloch ed. *Language*, 27. pp.211–222. Kraus Reprint Corporation. New York.

井上和子．1966.「チョムスキーの言語理論と日本語の文法」『ことばの宇宙』第1巻、第3号、pp.126–131.ラボ教育センター.

勇康雄．1964.「アメリカ言語学の動向（1）―Bloomfield学説の批判―」『英語青年』1964年9月号．pp.14–15.研究社.

加賀野井秀一．1995.『20世紀言語学入門―現代思想の原点』講談社現代新書.

加賀野井秀一．2004.『知の教科書 ソシュール』講談社.

加賀野井秀一．2007.「入門のソシュール」『月刊 言語』2007年5月号、pp.24–31.大修館書店.

川本茂雄．1968.「構造主義と言語」『言語生活』1968年8月号、pp.64–72.筑摩書房.

Komatsu Eisuke. 1993a. *Cours de linguistique générale premier et troisième cours: d'après les notes de Riedlinger et Constantin.* (Collection Recherches Université Gakushuin n° 24.) Tokyo: Gakushuin University.（相原奈津江・秋津伶訳．2009.『増補改訂版一般言語学第三回講義―コンスタンタンによる講義記録＋ソシュールの自筆講義メモ』エディット・パルク．）

Komatsu Eisuke. 1993b. *Troisieme cours de linguistique générale (1910–1911): d'après les cahiers d'Emile Constantin.* Paris: Pergamon Press. 及び小松英輔．1994.『ソシュール自筆原稿の研究』（平成 6 年～平成 8 年度 科学研究費補助金基盤研究 B（2）研究成果報告書 課題番号 06451091）（相原奈津江・秋津伶訳．2003.『フェルディナン・ド・ソシュール 一般言語学第三回講義（1910–1911）エミール・コンスタンタンによる講義記録』エディット・パルク．）

Komatsu Eisuke. 1996. *Premier cours de linguistique générale. (1907) : d'après les cahiers d'Albert Riedlinger.* Paris: Pergamon Press.（相原奈津江・秋津伶訳．2008.『フェルディナン・ド・ソシュール 一般言語学第一回講義 リードランジェによる講義記録』エディット・パルク．）

Komatsu Eisuke. 1997. *Deuxieme cours de linguistique générale. (1908–1909): d'après les cahiers d'Albert Riedlinger et Charles Patois.* Paris: Pergamon Press.（相原奈津江・秋津伶訳．2006.『フェルディナン・ド・ソシュール 一般言語学第二回講義（1908–1909）』エディット・パルク．）

小松英輔．2011.『もう一人のソシュール』エディット・パルク．

釘貫亨．2018.「20 世紀日本語研究と記号の恣意性」松澤和宏編．2018.『21 世紀のソシュール』pp.309–322. 水声社．

Lepschy, G. 1970. *A Survey of Structural Linguistics.* London: Faber and Faber Ltd.（菅田茂昭訳．1975.『構造主義の言語学』大修館書店．）

前田英樹訳・注 1991.『ソシュール講義録注解』法政大学出版局．

町田健．2004a.『ソシュールのすべて―言語学でいちばん大切なこと』研究社．

町田健．2004b.『ソシュールと言語学』講談社．

Martinet, A. 1960. *Eléments de linguistique générale.* Paris: Armond Colin.（三宅徳嘉訳．1972.『一般言語学要理』岩波書店．）

丸山圭三郎．1981.『ソシュールの思想』岩波書店．

丸山圭三郎・竹内芳郎．1982.「言語・記号・社会―『文化の理論のために』と『ソシュールの思想』をめぐって」『思想』1982 年 3 月号、pp.1–35. 岩波書店．

丸山圭三郎．1982.「一般言語学講義」『国文学』1982 年 6 月号、pp.16–17. 学灯社．

丸山圭三郎．1983.『ソシュールを読む』岩波書店．

丸山圭三郎編．1985.『ソシュール小辞典』大修館書店．

丸山圭三郎．1988.『言葉・文化・無意識』河合文化教育研究所．

丸山圭三郎．1994.『言葉とは何か』夏目書房．

松澤和宏．2003.『生成論の探究』名古屋大学出版会．

松澤和宏．2016.「二つのドクサについて―「恣意性」と「世界の分節」―ソシュール文献学と『一般言語学講義』―」日本フランス語フランス文学会 2016 年度秋季全国大会ワークショップ 4『ソシュール『一般言語学講義』

の1世紀―構造主義，時枝論争，新手稿』資料.

Mauro, T. 1967. De. *Ferdinand de Saussure Corso di linguistica generale Ferdinand de Saussure: introduzione, traduzione e comment di Tullio De Mauro*. Bari: Laterza.（山内貴美夫訳．1976.『「ソシュール一般言語学講義」校注』而立書房.）

Mounin, G. 1968. *Saussure ou le structuraliste sans le savoir*. Seghers.（福井芳男・伊藤晃・丸山圭三郎共訳．1970.『ソシュール 構造主義の原点』大修館書店.）

Mounin, G. 1970. *Introduction à la sémiologie*. Bernard-Palissy, Paris.（福井芳男・伊藤晃・丸山圭三郎共訳．1973.『記号学入門』大修館書店.）

Mounin, G. 1972. *La Linguistique du XXe Siècle*. Paris: Presses Universitaires de France.（佐藤信夫訳．1974.『二十世紀の言語学』白水社.）

Niiyama Shigeki. 1978. Saussure's Linguistic Theories and the Study of Japanese Intellectual History. In Tetsuo, Najita & Irwin, Scheiner. ed. 1978. *Japanese Thought in the Tokugawa Period 1600–1868 Methods and Metaphors*（徳川思想史研究）. pp.105–133. Chicago: The University of Chicago Press.

斎藤伸治．2012.「チョムスキーはソシュールをどう読んできたのか」『欧米言語文化論集』pp.119–135. 岩手大学人文社会科学部欧米言語文化コース.

Saussure, F. de. 1916. *Cours de linguistique générale*. Paris: Payot.（小林英夫訳．1928.『言語学原論』岡書院.）

Saussure, F. de. 1916. *Course de linuistique généerale*. Paris: Payot.（菅田茂昭新対訳．2013.『一般言語学講義抄』大学書林.）

Saussure, F. de. 1916. *Cours de linguistique générale*. Paris: Payot.（小林英夫訳．1940.『改訳新版 言語学原論』岩波書店.）

Saussure, F. de. 1916. *Cours de linguistique générale*. Paris:: Payot.（小林英夫訳．1972.『一般言語学講義』岩波書店.）

Saussure, F. de. 1916. *Cours de linguistique générale*（1908–1909）*Introduction Édité, Annoté at Préfacé par Robert Godel*. Paris: Payot. 山内貴美夫訳．1971.『ソシュール言語学序説』勁草書房.）

Saussure, F. de. 1916. *Course de linuistique généerale*. Paris: Payot.（菅田茂昭新対訳．2013.『一般言語学講義抄』大学書林.）

Saussure, F. de. 1975. *Manuscrit du Livre*, from Ms. fr. 3951（BPU）, N9 Linguistique générale（1893–4）, N11 Status et motus（1894–5）, N12 Status et motus.（前田英樹訳．1980.「「書物」の草稿 テクストと註解」『現代思想』1980年10月号、pp.64–83. 青土社.）

Saussure, F. de. 1916. *Cours de linguistique générale*（1908–1909）*Introduction*. Paris: Payot.（前田英樹訳．1991.『ソシュール講義録注解』法政大学出版局.）

Waterman, J. T. 1963. *Perspectives in Linguistics*. The University of Chicago.（上野直蔵・石黒昭博共訳．1975.『現代言語学の背景』南雲堂.）

安井稔．1966.「チョムスキーにおける人間の学と言語の学」『英語青年』第1966年11月号、pp.7–8. 研究社.

第3章　“時枝・服部論争”の勃発と言語学界での論争

千野栄一．1972.「アメリカ言語学の発達―ヨーロッパ言語学との関係」『英語教育』1972年1月号、pp.38–41.大修館書店.

千野栄一．1973.「言語学の前途」『現代思想』1973年10月号、pp.37–45.青土社.

Chomsky, N. 1962. *Syntactic Structures*. Hague: Mouton. (勇康雄訳．1963.『文法の構造』研究社.)

Chomsky, N. 1964. *Current Issues in Linguistic Theory*. Hague: Mouton & Co. (橋本萬太郎・原田信一訳．1972.『現代言語学の基礎』大修館書店.)

Chomsky, N. 1965. *Aspects of the Theory of Syntax*. Cambridge: M. I. T. Press. (安井稔訳．1970.『文法理論の諸相』研究社.)

Chomsky, N. 1966a. *Language and the Study of Mind*. (東京言語研究所主催．1982.『第1回理論言語学国際セミナー：チョムスキー連続講演集』.三修社.)(川本茂雄訳．1966.「言語と人間科学」『ことばの宇宙』第1巻、第6号、pp.15–31.ラボ教育センター.)

Chomsky, N. 1966b. *Cartesian Linguistics*. New York: Harper and Row. (川本茂雄訳．1976.『デカルト派言語学』みすず書房.)

Chomsky, N. 1972. *Language and Mind (Enlarged Edition)*. New York: Harcourt Brace Jovanovich, Inc. (川本茂雄訳．1980.『言語と精神』河出書房新社.)

Chomsky, N. 1975. *Reflections on Language*. Pantheon Books. (井上和子・神尾昭雄・西山佑司共訳．1979.『言語論』大修館書店.)

Chomsky, N. 1980. *Rules and Representations*. Columbia University Press, New York. (井上和子・神尾昭雄・西山佑司共訳．1984.『ことばと認識』大修館書店.)

Engler, R. 1968. *Cours de linguistique générale, Edition critique*. Otto Harrassowitz, Wiesbaden.

Engler, R. 1973. Rôle et place d'une sémantique dans une linguistique saussurienne. In *Cahiers Ferdinand de Saussure*. No. 28. pp.35–52. Geneve: Librairie Droz. (前田英樹訳．1980.「ソシュール言語学における意味論の役割と位置」『現代思想』1980年10月号、pp.103–113.青土社.)

福田良輔．1957.「文の陳述性について」京都大学国文学会編『国語国文』第21巻、第9号、pp.108–114.中央図書出版.

Godel, R. 1957. *Les Sources manuscrites du Cours de Linguistique Générale de F. de Saussure*. Genève, Droz, Paris: Minard.

Godel, R. 1968. F. de Saussure et les débuts de la linguistique moderne. In *Semaine d'études Genéve* 67. pp.115–124. (富盛伸夫訳．1980.「ソシュールと現代言語学の誕生」『現代思想』1980年10月号、pp.114–123.青土社.)

郡司隆男．1988.「機械翻訳と言語理論」野村浩郷・田中穂積編．1988.『機械翻訳』pp.47–66.共立出版.

郡司隆男．1990.「文法」人工知能学会編『人工知能ハンドブック Ⅲ 自然言語編1章』pp.205–213.オーム社.

蜂谷清人. 2002.「近代日本文法学説史―大槻文法から時枝文法まで」飛田良文・佐藤武義編. 2002.『現代日本語講座 第五巻 文法』pp.146–178. 明治書院.

芳賀綏. 1954.「"陳述"とは何もの？」京都大学国文学会編『国語国文』第23巻、第4号、pp.47–61. 中央図書出版.

原田信一. 1970.「時枝文法と生成文法」『英語文学世界』3月号、第4巻、第12号、pp.30–33. 英潮社.

Harris, R. & Taylor, T. J. 1989. *Landmarks in Linguistic Thought The Western Tradition from Socrates to Saussure.* London: Routledge.（斎藤伸治・滝沢直宏訳. 1997.『言語論のランドマーク』大修館書店.）

橋本萬太郎. 1975.「ことばにおける理性主義―「チョムスキィ時代」の再検討」『現代思想』1975年6月号、pp.196–207. 青土社.

橋本進吉. 1946a.「国語学概論」『橋本進吉博士著作集 第一冊 国語学概論』pp.1–167. 岩波書店.

橋本進吉. 1946b.「国語学研究法」『橋本進吉博士著作集 第一冊 国語学概論』pp.169–297. 岩波書店.

橋本進吉. 1948.「国語法要説」『橋本進吉博士著作集 第二冊 国語法研究』pp.1–96. 岩波書店.

橋本進吉. 1953.「文節による文の構造について（講演要旨）」国語学会編『国語学』第13・14号、pp.12–19. 武蔵野書院.

服部四郎. 1951.「メンタリズムかメカニズムか？」日本言語学会編『言語研究』第19・20号、pp.1–22. 三省堂.

服部四郎. 1957a.「言語過程説について」京都大学国文学会編『国語国文』第26巻、第1号、pp.1–18. 中央図書出版.

服部四郎. 1957b.「ソシュールのlangueと言語過程説」日本言語学会編『言語研究』第32号、pp.1–42. 三省堂.

服部四郎. 1960.『言語学の方法』岩波書店.

服部四郎. 1965.「日本の記述言語学（1）」国語学会編『国語学』第62号、pp.1–18. 武蔵野書院.

服部四郎. 1966.「日本の記述言語学（2）」国語学会編『国語学』第64号、pp.1–30. 武蔵野書院.

Haugen, E. 1951. Directions in modern linguistics. in Bernard Bloch ed. *Language,* 27. pp.211–222. Kraus Reprint Corporation. New York.

Hayakawa, S. I. 1939. *Language in Thought and Action.* Harcourt, Brace and World, Inc. New York.（大久保忠利訳. 1951.『思考と行動における言語』岩波書店.）

早田輝洋. 1969.「言葉と物と意味」『言語生活』1969年11月号、pp.17–25. 筑摩書房.

Hook, S. 1969. *Language and Philosophy A Symposium.* New York: New York University Press.（三宅鴻・大江三郎・池上嘉彦訳. 1974.『言語と思想』研究社.）

五十嵐新次郎. 1965a.「英語教育に関する12章 第7章 言語教育と言語観（2）」『英語教育』1965年10月号、pp.2–3. 大修館書店.

五十嵐新次郎．1965b.「英語教育に関する12章 第8章 言語教育と言語観（3）」『英語教育』1965年11月号、pp.2–3. 大修館書店.

池原悟．2004.「自然言語処理と言語過程説」佐良木昌編．2004.『言語過程の探求』pp.331–408. 明石書店.

井上和子．1966.「チョムスキーの言語理論と日本語の文法」『ことばの宇宙』第1巻、第3号、pp.126–131. ラボ教育センター.

勇康雄．1964.「アメリカ言語学の動向（1）―Bloomfield学説の批判」『英語青年』1964年9月号．pp.14–15. 研究社.

石綿敏雄・岩田純一・真田信治・高田誠・飛田良文・野元菊雄．1976.「国語学と言語学」『言語生活』1976年7月号、pp.2–15. 筑摩書房.

神保格．1922.『言語学概論』岩波書店.

神保格．1939.「ソシュールの言語理論について」日本言語学会編『言語研究』第1号、pp.18–38. 三省堂.

Johnson, Y. 2003. *Modality and the Japanese Language*. Ann Arbor, Mich.: Center for Japanese Studies. The University of Michigan.

川本茂雄．1968.「構造主義と言語」『言語生活』1968年8月号、pp.64–72. 筑摩書房.

門前真一．1956.「言語過程説とラング、パロール」『天理大学学報』第22号、pp.1–16. 天理大学人文学会.

門前真一．1957a.「言語学の体系と言語過程説」『天理大学学報』第24号、pp.1–21. 天理大学人文学会.

門前真一．1957b「言語過程説と構造主義言語観」『山辺道』第3号、pp.38–52. 天理大学国文学研究室.

門前真一．1958.「言語段階観―解釈文法の効用と限界」『山辺道』第4号、pp.1–16. 天理大学国文学研究室.

風間喜代三．1978.『言語学の誕生』岩波新書.

風間力三．1951.「言語研究の対象―言語過程説についての一つの疑問」京都大学国文学会編『国語国文』第20巻、第6号、pp.41–63. 京都大学.

菊澤季生．1938.「時枝誠記氏の文の概念に就て」東京大学国文学研究室編『国語と国文学』第15巻、第5号、pp.83–89. 至文堂.

木股知史．2005.「心・言葉・イメージ」『月刊 言語』2005年7月号、pp.56–63. 大修館書店.

金水敏．1997.「国文法」益岡隆志・郡司隆男・仁田義雄・金水敏．1997.『岩波講座 言語の科学5 文法』pp.119–157. 岩波書店.

北原保雄．1981.『日本語助動詞の研究』大修館書店.

小林英夫．1932.「ランガージュの概念の疑義解釈」東京大学国文学研究室編『国語と国文学』第9巻、第7号、pp.1–23. 至文堂.（小林英夫．1935.『言語学方法論考』三省堂ならびに小林英夫．1976.『小林英夫著作集1 言語学論集1』みすず書房にも再録。）

小林英夫．1935.『言語学方法論考』三省堂.

小林英夫．1937.『言語学通論』三省堂.

小林英夫．1948.『言語学の基礎概念』振鈴社.

小林英夫．1976a.「国語学と言語学」『小林英夫著作集1 言語学論集1』

pp.309–365. みすず書房.

小林英夫. 1976b.「文法論総説」『小林英夫著作集 1 言語学論集 1』pp.367–484. みすず書房.

小林英夫. 1977.「翻訳の問題」『小林英夫著作集 3 言語学論集 3』pp.409–449. みすず書房.

小林英夫. 1978.「日本におけるソシュールの影響」『月刊 言語』1978 年 3 月号、pp.44–49. 大修館書店.

Koerner, E. F. K. 1973. *Ferdinand de Saussure*. Friedr. Vieweg, Sohn GmbH, Braunschweig.（山中桂一訳. 1982.『ソシュールの言語論』大修館書店.）

Kristeva, J. 1977. *Du sujet en linguistique*. in Polylogue. Ed. du Seuil.（小松英輔訳. 1980.「言語学の主体について」『現代思想』1980 年 10 月号、pp.189–210. 青土社.）

釘貫亨. 2013.「時枝誠記とソシュール『一般言語学講義』」釘貫亨. 2013.『「国語学」の形成と水脈』pp.131–158. ひつじ書房.

釘貫亨. 2018.「20 世紀日本語研究と記号の恣意性」松澤和宏編. 2018.『21 世紀のソシュール』pp.309–322. 水声社.

国広哲弥. 2006.「ソシュール構造主義は成立しない」『日本エドワード・サピア協会 研究年報』第 20 号、pp.17–22. 日本エドワード・サピア協会.

黒岩駒男. 1952.「言語の過程性と記号契約性 言語性成立の場」『久留米大学論集』第 4 巻、第 1 号、pp.17–21. 久留米大学.

Lenneberg, E. 1967. *Biological Foundations of Language*. John Wiley & Sons, Inc.（佐藤方哉・神尾昭雄訳. 1974.『言語の生物学的基礎』大修館書店.）

町田健. 2004.『ソシュールのすべて』研究社.

前田英樹・滝口守信. 1985.「日本」丸山圭三郎編. 1985.『ソシュール小辞典』pp.157–162. 大修館書店.

前田英樹. 1989.『沈黙するソシュール』書肆山田.

益岡隆志・仁田義雄・郡司隆男・金水敏編. 1997.『岩波講座言語の科学 5 文法』岩波書店.

Martinet, A. 1960. *Eléments de linguistique générale*. A. Colin, Paris.（三宅徳嘉訳. 1972.『一般言語学要理』岩波書店.）

丸山圭三郎. 1974.「ソシュールと構造主義」『英語研究』1974 年 6 月号、pp.6–7. 研究社.

丸山圭三郎. 1981.『ソシュールの思想』岩波書店.

丸山圭三郎・竹内芳郎. 1982.「言語・記号・社会―『文化の理論のために』と『ソシュールの思想』をめぐって―」『思想』1982 年 3 月号、pp.1–35. 岩波書店.

丸山圭三郎. 1982.「一般言語学講義」『国文学』1982 年 6 月号、pp.16–17. 学灯社.

丸山圭三郎. 1983.『ソシュールを読む』岩波書店.

丸山圭三郎編. 1985.『ソシュール小辞典』大修館書店.

丸山圭三郎. 1988.『言葉・文化・無意識』河合文化教育研究所.

丸山圭三郎. 1994.『言葉とは何か』夏目書房.

松中完二. 2001.「認知的言語研究の先駆者としての時枝誠記」国際基督教大

学アジア文化研究所編『アジア文化研究』第 27 号、pp.197–211. 国際基督
教大学アジア文化研究所.

松中完二. 2005.「時枝・服部論争の再考察（Ⅰ）―言語研究の原点的問題と
して―」『敬愛大学 研究論集』第 69 号、pp.109–146. 敬愛大学経済学会.

松中完二. 2007.「時枝・服部論争の再考察（Ⅱ）―言語研究の原点的問題と
して―」『敬愛大学 研究論集』第 70 号、pp.175–212. 敬愛大学経済学会.

松中完二. 2008.「時枝・服部論争の再考察（Ⅲ）―言語研究の原点的問題と
して―」『敬愛大学 研究論集』第 74 号、pp.49–109. 敬愛大学経済学会.

松澤和宏. 2004.「ソシュールの現代性―伝統的な時間をめぐって」『月刊 言
語』2004 年 12 月号、pp.50–53. 大修館書店.

Mauro, T. 1967. *Corso di linguistica generale Ferdinand de Saussure:
introduzione, traduzione e commento di Tullio De Mauro*. Bari: Laterza.
（山内貴美夫訳. 1976.『「ソシュール一般言語学講義」校注』而立書房.）

Maynard, S. K. 1993. *Discourse Modality. Subjectivity, Emotion and Voice in
the Japanese Language*. Amsterdam: John Benjamins Publishing Company.

三上章. 1953.「構文論の諸問題」国語学会編『国語学』第 15 号、pp.47–57.
武蔵野書院.

三上章. 1954.「陳述度？―芳賀綏氏の書評に答えて」国語学会編『国語学』
第 17 号、pp.129–130. 武蔵野書院.

三上章. 1955.「名詞文の拡張」東京大学国文学研究室編『国語と国文学』第
32 巻、第 2 号、pp.50–59. 至文堂.

南不二男. 1976.「最近の言語理論と日本語研究」『言語生活』1976 年 7 月号、
No.298. pp.18–32. 筑摩書房.

三浦つとむ. 1948.「弁証法は言語の謎をとく」『思想の科学』第 3 巻、第 5 号、
pp.18–29. 先駆社.

三浦つとむ. 1950.『弁証法・いかに学ぶべきか』双流社.

三浦つとむ. 1951.「なぜ表現論が確立しないか」『文学』第 19 巻、第 2 号、
pp.65–77. 岩波書店.

三浦つとむ. 1968.「時枝誠記の言語過程説」『文学』第 36 巻、第 2 号、
pp.37–52. 岩波書店.

三浦つとむ. 1976.『日本語はどういう言語か』講談社学術文庫.

三浦つとむ編. 1981.『現代言語学批判 言語過程説の展開』勁草書房.

三浦つとむ. 1983a.「時枝理論との出会い」『三浦つとむ選集 1 スターリン批
判の時代』pp.24–25. 勁草書房.

三浦つとむ. 1983b.「時枝理論への民科の言語学者の攻撃」『三浦つとむ選集 1
スターリン批判の時代』pp.29–35. 勁草書房.

三浦つとむ. 1983c.「時枝言語学の功績」『三浦つとむ選集 1 スターリン批判
の時代』pp.36–40. 勁草書房.

三浦つとむ. 1983d.「言語における矛盾の構造」『三浦つとむ選集 1 スターリ
ン批判の時代』pp.93–113. 勁草書房.

三浦つとむ. 1983e.『三浦つとむ選集 3 言語過程説の展開』勁草書房.

三浦つとむ. 1991.「時枝誠記」『三浦つとむ選集 補巻 唯物弁証法の成立と歪
曲』pp.299–302. 勁草書房.

三宅鴻. 1975.「相似と相同と価値—ソシュール／サピア／ブルームフィールド」『現代思想』1975 年 6 月号、pp.180–188. 青土社.

宮治裕. 1974.「文法研究の問題点」『[シンポジウム] 日本語 2 日本語の文法』pp.9–77. 学生社.

水谷静夫. 1983.「国文法素描」水谷静夫編『朝倉日本語講座 3 文法と意味 I』pp.1–80. 朝倉書店.

Mounin, G. 1968. *Saussure ou le structuraliste sans le savoir*. Paris: Éditions Seghers. (福井芳男・伊藤 晃・丸山圭三郎共訳. 1970.『ソシュール』大修館書店.)

Mounin, G. 1970. *Introduction à la sèmiologie*. Paris: Bernard-Palissy. (福井芳男・伊藤晃・丸山圭三郎共訳. 1973.『記号学入門』大修館書店.)

永野賢. 1951.「言語過程説における形容詞の取り扱いについて」国語学会編『国語学』第 6 号、pp.54–64. 刀江書院.

長尾真. 1976.「計算機による言語処理と現代言語学」『言語生活』1976 年 7 月号、pp.43–50. 筑摩書房.

中島平三. 1974.「チョムスキーの言語理論」『英語研究』1974 年 6 月号、pp.8–10. 研究社.

中村通夫. 1941.「新刊紹介 国語学原論—言語過程説の成立とその展開—」『文学』第 10 巻、第 4 号、pp.61–62. 岩波書店.

Narrog, H. 2009. *Modality in Japanese. The Layered Structure of the Clause and Hierarchies of Functional Categories*. Amsterdam: John Benjamins Publishing Company.

Niiyama Shigeki. 1978. Saussure's Linguistic Theories and the Study of Japanese Intellectual History. In Tetsuo, Najita & Irwin, Scheiner. ed. 1978. *Japanese Thought in the Tokugawa Period 1600–1868 Methods and Metaphors*（徳川思想史研究）. pp.105–133. Chicago: The University of Chicago Press.

西山佑司. 1971.「チョムスキー言語理論と合理主義」『理想』1971 年 5 月号、pp.54–72. 理想社.

西山佑司. 1975.「チョムスキー言語理論と人間学 形式的モデルとその解釈」『現代思想』1975 年 6 月号、pp.189–195. 青土社.

根来司.『時枝誠記研究 言語過程説』明治書院. 1985.

野林正路. 1966.「新しい日本語文法の発見—チョムスキー理論のみちびき入れをめざして」児童言語研究会編. 1966.『国語教育研究』第 7 号、pp.126–133. 明治図書出版.

大岩正仲. 1951.「文の定義」国語学会編『国語学』第 3 号、pp.1–24. 武蔵野書院.

大久保忠利. 1951.「時枝誠記氏のソシュール批判を再検討する—時枝氏「言語過程観」批判の序説として」『文学』第 19 巻、第 6 号、pp.78–87. 岩波書店.（本論文は、大久保忠利. 1959.『大久保忠利・コトバの著作集 第 5 巻 コトバの生理と文法理論』pp.45–60. 春秋社と児童言語研究会編. 1966.『国語教育研究』第 9 号、pp.129–138. 明治図書出版にも一部加筆して再録.）

大久保忠利. 1952a.「言語の本質を求めて—ソシュール学説の発展の上に」

『国語の力』第 4 巻、pp.2–4. 国語の力社.

大久保忠利．1952b.「時枝誠記氏の書評への訳者よりの答え―ハヤカワ「思考と行動における言語」について」東京大学国文学研究室編『国語と国文学』第 29 巻、第 12 号、pp.58–61. 至文堂.

大久保忠利．1954.「思考・通達・言語―国語愛―スターリン言語観を解きほぐしながら」宮城音弥編．1954.『言葉の心理』pp.148–185. 河出書房.

大久保忠利．1958a.「スターリン言語観から学ぶこと」『大久保忠利・コトバの著作集 第 2 巻 コトバの魔術と思考』pp.3–10. 春秋社.

大久保忠利．1958b.「言語は思考にどのように参加しているか」『大久保忠利・コトバの著作集 第 2 巻 コトバの魔術と思考』pp.16–33. 春秋社.

大久保忠利．1959a.「ソシュールのラングとパロールについて」『大久保忠利・コトバの著作集 第 1 巻 コトバの心理と技術 増補』pp.141–149. 春秋社.

大久保忠利．1959b.「「概念」と「抽象」について」『大久保忠利・コトバの著作集 第 5 巻 コトバの生理と文法理論』pp.164–176. 春秋社.

大久保忠利．1959c.「「文」と「陳述」―山田孝雄さんの「統覚説」を批判しながら」『大久保忠利・コトバの著作集 第 5 巻 コトバの生理と文法理論』pp.177–190. 春秋社.

大久保忠利．1959d.「言語過程的文法論を批判する」『大久保忠利・コトバの著作集 第 5 巻 コトバの生理と文法理論』pp.191–120. 春秋社.

大野晋．1950.「言語過程説に於ける詞・辞の分類について」東京大学国文学研究室編『国語と国文学』1950 年 5 月号、pp.47–55. 至文堂.

大野晋．1977.「時枝誠記 国語学原論」『月刊 言語』1977 年 5 月号、pp.40–41. 大修館書店.

太田朗．1963.「アメリカ流言語学」『英語青年』1963 年 10 月号、pp.8–9. 研究社.

奥津敬一郎．1980.「「ダ」の文法〈「国語学」「国文学」と「言語学」〉」『月刊 言語』1980 年 2 月号、pp.4–9. 大修館書店.

斎藤武生．1976.「チョムスキーの言語習得論」『英語教育』1976 年 7 月号、pp.26–28. 大修館書店.

阪倉篤義．1956 a.「文法論の課題」国語学会編『国語学』第 24 号、pp.25–33. 武蔵野書院.

阪倉篤義．1956b.「書評 時枝誠記博士著「国語学原論 続篇」」国語学会編『国語学』第 25 号、pp.120–123. 武蔵野書院.

阪倉篤義．1974.『改稿 日本文法の話』教育出版株式会社.

佐々木昭．1976.「言語教育における理性主義」『英語教育』1976 年 7 月号、pp.18–21. 大修館書店.

佐藤喜代治．1948.「言語過程説についての疑問」国語学会編『国語学』第 2 号、pp.17–30. 養徳社.

佐藤喜代治．1952.『国語学概論』角川書店.

佐藤方哉．1976.「チョムスキーとスキナー」『英語教育』1976 年 7 月号、pp.22–25. 大修館書店.

Saussure, F. de. 1916. *Cours de linguistique générale*. Paris: Payot. (小林英夫訳.

1928.『言語学原論』岡書院.）

Saussure, F. de. 1916. *Cours de linguistique générale*. Paris: Payot.（小林英夫訳. 1940.『改訳新版 言語学原論』岩波書店.）

Saussure, F. de. 1916. *Cours de linguistique générale*. Paris: Payot.（小林英夫訳. 1972.『一般言語学講義』岩波書店.）

Saussure, F. de. 1916. *Cours de linguistique générale*. Paris: Payot.（山内貴美夫訳. 1971.『ソシュール言語学序説』勁草書房.）

Saussure, F. de. 1975. *Manuscrit du Livre*, from Ms. fr. 3951（BPU）, N9 Linguistique générale（1893–4）, N11 Status et motus（1894–5）, N12 Status et motus.（前田英樹訳. 1980.「「書物」の草稿 テクストと註解」『現代思想』1980 年 10 月号、pp.64–83. 青土社.）

Saussure, F. de. 1916. *Cours de linguistique générale*（1908–1909） *Introduction*. Paris: Payot.（前田英樹訳. 1991.『ソシュール講義録注解』法政大学出版局.）

柴谷方良. 1980.「普遍文法と日本文法」『月刊 言語』1980 年 2 月号、pp.10–18. 大修館書店.

重見一行. 2000.「日本語の構造と時枝詞辞論―その情緒性について」『文学・語学』第 167 号、pp.19–28. 全国大学国語国文学会.

Slusareva, H. A. 1975. ТеорИЯФДеСоссЮраВСВеТе. СОВреМеННОЙДИНГВИСТИКИ. （谷口勇訳. 1979.『現代言語学とソシュール理論』而立書房.）

菅野宏. 1954.「言語過程説における詞辞」国語学会編『国語学』第 16 号、pp.65–76. 武蔵野書院.

菅野宏. 1957.「言語過程説における過程」京都大学国文学会編『国語国文』第 26 巻、第 1 号、pp.19–26. 中央図書出版.

杉本つとむ. 1976.「国語学の成立とその史的背景」『言語生活』1976 年 7 月号、No. 298. pp.33–42. 筑摩書房.

田中克彦. 1993.『言語学とは何か』岩波新書.

田中克彦. 2009.『ことばとは何か 言語学という冒険』講談社学術文庫.

時枝誠記. 1928.「本居宣長及び富士谷成章のてにをは研究に就いて―日本語学史上の一つの古い問題に対する私の考」東京大学国文学研究室編『国語と国文学』第 5 巻、第 2 号、pp.40–61. 至文堂.

時枝誠記. 1940.『国語学史』岩波書店.

時枝誠記. 1941.『国語学原論』岩波書店.

時枝誠記. 1950a.「佐藤喜代治氏の「言語過程説についての疑問」に答えて」国語学会編『国語学』第 4 号、pp.70–74. 刀江書院.

時枝誠記. 1950b.『日本文法 口語篇』岩波書店.

時枝誠記. 1951.「言語の社会性について―大久保忠利氏の「言語過程観批判の序説」に対する答をも含めて」『文学』第 19 巻、第 9 号、pp.75–84. 岩波書店.

時枝誠記. 1952.「書評（著 大久保忠利氏）「思考と行動における言語」」東京大学国文学研究室編『国語と国文学』第 29 巻、第 8 号、pp.49–55. 至文堂.

時枝誠記. 1953a.「文法研究における一課題―文の統一性について」国語学会編『国語学』第 11 号、pp.1–12. 武蔵野書院.

時枝誠記. 1953b.「文章研究の要請と課題」国語学会編『国語学』第15号、pp.1–12. 武蔵野書院.

時枝誠記. 1954.「詞と辞の連続・非連続の問題」国語学会編『国語学』第19号、pp.1–16. 武蔵野書院.

時枝誠記. 1956.『国語学原論 続篇』岩波書店.

時枝誠記. 1957.「服部四郎教授の「言語過程説について」を読む」京都大学国文学会編『国語国文』第26巻、第4号、pp.24–29. 中央図書出版.

時枝誠記. 1959.『古典解釈のための日本文法 増訂版』至文堂.

時枝誠記. 1973.『言語本質論』岩波書店.

時枝誠記. 1976.『国語学への道』明治書院.

戸村幸一. 1978.「ラング・パロールとはなにか」『月刊 言語』1978年4月号、pp.54–57. 大修館書店.

渡辺実. 1953.「叙述と陳述―述語文節の構造」国語学会編『国語学』第13・14号、pp.20–34. 武蔵野書院.

渡辺実. 1958.「詞と辞」『続日本文法講座1 文法各論編』pp.88–110. 明治書院.

渡辺実. 1971.『国語構文論』塙書房.

渡辺実. 1974.「陳述をめぐって」『［シンポジウム］日本語2 日本語の文法』pp.9–77. 学生社.

渡辺哲男. 2010.『「国語」教育の思想』勁草書房

山崎良幸. 1953.「詞と辞の接続における意味的関係（要旨）」国語学会編『国語学』第12号、p.93. 武蔵野書院.

山田俊雄. 1950.「言語過程説に於ける文字論について」東京大学国文学研究室編『国語と国文学』1950年6月号、pp.47–54. 至文堂.

山内貴美夫. 1973.『言語学原理』而立書房.

安井稔. 1966.「チョムスキーにおける人間の学と言語の学」『英語青年』1966年11月号、pp.7–8. 研究社.

第4章 "時枝・服部論争" の再燃と哲学界での論争

阿部宏. 2007.「ソシュールが言わなかった大きな二つのこと」松澤和宏編. 2007.『SAUSSURE et LA SCIENCE DES TEXTES ソシュールとテクストの科学』pp.87–98. 名古屋大学大学院文学研究科.

相原奈津江. 2007.『ソシュールのパラドックス』エディット・パルク.

相原奈津江・秋津伶訳／小松英輔編. 2006.『一般言語学 第二回講義 リードランジェ／パトワによる講義記録1908–1909』エディット・パルク.

相原奈津江・秋津伶訳／西川長夫解題. 2007.『一般言語学 第三回講義 コンスタンタンによる講義記録1910–1911』エディット・パルク.

赤羽研三. 1998a.『言葉と意味を考える ［Ⅰ］隠喩とイメージ』夏目書房.

赤羽研三. 1998b.『言葉と意味を考える ［Ⅱ］詩とレトリック』夏目書房.

別宮貞徳. 1983.『スタンダード英語講座［1］英文の翻訳』大修館書店.

Culler, J. 1976. *Saussure*. Glasgow: Fontana/Collins.（川本茂雄訳. 1978.『ソシュール』岩波現代選書.）

Ducrot, O. 1968. *Le Structuralisme en linguistique*. In François Wahl 他. 1968. *Qu'est-ce que le structuralisme?* pp.12–96. Paris: Éditions du Seuil.（井村順

一訳．1978.「言語学における構造主義」渡辺一民他訳．1978.『構造主義 言語学・詩学・人類学・精神分析学・哲学』pp.9–88.筑摩書房．)

Engler, R. 1968. *Cours de linguistique générale, Edition critique*. Otto Harrassowitz, Wiesbaden.

Engler, R. 1973. Rôle et place d'une sémantique dans une linguistique saussurienne. In *Cahiers Ferdinand de Saussure. No. 28*. pp.35–52. Geneve: Librairie Droz.（前田英樹訳．1980.「ソシュール言語学における意味論の 役割と位置」『現代思想』1980年10月号、pp.103–113.青土社．)

Fehr, J. 2000. *Saussure entre linguistique et sémiologie*. Paris: PUF.

藤井貞和．1966.「『表現としての言語』論の形式」三田文学会編『三田文学』 8月号、pp.56–66.慶応義塾大学三田文学編集部．

Gadet, F. 1987. *Saussure, une science de la langue*. Paris: PUF.（立川健二訳． 1995.『ソシュール言語学入門』新曜社．)

Godel, R. 1957. *Les Sources manuscrites du Cours de Linguistique Générale de F. de Saussure*. Genève, Droz, Paris, Minard.

Godel, R. 1968. F. de Saussure et les débuts de la linguistique moderne In *Semaine d'etudes Genéve67*. pp.115–124.（富盛伸夫訳．1980.「ソシュー ルと現代言語学の誕生」『現代思想』1980年10月号、pp.114–123.青土 社．)

Grootaers, W. A. 1972.「書評 ソシュール著山内貴美夫訳『言語学序説』」『国語 学』第88号、pp.8–12.武蔵野書院．

蜂谷清人．2002.「近代日本文法学説史―大槻文法から時枝文法まで」飛田良 文・佐藤武義編．2002.『現代日本語講座 第五巻 文法』pp.146–178.明治 書院．

服部四郎．1957a.「言語過程説について」京都大学国文学会編『国語国文』第 26巻、第1号、pp.1–18.中央図書出版．

服部四郎．1957b.「ソシュールのlangueと言語過程説」日本言語学会編『言 語研究』第32号、pp.1–42.三省堂．

服部四郎他編．1979.『日本の言語学 第五巻 意味・語彙』大修館書店．

早田輝洋．1969.「言葉と物と意味」『言語生活』1969年11月号、pp.17–25. 筑摩書房．

樋口昌幸．1974.「ソシュールに関する覚え書き」『福岡大学人文論集』第6巻、 第2・3号、pp.1085–1106.福岡大学．

平田武靖．1966.「吉本隆明の反省―世代論を軸として」『思想の科学』1966 年6月号、pp.73–94.思想の科学社．（平田武靖．1970.『吉本隆明をどう とらえるか』pp.215–245.芳賀書店．にも再録．)

Hjelmslev, L. 1968. *Principes de grammaire générale*. Kommissionaer: Munksgaard.（小林英夫訳．1958.『一般文法の原理』三省堂．)

Hjelmslev, L. 1974. *Ploregomena zu einer Sprachtheorie*. M. Hueber.（竹内孝次 訳．1985.『言語理論の確立をめぐって』岩波書店．)

堀井令以知．1972.「記号学と言語学」『愛知大学文学部論叢』第47号、 pp.51–75.愛知大学文学部．

Humboldt, W. 1836. *Über Die Verschiedenheit Des Menschlichen Sprachbaues*

Und Ihren Einflus Auf Die Geistige Entwickelung Des Menschen-geschlechts. Berlin.（岡田隆平訳．1948.『言語と人間』創元社．）

井島正博．2007.「日本語文法から見たソシュール」『月刊 言語』2007 年 5 月号、pp.48–55. 大修館書店．

磯谷孝．1975.「言語体系論から言語コミュニケーション論へ」『現代思想』1975 年 6 月号、pp.224–243. 青土社．

磯谷孝．『翻訳と文化の記号論』勁草書房．1980.

泉邦寿．1972.「ソシュールの言語記号と若干の問題」『上智大学外国語学部紀要』第 7 号、pp.1–21. 上智大学外国語学部．

Jespersen, O. 1924. *The Philosophy of Grammar.* London: George Allen & Unwin.（半田一郎訳．1958.『文法の原理』岩波書店．）

神保格．1939.「ソシュールの言語理論について」日本言語学会編『言語研究』第 1 号、pp.18–38. 三省堂．

加賀野井秀一・前田英樹・立川健二．1993.『言語哲学の地平―丸山圭三郎の世界』夏目書房．

加賀野井秀一．2004.『知の教科書 ソシュール』講談社．

加賀野井秀一．2007.「入門のソシュール」『月刊 言語』2007 年 5 月号、pp.24–31. 大修館書店．

亀井孝．1970.「ソシュールへのいざない」『中央公論』1970 年 11 月号 pp.174–187. 中央公論社．

柄谷行人・丸山圭三郎．1980.「対話 ソシュールと現代」『現代思想』1980 年 10 月号、pp.148–175. 青土社．

加藤重広．2007.「ソシュールから語用論へ」『月刊 言語』2007 年 5 月号、pp.40–47. 大修館書店．

河本英夫．2007.「言語システム」『思想』2007 年第 11 号、pp.179–193. 岩波書店．

川本茂雄．1968.「構造主義と言語」『言語生活』1968 年 8 月号、pp.64–72. 筑摩書房．

川本茂雄．1973.「Signifié について―ソシュール瞥見（上）」『現代思想』1973 年 10 月号、pp.46–52. 青土社．

川本茂雄．1973.「Signifié について―ソシュール瞥見（下）」『現代思想』1973 年 11 月号、pp.215–222. 青土社．

川本茂雄．1974a.「言語理論と言語論―メルロ＝ポンティへの一つのアプローチ」『現代思想』8・9 月号、pp.182–191. 青土社．

川本茂雄．1974b.「喩と像 『言語にとって美とはなにか』憶え書き」『現代思想』1974 年 10 月号、pp.106–115. 青土社．

風間喜代三．1978a.「ソシュール『覚え書』の位置」『月刊 言語』1978 年 3 月号、pp.14–21. 大修館書店．

風間喜代三．1978b.『言語学の誕生』岩波新書．

木股知史．2005.「心・言葉・イメージ」『月刊 言語』2005 年 7 月号、pp.56–63. 大修館書店．

小林英夫．1932.「ランガージュの概念の疑義解釈」東京大学国文学研究室編『国語と国文学』第 9 巻、第 7 号、pp.1–23.（小林英夫．1935.『言語学方

法論考』三省堂．ならびに 1976.『小林英夫著作集 1 言語学論集 1』みす
　　ず書房．にも再録）
小林英夫．1935.『言語学方法論考』三省堂．
小林英夫．1937.『言語学通論』三省堂．
小林英夫．1948.『言語学の基礎概念』振鈴社．
小林英夫．1976a.「国語学と言語学」『小林英夫著作集 1 言語学論集 1』
　　pp.309–365. みすず書房．
小林英夫．1976b.「文法論総説」『小林英夫著作集 1 言語学論集 1』pp.367–
　　484. みすず書房．
小林英夫．1977.「翻訳の問題」『小林英夫著作集 3 言語学論集 3』pp.409–449.
　　みすず書房．
小林英夫．1978.「日本におけるソシュールの影響」『月刊 言語』1978 年 3 月
　　号、pp.44–49. 大修館書店．
Koerner, E. F. K. 1973. *Ferdinand de Saussure*. Friedr. Vieweg, Sohn GmbH,
　　Braunschweig.（山中桂一訳．1982.『ソシュールの言語論』大修館書店．）
Kristeva, J. 1977. *Du sujet en linguistique*, in Polylogue. Ed. du Seuil.（小松英輔
　　訳．1980.「言語学の主体について」『現代思想』1980 年 10 月号、
　　pp.189–210. 青土社．）
釘貫亨．2006.「ソシュール『一般言語学講義』と日本語学」松澤和宏編．
　　2007.『SAUSSURE et LA SCIENCE DES TEXTES ソシュールとテクスト
　　の科学』pp.119–136. 名古屋大学大学院文学研究科．
釘貫亨．2013.「時枝誠記とソシュール『一般言語学講義』」釘貫亨．2013.
　　『「国語学」の形成と水脈』pp.131–158. ひつじ書房．
国広哲弥．1985.「言語と概念」『東京大学言語学論集 '85』東京大学文学部言
　　語学研究室．pp.17–23. 東京大学．
国広哲弥．2006.「ソシュール構造主義は成立しない」『日本エドワード・サピ
　　ア協会 研究年報』第 20 号、pp.17–22. 日本エドワード・サピア協会．
町田健．2004a.『ソシュールのすべて―言語学でいちばん大切なこと』研究社．
町田健．2004b.『ソシュールと言語学』講談社．
町田健．2007.「ソシュールの継承者―イェルムスレウと「言理学」」『月刊 言
　　語』2007 年 5 月号、pp.66–73. 大修館書店．
前田英樹．1978.「ソシュールと"言語過程説"」『月刊 言語』1978 年 3 月号、
　　pp.50–55. 大修館書店．
前田英樹．1979.「言語における行為と差異―再び SAUSSURE と時枝をめぐっ
　　て―」『フランス語学研究』第 13 号、pp.56–66. 日本フランス語学研究会．
前田英樹．1989.『沈黙するソシュール』書肆山田．
前田英樹．2007.「ことばの二重になった本質について」『思想』2007 年第 11
　　号、pp.126–142. 岩波書店．
Martinet, A. 1960. Eléments de linguistique générale. Paris: A. Colin.（三宅徳嘉
　　訳．1972.『一般言語学要理』岩波書店．）
丸山圭三郎．1970a.「構造主義と言語学（上）」『英語教育』1970 年 1 月号、
　　pp.32–35. 大修館書店．
丸山圭三郎．1970b.「構造主義と言語学（下）」『英語教育』1970 年 2 月号、

pp.34–37. 大修館書店.

丸山圭三郎. 1971a.「ソシュールにおける体系と概念と二つの〈構造〉」『理想』1971 年 5 月号、pp.26–43. 理想社.

丸山圭三郎. 1971b.「Signe linguistique の恣意性をめぐって」『フランス語学研究』第 6 号、pp.13–24. 日本フランス語研究会.

丸山圭三郎. 1971c.「ソシュールにおけるパロールの概念―主体と構造の問題をめぐって」『中央大学文学部紀要』第 29 号、pp.19–70. 中央大学文学部.

丸山圭三郎. 1973.「ソシュールにおけるパロールの概念 主体と構造の問題をめぐって」『現代思想』1973 年 10 月号、pp.72–92. 青土社.

丸山圭三郎. 1974a.「ソシュールと構造主義」『英語研究』1974 年 4 月号、pp.6–7. 研究社.

丸山圭三郎. 1974b.「メルロ＝ポンティとソシュール 語る主体への帰還」『現代思想』1974 年 8・9 月号、pp.192–204. 青土社.

丸山圭三郎. 1975a.「ソシュール研究ノート シーニュの恣意性をめぐって」『現代思想』1975 年 6 月号、pp.124–133. 青土社.

丸山圭三郎. 1975b.「ソシュール ソシュールをめぐる謎」『月刊 言語』1975 年 7 月号、pp.82–87. 大修館書店.

丸山圭三郎. 1976a.「言語における《意味》と《価値》の概念をめぐって」『中央大学文学部紀要』第 37・38 号、pp.87–140. 中央大学文学部.

丸山圭三郎. 1976b.「言語学的記号と言語記号」『現代思想』1976 年 10 月号、pp.169–177. 青土社.

丸山圭三郎. 1977a.「ソシュール『一般言語学講義』」『月刊 言語』1977 年 5 月号、pp.14–15. 大修館書店.

丸山圭三郎. 1977b.「貨幣と言語記号のアナロジー」『現代思想』1977 年 10 月号、pp.77–89. 青土社.

丸山圭三郎. 1978.「『一般言語学講義』の基本概念」『月刊 言語』1978 年 3 月号、pp.2–13. 大修館書店.

丸山圭三郎. 1980.「ソシュール・その虚像と実像」『現代思想』1980 年 10 月号、pp.84–102. 青土社.

丸山圭三郎. 1981.『ソシュールの思想』岩波書店.

丸山圭三郎・竹内芳郎. 1982a.「言語・記号・社会―『文化の理論のために』と『ソシュールの思想』をめぐって」『思想』1982 年 3 月号、pp.1–35. 岩波書店.

丸山圭三郎. 1982b.「一般言語学講義」『国文学』1982 年 6 月号、pp.16–17. 学灯社.

丸山圭三郎. 1983a.「ソシュールとチェス」『言語生活』1983 年 1 月号、pp.17–27. 筑摩書房.

丸山圭三郎. 1983b.『ソシュールを読む』岩波書店.

丸山圭三郎. 1984a.「〈現前の記号学〉の解体」『思想』1984 年 4 月号、pp.30–54. 岩波書店.

丸山圭三郎・廣松渉. 1984b.「記号・意味・物象―構造主義を超えて」『思想』1984 年 4 月号、pp.164–208. 岩波書店.

丸山圭三郎・高橋允昭・篠原資明. 1984c.「デリダの哲学」『理想』1984 年 11

月号、pp.18–66. 理想社.

丸山圭三郎編. 1985.『ソシュール小辞典』大修館書店.

丸山圭三郎. 1988.『言葉・文化・無意識』河合文化教育研究所.

丸山圭三郎. 1994.『言葉とは何か』夏目書房.

丸山静. 1965a.「今週の一冊 吉本隆明著「言語にとって美とはなにか」」『日本読書新聞 縮刷版』7月5日（月）. 第1315号、p.5. 不二出版.

丸山静. 1965b.「言語についての考察」『文学』第33巻、第7号、pp.85–96. 岩波書店.

丸山静. 1971.「言語理論について」『はじまりの意識』pp.88–102. せりか書房.

松中完二. 2001.「認知的言語研究の先駆者としての時枝誠記」『アジア文化研究』第27号、pp.197–211. 国際基督教大学アジア文化研究所.

松中完二. 2005.「時枝・服部論争の再考察（I）―言語研究の原点的問題として―」『敬愛大学 研究論集』第69号、pp.109–146. 敬愛大学経済学会.

松中完二. 2006.「時枝・服部論争の再考察（II）―言語研究の原点的問題として―」『敬愛大学 研究論集』第70号、pp.175–212. 敬愛大学経済学会.

松中完二. 2008.「時枝・服部論争の再考察（III）―言語研究の原点的問題として―」『敬愛大学 研究論集』第74号、pp.49–109. 敬愛大学経済学会.

松澤和宏. 2003.『生成論の探究』名古屋大学出版会.

松澤和宏. 2004.「ソシュールの現代性―伝統的な時間をめぐって」『月刊 言語』2004年12月号、pp.50–53. 大修館書店.

松澤和宏. 2006.「ソシュール『一般言語学講義』」『月刊 言語』2006年1月号、pp.96–101. 大修館書店.

松澤和宏編. 2007a.『SAUSSURE et LA SCIENCE DES TEXTES ソシュールとテクストの科学』名古屋大学大学院文学研究科.

松澤和宏. 2007b.「ラング概念の誕生とアポリア」松澤和宏編. 2007.『SAUSSURE et LA SCIENCE DES TEXTES ソシュールとテクストの科学』pp.137–145. 名古屋大学大学院文学研究科.

松澤和宏. 2007c.「ソシュール解釈の現在―「一般言語学」とニーベルンゲン伝説を結ぶもの」『月刊 言語』2007年5月号、pp.56–63. 大修館書店.

松澤和宏. 2007d.「デリダからソシュールへ―「音声中心主義の行方」」『思想』2007年第11号、No. 1003. pp.6–30. 岩波書店.

Mauro, T. 1967. *Corso di linguistica generale Ferdinand de Saussure: introduzione, traduzione e comment di Tullio De Mauro*. Bari: Laterza.（山内貴美夫訳. 1976.『「ソシュール一般言語学講義」校注』而立書房.）

三浦信孝. 1980.「ソシュール・ヴァレリー・バンヴェニスト」『現代思想』1980年10月号、pp.140–146. 青土社.

三浦つとむ. 1951.「なぜ表現論が確立しないか」『文学』第19巻第2号、pp.65–77. 岩波書店.

三浦つとむ. 1968.「時枝誠記の言語過程説」『文学』第36巻、第2号、pp.37–52. 岩波書店.

三浦つとむ編. 1981.『現代言語学批判 言語過程説の展開』勁草書房.

三宅鴻. 1970.「ソシュールと人間の学問」『英語文学世界』1970年3月号、

pp.20–24. 英潮社.

宮崎裕助. 2007.「ソシュールのグラマトロジー―『一般言語学講義』を読む デリダを再読する」『思想』2007 年第 11 号、pp.31–51. 岩波書店.

Mounin, G. 1968. *Saussure ou le structuraliste sans le savoir*. Seghers.（福井芳男・伊藤晃・丸山圭三郎共訳. 1970.『ソシュール』大修館書店.）

Mounin, G. 1970. *Introduction à la sèmiologie*. Paris: Bernard-Palissy.（福井芳男・伊藤晃・丸山圭三郎共訳. 1973.『記号学入門』大修館書店.）

中村雄二郎. 1971.「制度としての日本語」『中央公論』（1993.『中村雄二郎著作集Ⅲ 言語論』岩波書店にも再録.）

Niiyama, S. 1978. Saussure's Linguistic Theories and the Study of Japanese Intellectual History. In Tetsuo, Najita & Irwin, Scheiner. ed. 1978. *Japanese Thought in the Tokugawa Period 1600–1868 Methods and Metaphors*（徳川思想史研究）. pp.105–133. The University of Chicago Press.

野村英夫. 1968.「ソシュールの解釈について―言語過程説をめぐって」『文学』第 36 巻、第 2 号、pp.53–67. 岩波書店.

野村英夫. 1972.「ソシュールにおける否定的なものについて」『人文論集』第 10 号、pp.97–141. 早稲田大学法学会.

野村英夫. 1973a.『『一般言語学講義』の"序文"』『みすず』第 15 巻、第 8 号、pp.16–26. みすず書房.

野村英夫. 1973b.「ソシュールの一句をめぐって―"一般言語学"と『一般言語学講義』の問題」『現代思想』1973 年 10 月号、pp.53–71. 青土社.

野村益寛. 2007.「ソシュールから認知言語学へ―記号的文法観の系譜」『月刊 言語』2007 年 5 月号、pp.32–39. 大修館書店.

野村精一. 1974.「表現としての言語―吉本隆明と時枝誠記の遭遇と交渉」『現代思想』1974 年 10 月号、pp.95–105. 青土社.

大橋保夫. 1973a.「ソシュールと日本 服部・時枝言語過程説論争の再検討（上）―「言語は実存体ではない」をめぐって」『みすず』第 15 巻、第 8 号、pp.2–15. みすず書房.

大橋保夫. 1973b.「ソシュールと日本 服部・時枝言語過程説論争の再検討（下）―合理主義のラングと経験主義のラング」『みすず』第 15 巻、第 9 号、pp.2–15. みすず書房.

大橋保夫. 1978.「構造とはなにか」『月刊 言語』1978 年 4 月号、pp.46–49. 大修館書店.

岡田紀子. 1967.「言語過程説の再検討」『理想』1967 年 11 月号、pp.37–47. 理想社.

大久保そりや. 1967.「吉本言語論の陥穽―そのナルキッソス的空間について」群遊同人編『芸術・国家論集』第 1 号、pp.62–76. 早稲田大学新聞会.（大久保そりや. 1970.『吉本隆明をどうとらえるか』pp.109–140. 芳賀書店. にも再録）

大久保忠利. 1966a.「『言語にとって美とはなにか』を解読する」児童言語研究会編『国語教育研究』第 8 号、pp.148–165. 明治図書出版.

大久保忠利. 1966b.「吉本隆明の言語本質観は特異なものであるか」日本文学協会編『日本文学』1966 年 8 月号、pp.8–15. 未來社.

大久保忠利. 1966c.「時枝誠記氏のソシュール批判を再検討する」児童言語研究会編『国語教育研究』第9号、pp.129–138. 明治図書出版.

大山載吉. 2007.「沈黙と饒舌—ソシュールとドゥルーズの出会い（損ね）」『思想』2007年第11号. pp.143–161. 岩波書店.

Saussure, F. de. 1916. *Cours de linguistique générale*. Paris: Payot.（小林英夫訳. 1928.『言語学原論』岡書院.）

Saussure, F. de. 1916. *Cours de linguistique générale*. Paris: Payot.（小林英夫訳. 1940.『改訳新版 言語学原論』岩波書店.）

Saussure, F. de. 1916. *Cours de linguistique générale*. Paris: Payot.（小林英夫訳. 1972.『一般言語学講義』岩波書店.）

Saussure, F. de. 1916. *Cours de linguistique générale*（1908–1909）*Introduction Édité, Annoté at Préfacé par Robert Godel*. Paris: Laterza.（山内貴美夫訳. 1971.『ソシュール言語学序説』勁草書房.）

Saussure, F. de. 1975. *Manuscrit du Livre*, from Ms. fr. 3951（BPU）, N9 Linguistique générale（1893–4）, N11 Status et motus（1894–5）, N12 Status et motus.（前田英樹訳. 1980.「「書物」の草稿 テクストと註解」『現代思想』1980年10月号、pp.64–83. 青土社.）

Saussure, F. de. 1916. *Cours de linguistique générale*（1908–1909）*Introduction*, Paris: Payot.（前田英樹訳. 1991.『ソシュール講義録注解』法政大学出版局.）

重見一行. 2000.「日本語の構造と時枝詞辞論—その情緒性について」『文学・語学』第167号、pp.19–28. 全国大学国語国文学会.

篠沢秀夫. 1973.「言語活動の学の実存的基盤」『現代思想』1973年11月号、pp.207–214. 青土社.

Slusareva, N. A. 1970. О ПИСЬМАХФ. Де СОССЮРАКИ. А. БОДУЭНУ ДеКУРТЕНЭ. baltistika, VI(1), Vilnius.（村田郁夫訳. 1971.「ボドゥアン・ド・クルトネへのソシュールの書翰について」『東京経済大学人文自然科学論集』pp.36–51. 東京経済大学人文自然科学論集編集委員会.）

Slusareva, N. A. 1975. *ТеорИЯФДеСоссЮраВСВеТе* COBpeMeHHO ŇДИНГВИСТИКИ.（谷口勇訳. 1979.『現代言語学とソシュール理論』而立書房.）

Starobinski, J. 1967. *Les mots sous les mots: Textes inédits des cahiers d'anagrammes de Ferdinand de Saussure*, in To Honour R. Jakobson, Mouton.（工藤庸子訳. 1980.「ソシュールのアナグラム・ノート」『現代思想』1980年10月号、pp.175–188. 青土社.）

菅田茂昭. 2007.「新発見の資料にみるソシュールの意味論—T・デ・マウロ教授の講演から」『月刊 言語』2007年5月号、pp.64–65. 大修館書店.

杉山康彦. 1964.「言語と文学」『文学』第32巻、第8号、pp.1–18. 岩波書店.

杉山康彦. 1966.「言語の自立性について—吉本隆明における指示表出と自己表出」日本文学協会編『日本文学』1966年8月号、pp.16–23. 未來社.

竹内成明. 1966.「吉本隆明の言語論批判—意味と価値」『思想の科学』6月号、pp.59–72. 思想の科学社.（竹内成明. 1970.『吉本隆明をどうとらえるか』pp.81–108. 芳賀書店. にも再録.）

田中克彦．1993.『言語学とは何か』岩波新書．1993.

田中美知太郎．1966.「戦争と平和と知識人―興味深い「戦後思想の荒廃」」夕刊読売新聞1966年9月24日（金）．第31958号、『論壇時評 上』p.9. 1966.

田中利光．1971.「ソシュールの言語理論に関する若干の考察―『変形文法』理論との関連で」『北海道大学人文科学論集』第8号、pp.1–24.北海道大学．

立松弘孝．1971.「言語と認識と対象」『理想』1971年5月号、pp.1–13.理想社．

立川健二．1986.『《力》の思想家ソシュール』白馬書房．

時枝誠記．1941.『国語学原論』岩波書店．

時枝誠記．1950.『日本文法 口語篇』岩波書店．

時枝誠記．1954.「詞と辞の連続・非連続の問題」国語学会編『国語学』第19号、pp.1–16.武蔵野書院．

時枝誠記．1955.『国語学原論 続篇』岩波書店．

時枝誠記．1959.『古典解釈のための日本文法 増訂版』至文堂．

時枝誠記．1966.「詞辞論の立場から見た吉本理論」日本文学協会編『日本文学』1966年8月号、pp.1–7.未來社．（時枝誠記．1970.『吉本隆明をどうとらえるか』pp.141–156.芳賀書店．にも再録．）

時枝誠記．1973.『言語本質論』岩波書店．

時枝誠記．1976.『国語学への道』明治書院．

戸村幸一．1978.「ラング・パロールとはなにか」『月刊 言語』1978年4月号、pp.54–57.大修館書店．

露崎初男．1972.「ソシュール理論の限界とその有効性」『大阪商業大学論集』第34号、pp.84–105.大阪商業大学．

山内貴美夫．1970.「ソシュールと人間科学」『中央公論』1970年1月号、pp.188–199.中央公論社．

山内貴美夫．1972a.「記号子論―ソシュール理論展開のための粗描」『文学』第40巻、第5号、pp.65–81.岩波書店．

山内貴美夫．1972b.「ソシュール言語学に寄せて―グロータース氏への反論に代える」『国語学』第90号、pp.125–128.武蔵野書院．

山内貴美夫．1973.『言語学原理』而立書房．

吉川幸次郎・大山定一．1974.『洛中書問』筑摩書房．（別宮貞徳．1983.『スタンダード英語講座［1］英文の翻訳』pp.93–104.大修館書店．にも一部再録）

吉本隆明．1965a.『言語にとって美とはなにか 第一巻』勁草書房．（吉本隆明．1972.『吉本隆明全著作集6 文学論Ⅲ』勁草書房．にも再録．）

吉本隆明．1965b.『言語にとって美とはなにか 第二巻』勁草書房．（吉本隆明．1972.『吉本隆明全著作集6 文学論Ⅲ』勁草書房．にも再録．）

吉本隆明．1966.「私の文学を語る」三田文学会編『三田文学』1966年8月号、pp.5–26.慶應義塾大学三田文学編集部．

第5章　フランス語原典と日本語訳の比較検証

Barthes, R. 1953. *Le Degré Zéro de L'écriture*. Paris: Éditions du Seuil. (渡辺淳・沢村昂昴一訳. 1971.『零度のエクリチュール』みすず書房.)

Barthes, R. 1983. Éléments de Sémiologie. In Barthes, R. 1953. *Le Degré Zéro de L'écriture*. pp.77–172. Paris: Éditions du Seuil. (沢村昂一訳. 1971.「記号学の原理」『零度のエクリチュール』pp.85–206. みすず書房.)

Bernstein, B. B. 1971. Language and Socialization. In Minnis, N. ed. 1971. *Linguistics at Large*. pp.227–245. London: Ebenezer Balys & Son Limited. (長井善見訳. 1973.「言語と社会化」中島文雄監訳. 1973.『概説言語学』pp.295–321. 三省堂.)

Black, M. 1969. Some troubles with Whorfianism. In Hook, S. ed. 1969. *Language and Philosophy*. pp.30–35. New York University Press, University of London Press.

Bouquet, S. et Engler, R. 2002. Écrits de linguistique générale. (Gallimard) (松澤和宏校註・訳 2013『フェルディナン・ド・ソシュール「一般言語学」著作集 I 自筆草稿『言語の科学』』岩波書店.)

千野栄一. 1972.「アメリカ言語学の発達―ヨーロッパ言語学との関係」『英語教育』1972年1月号、pp.38–41. 大修館書店.

千野栄一. 1973.「言語学の前途」『現代思想』1973年10月号、pp.37–45. 青土社.

Culler, J. 1976. *Ferdinand de Saussure*. Harmondsworth, Middlesex, Fontana, Collins. (川本茂雄訳. 1978.『Saussure』岩波現代選書.)

Delas, D. et Filliolet, J. 1973. *Linguistique et Poétique*. Paris: Librairie Larousse. (田村毅・広川忍訳. 1976.『詩の言語学』朝日出版社.)

Ducrot, O. 1968. *Le Structuralisme en linguistique*. in François Wahl et al. eds. 1968. *Qu'est-ce que le structuralisme?* pp.13–96. Paris: Éditions du Seuil. (井村順一訳. 1978.「言語学における構造主義」渡辺一民他訳. 1978.『構造主義 言語学・詩学・人類学・精神分析学・哲学』pp.9–88. 筑摩書房.)

Engler, R. 1968. *Cours de linguistique générale, Edition critique*, Wiesbaden: Otto Harrassowitz.

Engler, R. 1973. Rôle et place d'une sémantique dans une linguistique saussurienne. In *Cahiers Ferdinand de Saussure*. No. 28. pp.35–52. Geneve: Librairie Droz. (前田英樹訳. 1980.「ソシュール言語学における意味論の役割と位置」『現代思想』1980年10月号、pp.103–113. 青土社.)

Firth, J. 1957. *Papers in Linguistics 1934–1951*. London: Oxford University Press. (大束百合子訳. 1978.『ファース言語論集（1）1934–1951』研究社.)

Foucault, M. 1966. *Les Mots et Les Choses*. Paris: Éditions Gallimard. (渡部一民・佐々木明訳. 1974.『言葉と物―人文科学の考古学』新潮社.)

Foucault, M. 1974. *The Order of Things*. Tavistock Publications.

Foucault, M. 1969. *L'archéologie du savoir*. Paris: Éditions Gallimard. (中村雄二郎. 1970.『知の考古学』河出書房新社.)

Foucault, M. 1972. *The Archaeology of Knowledge*. Translated from the French by Smith, Sheridan. New York: Pantheon Books.

Frei, H. et. al. 1964. *Cahiers Ferdinand de Saussure. 21*. Genève: Librairie Droz.

Gadet, F. 1987. *Saussure, une science de la langue*. Paris: PUF. (立川健二訳. 1995.『Saussure 言語学入門』新曜社.)

Godel, R. 1957. *Les Sources manuscrites du Cours de Linguistique Générale de F. de Saussure*. Genéve, Droz, Paris: Minard.

Godel, R. 1968. F. de Saussure et les débuts de la linguistique moderne In *Semaine d'etudes Genève*67. pp.115–124. (富盛伸夫訳. 1980.「Saussure と現代言語学の誕生」『現代思想』1980 年 10 月号、pp.114–123.青土社.)

Godzich, W. 1974. Nom propre: langage/texte. In *Recherches No.16 Sémiotexte les deux saussure*. pp.43–48. Paris: Centre d'etudes.

Greenberg, J. H. 1954. Concerning inferences from linguistic to non-linguistic data. In Hoijer, H. ed. 1954.*Language in Culture*. pp.3–19. The University of Chicago Press.

Harris, R. & Taylor, T. 1989. *Landmarks in Linguistic Thought: The Western Tradition from Socrates to Saussure*. London: Routledge. (斎藤伸治・滝沢直宏訳. 1997.『言語論のランドマーク』大修館書店.)

磯谷孝. 1975.「言語体系論から言語コミュニケーション論へ」『現代思想』1975 年 6 月号、pp.224–243.青土社.

磯谷孝. 1980.『翻訳と文化の記号論』勁草書房.

Jakobson, R. 1973. *Questions de Poétique*. Editions su Seuil. (川本茂雄編 1985.『ロマーン・ヤーコブソン選集 3 詩学』大修館書店.)

Koerner, E. F. K. 1973. *Ferdinand de Saussure*. Friedr. Vieweg, Sohn GmbH, Braunschweig. (山中桂一訳. 1982.『Saussure の言語論』大修館書店.)

Komatsu Eisuke. 1993b. *Troisieme cours de linguistique générale* (1910–1911): *d'après les cahiers d'Emile Constantin*, Paris: Pergamon Press. ならびに小松英輔. 1994.『ソシュール自筆原稿の研究』(平成 6 年～平成 8 年度 科学研究費補助金基盤研究 B (2) 研究成果報告書 課題番号 06451091) (相原奈津江・秋津伶訳. 2003.『フェルディナン・ド・ソシュール 一般言語学第三回講義 (1910–1911 年) エミール・コンスタンタンによる講義記録』エディット・パルク.)

Komatsu Eisuke. 1997. *Deuxieme cours de linguistique générale*. (1908–1909) : *d'après* les cahiers d'Albert Riedlinger et Charles Patois, Paris: Pergamon Press. (相原奈津江・秋津伶訳. 2006.『フェルディナン・ド・ソシュール一般言語学第二回講義 (1908–1909 年) リートランジェ／パトワによる講義記録』エディット・パルク.)

Kristeva, J. 1977. *Du sujet en linguistique*, in Polylogue. Ed. du Seuil. (小松英輔訳. 1980.「言語学の主体について」『現代思想』1980 年 10 月号、pp.189–210.青土社.)

Lévi-Strauss, C. 1958. *Anthropologie Structurale*. Paris: Librairie Plon. (荒川幾男・生松敬三・川田順造・佐々木明・田島節夫共訳. 1972.『構造人類学』みすず書房.)

Martinet, A. 1960. *Eléments de linguistique générale*. Paris: A. Colin. （三宅徳嘉訳. 1972.『一般言語学要理』岩波書店.）

Marty, É. 1993. *Roland Bartes Œuvres complètes Tome I 1942–1965*. Paris: Éditions du Seuil.

Riffaterre, M. 1971. *Essais de Stylistique Structurale*. Paris: Flammarion. （福井芳男・宮原信・川本晧嗣・今井成美訳. 1978.『文体論序説』朝日出版社.）

Riffaterre, M. 1984. *Semiotics of Poetry*. Bloomington: Indiana University Press.

Riffaterre, M. 1983. *Sémiotique de la poésie*. Éditions du Seuil: publié avec le concours du Centre national des Lettres. （斎藤兆史訳. 2000.『詩の記号論』勁草書房.）

酒井直樹. 2001.『日本思想という問題』岩波書店.

Saussure, F de. 1916. *Cours de linguistique générale*. Paris: Payot. （小林英夫訳. 1928.『言語学原論』岡書院.）

Saussure, F de. 1916. *Cours de linguistique générale*. Paris: Payot. （小林英夫訳. 1940.『改訳新版 言語学原論』岩波書店.）

Saussure, F de. 1916. *Cours de linguistique générale*. Paris: Payot. （小林英夫訳. 1972.『一般言語学講義』岩波書店.）

Saussure, F de. 1916. *Cours de linguistique générale*（1908–1909）*Introduction Édité, Annoté at Préfacé par Robert Godel*. Paris: Laterza. 山内貴美夫訳. 1971.『ソシュール言語学序説』勁草書房.）

Saussure, F de. 1980. *Manuscrit du Livre, from Ms. fr. 3951（BPU）, N9 Linguistique générale*（1893–4）, *N11 Status et motus*（1894–5）, *N12 Status et motus*. （前田英樹訳. 1980.「「書物」の草稿 テクストと註解」『現代思想』1980年10月号、pp.64–83. 青土社.）

Saussure, F de. 1916. *Cours de linguistique générale*（1908–1909）*Introduction*. Paris: Payot. （前田英樹訳. 1991.『ソシュール講義録注解』法政大学出版局.）

Saussure, F de. 1959. *Course in general Linguistics*. Translated from French by Baskin, Wade. New York: The Philosophical Library Inc.

Yaguello, M. 1981. *Alice au pays du langage : pour comprendre la linguistique*. Éditions du Seuil. （青柳悦子訳. 1997.『言葉の国のアリス―あなたにもわかる言語学』夏目書房.）

第6章　仏文原典と英語訳の比較検証

Amacker, R. 2005. Saussure en Grande-Bretagne. In *Historiographia Linguistica*, XXXII: 3, pp325–341, Amsterdam: John Benjamins.

Banveniste, E. 1966. Saussure aprés un demi-siécle, in *Problémes de linguistique Générale*. Paris: Éditions Gallimard. （三浦信孝訳. 1980.「五十年後のSaussure」『現代思想』1980年10月号、pp.124–139. 青土社.）

Barthes, R. 1953. *Le Degré Zéro de L'écriture*. Paris: Éditions du Seuil. （Annette Lavers & Colin Smith 訳. 1967. *Writing degree Zero*. London: Jonathan Cape）

Barthes, R. 1964. Éléments de Sémiologie. In Barthes, R. 1953. *Le Degré Zéro de*

L'écriture. pp.77–172. Paris: Éditions du seuil. (Annette Lavers & Colin Smith 訳. 1967. *Elements of Semiology*. London: Jonathan Cape.)

Bouquet, S. et Engler, R. 2002. *Ferdinand de Saussure, Écrits de linguistique générale*. Paris: Gallimard. (松澤和宏校註・訳. 2013.『フェルディナン・ド・ソシュール「一般言語学」著作集 I 自筆草稿『言語の科学』』岩波書店.)

Culler, J. 1976. *SAUSSURE*. Fontana, Collins. (川本茂雄訳. 1978.『ソシュール』岩波現代選書.)

Delas, D. et Filliolet, J. 1973. *Linguistique et Poétique*. Paris: Librairie Larousse.

Fehr, J. 2000. *Saussure entre linguistique et sémiologie*. Paris: PUF.

Firth, J. 1957. *Papers in Linguistics 1934–1951*. London: Oxford University Press. (大束百合子訳. 1978.『ファース言語論集（1）1934–1951』研究社.)

Foucault, M. 1966. *Les Mots et Les Choses*. Paris: Éditions Gallimard. (Tavistock Publications Limited 訳. 1970. *The Order of Things*. New York: Tavistock Publications.)

Foucault, M. 1969. *L'archéologie du savoir*. Paris: Éditions Gallimard. (Sheridan Smith 訳. 1974. *The Archaeology of Knowledge*. Tavistock Publications.)

Lévi-Strauss, C. 1958. *Anthropologie Structurale*. Paris: Librairie Plon. (Translated by Claire Jacobson and Brooke Grundfest Schoepf. 1963. *Structural Anthropology*. USA: Basic Books.)

Martinet, A. 1960. *Eléments de linguistique générale*. Paris: Arnord. Colin. (三宅徳嘉訳. 1972.『一般言語学要理』岩波書店.)

Marty, É. 1993. *Roland Bartes Œuvres complètes Tome I 1942–1965*. Paris: Éditions du Seuil.

Riffaterre, M. 1971. *Essais de Stylistique Structurale*. Paris: Flammarion. (福井芳男・宮原信・川本晧嗣・今井成美訳. 1978.『文体論序説』朝日出版社.)

Riffaterre, M. 1983. *Sémiotique de la poésie*. Éditions du Seuil: publié avec le concours du Centre national des Lettres. (Thomas Sebeok 訳. 1984. *Semiotics of Poetry*. Bloomington: Indiana University Press.)

Sanders, C. ed. 2004. *The Cambridge Companion to Saussure*. Cambridge: Cambridge University Press.

Sanders, C. & Pires, M. 2006. *Writings in general linguistics/Ferdinand de Saussure*; [French text edited by Simon Bouquet and Rudolf Engler with the assistance of Antonette Weil]. New York: Oxford University Press.

Saussure, F. de. 1916. *Cours de linguistique générale*. Paris: Payot. (Wade Baskin 訳. 1959. *Course in General Linguistics*. Owen.)

Saussure, F. de. 1916. *Cours de linguistique générale*. Paris: Payot. (Roy Harris 訳. 1986. Course in General Linguistics. Chicago and La Salle, Illinois: Open Court Publishing Company.)

第 7 章　Saussure の自筆草稿と時枝学説の相違についての考察

阿部宏. 2007.「ソシュールが言わなかった大きな二つのこと」松澤和宏編. 2007.『SAUSSURE et LA SCIENCE DES TEXTES ソシュールとテクストの科学』pp.87–98. 名古屋大学大学院文学研究科.

阿部宏. 2016.「ソシュール言語過程説・主観説」日本フランス語フランス文学会 2016 年度秋季全国大会ワークショップ 4『ソシュール『一般言語学講義』の 1 世紀—構造主義, 時枝論争, 新手稿』資料.

阿部宏. 2018.「ソシュールと国語学—主観性概念の系譜と可能性をめぐって」松澤和宏編. 2018.『21 世紀のソシュール』pp.323–340. 水声社.

相原奈津江・秋津伶訳／小松英輔編. 2006.『一般言語学 第二回講義 リードランジェ／パトワによる講義記録 1908–1909』エディット・パルク.

赤羽研三. 1998a.『言葉と意味を考える［Ⅰ］隠喩とイメージ』夏目書房.

赤羽研三. 1998b.『言葉と意味を考える［Ⅱ］詩とレトリック』夏目書房.

Aroz-Rafael, A. 2012.「時枝誠記の言語理論における〈志向性〉の問題」『アルザス日欧知的交流事業日本研究セミナー「大正／戦前」報告書』pp.1–12. 未刊行.

朝妻恵里子. 2007.「生成する差異—カルツェフスキイの言語記号の「非対称的二重性」をめぐって」『スラヴ文化研究6』pp.73–81. 東京外国語大学ロシア東欧課程ロシア語研究室.

Banveniste, E. 1966. *Problèmes de Linguistique Générale*. Paris: Éditions Gallimard.（岸本通夫監訳. 1987.『一般言語学の諸問題』みすず書房.）

Banveniste, E. 1974. L'appreil formel de l'énonciation. In *Problèmes de Linguistique générale2*. Paris: Gallimand.（阿部宏監訳. 2013.『言葉と主体』岩波書店.）

Barthes, R. 1964. *Éléments de sémiologie*. Paris: Gonthier.

Black, M. 1969. Some troubles with Whorfianism. In Hook, S. ed. 1969. *Language and Philosophy*. pp.30–35. New York University Press, University of London Press.

Bouissac, P.2010. *Saussure: a guide for the perplexed*. London: Continuum.（鷲尾翠訳. 2012.『ソシュール超入門』講談社.）

Bouquet, S. et Engler, R. 2002. *Ferdinand de Saussure, Écrits de linguistique générale*. Paris: Gallimard.（松澤和宏校註・訳. 2013.『フェルディナン・ド・ソシュール「一般言語学」著作集 Ⅰ自筆草稿『言語の科学』岩波書店.）

Bouquet, S. et Engler, R. 2002. *Ferdinand de Saussure, Écrits de linguistique générale*. Paris: Gallimard. (Translated by Carol Sandersand Matthew Pires with the assistance of Peter Figueroa.)

Boyd, D. 1978. *Essai pour réduire les mots du grec, du latin et de l'allemand à un petit nombre de raciness*. In *Cahiers Ferdinand de Saussure 32 Ferdinand de Saussure*. pp.73–101. Genève: Librairie Droz.

Bréal, M. 1897(1976). *Essai de sémantique, science des signification*. Genève: Slatkine Reprints.

Brunot, F. 1992. La pensée et la langue, mèthode, principes et plan d'une théorie nouvelle du langage appliquée au français. Paris: Masson.

Cassirer, E. 1944. *An Essay on man: an introduction to a philosophy of Human Culture*. Hamburg: Felix Meiner Verlag. (宮城音弥訳. 1953.『人間：この象徴を操るもの』岩波書店.）

Claudia, M. Q. 2006. Notes préparatoires pour le cours de linguistique générale, 1910–1911. Edited by Claudia Mejia Quijano. *Cahiers Ferdinand de Saussure. Revue Suisse de linguistique générale*. 58/2005. pp.73–290.

Culler, J. 1976. *Saussure*. Fontana: Collins. (川本茂雄訳. 1978.『ソシュール』岩波現代選書.）

Engler, R. 1968. *Cours de Linguistique Générale, Edition Critique*. Wiesbaden: Harrasso-witz.

Fenoglio, I. 2018.「ソシュールからバンヴェニストへ―ラングとエクリチュール」松澤和宏編. 2018.『21世紀のソシュール』pp.209–241. 水声社.

Fodor, J. A. and Katz, J. J. 1964. *The structure of language: readings in the philosophy of language*. Englewood Cliffs, N. J.: Prentice-Hall.

藤井貞和. 2000.『国文学の誕生』三元社.

福井久蔵. 1942.『国語学史』厚生閣.

Gadet, F. 1987. *Saussure, une science de la langue*. Paris: PUF. (立川健二訳. 1995.『ソシュール言語学入門』新曜社.）

Gilliéron, J. 1920. *Atlas linguistique de la france*. Honoré Champion.

Godel, R. 1957. *Les Sources manuscrites du Cours de Linguistique Générale de F. de Saussure*. Genéve, Droz, Paris: Minard.

Godzich, W. 1974. Nom Propre: Langage/Texte. In *Recherches: sémio texte les Deux Saussure 16*. pp.43–48. Paris: Centre d'Etudes.

後藤恒充. 1989.「国語教育における「言語主体」とは何か―言語過程説批判と「語る主体」の復権」『秋田大学教育学部教育研究所研究所報』第26号、pp.10–26、秋田大学.

Harris, R. & Taylor, T. 1989. *LANDMARKS IN LINGUISTIC THOUGHT The Western Tradition from Socrates to Saussure*. London: Routledge. (斎藤伸治・滝沢直宏訳. 1997.『言語論のランドマーク』大修館書店.）

長谷川松治. 1942.「言語対策と言語理想」『コトバ』1942年9月号、pp.65–71. 国語文化研究所.

橋本進吉. 1946.「国語学概論」『橋本進吉博士著作集第一冊 国語学概論』pp.1–167. 岩波書店.

服部四郎. 1957a.「言語過程説について」京都大学国文学会編『国語国文』第26巻第1号、pp.1–18. 中央図書出版.

服部四郎. 1957b.「ソシュールの langue と言語過程説」日本言語学会編『言語研究』第32号、pp.1–42. 三省堂.

Hawkes, T. 1977. *Structuralism and Semiotics*. Berkeley: University of California. (池上嘉彦他訳. 1979.『構造主義と記号論』紀伊國屋書店.）

Humboldt, W. 1836. *Über Die Verschiedenheit Des Menschlichen Sprachbaues Und Ihren Einflus Auf Die Geistige Entwickelung Des Menschen-geschlechts*. Berlin (岡田隆平訳. 1948.『言語と人間』創元社.）

イ・ヨンスク. 1996.『「国語」という思想』岩波書店.

井島正博. 2007.「日本語文法から見たソシュール」『月刊 言語』2007年5月号、pp.48–55. 大修館書店.

池上嘉彦. 1978.『意味の世界 現代言語学から視る』日本放送出版協会.

磯谷孝. 1980.『翻訳と文化の記号論』勁草書房.

Jakobson, R. 1960. The Dominant. In *Roman Jakobson Selected Writings III Poetry of Grammar and Grammar of Poetry.* The Hague: Mouton Publishers. (川本茂雄編. 1985.『ローマーン・ヤーコブソン選集3 詩学』大修館書店.)

Jakobson, R. 1976. *Six Leçons sur le Son et le Sens.* Paris: Les Éditions de Minuit. (花輪光訳. 1977.『音と意味についての六章』みすず書房.)

Jakobson, R. 1963–1973. *Essais de Linguistic Générale.* Paris: Editions de Minuit. (川本茂雄監修. 1973.『一般言語学』みすず書房.)

Jespersen, O. 1924. *The Philosophy of Grammar.* London: George Allen & Unwin. (半田一郎訳. 1958.『文法の原理』岩波書店.)

神保格. 1922.『言語学概論』岩波書店.

加賀野井秀一. 1995.『20世紀言語学入門―現代思想の原点』講談社.

加賀野井秀一. 2004.『知の教科書 ソシュール』講談社.

加賀野井秀一. 2007.「入門のソシュール」『月刊 言語』2007年5月号、pp.24–31. 大修館書店.

亀井孝. 1955.「言語学原論」国語学会編. 1955.『国語学辞典』p.314. 東京堂.

Karcevskij, S.I. 1929. Du dualisme asymétrique du signe linguistique in *Travaux du Cercle linquistique de Prague 1.* pp.88–92.

河本英夫. 2007.「言語システム」『思想』2007年第11号、pp.179–193. 岩波書店.

川島正平. 2003.『言語過程説の研究』リーベル出版.

金田一京助. 1928.「言語学原論を読む」『民族』第三巻第三号、pp.129–131. 民族発行所／1992.『金田一京助全集第一巻 言語学』pp.180–182. 三省堂.

北原美紗子. 2003.「時枝誠記の『国語学言論』を読む―ソシュールの『言語学言論』を併せ読みつつ―」『清泉女子大学紀要51』pp.17–34. 清泉女子大学.

小林英夫. 1977.「翻訳の問題」『小林英夫著作集3 言語学論集3』pp.409–449. みすず書房.

小林英夫. 1978.「日本におけるソシュールの影響」『月刊 言語』1978年3月号、pp.44–49. 大修館書店.

Komatsu Eisuke. 1993a. *F. de Saussure Cours de Linguistique Generale. Premier et troisième cours d'après les notes de Riedlinger et Constantin.* Collection Recherches Université Gakushuin n° 24. Tokyo: Gakushuin University. (相原奈津江・秋津伶訳. 2009.『フェルディナン・ド・ソシュール 一般言語学第三回講義〈増補改訂版〉エディット・パルク.)

Komatsu Eisuke. 1993b. *F. de Saussure Troisième cours de Linguistique General (1910–1911): d'après les cahiers d'Emile Constantin.* Paris: Pergamon Press. 及び小松英輔. 1994.『ソシュール自筆原稿の研究』(平成6年～平

成 8 年度 科学研究費補助金基盤研究 B（2）研究成果報告書 課題番号
06451091）（相原奈津江・秋津伶訳．2003.『フェルディナン・ド・ソシュール 一般言語学第三回講義（1910–1911）エミール・コンスタンタンによる講義記録』エディット・パルク．)

Komatsu Eisuke 1993c. Saussure's Third Course of Lectures on General Linguistics (1910–1911): Troisième *cours de linguistique générale* (1910–1911). Edited and translated by Eisuke Komatsu and Roy Harris. Oxford: Pergamon Press.

Komatsu Eisuke. 1996. *F. de Saussure Premier Cours de Linguistique Generale.* *(1907): d'après les cahiers d'Albert Riedlinger.* Paris: Pergamon Press. (相原奈津江・秋津伶訳．2008.『フェルディナン・ド・ソシュール 一般言語学第一回講義 リードランジェによる講義記録』エディット・パルク．)

Komatsu Eisuke. 1997. *F. de Saussure Deuxième Cours de Linguistique Generale. (1908–1909): d'après les cahiers d'Albert Riedlinger et Charles Patois.* Paris: Pergamon Press. (相原奈津江・秋津伶訳．2006.『フェルディナン・ド・ソシュール 一般言語学第二回講義（1908–1909)』エディット・パルク．)

小松英輔．1998.「ソシュール『一般言語学講義』はどのようにして書かれたか」『文学部研究年報』35pp.137–157. 学習院大学.

小松英輔．2011.『もう一人のソシュール』エディット・パルク.

釘貫亨．2007.「ソシュール『一般言語学講義』と日本語学」松澤和宏編．2007.『SAUSSURE et LA SCIENCE DES TEXTES ソシュールとテクストの科学』pp.119–136. 名古屋大学大学院文学研究科.

釘貫亨．2010.「時枝誠記「過程説」と有坂秀世「音韻論」をつなぐ現象学の系譜」『日本語学最前線』pp.701–715. 和泉書院.

釘貫亨・宮地朝子編．2011.『ことばに向かう日本の学知』ひつじ書房.

釘貫亨．2013.「時枝誠記とソシュール『一般言語学講義』」釘貫亨．2013.『「国語学」の形成と水脈』pp.131–158. ひつじ書房.

釘貫亨．2018.「20 世紀日本語研究と記号の恣意性」松澤和宏編．2018.『21世紀のソシュール』pp.309–322. 水声社.

国広哲弥．1985.「言語と概念」『東京大学言語論集'85』pp.17–23. 東京大学文学部言語学研究室.

国広哲弥．1995.「卒論のテーマを選ぶ」『月刊 言語』1995 年 5 月号、pp.44–51. 大修館書店.

国広哲弥．1997a.『理想の国語辞典』大修館書店.

国広哲弥．1997b.「文脈的多義と認知的多義」佐藤泰正編『「こころ」から「ことば」へ「ことば」から「こころ」へ』梅光女学院大学公開講座論集第 40 集、pp.124–139. 笠間書院.

国広哲弥．2006.「ソシュール構造主義は成立しない」『研究年報』第 20 号、pp.17–22. 日本エドワード・サピア協会.

国広哲弥．2010.「語の意味をめぐって」澤田治美編．2010.『ひつじ意味論講座　語・文と文法カテゴリーの意味』第 1 巻、pp.1–22. ひつじ書房.

Lakoff. G. 1987. *Women, fire, and dangerous things: what categories reveal*

about the mind. Chicago: Univesity of Chicago Press.（池 上 嘉 彦 他 訳.
　　1993.『認知意味論：言語から見た人間の心』紀伊國屋書店）

Leroy, M. 1990. *Cours de linguistique générale*. Édition critique par Rudolf
　　Engler. Tome 2: Appendice. Notes de F. Saussure sur la linguistique générale.
　　Wiesbaden: Otto Harrassowitz.

町田健.　2000.『日本語のしくみがわかる本』研究社出版.

町田健.　2003.『ソシュール入門―コトバの謎解き』光文社.

町田健.　2004a.『ソシュールのすべて 言語学でいちばん大切なこと』研究社.

町田健.　2004b.『ソシュールと言語学』講談社.

前田英樹.　1978.「ソシュールと"言語過程説"」『月刊 言語』1978年3月号、
　　pp.50–55. 大修館書店.

前田英樹.　2007.「時枝誠記の言語学」時枝誠記『国文学原論』2007年文庫版、
　　pp.275–309. 岩波文庫.

丸山圭三郎.　1971a.「ソシュールにおける体系と概念と二つの〈構造〉」『理
　　想』1971年5月号、pp.26–43. 理想社.

丸山圭三郎.　1971b.「Signe linguistique の恣意性をめぐって」日本フランス語
　　学研究会『フランス語学研究』第6号、pp.13–24.

丸山圭三郎.　1980a.「ソシュール・その虚像と実像」『現代思想』1980年10
　　月号、pp.84–102. 青土社.

丸山圭三郎・柄谷行人.　1980b.「対話 ソシュールと現代」『現代思想』1980年
　　10月号、pp.148–175. 青土社.

丸山圭三郎.　1981a.「ソシュール『一般言語学』」外山滋比古編.　1981『こと
　　ばと教育：広い視点から』pp.212–239. 講談社.

丸山圭三郎.　1981b.『ソシュールの思想』岩波書店.

丸山圭三郎・竹内芳郎.　1982.「対談 言語・記号・社会―『文化の理論のため
　　に』と『ソシュールの思想』をめぐって―」『思想』1982年3月号、pp.1–
　　35. 岩波書店.

丸山圭三郎.　1983.『ソシュールを読む』岩波書店.

丸山圭三郎.　1984a.「〈現前の記号学〉の解体」『思想』1982年4月号、pp.30–
　　54. 岩波書店.

丸山圭三郎・廣松渉.　1984b.「対談 記号・意味・物象―構造主義を超えて」
　　『思想』1984年4月号、pp.164–208. 岩波書店.

丸山圭三郎・高橋允昭・篠原資明.　1984c.「デリダの哲学」『理想』1984年11
　　月号、pp.18–66. 理想社.

丸山圭三郎編.　1985.『ソシュール小辞典』大修館書店.　松澤和宏編.　2007a.
　　『SAUSSURE et LA SCIENCE DES TEXTES ソシュールとテクストの科学』
　　名古屋大学大学院文学研究科.

松中完二.　2001a.「認知的言語研究の先駆者としての時枝誠記」『アジア文化
　　研究』第27号、pp.197–211. 国際基督教大学アジア文化研究所.

松中完二.　2001b.「構造主義言語学における意味研究の黎明」『ICU比較文化』
　　第33号、pp.65–100. 国際基督教大学比較文化研究会.

松中完二.　2002a.「現代の多義語の構造」『現代日本語講座 第4巻 語彙』
　　pp.129–151. 明治書院.

松中完二．2002b.「構造主義言語学における意味研究の黎明」『ICU 比較文化』第 34 号、pp.123–155. 国際基督教大学比較文化研究会.

松中完二．2003.『現代英語語彙の多義構造―認知論的視点から―』国際基督教大学大学院比較文化研究科提出博士論文.

松中完二．2005a.『現代英語語彙の多義構造―認知論的視点から―【理論編】』白桃書房.

松中完二．2005b.「時枝・服部論争の再考察（Ⅰ）―言語研究の原点的問題として―」『敬愛大学 研究論集』第 69 号、pp.109–146. 敬愛大学経済学会.

松中完二．2007.「時枝・服部論争の再考察（Ⅱ）―言語研究の原点的問題として―」『敬愛大学 研究論集』第 70 号、pp.175–212. 敬愛大学経済学会.

松中完二．2008.「時枝・服部論争の再考察（Ⅲ）―言語研究の原点的問題として―」『敬愛大学 研究論集』第 74 号、pp.49–109. 敬愛大学経済学会.

松中完二．2015.「Saussure と時枝誠記の主体的言語観についての再検討―*Cours de linguistique générale* と『国語学原論』を基に」『アジア文化研究別冊 20 アジア文化研究のいま』pp.159–175. 国際基督教大学アジア文化研究所.

松中完二．2016a.「ソシュール学説の一つの矛盾についての考察―「言語記号の差異」について―」『久留米工業大学 研究報告』No.38. pp.54–66. 久留米工業大学.

松中完二．2016b.「Saussure と時枝誠記―Saussure 学説の受容と抵抗―」（日本フランス語フランス文学会 2016 年度秋季全国大会（於：東北大学）ワークショップ 4「ソシュール『一般言語学講義』の 1 世紀―構造主義、時枝論争、新手稿」研究発表資料.

松中完二．2017a.「ソシュール学説の一つの有効性についての考察―「記号の恣意性」について―」『久留米工業大学研究報告』No.39. pp.72–8. 久留米工業大学.

松中完二．2017b.「Saussure と時枝誠記―Saussure 学説の受容と抵抗―」『cahier 19』p.13. 日本フランス語フランス文学会.

松中完二．2018a.「ソシュール学説の一つの誤りについての考察―「言語実存体」について―」『2017 久留米工業大学研究報告』第 40 号、pp.103–113. 久留米工業大学.

松中完二．2018b.「ソシュール言語学と翻訳―小林英夫と時枝誠記の邂逅―」『アジア文化研究』第 44 号、pp.37–58. 国際基督教大学アジア文化研究所.

松澤和宏．2007b.「ラング概念の誕生とアポリア」松澤和宏編．2007.『SAUSSURE et LA SCIENCE DES TEXTES ソシュールとテクストの科学』pp.137–145. 名古屋大学大学院文学研究科.

松澤和宏．2009.「ソシュールの翻訳と解釈―時枝誠記による『一般言語学講義』批判をめぐる予備的考察」『グローバル COE プログラム「テクスト布置の解釈学的研究と教育」第 8 回国際研究集会』pp.19–25. 名古屋大学大学院文学研究科.

松澤和宏．2011.「時枝誠記の〈主体的立場〉とソシュールの〈話者の意識〉―言語の科学と解釈学」釘貫亨・宮地朝子編．2011.『ことばに向かう日本の学知』pp.97–119. ひつじ書房.

松澤和宏. 2014.「近年のソシュール研究の動向―テクストへの回帰」『Web Cahier 電子版』日本フランス語フランス文学会.

松澤和宏. 2016.「二つのドクサについて―「恣意性」と「世界の分節」―ソシュール文献学と『一般言語学講義』―」日本フランス語フランス文学会 2016 年度秋季全国大会ワークショップ 4『ソシュール『一般言語学講義』の 1 世紀―構造主義、時枝論争、新手稿』資料.

松澤和宏. 2018a.「ソシュール的恣意性の深淵とラングの言語学」松澤和宏編. 2018.『21 世紀のソシュール』pp.67–97. 水声社.

Matuzawa Kazuhiro. 2018b. Trois remarques phiologiques sur le CLG. In Gambarara, D. and Reboul, F. ed. 2018. *TRAVAUX DES COLLOQUES LE COURS DE LINGUISTIQUE GÉNÉRALE, 1916–2016. L'ÉMERGENCE, LE DEVENIR*. pp.3–9. CERCLE FERDINAND DE SAUSSURE.

Mejia, Quijano, C. 2008. *Le cours d'une vie: Portrait diachronique de Ferdinand de Saussure*. Nantes: Cécile Default.

Merleau-Ponty, M. 1945. *Phénoménologie de la perception*. Paris: Gallimard.

宮原勇. 2018.「記号と概念―現象学的認知主義からのソシュールの『一般言語学講義』の考察」松澤和宏編. 2018.『21 世紀のソシュール』pp.125–138. 水声社.

三宅知宏. 2000.「チャレンジコーナー」『月刊 言語』2000 年 11 月号, pp.120–122. 大修館書店.

宮崎靖士. 2011.「「主体一般」の形成とゆらぎをめぐる時枝誠記の「国語問題」―一九四〇年代前半の朝鮮における日本語使用と"言説の磁場"」『日本近代文学会 北海道支部会報』第 14 号、pp.1–15. 日本近代文学会 北海道支部.

森岡健二. 1969.『近代語の成立―明治期語彙編』明治書院.

森山茂. 2014.「ソシュール」名講義を解く！ヒトの言葉の真実を明かそう」星雲社.

Mounin, G. 1968. *Saussure, ou, Le Structuraliste sans le savoir*. Paris: Éditions Sedhers.

村木正武・斎藤興雄. 1978.『現代の英文法第 2 巻 意味論』研究社出版.

室井努. 2014「日本語書記と本文テキストに関する読み手の存在の論争私見：日本語学会 2012 年春季大会における仮名の書記（Writing）に対する小松英雄氏による批判と、時枝誠記の言語過程説における文字論についての日本語学史的な位置付け」『弘前学院大学文学部紀要』第 50 号、pp.37–51. 弘前学院大学文学部.

中田光雄. 2018.「意味と意義―ソシュールと現代哲学」松澤和宏編. 2018.『21 世紀のソシュール』pp.257–283. 水声社.

中山えつこ. 1998.「ジュネーヴ言語学派の傾向とカルシェフスキー」『slavistrika：東京大学大学院人文社会系研究科スラヴ語スラヴ文学研究室年報 13』pp.225–237. 東京大学.

Naoki Fuse. 2010. *Tokieda Motoki and his Theory of 'Language as Process'*. MA Thesis of Graduate Program in East Asian Languages and Literatures. The Ohio State University.

Nida, E. Taber, C. R. Brannen, N. 1969. *The Theeory and Practice of Translation*. Leiden: E. J. Brill.（沢登春仁・升川潔訳. 1973.『翻訳―理論と実際』研究社.）

西田直敏. 2007.「時枝誠記」飛田良文他編. 2007.『日本語学研事典』明治書院.

野村英夫. 2018.「ソシュールの一句をめぐって―"一般言語学"と『一般言語学講義』の問題松澤和宏編. 2018.『21世紀のソシュール』pp.99–123. 水声社

野村益寛. 2007.「ソシュールから認知言語学へ―記号的文法観の系譜」『月刊 言語』2007年5月号、pp.32–39. 大修館書店.

野村益寛. 2018.「認知文法からみたソシュール―「記号体系としての言語」の系譜」松澤和宏編. 2018.『21世紀のソシュール』pp.243–256. 水声社.

小野文. 2018.「《arbitraire》は「恣意的」か」予備的考察」松澤和宏編. 2018.『21世紀のソシュール』pp.185–208. 水声社.

大橋保夫. 1973a.「ソシュールと日本 服部・時枝言語過程説論争の再検討（上）―「言語は実存体ではない」をめぐって」『みすず』第15巻、第8号、pp.2–15. みすず書房.

大橋保夫. 1973b.「ソシュールと日本 服部・時枝言語過程説論争の再検討（下）―合理主義のラングと経験主義のラング」『みすず』第15巻、第9号、pp.2–15. みすず書房.

斉木美知世・鷲尾龍一. 2012.『日本文法の系譜学：国語学史と言語学史の接点』開拓社.

Sanders, C. ed. 2004. *The Cambridge Companion to Saussure*. Cambridge University Press.

Sanders, C. & Pires, M. 2006. Writings in general linguistics/Ferdinand de Saussure; [French text edited by Simon Bouquet and Rudofl Engler with the assistance of Antonette Weil]. New York: Oxford University Press.

佐良木昌. 2004.『言語課程説の探究』明石書店.

Saussure, F. de. 1916. *Cours de linguistique générale*. Paris: Payot.（小林英夫訳. 1928.『言語学原論』岡書院.）

Saussure, F. de. 1916. *Cours de linguistique générale*. Paris: Payot.（町田健訳. 2016『新訳 Saussure 一般言語学講義』研究社）

Saussure, F. de. 1916. *Cours de linguistique générale. Critical Edition by Rudolph Engler, vol. 1*. Wiesbaden: Harrassowitz.

Saussure, F. de. 1916. *Cours de linguistique générale*. Paris: Payot.（Wade Baskin訳. 1959. *Course in General Linguistics*. Owen.）

Saussure, F. de. 1916. *Cours de linguistique générale*. Paris: Payot.（小林英夫訳. 1940.『改訳新版 言語学原論』岩波書店.）

Saussure, F. de. 1916. *Cours de linguistique générale*. Paris: Payot.（小林英夫訳. 1972.『改訳新版 言語学原論』岩波書店.）

Saussure, F. de. 1916. *Cours de linguistique générale*. Paris: Payot.（小林英夫訳. 1972.『一般言語学講義』岩波書店.）

Sechehaye, A. 1908. *Programme at méthode de la linguistique théorique:*

Psychologie du langage. Paris: Champion.

関沢和泉. 2013.「時枝誠記はソシュールを「誤読」したか？―日本のソシュール受容史における小林英夫の役割についての序論」『研究東洋：東日本国際大学東洋思想研究所・儒学文化研究所紀要（3）』pp.192–110. 東日本国際大学出版会.

瀬戸賢一. 2005.『よくわかる比喩―ことばの根っこをもっと知ろう』研究社.

柴田健志. 1998.「ソシュール言語学と「主体」の問題―記号論理解のための基礎研究」『京都大学文学部哲学研究室紀要：Prospectus, 1』pp.93–104. 京都大学.

柴田健志. 1999.「言語と全体―時枝誠記のソシュール批判再考」『京都大学文学部哲学研究室紀要：Prospectus, 2』pp.27–42. 京都大学.

新村出. 1943.『言語学序説』星野書店.

白川静. 1978.『漢字百話』中公新書.

Starobinski, J. 1979. *Words Upon Words: The Anagrams of Ferdinand de Sassure.* Translated by Olivia Emmet. New Heaven: Yale University Press.

Starobinski, J. 2006. *Writings in General Linguistics.* Introduced by Carol Sanders. Oxford: Oxford University Press.

Stein, G. 1935. Poetry and Grammar. In *Lectures in America.* pp.209–246. New York: Random House.

Sturrok, J. ed. 1979. *Structuralism and Science: From Lévi-Strauss to Derrida.* Oxford: Oxford University Press.

須藤英幸. 2018.「アウグスティヌスとソシュール―言語記号の源泉と樹立」松澤和宏編. 2018.『21世紀のソシュール』pp.171–183. 水声社.

末永朱胤. 1999.「ラングとララング：ソシュールとラカンにおけるの言語概念と記号の恣意性」『ヨーロッパ文化研究』第18号、pp.200–220. 成城大学大学院文学研究科.

末永朱胤. 2011.「ソシュールの記号概念と聞き手の立場―記号の図の矢印について―」『ヨーロッパ文化研究』第30号、pp.79–97. 成城大学大学院文学研究科.

Suenaga Akatane. 2005. *Saussure, un système de paradoxes : langue, parole, arbitraire et inconscient.* France: Lambert-Lucas.

鈴木一彦. 1980.「言語過程説」国語学会編. 1980.『国語学大辞典』東京堂出版.

鈴木孝夫. 1975.『閉ざされた言語・日本語の世界』新潮選書.

鈴木孝夫. 1990.『日本語と外国語』岩波新書.

立川健二. 1986.『《力》の思想家ソシュール』書肆風の薔薇.

互盛央. 2009.『フェルディナン・ド・ソシュール―「言語学」の孤独、「一般言語学」の夢』作品社 Thibault, P. J. 1997. *Re-reading Saussure: The Dynamics of Signs in Social Life.* London: Routledge.

高木敬生. 2011.「ソシュールの用語法についての考察―用語「記号」のゆらぎ」『エウローペー』No. 18、pp.41–59. 成城大学大学院文学研究科.

高木敬生. 2014.「言語の社会性について―ソシュールと時枝から」『エウローペー』No. 21、pp55–73. 成城大学大学院文学研究科.

時枝誠記. 1932.『国語学史』岩波書店.

時枝誠記. 1937.「心的過程としての言語本質観（一）」『文学』五巻五号、pp.1–30. 岩波書店.

時枝誠記. 1940.「言語に対する二の立場―主体的立場と観察者的立場」『コトバ』7月号、pp.4–14. 国語文化研究所.

時枝誠記. 1941a.『国語学原論』岩波書店.

時枝誠記. 1941b.「国語の特質」『国語文化講座　二　国語概論篇』pp.66–68. 朝日新聞社.

時枝誠記. 1944.「最近に於ける国語問題の動向と国語学」『日本語』第四巻第二号、pp.4–14, 日本語教育振興会.

時枝誠記. 1951.「言語の社会性について―大久保忠利氏の「言語過程観批判の序説」に対する答をも含めて」『文学』第19巻、第9号、pp.75–84. 岩波書店.

時枝誠記. 1954.「詞と辞の連続・非連続の問題」国語学会編『国語学』第19号、pp.1–16. 武蔵野書院.

時枝誠記. 1955.『国語学原論 続篇』岩波書店.

時枝誠記. 1957.『国語学への道』三省堂.

時枝誠記. 1973.『言語本質論』岩波書店.

時枝誠記. 1976.『言語生活論』岩波書店.

Traugott, E. C. 1995. *Subjectification in grammaticalisation*. In Dieter S. and Susan, W. eds. 1995. Subjectivity and Subjectivisation, Linguistic Perspectives. Cambridge: Cambridge University Press.

Trubetzkoy, N. 1939. *Grundzüge der Phonologie. vol. 7*. Prague: Travaux du Cercle Linguistique de Prague.

Valéry, P. 1933. *Rhumbs*. Paris: Librairie Gallimard.

渡辺実. 2002.『国語意味論』塙書房.

渡辺哲男. 2013.「言語論的転回と言語の教育をめぐる思想―ソシュール言語学の日本への導入と「読む」ことの教育をめぐって」森田伸子編. 2013.『言語と教育をめぐる思想史』pp.280–335. 勁草書房.

Wells, R. S. 1947. De Saussure's System of Linguistics. In *Word 3–1/2*. pp.1–31. New York:

山口巌. 1999.『パロールの復権』ゆまに書房.

山口巌. 2013.『人とことば：その関わりと研究のあゆみ』ブックワークス響.

安田敏朗. 1997a.『植民地のなかの「国語学」―時枝誠記と京城帝国大学をめぐって』三元社.

安田敏朗. 1997b.『帝国日本の言語編制』世織書房.

安田敏朗. 2006a.『統合原理としての国語』三元社.

安田敏朗. 2006b.『「国語」の近代史―帝国日本と国語学者たち統合原理としての国語』三元社.

安田敏朗. 2007.『国語審議会―迷走の60年』講談社現代新書.

安田敏朗. 2008.『金田一京助と日本語の近代』平凡社.

安田敏朗. 2009.『近代日本言語史再考』三元社.

安田敏朗. 2012.『日本語学のまなざし』三元社.

第8章　構造と認知の科学

阿部宏. 2007.「ソシュールが言わなかった大きな二つのこと」松澤和宏編. 2007.『SAUSSURE et LA SCIENCE DES TEXTES ソシュールとテクストの科学』pp.87–98. 名古屋大学大学院文学研究科.

阿部宏. 2015.『言葉に心の声を聞く―印欧語・ソシュール・主観性』東北大学出版会.

阿倍純一・桃内佳雄・金子康朗・李光五編. 1994.『人間の言語情報処理』サイエンス社.

Abramov, I. 1997. Physical Mechanism of Color Vision. In Hardin, C. L. and Maffi, L. eds. 1997. *Color categories in Thought and Language*. pp.89–117. Cambridge: Cambridge University Press.

Adams, K. L. and Conklin, N. F. 1973. Towards a Theory of Natural Classification. In *Papers from the Ninth Regional Meeting, Chicago Linguistic Society*. pp.1–10. Chicago: Chicago Linguistic Society, University of Chicago.

相原奈津江. 2007.『ソシュールのパラドックス』エディット・パルク.

Aitchison, J. 1987. *Words in the Mind: An Introduction to the Mental Lexicon*. Cambridge, Mass.: Blackwell.

Alverson, H. 1994. *Semantics and Experience: Universal Metaphors of Time in English, Mandarin, Hindi, and Sesotho*. Baltimore: The John Hopkins University Press.

Allwood, J.／Andersson, L. G.／Dahl, O. 1977. *Logic in Linguistics*. Cambridge: Cambridge University Press.

赤羽研三. 1998a.『言葉と意味を考える［Ⅰ］隠喩とイメージ』夏目書房.

赤羽研三. 1998b.『言葉と意味を考える［Ⅱ］詩とレトリック』夏目書房.

尼ケ崎彬. 1982.「言葉に宿る神」『理想』1982年12月号、pp.81–92. 理想社.

尼ケ崎彬. 1990.『ことばと身体』勁草書房.

Amiel-Tison, C. and Grenier, A. 1986. *Neurological Assessment During the First Year of Life*. New York: Oxford University Press.（福山幸夫監訳. 1989.『0歳児の神経学的評価』中央洋書出版部.）

青木晴夫. 1974.「「意味」と言語の構造」『月刊 言語』1974年9月号（『言語セレクション』第1巻、pp.32–43. 大修館書店.）

Austin, J. L. 1962. *How To Do Things With Words*. Oxford: Oxford University Press.（坂本百大訳. 1978.『言語と行為』大修館書店.）

Banveniste, E. 1966a. Saussure aprés un demi-siécle. In *Problémes de linguistique Générale*. Paris: Gallimard.（三浦信孝訳. 1980.「五十年後のソシュール」『現代思想』1980年10月号、pp.124–139. 青土社.）

Banveniste, E. 1966b. *Problèmes de Linguistique Générale*. Paris: Éditions Gallimard.（岸本通夫監訳. 1987.『一般言語学の諸問題』みすず書房.）

別宮貞徳. 1983.『スタンダード英語講座［1］英文の翻訳』大修館書店.

Berlin, B. and Kay, P.1969. *Basic Color Terms: Their Universality and Evolution*. Berkeley: University of California Press.

Blakemore, D. 1992. *Understanding Utterances: An Introduction to Pragmatics*.

London: Basil Blakemore.（武内道子・山崎英一訳．1994.『ひとは発話を
どう理解するか』ひつじ書房．）

Bloomfield, L. 1933. *Language*. New York: Holt, Rinehart and Winston.（三　宅
鴻・日野資純訳．1962.『言語』大修館書店．）

Bloor, D. 1983. *Wittgenstein, A Social Theory of Knowledge*. London:
Macmillan.（戸田山和久訳．1988.『ウィトゲンシュタイン 知識の社会理
論』勁草書房．）

Bolinger, D. 1965. The atomization of meaning. In *Language 41–4*. pp.555–573.
Baltimore: Waverly Press, Inc.

Bonner, J. T. 1980. *The evolution of culture in animals*. Princeton University
Press.（八杉貞雄訳．1982.『動物は文化をもつか』岩波書店．）

Bouissac, P. 2004. Saussure's Legacy in Semiotics. In Carol Sanderrs. ed. 2004.
The Cambridge Companion to Saussure. Cambridge University Press.

Bouissac, P. 2010. *Saussure: a guide for the perplexed*. London: Continuum.（鷲
尾翠訳．2012.『ソシュール超入門』講談社．）

Bouquet, S. et Engler, R. 2002. *Ferdinand de Saussure, Écrits de linguistique
générale*. Paris: Gallimard.（松澤和宏校註・訳．2013.『フェルディナン・
ド・ソシュール「一般言語学」著作集 Ⅰ自筆草稿『言語の科学』』岩波書
店．）

Bower, T. G. R. 1977. *A Primer of Infant Development*. San Francisco: W. H.
Freeman.（岡本夏木・野村庄吾・岩田純一・伊藤典子訳．1980.『乳児期』
ミネルヴァ書房．）

Brown, C. H. 1984. *Language and Living Things: Uniformities in Folk
Classification and Naming*. New Brunswick, N. J.: Rutgers University
Press.

Brown, R. 1968. *Words and Things*. New York: Free Press.

Bruce, B. and Newman, D. 1978. Interacting Plans. In Schank, Roger and
Collins, Allan and Charniak, Eugene eds. 1978. *Cognitive Science 2*.
pp.195–233. Norwood, New Jersey: Ablex Publishing Co.

Burling, R. 2002. The slow growth of language in children. In Alison Wray. ed.
2002. *The Transition to Language*. pp.297–310. Oxford: Oxford
University Press.

Burling, R. 2005. *The Talking Ape-How Language Evolved*. Oxford: Oxford
University Press.（松浦俊輔訳．2007.『言葉を使うサル―言語の起源と進
化』青土社．）

Cassirer, E. 1944. *An essay on man: an introduction to a philosophy of human
culture*. Yale University Press.（宮城音弥訳．1953.『人間―この象徴を操
るもの』岩波書店．）

Chomsky, N. 1966a. *Language and the Study of Mind*.（『東京言語研究所主催 第
1回理論言語学国際セミナー: チョムスキー連続講演集』三修社．）（川本茂
雄訳．1966.「言語と人間科学」『ことばの宇宙』第1巻、第6号、pp.15–
31. ラボ教育センター.）

Chomsky, N. 1966b. *Cartesian Linguistics*. New York: Harper and Row.（川本

茂雄訳. 1976.『デカルト派言語学』みすず書房.）

Chomsky, N. 1967. The Formal Nature of Language In *Biological Foundations of Language*. New York: Wiley.（佐藤方哉・神尾昭雄訳. 1974.『言語の生物学的基礎』大修館書店.）

Chomsky, N. 1972a. *Studies on Semantics in Generative Grammar*. The Hague: Mouton.

Chomsky, N. 1972b. *Language and Mind*. New York: Harcourt Brace Jovanovich, Inc.（川本茂雄訳. 1980.『言語と精神』河出書房新社.）

Chomsky, N. 1975. *Reflections on Language*. New York: Panteon Books.（井上和子・神尾昭雄・西山佑司共訳. 1979.『言語論』大修館書店.）

Chomsky, N. 1982. *The Generative Enterprise*. Mouton de Gruyter.（福井直樹・辻子美保子訳. 2003.『生成文法の企て』岩波書店.）

Chomsky, N. 1988. *Language and Problems of Knowledge*. Cambridge, Mass.: MIT Press.（田窪行則・郡司隆男訳. 1989.『言語と知識』産業図書.）

Culler, J. 1976. *Saussure*. Fontana, Harmondsworth, Middlesex: Collins.（川本茂雄訳. 1978.『ソシュール』岩波現代選書.）

Deacon, T. W. 1997. *The Symbolic Species*. New York: Norton.（金子隆芳訳. 1999.『ヒトはいかにして人となったか―言語と脳の共進化』新曜社.）

Edelman, G. 1992. *Bright Air, Brilliant Fire: On the Matter of the Mind*. New York: Basic Books.（金子隆芳訳. 1995.『脳から心へ―心の進化の生物学』新曜社.）

Eikmeyer, H-J. and Rieser, H. 1981. *Words, Worlds, and Contexts*. Berlin: Walter de Gruyter.

Ellenberger, H. F. 1970. *The discovery of the unconscious: the history and evolution of dynamic psychiatry*. Basic Books.（木村敏・中井久夫監訳. 1980.『無意識の発見（上・下）』弘文堂.）

Elman, J. L., Bates, E. A., Johnson, M., Karmiloff-Smith, A., Parisi, D. and Plunkett, K. eds. 1996. *Rethinking Innateness: A Connectionist Perspective on Development*. Cambridge, Mass.: MIT Press.（乾敏郎・今井むつみ・山下博志訳. 1998.『認知発達と生得性』共立出版.）

Emmorey, K. 2002. *Language, Cognition, and the Brain. Insights From Sign Language Research*. New Jersey: Lawrence Erlbaum Associates.

Engler, R. 1968. *Cours de linguistique générale, Edition critique*. Otto Harrassowitz, Wiesbaden.

Engler, R. 1973. Rôle et place d'une sémantique dans une linguistique saussurienne. In *Cahiers Ferdinand de Saussure. No. 28*. pp.35–52. Geneve: Librairie Droz.（前田英樹訳. 1980.「ソシュール言語学における意味論の役割と位置」『現代思想』1980年10月号、pp.103–113. 青土社.）

Fehr, J. 2000. *Saussure entre linguistique et sémiologie*. Paris: PUF.

Gadet, F. 1987. *Saussure, une science de la langue*. Paris: PUF.（立川健二訳. 1995.『ソシュール言語学入門』新曜社.）

Gehlen, A. 1961. *Anthropologische Forschung*. Rowohlt.（亀井裕・滝浦静雄訳. 1970.『人間学の探求』紀伊國屋書店.）

Gibson, J. J. 1979. *The Ecological Approach to Visual Perception*. Boston: Houghton Mufflin.（古崎敬他訳. 1985.『生態学的視覚論』サイエンス社.）

Godel, R. 1957. *Les Sources manuscrites du Cours de Linguistique Générale de F. de Saussure*. Genève, Droz, Paris: Minard.

Godel, R. 1968. F. de Saussure et les débuts de la linguistique moderne In *Semaine d'etudes Genéve*67. pp.115–124.（富盛伸夫訳. 1980.「ソシュールと現代言語学の誕生」『現代思想』1980 年 10 月号、pp.114–123. 青土社.）

Goldberg, E. 2001. *The Executive Brain*. Oxford: Oxford University Press.（沼尻由紀子訳. 2007.『脳を支配する前頭葉―人間らしさをもたらす脳の中枢』講談社.）

Goldberg, E. 2005. *The Wisdom Paradox*. New York: Carlisle & Company L. L. C.（藤井留美訳. 2006.『老いて賢くなる脳』日本放送出版協会.）

Greene, J. 1986. *Language Understanding: A Cognitive Approach*. Milton Keynes: Open University Press.（長町三生監修・認知科学研究会訳. 1990.『認知心理学講座 4 言語理解』海文堂.）

Griffin, D. R. 1976. *The question of animal awareness: evolutionary continuity of mental experience*. New York: Rockefeller University Press.（桑原万寿太郎訳. 1981.『動物に心があるか』岩波書店.）

Grootaers, W. A. 1972.「書評 ソシュール著山内貴美夫訳『言語学序説』」『国語学』第 88 号、pp.8–12. 武蔵野書院.

Gusdorf, G. 1952. *La Parole*. Paris: Presses Universitaires de France.（笹谷満・入江和也訳. 1969.『言葉』みすず書房.）

Harris, R. 2001. *Saussure and Its Interpreters*. Edinburgh: Edinburgh University Press.

長谷川欣佑. 1980.「最近のチョムスキー理論批判」『月刊 言語』1980 年 11 月号（『言語セレクション』第 3 巻、pp.207–220. 大修館書店.）

橋田浩一. 1992.「言語能力と一般的認知機構」『月刊 言語』1992 年 11 月号（『言語セレクション』第 3 巻、pp.52–59. 大修館書店.）

服部四郎. 1957a.「言語過程説について」京都大学国文学会編『国語国文』第 26 巻、第 1 号、pp.1–18. 中央図書出版.

服部四郎. 1957b.「ソシュールの langue と言語過程説」日本言語学会編『言語研究』第 32 号、pp.1–42. 三省堂.

服部四郎他編. 1979.『日本の言語学 第五巻 意味・語彙』大修館書店.

Hawkes, T. 1977. *Structuralism and Semiotics*. Berkeley: University of California.（池上嘉彦他訳. 1979.『構造主義と記号論』紀伊國屋書店.）

早田輝洋. 1969.「言葉と物と意味」『言語生活』1969 年 11 月号、pp.17–25. 筑摩書房.

樋口昌幸. 1974.「ソシュールに関する覚え書き」『福岡大学人文論集』第 6 巻、第 2・3 号、pp.1085–1106. 福岡大学.

平田武靖. 1966.「吉本隆明の反省―世代論を軸として」『思想の科学』1966 年 6 月号、pp.73–94. 思想の科学社.（平田武靖. 1970.『吉本隆明をどう

とらえるか』pp.215–245. 芳賀書店. にも再録）

廣松渉. 1982.『存在と意味』岩波書店.

Hjelmslev, L. 1928. *Principes de grammaire générale*. København: Andr. Fred. Høst.（小林英夫訳. 1958.『一般文法の原理』三省堂.）

Hjelmslev, L. 1943. *Omkring Sprogteoriens Grundlaegelse*. København: Ejnar Munksgaard.（竹内孝次訳. 1985.『言語理論の確立をめぐって』岩波書店.）

Hjelmslev, L. 1953. *Prolegomena to a theory of language*. Baltimore: Waverly Press.（林栄一訳述. 1959.『言語理論序説』研究社.）

Huizinga, J. 1983. *Homo ludens: proeve eener bepaling van het spel-element der cultuur*. H. D. Tjeenk Willink & Zoon.（高橋英夫訳. 1971.『ホモ・ルーデンス』みすず書房.）

Humboldt, W. 1836. *Über Die Verschiedenheit Des Menschlichen Sprachbaues Und Ihren Einflus Auf Die Geistige Entwickelung Des Menschengeschlechts*. Berlin（岡田隆平訳. 1948.『言語と人間』創元社.）

井島正博. 2007.「日本語文法から見たソシュール」『月刊 言語』2007 年 5 月号、pp.48–55. 大修館書店.

池内正幸. 2010.『ひとのことばの起源と進化』開拓社.

生松敬三. 1975.『人間への問いと現代』日本放送出版協会.

今西錦司. 1982.「私の世界」『読売新聞』1982 年 6 月 28 日夕刊.

井上京子. 1998.『もし「右」や「左」がなかったら―言語人類学への招待』大修館書店.

磯谷孝. 1975.「言語体系論から言語コミュニケーション論へ」『現代思想』1975 年 6 月号、pp.224–243. 青土社.

磯谷孝. 1980.『翻訳と文化の記号論』勁草書房.

磯谷孝. 1983.「脳と言語」『理想』1983 年 1 月号、pp.68–83. 理想社.

岩田誠. 1984.「"ことば"と脳」『理想』1984 年 6 月号、pp.170–175. 理想社.

泉邦寿. 1972.「ソシュールの言語記号と若干の問題」『上智大学外国語学部紀要』第 7 号、pp.1–21. 上智大学外国語学部.

Jackendoff, R. 2002. *Foundations of Language: Brain, Meaning, Grammar, Evolution*. Oxford: Oxford University Press.（郡司隆男訳. 2006.『言語の基盤―脳・意味・文法・進化』岩波書店.）

Jakob, F. 1970. *La Logique du vivant*. Paris: Gallimard.

Jespersen, O. 1924. *The Philosophy of Grammar*. London: George Allen & Unwin.（半田一郎訳. 1958.『文法の原理』岩波書店.）

John, O. & Andrew, G. 2004. *Cognitive and Language Development in Children*. Blackwell: The Open University.（井狩幸夫監訳. 2010.『子どもの認知と言語はどう発達するか』松柏社.）

Kagan, J. 1971. *Change and Continuity in Infancy*. New York: Wiley.

加賀野井秀一. 1992.「構造主義はどこへ行ったか」『月刊 言語』1992 年 5 月号（『言語セレクション』第 3 巻、pp.251–258. 大修館書店.）

加賀野井秀一・前田英樹・立川健二. 1993.『言語哲学の地平―丸山圭三郎の世界』夏目書房.

加賀野井秀一．1995.『20 世紀言語学入門—現代思想の原点』講談社現代新書.

加賀野井秀一．2004.『知の教科書 ソシュール』講談社.

加賀野井秀一．2007.「入門のソシュール」『月刊 言語』2007 年 5 月号、pp.24–31. 大修館書店.

亀井孝．1970.「ソシュールへのいざない」『中央公論』1970 年 11 月号、pp.174–187. 中央公論社.

神尾昭雄．1973.「言語学得のしくみ」『月刊 言語』1973 年 9 月号（『言語セレクション』第 2 巻、pp.287–297. 大修館書店.）

金子亨．1999.「二十一世紀言語学の可能性」『月刊 言語』1999 年 12 月号（『言語セレクション』第 1 巻、pp.68–74. 大修館書店.）

柄谷行人・丸山圭三郎．1980.「対話 ソシュールと現代」『現代思想』1980 年 10 月号、pp.148–175. 青土社.

加藤重広．2007.「ソスュールから語用論へ」『月刊 言語』2007 年 5 月号、pp.40–47. 大修館書店.

川本茂雄．1968.「構造主義と言語」『言語生活』1968 年 8 月号、pp.64–72. 筑摩書房.

川本茂雄．1973.「Signifié について—ソシュール瞥見（上）」『現代思想』1973 年 10 月号、pp.46–52. 青土社.

川本茂雄．1973.「Signifié について—ソシュール瞥見（下）」『現代思想』1973 年 11 月号、pp.215–222. 青土社.

川本茂雄．1974a.「言語理論と言語論 メルロ＝ポンティへの一つのアプローチ」『現代思想』1974 年 8・9 月号、pp.182–191. 青土社.

川本茂雄．1974b.「喩と像 『言語にとって美とはなにか』憶え書き」『現代思想』1974 年 10 月号、pp.106–115. 青土社.

川村久美子．1993.「知覚からことばへ」『月刊 言語』1993 年 4 月号（『言語セレクション』第 3 巻、pp.60–66. 大修館書店.）

風間喜代三．1978a.「ソシュール『覚え書』の位置」『月刊 言語』1978 年 3 月号、pp.14–21. 大修館書店.

風間喜代三．1978b.『言語学の誕生』岩波新書.

木股知史．2005.「心・言葉・イメージ」『月刊 言語』2005 年 7 月号、pp.56–63. 大修館書店.

Klima, E. & Bellugi, U. 1979. *The Signs of Language*. Cambridge, Mass. : Harvard University Press.

小林英夫．1932.「ランガージュの概念の疑義解釈」東京大学国文学研究室編『国語と国文学』第 9 巻、第 7 号、pp.1–23.（小林英夫．1935.『言語学方法論考』三省堂．ならびに 1976.『小林英夫著作集 1 言語学論集 1』みすず書房．にも再録.）

小林英夫．1935.『言語学方法論考』三省堂.

小林英夫．1937.『言語学通論』三省堂.

小林英夫．1948.『言語学の基礎概念』振鈴社.

小林英夫．1976a.「国語学と言語学」『小林英夫著作集 1 言語学論集 1』pp.309–365. みすず書房.

小林英夫．1976b.「文法論総説」『小林英夫著作集 1 言語学論集 1』pp.367–

484. みすず書房.

小林英夫. 1977.「翻訳の問題」『小林英夫著作集 3 言語学論集 3』pp.409–449. みすず書房.

小林英夫. 1978.「日本におけるソシュールの影響」『月刊 言語』1978 年 3 月号、pp.44–49. 大修館書店.

児玉徳美. 1988.「言語学における「意味」の位置づけ」『月刊 言語』1988 年 7 月号(『言語セレクション』第 1 巻、pp.268–276. 大修館書店.)

Komatsu Eisuke. 1993a. *F. de Saussure Cours de Linguistique Generale. Premier et troisième cours d'après les notes de Riedlinger et Constantin.* Collection Recherches Université Gakushuin n° 24. Tokyo: Gakushuin University. (相原奈津江・秋津伶訳. 2009.『フェルディナン・ド・ソシュール 一般言語学第三回講義〈増補改訂版〉』エディット・パルク.)

Komatsu Eisuke. 1993b. *F. de Saussure Troisieme cours de Linguistique General (1910–1911) d'après les cahiers d'Emile Constantin.* Paris: Pergamon Press. 及び小松英輔. 1994.『ソシュール自筆原稿の研究』(平成 6 年～平成 8 年度 科学研究費補助金基盤研究 B(2)研究成果報告書 課題番号 06451091)(相原奈津江・秋津伶訳. 2003.『フェルディナン・ド・ソシュール 一般言語学第三回講義(1910–1911)エミール・コンスタンタンによる講義記録』エディット・パルク.)

Komatsu Eisuke. 1996. *F. de Saussure Premier Cours de Linguistique Generale. (1907): d'après les cahiers d'Albert Riedlinger.* Paris: Pergamon Press. (相原奈津江・秋津伶訳. 2008.『フェルディナン・ド・ソシュール 一般言語学第一回講義 リードランジェによる講義記録』エディット・パルク.)

Komatsu Eisuke. 1997. *F. de Saussure Deuxième Cours de Linguistique Generale. (1908–1909): d'après les cahiers d'Albert Riedlinger et Charles Patois.* Paris: Pergamon Press. (相原奈津江・秋津伶訳. 2006.『フェルディナン・ド・ソシュール 一般言語学第二回講義(1908–1909)』エディット・パルク.)

小松英輔. 1998.「ソシュール『一般言語学講義』はどのようにして書かれたか」『文学部研究年報』35pp.137–157. 学習院大学.

小松英輔. 2011.『もう一人のソシュール』エディット・パルク.

Kristeva, J. 1977. *Du sujet en linguistique,* in Polylogue. Ed. du Seuil. (小松英輔訳. 1980.「言語学の主体について」『現代思想』1980 年 10 月号、pp.189–210. 青土社.)

釘貫亨・宮地朝子編. 2011.『ことばに向かう日本の学知』ひつじ書房.

国広哲弥. 1967.『構造的意味論』三省堂.

国広哲弥. 1972.「構造―アメリカ構造言語学」『月刊 言語』1972 年 6 月号、pp.18–24. 大修館書店.

国広哲弥. 1985a.「認知と言語表現」『言語研究』第 88 号、pp.1–19. 日本言語学会.

国広哲弥. 1985b.「言語と概念」『東京大学言語論集 '85』pp.17–23. 東京大学文学部言語学研究室.

国広哲弥. 2006.「ソシュール構造主義は成立しない」『日本エドワード・サピ

ア協会 研究年報』第 20 号、pp.17–22. 日本エドワード・サピア協会.

国広哲弥. 2010.「語の意味をめぐって」澤田治美編. 2010.『ひつじ意味論講座　語・文と文法カテゴリーの意味』第 1 巻、pp.1–22. ひつじ書房.

国広哲弥. 2015.『日本語学を斬る』研究社.

國井利泰. 1973.「遺伝と情報」『月刊 言語』1973 年 6 月号（『言語セレクション』第 1 巻、pp.21–32. 大修館書店.）

久野正和. 2008.「生成文法は意味をどのように捉えているのか」『月刊 言語』2008 年 11 月号（『言語セレクション』第 1 巻、pp.327–332. 大修館書店.）

倉又浩一. 1977.「意味論における普遍性の問題」『月刊 言語』1977 年 10 月号（『言語セレクション』第 1 巻、pp.237–246. 大修館書店.）

楠見孝編. 2010.『現代の認知心理学 3 思考と言語』北大路書房.

Landmann, M. 1955. *Philosophische Anthropologie: menschliche Selbstdeutung in Geschichte und Gegenwart*. Walter de Gruyter.（谷口 茂訳. 1972.『人間学としての人類学』思索社.）

Lane, H. 1979. *L'enfant sauvage de l'Aveyron*. Paris: Payot.（中 野 善 達 訳 編. 1980.『アヴェロンの野生児研究』福村出版.）

Leakey, R. & Lewin, R. 1979. *People of the lake: man, his origins, nature and future*. Collins.（寺田和夫訳. 1981.『ヒトはどうして人間になったか』岩波書店.）

Lenneberg, E. 1964. *Speech as a Motor Skill with Special Reference to Nonaphasic Disorders*. In Monographs of the Society for Research in Child Development 29(1). pp.115–127.

Lenneberg, E. 1967. *Biological Foundations of Language*. New York: Wiley.（佐藤方哉・神尾昭雄訳. 1974.『言語の生物学的基礎』大修館書店.）

Lévi-Strauss, C. 1958. *Anthropologie Structurale*. Paris: Librairie Plon.（生松敬三他訳. 1972.『構造人類学』みすず書房.）

Lévi-Strauss, C. 1962. *La pensée sauvage*. Paris: Librairie Plon.（大 橋 保 夫 訳. 1976.『野生の思考』みすず書房.）

Lewis, M. M. 1971. The linguistic development of children In Minnis, N. 1971. *Linguistics at Large*. pp.195–208. Worcester, and London: Ebenezer Balys & Son Limited. The Trinity Press.（村田孝次訳. 1973.「子供の言語発達」中島文雄監訳. 1973.『概説言語学』pp.261–277. 三省堂.）

Linden, E. 1974. *Apes, men, and language*. Saturday Review Press.（杉山幸丸・井深允子訳. 1978.『チンパンジーは語る』紀伊國屋書店.）

Lorenz, K. 1973. *Die acht Todsünden der zivilisierten Menschheit*. Piper.（日高敏隆・大羽更明訳. 1973.『文明化した人間の八つの大罪』思索社.）

町田健. 2004a.『ソシュールのすべて 言語学でいちばん大切なこと』研究社.

町田健. 2004b.『ソシュールと言語学』講談社.

町田健. 2005.「名前とは何か」『月刊 言語』2005 年 3 月号（『言語セレクション』第 1 巻、pp.142–148. 大修館書店.）

町田健. 2007.「ソシュールの継承者―イェルムスレウと「言理学」」『月刊 言語』2007 年 5 月号、pp.66–73. 大修館書店.

前田英樹. 1978.「ソシュールと"言語過程説"」『月刊 言語』1978 年 3 月号、

pp.50–55. 大修館書店.

前田英樹. 1979.「言語における行為と差異―再び SAUSSURE と時枝をめぐって―」日本フランス語学研究会編『フランス語学研究』第 13 号、pp.56–66. 日本フランス語学研究会.

前田英樹. 1989.『沈黙するソシュール』書肆山田.

Martinet, A. 1960. *Eléments de linguistique générale*. Paris: A. Colin.（三宅徳嘉訳. 1972.『一般言語学要理』岩波書店.）

Martinet, A. 1965. *La linguistique synchronique: etudes et recherches*. Paris: Presses universitaires de France.

丸山圭三郎. 1981.『ソシュールの思想』岩波書店.

丸山圭三郎. 1983.『ソシュールを読む』岩波書店.

丸山圭三郎編. 1985.『ソシュール小辞典』大修館書店.

丸山圭三郎. 1988.『言葉・文化・無意識』河合文化教育研究所.

丸山圭三郎. 1993a.『文化記号学の可能性』夏目書房.

丸山圭三郎. 1993b.『言語哲学の地平―丸山圭三郎の世界』夏目書房.

丸山圭三郎. 1994a.『言葉とは何か』夏目書房.

丸山圭三郎. 1994b.『言葉と無意識』講談社現代新書.

丸山静. 1965a.「今週の一冊 吉本隆明著「言語にとって美とはなにか」」『日本読書新聞 縮刷版』7 月 5 日（月）. 第 1315 号、p.5. 不二出版.

丸山静. 1965b.「言語についての考察」『文学』第 33 巻、第 7 号、pp.85–96. 岩波書店.

丸山静. 1971.「言語理論について」『はじまりの意識』pp.88–102. せりか書房.

松澤和宏. 2003.『生成論の探究』名古屋大学出版会.

松澤和宏. 2004.「ソシュールの現代性―伝統的な時間をめぐって」『月刊 言語』2004 年 12 月号、pp.50–53. 大修館書店.

松澤和宏編. 2007a.『SAUSSURE et LA SCIENCE DES TEXTES ソシュールとテクストの科学』名古屋大学大学院文学研究科.

松澤和宏. 2007b.「ラング概念の誕生とアポリア」松澤和宏編. 2007.『SAUSSURE et LA SCIENCE DES TEXTES ソシュールとテクストの科学』pp.137–145. 名古屋大学大学院文学研究科.

松澤和宏. 2007c.「ソシュール解釈の現在―「一般言語学」とニーベルンゲン伝説を結ぶもの」『月刊 言語』2007 年 5 月号、pp.56–63. 大修館書店.

松澤和宏. 2011.「時枝誠記の〈主体的立場〉とソシュールの〈話者の意識〉―言語の科学と解釈学」釘貫亨・宮地朝子編. 2011.『ことばに向かう日本の学知』pp.97–119. ひつじ書房.

松澤和宏. 2016.「2 つのドクサについて―「恣意性」と「世界の分節」―ソシュール文献学と『一般言語学講義』―」日本フランス語フランス文学会 2016 年度秋季全国大会ワークショップ 4『ソシュール『一般言語学講義』の 1 世紀―構造主義、時枝論争、新手稿』資料.

McLuhan, M. 1964. *Understanding media: the extensions of man*. New York: McGraw-Hill.（後藤和彦・高儀進訳. 1967.『人間拡張の原理』竹内書店新社.）

Mehler, J. et Dupoux, E. 1990. *Naître Humain*. Paris: Editions Odile Jacob.（加藤晴久・増茂和男訳．1997.『赤ちゃんは知っている』藤原書店．）

Merleau-Ponty, M. 1942. *La structure du comportement*. Presses universitaires de France.（滝浦静雄・木田元訳．1964.『行動の構造』みすず書房．）

Merleau-Ponty, M. 1945. *Phénoménologie de la perception*. Paris: Gallimard.（中島盛夫訳．2009.『知覚の現象学』法政大学出版局．）

Messaris, P. 1994. *Visual Literacy: Image, Mind, and Reality*. Boulder, CO: Westview.

三宅剛一．1966.『人間存在論』勁草書房．

三宅鴻．1970.「ソシュールと人間の学問」『英語文学世界』1970年3月号、第4巻、第12号、pp.20–24. 英潮社．

茂木健一郎．1999.「言語の物理的基盤―表象の精密科学へ向けて」『月刊 言語』1999年12月号（『言語セレクション』第3巻、pp.73–80. 大修館書店．）

中込和幸．1994.「脳における言語処理過程―表象の精密化学へ向けて」『月刊 言語』1994年4月号（『言語セレクション』第3巻、pp.67–73. 大修館書店．）

中島平三．2008.「チョムスキー理論の功罪と今後の展望」『月刊 言語』2008年11月号（『言語セレクション』第3巻、pp.288–294. 大修館書店．）

中田光雄．2018.「意味と意義―ソシュールと現代哲学」松澤和宏編．2018.『21世紀のソシュール』pp.257–283. 水声社．

Niiyama, S. 1978. Saussure's Linguistic Theories and the Study of Japanese Intellectual History. In Tetsuo, Najita&Irwin, Scheiner. ed. 1978. *Japanese Thought in the Tokugawa Period 1600–1868 Methods and Metaphors*（徳川思想史研究）. pp.105–133. The University of Chicago Press.

野本和幸．1997.「意味はどこにあるのか―現代の理論的意味論マップ―」『月刊 言語』1997年9月号（『言語セレクション』第1巻、pp.297–303. 大修館書店．）

野村益寛．2007.「ソシュールから認知言語学へ―記号的文法観の系譜」『月刊 言語』2007年5月号、pp.32–39. 大修館書店．

野村精一．1974.「表現としての言語―吉本隆明と時枝誠記の遭遇と交渉」『現代思想』10月号、pp.95–105. 青土社．

Norman, D. A. 1988. *The Psychology of Everyday Things*. New York: Basic Books.

岡智之．2009.「認知言語学の哲学的基礎づけと言語研究への応用可能性」『東京学芸大学紀要　総合教育科学系』第60集、pp.547–560. 東京学芸大学紀要出版委員会．

大堀俊夫．1992.「イメージの言語学―ことばの構成原理をもとめて」『月刊 言語』1992年11月号（『言語セレクション』第1巻、pp.51–58. 大修館書店．）

大澤真幸．1994.「言語理解の本性を求めて」『月刊 言語』1994年8月号（『言語セレクション』第1巻、pp.281–290. 大修館書店．）

尾関周二．1983.『科学全書9 言語と人間』大月書店．

Pinker, S. 1994. *The Language Instinct: The New Science of Language and Mind.* London: Allen Lane. (椋田直子訳. 1995.『言語を生みだす本能（上・下）』NHK ブックス.)

Portman, A. 1944. *Biologische Fragmente zu einer Lehre vom Menschen.* (高 木正孝訳. 1961.『人間はどこまで動物か』岩波書店.)

Portman, A. 1974. *An den Grenzen des Wissens: vom Beitrag der Biologie zu einem neuen Weltbild.* Wien; Düsseldorf: Econ. (八杉龍一訳. 1981.『生物学から人間学へ』思索社.)

Reed, E. 1996. *Encountering the World: Toward an Ecological Psychology.* Oxford: Oxford University Press. (細田直哉訳・佐々木正人監修. 2000.『アフォーダンスの心理学―生態心理学への道』新曜社.)

Ricoeur, P. 1967. Structure et heméneutique. In Domenach, J. M. ed. 1967. EspritNouvelle Série 《*La Pansée Sauvage et Le Structuralisme*》 *Novembre1963*. pp.596–627. France: Librairie du Mois. (伊東守男・谷亀利一訳. 1968.「構造・言葉・出来事―構造主義と言語学」『構造主義とは何か』pp.250–289. サイマル出版会.)

Rothacker, E. 1964. *Philosophische Anthropologie.* Bonn: Bouvier. (谷口茂訳. 1978.『人間学のすすめ』思索社.)

Rousseau, J. J. 1781. *Essai sur l'origine des langues ou il est parléde la mé lodie et de l'imitation musicale.* Bordeaux: G. Ducros. (小林善彦訳. 1970.『言語起源論』現代思潮社.)

斎藤伸治. 2012.「チョムスキーはソシュールをどう読んできたのか」『欧米言語文化論集』pp.119–135. 岩手大学人文社会科学部欧米言語文化コース.

坂本百大. 1987.「言語起源論の復権」『月刊 言語』1987年12月号 (『言語セレクション』第2巻、pp.306–314. 大修館書店.)

Saussure, F. de. 1916. *Cours de linguistique générale.* Paris: Payot. (小林英夫訳. 1928.『言語学原論』岡書院.)

Saussure, F. de. 1916. *Cours de linguistique générale.* Paris: Payot. (小林英夫訳. 1940.『改訳新版 言語学原論』岩波書店.)

Saussure, F. de. 1916. *Cours de linguistique générale.* Paris: Laterza. (山内貴美夫訳. 1971.『ソシュール言語学序説』勁草書房.)

Saussure, F. de. 1916. *Cours de linguistique générale.* Paris: Payot. (小林英夫訳. 1972.『一般言語学講義』岩波書店.)

Saussure, F. de. 1975. *Manuscrit du Livre, from Ms. fr. 3951 (BPU), N9 Linguistique générale (1893–4), N11 Status et motus (1894–5), N12 Status et motus.* (前田英樹訳. 1980.「「書物」の草稿 テクストと註解」『現代思想』1980年10月号、pp.64–83. 青土社.)

Saussure, F. de. 1916. *Cours de linguistique générale (1908–1909) Introduction.* Paris: Payot. (前田英樹訳. 1991.『ソシュール講義録注解』法政大学出版局.)

重見一行. 2000.「日本語の構造と時枝詞辞論―その情緒性について」『文学・語学』第167号、pp.19–28. 全国大学国語国文学会.

清水寛之. 2009.「記憶はことばの生成にどのように働いているのか」『月

刊 言語』2009年11月号（『言語セレクション』第3巻、pp.87–93. 大修館書店.）

塩坪いく子. 1995.「認知の発達と言語の発達」『日本語学』1995年9月号、pp.37–46. 明治書院.

Slusareva, H.A. 1975. *ТеорИЯФДеСоссЮраВ СВеТе. СОВреМеННОЙДИНГВИСТИКИ*. （谷口勇訳. 1979.『現代言語学とソシュール理論』而立書房.）

Slusareva, H. A. 1970. О ПИСЬМАХФ. Де СОССЮРАКИ. А. БОДУЭНУ ДеКУРТЕНЭ. baltistika, VI（1）, Vilnius.（村田郁夫訳. 1971.「ボドゥアン・ド・クルトネへのソシュールの書翰について」『東京経済大学人文自然科学論集』pp.36–51.）

荘厳舜哉. 1986.『ヒトの行動とコミュニケーション』福村出版.

Starobinski, J. 1967. *Les mots sous les mots: Textes inédits des cahiers d'anagrammes de Ferdinand de Saussure*, in To Honour R. Jakobson, Mouton.（工藤庸子訳. 1980.「ソシュールのアナグラム・ノート」『現代思想』1980年10月号、pp.175–188. 青土社.）

菅田茂昭. 2007.「新発見の資料にみるソシュールの意味論―T・デ・マウロ教授の講演から」『月刊 言語』2007年5月号、pp.64–65. 大修館書店.

菅原俊也. 1987.『英語言語研究序章―語の認識の可能性と多様性』三修社.

田中茂範. 1977.「「意味の使用説」の再考」『月刊 言語』1977年9月号（『言語セレクション』第1巻、pp.290–296. 大修館書店.）

Tinbergen, N. 1953. *Social behaviour in Animals: with special reference to vertebrates*. Methuen, J. Wiley & Sons.（渡辺宗孝・日高敏隆・宇野弘之訳. 1955.『動物のことば：動物の社会的行動』みすず書房.）

月浦崇. 2005.「名前は脳のどこに格納されるか」『月刊 言語』2005年3月号（『言語セレクション』第3巻、pp.80–86. 大修館書店.）

時枝誠記. 1941.『国語学原論』岩波書店.

時枝誠記. 1950.『日本文法 口語篇』岩波書店.

時枝誠記. 1954.「詞と辞の連続・非連続の問題」国語学会編『国語学』第19号、pp.1–16. 武蔵野書院.

時枝誠記. 1956.『国語学原論 続篇』岩波書店.

時枝誠記. 1959.『古典解釈のための日本文法 増訂版』至文堂.

時枝誠記. 1966.「詞辞論の立場から見た吉本理論」日本文学協会編『日本文学』8月号、pp.1–7. 未来社.（時枝誠記. 1970.『吉本隆明をどうとらえるか』pp.141–156. 芳賀書店. にも再録）

時枝誠記. 1973.『言語本質論』岩波書店.

時枝誠記. 1976.『国語学への道』明治書院.

Tomasello, M. ed. 2003. *The New Psychology of Language: Cognitive and Functional Approaches to Language Structure Vol. 2*. Hillsdale, N. J.: Lawrence Erlbaum.

Tomasello, M. ed.／Bates, E. 2001. *Language Development: The Essential Readings*. Oxford: Blackwell.

富岡多恵子. 1980.「他人の言葉と自分の言葉」『文学』1980年12月号、pp.30–35. 岩波書店.

戸村幸一．1978.「ラング・パロールとはなにか」『月刊 言語』1978年4月号、pp.54–57. 大修館書店．

唐須教光．1991.「親族名称の意味」『月刊 言語』1991年7月号（『言語セレクション』第1巻、pp.276–281. 大修館書店．

辻幸夫．1991.「カテゴリー化の能力と言語」『月刊 言語』1991年10月号（『言語セレクション』第1巻、pp.44–51. 大修館書店．）

角田忠信．1990.「能と言語―脳の意識下の世界を探る」『月刊 言語』1990年1月号（『言語セレクション』第3巻、pp.40–46. 大修館書店．）

露崎初男．1972.「ソシュール理論の限界とその有効性」『大阪商業大学論集』第34号、pp.84–105. 大阪商業大学．

Uexküll, J. & Kriszat, G. 1934. *Streifzüge durch die Umwelten von Tieren und Menschen*. Bedeutungslehre Julius Springer.（日高敏隆・野田保之訳．1973.『生物から見た世界』思索社．）

Vanderveken, D. 1990. *Meaning and Speech Acts Volume 1*. Cambridge: Cambridge University Press.

Waldron, R. A. 1967. *Sense and Sense Development*. London: Deutsch.

渡部昇一．1979.「サピアの現代的意義」『月刊 言語』1979年2月号（『言語セレクション』第3巻、pp.198–207. 大修館書店．）

Wertheimer, M. 1958. 'Principles of perceptual organization.' In David, C. B. ／ Wertheimer, M. eds. 1958. *Readings in perception*. pp.115–135. Princeton, N. J. : Van Nostrand.

Whorf B. L. 1956. *Language, Thought, and Reality*. Cambridge, Mass. : MIT Press.（池上嘉彦訳．1993.『言語・思考・現実』講談社．）

山鳥重．1998.『ヒトはなぜことばを使えるか』講談社現代新書．

あとがきにかえて ―なぜ今 Saussure か―

阿部宏．2015.『言葉に心の声を聞く―印欧語・ソシュール・主観性』東北大学出版会．

相原奈津江．2007.『ソシュールのパラドックス』エディット・パルク．

Bouissac, P. 2010. *Saussure: a guide for the perplexed*. London: Continuum.（鷲尾翠訳．2012.『ソシュール超入門』講談社．）

Bouquet, S. et Engler, R. 2002. Ferdinad de Saussure, Écrits de linguistique générale. Paris: Gallimard（松澤和宏校註・訳 2013『フェルディナン・ド・ソシュール「一般言語学」著作集 I 自筆草稿『言語の科学』岩波書店．）

Cassirer, E. 1944. *An essay on man: an introduction to a philosophy of human culture*. Yale University Press.（宮城音弥訳．1953.『人間―この象徴を操るもの』岩波書店．）

Harris, R. 2001. *Saussure and Its Interpreters*. Edinburgh: Edinburgh University Press.

今西錦司．1982.「私の世界⑬」『読売新聞』1982年6月28日（月曜日）付夕刊．

加賀野井秀一．1995.『20世紀言語学入門 現代思想の原点』講談社現代新書．

加賀野井秀一．2004.『知の教科書 ソシュール』講談社．

加賀野井秀一．2007.「入門のソシュール」『月刊 言語』2007年5月号、pp.24–31. 大修館書店．

影浦峡・田中久美子訳．2007.『ソシュール 一般言語学講義 コンスタンタンのノート』東京大学出版会．

Komatsu Eisuke. 1993a. *F. de Saussure Cours de Linguistique Generale. Premier et troisième cours d'après les notes de Riedlinger et Constantin.* Collection Recherches Université Gakushuin n° 24. Tokyo: Gakushuin University.（相原奈津江・秋津怜訳．2009.『フェルディナン・ド・ソシュール 一般言語学第三回講義〈増補改訂版〉』エディット・パルク．）

Komatsu Eisuke. 1993b. *F. de Saussure Troisieme cours de Linguistique General (1910–1911) d'après les cahiers d'Emile Constantin.* Paris: Pergamon Press. 及び小松英輔．1994.『ソシュール自筆原稿の研究』（平成6年～平成8年度 科学研究費補助金基盤研究B（2）研究成果報告書 課題番号06451091）（相原奈津江・秋津怜訳．2003.『フェルディナン・ド・ソシュール 一般言語学第三回講義（1910–1911）エミール・コンスタンタンによる講義記録』エディット・パルク．）

Komatsu Eisuke. 1996. *F. de Saussure Premier Cours de Linguistique Generale. (1907) d'après les cahiers d'Albert Riedlinger.* Paris: Pergamon Press.（相原奈津江・秋津怜訳．2008.『フェルディナン・ド・ソシュール 一般言語学第一回講義 リードランジェによる講義記録』エディット・パルク．）

Komatsu Eisuke. 1997. *F. de Saussure Deuxième Cours de Linguistique Generale. (1908–1909) d'après les cahiers d'Albert Riedlinger et Charles Patois.* Paris: Pergamon Press.（相原奈津江・秋津怜訳．2006.『フェルディナン・ド・ソシュール 一般言語学第二回講義（1908–1909）』エディット・パルク．）

小松英輔．1998.「ソシュール『一般言語学講義』はどのようにして書かれたか」『文学部研究年報』35pp.137–157. 学習院大学．

小松英輔．2011.『もう一人のソシュール』エディット・パルク．

国広哲弥．1985a.「認知と言語表現」『言語研究』第88号、pp.1–19. 日本言語学会．

国広哲弥．1985b.「言語と概念」『東京大学言語論集'85』pp.17–23. 東京大学文学部言語学研究室．

国広哲弥．2006.「ソシュール構造主義は成立しない」『研究年報』第20号、pp17–22. 日本エドワード・サピア協会．

町田健．2000.『日本語のしくみがわかる本』研究社出版．

町田健．2003.『ソシュール入門―コトバの謎解き』光文社．

町田健．2004a.『ソシュールのすべて 言語学でいちばん大切なこと』研究社．

町田健．2004b.『ソシュールと言語学』講談社．

丸山圭三郎．1981.『ソシュールの思想』岩波書店．

丸山圭三郎．1983.『ソシュールを読む』岩波書店．

Saussure, F. de. 1916. *Cours de linguistique générale.* Paris: Payot.（小林英夫訳．1972.『一般言語学講義』岩波書店．）

Ullmann, S. 1951a. *Words and their Use.* London: Muller.（山口秀夫監修・須沼

吉太郎・平田純訳. 1973.『語とその用法』文化評論出版.）

Ullmann, S. 1951b[1] (1957[2]). *The principles of Semantics.* Glasgow: Jackson. (1951[1]), Oxford: Blackwell. (1957[2])（山口秀夫訳. 1964.『意味論』紀伊國屋書店.）

Ullmann, S. 1962. *Semantics: An Introduction to the Science of Meaning.* Oxford: Basil Blackwell.（池上嘉彦訳. 1969.『言語と意味』大修館書店.）

Zipf, G. K. 1949. *Human behabior and the principle of least effort.* Cambridge: Addison-Wesley.

人名索引

A

Althusser　436
Amacker　264, 448
Annette　240–249, 369
Aristoteles　58, 418

B

Bally　VI, 2, 7, 8, 11, 15, 18, 20, 58, 63,
　80, 82, 83, 171, 276, 278, 290, 305,
　319, 321, 338, 350, 380–383, 385, 394,
　397, 402, 411, 415, 424, 425, 430, 431,
　437, 438, 442–444
Banveniste　191, 197, 222, 240, 246,
　310, 311
Barthes　177, 178, 191, 192–201,
　240–249, 370, 415, 436
Baskin　230–233, 264, 366, 369
Bernstein　174, 412
Bickerton　50
Birnbaum　37
Black　174, 226, 367, 412
Bloomfield　14, 22, 23, 25–29, 31, 37, 42,
　58, 60, 70, 86, 88, 115, 351, 373, 421,
　434, 437
Boas　22, 58, 59
Bouissac　274, 275, 279, 292, 310, 360,
　371, 416, 445
Bouquet　VII, 10, 81, 82, 226, 264,
　300–303, 312, 313, 316, 320, 326, 327,
　340, 351, 352, 366, 411, 434
Bourchardy　81, 171
Brentano　191
Bréal　402

Brøndal　58
Brunot　402
Brütsch　443

C

Caille　442
Cassirer　1, 56, 309
Chomsky　11, 14, 25, 28–32, 35–37, 43,
　46, 51, 57, 70, 83, 84, 86, 87, 136–137,
　157, 342, 355, 362, 373, 382, 409, 410,
　418–421, 425, 426, 434, 436
Constantin　3, 80–82, 304, 306, 329,
　397, 422, 437, 443, 447
Culler　347

D

Deacon　421
Decarte　87
Dégallier　171, 307, 339, 350, 437, 438,
　443
De Mey　52, 53
Demokritos　309
Dupoux　420
Durkheim　94, 107, 113, 139

E

Edelman　421
Elman　421
Engler　VII, 4, 10, 14, 80–82, 154, 171,
　226, 264, 267, 283, 285, 300–303, 307,
　312, 313, 320, 321, 326, 327, 339, 340,
　341, 351, 352, 366, 371, 411, 412, 430,

434, 447, 448

F

Fillmore 137
Fodor 395, 396
Foucault 177, 178, 206–216, 252–262,
  366, 367, 415, 436

G

Gabelentz 267
Gadet 336, 393
Gautier 81, 171
Gilliéron 318, 400, 401
Godel v, vii, 80, 81, 154, 171, 267, 280,
  447, 448
Godzich 174, 175, 226, 367, 412
Greenberg 1, 174
Grootaers 157, 158–160, 171

H

Harris 15, 56, 264, 382, 445
Haugen 88
Hawkes 38, 293, 294, 360, 361, 410,
  415
Heidegger 99, 150
Helmogenes 309
Herakleitos 309
Herder 1, 56
Hjelmslev 18, 19, 49, 58
Hoffmann 382
Humboldt 1, 35–37, 56, 57, 59, 87, 267,
  309, 351, 354, 355, 356, 382, 418, 434
Husserl 150

J

Jackendoff 421
Jacob 421
Jacobson, C. 175, 176, 234–239, 369
Jakobson, R. 18, 188–191, 227, 398,

399, 415, 436
Jespersen 354, 382, 398, 432
Johnson, M. 51, 61
Johnson, Y. 137

K

Katz 395, 396
Komatsu Eisuke 14, 55, 56, 282, 284,
  291, 304, 306, 308, 315, 319, 324, 325,
  327, 328, 345, 370, 397, 398, 416, 417,
  422–424
Kramsky 174
Kratulos 309

L

Lacan 178, 436
Lakoff 51, 61, 375
Langacker 435
Lavers 240–249, 369
Lenneberg 36, 418, 419
Lepschy 27, 83
Lévi-Strauss 19, 117, 175–178, 183–
  188, 234–239, 366, 415
Lewis 36, 418, 419

M

Martin 129
Martinet 18, 444
Mauro 4, 81, 83, 171, 446
Maynard 137
Mehler 420
Meillet 226
Merleau-Ponty 40, 310, 436
Mounin 88, 267

N

Narrog 137
Nida 395, 397

P

Pasternak 191
Paul 267, 382
Pierce 38
Pires 264, 366
Platon 309
Poe 191

R

Regard 442–444
Riedlinger 2, 63, 81, 157, 171, 271, 393, 397, 442, 447
Riffaterre 177, 178, 201–205, 250–252, 436
Robert 129
Rubin 358

S

Sanders, C. 264, 366, 369
Sapir 1, 22, 23, 25, 28, 56, 58–60, 382, 398
Schoepf 234–239, 369
Sebeok 250–252, 369
Sechehaye VI, 2, 7, 8, 11, 15, 18, 20, 58, 63, 80, 83, 171, 276, 278, 290, 305, 319, 321, 338, 350, 380–382, 385, 394, 397, 411, 415, 424, 425, 430, 443–444
Smith, C. 240–249, 369
Smith, S. 252–257, 369
S.I. ハヤカワ 138, 139, 147
Slusareva 156
Steele IX
Suenaga 15
Sumpf 18
Sweet 383

T

Taylor 56
Trier 408

Trubetzkoy 318

V

Valéry 400

W

Weisgerber 1, 56, 59, 355, 356
Wells 131
Whitney 267, 382
Whorf 1, 56, 58, 59

Y

Yaguello 217–224

あ

相原奈津江 VII, 9, 15, 56, 82, 83, 226, 282, 284, 291, 304, 308, 315, 319, 320, 325–327, 329, 345, 346, 364, 367, 368, 371, 373, 375, 378, 387, 397, 398, 416–418, 422–425, 430, 445, 447
青柳悦子 217–224, 368
秋津伶 VII, 9, 15, 56, 82, 83, 226, 282, 284, 291, 304, 308, 315, 319, 320, 325–327, 329, 345, 346, 364, 367, 368, 371, 373, 375, 378, 387, 397, 398, 416–418, 422–425, 430, 445, 447
阿部宏 IX, 402, 421
荒川磯男 183–188, 368
アリストテレス 158

い

池上嘉彦 294, 360, 362, 376, 397
池原悟 137
勇康雄 29
石井久雄 15
井島正博 348, 392
泉邦寿 157
磯谷孝 46, 268, 269, 366, 392

伊藤晃　158
伊藤整　171
井上和子　136
今西錦司　441
イ・ヨンスク　333
岩淵悦太郎　382

う

上田萬年　382
ウェルズ　131
ウォーフ　58-60

お

大久保そりや　147, 148
大久保忠利　106, 107, 111, 113, 116, 138, 139, 144, 146, 149, 150, 160, 168, 170, 265
大槻文彦　382
大野晋　137
大橋保夫　161, 278, 385, 392, 431
大山定一　171
岡智之　171
岡田隆平　354
岡田紀子　150
奥津敬一郎　61
オグデン　147

か

加賀野井秀一　IX, 4, 15, 40, 82, 271, 275, 295, 296, 300, 311, 315, 317, 369, 413, 417, 425, 432, 436, 447
影浦峡　81, 447
風間力三　106, 168, 265
ガーディナー　268
門前真一　121, 122, 124, 125, 132, 168, 265
金澤忠信　IX
亀井孝　151, 384
柄谷行人　373
川本茂雄　147, 148, 164, 347, 400

菅野宏　137
カント　105

き

岸本通夫　311
北原美紗子　334, 348, 391, 392
北原保雄　137
金水敏　136
金田一京助　382, 384

く

釘貫亨　343
楠瀬淳三　52, 61
国広哲弥　VII, VIII, X, 2, 3, 11, 38-40, 42, 44, 46, 47, 61, 282, 285, 286, 289, 292, 295, 296, 300, 301, 316-319, 320, 321, 350, 359, 360, 400, 405, 406, 408, 411, 413, 426, 430, 431, 433, 437, 440, 442, 444, 446
黒岩駒男　117, 168, 265
グロタース　159
郡司隆男　136
グルーバー　136

こ

河本英夫　296
ゴデル　159
小林英夫　6, 21, 55, 57, 63, 64, 80, 81, 83, 96, 105, 107, 128-130, 133, 160, 164, 167, 173, 175, 179-182, 265, 311, 314, 342, 368, 373, 374, 377-382, 384, 386, 387, 389, 391, 402, 430, 442, 444, 445
小松英輔　VII, 3, 5, 7, 9, 10, 12, 81-83, 226, 277, 278, 280, 374, 375, 387, 437, 438, 441, 447, 448
コンスタンタン　9, 81

さ

斉木美知世　381, 383
斎藤伸治　56, 87
斎藤兆史　203, 204, 205, 368
斎藤興雄　396
阪倉篤義　121
佐久間鼎　60
佐々木明　211-216, 368
佐藤喜代治　99, 100, 102, 103, 122, 168,
　265, 446
沢登春仁　395
沢村昂一　198-201, 368
沢村寅二郎　171
サピア　58-60, 88
サピーア　399
サルトル　147

し

篠沢秀夫　163, 164, 361
篠原資明　168
柴田健志　292, 330, 332, 334, 335, 349
下谷和幸　52, 61
白川静　400
神西清　171
神保格　373, 392
ジムメル　114
シンメル　389

す

末永朱胤　306, 307, 329, 335, 346
菅原俊也　408, 409
杉山康彦　141, 145, 151, 169, 265
鈴木朖　135, 136, 330
鈴木孝夫　318, 400-402
菅田茂昭　82

せ

関沢和泉　15, 379, 386, 389
セシュエ　83

瀬戸賢一　40, 282
清少納言　46

た

高木敬生　335, 371, 385, 390
高橋太郎　60
高橋允昭　168
高野秀之　350
滝口守信　15, 133
滝沢直宏　56
竹内成明　147, 148
竹内芳郎　168
立川健二　321, 322, 393
田中克彦　139
田中久美子　81, 447
田中茂範　44, 45
田中利光　157
田中美知太郎　169, 170
タルド　114, 389

ち

チョムスキー　83, 87, 353, 435

つ

ツルベツコイ　88

て

デカルト　86
デュルケム　94, 107
デュルケーム　108, 113, 114, 389

と

時枝誠記　VI, 4, 6, 7, 11, 12, 36, 43, 55,
　60, 63, 64, 71, 79, 80, 84, 91, 93, 94,
　97-104, 107-111, 113, 116-118,
　120-126, 128-133, 134-139, 141,
　143-146, 148-152, 154, 157, 160, 161,
　163, 166-170, 265, 266, 282, 321, 324,

329–336, 338, 339, 341–344, 346–350,
353, 355, 358, 359, 360, 371, 372, 377,
380, 381, 384–392, 394, 402, 403, 407,
429, 430, 432, 433, 438, 446
ドロシェフスキー　108

な

ナイダ　158, 159
中川翔子　439, 440
中野好夫　171
永野賢　60, 137
中村通夫　98
中村雄二郎　157, 169, 206–210, 265,
368, 372

に

新居格　171
新村出　382, 385
西尾実　134
西川長夫　81, 373, 378, 445

の

野上豊一郎　171
野村精一　147, 148
野村英夫　151, 157, 164, 169, 265
野村益寛　352, 353, 435

は

バイイ　83
パウル　152
芳賀綏　137
橋本進吉　100, 134, 138, 152, 382, 390,
392
バスキン　167
長谷川松治　389
服部四郎　VI, 6, 7, 11, 98, 99, 115,
123–128, 130, 132, 133, 141, 152,
160–163, 167, 168, 265, 278, 279, 354,
377, 382, 385, 395, 430, 431, 432, 444

パトワ　9
花輪光　399
ハヤカワ, S.I.　138, 139, 147
原田信一　136
林みどり　190, 191, 368
バンヴェニスト　223
半田一郎　355

ひ

樋口昌幸　164
飛田良文　VIII, X, 439, 446
日野資純　25, 27
平田武靖　147, 148

ふ

フェール　273
福井久蔵　384
福井芳男　158, 201–203, 368
福田恆存　6, 171
藤井貞和　147, 148, 332, 334, 341, 342,
344, 349, 377, 387, 392
富士谷成章　136, 382
二葉亭四迷　171
ブルームフィールド　89, 152
フンボルト　35, 56, 84, 86, 87, 88, 105

ほ

保科孝一　392
ホイットニー　86, 161, 278

ま

マウロ　269
前田英樹　15, 81, 82, 133, 164–166, 338,
339, 349, 394
升川潔　395
町田健　39, 42, 47, 50, 82, 286, 287,
294–296, 343, 344, 346, 369, 406, 407,
412, 413, 447
松澤和宏　VII, IX, 3, 5, 7, 10, 15, 55, 57,

82, 89, 226, 266, 273, 282, 300, 302,
303, 313, 314, 316, 317, 320, 326, 327,
335, 340, 341, 351, 352, 364, 368, 403,
411, 430, 434, 437, 438, 445, 448
松下大三郎　382
松本潤一郎　114
丸山圭三郎　3, 4, 12, 25, 40, 82, 83, 86,
89, 154-156, 158, 164, 167, 168, 170,
171, 265, 271, 273, 280, 281, 284, 285,
288, 306, 310, 314, 317, 320, 321, 332,
361, 369, 372, 373, 377, 392, 402, 414,
421, 430, 431, 441, 443, 447
丸山静　149, 151, 152, 169, 170
マラルメ　399
マルティネ　269

み

三浦つとむ　104, 106, 107, 138, 145,
151, 169, 265
三尾砂　60
三島由紀夫　439
水谷静夫　136
三宅鴻　25, 27, 151
三宅知宏　400
宮崎靖士　346
宮崎裕助　369

む

向田邦子　397
村上陽一郎　53
村木正武　396
村田郁夫　156

も

本居宣長　135, 136, 330, 382
本居春庭　136
森鴎外　171
森岡健二　400
森田思軒　171
森田草平　171

や

安井稔　31, 35, 60
安田敏朗　157, 333, 334, 389
柳田泉　171
山内貴美夫　4, 81, 151, 157-160, 171
山田孝雄　334, 382, 392
山田俊雄　137
山本冨啓　188-191, 368

よ

吉川幸次郎　171
吉本隆明　137, 143-148, 169, 170, 265

ら

ライヘンバッハ　110
ラネカー　353, 435, 436

り

リードランジュ　9, 81, 82
リチャーズ　147

る

ルビン　357

れ

レヴィ＝ストロース　268

わ

鷲尾翠　280
鷲尾龍一　381, 383
渡辺一民　211-216, 368
渡辺哲男　134
渡辺実　137, 344
渡部淳　192-197, 368
渡部昇一　52, 61
和述哲郎　114, 389

事項索引

A

accessire 163
accidentel 163
acte 153
affective use 147
arbitraire 77–79, 303, 304, 307, 370,
  372
arbor 306
arbos 329
arbre 305, 329
association 19

C

circuit 322
circuit de la parole 322
circumlocution 24
Cognitive Linguistics 352, 435
competence 34, 83, 157
concept 109
conduit Metaphor 60
Copenhagen School 18
corpus 30, 31, 209, 256
Cours de linguistique générale（一般言語
  学講義） v, 18, 63
creole 50
cristalisation saciale 112

D

demonstration 24
dependency grammar 136
diachronique（通時的研究） 17
differences 283

discours 269
dispositions to respond 34

E

emotive function 147
Energeia 35, 267, 354, 432
Enitité 282, 416
entité 128, 129, 161, 162, 277, 278,
  279, 282
entité abstraite 162, 279
entité concrète 71, 96, 97, 162, 276, 279,
  415
entité concrètes 70, 160, 276
entité de la langue 162, 279
entité linguistique 162, 279
entités 282
entity 162, 278, 279
Ergon 35, 267, 354, 432

F

faits sémiologiques 182
fait social 108
figure-Ground segregation 41, 356–357
forme 158–160, 170, 429
functionists 58

G

generative grammar（生成文法） 409
generative transformational grammar 30
Geneve School 19
Géographie Linguistique 400
glossematics 19

H

harmonie imitative 398
hétérogéne 181
homogéne 181
homonymic clash 318, 400
human speech 230

I

ideal speaker-listener 33
idée 370
illata 110
images acoustiques 323
immotivé 79, 308
individuelle Sprachtätigkeit 267
infornative use 147
introspect 129

L

la langue 163, 270, 272, 274, 275, 423
la linguistique 418
la science gui ala langue pour objet 437
langage 1, 5, 6, 13, 19, 55, 64, 65, 69, 124, 129–131, 164, 165, 170, 173, 175, 178, 179, 183–188, 190–192, 194–204, 206, 208, 210–221, 223–227, 229, 230, 233–246, 248–252, 254, 255, 257–264, 266, 267, 272, 273, 360–369, 422, 423, 425
langage poli 163
langages 220
language 194, 230, 232–264, 268, 269, 272, 273, 360, 362, 365, 366, 369, 423
languages 242, 257, 258, 260, 261
language structure 264
language system 264
langue v, 1, 5, 6, 12, 13, 19–22, 25, 31, 32, 34–36, 49, 50, 53–55, 58, 64, 65, 68–70, 72, 77, 83, 84, 94, 100, 107, 116, 117, 121, 122, 124, 128–132, 155, 157, 160–163, 165, 167, 169, 170, 173, 175, 177–179, 181–184, 186–210, 212–214, 216–219, 221–226, 229–242, 244, 246–267, 269–273, 275–284, 291, 292, 302, 303, 314, 315, 322, 324, 338, 342–344, 346, 349, 350, 360–369, 371, 372, 378, 393, 394, 402, 406–408, 410, 413–417, 419–421, 422, 425–431, 436, 438, 442
langue faculty 421
langue française 163
langue Japonaise 272
langues 187, 193, 210–215, 217, 219–221, 224, 239, 242, 256–258, 260, 261, 269, 270
le ciecuit de la parole 112
le langage 185
le lien social 116
l'ensemble des habitabes linguistiques 116
les langues 269, 270, 272–275
Léntité linguistique 70, 277
Les entités de la langue 277
lêtre 416
lingua 267
linguistic competence 31, 32, 83
Linguistic Geography 400
linguistic performance 31, 32, 83
linguistic relativity hypothesis 58
linguistique proprement dite 437

M

mental reality 34
morphéme 281, 414

N

naïve realism 40
necessary connection 139

P

parler 269

parts of speech   136
parole   1, 5, 6, 13, 19, 21, 22, 25, 31, 32,
   34, 54, 55, 58, 64, 65, 66, 68, 70, 83,
   84, 128, 131, 156, 157, 164, 167, 170,
   173, 175, 177–182, 188–192, 194–201,
   203, 206–211, 214–220, 222–226, 229,
   231–233, 236, 239, 240, 242, 243,
   245–249, 252–257, 260, 262–264, 266,
   267, 270, 272, 273, 275, 296, 322, 338,
   346, 360–369, 393, 417, 421–426, 431
paroles   209, 249, 256
performance   33, 34, 157
phusei   309, 317
phonéme   155, 271, 281, 414
phonology   57
potential knowledge of grammar   36, 418
Prague School   18
produit social   112
psycholinguistics   426

R

rattomorphism   28
rapport syntagmatiques   136, 409
recontre homonymique   400
Rede   267, 268, 272, 273
redunduncy   402
referential function   147
rencontre homonymique   318

S

Sapir = Whorf Hypothesis   22
sème   281, 370
sens   289, 290
sense   370
sermo   267
signe   17, 19, 20, 50, 57, 64, 72, 74, 75,
   89, 153, 155, 156, 266, 296, 315, 349,
   367, 370, 372, 408, 427, 428, 430
signe linguistique   72
signes   192
signifiant   13, 17, 20, 38, 57, 64, 71, 72,

74, 75, 77, 89, 153, 156, 284, 287, 288,
   290, 293, 298, 302, 307, 310, 311, 314,
   315, 367–369, 370, 371, 372, 385, 398,
   407, 415, 427, 428, 441, 442
signifié   13, 17, 20, 38, 57, 64, 72, 74, 75,
   77, 89, 153, 156, 284, 285, 288, 290,
   293, 298, 302, 307, 310, 311, 314, 315,
   367–369, 370, 371, 372, 385, 398, 407,
   408, 415, 427, 428, 441
signifier   57, 369, 370, 371
sôme   370
son   370
speaking   231–233, 263, 365, 369
species-specific   36, 418
speech   230, 232, 233, 243, 245–249,
   252–257, 263, 264, 268, 269, 272, 273,
   360, 362, 365, 369
spoken word   262–365, 369
Sprache   267, 268, 272, 273
Sprachusus   267
statements   253
structure   27, 64, 70
substance   158–160, 170, 429
sujet entendant   322
sujets parlants   282
symbolic view of grammar   352, 435
synchronique   17
syntagma   19, 409
syntagmes   285
systéme   182

T

terme   315, 328
thätigkeit   432
thesei   309, 317

U

underlying competence   34
underlying system of rules   34
une entité psychique   128, 129, 343
une langue   274

520

unit 167
unité 71, 96, 97, 160, 162, 167, 277, 279, 377
unités 282
unity 167
Universal Grammar 29
universalité concrete 274
usage-based model 352, 435
utterance 362

V

variante combinatoire 318
Visuell Wahrgenommne Figure 358

W

Werk 432
word 260, 263, 264, 365, 369

あ

曖昧性 57, 395
アトミスム 87
アメリカ言語学 115
アメリカ構造言語学 28, 58, 60, 88, 355
アメリカ構造主義 29, 55, 437
アメリカ構造主義言語学 22, 23, 25, 26, 37, 43, 70, 86, 89, 182, 373
或る言語 274

い

意義 302, 316, 372, 411
意義素 431
意義素論 152
意義的 353, 433
意義の多様性 300
意識活動 148
意識事実 109
イダンティテ 151
一般意味論 139
一般的共通性 110

一般言語学 15, 58
『一般言語学原論』 374
『一般言語学講義』 18, 54, 55, 57, 63, 80, 81, 82, 164, 173, 373, 374, 386
イデー 153
イヌイット 59
意味 57, 146, 148, 302, 308, 316, 370, 372, 407, 411
意味〔サンス〕 68, 181
意味作用 143, 176
意味作用の記号学 38
意味されるもの 57
意味するもの 57
意味素 281, 414
意味伝達 42
意味内容 20, 347
意味の差異 48
意味範疇 360
意味標識 396
意味論 20, 22, 43, 281, 414, 425, 436, 437
意味論的対照 399
イメージ・スキーマ 61
入子型 125
入子型構造 135, 136, 409
韻 398
インド・ヨーロッパ語 269

う

ヴァランス 284
運用〔プラティック〕 181

え

エクリチュール 177
エスキモー語 59
X'理論 136
エネルゲイア 35, 354, 432
エルゴン 35, 354, 432
演繹 53
演繹的構成 83
演繹的手法 417

演繹的方法　49, 412
演繹法　29

お

音　370, 372
音と概念の結びつき　311, 343
音と観念　327
音と記号の結び付き　304
音と意味の不可分離性　305
音形　38, 57, 284, 289, 297, 307, 308,
　371, 401, 427, 437
音形の差異　292
音声化　166
音声形式　332, 402
音声形象　340, 438
音声言語　120, 210
音声言語（パロール）　206, 210, 225, 364, 368
音声現象　327, 340
音声象徴性　399
音声的差異　22, 76
音声と記号の結びつき　339
音声パターン　292
音節　162, 174, 279, 372
音素　43, 155, 162, 174, 176, 177, 271,
　279, 281, 291-293, 407, 413, 414
音素構造　22
音素列　293, 295, 308, 407, 413, 428
音素論　23, 25
音的差異　75, 76, 283, 299
音の象徴性　398, 399
音連鎖　277
音韻　118, 122, 318
音韻体系　318
音韻論　20, 22, 26, 57, 132, 156, 178,
　281, 348, 410, 414, 436, 437
音読み　400, 401

か

外延　290
階級名　282
外在性　109, 110

外在的世界　138
解釈文法　132
階層語　272
階層性　409
外的標識　156
概念　5, 72, 74, 75, 79, 89, 94, 97, 100,
　105, 108-110, 112, 118, 131, 142, 146,
　153, 154, 156, 292, 307-309, 323, 324,
　327, 329, 336, 338, 339, 343, 371, 372,
　394, 427-430, 437, 440
概念（コンセプト）　304, 323, 328, 329
概念化　166, 376
概念化（コンセプション）　351
概念過程　109, 135, 339, 389
概念作用　142, 339
概念体系　376
概念的差異　75, 76, 283
『改訳新版 言語学原論』　63, 80, 81, 107
科学的構造　424
書き言葉　271, 362
格文法　137
加工変形　339, 394
型　102, 122, 123
語り手　278
語る主体　166, 278, 284, 321, 322, 329,
　330, 339, 344, 394
語る処の主体　336
価値　105, 147, 148, 155, 156, 162, 280,
　283, 294, 295, 302, 316, 337, 393, 411
価値（ヴァラー）　304, 319, 320
価値の体系　280
活動性（テーティヒカイト）　35, 354, 432
学校文法　135
過程　106, 137, 338, 343, 394, 429, 430
過程的構造形式　125
カテゴリー化　165, 273
活動　267
感化的用法　147
身体　370
観察的立場　330
漢字形態素論　400
漢字表記　401
感情的機能　19

喚情的機能　147

感情表現　123

カント主義　105

観念　110, 129, 156, 307, 308, 315, 316, 398, 410, 411, 436

観念（イデ）　15, 284, 291, 319, 320, 422

観念世界　290

観念的合理主義　169

観念論　106

観念論的　106

観念論的合理主義　265

き

記憶連鎖　44, 45

聞き手　331

聴く主体　322

記号音　292, 297, 318, 371

記号学　78, 157, 168, 175, 177, 270

記号学的事実　21, 70, 270

記号学的事実（フェ・セミロジック）　69, 182

記号学的制度　393

記号学的原理　332

記号契約性　117

記号現象　314

記号作用　175

記号子論　157

記号体系　122, 162, 177, 279, 312, 313

記号的文法観　352, 435

記号的契約　118

記号の音形　371

記号の獲得　441

記号の差異　315

記号の差異（シニュ）　320

記号の恣意性　17, 20, 64, 77, 78, 89, 403, 435

記号の恣意的性格　337

記号の対立　5, 12, 17, 38, 40, 44, 47, 48, 75, 281, 283, 285-290, 298, 300, 302, 303, 308, 320, 407, 411, 429, 437, 440

記号の多様性　300

記号の単一性　300

記号の内容　371

記号の任意性　77

記号内容　38, 44, 47, 57, 76, 177, 285, 287, 292, 293, 295-298, 307, 316, 318, 349, 369, 410, 427, 437

記号表現　38, 57, 76, 177, 284, 289, 295, 296, 307, 316, 349, 369, 413

記号理論　437

記号論　175, 177, 268, 366, 436

擬声語　317

擬鼠主義　28

擬態語　317

機能構造的研究方法　57

機能主義　23, 37, 42, 58

帰納　53

帰納的構成　83

帰納的方法　49, 412, 417

帰納法　29

規範的意識　331

客体的（オブジェクティブ）　351

客体的事実　170

客体的存在　153, 353

客体的表現　137, 143, 145, 171

客観的存在　331

客観的立場　153

客観の指示　146

逆説言語学　384

旧項目　341

業界語　272

共感覚　399

形相　158, 160, 429

共起関係　396

共時　152, 275

共時言語学　166, 437

共時的研究　17, 55

共時的同一性　337, 393

共時論的　274

共有語　146

共有の秩序性　44, 45

規律性　350, 433

く

空間的情景　317

偶有的　67
句構造　135, 136
句構造規則　408
具体的概念　275
具体的実存体　71, 97, 276, 342, 415
具体的実体　70, 160, 276, 277, 415
具体的普遍性　274
具体的本質体　275, 361
クレオール化　50
訓読み　400, 401

け

経験科学　121
経験主義　28, 29, 52, 161
経験心理学　23
経験領域　376
契合（アッタージュ）　79
形式　302, 316, 413, 431
形式（フォルム）　337, 393
形式主義　175
形式性　434
形態　158, 160, 401
形態（フォルム）　155, 271, 325, 346
形体（フォルム）　346
形態素　20, 43, 281, 414
形態論　20, 22, 25, 26, 135, 158, 281, 348, 353, 414, 436
契約　309, 317
契約の力　110
形容動詞　137
ゲシュタルト　123, 396
ゲシュタルト原理　138
ゲシュタルト心理学　60, 356, 357, 432
ゲシュタルト要因　356
結合値　284, 285
結合変異体　318
言　21, 46, 55, 66, 67-70, 86, 95, 105, 113, 175, 178, 180, 181, 224, 225, 268, 338, 363, 368, 423
言（パロール）　198, 201-203, 206, 225, 363, 364, 368
言（パロール）　95, 113

言（ラングィスチック）　424
言行為　146
言語　21, 55, 57, 65, 67, 68, 72, 86, 100, 103, 105, 109, 113, 118, 130, 151, 160, 161, 163, 165, 166, 175, 178-188, 190-192, 194-197, 204-206, 209, 210, 219, 220, 224, 225, 267, 268, 270, 271, 281, 283, 296, 314, 326, 327, 330-332, 335, 349, 360, 363, 364, 366-368, 389, 394, 414, 415, 427, 431, 433, 435, 436, 437, 438
言語（ラング）　46, 56, 86, 94, 95, 96, 97, 100, 112, 163, 201, 203, 211-218, 221, 224, 225, 226, 278, 282, 291, 303, 312, 314, 320, 324-326, 345, 346, 363, 364, 366-368, 416, 417, 422, 429, 430
言語（ランガージュ）　191, 197, 201-203, 212-216, 225, 226, 268, 363, 364, 368
言語意識　347
言語運用　31, 32, 34, 36, 83, 288, 425, 426, 433
言語映像　67
言語外現実　58
言語外的世界　58
言語概念　126
言語学（ラングィスチック）　424
『言語学原論』　54, 63, 80, 81, 107, 133, 175, 373, 380, 386
言語学的本体（アンティテ）　326, 438
言語学的自然主義　274
言語獲得　31, 37, 51, 433
言語活動　21, 55, 65, 69, 93, 107, 109, 110, 112, 120, 123, 124, 127, 130, 137, 142, 153, 165, 175, 179, 323, 324, 347, 362, 363, 368, 394, 425
言語活動（ことば）　217-221, 223, 224, 226, 364
言語活動（ランガージュ）　96, 131, 163, 198, 201, 203, 217-219, 221, 223-226, 363, 364, 368
言語過程観　91, 107, 111, 348
言語過程説　vi, 6, 43, 84, 91, 97, 100, 102, 103, 106, 107, 111, 113, 117-119, 122, 123, 124-126, 137, 141-143, 149-151, 161, 165, 166, 170, 321, 330,

331, 333–336, 341–344, 346, 348, 349,
353, 358, 359, 380, 388, 390, 392, 429,
430
言語感覚　441
言語慣習　267
言語起源論　37, 418
言語記号　2, 5, 17, 20, 23, 25, 38, 72, 73,
77, 155, 162, 176, 277–279, 292, 293,
300, 303–305, 309, 311, 323, 336, 346,
371, 398, 408, 410, 413, 428, 430
言語記号（ラングイスティックシーニュ）　328, 370
言語記号の契約性　117
言語記号の区別　2
言語記号の恣意性　40, 77, 304, 308, 309,
315, 398, 428, 429
言語記号の対立　2
言語記号の非対称的二重性　302
言語記号論　157
言語共同体　31, 35
言語経験　330, 338, 394
言語形式　27, 160
言語決定論　89
言語現象　111, 117, 301
言語現象（ランガージュ）　219, 224, 226, 364, 368
言語構成観　108, 142, 348
言語構成説　118
言語構造　50
言語行為　103, 114, 115, 117, 120, 122,
126, 165, 166
言語行動　39, 47, 131
言語実践（パロール）　217, 218, 220, 224, 226, 364,
368
言語実存観　344
言語実存体　71, 276, 277
言語実体　71, 276, 277, 415
言語実体観　91, 134, 137, 353
言語主体　103, 113, 119, 331, 333, 338,
344, 353, 359, 389, 394
言語慣習　267
言語習慣の総体　116
言語習得　30, 36, 46, 418, 421, 426
言語習得能力　35, 426
言語資料　30, 53, 57

言語生活　120
言語生得説　37
言語先行説　56
言語先行論　1, 2, 4, 5, 22, 37, 56, 76, 80,
89, 174, 320, 356, 418
言語相　335
言語相対性仮説　58
言語相対説　56
言語体　193, 194, 196, 197, 363, 368
言語体（ラング）　192, 197, 225, 268, 363
言語体系　31, 38, 75, 76, 206–208, 210,
224, 225, 272, 283, 359, 360, 364, 368,
407, 421, 422
言語体系（ラング）　202, 203, 206–210, 225, 268,
363, 364, 368
言語体活動　148
言語単位　28
言語段階観　132
言語知識　298, 433
言語地理学　83, 400, 437
言語地理論　437
言語的世界　138
言語的相対性　174
言語道具説　142
言語なるもの　418
言語能力　31, 32, 34–36, 83, 165, 271,
273–275, 361, 415, 420, 421, 422, 426
言語の獲得　419, 420
言語の客体性　102
言語の経済性　436
言語の恣意性　352
言語の社会性　102, 113, 114
言語の主体性　102, 151
言語の創造性　434
言語発達　36
言語表現　45, 46, 48, 123, 296, 359
言語表象　134
言語本質観　93, 103, 111, 133, 137
言語名称目録観　308, 309, 317, 371, 417
言語命名論　40
言語メッセージ　400
言語ラング　274
言語類型論　57

事項索引　　525

言語要素　404
言語を獲得する素質　36,418
原子　153
原子的構成観　153
現実世界　290
言述（ディスクール）　325,346
現象　343,394
現象的顕現　281,414
顕在現象　156
顕在的社会制度　165
言循行　94,112
言循行（スイルキュイ）　323
言の運用　67
言理学　19,50,58

―――

こ

行為　344
行為作用　153
合理主義　161
語彙　122,353
語彙（テルム）　320
語彙挿入　136
語彙体系　272,275
語彙の爆発　441
語彙附着　136
項　41
構成原理　281,414
構成主義　7,343
構成主義的言語観　91,133,137,332,
　335,353
構造言語学　57,84,86–88,405
構成的言語観　390
構造主義　19,25,27,28,38,47,50,51,
　61,83,97,99,124,125,141,151,152,
　168,170,175–178,229,267,268,295,
　350,366,405,406,409–411,417,432
構造主義言語学　1,11,20,22,26,28,29,
　37,42,43,49,53,56,58,64,80,
　175–177,281,405,410,426
構造主義的言語観　41,408,437
構造体　19,28
構造体系　41

構造的言語観　126,132,341
構造的分析　409
構造的モデル　155
後天的　419
行動科学　25
行動学的視点　434
行動主義　25,28,36,37,60,86,87
行動主義的言語観　343,421
行動心理学　23
項目　38,50,76,410
交話的機能　19
コード　155,177,272,273
語義　414
『国語学研究法』　137
『国語学原論』　VI,6,91,98,107,118,
　120,133,136,137,150,349,382
『国語学原論 続篇』　118,134,137
国語政策　380
国語体　165,271–273,281,414
国語的必然　378
語形　158
語構成観　392
語詞映像　67,110,116,372
語詞概念　372
個人心理学　108,390
個人心理学的言語理論　119
個人的言語活動　267
個人的行為（アクト）　323
個人的理性　312
個人的領域　132
個人の言行為　273
個人ラング　116,117,146
古代言語　331
言葉　185,188,225,226,227,267,268,
　273,363,364,367,368
言葉（ランガージュ）　226,367,368,422,423
言葉（パロール）　207–211,214,216,220,224–226,
　291,325,364,367,368,417,423,424
ことば　268
ことば（パロール）　163
コトバ　194–197,199,201,225,273,
　363,368
コトバ　268

コトバ〔パロール〕 192, 197, 363, 368
個別概念 269
個別言語 219, 224, 225, 364
個別言語〔ラング〕 226, 364, 368
コペンハーゲン学派 18, 19, 58, 436
コペンハーゲン言語学サークル 58
コミュニケーションの記号学 38
語〔モ〕 194, 291, 351, 398, 434
語用論 60
語論 132
根源的二重性 282
根底規則体系 34

―――
さ

差異 2, 5, 38, 41, 75, 76, 135, 157, 166, 176, 177, 283, 284, 286, 288, 291-294, 296, 302, 320, 335, 338, 341, 347, 349, 366, 394, 407, 411, 413, 421, 429, 437, 438, 442
差異化 296
差異的価値 347
差異の体系 407
差異判断 337, 393
作品 267
指されるもの 20, 64, 71
指すもの 20, 64, 71
サピア＝ウォーフの仮説 22, 58, 59, 60
算術的総和 281, 431
三種の主観性 402
サンス 302, 316

―――
し

詞 109, 134-137, 143, 145, 148, 170, 171, 330, 357, 358, 389, 390, 409
辞 109, 134-137, 143, 145, 148, 170, 171, 330, 357, 358, 389, 390, 409
辞彙形式 27
恣意性 38, 79, 139, 155, 162, 293, 303, 304, 307-311, 314, 315, 347, 372, 435, 437, 438
恣意的 77, 103, 293, 301, 304, 307, 310, 311, 314, 315, 327, 352, 393, 398, 429
恣意的〔アルビトレール〕 304, 308, 370
恣意的なもの 311
シーニュ 153, 154, 311, 342
視覚言語 163
視覚的情報 402
色彩語 408
色彩語彙 42
刺激 23, 27, 60
刺激布置 357
思考 370
辞項 275, 300, 301, 317, 338, 407, 408
自己表出 143-146, 148, 170
示差的対立 50, 415
示差的連合的 122
資材的言語 93, 119, 120
指示的機能 19, 147
指示的内容 146
指示表出 143-146, 148, 170
詞辞論 144, 145, 359
システム 406
自然 309, 317
自然科学的世界観 153
自然科学的方法論 112
自然言語 48, 177, 307
自然言語処理 137
自然主義的言語観 389, 419
自然有機体 128, 129
失語症 426
実在 110
実在体 277
実在的客体 276, 415
実際的方法 412, 438
実在論 417
実質 158, 415, 429
実質〔シュブスタンス〕 337, 393
実存 109
実存主義 177
実存体 12, 96, 128, 129, 161, 162, 276-279, 282, 344, 349, 385, 394, 431, 442
実存的対象 413
実体 159, 160, 277, 278, 343, 438

事項索引　527

実体〔アンティテ〕 282, 325, 345, 416, 418
失語症 175
実物現示 24
質料 160
詩的規範 400
詩的言語 399
シニフィアン 153, 154, 302, 311, 319, 370
シニフィエ 153, 154, 288, 289, 302, 311, 319, 370
シニフィカシオン 302, 316, 411
詩の言語 57
詩の創造性 398
社会慣習的特徴 132
社会言語学 60, 334
社会制度 273
社会的契約 275
社会的結晶 112
社会的行為 114
社会的産物 56, 312, 347
社会的所産 65, 112-114, 154, 165, 390
社会的事実 108, 113, 116
社会的相互行為 44
社会的存在 108, 333
社会的紐帯 116
社会的領域 132
社会的連鎖〔リヤン〕 67
社会有機体説 114
社会ラング 116, 117, 146
自由選択 307, 308
自由翻訳 158
十九世紀的言語学 392
集成〔コルプス〕 209
集蔵体〔アルシーヴ〕 209
従属文法 136
主観的 115
主観的意識 332, 336
主観的情緒 317
主観的心理主義 169, 265
主観的側面 402
主観的陳述 116
主観的メンタリズム 116
主語主体 121

主辞 136
主体意識 327
主体的意義 344
主体的意識 107
主体的音声意識 341
主体的言語意識 341
主体的言語学 108
主体的価値意識 344
主体的活動 330, 331, 334
主体的経験 153
主体的行為 110, 142
主体的作用 332
主体的条件 357
主体的体験 154
主体的立場 107, 321, 329-331, 334, 344, 402
主体的な活動 432
主体的認識 49
主体的表現 137, 143, 145
主体的表現行為 333
ジュネーヴ学派 18, 80, 171
重複性 402
種特有 418
事物〔ショーズ〕 172, 428
循行 110, 323, 324
循行過程 108
純心理的実在 430
情況編成 44
象徴行為 362
情況論 60
情報的用法 147
所記 17, 20, 57, 64, 74-77, 79, 162, 276, 279, 283, 304, 311, 385, 415, 427
所記〔スィニフィエ〕 304
諸記号〔シーニュ〕 192
諸言語 221, 273, 274
諸言語〔ラング〕 214, 220, 366
自立語 135
自立体系 50
資料〔マチエール〕 337, 393
新カント派 105
神経心理学 399
深層構造 136

親族関係　176, 177
親族体系　176, 177
親族名称　176
身体言語　271
シンタックス　136
心的過程　142, 154, 389
心的実在　34
心的実在体　73, 305
心的実存体　112, 128, 129, 277, 341, 343
心的な連合関係　319
シンボル化　273
心理学　270
心理学的実存性　347
心理言語学　426
心理主義　23
心理的活動　129
心理的な音　328
神話素　281, 414

す

随伴的　67
図と地の反転図　357
図と地の分化　41, 356

せ

精神現象　327, 340
精神的（主観的）事実　327, 340
精神的実体 <ruby>アンティテ・プスイシック</ruby>　73, 276, 305
精神物理的過程現象　131
生成変形文法　30
生成文法　28, 29, 32, 43, 52, 87, 88, 136,
　137, 409, 410, 436
生成理論的言語研究　11
成績評語　42, 408
静的側面　343
静的「存在」　343
生得性　406
生得的　362, 419, 420
生得的基盤　36, 37, 418, 421
生得的言語能力　29
青年文法学派　161, 277, 278

生物学的基礎　419
生物的基盤　36
生物的本能性　404
成分構造　136
成分分析　48
生命の失われた作品 <ruby>アイントートテス・エルツオイクテス</ruby>　354
生理の過程　323
生理的機構　318
成立基盤　437
セーム　341
絶対普遍概念　269
セミト原語　270
セミト諸語　270
せりふ　224, 364, 368
ゼロ記号　135
潜在構造　280
潜在的構造　165
潜在的能力　165
潜在的本質　156
潜勢としての価値　288, 289
全体的構造　356
線状性　38
選択制限　396
先天的な言語能力　273

そ

相互喚起関係　296
相互喚起性　305
総合的方法　49, 410
相対主義　58
素材　166, 167, 170, 331, 332, 336, 338,
　346, 394
素朴な実在論　40, 41
存在 <ruby>エートル</ruby>　282, 324, 345, 416, 418
存在体　347
存在論　171

た

第一次論争期　99
体系的事実　122
体系の差異　287

事項索引　529

対照言語学　57
第二次論争期　99, 139
対比項　296
対立　50, 154, 158, 159, 176, 177, 299,
　337, 393, 411
対立価値　405, 406
対立関係　42, 292, 293
対立記号論的構造主義　47, 286
対立の体系　293
多義　2, 5, 42, 44, 46-48, 50, 52, 76, 285,
　286, 290, 297, 308, 315, 320, 321
多質的（エテロジェーヌ）　68, 181
他者情況の忖度　44
タクシノミー　87, 155
タクソノミー　25
単位　71, 96, 97, 117, 151, 153, 160, 162,
　167, 276, 277, 279, 284, 292, 321, 339,
　377, 405
単位要素　131
単語　405
単語の選択制限　396
単純語　402
談話分析　60

ち

チェスのゲーム　405
知覚実質　411
知覚心理学　352, 435
知覚の分化　359
遂語訳　158, 159
地方主義　88
抽象化　273
抽象的概念　275
抽象的実存体　162
抽象的存在　410
抽象的本質体　275, 361
抽象能力　165
聴覚イメージ　79, 292, 308, 328, 329,
　371, 422
聴覚映像　68, 72, 74, 75, 89, 94, 97, 100,
　108, 110, 112, 132, 142, 153, 154, 181,
　307, 309, 323, 324, 336, 338, 339, 343,
　394, 410, 427-429, 437
聴覚影像　89, 403, 437
聴覚記号　442
聴覚記号（シーニュ）　319
直接構成要素分析　136
地理言語学　384
陳述　136

つ

通時　152, 275
通時言語学　437
通時的研究　17, 55
通時的同一性　337, 393
作り出す活動（エルツオイグンク）　354
強い仮説　59

て

定辞実体詞　270
出来上がった作品（ヴェルク）　354, 432
手旗信号　429
テレビ型言語　318, 401, 402
伝達行為　402
伝達刺激　401
転義　128
伝統的言語理論　139

と

統一性　167
同一性　167, 299
同一性（イダンティテ）　15, 284, 397, 398
同一性判断　337, 393
同一相　321
頭韻法　398
同音　401
同音異義　2, 5, 38, 39, 42, 44, 46, 47, 50,
　76, 285, 286, 289, 292, 296, 298, 308,
　315, 318, 320, 321, 360, 395, 409
同音異義語　39, 47, 295, 296, 317, 395
同音語　401
同音衝突　402

同音衝突の原理　39, 318, 400, 401
導管メタファー　60, 61
同義語　39, 50, 294, 400
統語　132
統語構造　442
統合的（シンタグマ）　86
統合論　135
統語論　20, 26, 43, 348, 353, 436
等質的（オモジェーズ）　68, 181
統辞　271
統辞論　25
同定　151
動的側面　343
動的「存在」　343
遠まわしの言い方　24
道路標識　429
時枝・服部論争　VI, VII, 7, 10, 12, 80, 91,
　98, 99, 133, 141, 149, 150, 156, 157,
　160, 168, 173, 265, 266, 349, 361, 377,
　379, 380, 416, 430, 431, 446, 447
時枝文典　136
時枝文法　134-137, 141-143, 145, 148,
　407
特称概念　269
ドミナント　400

―――

な

内観主義　421
内観法　147
内在的価値　399
内的認知世界　434
内的連関　399
内部観察　129
内包　290
内面的理性　312
内容　38, 307, 346, 411
内容素　370, 413, 414
内容部　369

―――

に

二項対立　282

二項の対立　267
西尾・時枝論争　134
西田哲学　157, 170, 265
二十分節　436
日常言語　163
日本語研究　344
任意性　79
任意的　77
任意的（アルビトレール）　77, 304
人間活動　118
人間的事実　118, 432
認知　435
認知意味論　52, 54
認知活動　282
認知言語学　VI, 11, 41, 49, 60, 266, 301,
　352, 353, 356, 359, 360, 375, 435
認知構造　61, 317, 318, 350, 396, 432,
　433
認知主義　432
認知心理学　352, 435
認知世界　318, 350, 433
認識的機能　19
認知内容　300, 301, 409
認知文法　435
認知理論的言語研究　11

―――

の

能記　17, 20, 57, 64, 74-77, 79, 162, 276,
　279, 283, 304, 311, 385, 415, 427
能記（スィニフィアン）　304
能動的機能　19

―――

は

配列　403
媒体　109
橋本文法　135
派生関係　290
場所の論理　170
場所論　171
発言　190, 191, 225, 368
発話　267, 268, 273, 362, 425

事項索引　531

発話（フォナシオン） 423
発話（パルレ） 422
発言（パロール） 222, 224, 226, 364, 368
発話活動 124, 129, 130
発話行為 296, 362
発話の回路 335, 425
発話の実施 273
話されたもの（パルレ） 215, 216, 225, 364, 368
話し言葉 267, 271, 362
話し手 331
話す主体 282, 315, 334, 335, 341, 345, 399, 416, 438
場の論理 265
場面 12, 27, 39, 42, 44-50, 61, 170, 285, 287, 288, 298, 331, 333, 335, 336, 346, 347, 401, 429
場面論 60, 171
パロール 5, 110, 121, 122, 132, 146, 152, 155, 156, 165, 197-201, 207, 210, 219, 222-226, 268, 269, 272, 281, 296, 322, 337, 360-362, 364, 367, 368, 393, 414, 432
パロル 34, 131, 150, 338
パロール活動 166
半諧音 398
反応 23, 27, 60
反応性向 34

ひ

比較言語学 58, 142
非言語的基準 26, 28
非言語的現実 271
被定辞実体詞 270
必然的過程 117
必然的な関連 139
必然的連合 117
美的機能 399, 400
非配意的 79
非普遍的側面 37
比喩的意味 128
表意性の度合 166
表現 106

表現活動 124
表現過程 135, 343, 353
表現形式 53, 54, 103, 105
表現行為 109, 118, 120, 123, 389
表現主体 119
表現素材 103
表現的機能 19
表現的必然 378
表現内容 103, 105
表示部 369
表出過程 117
表象 109
表層行為 177
表層構造 136
品詞分類論 145
品詞論 348

ふ

フィールド的言語学 58
フォルム 160
複合語 402
付属語 135
物理音 281
物質的記号 341, 438
物質的実体（シュブスタンス） 155, 271
物質的な音 328
物理的過程 324
物質的言語観 389
物理的（客観的な）事実 327, 340
物理的材質 281, 414
部分的構造 356
普遍概念 269
普遍的側面 37
普遍文法 29, 37, 51, 410, 418, 419, 421, 436
プラーグ学派 18, 19, 58
プラハ学派 410, 436
プラハ言語学派 57
フランス機能主義言語学派 436
フランス言語社会学 115
フランス言語社会学派 111
風呂敷型 125

文化の体系　159
文学論　151,171
分極的表意作用　399
文芸理論　57
文語の理論　57
文章論　132,151
文章・コミュニケーション論　60
分析的方法　49,412
文節　135
分節　352,354,435
文体論　178,436
分布理論　25,87
文法　122
文法規則　268
文法形式　27
文法体系　67,272
文法知識　30
文法的カテゴリー　269
文法的記述　26,28
文法論　132,348
文脈　12,39,44-48,50,61,285,287,
　288,291,397,401,405
文脈効果　395,396
文脈の体系　159
分野説　408
分類原理　180,270
文論　132

へ

北京方言　292
変換文法　136
変形作用　338,394
変形文法　157
弁証法　105
弁証法的行為　141
弁別特質　399

ほ

包摂関係　48
ホピ語　59
本質（エサンス）　422

本体（アンティテ）　326,351

ま

群衆（マッス）　66,180
マルクス主義芸術論　148

み

身ぶり手ぶり　362
民話　57

む

無縁　79
無基盤性　352,435
無根拠　308
無作為的　33
無動機性　315

め

名称（ノン）　72,428
命令的機能　19
メタ言語的機能　19
メッセージ　272
メトニミー　61

も

モールス信号　429
文字言語　120
文字表記　402
モダリティ　137,402
物語素　281,414
模倣的調和　398
モンタージュ論　138

や

ヤズィク　268
山田文典　136

ゆ

有意味的　353, 435
有機的構造　318
有機的体系　278
有契性　290, 317, 429
合一（ユニオン）　68, 181
ユニテ　151
単位（ユニテ）　281, 282, 325, 345, 416

よ

用語（チルム）　315, 328, 329, 370
用法（アンプロワ）　302, 316, 409
用法基盤モデル　352, 435
ヨーロッパ言語学　87
ヨーロッパ構造主義　55
ヨーロッパ構造主義言語学　22, 373
弱い仮説　60

ら

ラジオ型言語　402
ラ・ラング　272
ランガージュ　5, 83, 84, 93, 124, 127,
　154, 162-165, 268, 269, 271-274, 367,
　432
ラング　5, 34, 83, 84, 93, 108, 110, 112,
　113, 115, 116, 118-122, 124-127, 131,
　132, 134, 138, 146, 150, 152, 154-156,
　162-165, 197, 199-201, 219, 222-225,
　268, 269, 271, 272, 274, 275, 277-282,
　285, 296, 311, 320, 332, 335-337, 341,
　343, 344, 360-364, 368, 393, 414, 432
ランゲィジ　164
ラングの具体的な実態　277

り

理解過程　118, 343
理解行為　118, 120, 124
理解主体　119
理想上の話者・聴者　33

量意語　408, 409
諒解活動　130
両極性　19
理論的方法　412, 438

る

類義語　40, 296, 316, 317
ルビンの盃　357

れ

レーチ　268
歴史言語学　142, 274
歴史的産物　56
歴史的変遷　437
レ・ラング　272
連合　19, 110, 276, 324, 342, 416, 429
連合関係　175, 276, 283, 287, 316, 415
連合語群　285
連合的（パラディグマ）　86, 291
連語上の標識　395
連語上の脈絡　395, 397
連辞　19, 284, 285, 290, 299, 319, 409
連辞関係　39, 44, 47, 136, 175, 285, 296,
　298, 395, 409
連辞上　285
連辞的　291
連続的世界　271
連文節　136

ろ

ロマン主義　86

わ

話者情況　44

松中完二（まつなか かんじ）

略歴

1968 年熊本県天草市生まれ。久留米工業大学准教授、国際基督教大学アジア文化研究所研究員。博士（学術）。

主な著書・論文

「現代の多義語の構造」『現代日本語講座第 4 巻 語彙』明治院（2002）、「語の多義的意味拡張についての認知的考察―「山」の場合を基に―」『日本語教育学の視点』東京堂出版（2004）、『現代英語語彙の多義構造―認知論的視点から―【理論編】・【実証編】』白桃書房（2005、2006）、「「ひく」の意味論―多義と認知の接点―」『日本近代語研究 5』ひつじ書房（2009）、他多数。

ひつじ研究叢書〈言語編〉第 135 巻

ソシュール言語学の意味論的再検討

Reconsidering Semantics in Saussurean Linguistics
Kanji Matsunaka

発行	2018 年 7 月 5 日　初版 1 刷
定価	8800 円＋税
著者	© 松中完二
発行者	松本功
ブックデザイン	白井敬尚形成事務所
組版所	株式会社 ディ・トランスポート
印刷・製本所	株式会社 シナノ
発行所	株式会社 ひつじ書房
	〒 112-0011　東京都文京区千石 2-1-2　大和ビル 2 階
	Tel: 03-5319-4916　Fax: 03-5319-4917
	郵便振替 00120-8-142852
	toiawase@hituzi.co.jp　http://www.hituzi.co.jp/

ISBN978-4-89476-777-5

造本には充分注意しておりますが、落丁・乱丁などがございましたら、小社かお買上げ書店にておとりかえいたします。
ご意見、ご感想など、小社までお寄せ下されば幸いです。

刊行のご案内

ひつじ意味論講座 1　語・文と文法カテゴリーの意味
澤田治美 編　定価 3,200 円＋税

ひつじ意味論講座 2　構文と意味
澤田治美 編　定価 3,200 円＋税

ひつじ意味論講座 3　モダリティⅠ：理論と方法
澤田治美 編　定価 3,200 円＋税

ひつじ意味論講座 4　モダリティⅡ：事例研究
澤田治美 編　定価 3,200 円＋税

ひつじ意味論講座 5　主観性と主体性
澤田治美 編　定価 3,200 円＋税

ひつじ意味論講座 6　意味とコンテクスト
澤田治美 編　定価 3,200 円＋税

ひつじ意味論講座 7　意味の社会性
澤田治美 編　定価 3,200 円＋税

刊行のご案内

〈ひつじ研究叢書（言語編）　第113巻〉

「国語学」の形成と水脈

釘貫亨 著　定価6,800円＋税

刊行のご案内

ことばに向かう日本の学知

釘貫亨・宮地朝子 編　定価 6,200 円＋税